세무법률문제와 행정소송탐구

편저 : 대한 상사법 실무 연구회

복잡하고 까다로운 조세소송내용을
서식과 사례 위주로 수록한, 일반인과 실무자들 모두
반드시 구비해야할 필독서!!

대한민국 법률지식의 중심
법률미디어

머 리 말

현 사회생활에서 경제활동을 하는 데 있어서 여러 가지 규제와 법률에 직면해 있다. 특히 경제가 발전할수록 세무에 많은 지식과 상식, 법 관계를 광범위하게 관심을 가져야 한다. 세법은 범위가 넓고 다른 법률과 비교하여 특이한 용어가 많아 전문적으로 다루고 연구하는 사람이 아니면 이해하기가 매우 어렵다. 그러나 우리의 일상생활과 너무나도 밀접한 분야가 또한 세법과 조세이므로 관련 소송도 빈번하게 벌어지고 있어 그에 관한 지식의 필요성은 매우 크다고 하겠다.

본서는 이렇게 꼭 필요한 분야이지만 지식을 습득하기기 쉽지 않은 조세소송분야를 실무위주로 가능하면 이해하기 쉽도록 펴낸 책이다. 실무에 도움이 되지 않거나 지나치게 세부적이고 어려운 내용 등의 군더더기를 빼고 중요하고 반드시 필요한 내용만을 수록하였다. 또한 관련 판례와 실무서식 등도 실어서 실무에 관한 이해를 돕고자 하였다. 이런 내용들은 세무관련 업무에 종사하는 실무자들과 일반인 모두에게 만족을 줄 수 있는 실용서로서의 역할에 충실할 수 있도록 기획된 것이다.

모쪼록 이 책을 잘 활용하여 어려운 세무지식과 조세소송 내용을 쉽게 이해하고 독자들의 경제생활에도 이바지 할 수 있었으면 하는 것이 편저자의 간절한 소망이다. 아울러 더운 날씨에도 본서의 편집에 구슬땀을 흘리며 수고해준 편집부 직원들과 물심양면으로 아낌없는 지원을 해 주신 법률미디어 김현호 사장님에게 깊은 감사의 뜻을 전한다.

2014. 5. 편저자 드림

차 례

제1편 소송 전 기초지식

제3장 납세 ··· 21

제4장 과세 ·· 35

제5장 국세환급금과 국세환급가산금 ··················· 39

제6장 조세채권의 실현(조세체납처분) ················· 43

제 2 편 조세소송(세무소송) ·········· 59

제1장 조세소송의 개념과 특수성 ·········· 59

제2장 조세소송의 종류와 소송간의 관계 ·········· 61

제3장 행정소송과 행정심판의 관계 ·········· 67

제9장 소의 변경 ··· 133

제10장 조세소송의 심리 ··· 145

제11장 조세소송의 종료 ································· 185

제12장 조세소송의 불복 ································· 203

제13장 가구제(暇救濟)(집행정지) ·· 217

제3장 헌법소원의 판례 ·················· 259

제 4 편 행정심판 관련서류 ·················· 277

제 5 편   행정소송서류와 소장 작성 ······················· 321

제1장 변론을 위한 서류작성 ································· 321

제2장 사안에 따른 소장작성사례 ································· 367

제 1 편   소송 전 기초지식

제 1 장   조세와 조세법

1. 조 세

(1) 조세의 의의

현행 세법은 조세에 대해 조세는 …이다 라는 일반적인 정의규정을 두고 있지 않다. 그러나 종래의 통설적 견해에 따르면, 조세는 ① 국가 또는 지방자치단체가 ② 국민에 대한 각종 역무제공을 위한 재정수요를 충족하기 위하여 ③ 반대급부 없이 ④ 법률에 규정된 과세요건에 해당하는 모든 자에 대하여 ⑤ 일반적 기준에 의하여 부과하는 ⑥ 금전급부라고 조세를 정의할 수 있다.

이와 같은 특성에 따라 조세는 그 목적에서 형사상, 행정상의 제재인 벌금, 과료, 교통범칙금 등과 구별되고, 강제적이라는 점에서 국가의 재산수입이나 사업수입 등 경제활동에 기한 수입 등과 구별되며, 비보상적이라는 점에서 각종 수수료, 사용료, 특허료 등과 구별된다.

또한 조세는 금전급부라는 점에서 재산의 사용가치에 착안하여 국가에 이전하는 공용수용과 구별된다. 상속세 및 증여세(상속세및증여세법 제73조), 법인세(법인세법 제65조) 등에서 물납이 허용되고 있기는 하지만 이들 물납제도는 물납되는 재산의 사용가치가 아니라 그 금전적 교환가치에 착안하고 있다는 점에서 조세로서의 금전급부적 특성을 상실한 것은 아니다.

국민에게 과해지는 부담이 조세에 해당하는가 하는 것은 조세채권채무관계를 규율하는 세법의 기본원리가 적용될 것인가의 논의로 귀결된다.

개발부담금과 택지초과소유부담금은 그 명칭도 "부담금"으로 되어 있고 국세기본법에서 나열하고 있는 "국세"의 종류에서도 빠져 있으나(국세기본법 제2조 제1호) 위와 같은 조세로서의 특성을 지니고 있다는 점에서 실질적인 조세로 보아야 한다. 이들은 단지 그 관장부서가 국세청이 아닌 국토해양부라는 점에서만 일반 조세와 다른 것이다.

(2) 조세의 기능

조세의 기능은 크게 3가지로 보아

① 국가 또는 지방자치단체의 재정수요의 획득

② 부의 재분배

③ 경제정책적 기능을 들 수 있다.

이 중 ①이 조세의 본래적인 기능이라면, ②, ③은 부차적인 기능이라고 할 수 있다. 조세를 국가에 대한 급부로 보는 경찰국가 아래에서는 위와 같은 기능이 선명하게 대비되었으나 조세를 국가가 자원배분에 참여하는 것으로 보는 현대의 복지국가에서는 위와 같은 기능의 분류는 상대적인 것이 되었다.

재정수요의 획득에 관해서는 현대의 복지국가화 현상에 따라 국가의 역무제공의 양적·질적인 확대와 개인의 재산권 보장을 위한 조세법률주의의 권리보장적 기능이 중요시되고 있고, 부의 재분배에 관해서는 각종 조세에 있어서의 누진세율의 채택과 인적공제제도의 설정이 실효성 있는 방안으로 강구되고 있다.

또한 조세의 감면조치 등을 통한 특정 산업의 보호, 육성과 유흥, 오락시설 등 사치성 소비행위에의 고율의 소비세 부과를 통한 소비억제정책의 실시, 경기후퇴기의 세부담의 감면과 정부지출의 증액을 통한 민간의 가처분소득 증가, 인플레이션기 세부담의 증가와 정부지출의 삭감을 통한 경기의 조정 등은 조세가 경제정책적 기능과 밀접하게 연결되어 있다는 것을 나타내고 있다.

(3) 조세의 분류

조세를 분류하는 데는 여러 가지 방법이 있는데, 여기서는 재정학적 관점에 따른 분류를 보기로 한다.

① 국세와 지방세

과세권의 주체를 기준으로 한 분류이다. 내국세와 관세는 국세에, ㉠ 재산세, 취득세, 등록세, 면허세, 주민세, 자동차세, 종합토지세, 농지세, 담배소비세, 도축세, 마권세 등과 ㉡ 도시계획세, 공동시설세, 사업소세는 지방세에 속한다.

② 내국세와 관세

국세를 화물이동의 국경통관 여부에 따라 분류한 것이다. 내국세는 ㉠ 소득세, 법인세, 상속 및 증여세 등 직접국세와 ㉡ 부가가치세, 개별소비세, 주세, 증권거래세, 인지세 등 간접내국세를 포함하고 정부조직법상 기획재정부 소속의 국세청과 세무서가 관할한다.

관세에는 조세수입만을 목적으로 하는 재정관세와 국내산업의 보호를 주목적으로 하는 보호관세가 있는데, 관세법이 자족적으로 제정되어 관세는 국세에 관한 일반법적 성격을 가진 국세기본법, 국세징수법 등의 적용을 받지 않고, 국제조약에 의한 제약을 받으며 관세청과 세관의 관할에 속한다.

③ 직접세와 간접세

조세의 전가가 예정된 것인지 여부, 즉 법률상의 납세의무자와 경제상의 담세자가 일치하는지 여부에 따른 분류로서, 이는 특히 재정학적 관점에서 중요한 의미를 가진다. 위 ②의 ㉠은 직접세에, ㉡은 간접에 속한다.

④ 인세와 물세

납세의무자의 인적 사정을 고려한 분류로서 소득세, 상속세 등이 전자에, 부가가치세, 개별소비세, 인지세 등이 후자에 속한다.

⑤ 보통세와 목적세

조세수입이 일반경비에 충당되는 것이 보통세, 특정한 경비에만 충당되는 것이 목적세이다. 국세 중 위 ①의 ㉡은 목적세에 속한다.

⑥ 수득세, 자산세, 소비세, 유통세

담세력을 표상하는 과세물건을 기준으로 한 분류이다. 수득세는 사람의 수입 사실에 착안한 것으로서 소득세를 그 대표적인 것으로 볼 수 있다.

자산세는 재산을 취득·보유·거래하는 행위에 대해 담세력을 인정하여 과세하는 세목이다. 우리의 현행 세법체계상 상속세, 증여세가 취득과세에, 양도소득세, 법인세 특별부가세가 거래과세에, 지방세법상의 재산세가 보유과세에 해당한다고 볼 수 있다.

소비세는 사람이 재화 또는 용역을 구입·소비하는 행위에 대해 담세력을 인정한 것으로 개별소비세, 주세, 부가가치세를 포함한다.

유통세는 권리의 취득과 변경, 재화의 이전 등의 사실에 착안하여 납세자의 담세력을 간접적으로 추정하고 과세하는 세목이다. 지방세인 취득세, 등록세, 면허세와 국세인 인지세, 증권거래세 등이 여기에 속한다.

⑦ 종가세와 종량세

과세물건을 경제가치로 측정하는 과세표준이 금액으로 표시되는가 물량으로 표시되는가의 기준에 따른 분류이다.

종가세는 과세표준이 금액으로 표시되는 조세로서 대부분의 조세가 여기에 속한다. 종량세는 과세표준이 용량·건수·인원 등 물량으로 표시되는 조세로서, 우리나라 조세 중 주정(kℓ), 개별소비세의 과세장소에 관한 것 중 골프장, 카지노, 투전기 설치장소(인원과 횟수) 등에 대한 조세, 담배소비세가 이에 속한다. 종량세에 적용되는 세율은 금액인 것이 특징이다.

⑧ 비례세와 누진세

적용되는 세율의 성질을 기준으로 한 분류이다. 비례세는 과세표준의 크기와는 관계없이 일정한 세율이 적용되는 조세이다. 우리나라의 부가가치세, 개별소비세, 주세 등이 여기에 속한다.

누진세는 과세표준금액이 증가함에 따라 적용되는 세율도 점차 높아지는 조세이다. 누진세는 납세의무자의 개인적 사정이 고려되는 조세에 많으며 소득의 재분배 기능을 수행한다. 소득세, 상속세, 증여세, 법인세 등이 여기에 속한다.

2. 조세법

(1) 조세법의 법원

① 헌　법

헌법은 상위법으로서 조세법의 원칙이 되는데, 그 중 납세의무에 관한 제38조와 조세법률주의를 규정한 제59조가 직접적으로 조세법의 내용을 이룬다.

우리나라에서는 헌법재판소의 발족과 함께 특히 조세법 영역에 있어서의 헌법의 중요성이 크게 강조되고 있다.

② 법　률

법률과 조세법률주의의 요청상 조세법의 가장 중요하고 핵심적인 법원이다.

국세에 관한 것으로는 일반적인 사항을 규정한 국세기본법, 국세징수법, 조세범처벌법, 조세범처벌절차법, 조세특례제한법 등이 있고, 개별세법으로 소득세법, 법인세법, 상속세및증여세법, 자산재평가법, 교육세법, 교통·에너지·환경세법, 농어촌특별세법, 부가가치세법, 개별소비세법, 주세법, 증권거래세법, 인지세법 등이 있으며, 관세에 관한 관세법과 수출용원재료에 대한 관세 등 환급에 관한 특례법이 있다.

지방세에 관하여는 지방세법이 제정되어 지방세에 관한 통일법으로서 기능하고 있다.

이들 법률을 그 내용을 중심으로 살펴보면, 과세요건을 규정한 조세의 실체형성에 관한 법률(개별세법이 담고 있는 대부분의 내용이 여기에 해당한다), 추상적으로 형성된 조세채권을 구체적으로 확정하는 절차를 규율한 조세채권의 확정에 관한 법률(국세기본법, 법인세법 제66조, 소득세법 제114조, 부가가치세법 제19조, 제21조 등), 확정된 조세채권의 징수와 행정벌 등 조세채권의 강제에 관한 법률(국세징수법), 조세행정구제에 관한 법률(국세기본법), 조세범처벌 및 동절차에 관한 법률 등(조세범처벌법, 조세범처벌절차법)으로 나누어 볼 수 있다.

이 중 조세의 실체형성에 관한 법률을 정리하면 다음과 같다.

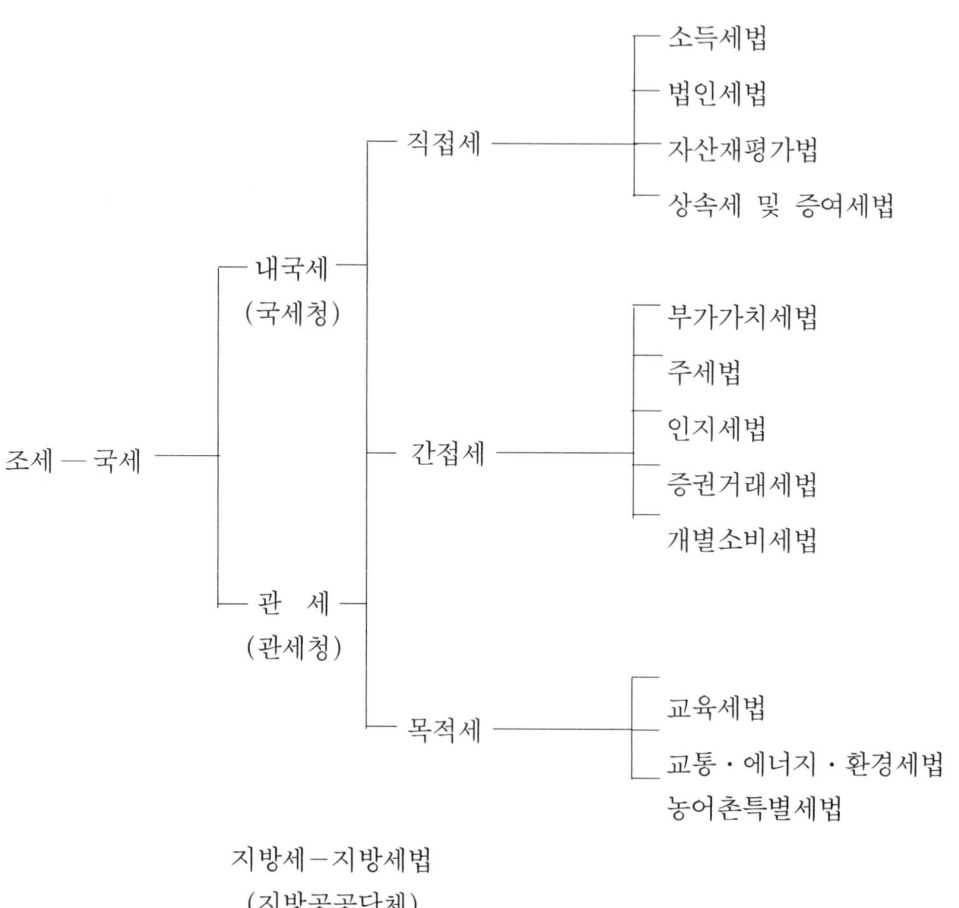

③ 조약 및 국제법규

헌법에 의해 체결·공포된 조약과 일반적으로 승인된 국제법규는 헌법 제5조에 의하여 국내법과 같은 효력을 가지므로 법률과 마찬가지로 조세법의 법원이 되고 그 효력에 있어서 신법 우선의 원칙이 적용된다. 국제거래가 활성화함에 따라 특히 이중과세방지조약의 중요성이 부각되고 있는데, 우리나라는 미국, 일본, 독일, 영국, 태국 등과 소득세, 법인세 등에 관한 이중과세회피 및 탈세방지를 위한 협약을 맺고 있다.

④ 명　령

각 세법에는 대통령령인 시행령과 부령인 시행규칙이 있다. 현대는 조세행정이 전문화, 복잡화하여 위임입법이 현저히 증가하고 있는데 여기에는 포괄위임의 금지를 규정한 헌법 제52조와의 관련아래 시행령의 모법위배, 모법과 시행령의 위헌여부가 논점으로 대두되고 있다.

⑤ 조례·규칙

지방자치단체는 지방세기본법 또는 지방세관계법에서 정하는 바에 따라 지방세의 과세권을 갖는다(지방세기본법 제4조). 지방세의 세목·과세대상·과세표준·세율 그 밖에 부과징수에 필요한 사항을 정할 때에는 조례로써 해야 하며(같은 법 제5조 제1항), 지방자치단체의 장은 조례의 시행에 따른 절차와 그 밖에 시행에 필요한 사항을 규칙으로 정할 수 있으므로(같은 조 제2항), 조례와 그 시행규칙도 조세법의 法源이 된다.

⑥ 관습법

조세법률주의 하에서는 납세의무는 물론 납세절차나 징수절차도 관습법에 의해서는 창설될 수 없다.

⑦ 조세통칙

㉠ 조세법률관계를 규율하는 세법은 전문성과 기술성, 복잡성을 지니고 있기 때문에 상급행정청은 조세행정의 통일을 위하여 세법 해석적용의 기준을 마련하고 있다. 이에 따라 예규, 통첩 등이 발령되는데, 여기에는 각 개별세법과 과세관청의 해석 및 적용 기준을 조에 따라 제시한 기본통칙과, 문제가 생길 때마다 개별적 사항에 대해 조세법의 해석과 운용지침을 지시하기 위하여 발령되는 예규, 통첩, 훈령 등의 개별통칙이 있다.

이러한 조세통칙은 과세관청 내부에서 사실상의 구속력을 지니고 세무공무원의 업무를 통제하고 있어, 현실적으로 세무행정은 대부분 조세통칙에 의하여 이루어진다고 할 수 있다.

ⓛ 조세통칙이 법령을 바르게 해석하고 법에 근거한 집행기준을 제시한다면 이것은 효율적이고 적정한 세무행정의 집행을 위하여 필요하고 또한 예측가능성의 측면에서는 국민의 권리보호를 위하여 바람직한 것이 된다. 그러나 조세통칙은 어디까지나 과세관청 내부에 있어서 세법해석의 기준 및 집행기준을 시달하는 행정규칙으로서 행정청 내부에서만 효력을 가질 뿐 국가와 국민 사이에 효력을 가지는 법규적 효력이 없으므로 법원이나 일반 국민에 대한 법적 구속력이 없어 조세법의 법원이 될 수는 없다. 다만, 법원은 세법의 합리적인 해석을 위하여 이를 참고로 할 수 있을 뿐이다.

(2) 조세법의 개념과 특성

세법은 국가 또는 지방자치단체와 납세의무자인 국민 사이에 발생하는 조세에 관한 법률관계를 규율하는 법률이다. 조세는 법률이 정하는 바에 따라서 신고납부하거나 부과징수하고, 국가와 국민간의 세금액을 계산하여 그 계산된 세금을 부과징수함에 있어 위법부당할 경우 구제절차를 거치며 또한 사기 기타 부정한 방법으로 포탈한 경우에는 조세법으로 처벌을 하게 된다.

조세에 대해 국가는 조세저항 없이 충분한 재정수입을 확보하려 하며 이에 대해 납세자는 가능한 한 낮은 조세부담과 공평한 과세 및 조세법률관계에 있어서의 예측가능성과 법적 안정성이 보장되기를 바라는데, 조세법은 바로 그 상충점에 위치하게 된다.

이와 같은 이유로 세법은 실질적인 특성으로 공공성과 조세채권의 확정 및 징수단계에서의 과세권자 우위성을 지니게 되고, 형식적인 특성으로 강행성, 성문성 및 기술성을 띠게 된다. 이 중 다른 행정법규이 비교하여 세법이 가지는 가장 큰 특성은 기술성이라고 할 수 있다. 즉, 과세대상의 바탕인 경제현상에 계속적으로 변화하므로 거래금액이나 소득금액 및 물량의 포착에 있어 복잡하고 기술화되어 갈 뿐 아니라 경제현상의 발전과 함께 날로 지능화하는 조세회피행위에 대한 대처를 고려해야한다. 또 세법은 재정수요의 충족 외에 경제의 안정과 성장 등 경제정책적 기능도 고려해야 하므로 자연히 그 내용이 복잡해지고 전문적, 기술적인 특성을 갖게 되는 것이다.

제 2 장   세법적용의 원칙들

1. 조세법률주의의 원칙

(1) 의 의

국가는 법률에 근거하지 않고는 조세를 부과·징수할 수 없고, 국민은 법률에 근거하지 않은 조세의 납부를 요구당하지 않는데, 이러한 헌법의 원리가 바로 조세법률주의의 원칙이다.

우리나라 헌법은 제38조에서 "모든 국민은 법률이 정하는 바에 의하여 납세의 의무를 진다"고 규정하고, 제59조에서 "조세의 종목과 세율은 법률로 정한다"고 규정함으로써 조세법률주의를 천명하고 있다.

이것은 국민의 권리적 측면에서 보면 법률의 규정이 없이는 국민은 조세의 부과를 당하지 않는다는 원리이고, 국가의 측면에서 보면 국가는 법률의 규정이 없는 한 과세권의 행사로써 국민의 재산권을 침해할 수 없다는 원리이다.

이것은 국민의 경제생활에 있어서 법적 안정성과 예측가능성을 확보해 줄 뿐 아니라 과세권의 집행과정에 있어서 권력의 남용을 저지하여 납세자의 권리를 옹호하는 기본권 보장의 역할을 한다.

우리나라의 경우 재정이 급속히 팽창하고 필연적으로 조세행정이 증대됨에 따라 국민의 조세부담이 나날이 무거워지고 더 광범한 대중을 상대로 조세가 과세되는 상황에서, 국민을 과세권의 자의적 발동으로부터 보호하기 위한 대원칙으로서 조세법률주의는 더 큰 의의와 사명을 가진다고 할 것이다.

(2) 조세법률주의의 내용

① 과세요건법정주의

과세요건 법정주의는 과세요건 또는 조세채무의 성립을 법률로 정한다는 뜻으로 죄형법정주의에 대응하는 개념이며 조세법률주의의 기본이 되는 내용이다.

이것은 과세요건 및 조세의 부과·징수 절차는 국민의 대표기관인 국회가 제정하는 법률로써 규정해야 한다는 원칙으로서, 곧 조세법률주의의 입법면에서의 요청이다. 따라서 과세요건·과세물건의 귀속·과세표준 및 세율·조세법률관계의 당사자를 모두 법률로 정해야 한다는 뜻으로 해석된다.

과세요건법정주의에 의하면 법률에 근거하지 않고는 행정입법으로서의 새로운 과세요건을 규정할 수 없다. 그러므로 법률의 규정에 위반한 행정입법은 무효하게 된다. 그런데 법률로써 과세요건과 조세의 부과 징수에 관한 규정을 시행령, 시행규칙 등의 행정입법에 위임하더라도 과세요건 법정주의의 취지에 의하면 그 위임은 구체적·개별적인 사항에 한하며, 일반적·백지적 위임은 허용되지 않는다고 할 것이다.

그래서 가능한한 국민의 재산권에 영향을 미치는 과세요건은 위임입법을 제한하고 상세하게 법률로 정하는 것이 조세법률주의의 이상에 적합하다.

② 과세요건명확주의

과세요건을 규정하는 법률의 규정은 一義的이고 명확하며 상세해야 한다는 원칙이다. 즉 세법에서 사용되는 개념은 모두 구체적이고 확정적이어야 한다는 것이다. 세법의 규정이 명확하지 않거나 추상적이면 그만큼 해석이 다양해져 과세청의 재량의 범위가 커지고 나아가 해석을 빙자한 자의를 초래할 수 있다. 결국 세법을 합리적으로 해석하고 법적용의 공정성을 보장하여 납세자의 권리와 이익을 보호하기 위해서는 과세요건의 명확성이 요구되는 것이다.

③ 합법성의 원칙

합법성의 원칙은 조세행정이 법률과 합치해야 한다는 원칙을 말한다. 이것은 조세법은 강행법규이므로 과세요건이 충족되면 세무공무원은 임의로 조세감면 등을 하지 않고 조세를 부과 징수해야 한다는 원칙으로서 조세율주의의 집행면에서의 요청이다.

④ 과세불소급의 원칙

과세불소급의 원칙은 헌법 제13조 제2항의 「모든 국민은 소급입법에 의하여…재산권을 박탈당하지 아니한다」라는 규정에 의하여 확립된다.

납세의 의무는 법률에 의하지 않고는 성립하지 않으므로 법률의 규정이 없어서 일정한 납세의무가 존재하지 않았던 과거에 소급하여 과세하는 입법은 조세법률주의에 반한다고 할 것이다.

이 원칙에 의하면 납세의무가 이미 성립한 소득·수익·재산·행위 또는 거래에 대해서는 그 성립 후의 새로운 세법에 의해 소급 과세할 수 없다. 그러나 1과세년도 혹은 사업년도의 도중에 입법하여 동년초로 소급하여 과세하는 것은 과세불소급의 원칙에 저촉되지 않는다는 것이 판례의 입장이다(대판 1983. 6. 28. 83누263, 대판 1983. 4. 26. 81누423). 이는 세목의 조세채무가 단행세법이 정하는 과세요건이 완성되는 사업년도 말에 성립되는 것에 근거한다(국세기본법 제21조 제1항).

⑤ 엄격해석의 원칙

세법이 엄밀·상세해야 한다는 조세법률주의의 요청은 과세요건인가 비과세요건인가에 관계없이 조세법규는 엄격히 해석되어야 하고, 법규의 유추나 확장해석에 의해 납세의무가 확대되어서는 안된다는 취지의 원칙이다.

2. 조세공평주의의 원칙

조세공평주의는 조세의 부담이 국민들 사이에 공평하게 배분되도록 세법이 제정되어야 하며(입법상의 조세공평), 조세법률관계의 당사자로서의 국민은 세법의 적용에 있어서 평등하게 취급되어야 한다(세법의 해석적용상의 공평)는 원칙이다. 이에 따라 이를 조세부담공평의 원칙 또는 동일조건, 동일부담의 원칙이라고도 한다.

조세공평주의는 헌법질서의 근본이 되는 평등의 원칙 내지 불평등취급금지의 원칙(헌법 제11조 제1항)에 그 근거를 두고 있다. 헌법 질서속의 부분법 질서로서의 조세공평주의는 그 본질이 경제적인 부담에 있어서의 평등 = 공평부담으로 집약되어서 조세입법에서는 조세부담이 국가의 구성원인 국민들 사이에 공평하게 배분되도록 세법을 제정해야 한다는 지도원리가 된다.

평등의 개념은 시대와 국가에 따라 조금씩 다를 수 있지만 통상 자의의 금지를 의미하며 그 자의의 금지의 실질적인 내용은 현대의 자본주의 경제체제 하에서는 특별히 배분적 정의의 모습으로 나타난다.

동일한 경제력을 가진 사람 사이에 있어서 평균적 정의가 충족되어야 하는 것은 당연하지만 자본주의의 구조적 모순으로 인해 초래된 개인의 빈부의 차를 극복하여 사회정의를 실현할 책무를 지고 있는 현대의 복지 국가에 있어서, 경제적 부담에 있어서의 배분적 평등의 실현은 그 기본이념이 되고 있다.

조세법규의 해석, 적용에 있어서 흔히 부딪히는 문제는 國庫主義的 입장을 취하느냐, 납세자의 이익을 보호하는 입장을 취하느냐 하는 것이다. 그러나 일정한 국가의 재정수요를 충족하기 위하여 세입이 필요한 이상 그 부담은 항상 이동, 전가되기 마련이라는 점을 명심해야 한다. 조세문제의 쟁점은 납세자와 비인격적인 과세관료조직간에 있는 것이 아니고 어떤 납세자군과 다른 납세자군 사이에 있는 것이며 납세자간의 공평한 균형을 유지함으로써만 높은 수준의 객관성과 그에 대한 전체 납세자의 지지가 계속 유지될 수 있는 것이다.

3. 신의성실의 원칙

(1) 의의 및 성격

① 의 의

신의성실의 원칙은 자기의 언동을 신뢰한 상대방이 그 신뢰에 기하여 어떤 행위를 한 경우에, 먼저 한 자기의 언동이 진실이 아니라는 이유로 이미 행한 언동을 번복하여 상대방의 신뢰를 배반해서는 안된다는 사법상의 원칙이다. 즉 신뢰보호와 禁反言의 원칙이다.

이 원칙은 법의 바탕을 이루는 정의 및 형평의 이념을 바탕으로 한 논리적·도의적 색채가 강한 법원칙으로 사법상의 법률관계를 규율하는 기본원칙으로 기능해 왔다.

② 조세법에서의 신의성실의 원칙

신의성실의 원칙은 원래 신뢰로 맺어진 사법관계, 특히 채권법관계를 지배하는 법원리로 발전했지만, 공법관계인 조세법률관계는 사법상의 채권법관계와 유사하여 조세법에 명문의 근거규정은 없지만 조세법률관계에 있어서 이 원칙의 적용은 인정되어 왔다.

조세법에서 이 원칙은 주로 과세청의 확약(Zusage)과 실효의 영역에서 발달되어 왔다. 과세청의 확약은 특정 납세의무자에게 행한 장래의 법적 상태에 대한 구속력 있는 표시로서, 이를 신뢰하고 있는 납세의무자를 보호해야 하므로 납세의무자가 이를 신뢰하고 어떤 행위를 하게되면 그 확약을 번복할 수 없게 되고, 따라서 과세청은 이미 한 확약에 따라서만 과세해야 한다.

또한 과세관청이 오랜 기간 계속하여 과세권을 행사하지 않음으로써 납세의무자가 과세권의 행사가 없을 것이라고 믿을 정도에 이른 경우에는 소급하여 과세권을 행사하는 것이 신의칙에 반하여 허용되지 않고 조세채권이 실효되는데, 이것이 실효의 원칙이다.

한편 과세처분의 법률적 성질과 관련하여 신의성실의 원칙이 적용되는가가 문제된다. 이러한 과세처분의 성질에 대해 과세청의 효과의사를 요소로 하는 법률행위적 행정처분으로서 下命으로 보는 견해와, 추상적으로 성립한 조세채권을 구체적으로 확인하는 준 법률행위적 행정처분으로서의 확인행위로 보는 견해가 있다.

③ 신의성실 원칙의 성격

국세기본법 제18조 제1항은 세법의 해석 적용에 있어서 과세의 형평과 당해 조항의 합목적성에 비추어 납세자의 재산권이 부당히 침해되지 않도록 해야 한다고 규정하고, 같은 조 제3항은 세법의 해석 또는 일반관행이 일반적으로 납세자에게 받아들여진 후에는 그 해석 또는 관행에 의하여 소급하여 과세되지 않는다고 규정하고 있다. 이러한 점에서 조세법에 있어서의 신의성실의 원칙은 세법의 해석원리뿐 아니라 세법의 적용원리로서의 성격을 가진다.

오늘날 공법관계에 있어서는 국가와 국민 사이의 신뢰관계의 형성이 강조되고 있는데, 이러한 신뢰관계에서는 종래의 무제한적인 공권력의 우월성은 부인되며, 신뢰관계를 기초로 한 신의성실의 원칙 아래서 그 공권력의 특례성, 절대성은 퇴색하고 있다.

(2) 신의칙의 일반적 요건

① 세무행정청의 공적 견해표시

우선 납세자의 신뢰의 대상이 되는 세무행정청의 공적인 견해표시가 있어야 한다. 공적인 견해의 표시에는 사실확정에 관한 것뿐 아니라 법령의 해석에 관한 것도 포함된다. 공적인 견해표시는 예규·통첩 각 세법의 기본통칙의 공표와 같은 일반납세자가 그 대상이 되지만 신고지도와 같이 특정한 개별납세자를 대상으로 하기로 한다.

개별적인 납세자에 대한 공적 견해표시에는 질의·조회에 대한 회답·통지 등이 있다. 그러나 예규·훈령은 관행에 해당하지 않는다고 판시한 판례도 있다(대판 1987. 5. 26, 86누96).

세무행정의 집행에 있어서는 법령의 해석이나 사실의 확정에 관하여 세무공무원 사이에 여러 견해가 있을 수 있으므로, 세무담당 공무원의 의사표시 모두가 신뢰의 대상이 되지는 않으며 일정한 책임 있는 지위에 있는 공무원의 공식적인 견해만이 신뢰의 대상으로 해석된다. 세무담당 공무원의 신고지도는 이런 의미에서 공적인 견해표시로 볼 수 없다.

공적 견해표시는 명시적인 것뿐만 아니라 묵시적인 의향의 표시도 포함한다 할 것이다. 따라서 특정 물건에 대하여 과세하지 않은 사실상태가 장기간에 걸쳐 계속된 경우에 그런 사실상태를 그 물건이 과세대상임을 알면서도 이에 과세하지 않겠다는 취지의 세무행정청의 묵시적 의향표시로 보아 신의칙을 적용할 수 있을 것이다.

② 신뢰의 정당성

납세자가 과세청의 견해표시를 신뢰함에 있어서 납세자에게 귀책사유가 없어야 한다. 세무공무원의 잘못된 견해표시가 납세자의 사실은폐와 허위신고 등에 의하여 이루어진 것인 때에는 납세자의 신뢰를 보호할 가치가 없다.

또한 잘못된 견해표시임을 쉽게 알 수 있는 경우에도 신뢰의 정당성은 없게 된다. 납세자의 신뢰에 정당성이 없다는 것을 입증하는 책임은 과세청에 있는 것으로 해석된다.

③ 신뢰에 기한 납세자의 세무상의 행위

납세자가 과세행정청의 언동을 신뢰하고 그 신뢰를 기초로 하여 세법상의 행위를 했어야 한다. 즉 납세자의 신뢰와 세무상 행위와의 사이에 상당인과관계가 있어야 한다. 이에 대한 입증책임도 과세청에 있는 것으로 볼 것이다.

④ 세무행정청의 소급적인 적법처분

세무행정청이 과거의 견해표시에 반해 소급적으로 적법한 처분을 했어야 한다. 여기서 과세처분이란 징수처분, 체납처분 등의 일체의 세무행정처분을 말한다. 이 때 세무행정처분은 형식상 적법한 것이어야 한다. 처분 자체에 하자가 있어 위법한 경우에는 신의칙의 적용문제를 가져올 것도 없이 무효이거나 취소할 수 있는 행정처분이기 때문이다.

⑤ 납세자의 불이익

납세자가 과세청의 과거 언동에 반하는 처분으로 인하여 경제적 불이익을 받아야 한다. 경제적 불이익은 새로운 조세부담, 조세부담의 증가뿐 아니라 환급의 거부, 공매, 압류, 징수유예의 취소 등 납세자의 경제적 부담, 권리, 이익의 상실 등을 모두 포함한다.

(3) 소급과세금지(비과세관행)

국세기본법 제18조 제3항은 "세법의 해석이나 국세행정의 관행이 일반적으로 납세자에게 받아들여진 후에는 그 해석이나 관행에 의한 행위 또는 계산은 정당한 것으로 보며 새로운 해석이나 관행에 의하여 소급하여 과세되지 아니한다"고 규정하고 있는데, 이를 비과세관행 또는 소급과세금지의 원칙이라고 한다.

이는, 원래 신의칙의 적용은 구체적 사안에 대한 개별적 판단을 필요로 하지만, 비과세관행이라는 객관적인 상황을 설정하고 그에 대한 납세자의 신뢰를 입법을 통하여 일반적으로 보호하고자 한 것이다. 국세기본법 제15

조의 신의칙 규정과 비교할 때, 신의칙 규정은 특정의 납세자에 대한 과세관청의 언동이 있고 당해 납세자가 이를 신뢰하여 세무상 어떤 행위를 했을 때 그 신뢰를 보호하는 규정이므로 과세관청의 언동이 일반성을 가진 경우에도 특정 납세자와의 관계에서 개별적으로 판단되나, 비과세관행은 과세관청의 공적견해의 표시 또는 국세행정의 관행이 일반적으로 납세자에게 받아들여진 경우, 즉 특정한 납세자가 아닌 불특정 납세자에게 그 해석 또는 관행이 이의 없이 받아들여진 경우에 적용된다는 점에서 양자는 차이가 있다. 따라서 신의칙 규정은 납세자에게도 적용되지만 비과세관행 규정은 내용상 과세관청만을 그 적용대상으로 하게 된다.

이것은 납세자의 신뢰를 보호하기 위하여 과세권의 행사에 제한을 가하기 위한 규정이고 과세관청의 위법한 처분을 구제하기 위한 규정이 아니므로, 예컨대 과세관청이 세액산출근거를 기재하지 않은 납세고지서에 의하여 지방세납부의 고지를 하는 과세행정을 되풀이해 왔고 그동안 납세자가 이를 그대로 받아들인 사실이 있다고 하더라도 위법한 과세처분이 적법한 것으로 되는 것은 아니다.

① 적용요건

과세청의 세법의 해석 또는 국세행정의 관행이 외관상 행위규범으로서 일반적으로 납세자에게 받아들여져야 한다. 따라서 과세청의 세법 해석에 관한 대외적 표시행위가 있어야 하고, 그 대외적 표시행위는 불특정다수인의 일반 납세자가 알 수 있는 상태에 있어야 한다.

판례 중 소득세법 기본통칙에서 정한 대금업에 의한 사업소득의 해석기준은 일반적으로 납세자에게 받아들여진 소득세법의 해석 또는 국세행정의 관행에 해당되지 않는다고 판시한 것이 있다(대판 1987. 5. 26, 86누96).

조세행정의 관행이란 세법의 해석에 관한 명시적인 대외적 표시는 없지만, 세법을 적용함에 있어서 과세요건사실의 인정 등 조세행정작용 전반에 걸쳐 장기간 계속적으로 일정 행위가 반복되는 것을 말한다. 국제기본법 제18조 제3항(소급과세금지)을 적용할 때는 비과세관행이 성립했다고 볼 수 있는가 하는 것이 쟁점이 되므로 과세누락과 비과세 관행의 구별이 문제된다.

비과세관행이 성립하려면, (ㄱ) 상당한 기간에 걸쳐 과세를 하지 않은 객관적 사실이 존재해야 하고, (ㄴ) 과세관청 자신이 그 사항에 관하여 과세할 수 있음을 알면서도 어떤 특별한 사정 때문에 과세하지 않는 다는 의사가 있어야 하며, (ㄷ) 이와 같은 공적 견해나 의사가 명시적 또는 묵시적으로 표시되어야 한다.

이 중 과세관청의 과세요건사실의 인식은 실제로 과세할 수 있음을 알아야 하는 것은 아니고 납세자의 입장에서 외관상 과세관청이 이 정을 알 수 있었던 것으로 볼 수 있으면 된다.

② 세무행정청의 새로운 해석 또는 관행에 의한 소급적이고 적법한 과세처분

비과세·세액감면·손금산입·소득공제 등의 세법규정이나 과세요건 사실의 인정 등에 관한 과거의 세법해석 또는 관행에 반하여 새로운 해석 또는 관행에 의한 소급적이고 적법한 과세처분이 있어야 한다. 따라서 과세청이 과거의 잘못된 해석 또는 관행을 시정하여 장래에 향하여 과세하는 것은 합법성의 원칙상 당연히 허용된다.

(4) 신의칙의 적용효과

신의칙에 반하는 과세처분의 효력에 대하여, 법의 근본이념에 반하는 위법한 처분이므로 무효가 되어야 한다는 견해도 없지 않으나, 신의칙에 반한 처분은 실정법상으로는 외관상 적법한 행위로서 그 하자가 중대하고 명백한 것이라고 볼 수 없으므로 취소할 수 있는 처분이라고 하는 것이 통설, 판례이다.

4. 실질과세의 원칙

실질과세의 원칙이란 과세요건 사실에 대한 세법의 적용에 있어서 형식과 실질이 다른 경우에는 실질에 따라야 한다는 과세원칙이다. 이는 두 가지 내용을 갖는다.

하나는 실질귀속의 원칙으로서 과세물건이 형식상 귀속하는 자와 실질상 귀속하는 자가 다른 경우 후자에 귀속하는 것으로 보고 과세한다는 것이다(국세

기본법 제14조 제1항). 이와 같은 소득의 귀속에 관한 실질주의를 실질소득자 과세의 원칙이라 한다.

다른 하나는 실질계산의 원칙으로서 과세물건을 인식함에 있어 과세거래의 형식과 실질이 일치하지 않을 경우 실질에 따라 과세한다는 것이다(국세기본법 제14조 제2항).

(1) 실질의 의미

실질과세의 원칙은 형식과 실질이 다른 경우 실질에 따라 과세해야 한다는 원칙이다. 이 원칙의 중심이 되는 것은 "실질"인데 실질의 의미를 두고 경제적 실질론과 법률적 실질론이 대립되고 있다.

① 경제적 실질론

경제적 실질론은 실질과세의 원칙을 법형식 대 경제적 실질의 문제로 파악한다. 즉 경제력의 법률상 귀속자와 사실상 귀속자가 다른 경우 경제력을 사실상 지배하는 자에게 과세해야 한다는 것이다. 경제력을 사실상 지배하는 경우에는 그 경제력을 지배하게 된 원인이 법률상 정당한 권원에 의한 것인지 여부는 묻지 않는다. 이러한 경제적 실질을 추구해야 실질적으로 담세력이 있는 곳에 과세할 수 있고, 이에 따라 조세공평부담의 원칙을 실현할 수 있다는 것이 경제적 실질론의 주장이다.

또한 경제적 실질론에 의하는 경우에는 경제력을 지배하게 된 원인이 법령에 위반한 경우에는 사실상의 경제력이 있다면 과세할 수 있으므로 불법소득 등에 대한 과세근거도 이 견해에서 찾을 수 있다.

② 법률적 실질론

실질과세의 원칙을 법형식 대 법실질의 문제로 파악하는 견해이다. 즉 이 견해는 법의 적용상 가장된 표현적 사실행위와 그 속에 숨은 진실한 법률적 사실의 관계를 파악하여 진실한 법률적 사실에 따라 과세를 하여야 한다는 것이다.

법률적 실질론에 의하는 경우에는 실질과세의 원칙이 법률적 권원이 있는 경우에만 적용되기 때문에 그 적용범위가 극히 제한되고 과세관청에 의한 원칙의 남용을 억제할 수 있다. 따라서 법률적 실질론은 국민의 재산권 보장을 위한 법적 안정성과 예측가능성의 확보면에서는 경제적 실질론보다 우위에 서지만 조세부담의 공평측면에서는 경제적 실질론보다 못한 것이 사실이다.

(2) 실질과세원칙의 유형

실질과세의 원칙은 소득의 귀속자에 관한 실질과세와 거래비용에 관한 실질과세의 두 가지로 되어 있다.

① 소득귀속자에 관한 실질과세

원칙적으로 과세의 대상이 되는 소득, 재산행위 또는 거래의 귀속은 명의일 뿐이고 사실상 귀속자가 따로 있을 때에는, 사실상 귀속되는 자를 납세의무자로 하여 세법을 적용한다.

국제기본법상의 실질과세의 원칙에 대하여는 세법의 특례규정이 우선한다. 소득세법의 명의자과세와 상속세법상의 명의신탁은 국세기본법상 소득귀속자에 대한 실질과세의 예외규정이다.

• 소득세법의 명의자과세

소득세법의 명의자과세는 표현과세라고도 하며, 외관이나 형식에 의하여 과세하는 것을 말한다. 소득세법은 실질과세에 대한 예외로서 건설업법에 의한 면허를 받은 자가 경영하는 건설업, 대외무역법에 의한 허가를 받은 자가 경영하는 수입업 (수입대행 제외), 이 외에 국가 또는 지방자치단체로부터 허가·인가·면허·특허 등을 받아 경영하는 사업의 경우를 정하고 이 때에는 그 명의자에게 과세하도록 하고 있다.

• 상속세및증여세법의 명의신탁

상속세및증여세법상 제3자 명의로 등기한 재산에 대한 증여의제는, 권리의 이전이나 그 행사에 등기·등록·명의개서 등을 요하는 재산에 있어서 실질소유자와 명의자가 다른 경우에는 그 명의자로 등기 등을 한 날에 실질소유자가 그 명의자에게 증여한 것으로 보아 증여세를 부과하도록 하고 있다.

② 거래내용에 관한 실질과세

세법 중 과세표준의 계산에 관한 규정은 소득·수익·재산·행위 또는 거래의 명칭이나 형식에 불구하고 그 실질내용에 따라 적용한다. 이 경우 거래의 실질내용은 형식상의 기록내용이나 거래명의에 관계없이 상거래관례, 구체적인 증빙, 거래 당시의 정황 및 사회통념 등을 고려하여 판단한다.

이와 같은 거래내용에 관한 실질과세는 거래행위를 우회시킴으로써 조세를 회피할 수 없다는 것을 의미한다.

제 3 장   납   세

제 1 절   납세의무의 성립 · 확정 · 소멸

1. 의   의

납세의무 내지 조세채권은 각 세법상의 과세요건을 충족한 경우에 성립한다. 일반적으로 과세요건이라고 하면 납세의무자·과세물건·과세표준 및 세율을 들 수 있다. 즉 납세의무는 특정 납세의무자에게 과세물건이 귀속되고 이에 따라 과세표준의 산정과 세율의 적용이 가능한 때에 성립하는 것이다. 그러나 그 내용은 구체적으로 확정되지 않으므로 내용을 구체적으로 확성하기 위하여 납세의무자의 신고나 과세권자의 행정처분이 있게 된다. 이것이 납세의무의 확정이다. 과세요건을 충족한 상태를 추상적 납세의무라고 한다면 구체적인 확정절차를 거친 상태를 구체적 납세의무라고 할 수 있다.

한편 확정된 납세의무는 납세의무자의 납부 등을 원인으로 하여 소멸된다. 정리하면 납세의무는 성립·확정·소멸의 단계를 거치게 되는 것이다.

2. 납세요건(납세의무 성립요건)

(1) 납세의무자

납세의무자란 세법에 의하여 국세를 납부할 의무를 지는 자를 말하며, 누가 납세의무자가 되는가에 대하여는 대부분 실정법상 명문의 규정에 따른다.

납세의무자를 판단함에 있어서는 과세물건의 귀속이 그 기준이 된다. 조세는 담세력이 있는 자에게 부과하는 것이 원칙이므로 과세물건의 귀속의 판단에 있어서는 형식여하에 불구하고 실질이용에 따라 판단해야 하는데, 이를 실질과세의 원칙이라 한다(예외 있음).

- 각 조세의 납세의무자

㈀ 법인세 : 과세소득이 귀속한 법인이다. 단 법인격 없는 단체도 포함된다.

㈁ 소득세 : 과세소득의 귀속자인 개인이다. 자연인인 개인은 외국인과 내국인을 포함한다.

㈂ 부가가치세 : 영리목적 여하에 불구하고 독립적으로 재화나 용역을 공급하는 자, 즉 사업자이다.

㈃ 상속세 : 상속재산의 취득자이다.

㈄ 증여세 : 증여를 받은 자이다.

㈅ 자산재평가세 : 재평가를 한 자이다.

㈆ 개별소비세 : 법정과세물품을 판매하는 자, 제조하여 반출하는 자, 보세구역으로부터 반출하는 자, 관세를 납부할 의무가 있는 자 및 과세장소의 경영자이다.

㈇ 주세 : 법정주류를 제조장에서 출고한 자, 보세구역에서 인취한 자이다.

㈈ 인지세 : 과세문서를 작성한 자이다.

(2) 과세물건

과세물건은 담세능력을 표상하는 것으로서 조세법이 과세의 목적물로 정하고 있는 물건, 행위 또는 사실을 의미한다. 과세의 객체 또는 대상이라고도 한다. 과세물건은 조세의 종류마다 다르므로 각 세목에 있어서 무엇이 과세물건인가는 그 개별 세법의 해석에 의해 정해진다.

① 과세물건의 내용

과세물건은 크게 소득, 소비, 재산으로 나눌 수 있다.

- 소득(income)을 과세물건으로 하는 조세는 경제가치의 流量(flow)에 과세하는 세목으로서, 국세인 소득세 및 법인세(양도소득세와 법인세 특별부가세는 제외)와 지방세인 농지세 및 주민세소득할이 여기에 해당한다.

- 소비(expenditure)를 과세물건으로 하는 조세는 소비를 위한 지출에 과세하는 세목으로서, 국세인 부가가치세, 개별소비세, 교통·에너

지·환경세, 주세 및 관세와 지방세인 담배소비세, 마권세, 도축세 등
이 여기에 해당된다.

- 재산(property)을 과세물건으로 하는 조세는 경제가치의 貯量(stock)
  에 과세하는 세목으로서, 재산의 보유단계에서 과세하는 재평가세(국
  세), 재산세와 종합토지세, 자동차세, 도시계획세, 공동시설세(이상 지
  방세) 등이 대표적인 것이지만, 재산의 유통단계에서 과세하는 양도
  소득세 및 법인세특별부가세, 상속 및 증여세, 증권거래세, 인지세(이
  상 국세)와 지방세인 등록세, 취득세 등도 넓은 의미에서는 재산을
  과세물건으로 하는 조세에 속한다.

② 과세물건의 귀속

과세물건과 납세의무자와의 결합관계를 과세물건의 귀속이라고 한다.
그 귀속여부는 세법 독자적인 입장에서 결정되어야 하는데, 이것은 법
률상의 정당한 권원의 취득과 반드시 일치하는 것은 아니다.

개별 세법상의 과세물건의 귀속자를 일별하면, 법인세는 소득을 얻은
법인, 소득세는 소득을 얻은 개인, 부가가치세는 부가가치를 창출·지
배하는 사업자, 상속세는 상속재산을 취득하는 상속인, 受遺者, 사인증
여의 수증자, 증여세는 증여계약에 의하여 재산을 취득하는 수증인, 개
별소비세는 과세물건의 판매자, 제조·반출자, 수입자, 과세장소의 경영
수입을 얻는 자이고, 등록세는 등기·등록을 신청하는 자, 재산세는 과
세대상 재산의 소유자, 취득세는 과세대상 재산의 소유권을 취득하는
자, 주민세는 거주하는 자(均等割), 소득을 얻은 자(所得割) 등이다.

(3) 과세표준

과세표준이란 세법에 의하여 직접적으로 세액산출의 기초가 되는 과세물
건의 수량 또는 가액을 말한다. 이와 같이 과세물건이 수량화된 기준치가
과세표준인 것이며 그 수량화의 형태는 각 조세법에 따라 달라서 금액이나
물량 또는 건수 등이 된다.

- 각 조세의 과세표준
  - (ㄱ) 법인세 : 내국법인 중 각 사업년도의 소득에 대한 과세표준은 각 사

업년도의 소득금액에서 과세표준공제금액을 감한 금액이다(법인세법 제13조). 과세표준공제금액에는 비과세소득·이월결손금 및 세액공제액이 있다.

(ㄴ) 소득세 : 기본적인 과세표준계상방법은 과세단위 소득금액에서 소득공제액을 감한 금액이다(소득세법 제14조). 이러한 소득세의 과세표준은 거주자와 비거주자에 따라 다르고 소득의 구분에 따라서도 다르다.

(ㄷ) 부가가치세 : 재화 또는 용역의 공급가액의 합계액이다(부가가치세법 제13조).

(ㄹ) 자산재평가세 : 재평가차액에서 재평가일(법인 : 각 사업년도 개시일, 개인 : 당해연도 1월 1일)까지의 법인세법 또는 소득세법 규정에 의한 이월결손금을 공제한 금액이다(자산재평가법 제12조).

(ㅁ) 상속세 : 상속재산가액에서 공과금 등 부채액을 공제하여 과세가액을 계산하고, 과세가액에서 기초공제 및 부양가족공제를 한 금액이다.

(ㅂ) 증여세 : 증여재산가액에서 친족공제액을 공제한 금액이다.

(ㅅ) 개별소비세 : 과세대상이 물품인 경우는 판매하거나 반출하는 때의 가액이며, 과세장소인 경우는 입장요금 또는 입장인원이다(개별소비세법 제8조).

(ㅇ) 인지세 : 과세문서의 기재금액과 각 과세문서수이다.

(4) 세 율

세율이란 세액산출을 위하여 과세표준에 곱해야 할 율을 말하며 그 크기는 과세표준에 대한 세액의 비율에 해당한다. 이는 국가의 자본축적 정도, 소득분배의 정도, 재정수요의 크기, 경기변동에 미치는 영향 등 여러 가지 요소에 의하여 정치적, 사회적, 재정적 요소에 의해 결정된다. 세율은 그 성질에 따라 비례세율, 누진세율, 실효세율, 탄력세율로 분류된다. 이 중 실효세율은 법률이 정한 세율, 즉 표면세율에 대한 개념으로서 현실적으로 납세자가 전체 과세표준에 대하여 부담하는 일정률을 말하고, 탄력세율은 단행세법에서 세율의 조정권을 행정부에 위임하는 경우 법률이 정하는 바에 의하여 행정부가 조정하는 세율을 말한다. 우리나라의 경우 관세법(제10조 등), 개별소비세법(제1조 제6항), 증권거래세법(제8조 제2항) 및 소득세법(제104조 제4항) 등에서 이를 정하고 있다.

세율은 종가세에서는 100분비 또는 1,000분비(이는 비례세율, 누진세율, 역진세율로 분류됨)로 표시되고, 종량세에서는 금액으로 표시된다.

3. 납세의무의 성립

납세의무는 조세법규에 의하여 각 세법이 정한 과세요건이 충족된 때에 그 내용과 범위가 성립, 결정된다. 납세의무의 성립시기는 대부분 그 기초가 되는 과세요건사실이나 행위의 완성과 때를 같이 하지만 언제나 일치하는 것은 아니며 그 각 성립시기는 각 세목에 따라 법에 정해져 있다. 이와 같은 상태의 납세의무를, 납세고지 등에 의하여 납세의무가 구체적으로 확정된 상태의 납세의무와 대비하여 추상적 조세채무라고 한다. 조세채무는 법이 정한 요건에 따라 법률상 당연히 성립하며 과세관청이나 납세의무자의 특별한 행위가 필요 없을 뿐만 아니라 납세의무자가 과세요건 충족 사실을 인식할 필요도 없다.

과세요건의 충족을 기초로 성립한 납세의무는 아직도 추상적인 존재에 불과한 것이어서 국가가 이에 대해 이행을 청구하기 위해서는 그 성립한 조세채무의 내용을 구체적으로 검토, 확인하는 확정절차를 밟아야 한다. 이 확정절차가 바로 납세의무자의 신고행위 또는 과세관청의 부과처분이다.

각 조세의 납세의무 성립시기는 다음과 같다.

㈀ 소득세 : 과세기간이 종료하는 때

㈁ 법인세 : 과세기간이 종료하는 때, 다만 청산소득에 대한 법인세에 있어서는 당해 법인이 해산 또는 합병하는 때

㈂ 상속세 : 상속을 개시하는 때

㈃ 증여세 : 증여에 의하여 재산을 취득하는 때

㈄ 재평가세 : 자산재평가를 하는 때

㈅ 부가가치세 : 과세기간이 종료하는 때, 다만 수입재화의 경우에는 세관장에게 수입신고를 하는 때

(ㅅ) 개별소비세·주세·교통세 : 과세물품을 제조장으로부터 반출하거나 판매 장에서 판매하는 때 또는 과세장소에 입장하거나 과세유흥장소에서 유흥 음식행위를 한 때, 수입물품의 경우에는 세관장에게 수입신고를 하는 때

(ㅇ) 인지세 : 과세문서를 작성하여 교부하는 때

(ㅈ) 증권거래세 : 당해 매매거래가 확정되는 때

(ㅊ) 교육세 : 국세·지방세에 부과되는 교육세는 당해 조세의 납세의무가 성 립하는 때, 금융·보험업자의 수익금액에 부과되는 교육세는 과세기간이 종료하는 때

(ㅋ) 농어촌특별세 : 본세의 납세의무가 성립하는 때

(ㅌ) 가산세 : 본세의 납세의무가 성립하는 때

그러나 다음의 경우는 위 성립시기와 다르다(국세기본법 제21조 제2항).

(ㄱ) 원천징수하는 소득세 또는 법인세 : 소득금액 또는 수입금액을 지급하는 때

(ㄴ) 납세조합이 징수하는 소득세 또는 예정신고납부하는 소득세 : 그 과세표 준이 되는 금액이 발생한 달의 말일

(ㄷ) 중간예납하는 소득세·법인세, 예정신고기간에 대한 부가가치세 : 중간예 납기간 또는 예정신고기간이 종료하는 때

(ㄹ) 수시부과에 의하여 징수하는 국세 : 수시부과할 사유가 발생하는 때

4. 납세의무의 확정

납세의무의 확정은 추상적으로 성립된 조세채권의 내용을 구체적으로 확정 하는 것으로서 강학상 행정법상의 확인행위에 해당한다. 국세기본법 제22조 제1항은 "국세는 해당 세법의 절차에 따라 그 세액이 확정된다"고 규정하고 있다.

납세의무는 다음과 같은 방법으로 확정된다.

(1) 자동확정

조세채무의 확정을 위한 특별한 절차없이 성립과 동시에 확정되는 방식 이다. 이 방식을 채택하고 있는 세목은 인지세, 원천징수하는 소득세·법인 세, 납세조합이 징수하는 소득세, 중간예납하는 법인세(정부가 조사, 결정하

는 경우는 제외) 등이다(국세기본법 제22조 제2항).

원천징수의무자는 자동적으로 확정되는 세액을 수급자로부터 징수하여 과세관청에 납부하는 의무를 부담하는 것이므로 그의 원천징수행위는(비록 원천징수의무자가 과세관청이라도) 법령에서 규정된 징수 및 납부의무를 이행하기 위한 것에 불과하여 쟁송의 대상이 되는 부과처분이라고 볼 수 없지만, 과세관청이 원천징수의무자에게 징수할 세액을 정하여 그 납입을 고지하면 그 징수납입고지의 처분성은 인정되어 행정소송을 제기할 수 있다.

(2) 신고에 의한 확정

이는 납세의무자가 스스로 조세채무 성립요건의 충족을 조사확인하고 이에 관계세법을 적용하여 과세표준과 세액을 신고함으로써 조세채무가 확정되는 방식이다.

현행 세법상 이 방식을 채택하고 있는 세목은 종합소득세(양도소득세 제외), 법인세, 부가가치세, 개별소비세, 주세, 증권거래세, 교육세, 교통세, 취득세, 등록세, 관세 등이다.

신고납세방식은 납세의무자 스스로 과세표준과 세액을 확정하는 점에서 자기부과제도라고도 부르는데, 이는 과세물건의 파악은 누구보다도 납세의무자가 정확히 알고 있어 그에게 1차적으로 그 측정작업을 맡기는 제도로서 민주적 납세방식에 적합하고 조세의 능률적 징수의 요청에도 부합하는 것이지만, 그 성패는 납세의무자의 수준에 달려 있다고 할 수 있다.

그러나 이 경우에는 납세의무자가 신고를 하지 않거나 신고 내용에 오류 또는 탈루가 있는 경우에는 정부의 결정 또는 경정결정에 의하여 확정되는 것이므로(국세기본법 제22조 제1항, 그 시행령 제10조의2 제1호 단서 및 제2호), 정부의 조사확정권이 2차적, 보충적 지위에 위치하고, 다만 그 신고 내용이 정당한 경우에만 과세관청의 경정결정권이 행사되지 않는 것이다.

요컨대 신고납세방식의 조세는 원칙적으로 납세의무자가 당해 국세의 과세표준과 세액을 신고하는 때에 확정되고, 신고가 없거나 신고 내용에 오류·탈루가 있어 정부가 결정 또는 경정결정을 할 경우에는 그 결정하는 때에 확정된다.

(3) 부과에 의한 확정

이는 과세관청의 부과처분에 의하여 조세채무가 확정되는 방식으로서 과세관청이 과세표준과 세액을 결정하는 때에 확정된다(국세기본법시행령 제10조의2 제3호).

현행 세법상 이 방식을 채택한 세목은 소득세 중 양도소득세, 재평가세, 상속세, 증여세, 부당이득세, 재산세, 농지세 등이다.

이 방식을 취하고 있는 조세에 있어서도 납세의무자에게 과세표준의 신고의무를 부담시키는 세목이 많이 있으나, 이 경우의 과세표준 신고는 납세의무를 확정시키는 효력은 없고, 단지 과세관청이 조사결정을 함에 있어 참고자료가 될 뿐이다.

5. 납세의무의 소멸

성립·확정된 납세의무는 여러 가지 원인에 의하여 소멸한다. 국세기본법 제26조는 납세의무의 소멸 사유로서 납부·충당, 부과의 취소, 제척기간의 만료, 징수권의 소멸시효 완성 등을 들고 있고, 국세징수법 제71조에는 공매의 중지, 제86조에는 결손처분에 대하여 규정되어 있다. 이 중 납부·충당·공매중지는 조세채권의 실현으로 인한 소멸이라 할 것이며, 징수권의 소멸시효·부과처분의 취소, 공매의 중지, 결손처분, 충당 등은 구체적 납세의무의 소멸에 해당한다고 할 것이다.

(1) 납 부

세액의 납부란 세액을 국고에 반입하는 것으로서 궁극적인 조세채권의 실현절차이다. 분납의 경우에는 그 이행된 부분에 한하여 소멸하는 것이다.

(2) 충 당

충당이란 납세의무자가 납부할 세액을 환급금으로 상계하는 것을 말한다. 충당은 행정청, 즉 세무서장의 결정으로 확정되는 행정처분으로서, 국세기본법 제51조에서 국세환급금의 충당과 환급에 관해 규정하고 있다.

(3) 공매의 중지

여러 재산을 일괄하여 공매에 붙이는 경우 그 일부의 공매대금으로 체납세액을 전부 충당할 수 있을 때에는 잔여재산의 공매를 중지해야 한다(국세징수법 제71조 제2항). 공매개시 전에 체납자 또는 제3자가 그 국세·가산금과 체납처분비를 완납한 때에도 같다(국세징수법 제71조 제1항). 이 경우 납세의무는 당연히 소멸하게 된다.

(4) 부과의 취소

부과처분이 그 성립에 하자가 있어 취소되는 경우 그 구체적 납세의무는 소멸하게 된다. 소멸의 효과는 부과한 날에 소급하여 발생한다.

(5) 결손처분

납세자에게 어떠한 사유가 있어 국세를 징수할 수 없는 경우에 세무서장은 결손처분을 할 수 있는데(국세징수법 제86조) 이 결손처분으로 납세의무는 소멸한다. 그러나 결손처분 당시 다른 압류 가능한 재산이 있음을 발견한 때에는 지체없이 그 처분을 취소하고 체납처분을 하게 되므로 이 경우에는 납세의무는 다시 존속하게 된다.

(6) 부과권 제척기간의 만료

국세기본법은 조세법률관계의 조속한 안정을 위하여 국세부과권을 일정기간에 행사하지 않으면 이를 행사할 수 없도록 규정하고 있다(국세기본법 제26조 제2호). 따라서 제척기간이 만료되면 납세의무는 소멸한다. 여기서 부과권은 과세권자가 조세채권을 확정할 수 있는 권한을 의미한다. 따라서 조세채권의 이행을 청구하고 강제실현할 수 있는 권한인 징수권과는 구별된다.

(7) 징수권 소멸시효의 완성

국세의 징수를 목적으로 하는 국가의 권리는 이를 행사할 수 있는 때로부터 5년간 행사하지 않으면 그 소멸시효가 완성하여 납세의무가 소멸한다(국세기본법 제27조·제26조 제3호).

제 2 절   납세의무의 승계

1. 의   의

납세의무의 승계란 기왕에 성립되어 있는 납세의무가 본 납세자로부터 다른 자에게 이전하는 것을 말한다.

납세의무는 금전급부로서 성질상 대체성이 있고 이전 가능하며 현실적으로는 과세의 편이성을 추구해야 한다. 또한 조세는 납세의무자의 경제적 부담능력을 고려하여 부과해야 하므로 납세의무의 승계는 세법에 특별한 규정이 있는 경우 외에는 원칙적으로 인정되지 않는다.

현행 국세기본법은 납세의무의 승계를 상속이나 합병과 같이 포괄적인 권리의무의 승계가 있는 경우에 인정하고 있다(국세기본법 제23조 · 제24조).

2. 상속으로 인한 승계

상속이 개시된 때에 그 상속인(수유자를 포함한다) 또는 상속재산관리인은 피상속인에게 부과되거나 그가 납부할 국세 · 가산금과 체납처분비를, 상속으로 인하여 얻은 재산을 한도로 하여 납부할 의무를 진다(국세기본법 제24조 제1항).   단 상속인이 재산상속을 포기하면 납세의무의 승계도 없게 된다. 상속이 개시된 때란 피상속인이 사망한 때를 말한다.

책임의 범위는 상속받은 재산을 한도로 한다. 상속인은 상속재산의 한도에서 국세등의 납세의무를 승계하는 것이다. 상속받은 재산은 상속으로 인하여 얻은 자산총액에서 부채총액과 그 상속으로 인하여 부과되거나 납부할 상속세를 공세한 가액을 말한다(국세기본법시행령 제11조 제1항). 2인 이상의 상속인이 있을 때는 그 법정상속지분에 따라서 책임을 진다.

기타 승계되는 납세의무 및 승계자의 지위는 합병으로 인한 납세의무의 승계와 같다.

3. 법인의 합병으로 인한 승계

　법인이 합병한 때에 합병 후 존속하는 법인 또는 합병으로 인하여 신설된 법인은, 합병으로 인하여 소멸된 법인에게 부과된 국세·가산금과 체납처분비를 납부할 의무를 진다(국세기본법 제23조).

　법인이 합병한 때라 함은 합병결의에 의하여 합병 후의 존속 법인 또는 신설 법인이 그 본점 소재지에서 합병등기를 한 때를 말하는 것으로, 이로써 합병의 효력이 발생하게 되며 소멸법인의 권리·의무를 승계하게 된다.

　책임의 범위는 상속의 경우와는 달리 제한이 없다. 그리고 승계는 포괄승계이므로 소멸법인의 납세의무는 물론 제2차 납세의무 기타 이들 납세의무에 관련한 신고납부의무나 질문조사의 수인의무, 환급청구 및 불복청구권 등 절차상의 권리·의무도 모두 포함한다.

제 3 절   납세담보

1. 의   의

납세담보는 과세관청이 국세 등의 징수를 확보하기 위하여 납세자 등으로부터 물적 담보 또는 인적 담보를 제공받는 제도이다. 이는 공법상의 담보이므로 제공의 요구나 절차는 세법에 근거해야 한다. 따라서 세법에 의하지 않은 납세담보는 무효가 된다.

2. 납세담보가 요구되는 경우

납세의무자가 납세담보를 제공해야 하는 경우에 대해서는 각 세법에서 규정하고 있다. 즉 (ㄱ) 징수유예를 받은 때(국세징수법 제18조), (ㄴ) 체납처분의 유예를 받을 때(국세징수법 제85조의2), (ㄷ) 과세물품을 수입면허 전에 보세구역에서 반출할 때(개별소비세법 제10조 제4항), (ㄹ) 주류제조업자에 대하여 주세담보를 받을 때(주세법 제30조 · 제36조), (ㅁ) 상속세 또는 증여세를 연부연납할 때(상속세및증여세법 제71조) 등이다.

3. 납세담보의 내용 및 평가

(1) 납세담보의 내용

납세담보는 크게 세무서장이 확실하다고 인정하는 보증인의 납세보증서와 같은 인적 담보와 납세자 또는 제3자가 제공한 담보목적물인 물적 담보로 나눌 수 있다. 국세기본법상의 납세담보를 보면 다음과 같다(국세기본법 제29조). (ㄱ) 금전, (ㄴ) 국채 또는 지방채, (ㄷ) 세무서장이 확실하다고 인정하는 유가증권, (ㄹ) 납세보증보험증권, (ㅁ) 세무서장이 확실하다고 인정하는 보증인의 납세보증서, (ㅂ) 토지, (ㅅ) 보험에 든 등기 또는 등록된 물건 · 공장재단 · 광업재단 · 선박 · 항공기나 건설기계

(2) 납세담보의 평가

납세담보의 가액은 다음과 같은 기준에 의해 각각 평가된다. (ㄱ) 국채 또는 지방채는 시가, (ㄴ) 유가증권은 대통령령이 정하는 가액, (ㄷ) 납세보증보험증권은 보험금액, (ㄹ) 건설보증서는 보증액, (ㅁ) 토지 · 건물 · 공장재단 · 광

업재단·선박·항공기 또는 건설기계는 대통령령이 정하는 가액.

한편 담보는 담보할 국세의 120% 이상을 제공해야 하지만, 그 담보물이 현금 또는 납세보증보험증권인 경우에는 담보할 국세액의 110% 이상을 제공해야 한다(국세기본법시행령 제14조 제1항).

4. 담보의 제공방식

납세담보를 제공하려면 먼저 납세담보제공서를 제출해야 한다. 담보물의 종류별 제공절차는 다음과 같다. (ㄱ) 금전 또는 유가증권을 제공하는 경우에는 그 공탁수령증을 제출한다. 단, 등록된 국채·지방채 또는 사채의 경우에는 담보제공의 뜻이 기재된 등록필증을 함께 세무서장에게 제출해야 한다. (ㄴ) 납세보증보험증권 또는 납세보증서를 제공하는 경우는 그 보험증권 또는 보증서를 세무서장에게 제출해야 한다. (ㄷ) 토지·건물·공장재단·선박·항공기 또는 건설기계를 제공하는 경우는 그 등기필증 또는 등록필증을 제시해야 하는데, 이에 의해 세무서장이 저당권설정등기·등록의 절차를 밟게 된다.

5. 담보에 의한 납부와 징수

금전을 납세담보로 제공하면 문서로 신청하여 담보로 제공한 금전으로 피담보국세 등을 납부할 수 있으며(담보에 의한 납부), 세무서장은 피담보국세 등을 납부하지 않을 때에는 (ㄱ) 담보물이 금전인 경우에는 그 금전을, (ㄴ) 납세보증증권인 때에는 보험금을 지급받고, (ㄷ) 납세보증서인 때에는 보증인으로부터 징수절차에 따라 징수하며, (ㄹ) 국채·지방채 기타 유가증권·토지·건물·공장재단, 광업재단·선박·항공기·건설기계인 때에는 국세징수법의 공매절차에 의해 매각하여 각 그 금액으로 피담보국세 등에 충당한다(담보에 의한 징수)(국세기본법 제33조, 동법시행령 제16조).

6. 납세담보의 해제

세무서장은 납세담보의 제공을 받은 국세·가산금과 체납처분비가 납부된 때에는 지체없이 담보해제의 절차를 밟아야 한다(국세기본법 제34조). 납세담보의 해제는 문서로 통지함으로써 행하며, 저당권의 등기나 등록을 촉탁한 때에는 관계관서에 저당권 말소의 등기 또는 등록을 촉탁해야 한다(국세기본법시행령 제17조).

제 4 장   과   세

1. 과세 관할관청

(1) 과세표준신고 관할

과세표준신청서는 신고당시 당해 국세의 국세의 납세지를 관할하는 세무서장에게 제출한다. 관할을 위배하여 신고된 경우에도 신고의 효력에는 영향이 없으며, 이 경우 신고서를 접수한 세무서장은 그 신고서를 관할 세무서장에게 지체없이 송부하고, 그 뜻을 기재한 문서로 당해 납세자에게 통지해야 한다. 과세표준신고서란 국세의 과세표준과 국세의 납부 또는 환급을 위하여 필요한 사항을 기재한 신고서를 말한다(국세기본법 제2조 제15호).

(2) 결정 또는 경정결정 관할

국세의 과세표준과 세액의 결정 또는 경정결정은 처분 당시 당해 국세의 납세지를 관할하는 세무서장이 한다(국세기본법 제44조). 따라서 관할권 없는 세무서장이 한 결정 또는 경정결정은 효력이 없게 되는데, 그 예외로 세법 또는 다른 법령에 의하여 권한 있는 세무서장이 결정 또는 경정결정을 하는 경우는 그렇지 않다.

2. 수정신고

납세의무자는 과세표준과 세액을 정부에 신고한 후라도 그 기재사항에서 오류·누락을 발견할 수 있는데, 이 때 이를 수정해서 신고하는 것을 수정신고라고 한다(국세기본법 제45조). 수정신고는 과세표준신고와는 달리 납세의무자가 임의로 하는 것이지만, 수정신고를 한 자에게는 가산세가 감면되는 혜택이 주어진다.

(1) 내 용

① 수정신고자

수정신고자는 과세표준신고서를 법정신고기간 내에 제출한 자이어야 한다. 따라서 무신고자는 당연히 수정신고서를 제출할 수 없다.

② 신고사항

당초 신고에서 오류·누락된 사항이다. 과세표준이나 세액산정의 근거가 되는 사항에 관하여 사실에 부합하지 않는 신고를 한 경우 및 사실대로 신고했으나 이를 근거로 한 과세표준과 세액의 계산에 있어서 법령의 규정에 의하지 않았거나 오산이 있는 경우 등이다. 수정신고의 대상에는 과세표준뿐만 아니라 세액도 포함된다.

③ 신고의 기간

㈀ 법인세와 부가가치세의 경우 수정신고 기간은 법정신고기한 경과 후 6개월, 단 예정신고하는 부가가치세의 경우는 3개월 내이다.

㈁ 법인세와 부가가치세 이외의 국세는 법정신고기한이 경과한 후 1개월 이내에 신고해야 한다.

④ 수정신고의 관할

수정신고 당시 당해 국세의 납세자를 관할하는 세무서이다.

(2) 효 력

① 신고납세하는 국세의 경우

수정신고도 세액확정의 효력을 갖는다. 그러나 수정신고는 당초신고의 확정효력에는 영향이 없다할 것이다. 그리고 수정신고서를 신고기간 내에 제출한 경우에는 가산세 감면의 혜택을 받는다(국세기본법 제48조).

② 부과과세하는 국세

이 경우는 정부의 결정에 의하여 세액이 확정되므로 수정신고가 세액확정의 효력을 갖지 않으며, 다만 정부의 경정 또는 결정에 참고자료가 될 뿐이다. 그러나 가산세 감면의 혜택은 있다.

3. 가산세의 부과와 감면

(1) 가산세의 부과

정부는 세법에서 규정하는 의무를 위반한 자에 대하여 세법에 근거해 가산세를 부과할 수 있다. 가산세는 당해 세법이 정하는 국세의 세목으로 한다. 단 당해 국세를 감면하는 경우에는 가산세는 그 감면하는 국세에 포함되지 않는다(국세기본법 제47조). 가산세란 세법이 규정하는 의무의 성실한 이행을 확보하기 위하여 그 세법에 의하여 산출한 세액에 가산하여 징수하는 금액을 말하는 것으로 가산금은 포함하지 않는다(국세기본법 제2조 제4호). 가산세는 의무위반에 대한 제재로서의 성질을 갖지만 그 형식은 당해 세법이 정하는 국세의 세목으로서 그에 따른 부과징수절차에 의하여 징수된다.

(2) 천재·지변 등으로 인한 감면

정부는 세법에 의하여 부과했거나 부과할 가산세가 다음과 같은 사유로 인한 것인 때에는 이를 감면한다(국세기본법 제48조 제1항, 동시행령 제2조).

㈀ 천재·지변이 발생한 때

㈁ 납세자가 화재·전화(戰禍) 그 밖의 재해를 입거나 도난을 당한 때

㈂ 납세자 또는 그 동거가족이 질병으로 위중하거나 사망하여 상중인 때

㈃ 납세자가 그 사업에 심한 손해를 입거나, 그 사업이 중대한 위기에 처한 때(납부의 경우에 한한다)

㈄ 정전, 프로그램의 오류, 그 밖의 부득이한 사유로 한국은행(그 대리점을 포함한다) 및 체신관서의 정보통신망의 정상적인 가동이 불가능한 경우

㈅ 금융회사 등(한국은행 국고대리점 및 국고수납대리점인 금융회사 등만 해당한다) 또는 체신관서의 휴무, 그 밖의 부득이한 사유로 정상적인 세금납부가 곤란하다고 국세청장이 인정하는 경우

㈆ 권한 있는 기관에 장부·서류가 압수 또는 영치된 때

㈇ 납세자의 형편, 경제적 사정 등을 고려하여 기한의 연장이 필요하다고 인정되는 경우로서 국세청장이 정하는 기준에 해당하는 경우(납부의 경우만 해당)

㈈ 위 ㈁, ㈂, ㈆에 준하는 사유가 있는 때

가산세 감면사유의 발생시기는 가산세의 부과원인이 되는 기한, 즉 세법의 규정에 의한 의무의 이행기간 내이어야 한다. 그러나 위 사유 발생원인이 조세포탈을 위한 증거인멸 등으로 납세자의 고의적인 행동에 의하여 생긴 때에는 가산세를 감면하지 않는다. 감면은 신청 또는 직권에 의한다.

(3) 수정신고에 의한 가산세의 감면

과세표준수정신고서를 법정신고기한 경과 후 6月 이내에 제출하면, 최초 과소신고로 인해 부과해야 할 가산세의 100분의 50에 해당하는 세액이 감면된다. 단 과세표준신고서를 제출한 과세표준과 세액에 관해 경정이 있을 것을 미리 알고 제출한 경우에는 그렇지 않다(국세기본법 제48조 2항).

제 5 장   국세환급금과 국세환급가산금

1. 국세환급금

(1) 의 의

납세자가 납부할 세액을 초과하여 납부하거나 착오에 의해 과다하게 납부한 경우 또는 세법에 의해 환급할 세액이 있는 경우 국가 또는 지방자치단체는 이러한 과오납금이나 환급세액을 납세자에게 환급해야 하는데, 이를 국세환급금이라 한다.

과오납한 조세는 그 성질상 부당이득이며 환급세액, 즉 당초 적법하게 세법에 따라 납부했으나 정산결과 정당한 세액을 초과한 것으로 과세권자가 보유할 정당한 사유가 없는 금액 역시 부당이득이라고 할 수 있다. 이러한 납세자의 그 환급청구는 공법상의 금전교부청구권이라 할 것이다.

국세기본법 제51조는 납부한 세금 중 과오납금이나 환급세액이 있는 때에는 즉시 국세환급금으로 결정하여 다른 국세에 충당하고, 잔액이 있는 때에는 결정일로부터 30일 이내에 납세자에게 환급해 줄 것을 규정하고 있다.

(2) 발생원인

국세환급금의 발생원인은 적법한 납부로 인한 경우와 부적법한 납부로 인한 경우가 있다. 일반적으로 국세환급금이 발생하는 경우로는,

㈀ 초과납부와 2중납부의 경우

㈁ 납세의무 없는 세금을 착오납부한 경우

㈂ 세액납부 후 부과취소 또는 감액경정이 결정된 경우

㈃ 부가가치세 매입세액이 매출세액을 초과한 경우

㈄ 중간예납세액과 원천납부세액이 당해 과세기간의 확정과세를 초과한 경우

(ㅂ) 세액납부 후 세법의 개폐로 인해 납세의무가 소멸한 경우

등을 들 수 있다.

(3) 환급금의 충당과 환급

① 충 당

세무서장은 국세환급금으로 결정한 금액을 다음의 국세가산금 및 체납처분비에 충당해야 한다.

(ㄱ) 납세고지에 의하여 납부하는 국세

(ㄴ) 체납된 국세·가산금과 체납처분비

(ㄷ) 세법에 의하여 자진납부하는 국세

단 위 (ㄱ) 및 (ㄷ)의 경우는 납세자가 그 충당에 동의하는 경우에만 한다(국세기본법 제51조 제2항). 따라서 위 (ㄱ) 및 (ㄷ)의 경우는 납세자의 신청에 의해 충당되는 경우이고, (ㄴ)은 징수관청이 직권으로 충당하는 경우라 할 것이다.

② 환 급

위와 같이 국세환급금을 충당한 후 잔여금이 있는 때에는 세무서장은 국세환급금을 결정한 날로부터 30일 이내에 납세자에게 이를 지급해야 한다(국세기본법 제51조 제6항). 환급이 되는 경우는 충당할 국세가 없는 경우 및 충당하고 잔여금이 있는 경우를 의미하여, 위 환급기간이 30일은 효력규정이 아닌 훈시규정에 불과하다고 할 것이다. 환급대상자는 원칙적으로 납세자이다.

(4) 양도와 소멸시효

납세자는 국세환급금에 관한 권리를 타인에게 양도할 수 있다(국세기본법 제53조). 환급금의 양도는 새무서장이 국세환급금통지서를 발급하기 전에 해야 한다(동법시행령 제42조 제1항). 납세자는 국세환급금 양도요구서에 양도인의 인감증명서를 첨부하여 세무서장에게 그 양도를 요구할 수 있으며, 세무서장은 양도인이 납부할 국세 등에 충당하고 남은 잔여금에 대하여 지체없이 승낙해야 한다.

국세환급금에 관한 권리는 이를 행사할 수 있는 때로부터 5년간 행사하지 않으면 소멸시효가 완성된다(국세기본법 제54조 제1항). 행사할 수 있는 때란 국세환급금의 결정이 있음을 안 때를 말한다.

2. 국세환급가산금

(1) 의　의

세무서장은 국세환급금을 충당 또는 지급하는 때에는 附利期間에 일정한 이율을 곱한 금액을 국세환급금에 가산해야 하는데 이를 국세환급가산금이라 한다. 이는 국세환급금에 대한 법정이자상당액의 의미를 갖는다.

(2) 국세환급가산금의 계산

① 기　간

국세환급금을 충당 또는 지급하는 때의 기간은 다음에 게기하는 날의 다음날부터 충당하는 날 또는 지급결정을 하는 날까지의 기간으로 한다.

㈀ 착오납부·이중납부 또는 납부 후 그 납부의 기초가 된 신고 또는 부과를 경정하거나 취소함에 따라 발생한 국세환급금에 있어서는 그 납부일. 다만, 그 국세가 2회 이상 분할 납부된 것인 때에는 그 마지막 납부일로 하되 국세환급금이 마지막에 납부된 금액을 초과하는 경우에는 그 금액이 될 때까지 납부일의 순서로 소급하여 계산한 국세환급금의 각 납부일

㈃ 적법하게 납부된 후 법률이 개정되어 발생한 국세환급금에 있어서는 그 법률의 시행일

㈄ 소득세법, 법인세법, 부가가치세법, 개별소비세법, 주세법 또는 교통·에너지·환경세법에 의한 환급세액을 신고 또는 잘못 신고함에 따른 경정을 원인으로 하여 환급함에 있어서는 그 신고를 한 날(신고한 날이 법정신고기일 전인 경우에는 당해 법정신고일)로부터 30일이 경과하는 때. 다만 환급세액을 신고하지 아니함에 따른 결정으로 인하여 발생한 환급세액을 환급함에 있어서는 당해 결정일로부터 30일이 경과하는 때이다(국세기본법 제52조).

② 가산율(이율)

국세환급금의 가산율은 환급금 100원에 대하여 1일 3전이다. 연리로 환산하면 10.95%가 된다(3전×365일÷100원＝10원 95전, 10.95원÷100원＝10.95%).

제 6 장　　조세채권의 실현(조세체납처분)

제 1 절　　의　의

조세채권은 과세요건이 충족되면 성립되고 납세의무자의 신고나 정부의 부과처분에 의해 구체적으로 확정된다. 확정된 조세채권은 납세자의 자진납부 또는 납세고지에 의한 납부로 실현되는데, 이를 조세채권의 임의적 징수절차라고 한다. 그러나 고지가 있어도 납세자가 조세를 납부하지 않는 때에는 과세관청이 독촉을 하여 이행을 최고하게 되며, 최고된 납부기한까지도 납부하지 않으면 과세관청은 부득이 체납자의 재산을 압류환가하여 체납액에 충당하는 체납처분절차를 이행하게 된다. 이와 같은 체납처분은 국가의 자력집행력에 근거를 둔 강제적인 조세채권의 실현절차로서 압류·매각·청산·결손처분에 이르는 일련의 절차이다. 이 때 납세고지와 독촉절차는 체납처분의 선행절차를 구성하게 되어 조세채권의 강제징수절차는 체납처분과 그 선행절차로 이루어지는 것이다.

제 2 절   체납처분선행절차

1. 납세고지

납세의 고지는 조세채권의 이행을 요구하는 財政下命에 속한다고 보는 것이 일반적이어서 납세의무자는 확정된 조세채권의 내용에 불복하는 경우에도 지정된 기한까지 조세를 납부해야 하는 구속을 받게 된다. 또 납세의 고지는 독촉의 전제요건이 된다.

(1) 고지서의 발부

세무서장 또는 시장, 군수가 국세를 징수하고자 할 때에는 납세자에게 그 국세의 과세년도, 조목, 세액 및 산출근거·납부기한과 납부장소를 명시한 고지서를 발부해야 한다. 또한 납세자가 체납액 중 국세와 가산금만을 완납하여 체납처분비를 징수하고자 할 때에는 납세자에게 체납처분비고지서를 발부해야 한다(국세징수법 제9조 제1항·제2항). 구두에 의한 납세고지는 어느 경우에도 인정되지 않는 것이다.

이 경우 연대납세의무에 대해 납세고지를 하는 경우는 연대납세의무자 전원을 고지서에 기재해야 하며, 그 전원에게 고지서를 발부해야 한다.

한편 납세고지서와 납부통지서는 다음의 시기에 발부해야 한다(국세징수법 제10조).

(ㄱ) 납부기한이 일정한 경우에는 납세고지서는 납기개시 5일전, 납액통지서는 납기개시 15일 전

(ㄴ) 납부기한이 일정하지 않은 경우에는 징수결정 즉시

(ㄷ) 세법에 의하여 기간을 정하며 징수유예한 경우에는 그 기간이 만료한 날의 다음 날

(2) 납부기한의 지정

납세의 고지를 하는 때에는 반드시 납부기한을 지정해야 한다. 세무서장은 국세(체납처분비 포함)의 납부기한(이에 대해 세법이 규정하는 경우는

제외한다)을 납세·납부 또는 납입의 고지를 하는 날로부터 30일 내로 지정할 수 있다(국세징수법 제11조).

(3) 제2차 납세의무자·양도담보권자에 대한 납부고지

세무서장은 제2차 납세의무자(납세보증인을 포함) 또는 양도담보권자에게 납부통지서를 발부하고, 제2차 납세의무자 또는 양도담보권자의 거소 또는 주소를 관할하는 세무서장과 납세자에게 그 뜻을 통지해야 한다(국세징수법 제12조·제13조).

(4) 납세고지의 효과

납세의 고지에 의하여 국세징수권의 소멸시효가 중단되며(국세기본법 제28조) 부과과세를 취하고 있는 국세가 확정되고, 그 납부기한이 경과한 날로부터 가산금의 기산일이 진행된다. 또 납세고지는 독촉장 발부의 전제요건이 된다.

2. 독 촉

독촉이란 납세의무자가 납부기한까지 조세를 납부하지 않은 경우 그 이행을 촉구하는 최고적 행정처분으로서 압류의 전제요건이 된다. 제2차 납세의무자에 대한 체납액의 이행촉구절차에서는 납부최고를 규정하고 있는데(국세징수법 제23조 제2항), 그 성질은 독촉과 같다고 할 것이다.

(1) 독촉의 요건

㈀ 납부기한까지 조세를 완납하지 않았어야 한다. 따라서 일부 미납의 경우도 포함된다.

㈁ 독촉장의 발부가 있어야 한다. 이것은 구두에 의한 독촉이 무효임을 뜻한다. 다만 납기전 징수의 경우에는 독촉절차가 필요 없다.

㈂ 독촉장(최고장)은 납기 경과 후 10일 내에 발부해야 한다. 단 납기전 징수의 경우는 예외로 한다. 위 10일의 기간은 훈시규정으로, 10일이 경과한 후에 발부된 독촉장도 유효하다 할 것이다.

㈃ 독촉장(최고장)은 납부기한을 20일 내로 해야 한다. 이 20일도 역시 훈시규정으로 본다.

(2) 독촉의 효과

독촉이나 최고는 국세징수권의 소멸시효를 중단시키는 효력이 있다(국세기본법 제28조 제1항). 독촉이나 최고에 의한 납부기한까지 체납국세를 납부하지 않으면 압류를 할 수 있으므로 독촉은 압류의 전제조건이 된다.

제 3 절　체납처분절차

1. 압 류

　압류는 체납처분절차의 첫 단계로서 조세채권자인 조세행정주체가 조세채권의 만족을 위하여 행하는 강제처분으로서 압류재산의 처분을 금지시키는 행정처분이다. 압류에 의하여 압류재산의 처분권은 국가에 이전되며, 압류 후에는 압류재산의 양도 또는 권리설정 등의 법률상 처분으로 압류권자인 국가에 대항할 수 없다. 한편 압류는 압류권자인 국가, 피압류자인 납세자 및 제3자에게 미치는 영향이 크므로 법률상 엄격한 제한이 있게 된다.

(1) 압류의 요건

　　㈀ 납세자가 독촉장(납부최고서 포함)을 받고 지정된 기한까지 국세와 가산금을 완납하지 않은 때.

　　㈁ 납기전 징수(국세징수법 제14조 제1항)의 경우 납세자가 납기전에 납부고지서를 받고 그 지정된 기한까지 완납하지 않은 때

　　㈂ 납기전 징수에 해당하는 사유가 있고 국세확정 후에는 징수할 수 없다고 인정되는 때에는 국세로 확정되리라고 추정되는 금액의 한도 내에서 압류할 수 있다. 단 이 경우는 이미 지방국세청장의 승인을 얻어야 한다. 이러한 납기전 미확정액의 압류는 다음의 경우 즉시 해제해야 한다.

　　　㉠ 압류통지를 받은 자가 납세담보를 제공하는 압류해제를 요구한 때

　　　㉡ 압류일로부터 3월이 경과할 때까지 압류에 의하여 징수하고자 하는 국세를 확정하지 않은 때

(2) 압류대상재산의 요건

　　① 납세자에게 귀속하는 재산이어야 한다.

　　조세채무에 충당할 수 있는 것은 조세채무자인 체납자의 일반재산에

한하므로 제3자 소유의 재산은 압류할 수 없다. 그러므로 납세자 아닌 타인의 재산에 대한 압류는 그 명의를 불문하고 실현될 수 없는 처분으로서 무효가 된다. 체납자에게 귀속하는 재산인지의 여부는 법률의 일반원칙에 따라 정해진다. 따라서 건물에 대한 체납자 명의의 소유권보존등기가 명의신탁등기인 경우에도 그에 대한 압류는 적법하고, 양도소득세의 발생원인이 된 재산이라도 등기명의가 납세자에게 남아있어 그 소유권이 납세자에게 귀속되어 있는 한 압류의 대상이 되며, 체납자 명의의 부동산에 대하여 체납처분에 의한 압류 당시 제3자가 취득시효완성으로 인한 소유권이전등기청구권을 가지고 있더라도 그 때까지 등기를 하지 않았다면 과세관청에 대하여 소유권을 주장할 수 없다.

② 금전적 가치와 양도성을 가져야 한다.

금전 또는 물건의 급부를 목적으로 하지 않는 작위 또는 부작위를 목적으로 하는 채권이나 일신전속적인 권리 등은 압류의 대상이 되지 않는다.

③ 압류금지재산이 아니어야 한다.

법령에 의하여 압류가 금지된 재산은 압류할 수 없다. 각 법령에는 그 목적에 따라서 압류금지 규정이 설정되어 있고, 그 외 국세징수법에는 주로 체납자의 생활보호를 위하여 절대적 압류금지재산(국세징수법 제31조)과 급여의 압류제한(동법 제33조) 및 조건부 압류금지재산(동법 제32조)을 규정하고 있다.

• 압류금지재산

체납자와 그 동거가족의 생활상 없어서는 안되는 의복·침구·가구 등, 체납자와 그 동거가족에게 필요한 3월간의 식료와 연료, 實印 기타 직업에 필요한 인장, 제사·예배에 필요한 물건·석비와 묘지, 체납자 또는 그 동거가족의 喪事·장례에 필요한 물건, 족보 기타 체납자의 가정에 필요한 장부·서류, 직무상 필요한 제복·법의, 훈장 기타 명예의 증표, 체납자와 그 동거가족의 수학상 필요한 서적과 기구, 발명 또는 저작에 관한 것으로서 발표되지 않은 것, 법령에 의하여

급여하는 사망급여금과 상이급여금, 의료·조산의 업 또는 동물진료업에 필요한 기구·약품 기타 재료, 체납자의 생계유지에 필요한 소액금융재산으로서 대통령령으로 정하는 것.

절대적 압류금지재산을 압류한 때에는 그 압류는 무효가 되거나 절대적 압류금지재산임이 외관상 명백하지 않은 경우는 취소사유가 된다.

(3) 세무공무원의 권한과 압류의 절차

압류절차는 세무공무원의 신분증 제시, 압류조서 작성 등의 일반절차와 재산의 종류에 따른 압류절차로 나누어 볼 수 있다. 압류절차가 위법한 경우에는 원칙적으로 무효 또는 취소할 수 있게 된다. 일반적인 압류절차는 다음과 같다.

① 신분증의 제시

세무공무원이 체납처분을 위하여 질문·검사 또는 수색을 하거나 재산을 압류할 때에는 신분증을 휴대하고 이를 관계자에게 제시해야 한다(국세징수법 제25조).

② 수색의 권한과 방법

세무공무원은 재산을 압류하기 위하여 필요한 때에는 체납자의 가옥·선박·창고 등을 수색하거나, 폐쇄된 문이나 금고를 열게 하거나 열 수 있다. 제3자의 가옥·선박·창고 기타의 장소에 체납자의 재산을 은닉한 혐의가 있다고 인정되는 경우에도 위의 권한이 성립한다. 수색은 해뜰 때부터 해질 때까지에 한한다. 다만 해가 지기 전에 개시한 수색은 해가 진 후에도 계속할 수 있으며, 주로 야간에 영업을 하는 장소에 대하여는 해가 진 후라도 영업중이면 수색을 개시할 수 있다. 수색을 했으나 압류할 재산이 없는 경우에는 세무공무원은 수색조서를 작성하여 체납자 또는 참여자와 함께 서명·날인해야 하며, 등본을 체납자 또는 참여자에게 교부해야 한다(국세징수법 제26조).

③ 질문검사권

세무공무원이 체납처분을 집행함에 있어서 압류할 재산의 소재 또는 수량을 얻고자 할 때에는 체납자, 체납자와 거래관계가 있는 자, 체납자의 재산을 점유하는 자, 체납자와 채권·채무관계에 있는 자, 체납자가 주주 또는 사원인 법인, 체납자인 법인의 주주 또는 사원에 대하여 질문하거나 장부·서류 기타의 물건을 검사할 수 있다(국세징수법 제27조).

④ 참여자설정

세무공무원은 수색 또는 검사를 할 때에는 당해 수색 또는 검사를 받은 자, 그 가족·동거인 또는 사무원 기타의 종업원을 증인으로 참여시켜야 하며, 참여자가 없거나 참여에 응하지 않은 때에는 성년자 2인 이상 또는 서울특별시·광역시·시·군의 공무원이나 경찰공무원을 증인으로 참여시켜야 한다(국세징수법 제28조).

⑤ 압류조서의 작성

체납자의 재산을 압류할 때에는 압류조서를 작성해야 한다. 이 경우에 압류재산이 다음에 해당하면 그 등본을 체납자에게 교부해야 한다(국세징수법 제29조).

　㉠ 동산 또는 유가증권

　㉡ 채　권

　㉢ 채권과 소유권을 제외한 재산권

(4) 압류의 효력

압류를 하게 되면 압류 후에도 납세자가 피압류 국세 등을 납부하지 않는 경우 압류재산을 공매·유의계약 등에 의해 환가하여 그 대금으로 체납 국세 등에 충당할 수 있는 법적 지위가 세무서장에게 기본적으로 생긴다.

① 처분금지의 효력

체납자는 압류재산에 대하여 법률상·사실상의 처분을 할 수 없게 된다. 압류부동산을 제3자에게 양도하거나 그에게 담보권을 설정하는 경우, 그 매수자와 담보권자는 압류등기를 한 세무서장에게 대항할 수 없다. 따라서 당사자간의 사적 계약은 유효하다고 본다.

② 시효중단의 효력

압류는 피압류 국세 등의 소멸시효의 진행을 중단시킨다(국세기본법 제28조 제1항).

③ 과실에 대한 효력

압류의 효력은 압류재산에서 생기는 천연과실과 법정과실에 미친다. 단 제3자 또는 체납자가 압류재산을 사용·수익하는 경우 그 재산으로부터 생기는 천연과실(그 재산의 매각으로 인하여 권리를 이전할 때까지 수취하지 않은 천연과실을 제외한다)에는 압류의 효력이 미치지 않는다(국세징수법 제36조).

④ 종물에 대한 효력

주물을 압류한 경우 그 효력은 종물에도 미친다. 단 동산의 경우에는 세무공무원이 점유를 취득한 종물에만 미친다고 할 것이다.

⑤ 가압류·가처분에 대한 효력

체납처분은 재판상의 가압류 또는 가처분으로 인하여 그 집행이 영향을 받지 않는다(국세징수법 제35조).

⑥ 압류된 질물 인도의 효력

세무공무원이 질권이 설정된 재산을 압류하고자 하면 그 질권자는 질권의 설정시기와는 상관없이 질물을 세무공무원에게 인도해야 한다(국세징수법 제34조).

⑦ 상속 또는 합병의 경우 체납처분의 효력

체납자의 재산에 대하여 체납처분을 집행한 후 체납자가 사망하거나 체납자의 법인이 합병에 의하여 소멸된 때에도 그 재산에 대하여 한 체납처분은 속행된다. 체납자가 사망한 후 체납자 명의의 재산에 대하여 한 압류는 그 재산을 상속한 상속인에 대하여 한 것으로 본다(국세징수법 제37조).

⑧ 대물변제예약가등기와 압류등기의 효력

납세의무자를 등기의무자로 하고 채무불이행을 정지조건으로 하는 대물변제의 예약에 기하여 권리이전의 청구권 보전을 위한 가등기(가등록 포함) 기타 이와 유사한 담보의 목적으로 된 가등기가 되어 있는 재산을 압류하는 경우에 당해 가등기에 기한 본등기가 행해진 때에는 그 가등기의 권리자는 그 재산에 대한 체납처분에 대하여 가등기에 기한 권리를 주장할 수 없다. 다만 국세 또는 가산금(그 재산에 대하여 부과된 국세와 가산금을 제외한다)의 법정기일 전에 가등기된 재산에 있어서는 그렇지 않다(국세기본법 제35조 제2항).

(5) 압류의 해제

압류의 해제란 압류의 효력을 소멸시키는 처분으로서, 그 성질상 행정처분의 철회에 해당한다. 따라서 압류해제 전에 이미 발생한 효력은 해제의 영향을 받지 않는다. 예컨대 압류해제 전에 압류채권을 추심하여 체납국세에 충당한 경우 그 충당의 효력은 압류해제로 인하여 영향을 받지 않는다.

① 압류해제의 요건

㈀ 납부·충당·공매의 중지, 부과의 취소 기타의 사유로 압류가 필요 없게 된 때

㈁ 압류재산에 대한 제3자의 소유권 주장이 상당한 이유가 있다고 인정되는 때

㈂ 제3자가 체납자를 상대로 소유권에 관한 소송을 제기하여 승소판결을 받고 그 사실을 증명한 때 등의 필요적인 경우와,

(i) 압류 후 재산가격 변동 등의 사유로 그 가격이 징수할 체납액의 금액을 현저히 초과한 때

(ii) 압류에 관계되는 체납액의 일부가 납부 또는 충당된 때

(iii) 부과의 일부를 취소한 때

(iv) 납세자가 압류할 수 있는 다른 재산을 제공하여 그 재산을 압류한 때 등의 임의적인 경우가 있다. 이 경우에는 압류재산의 전부 또는 일부에 대하여 압류를 해제할 수 있다(국세징수법 제53조).

② 압류해제 후

압류를 해제한 때에는 세무서장은 그 뜻을 당해 재산의 압류통지를 한 자, 제3채무자 또는 제3자에게 통지해야 하며, 이 때 압류의 등기 또는 등록을 한 것에 대하여는 압류해제조서를 첨부하여 압류말소의 등기 또는 등록을 관계관서에

촉탁하여야 한다(국세징수법 제54조).

③ 압류유예와 압류해제

세무서장은 체납자가 국세청장이 인정하는 성실납세자에 해당하는 때, 재산의 압류나 압류재산의 매각을 유예함으로써 사업을 정상적으로 운영할 수 있게 되어 체납액의 징수가 가능하다고 인정되는 때에는 그 체납액에 대하여 체납처분에 의한 재산의 압류를 대통령령이 정하는 바에 의하여 유예할 수 있다. 유예의 기간은 유예한 날의 다음날부터 1년 이내이다. 아울러 필요하다고 인정하는 때에는 이미 압류한 재산의 압류를 해제할 수 있다. 그 기간은 유예한 날의 다음날부터 1년 이내이다(국세징수법 제85조의2, 동법시행령 제82조의2).

2. 매 각

압류재산의 매각이란 체납자의 압류재산을 금전가액으로 환가하기 위하여 강제적으로 소유권을 이전시키는 행정처분이다. 압류재산의 매각은 체납자의 재산권을 크게 침해할 수 있으므로 그 방법과 절차를 법률로써 엄격하게 규정하고 있다. 압류재산의 매각은 공매를 원칙으로 하며 수의계약을 예외적으로 인정하고 있다. 공매는 경매와 입찰로 나누어 진다.

(1) 매각의 요건

① 매각의 대상이 되는 재산은 적법한 압류절차에 따라 압류한 재산이어야 한다(국세징수법 제61조 제1항). 그러나 압류재산이라도 금전은 체납액에 직접 충당되고, 채권은 추심하므로 매각대상에 포함되지 않는다. 그러나 채권을 추심하여 받은 급부가 물건인 경우는 매각대상이 된다. 결국 매각대상은 동산, 유가증권·부동산·무체재산권과 체납자에게 대위하여 받은 통화를 제외한 물건이 된다.

② 조세채권이 확정되어 있으며 소멸하지 않았어야 한다. 납기전 징수에 의해 납세자의 재산을 압류한 경우에도 마찬가지로 조세채권이 확정되어 있어야 한다(국세징수법 제61조 제3항). 이 경우 조세채권의 범위에는 국세, 가산금, 체납처분비가 해당된다.

③ 국세기본법상의 불복절차가 계류상태에 있지 않아야 한다. 즉 국세기본법에 의한 이의신청·심사청구 또는 심판청구가 계류중에 있는 국세를 체납하여 압류한 경우에는 그 신청 또는 청구에 대한 결정이 확

정되기 전에 이를 공매할 수 없다. 다만 그 재산이 부패·변질 또는 감량되기 쉬운 재산으로서 속히 매각하지 않으면 그 재산가액이 감손될 우려가 있는 경우는 예외로 한다(국세징수법 제61조 제4항). 단, 행정소송법상의 소송중에 있는 경우는 이에 해당하지 않는다.

(2) 매각의 효과

매수인은 매수대금을 납부한 때에 매각재산을 취득한다(국세징수법 제77조 제1항). 그 결과 매각결정통지서를 받은 체납자는 소유권이전절차를 이행해야 하며, 불이행시에는 공매권자가 강제적으로 이전절차를 해야 한다(국세징수법 제79조). 즉 매각이 있으면 압류재산의 종류에 따라 동산은 인도를, 부동산은 관계관청에 등기이전의 촉탁을 해야 하는 것이다. 한편 매수인이 취득한 권리는 원시취득이 아닌 승계취득이 된다.

매각대금은 이를 영수하여 보관하고 청산할 권리가 발생한다. 세무서장이 매수대금을 수령한 때에는 그 한도 안에서 체납자로부터 체납액을 징수한 것으로 본다(국세징수법 제77조 제2항).

(3) 매각의 유예

세무서장은 체납자가 국세청장의 성실납세자 인정기준에 해당하는 때, 또한 압류재산의 매각을 유예함으로써 사업을 정상적으로 운영할 수 있게 되어 체납액의 징수가 가능하다고 인정되는 때에는 체납처분에 의한 압류재산의 매각을 유예한 날의 다음날부터 1년 이내의 기간동안 매각을 유예할 수 있다(국세징수법 제85조의2, 동법시행령 제82조의2).

3. 교부청구

교부청구란 체납자의 재산에 대하여 이미 강제집행절차 등이 개시되어 있는 경우에 별도로 압류를 할 필요없이 이미 진행되고 있는 법적 절차에 참여하여 체납액의 교부를 청구하는 행정처분이다. 교부청구는 확정된 국세채권에 대하여 할 수 있는 것으로, 확정되지 않은 추상적 조세채권에 대하여는 청구할 수 없다.

(1) 교부청구의 사유

㈎ 국세의 체납으로 체납처분을 받은 때

㈏ 지방세 또는 공과금의 체납으로 체납처분을 받은 때

㈐ 강제집행을 받은 때

㈑ 파산의 선고를 받은 때

㈒ 경매가 개시된 때

㈓ 법인이 해산한 때

등의 사유가 체납자에게 발생하여야 한다.

(2) 교부청구의 효력

교부청구는 체납자의 재산을 강제환가하고 있는 집행관에게 매각대금의 배분을 요구하는 것이므로 교부청구를 하면 매각대금을 수령할 권리가 생기게 된다. 이 경우 배분순위는 국세기본법의 국세우선의 원칙이나 민법에 따른다. 또한 교부청구는 시효중단의 효력을 갖는다(국세기본법 제28조 제1항). 그러나 교부청구를 받은 집행기관이 강제집행 또는 경매절차를 취소하거나 해제하면 교부청구는 효력을 상실한다.

(3) 교부청구의 해제

납부·충당·부과의 취소 기타의 사유에 의하여 교부를 청구한 국세·가산금 또는 체납처분비의 납부의무가 소멸하면 세무서장은 교부청구를 해제해야 한다. 교부청구의 해제는 교부청구를 받은 기관에 그 뜻을 통지함으로써 이루어진다(국세징수법 제60조).

4. 참가압류

참가압류란 압류할 재산이 이미 다른 기관에 압류된 때에 교부청구에 갈음하여 압류에 참가하는 행정처분이다. 이것은 이미 압류를 행한 기관이 압류를 해제할 경우, 소급하여 압류의 효력을 유지하기 위한 것이다.

이 제도는 이미 압류를 행한 기관의 압류절차에 참가압류통지라는 간단한 방법으로 참가함으로써 국세징수권을 확보하기 위한 것이다. 참가압류는 압류의 효과가 소급할 뿐 압류의 성질을 지니고 있어 압류에 관한 규정이 준용된다(국세징수법 제59조).

참가압류를 한 후 기압류기관이 그 재산에 대한 압류를 해제한 때에는 참가압류는 다음과 같이 소급하여 압류의 효력을 발생한다.

　(ㄱ) 권리의 변동에 있어서 등기·등록이 필요한 재산에 대하여는 참가압류의 등기 또는 등록이 완료된 때

　(ㄴ) 권리의 변동에 있어서 등기·등록이 필요한 재산 이외의 재산에 대하여는 참가압류통지서가 기압류기관에 송달된 때

　기압류기관이 압류한 재산을 오랜 시일이 지나도록 매각하지 않는 경우 압류에 참가한 세무서장은 이에 대한 매각처분을 기압류기관에 최고할 수 있다(국세징수법 제58조 제3항).

5. 청 산

청산이란 체납처분의 최종단계로서 압류재산의 매각대금을 국세·가산금·체납처분비와 기타 채권에 분배하는 행정처분을 말한다. 배분할 금액이 체납액과 기타 채권액보다 많으면 초과액을 체납자에게 교부하고, 반대로 부족한 경우에는 배분순위에 따라서 배분하게 된다.

(1) 배분대상금전

세무서장은 다음의 금전을 배분해야 한다(국세징수법 제80조).

　(ㄱ) 압류한 금전

　(ㄴ) 채권·유가증권·무체재산권 등의 압류로 인하여 체납자 또는 제3채무자로부터 받은 금전

　(ㄷ) 압류재산의 매각대금 및 그 매각대금의 예치이자

　(ㄹ) 교부청구에 의하여 받은 금전

(2) 배분방법

　① 배분절차의 내용은 (ㄱ) 체납된 국세, 가산금과 체납처분비에 충당하는 것, (ㄴ) 교부청구권을 받은 조세·공과에 배분하는 것, (ㄷ) 전세권자, 질권자 또는 저당권자와 그외 국세에 우선하는 특정채권자에게 배분하

는 것, ㈃ 잔여금전을 체납자에게 지급하는 것 등으로 이루어 진다. 그밖의 일반채권자는 채무명의의 유무에 관계없이 배분절차에 참가할 수 없다.

② 채권·유가증권·무체재산권 등의 압류로 인하여 체납자 또는 제3채무자로부터 받은 금전과 압류재산의 매각대금은 ㈀ 압류에 관계되는 국세·가산금과 체납처분비, ㈁ 교부청구를 받은 국세·지방세 또는 공과금, ㈂ 압류재산에 관계되는 전세권·질권 또는 저당권에 의하여 담보되는 채권에 배분한다(국세징수법 제81조 제1항 제1호 내지 제3호).

여기서 '압류에 관계되는 국세'에는 매각대금 등의 배분일 현재 납부기한이 도래하지 않은 것은 해당되지 않는다. 배분은 압류로 인해 이미 조세채권자의 지배에 있게 된 추심금전 또는 매각대금을 체납세액으로서 수납하는 절차에 지나지 않으므로, 압류에 관계되는 국세는 결국 금전을 추심한 날 또는 매각대금을 수령한 날에 소멸한다고 할 것이다.

전세권, 질권 또는 저당권의 피담보채권은 압류 전에 설정된 것인가 여부 및 조세에 우선하는가 여부를 불문하고 배분대상에 포함된다.

③ 압류한 금전 또는 교부청구에 의하여 받은 금전은 각각 그 압류 또는 교부청구에 관계되는 국세·가산금과 체납처분비에 충당한다(동법 제81조 제2항). 충당이란 압류한 금전 및 교부청구에 의하여 받은 금전을 체납자가 납부할 조세의 수납으로 처리하여 조세채무를 소멸시키는 것을 말하는데, 이러한 금전은 다른 채권에는 배분하지 않고 오로지 당해 압류 또는 교부청구에 관계되는 체납조세에만 충당하여 납세의무를 소멸시킨다.

④ 위와 같이 배분 또는 충당하고 남은 잔액은 체납자에게 지급한다(동법 제81조 제3항). 체납처분에 의해 압류한 재산이 가압류되어 있는 경우 민사소송절차에서는 채권의 배당액을 공탁하도록 하고 있으나, 세법상으로는 그러한 규정이 없으므로 배분의 잔여금을 가압류채권자에게 공탁하지 않고 체납자에게 교부하는 것이다.

⑤ 세무서장은 매각대금 등을 배분 또는 충당함에 있어서 국세에 우선하는 채권이 있음에도 배분순위의 착오나 교부청구의 부당 기타 이에 준하는 사유로 인하여 먼저 배분하거나 충당한 경우에는 채권자에게 국세환급금 환급의 예에 의하여 지급한다(동법 제81조 제5항).

⑥ 세무서장은 금전을 배분한 후 배분계산서를 작성하여 이를 체납자에게 교부해야 하며, 이로써 체납처분은 종결된다(동법 제83조).

6. 결손처분

결손처분은 조세채권을 납세자의 무자력 등 일정한 사유로 인해 징수할 수 없다고 인정되는 경우에 하는 것이다.

(1) 결손처분을 할 수 있는 사유

㈀ 체납처분이 종결되고 체납처분에 충당된 배분금액이 그 체납액에 부족한 때

㈁ 제85조 소정의 체납처분의 중지 사유가 있는 때

㈂ 국세징수권의 소멸시효가 완성한 때

㈃ 체납자의 행방이 불명하거나 재산이 없다는 것이 판명된 때 및 채무자 회생 및 파산에 관한 법률 제251조의 규정에 의하여 체납한 회사가 납부의무를 면제받게 된 때 등이다(국세징수법 제86조, 그 시행령 제83조).

(2) 결손처분

결손처분은 1996. 12. 30. 국세기본법 제26조 제1호가 개정되기 전에는 납세의무의 소멸사유였기 때문에 체납국세에 관한 납세의무를 소멸시키는 행정처분으로 해석되었으나 위 개정으로 결손처분된 국세도 소멸시효기간이 지남으로써 소멸되는 것으로 되었다. 이는 종전의 입법이 조세채권채무관계를 신속히 종결지어 법적 안정성을 도모하는데는 장점이 있으나 납세자의 재산은닉 등 악용의 폐단이 있는 점을 고려한 것으로 여겨지는데, 결손처분된 국세를 그렇지 않은 국세와 동일하게 소멸시효기간 동안 존속시킨다는 것은 균형을 잃은 측면이 없지 않다.

제 2 편   조세소송(세무소송)

제 1 장   조세소송의 개념과 특수성

1. 조세소송의 개념

조세소송이란 조세법률관계에 있어서의 권리·의무에 관하여 세무행정청과 납세자와의 사이에 분쟁이 생긴 경우, 당사자 일방이 소송을 제기함으로써 발생한 쟁송을 법원이 심리·판단하는 재판절차이다. 이것은 조세행정소송이라고도 하며 세무소송이라고도 한다.

소송의 청구내용은 조세의 부과·징수에 관한 처분, 즉 신고납세방식에 있어서의 과세처분, 부과과세방식에 있어서의 과세처분, 각종 본세의 납부의무와 별도로 발생하는 가산세, 가산금 등에 관한 처분, 강제징수를 위한 체납처분과 공매처분 등의 무효·위법을 이유로 한 무효나 취소 변경이며, 이것을 행정소송법에 의한 행정소송절차에 따라 심리 판결하는 것이다.

조세행정소송은 행정소송법에 의하여 규율되며 행정소송법에 특별한 규정이 없는 사항에 대하여는 법원조직법과 민사소송법의 규정을 준용한다.

2. 조세소송의 특수성

우선 조세행정의 주내용인 과세처분을 일반행정처분과 비교하면 조세행정은 국민전체를 대상으로 하며 대량적, 반복적으로 이루어지고, 내용면으로도 전문성·기술성·복잡성 등을 지니고 있다는 특성을 알 수 있다.

또한 조세소송 중 대종을 이루는 취소소송의 경우 그 형식에 있어서는 일반행정소송과 마찬가지로 과세처분의 취소를 구하는 형태이지만 실질은 조세채무의 존부를 다투는 조세채무부존재의 확인을 구하는 것이다. 즉, 형식은 행정소송이지만 그 실질은 조세채무존부확인소송인 것이다.

조세소송의 이러한 특수성으로 인해서 행정불복신청에는 일반법인 행정심판법이 적용되지 않고(국세기본법 제56조 제1항, 관세법 제38조의2 제1항) 조세소송에 있어서도 행정소송법의 일부조항(제18조 제1항 본문, 제2항, 제3항)의 적용이 배제되어(국세기본법 제55조 제5항, 관세법 제38조의2 제2항) 일반행정사건과 달리 2단계 내지 3단계의 행정심판절차를 두고 있으며, 또한 이러한 단계적인 행정심판을 의무적으로 모두 거치도록 되어 있는 것이다. 이러한 다단계 전심절차를 거치는 대신 일반행정소송보다 단기간에 제소하도록 하여 최종 조세심판재결서를 송달받은 날로부터 90일 이내에 행정소송을 제기하도록 하고 있다.

그러나 조세소송도 위와 같은 특수성을 제외하고는 일반의 행정소송과 다르지 않으므로 국세기본법, 관세법, 지방세법 등 조세법규에 특별규정이 있는 것을 제외하고는 일반법인 법원조직법 및 민사소송법, 민사집행법이 적용 또는 준용된다(행정소송법 제8조 제1항, 제2조 등 참조).

제 2 장   조세소송의 종류와 소송간의 관계

1. 소송의 종류

(1) 성질에 의한 분류

① 형성소송 : 조세법상의 법률관계를 변동시키는 것을 목적으로 하는 행정소송으로서, 이에 의해 법률관계가 소멸, 변경되고 새로 발생하기도 한다. 위법한 과세처분에 대한 취소소송이 이에 해당한다.

② 확인소송 : 권리 또는 법률관계의 존부확인을 구하는 행정소송으로서, 과세처분의 무효 또는 부존재확인소송이나 부작위위법확인소송이 이에 해당한다.

③ 이행소송 : 이행청구권을 확정하고 상대방에 대해 이행명령을 하기 위한 행정소송이다. 과오납금의 반환청구소송, 조세의 부과징수처분이 당연무효임을 전제로 하는 기납부세금의 부당이득금반환청구소송 등의 당사자소송이 여기에 해당되지만, 대법원은 구 행정소송법시대 이래 이들을 줄곧 민사소송으로 취급해 왔다(대판 92. 12. 24, 92누3335 참조).

(2) 내용에 의한 분류

행정소송법은 원고 자신의 권리구제를 직접 목적으로 하는 주관적 소송인 항고소송 및 당사자소송과 원고 자신의 권리구제를 직접 목적으로 하지 않는 객관적 소송인 민중소송 및 기관소송으로 나누어 규정하고 있는데, 협의의 조세소송이란 주관적 소송을 말한다.

① 항고소송

항고소송은 행정청의 위법한 세무행정처분이나 부작위에 의하여 권리·이익을 침해받았을 때 그 위법상태를 배제함으로써 권익구제를 받기 위해 제기하는 소송으로서 취소소송, 무효등확인소송, 부작위위법확인소송으로 나뉜다(행정소송법 제3조 제1호, 제4조).

(ㄱ) 취소소송

취소소송은 세무행정청의 위법한 처분이나 재결에 대해 그 취소 또는 변경을 구하는 소송(같은 법 제4조 제1호)으로서 처분청을 피고로 하여 제기되며 조세소송의 대부분이 여기에 해당된다.

취소소송은 제소기간이 단기간으로 정해져 있고 행정심판 전치주의가 적용된다. 이는 처분의 하자가 무효사유에 대항하는 경우에도 마찬가지이다.

(ㄴ) 무효등확인소송

세무행정청이 한 처분이나 재결의 효력 유무 또는 존재 여부의 확인을 구하는 소송이다(같은 조 제2호). 과세처분의 무효확인소송, 부존재확인소송, 실효확인소송 등이 이 유형에 속한다. 무효등확인소송은 제소기한의 제한이나 전심절차가 적용되지 않아 적법한 전심절차를 거치지 않았거나, 취소소송의 제소기간을 놓친 경우에 주로 이용되고 있다. 다만, 과세처분의 경우에는 부과고지된 세금이 완납되지 않은 경우에만 과세처분무효확인의 소를 제기할 수 있을 뿐이다.

행정소송법은 취소소송에 관한 규정 중 제소기간, 행정심판전치, 사정판결 등을 제외하고 거의 모든 규정을 무효등확인소송에 준용하고 있다(행정소송법 제38조 제1항).

(ㄷ) 부작위위법확인소송

세무행정청의 부작위가 위법하다는 확인을 구하는 소송이다(같은 법 제4조 제3호). 즉 부작위위법확인소송은 행정청이 납세자의 법령상 또는 조리상의 청구권 행사에 대하여 상당한 기간 내에 일정한 처분을 해야 할 의무가 있음에도 불구하고 이를 행하지 않을 때 이러한 부작위가 위법하다는 확인을 구하는 소송이다.

따라서 당사자의 신청에 대하여 행정청의 처분이 존재하지 않는 경우에 허용되는 것이므로, 당사자의 신청에 대하여 행정청이 거부한 경우에는 그 거부처분에 대한 취소소송을 제기해야 한다.

부작위위법확인 판결은 당사자인 행정청과 관계행정청을 기속하는 효력을 가지기 때문에 판결이 내려지면 행정청은 처분의무를 지며 처분의무를 이행하지 않는 경우에는 간접강제제도에 의하여 그 실효성이 보장된다(행정소송법 제34조).

② 당사자소송

당사자소송은 행정청의 처분 등을 원인으로 하는 법률관계에 관한 소송 기타 공법상의 법률관계에 관한 소송으로서 그 법률관계의 한쪽 당사자를 피고로 하는 소송이다(행정소송법 제3조 제2호). 이러한 점에서 당사자소송은 통상의 민사소송과 같은 유형의 소송이지만 그 소송물이 공법상의 법률관계인 점에서 다르다.

조세의 과오납반환청구에 대하여 다수설은 공법상의 부당이득반환을 구하는 당사자소송으로 보아야 한다고 하지만, 판례는 과세부과처분이 무효임을 전제로 이미 납부한 세금의 반환을 청구하는 것은 부당이득반환청구로서 민사소송으로 다루어야 한다는 입장을 취하고 있다(대법원 1991. 2. 6. 고지, 90프2결정).

③ 객관적소송

민중소송과 기관소송(행정소송법 제3조 제3, 4호)이 이에 포함되며 이들은 모두 법률이 정한 경우에 한하여 허용된다. 조세소송으로서의 기관소송은 지방의회의 조세조례에 관한 재의결에 대하여 지방자치단체의 장이 대법원에 제기하는 것(지방자치법 제107조 제3항)이 있다.

2. 각 소송간의 관계

(1) 취소소송과 무효확인소송

행정소송법 제4조는 취소소송과 무효확인소송을 별개의 행정소송으로 규정하고 있으므로 이 둘은 병렬관계에 있다고 할 것이다. 따라서 원고는 취소소송과 무효확인소송을 예비적으로 병합하여 제기할 수 있게 된다. 예컨대, 과세처분무효확인소송을 주위적 청구로, 과세처분취소소송을 예비적 청구로 제기하는 것이다. 이때 당사자가 주장하는 위법사유가 동일해도 청구를 예비적으로 병합제기하는 데에는 아무런 지장이 없다(대판 1990. 12. 22

90누123).

또한 판례는 취소소송의 청구기각 판결의 기판력이 무효확인소송에도 미친다고 한다(대판 1993. 4. 27 92누9777). 그러므로 과세처분취소소송에서 청구기각 판결을 받은 납세자는 그 뒤에 과세처분무효확인소송을 다시 제기할 수 없다.

한편 행정소송법에 의하면 취소소송과 무효확인소송은 별개의 소송이지만 이들은 행정처분의 하자를 이유로 그 효력의 배제를 구하는 점에서 동일하고 하자의 정도에 따라 차이가 있는 것에 불과해 실제에 있어서는 포용성을 가진다고 할 수 있다.

이와 관련하여 판례는 취소소송을 제기했으나 심리결과 처분의 하자가 중대하고 명백한 당연 무효의 사유로 밝혀진 때에는 무효선언으로서의 취소판결을 할 수도 있다고 한다. 다만, 이때에는 전심절차와 제소기간의 준수 등 취소소송의 제소요건을 갖추어야 하므로(대판 1987. 6. 9 87누219) 그러한 요건을 갖추지 못한 경우에는 무효확인의 소로 변경하도록 한 후 무효확인 판결을 해야 할 것이다.

반대로 처분의 무효확인을 구하는 소를 제기했으나 심리결과 처분의 하자가 취소사유에 불과한 경우, 취소소송의 제기에 필요한 요건을 갖추고 있는 때에는 무효가 아니면 취소를 구하는 취지인지를 석명하여 취소의 소로 변경하도록 한 후 취소판결을 해야 할 것이다(대판 1994. 12. 23 94누477 ; 대판 1987. 4. 28 86누887).

(2) 취소소송과 당사자소송

행정처분은 비록 하자가 있더라도 그것이 당연무효의 하자가 아닌 이상 행정청에 의해 취소될 때까지 유효한 것으로 취급되는 공정력을 가지므로, 행정처분에 취소사유가 있는 경우에는 취소소송을 제기하여 처분의 효력을 다투어야 한다.

한편 과세처분과 관련하여 통설과 같이 과납금환급청구를 당사자소송으로 제기할 수 있다고 하더라도, 과세처분에 따른 하자가 취소사유에 불과한 경우에는 과세처분취소소송을 제기해 승소판결을 받아야 하고, 곧바로 당사자소송으로 과납금환급청구소송을 제기할 수 없다.

(3) 무효확인소송과 당사자소송

처분이 무효인 경우에는 처분의 공정력이 없어 누구나 처분의 무효를 전제로 하는 당사자소송을 제기할 수 있다.

과세처분과 관련하여 통설과 같이 오납금환급청구를 당사자소송으로 제기할 수 있다고 본다면, 뒤에서 보는 바와 같이 소의 이익이 없어 과세처분무효확인의 소는 제기할 수 없고 곧바로 오납금환급청구소송을 제기해야 한다.

(4) 행정소송과 민사소송

행정소송과 민사소송에 관해 대법원은 병행소송불용설의 입장에서 동일한 사안에 대하여 이 두 소송을 선택적 또는 병합적으로 제소할 수 없다는 입장을 취하고 있다(대판 1961. 11. 23 4294행상64).

예컨대, 조세과오납금반환청구소송에 있어서 대법원은 국세기본법 제51조 제1항의 규정에 의한 세무서장의 과오납금환급에 관한 결정은 처분성이 없어 이를 행정소송으로 다툴 수 없고 민사소송으로 부당이득반환청구를 해야 한다고 판시하고 있다(대판 1989. 6. 15 88누6436).

(5) 행정소송과 헌법소원

공권력의 행사 또는 불행사로 인하여 헌법상 보장되는 기본권이 침해된 경우, 헌법재판소에 헌법소원청구를 하여 공권력의 행사를 취소하거나 불행사가 위헌임을 확인 받을 수 있다. 그러나 이 헌법소원은 가능한 구제절차를 모두 거친 후라야 하고 곧바로 제기할 수 없으므로, 위헌적인 세무행정처분에 대하여도 우선 처분의 취소 또는 무효확인을 구하는 행정소송을 제기해야 한다.

따라서 조세행정소송이 우선적인 지위에 있고 헌법소원은 보충적인 지위에 있다고 할 것이다.

제 3 장   행정소송과 행정심판의 관계

1. 행정소송과 행정심판

위법한 처분으로 인하여 권리이익을 침해받은 자는 상급 행정기관 등에 행정심판을 청구할 수 있다. 행정심판과 행정소송 양자의 관계를 어떻게 조정할 것인지에 관하여 필요적 전치주의와 임의적 전치주의의 두 가지 입법례가 있다.

필요적 전치주의는 행정심판을 항고소송의 필요적 전치절차로 하여 행정심판을 거치지 않는 항고소송을 허용하지 않는데 대하여, 임의적 전치주의는 행정심판을 거치는 것을 항고소송의 요건으로 요구하지 않고 행정심판을 거칠 것인지 여부를 원고의 선택에 맡기는 것이다.

우리 행정소송법은 종래 필요적 전치주의를 택하여 원칙적으로 행정심판을 거치지 않으면 항고소송을 제기할 수 없도록 하였으나, 이것은 행정심판기관의 독립성 미비 등으로 인해 행정심판전치주의의 장점을 살리지 못한 채 국민에게 불필요한 절차만을 요구함으로써 권리구제의 신속성을 저해하는 장애요인으로 작용하였다.

그리하여 1994. 7. 27. 사법개혁입법의 하나로 행정소송법을 개정하면서, 행정소송에도 3심제를 채택하고, 그와 함께 항고소송을 원칙적으로 행정심판을 거치지 않고도 제기할 수 있도록 하는 임의적 전치주의를 채택하여 1998. 3. 1.부터 시행하게 되었다.

2. 필요적 행정심판재결 전치주의(개정법의 임의적 전치주의의 예외)

(1) 취 지

행정소송법 제18조 제1항 본문은 행정심판을 거치지 않고도 취소소송을 제기할 수 있도록 하여 원칙적으로 행정심판을 거칠 것인지 여부를 원고의 선택에 맡기면서도 그 단서에서 "다만, 다른 법률에 당해 처분에 대한 행정심판의 재결을 거치지 아니하면 취소소송을 제기할 수 없다는 규정이 있을 때는 그러하지 아니하다"고 규정하여 예외적으로 필요적 행정심판재결

전치주의가 적용되는 사건이 있음을 밝히고 있다.

이러한 필요적 재결전치주의는 주로 대량적으로 행해진 처분이나 전문기술적인 성질을 띤 처분 등에 대하여, 소송에 앞서 행정심판을 거치도록 함으로써 행정청에게 스스로 시정할 기회를 마련해 주어 전문지식을 활용하여 자율적이고 능률적으로 질서 있는 행정작용을 하도록 하는 한편, 법원의 부담경감을 꾀하려는 데 그 취지가 있다 할 것이다.

① 취소소송과 부작위위법확인의 소송

필요적 전치를 요하는 처분이라 하더라도 그 처분의 취소소송과 부작위위법확인소송의 제기에만 행정심판을 거칠 필요가 있으며 무효등확인소송에는 전치는 불필요하다. 무효등확인소송은, 외형상 행정행위로서 존재할 뿐 당초부터 법률적으로 아무런 효력이 없는 처분에 대하여 그 무효임을 공적으로 확인받기 위한 소송에 불과하기 때문이다.

또한, 행정심판은 항고쟁송이기 때문에 성질상 공법상의 법률관계의 소송인 당사자소송에도 그 적용이 없다.

② 무효선언의 뜻에서의 취소소송

무효선언의 뜻에서의 취소를 구하는 취소소송에 대하여는 취소사유와 무효사유의 구분이 상대적일 뿐 아니라 실체적 심리를 거쳐 밝혀질 성질의 것인데 소송요건을 갖추었는지, 여부는 실체심리에 앞서 형식적으로 판단되어야 한다는 점에 비추어 보면, 당사자가 취소소송의 형식을 취하고 있는 이상 그것이 실체에 있어서는 무효확인을 구하는 소송이라 하더라도 취소소송이 갖추어야 할 소송요건이 행정심판전치주의의 요건을 충족해야 할 것이다.

③ 제3자에 의한 제소와 행정심판전치주의

처분 등의 직접 상대방이 아닌 제3자는 행정심판제기기간을 지키기 어렵다고 하여 원칙적으로 행정심판전치주의의를 적용하지 않는다는 견해도 있으나, 이들에 대하여는 행정심판제기기간의 특수성을 인정함으로써 족하고, 행정심판전치주의의 적용 자체가 없다고 할 수는 없을 것이다.

④ 재결이나 재결에 따른 처분의 취소소송

행정심판전치주의를 택하는 것은 행정청으로 하여금 스스로 시정할 기회를 주는데 의미가 있는 것으로서, 이미 그러한 기회가 주어진 뒤 이루어진 재결이나 그 재결에 따른 처분의 취소를 구하는 경우에는 행정심판전치주의 적용이 없다 할 것이다.

(2) 내 용

① 필요적 행정심판전치주의가 적용되는 사건에 있어서 행정심판은 소송요건이다.

행정심판전치주의가 적용되는 사건에 있어서는 먼저 행정심판을 청구하여 재결이 있은 다음 제소해야 하고, 만일 재결 전에 소를 제기하면 부적법한 소로서 각하해야 한다. 그러나 소송요건 충족여부는 변론종결시를 기준으로 하는 것이므로 행정심판의 청구조차 하지 않고 제기한 소송도 변론종결시까지 전치의 요건을 충족하게 되면 부적법 각하할 수 없다. 이에 따라 실무에서는 행정심판재결이 없이 소가 제기되었다고 해서 바로 소를 각하하지 않고 재결이 있을 때까지 기다리는 등 흠의 치유를 기다려 본안 판단하는 것이 일반적이다.

한편, 전심절차 등의 소송요건은 직권조사사항이므로 법원은 당사자의 이의가 없더라도 직권으로 조사해야 하고, 그 경유여부가 불분명한 경우에는 석명권을 행사하여 이를 밝혀야 한다. 또한 전심절차를 거치는지의 여부는 소의 적법요건으로서 직권조사사항이므로, 이에 대한 당사자의 자백이 있어도 그 효력이 인정되지 않는다.

② 심판청구와 행정소송의 관련성

㉠ 인적관련

행정심판전치주의는 특정 행정처분에 대하여 행정청 스스로 재검토할 기회를 주려는데 그 취지가 있으므로, 특정 행정처분에 대하여 행정심판청구가 있어 재결이 있으면 필요적 전치의 요건은 충족된 것으로 보아야 하고, 행정심판 청구인과 행정소송의 원고가 반드시 동일인일 필요는 없다. 그리하여 행정소송의 원고가 행정심판청구인과 동일한 지위에 있거나 그 지위를 실질적으로 승계한 때에는 원고 자신이 행정심판을 거치지 않은 경우에도 그 행정소송은 적법하고 동일한 행정처분에 법률상 이해관계를 갖는 1인이 적법한 행정심판을 거친 경우, 다른 이해관계인은 행정심판을 경유하지 않고 바로 소송을 제기할 수 있다(1988. 2. 23. 87누704 참조).

㈛ 물적관련

행정심판의 대상인 처분과 소송의 대상인 처분은 원칙적으로 동일해야 한다. 대상인 처분이 다르면, 설령 불복의 이유가 공통된다 하더라도 각각에 대해 따로따로 행정심판을 거치지 않으면 안되고, 어느 하나의 처분에 대하여 행정심판을 거쳤다고 해서 다른 처분에 대하여 전치의 요건을 충족했다고 할 수 없다.

다만 "서로 내용상 관련되는 처분 또는 같은 목적을 위하여 단계적으로 진행되는 처분 중 어느 하나가 이미 행정심판의 재결을 거친 때"에는 행정심판을 청구치 않고 소송을 제기할 수 있다.

㈐ 주장의 공통여부

행정심판전치는 소송을 제기하기 전에 재결을 거칠 것을 요구하는데 그치고, 청구인이 행정심판절차에서 주장하지 않았던 위법사유를 소송에서 새로 주장할 수 없도록 하려는 취지는 아니다. 행정심판청구가 있으면, 재결청은 직권에 의하여 신청인이 주장하지 않은 사항에 대해서도 심사할 수 있는 것이므로(직권탐지주의) 소송단계에서 주장 입증을 특별히 제한하지 않아도 행정청에 재심사의 기회를 부여한다는 재결전치의 목적은 달성할 수 있기 때문이다.

3. 필요적 전치의 완화

필요적 재결전치가 적용되는 사건이라고 해서 일률적으로 행정심판을 거치도록 요구하면 국민의 권리구제에 불필요한 장애가 되는 때가 있다. 여기서 행정소송법 제18조 제2항, 제3항은 필요적 재결전치가 요구되는 사건이라 하더라도 일정한 요구하에 예외를 인정함으로써 일률적으로 전치를 요함으로써 발생할 폐단을 방지하고 있다.

그러나, 현행법상 필요적 전치를 요하는 대표적 처분인 조세법상의 처분에 대하여는 행정소송법 제18조 제1항 본문과 함께 제2항, 제3항의 규정까지 그 적용이 배제되므로, 실제로 행정심판의 완화가 조세법상의 처분에는 그대로 적용되지 않는다는 점에 주의해야 할 것이다.

(1) 행정심판재결을 거칠 필요가 없는 경우

이는 행정심판 자체는 제기하되 그 재결을 기다릴 필요없이 행정소송을 제기할 수 있는 경우이다. 이 경우, 당사자는 행정심판재결을 기다리지 않고 바로 행정소송을 제기할 수 있음은 물론 행정심판재결을 기다려 소송을 제기할 수도 있다.

① 행정심판을 청구한 후 60일을 경과한 때

이는 행정심판의 재결이 부당하게 지연됨으로 인하여 국민이 입게 될 불이익을 구제하기 위해 행정심판의 청구에 대한 원칙적인 재결기간 인 60일을 지나도 그에 대한 재결이 없는 경우에는 재결을 기다릴 것 없이 직접 행정소송을 제기할 수 있도록 한 예외조치이다.

이 60일 경과의 요건은 행정소송을 제기한 날에 충족되어야 하는 것 이 원칙이지만, 소송요건은 변론종결시까지 갖추면 되므로 당해 소송 의 변론종결시까지에 '60일의 경과'라는 요건이 충족되면 행정심판전 치주의에 대한 흠이 치유되는 것으로 본다.

② 처분의 집행 또는 절차의 속행으로 생길 중대한 손해를 예방해야 할 긴급한 필요가 있는 때

재결을 기다리다가는 처분의 집행, 절차의 속행 또는 부작위의 계속으 로 중대한 손해가 발생할 긴급한 사유가 있는 사건에 있어서는 재결 을 기다릴 필요없이 행정소송을 제기할 수 있도록 하여, 본질적인 권 리구제수단으로서의 행정소송의 실효성을 확보하기 위한 것이다.

③ 법령의 규정에 의한 행정심판기관이 의결 또는 재결을 하지 못할 사 유가 있는 때

행정심판기관이 행정심판에 대한 의결이나 재결을 하지 못하는 것은 일반적으로 예견할 수 없는 일이지만, 그러한 사유가 있는 경우 재결

을 기다리는 것은 무용한 시간의 낭비를 초래하고, 결과적으로 행정규제제도의 취지에 어긋나게 되는 것임에 비추어, 그러한 사유가 있는 때에는 재결을 기다릴 필요없이 바로 행정소송을 제기할 수 있도록 한 것이다.

행정심판법은 재결의 공정성을 확보하도록 하기 위하여 행정심판의 재결에 관한 기능의 분리를 인정함으로써 재결행정청과 심리의결기관으로서의 행정심판위원회를 분립시키고 있다. 그러므로 행정심판위원회가 구성되지 않거나 정족수에 달할 수 없는 특별한 사유가 있는 등으로 말미암아 소정의 기간 내에 당해 행정심판사건을 심리의결 할 수 없을 것으로 인정되는 때에는 그 사유를 소명하고 재결을 기다릴 것 없이 행정소송을 제기할 수 있다.

④ 그밖에 정당한 사유가 있는 때

재결을 기다려서는 청구의 목적을 달성할 수 없거나 현저히 그 목적을 달성하기 곤란한 경우 등이다.

(2) 행정심판을 제기할 필요가 없는 경우

다음의 경우에는 행정심판을 제기하지 않고 바로 행정소송을 제기할 수 있다.

① 동종사건에 대하여 이미 행정심판의 기각재결이 있은 때

행정심판의 재결결과가 명확하여 인용재결이 예상될 수 없는 경우에는 행정심판전치가 무의미하다.

당해사건에 관해 타인이 행정심판을 제기하여 그에 관한 기각재결을 받은 때에는 행정소송의 원고 자신이 따로 행정심판절차를 밟을 것 없이 행정소송을 제기할 수 있음은 물론이고, 당해 사건 자체는 아니더라도 "동종사건" 즉, 당해 사건과 기본적인 점에서 동질성을 인정할 수 있는 다른 사건에 대한 행정심판의 기각재결이 있은 때에도 행정심판절차를 거치지 않고 행정소송을 제기할 수 있다.

그러나 대법원은 동일 쟁점에 대한 것이라 하더라도 처분이 다를 경우 따로 전심절차를 거치도록 요구함으로써 "동종사건"의 범위를 비교

적 엄격히 해석하고 있다(대판 1993. 9. 28. 93누9132, 1994. 11. 8. 84누4653등 참조).

② 내용상 서로 관련되는 처분 또는 같은 목적을 위하여 단계적으로 진행되는 처분 중 어느 하나가 이미 행정심판의 재결을 거친 때

전후 수개의 행정처분 중 그 선행처분과 후행처분이 서로 내용상 관련되어 일련의 발전적 과정에서 이루어진 것이라든가(예 : 체납처분절차 중 압류처분과 매각처분), 후행처분이 선행처분의 필연적 결과로서 이루어진 경우에는 그 선행정처분에 대한 행정심판의 재결을 거치면 후행처분에 대하여 별도의 행정심판을 거치지 않고도 소를 제기할 수 있다. 그 취지는, 비록 형식적으로는 별개의 행정처분이라 하더라도 별개의 행정처분에 깔려 있는 분쟁사유가 공통성을 내포하고 있어서 그 선행처분에 대한 전치절차의 경우만으로도 이미 처분행정청으로 하여금 스스로 재고 시정할 수 있는 기회를 부여한 것이라고 볼 수 있어, 후행처분에 대하여는 다시 전치요건을 갖추지 않고서도 행정소송을 제기할 수 있도록 함으로써 무용한 절차의 반복을 피하는데 있다 할 것이다.

이러한 취지에 비추어 볼 때, 후행처분의 행정청은 선행처분에 동일해야 하며, 처분행정청이 다른 경우는 필연적으로 뒤따르게 되는 처분이라 하더라도 여기에 해당한다고 보기 어려울 것이다(대판 1994. 11. 22. 93누11050 참조).

(3) 소송계속 중이나 변론종결 후에 행정청이 당해 항고소송의 대상인 처분을 변경하여 그 변경된 처분에 대한 항고소송을 제기하는 때

취소소송이 사실심에 계속되고 있는 동안 당해 소송의 대상인 처분이 행정청에 의하여 변경된 때에는 그 변경된 처분에 맞추어 소를 변경할 수 있다.

이러한 경우에는 변경된 처분에 대하여 따로 행정심판을 거칠 필요가 없다. 또한 사실심 변론종결 후 처분을 변경한 때에도 행정심판을 거침이 없이 바로 그 취소변경을 구하는 소를 제기할 수 있다.

(4) 처분청이 행정심판을 거칠 필요가 없다고 고지한 때

행정심판법 제58조는 행정청이 처분을 하는 때에는 그 상대방에게 해당 처분에 대한 행정심판을 청구할 수 있는지 여부 및 청구할 수 있는 경우에는 청구절차 및 청구기간 등을 알리도록 하고 있는데, 행정청이 이러한 고지를 하지 아니하거나 잘못 고지하여 청구인이 심판청구서를 다른 행정기관에 제출한 경우에는 그 행정기관은 그 심판청구서를 지체없이 정당한 권한이 있는 피청구인에게 보내야 하고, 그 사실을 청구인에게 알려야 한다.

이것은 행정청에 대한 신뢰를 보호함과 동시에 행정청의 성실한 고지를 도모하기 위한 것이라고 할 것이다.

4. 조세소송의 전심절차

(1) 의 의

국세기본법, 관세법, 지방세법은 행정소송법 제18조 제1항 본문의 적용을 배제하고 행정소송의 제기에 앞서 필요적으로 각 해당법률이 정한 특별행정심판절차를 거칠 것을 요구하고 있다.

과세처분은 다른 행정처분과 달리 대량으로 행해질 뿐 아니라 전문기술적인 성질을 가지므로 행정청 내부에서 지시·감독권을 행사하여 스스로 잘못을 시정함으로써 능률적이고 통일적인 과세행정을 확립하고 부담을 최소화하려는 데 그 취지가 있다.

(2) 적용대상

① 적용대상 소송

필요적 전치가 적용되는 일반적인 경우와 같이 취소소송과 부작위위법확인의 소, 무효를 선언하는 의미의 취소의 소에서 전치절차를 거칠 필요가 있다.

무효확인의 소에서는 전치절차를 거칠 필요가 없다.

② 적용대상 처분

국세의 종목과 세율을 정하고 있는 각종 세법과 국세기본법, 국세징수법, 조세특례제한법, 국제조세조정에관한법률, 조세범처벌법 및 조세범처벌절차법에 의거한 처분에 대해서 국세기본법이 정한 행정심판절차를, 관세법에 기한 처분에 대해서는 관세법이 정한 행정심판절차를, 지방세법에 기한 처분에 대해서는 지방세법이 정한 행정심판절차를 각 거쳐야 한다.

적극적 처분은 물론, 거부처분이나 부작위에 대해서 이들 각 법률이 정한 특수행정심판절차를 거쳐야 한다.

국세기본법 제2조 제2호에 규정된 "세법"에 의한 처분에 대하여는 과세처분인지 여부를 불문하고 국세기본법이 정한 특수행정심판절차를 거쳐야 하므로, 주세법 제2장에 규정된 주류의 제조 및 판매의 면허에 관한 세무행정청의 처분도 국세기본법이 정한 특수행정심판절차의 대상으로 보는 것이 통설이다.

(3) 세법 전심절차의 개관

① 국세 및 관세의 전심절차

국세(관세)의 불복절차는 먼저 당해 처분을 했거나 했어야 할 세무서장(세관장)을 거쳐 국세청장(관세청장)에게 심사청구를 하고, 그에 의하여 구제를 받지 못한 때는 세무서장(세관장)과 국세청장(관세청장)을 거쳐 조세심판원에 심판청구를 하여 결정을 받은 후, 결정서정본 송달일로부터 90일 내에 소를 제기하는 것이 원칙이다.

다만, 심사청구에 앞서 당해 처분을 한 세무서장(세관장)이나 지방국세청장에 대한 불복절차인 이의신청절차를 거칠 수도 있다.

② 지방세의 전심절차

지방세의 불복절차는 도세(도세 중 특정부동산에 대한 지역자원시설세 및 시·군세에 부가하여 징수하는 지방교육세와 특별시세·광역시세 중 특별시분 재산세, 특정부동산에 대한 지역자원시설세 및 구세에 부가하여 징수하는 지방교육세는 제외)에 대하여는 도지사에게, 시·군세(도세 중 특정부동산에 대한 지역자원시설세 및 시·군세에 부가하여 징수하는 지방교육세와 특별시세·광역시세 중 특별시분 재산세, 특정부동산에 대한 지역자원시설세 및 구세에 부가하여 징수하는 지방교육세 포함)에 대하여는 시장·군수에게 각 이의신청을 하고, 이의신청에 대한 도지사의 결정에 대하여는 조세심판원장에게 심판청구를, 시장·군수의 결정에 대하여는 도지사에게 심사청구를 하거나 조세심판원장에게 심판청구를 한 후 소를 제기할 수 있다.

다세, 과세 전 적부심사를 거친 후에 과세된 처분에 대하여는 이의신청절차를 거치지 않고 바로 심사청구를 할 수 있다. 물론 이 경우에 이의신청절차를 거쳐 심사청구를 할 수도 있다 할 것이다.

주의할 것은, 도세도 원칙적으로 시·군에 그 부과징수가 위임되어 있어 시장·군수가 처분청이 되지만(따라서 행정소송의 피고도 시장·군수이다) 이의신청은 처분청인 시장·군수를 경유하여 도지사에게 해야 한다는 점이다.

이와 같이 지방세의 전심절차는 원칙적으로 2단계(이의신청, 심사청구), 예외적으로 1단계(심사청구)이다.

③ 청구기간

(ㄱ) 국세(관세포함) 부과처분에 대한 제1단계 불복절차인 이의신청이나 심사청구, 지방세부과처분에 대한 이의신청이나 심사청구는 처분 있음을 안 날(처분의 통지를 받은 때는 그 받은 날)로부터 90일 내에 해야 한다(국세기본법 제61·68조, 지방세기본법 제118조).

불복청구기간은 이전 60일(납세자가 외국에 주소를 둔 경우는 90일)이었으나 199. 12. 28일 세법이 개정되면서 행정심판법 및 행정소송법의 청구기간과 동일하게 90일로 연장하여 납세자가 불복청구준비를 충실히 할 수 있도록 하였다.

"처분 있음을 안 날"이란 당해 처분이 있음을 현실적으로 안 날을 의미하고, 그 내용이나 위법 여부까지 알아야 하는 것은 아니다.

"처분의 통지를 받은 날"이란 "알게 된 날"과는 구별되는 개념으로 현실적으로 알았는지 여부를 불문하고, "알 수 있는 상태", 즉 송달받을 자의 세력범위 내 또는 생활지배권범위 내에 도달된 상태를 말한다.

이러한 서류의 송달은 적법한 것이어야 하는 바, 국세기본법 제1장 제3절은 동법 및 세법에 규정하는 서류의 송달에 관하여 특별규정을 두고 있다.

서류의 송달방법으로는 교부송달과 우편송달, 공시송달이 있고, 교부송달 및 우편송달의 경우에는 보충송달과 유치송달이 적용된다.

공시송달의 요건 및 효과에 과한 별도의 규정이 마련되어 있으며, 우편송달의 경우도 보충송달 등이 불가능한 경우에는 허용되지 않고 그 송달 효력도 도달시(통상 우편의 경우는 도달할 수 있었을 때) 송달의 효력이 발생하도록 한 점, 군관계인이나 피구속자에 대한 송달에 관한 특별규정이 없으므로 이들에 대한 송달도 주소지로 하면 되는 점 등이 민사소송법상의 송달과의 주된 차이점이다.

㈁ 국세부과처분에 대한 제2, 3단계 불복절차인 심사청구, 심판청구, 지방세부과처분에 대한 제2단계 불복절차인 심사청구는 각 그 전단계의 행정심판결정문을 송달받은 날로부터 90일 이내에 해야 한다.

과세처분에 대한 행정심판결정문의 송달에도 국세기본법 제1장 제3절의 송달에 관한 규정이 적용되고, 행정심판법 제41조에 의한 민사소송법이 준용되지 않으므로, 송달의 의미와 내용은 위에서 설명한 바와 같다.

㈂ 국세(관세 포함)나 지방세부과처분에 대한 행정심판인 이의신청이나 심사청구, 심판청구는 우편에 의할 경우는 청구기간 내에 발송한 것이면 적법한 청구로 보는 특별규정이 있으므로, 비록 이들 청구서가 청구기간이 지난 뒤에 처분청에 접수되었더라도 모두 부적법하지 않음에 주의해야 한다.

· 국세불복절차 개요도

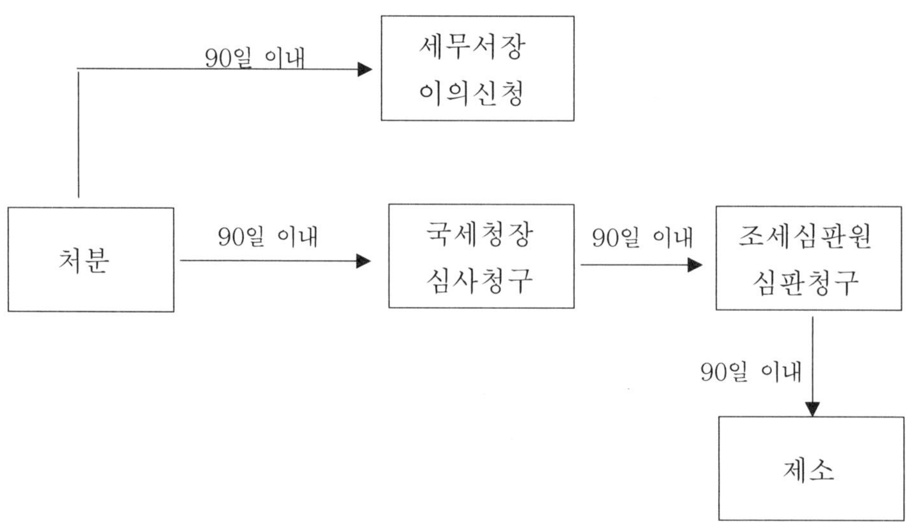

주 : 이의신청서, 심사청구서, 심판청구서를 우편으로 제출할 때는 기간 내에 발송하면 되지만, 소장
은 소정기간 내에 법원에 접수되어야 한다.

· 도세부과처분에 대한 불복절차 개요도

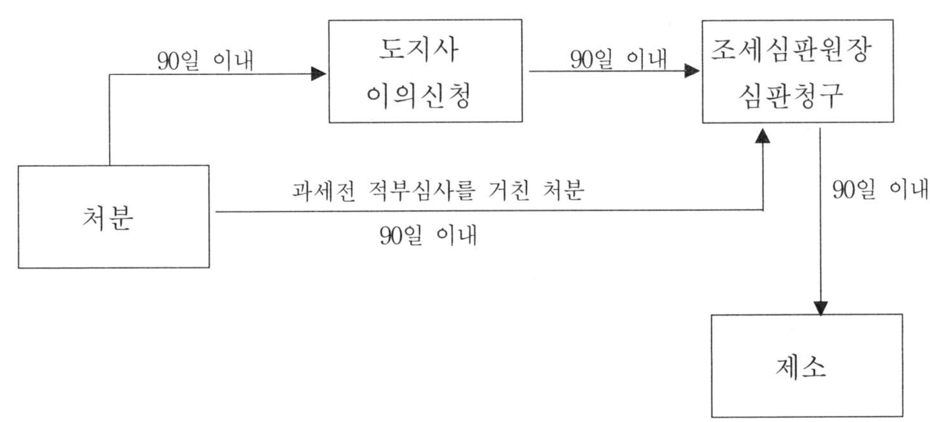

주 : 1. 이의신청이나 심사청구를 우편으로 제출할 때는 기한 내에 발송하면 되지만 소의 제기는 소
　　　정기간 내에 법원에 접수되어야 한다.
　　2. 과세 전 적부심사를 거친 처분에 대하여는 통상의 2단계 행정심판절차나 이의신청절차를 거
　　　치지 않고 바로 심사청구의 1단계 행정심판절차를 거쳐 제소할 수 있다.

· 시 · 군세 부과처분 불복절차 개요도

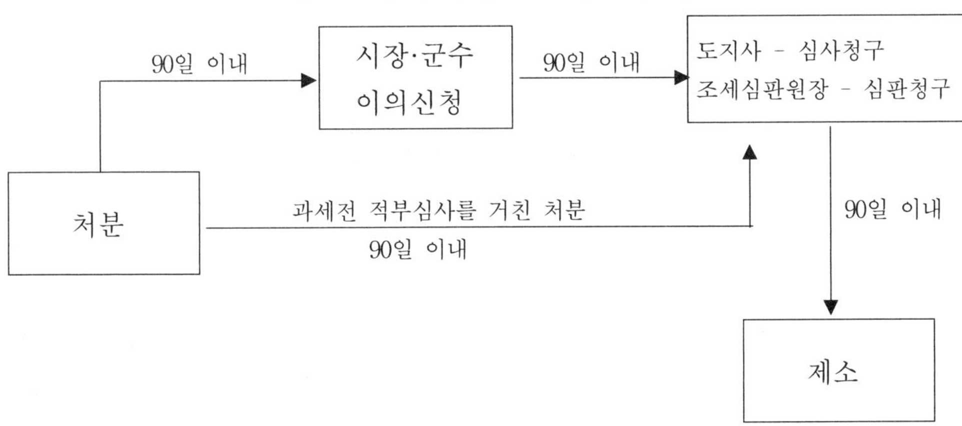

주 : 1. 이의신청서나 심사청구를 우편으로 제출할 때는 기한 내에 발송하면 되지만, 소의 제기는 소
　　　정기간 내에 법원에 접수되어야 한다.
　　2. 과세 전 적부심사를 거친 처분에 대하여는 통상의 2단계 행정심판절차나 이의신청절차를 거
　　　치지 않고 바로 심사청구의 1단계 행정심판절차를 거쳐 제소할 수 있다.

(4) 조세소송에서 전치주의의 완화

국세기본법, 관세법, 지방세법은 임의적 행정심판전치를 규정한 행정소송법 제18조 제1항 본문에 불구하고 행정소송의 제기에 앞서 필요적으로 특별 행정심판절차를 거치도록 요구하면서 나아가 필요적 전치요건의 완화를 규정한 행정소송법 제18조 제2항, 제3항의 적용까지 명문으로 배제하고 있다.

그러나 행정심판전치주의의 취지 등에 비추어 볼 때 행정심판을 거치는 것이 행정청에게는 불필요하고 납세자에게는 가혹하다고 볼 수 있는 등 정당한 사유가 있는 때에는 행정소송법 제18조 제2항, 제3항에 관계없이 전치요건의 예외를 인정하는 것이 타당하다 할 것이므로, 조세소송에 있어서도 전치의 요건이 완화되는 경우가 있다.

조세소송에서의 행정심판전치의 예외도 어디까지나 행정소송의 원고를 위한 것이므로, 행정심판결정을 기다리거나 이를 거칠 필요가 없음에도 불구하고 행정심판재결을 거침으로 해서 제소기간 등에 있어 원고에게 불리하게 되어서는 안된다.

① 재결을 거칠 필요가 없는 경우(법정기한 내 재결의 통지가 없는 경우)

㈀ 국세(관세)부과처분

국세(관세)부과처분에 대한 불복이 있는 경우, 신청이나 청구가 있는 때로부터 이의신청, 심사청구, 심판청구에 대하여는 90일 이내(각 보정을 명한 때에는 그 기간에 보정기간을 가산한 기간)에 결정을 하도록 법정되어 있다(국세기본법 제65조 제2항, 제66조제6항, 제81조). 이 제한은 훈시규정으로서 그 기간이 경과된 뒤에 이루어진 결정이라고 해서 하자가 있다고 할 수는 없으나, 결정이 있을 때까지 마냥 기다리게 하는 것은 국민의 권리구제에 중대한 제한이 되므로, 이들 기간 내에 결정의 통지를 받지 못할 때에는 결정을 기다리지 않고 바로 다음 단계의 절차를 밟을 수 있다.

그러므로 심판청구에 대한 결정서를 90일 이내(보정을 명받았을 때는 여기에 보정기간을 합한 기간 이내)에 받지 못하면, 바로 부과처분의 취소를 구하는 소를 제기할 수 있다.

그러나 심판청구에 앞선 절차인 이의신청이나 심사청구에 대한 결정을 법정기간 내에 받지 못했을 경우, 각 결정을 기다리지 않고 그 다음 절차인 심사청구, 심판청구를 할 수 있을 뿐이고 곧바로 소를 제기할 수는 없다는 점에 주의해야 한다.

(ㄴ) 지방세부과처분

이의신청이나 심사청구에 대하여 각 90일 내에 결정을 하도록 법정되어 있는바(지방세기본법 제118조, 119조), 이들 기간 내에 결정의 통지를 받지 못했을 때는 각 다음 단계의 절차를 밟을 수 있다.

(ㄷ) 감사원의 심사결정이 법정기간 내에 이루어지지 않은 경우

국세(관세 포함)와 지방세과세처분에 대한 감사원의 심사청구절차에 관하여는 감사원의 심사결정이 법이 정한 기간 내에 이루어지지 않을 경우 바로 소를 제기할 수 있도록 허용하는 규정이 없으므로, 조세소송의 전심절차로 감사원에의 심사청구를 택한 납세자는 감사원의 결정을 기다려 소송을 제기할 수밖에 없다(대판 1992. 3. 10. 91누7439).

② 행정심판을 제기할 필요가 없는 경우

(ㄱ) 처분이 동일한 때

행정심판 전치주의의 취지에 비추어 볼 때, 조세소송에 있어서 행정심판과 행정소송 사이에 대항의 동일성이 유지되면 되고, 청구인과 행정소송의 원고가 동일인일 필요는 없다. 그러므로 연대납세의무자 중 1인이 불복신청절차를 거친 경우, 그 불복사유가 동일하다면 다른 연대납세의무자는 전심절차를 거치지 않고 소송을 제기할 수 있다.

또한 공동상속의 경우, 상속세부과처분에 대한 불복은 상속인 각자가 자기의 납부의무 없는 세액에 대하여 제기하는 것이 원칙이지만, 공동상속인을 대표하여 상속세의 과세표준과 세액의 통지를 받을 수 있는 자가 그 통지를 받고 그에 대하여 전심절차를 거친 때에는 나머지 상속인들은 굳이 동일한 전심절차를 거칠 필요가 없다(대판 1993. 5. 27. 93누3387 등).

(ㄴ) 동일하지는 않지만 관련된 처분일 때

조세소송의 전심절차는 각 소송물마다 따로 밟는 것이 원칙이다. 따라서 동일한 매출누락을 원인으로 법인세, 부가가치세, 갑종근로소득세 등이 부과되었을 때, 각 과세처분별로 전심절차를 거쳐야 하고 어느 하나의 처분에 대하여 전심절차를 거쳤다고 해서 다른 처분에 대하여 바로 소를 제기할 수 없고, 원고가 특정 회사의 제2차 납세의무자인지 여부의 동일 쟁점이라 하더라도 세금의 종류, 과세년도 등이 달라 처분이 별개이면 별도로 전심절차를 거쳐야 한다(대판 1990. 4. 13. 89누1414).

또한 행정심판단계에 있어서는 가산세부과처분의 위법만을 다투다가 행정소송에서 본세의 취소를 구하는 것은 본세에 대하여 행정심판전치의 요건을 갖추지 못하여 부적법하다.

그러나 같은 목적을 위한 단계적, 발전적 과정에 있거나 필연적 결과로서 이루어진 처분, 또는 형식적으로는 독립된 별개의 처분이나 사실상 동일한 처분에 대하여는 앞선 처분에 대하여 전심절차를 밟은 경우, 뒤의 처분에 대하여 또 다시 전심절차를 거치도록 요구할 필요는 없다.

예를 들어, 국세징수법에 의한 가산금 및 중가산금징수처분은 국세의 납세고지처분과 별개의 행정처분이지만, 국세채권의 내용이 구체적으로 확정된 후에 비로소 발생하는 징수권의 행사이므로 국세의 과세처분에 대하여 적법한 전심절차를 거친 이상, 국세과세처분의 위법을 이유로 하는 가산금 및 중가산금징수처분 취소소송 제기시 따로 전심절차를 거쳐야 되는 것은 아니고, 동일 목적을 위하여 진행되는 체납처분절차에 있어서 선행처분인 압류처분의 위법을 이유로 후행처분의 공매처분의 취소를 구하는 경우, 압류처분에 대하여 전심절차를 거쳤다면 공매처분에 대하여 따로 전심절차를 거칠 필요가 없다.

또한 상속세 연부연납허가에 따라 나누어 부과되는 상속세부과처분은 실질적으로 동일한 처분이 형식상 나뉘어 있을 뿐이므로 과세표준산정 잘못 등을 들어 1차연도분 상속세부과처분의 취소를 구하는 전심절차를 거친 때에는 동일한 이유로 2차연도분 상속세부과처분의 취소를 구하는 소를 제기함에 있어서 전심절차를 거칠 필요가 없고, 동일한 계약관계에서 발생한 2년에 걸친 이자에 대한 원천징수의무불이행을 이유로 한 2개의 가산세부과처분이 세목과 납세의무자 및 원고주장의 위법사유가 동일한 경우 선행과세처분에 대한 전심절차를 거쳤다면 후행과세처분에 대하여 별도의 전심절차를 거칠 필요가 없다(대판 1991. 7. 26. 91누117).

㈐ 처분이 변경될 때

감액경정처분은 당초처분의 일부취소의 성질을 가지는데 지나지 않고 소송의 대상이 되는 것은 감액처분에 의하여 감액된 당초의 처분이므로, 당초의 처분에 대하여 전심절차를 거치면 되고, 감액경정처분이 있다고 해서 별도의 전심절차를 거칠 필요도 거칠 수도 없음은 명백하다.

증액경정처분이나 그밖의 변경처분(예를 들어 특정소득의 신고누락을 이유로 과세처분을 했다가 귀속년도 착오를 이유로 당초의 과세처분을 취소하고 다음년도의 소득누락으로 보아 다시 과세처분을 하는 경우)은 당초처분이 뒤의 처분에 흡수되거나 소멸하고, 증액 경정처분이나 변경처분이 소송의 대상이 되므로 당초의 처분에 대하여 전심절차를 밟았다 하더라도 증액경정처분에 대하여 별도의 전심절차를 거치는 것이 원칙이다.

그러나 과세처분의 불복절차 진행중에 과세관청이 그 대상인 처분을 증액하거나 변경하였는데, 그 위법사유가 공통된 경우에는 당초의 과세처분에 대하여 적법한 전심절차를 거친 이상 과세관청으로 하여금 기본적인 사실관계와 법률문제에 대하여 다시 한번 검토할 수 있는 기회를 부여했다고 볼 수 있을 뿐만 아니라 납세의무자에게 굳이 같은 사유로 또 전심절차를 거치게 하는 것은 가혹하므로 납세의무자는 증액경정처분이나 변경처분에 대하여 다시 전심절차를 거치지 않고도 취소를 구하는 소를 제기할 수 있다고 보아야 한다(대판 1992. 8. 14. 91누13229, 1997. 4. 8. 96누2200 등).

㈑ 중간처분에 대하여 전심절차를 거친 경우

인정상여처분이나 소득금액변동통지는 과세처분에 앞선 중간단계의 처분으로 그 자체는 항고소송의 대상이 되지 못하지만, 필연적으로 그에 따른 과세처분이 예상되므로, 납세자가 이들 중간단계의 처분에 불복하여 행정심판을 거친 경우, 이는 중간단계의 처분에 터잡아 장래 있게 될 과세처분에 대하여 불복 전치절차를 거친 것으로 보는 것이 타당하고, 과세처분에 대하여 다시 전치절차를 거치도록 요구할 것은 아니다(대판 1993. 1. 19. 92누8293).

제 4 장   재판관할과 이송

1. 재판관할

 관할이란 재판권을 행사하는 여러 법원 사이에 어떤 법원이 사건을 담당할 것인가 하는 재판권의 분장관계를 정해 놓은 것을 말한다.

 행정소송법은 행정소송을 항고소송, 당사자소송, 민중소송 및 기관소송으로 나누어 재판관할에 대해 규정하고 있다. 취소소송의 재판관할에 관하여 구체적으로 규정하고(행정소송법 제9조), 이를 무효등확인소송과 부작위위법확인소송에 준용하고 있으며(같은 법 제38조 제1, 2항), 민중소송과 기관소송의 재판관할에 대해서는 특별한 규정을 두고 있다.

(1) 항고소송의 재판관할

 종래 항고소송의 재판관할은 피고인 행정청의 소재지를 관할하는 고등법원이고, 그 재판에 불복이 있을 때는 대법원에 상고할 수 있도록 함으로써(구 행정소송법 제38조 제1항, 제9조, 제13조 제1항) 2심제를 취하였다.

 그러나 1994. 7. 27. 법률 제4770호로 개정된 행정소송법과 법률 제4765호로 개정된 법원조직법에 따라, 1998. 3. 1. 부터는 피고인 행정청의 소재지를 관할하는 행정법원(다만, 중앙행정기관 또는 그 장이 피고인 경우는 대법원 소재지의 행정법원)이 제1심이 되도록 함으로써 3심제를 채택하고 있다(행정소송법 제38조 제1항, 제9조 제1항, 법원조직법 제40조의4).

(2) 당사자소송의 재판관할

 당사자소송의 재판관할에도 취소소송에 관한 규정이 준용되므로 국가 또는 지방자치단체가 피고인 경우에는 관계행정청의 소재지를 관할하는 행정법원이, 기타의 권리주체가 피고인 경우에는 그 소재지를 관할하는 행정법원이, 기타의 권리주체가 피고인 경우에는 그 소재지를 관할하는 행정법원이 1심으로 재판한다(행정소송법 제40조, 제9조).

 관계행정청이란 형식적 당사자소송에서는 당해 법률관계의 원인이 되는 처분을 한 행정청이고, 실질적 당사자소송에서는 당해 공법상의 법률관계에 대하여 직접적인 관계가 있는 행정청(예컨대, 기납부세금의 부당이득반환청구소송에서의 과세처분을 한 행정청)을 말한다.

국가를 피고로 하는 당사자소송에 있어서 관계행정청이 명확하지 않은 경우에는 국가를당사자로하는소송에관한법률 제2조에 의해 법무부장관이 국가를 대표하므로 법무부 소재지 고등법원이 관할법원이 된다.

2. 재판의 이송

재판의 이송이란 어느 법원에 계속되어 있는 소송을 그 법원의 재판에 의하여 다른 법원으로 이전하는 것을 말한다.

이송결정이 확정된 때에는 소송은 처음부터 이송받은 법원에 계속된 것으로 본다(민사소송법 제40조). 따라서 제소기간은 처음 소장 접수시를 기준으로 하게 되고 이송 전에 행한 소송행위, 예를 들면 당사자의 자백, 증거신청, 증거조사 등은 이송 후에도 별다른 절차없이 그대로 그 효력을 보유한다.

이송결정이 확정되면 이송받은 법원은 다시 이송한 법원으로 이송하거나 다른 법원으로 이송할 수 없다(민사소송법 제38조 제2항).

① 관할위반으로 인한 이송

행정소송법 제7조는, 사건의 이송은 원고의 고의 또는 중대한 과실없이 행정소송이 심급을 달리하는 법원에 잘못 제기된 경우에도 적용한다고 한다. 또 민사소송법 제34조 제1항은 " 법원은 소송의 전부 또는 일부에 대하여 관할권이 없다고 인정하는 경우에는 결정으로 이를 관할법원에 이송한다"라고 규정함으로써 당사자의 편의와 소송경제를 위하여 관할위반으로 인한 이송을 허용하고 있다.

이것은 행정소송의 경우에도 준용될 것이어서(행정소송법 제8조 제2항) 토지관할을 잘못해 관할권이 없는 행정법원에 제소한 경우에도 물론 이송이 허용된다. 행정사건을 민사사건으로 오인하여 지방법원에 제소한 경우에도 당해 소송이 이미 행정소송으로서의 전심절차 또는 제소기간을 도과하였거나, 행정소송의 대상이 되는 처분 등이 존재하지도 않는 상태에 있는 등 행정소송으로서의 소송요건을 결하고 있음이 명백하여 행정소송으로 제기되었더라도, 어차피 부적법하게 되는 경우가 아닌 이상 이를 부적법한 소라 하여 각하할 것이 아니라 관할법원에 이송하여야 한다 (대판 1997. 5. 30 95다28960 ; 대판 1996. 2. 15 94다31235).

② 편의에 의한 이송

행정소송에서는 흔하지 않지만, 법원은 그 관할에 속한 소송에 관하여 현저한 손해 또는 지연을 피하기 위하여 필요할 때에는 직권 또는 당사자의 신청에 의하여 소송의 전부 또는 일부를 이송할 수 있다.

한편 편의에 의한 이송결정 및 이송신청 각하결정에 대해서는 즉시항고할 수 있다.

③ 관련청구의 이송

행정소송법은 취소소송과 다음 각호의 1에 해당하는 소송이 각각 다른 법원에 계속되고 있는 경우에 관련청구소송이 계속된 법원이 상당하다고 인정하는 때에는 당사자의 신청 또는 직권에 의하여 이를 취소소송의 계속된 법원으로 이송할 수 있다고 규정하고 있다(행정소송법 제10조 제1항).

㈀ 당해 처분 등과 관련되는 손해배상, 부당이득반환, 원상회복 등 청구소송

㈁ 당해 처분 등과 관련되는 취소소송

그러나 세무소송에서는 위 ㈀호에 의한 이송은 거의 찾아 볼 수 없다. 부과처분의 취소판결이 확정되면 과세관청은 대부분 징수한 세액을 스스로 반환하기 때문에 별도로 납부세액의 반환을 구하는 소를 제기할 필요가 없는 것이다.

다음 위 ㈁에 의한 이송예를 보자. 예컨데 서울 서초에 거주하는 납세자가 경상남도 김해시에 있는 토지를 양도한 후 양도소득세를 부과받고 그 산출근거를 알아보니 개별공시지가가 잘못 산정되어 있었다. 그가 서초세무서장을 상대로 서울행정법원에 양도소득세 부과처분취소의 소를 제기해 놓고 창원지방법원에 김해시장을 상대로 한 개별지가결정취소의 소를 제기해 놓은 경우의 이송에 대해 살펴보면 다음과 같다. 양도소득세부과의 위법 여부는 개별지가결정의 위법 여부에 달려 있으므로 심리의 쟁점은 개별지가결정의 당부에 있게 된다. 따라서 서울행정법원에 제기된 양도소득세 부과처분취소의 소를 창원지방법원으로 이송하여 개별지가결정취소의 소와 함께 병합심리하는 것이 바람직할 것이다.

【서식】 이송신청서1

이송신청서

사 건   ○○구44319호, 양도소득세부과처분취소
원 고   ○ ○ ○
피 고   북인천세무서장

신 청 취 지

이 사건을 부산고등법원에 이송한다.

신 청 이 유

1. 이 사건의 쟁점은 김해시 진영읍 설창리 730 전 2,420㎡ 동 722-1 전 3,012㎡의 개별지가결정의 적법성 여부인바, 이는 행정소송법 제8조에 의하여 준용되는 민사소송법 제32조 소정의 사유에 해당됩니다.
2. 사건의 신속한 심리를 위하여 부동산 소재지인 부산고등법원 특별부로 이송하여 주시기 바랍니다.

20○○ 5. 12

원고 소송대리인
변호사 ○ ○ ○ ㉙

서울고등법원 특별11부 귀중

【서식】이송신청서2(관련청구)

이송신청서

사 건   ○○구 151호, 양도소득세 부과처분취소
원 고   ○ ○ ○
          서울 ○○구 ○○동 ○○번지
피 고   강남세무서장

신 청 취 지

　이 사건을 창원지방법원에 이송한다.
라는 결정을 구합니다.

신 청 이 유

1. 위 사건은 ○○시 ○○동 ○○번지 토지를 양도한데 따라 부과된 양도소득세 부과처분취소를 구하는 것이고 양도소득세는 김해시장이 결정한 개별지가를 근거로 양도차익을 계산하고 부과하였습니다.
2. 위 양도토지에 대한 양도가액으로 본 개별지가는 토지특성조사 착오 및 표준지선정 오류로 인하여 과다하게 결정되었고 이에 대하여 원고는 김해시장을 상대로 창원지방법원 ○○구 101호 개별지가결정취소의 소를 제기해 두고 있습니다.
3. 이 사건 양도소득세 부과처분의 심리쟁점은 개별지가 결정의 적법 여부이므로 심리의 신속을 도모하고 판결의 모순접촉을 피하기 위하여 개별지가결정취소의 소가 제기된 창원지방법원에 이송하여 병합심리함이 상당하므로 본 이송신청에 이르렀습니다.

소 명 방 법

소계류증명서(창원지방법원)   1통

20○○. 7. 1

원 고 ○ ○ ○ ㊞

서울행정법원 귀중

제 5 장   소송의 요건

　소송요건이란 소가 적법한 취급을 받기 위해 구비해야 할 사항, 즉 세무소송이 본안판결을 받기 위해 갖추어야 할 사항을 의미한다. 이는 납세자측인 원고의 입장에서는 소송상의 청구에 대한 심판의 요구를 법원이 받아들이는데 필요한 사항이고, 법원의 입장에서는 소송상의 청구에 대하여 본안판결을 하는 데 구비해야 할 사항이다. 이러한 의미에서 소송요건은 본안판결의 요건이며 본안심리의 요건이 된다. 따라서 소송요건이 갖추어지지 않은 경우에 법원은 종국판결로써 소각하의 판결을 하게 된다. 판결주문상으로는 「이 건 소를 각하한다」로 표시한다.

　조세소송 특히 항고소송을 적법하게 제기하기 위해서는, (ㄱ) 과세처분이 항고소송의 대상으로서의 적격성(처분성)을 갖추어야 하고, (ㄴ) 당해 소송에 있어서의 권리 또는 법률상 이익을 구할 자격(원고적격)이 있는 자가 당해 행정청(피고적격)을 상대로 제기해야 하며, (ㄷ) 법원이 본안판결을 할 정도의 구체적 이익(소의 이익)이 있어야 하고, (ㄹ) 소정의 전심절차를 밟고 제소기간을 준수하여 제기해야 한다. 이와 같은 요건을 구비하지 않은 소송은 부적법하여 각하당하게 된다.

1. 처분성

(1) 항고소송의 대상이 되는 행정처분

　항고소송의 대상이 되는 행위는 행정처분이다. 처분이란 행정청의 구체적 사실에 관한 법집행으로서의 공권력의 행사 또는 그 거부와 그밖에 이에 준하는 행정작용을 말한다(행정소송법 제2조 제1항 제1호). 결국 처분성은 행정청이 우월적 지위에서 행하는 권력적 행위로서 국민에 대하여 권리를 설정하고 의무를 과하는 개별적, 구체적 행위이어야 한다.

　따라서 행정청의 행위라도 구체적으로 권리를 설정하거나 의무를 명하는 것이 아닌 청원에 대한 회신이나 관세율표의 품목분류에 대한 질의회신, 세무당국이 주류회사에 대하여 특정인과의 거래를 일정 기간 중지할 것을 요구한 행위, 단순한 사실행위, 신고납세방식의 조세인 취득세에 있어 납부기한 내에 자진신고납부하는 과정에서 과세관청이 자진신고납부서나 자납용고지서를 교부하는 행위와 같은 단순한 사무적 행위, 과세처분의 선행적 절차로서 행정청의 내부적 의사결정일 뿐 납세의무를 생기게 하지 않는 것, 예컨대 세무서장의 익금가산결정, 법인세과세소득결정, 법인세법에 의한 인정상여결정과 그에 따른 소득금액변동통지 등과 제2차 납세의무자 지정통지는 항고소송의 대상이 되지 않는다.

조세범처벌절차법에 의한 통지처분도 성질상 행정처분이기는 하지만 통고처분을 이행하지 않은 때에는 형사절차로 옮아가서 그 절차에서 당부가 결정되므로 행정소송의 대상이 되지 않는다.

또한, 원천징수의무자인 행정청의 원천징수행위, 과세청의 원천징수금 수납행위, 신고납세방식조세의 수납행위 등도 단순한 사무적 행위로서 공권력행사가 아니므로 행정처분이 되지 않는다. 판례는 또한 부과납세방식에서의 과세표준확정신고 확인, 수리행위에 관한 확인적 부과처분의 개념을 인정하지 않고 있다(대판 1990. 4. 27. 87누276).

반면, 시장·군수·구청장의 개별토지가격결정은 토지초과이득세, 택지초과소유부담금 또는 개별부담금 산정의 기준이 되어 국민의 권리나 의무 또는 법률상 이익에 직접적으로 관계되는 것으로서 행정청이 행하는 구체적 사실에 관한 법집행인 공권력행사이므로 행정처분에 해당한다(대판 1993. 6. 11. 92누16706).

(2) 항고소송의 대상이 되는 거부처분

항고소송의 대상이 되는 거부처분이 되기 위해서는 국민이 행정청에 대하여 그 신청에 따른 행정행위를 해줄 것을 요구할 법규 또는 조리상의 권리가 있어야 하며, 이러한 권리에 의하지 않은 신청에 대해서는 행정청이 받아들이지 않았다 하더라도 거부처분이 있었다고 할 수 없다.

판례는, 국세징수법 제81조 제1항 제3호, 그 시행령 제79조는 그 소정의 담보권자에게 우선순위에 따라 배분할 공법상의 의무를 부과한 것이므로, 세무서장이 위 각 규정에 따른 담보권자의 매각대금배분신청을 거부한 행위는 항고소송의 대상이 되는 거부처분이 된다고 하고 있다(대판 1992. 12.

22. 92누7580).

(3) 행정청의 부작위

부작위란 행정청이 당사자의 법규상 또는 조리상의 권리에 기한 신청에 대하여 상당한 기간 내에 일정한 처분, 즉 인용하는 적극적 처분이나 각하 또는 기각하는 등의 소극적 처분을 해야 할 법률상 응답의무가 있음에도 불구하고 이를 하지 않는 것을 말한다(행정소송법 제2조 제1항 제2호 참조). 부작위위법확인소송은 행정청이 위와 같은 응답의무를 이행하지 않는 경우 그 부작위가 위법하다는 것을 확인하고 행정청의 응답을 받아냄으로써 부작위 또는 무응답이라는 소극적 위법상태를 제거하는 것을 목적으로 하는 소송이다.

부작위는 소극적 처분으로서 거부처분의 명시적 거부라는 성격과는 다르지만 신청에 따른 행정행위를 요구할 법규 또는 조리상의 권리가 있어야 하고 행정청도 당해 신청에 대하여 일정한 처분을 할 법률상의 의무가 있어야 한다는 점은 같다고 하겠다.

따라서 행정청이 직권의 행사를 태만히 하고 있는 경우라도 행정청에 대하여 어떠한 행정행위를 해 줄 것을 신청하지 않았거나, 신청했더라도 당사자가 그러한 신청을 할 법규 또는 조리상의 권리가 없는 경우, 행정청이 당해 처분을 할 권한이 있을 뿐 법률적 의무가 없는 때와 행정청이 당사자의 신청에 대하여 거부처분을 한 경우에는 원고적격이 없거나 불복의 대상이 되는 위법한 부작위가 있다고 볼 수 없다(대판 1993. 4. 23. 92누1099).

(4) 판례로 본 처분성

국세기본법 제51조의 국세환급금결정이나 환급거부결정이 항고소송의 대상이 되는 행정처분인가에 대하여 판례의 대립이 있었으나, 대법원 1989. 6. 15. 선고, 88누6436 전원합의체 판결로써 이를 부정하는 쪽으로 통일되었다. 위 판결은 그 이유로, 위 규정은 정의와 공평의 견지에서 이미 존재와 범위가 확정되어 있는 과오납부금액이나 환급세액에 대하여 국가가 납세의무자와 환급청구를 기다릴 것 없이 즉시 납세의무자에게 부당이득으로서 반환해야 한다는 법리에 따라 과세관청의 환급절차를 규정한 것에 불과하고, 과세관청에 대하여 과오납부금액 등의 존부 및 범위 자체를 조사결정할 의무(납세의무자의 권리 내지 법적 이익에 영향을 주는 행정행위를 할 의무)가 있음을 규정한 것이 아니므로, 납세의무자에게 과오납부세액 등에 대한 환급결정 신청권을 인정하는 근거규정이 될 수 없고, 달리 조리상의 신청권을 인정할 여지도 없다는 점을 들고 있다. 이에 의하면, 납세자는 부당하게 환급거부를 당한 경우에 직접 민사소송으로 환급을 요구할 수밖에 없다 할 것이다. 국세환급결정이 행정처분이 아닌 이상 환급결정을 하지 않고 있는 부작위에 대한 위법확인소송도 부적법하게 된다(대판 1989. 7. 11. 87누415).

또한 판례는 같은 법 제51조 제2항에 의한 국세환급금의 충당도, 그것이 국가의 환급금 채무와 조세채권이 대등액에서 소멸한다는 점에서 민법상의 상계와 비슷하고, 소멸대상인 조세채권이 존재하지 않거나 당연무효 또는 취소되는 경우에는 충당의 효력이 없고 납세자는 이를 내세워 언제든지 민사소송으로 국세환급금의 반환을 청구할 수 있다는 점을 이유로 들어 그 처분성을 부정하고 있다(대판 1994. 12. 2. 92누14250).

행정소송에서 쟁송의 대상이 되는 처분의 존부는 소송요건으로서 법원의 직권조사사항이다. 따라서 이는 자백의 대상이 될 수 없어 당사자가 그 존재를 다투지 않는다고 하더라도 그 존부에 의심이 있는 경우에는 직권으로 밝혀야 한다(대판 1993. 7. 27. 92누15499등).

2. 원고적격(소의 이익)

원고적격은 소의 내용인 청구의 부당에 관하여 원고가 이해관계인으로서 이에 대한 판단을 구할 자격, 즉 권리이익을 보호받을 자격이 있는가 하는 것이고 소의 이익은 소송의 내용인 청구가 확정되기에 알맞는 자격과 필요성이 있는가, 즉 법원이 본안판결을 할 구체적인 이익이 있는가 하는 것이다.

(1) 취소소송의 원고적격

① 취소소송의 제기

취소소송은 처분 등의 취소를 구할 법률상의 이익이 있는 자가 제기할 수 있다. 처분 등의 효과가 기간의 경과, 처분 등의 집행, 그밖의 사유로 인하여 소멸된 뒤에도 그 처분 등의 취소로 인하여 회복되는 법률상 이익이 있는 자의 경우에도 또한 같다(행정소송법 제12조).

이와 관련해 취소소송에 있어서 행정처분의 취소를 구할만한 필요성을 어느 범위까지 허용할 수 있느냐 하는 문제는 취소소송의 목적 및 그 기능을 어떻게 보느냐에 따라 달라지게 되겠지만, 현재의 통설인 법률상 보호되고 있는 이익구제설에 의하면 취소소송을 고유한 의미에서 권리의 관철수단으로서가 아니라 법률이 국민을 위하여 보호하고 있는 이익을 당사자 스스로 방위하기 위한 수단으로 파악하고, 행정행위가 국민의 이익을 보호하고 있는 실정법규에 위반하여 관계국민에게 불이익을 주었을 경우에는 비록 그 이익이 권리라고 할 수 없는 경우에는 취소소송을 제기할 수 있다고 한다. 즉 법률상 보호되고 있는 이익이 침해당한 경우에는 그 이익이 권리가 아니라도 소송을 제기할 수 있지만, 그 이익이 사실상의 이익이나 반사적 이익에 그치는 경우에도 소의 이익은 부정된다. 법률상 보호되고 있는 이익은 행정법규가 국민의 개인적 이익을 보호할 목적으로 행정권의 행사에 제약을 가함으로써 보장되는 이익을 의미한다.

행정처분의 직접 상대방이 아닌 제3자가 그 취소소송을 제기할 수 있는지 여부도 위의 법적 이익구제설의 입장에 따라 당해 처분의 취소·변경에 대하여 구체적인 이익이 있는 경우에는 원고적격이 인정된다. 즉 제3자의 소유재산이 체납처분으로서 압류가 된 경우 그 제3자는 당해 압류처분에 대하여 그 취소를 구할 법률상 이해관계가 있는 자로서 원고적격이 인정된다.

다음에서 원고적격이 부정된 사례를 보자.

㈀ 법률상 납세의무자 아닌 자가 체납자로 오인되어 출입국관리법에 의하여 출국정지가 됨으로써 그 정리가 사실상 강요된다는 점만으로는 그 세금에 대한 부과처분의 취소를 구할 이익이 있다 할 수 없다(대판 1968. 4. 2. 68누2).

㈁ 법률상 직접적이고 구체적인 이익이 없고 다만 사실상이며 간접적인 관계를 갖는데 불과한 사람은 행정소송을 제기할 이익이 없고 또 행정소송은 이를 대위하여 제기할 수도 없다(대판 1971. 12. 28

71누109).

㈐ 동업자로서 상호연대납세의무자의 관계에 있는 자라 하더라도 타 동업자에 대한 납세고지의 효력이 그에게까지 미친다고 볼 수 없고, 따라서 법률상 직접적이고도 구체적인 이해관계를 갖는다고 볼 수 없어서 타 동업자에 대한 과세처분에 대하여 그 취소를 구할 당사 자적격이 없다(대판 1983. 8. 23 82누506).

㈑ 과세관청이 조세의 징수를 위하여 납세의무자 소유의 부동산을 압 류한 경우 동 납세의무자에 대한 금전채권자로서 그 부동산의 담보 가등기권리자는 위 압류처분에 대하여 사실상 간접적인 이해관계를 가질 뿐 법률상 직접적이고 구체적인 이익을 가지는 것은 아니므로 그 압류처분의 취소를 구할 당사자적격이 없다(대판 1989. 10. 10 89누2028).

㈒ 과세관청이 조세의 징수를 위하여 납세의무자 소유의 부동산을 압 류한 이후에 압류등기가 된 부동산을 양도받아 소유권이전등기를 마친 자는 위 압류처분에 대하여 사실상 간접적 이해관계를 가질 뿐 법률상 직접적이고 구체적인 이익을 가지는 것은 아니어서 그 압류처분의 무효확인을 구할 당사자적격이 없다(대판 1990.10.16 89 누5706).

㈓ 과세관청이 주주명의개서를 주식의 소유명의를 신탁한 것이라고 보 아 증여로 의제하고 수증자에 대하여 증여세 부과처분을 할 경우 그 과세처분의 효력은 수증자에게만 미치는 것이고 증여자는 위 증 여의제에 의하여 그 증여세의 연대납세의무자의 관계에 있게 된 자 라고 하더라도 위 과세처분에 대하여는 사실상의 간접적인 이해관 계를 가지는 것에 불과하므로 그가 수증자에 대한 위 과세처분의 취소를 구하는 항고소송은 법률상 직접적이고도 구체적인 이익이 없는 것이어서 부적법하다(대판 1990. 4. 24 89누4277).

② 감액경정처분의 취소소송

경정처분이란 일단 확정된 조세채권, 곧 납세의무의 내용에 오류·탈 루가 있을 때 이를 시정하기 위하여 행하는 세무행정청의 새로운 과세처분이다. 즉 일단 확정된 과세표준 또는 세액 등을 변경하여 확정하는 세무행정청의 새로운 과세처분으로 이 과세표준 또는 세액을 감소시키는 경정처분을 감액경정처분이라 한다.

감액경정처분은 당소처분의 일부취소의 성질을 가지는 것으로 당초처분과 별개의 과세처분이 아니다. 그 법률 효과는 당초처분의 전부를 취소한 다음 새로운 잔액에 관하여 구체적 조세채무를 확정시키는 효과를 갖는 처분이 아니라 그에 의하여 감소된 세액부분에 관해서만 법적 효과를 미치며, 이 경우 취소소송의 대상은 당초처분 중 경정처분에 의하여 취소되지 않고 남은 부분이고, 감액경정처분에 대한 취소소송은 소의 이익이 없어서 각하되어야 한다는 것이 판례의 태도이다 (대판 1983. 9. 13. 82누532등).

그리고 국세의 증액경정처분이 있은 후 이를 증액하는 재경정처분이 이루어지면 경정처분은 재경정처분에 흡수되어 독립된 존재가치를 상실하고 당초의 경정처분의 취소를 구하는 소는 소의 이익을 잃게 되어 그 전체를 각하할 것이지만, 이를 감액하는 재경정처분이 이루어진 경우에는 재경정처분은 감액된 세액에 관한 부분에 대해서만 법적 효과가 미치므로 당초 경정처분의 취소를 구하는 소는 감액된 세액에 관한 부분만이 소의 이익을 잃게 되어 각하의 대상이 되는데 그친다 (대판 1989. 7. 11. 88누7477).

③ 처분의 효과가 소멸된 경우

위법한 세무행정처분에 의하여 법률상 이익을 침해받았다고 하더라도 취소소송의 제기 당시에는 물론 그 소송의 계속 중에 피고 행정청이 스스로 소송의 대상인 처분을 취소한 경우에는 그 처분의 효력을 다툴 현실적인 필요성이 없게 되므로 소의 이익이 없게 된다.

(2) 무효등확인소송의 원고적격

무효등확인소송은 처분의 효력유무 또는 존재여부의 확인을 구할 법률상 이익이 있는 자가 제기할 수 있다(행정소송법 제35조).

판례에 의하면 세액을 납부한 후에 그 부과처분의 무효확인이나 부존재확인을 구할 수 있는지 여부에 관하여, 무효임을 주장하는 과세처분에 따라 그 부가세액을 납부하여 이미 그 처분의 집행이 종료된 것처럼 되어 버렸다면 그 과세처분이 존재하고 있는 것과 같은 외관이 남아 있음으로 해서 장차 이해관계인에게 다가올 법률상의 불안이나 위험은 전혀 없다 할 것이고, 다만 남아있는 것은 이미 이루어져 있는 위법상태의 제거, 즉 납부효과가 발생한 반환을 구하는 문제뿐이라고 할 것이다. 이와 같은 위법상태의 제거방법으로서 그 적법상태를 이룬 원인에 관한 처분의 무효확인을 구하는 방법은 과세관청이 그 무효확인판결의 구속력을 존중해 납부한 세금을 환급해 줄 것을 기대하는 간접적인 방법이라 할 것이므로, 민사소송에 의한 부당이득반환청구의 소로써 직접 그 위법상태의 제거를 구할 수 있는 것이 열려있는 이상 위와 같은 과세처분의 무효확인의 소는 분쟁해결에 직접적이고도 유효 적절한 해결방법이라 할 수 없어 확인을 구할 법률상 이익이 없다고 판시(대판 1991. 9. 10. 91누38401)함으로써 과세처분이 집행 종료되거나 세금이 납부된 후에도 민사소송절차에 의하여 그 위법상태를 제거해야 한다고 하고 있다.

한편 조세징수를 위한 압류등기 후에 그 부동산을 양수한 소유자가 압류처분이나 그에 터잡아 이루어진 공매처분의 실효나 무효확인을 구하는 것은 간접적인 이해관계를 갖는 것에 불과하므로 그 확인의 당사자적격이 없다.

3. 피고적격

피고적격이란 세무소송에서 피고로서 소송을 수행하고 본안판결을 받기에 적합한 자격을 가지는 것을 말한다.

피고적격도 소송요건이므로 피고로서의 적격이 없는 자를 상대로 제기한 소송은 부적법하여 각하되지만, 행정소송법은 행정소송의 특수성을 고려하여 항고소송과 당사자소송의 피고적격에 관하여 특별규정을 두고 있다.

(1) 항고소송의 피고적격

취소소송, 무효등확인소송 및 부작위위법확인소송은 다른 법률에 특별한 규정이 없는 한 당해 처분 등을 행한 행정청을 피고로 하여 제기한다(행정소송법 제13조 제1항 본문, 제38조 제1, 2항).

따라서 취소소송 및 무효등확인소송의 피고적격자는 당해 처분을 한 과세관청이고, 부작위위법확인소송의 피고적격자는 원고의 신청에 대하여 상당한 기간 내에 일정한 처분을 해야 할 법률상 의무가 있음에도 부작위 상태로 방치하고 있는 당해 부작위청이다.

처분청이 당해 처분을 한 뒤에 그 처분 등에 관계되는 권한이 다른 행정청에 승계된 때에는 승계한 행정청이 피고가 되며(행정소송법 제13조 제1항 단서), 행정조직 개편 등으로 없어지게 된 때에는 그 처분 등에 관한 사무가 귀속되는 국가 또는 지방자치단체가 피고가 된다(행정소송법 제13조 제2항).

처분 등을 행한 행정청은 권리의무의 주체인 국가 또는 지방자치단체의 기관에 불과하여 그 자체는 당사자능력이나 소송능력을 갖지 않지만 처분청은 당해 처분의 책임자이고 또한 소송기술상의 편의를 고려하여 정책적으로 피고적격을 인정한 것이다.

따라서 조세소송의 경우 내국세의 경우에는 부과처분을 한 세무서장이, 관세의 경우에는 세관장이, 지방세의 경우에는 당해 처분을 한 시장, 구청장 또는 군수가 피고가 된다. 전심절차로서 행정불복절차를 거친 경우에도 원처분을 한 행정청이 피고가 되어 불복신청의 재결청은 피고적격이 없으며, 처분청인 세무서장의 상급청인 지방국세청장이나 국세청장은 피고적격이 없다.

국세기본법 기타 세법에 의하여 세관장이 내국세에 관한 사무를 관장하는 경우(국세기본법 제2조 제17호, 관세법 제26조), 국세를 시장·구청장·군수에게 위탁하여 징수하는 경우(국세기본법 제2조 제17호 등), 시장·구청장·군수가 도세, 특별시세, 광역시세를 부과징수하는 경우(지방세기본법 제2조 제10호) 등 권한위임이 있는 경우에는 실제로 처분을 한 수임행정청이 피고가 된다.

내부위임을 받은 것에 불과해도 실제로 그 처분을 행한 하급행정청이 피고적격자가 되며 세무서장으로부터 국세압류재산의 공매처분을 의뢰받은 성업공사가 세무서장의 지휘감독을 받지 않고 자기의 권한으로 공매하는 경우 공매처분 무효확인소송은 공매처분을 대행한 성업공사를 피고로 하여 제기해야 한다.

또한, 과세처분을 한 행정청과 그 조세채권에 기하여 압류한 행정청이 다른 경우 압류처분을 한 세관장을 상대로 과세처분의 취소를 구하는 소송은 부적법하다.

(2) 당사자 소송의 피고적격

조세소송으로서의 당사자소송은 조세법상의 법률관계에 관한 대등한 당사자 사이의 소송이므로, 권리주체인 국가 또는 지방자치단체가 피고가 된다(행정소송법 제39조).

(3) 피고경정

피고경정이란 소송의 계속중에 피고로 지정된 자를 변경하는 것을 말한다.

민사소송에서는 피고를 잘못 지정한 경우와 이미 사망한 자를 그 상속인으로 표시정정하는 경우 등에만 당사자변경이 허용되지만, 행정소송에서는 제소기간 때문에 피고의 변경을 인정하지 않으면 국민을 위법한 행정처분으로부터 구제하지 않고 방지하는 결과에 이르게 되는 경우가 생기고 또 오늘날 행정조직의 복잡화로 인하여 납세자인 원고가 소송을 제기함에 있어 피고 행정청이 지정을 잘못하게 되는 경우가 있음을 고려하여 그 구제방법을 인정한 것이다.

① 피고경정을 인정하는 경우

첫째, 피고를 잘못 지정한 경우에 피고를 경정할 수 있다. 이때 원고의 고의나 중대한 과실은 필요 없으며, 지정의 잘못 여부의 판단은 소장의 기재에 의한다.

둘째, 행정청의 권한변동이 있을 때 경정할 수 있다. 즉 취소소송 제기 후에 행정청의 권한변동으로 당해 처분에 관한 권한이 다른 행정청에 승계된 때에는 이를 승계한 행정청이 피고가 되고, 당해 처분에 관한 권한을 가진 행정청이 없게 된 때에는 그 처분에 관한 사무가 귀속되는 국가 또는 공공단체가 피고가 되는데(행정소송법 제13조 제1항 단서·제2항), 이때는 행정소송법 제14조 제6항에 의하여 새로이 피고적격을 가진 자로 피고를 경정해야 한다.

셋째, 소의 변경으로 인하여 피고를 달리하게 되는 경우이다. 예컨대 원고가 처음에 취소소송을 제기했다가 소송의 진행에 따라 청구의 기초에 변경이 없는 정도에서 법원의 허가를 받아 당사자소송으로 변경한 경우 피고의 경정이 허용되는 것이다.

② 피고경정의 절차

원고가 피고를 잘못 지정한 때 또는 소의 변경으로 피고를 달리하게
된 때에는 법원은 원고의 신청에 의하여 피고의 경정을 허가할 수 있
다(행정소송법 제14조 제1항·제21조 제1항). 그러나 소제기 후에 행
정청의 권한변동 또는 행정조직의 변경으로 피고를 경정해야 하는 경
우에는 원고의 신청 또는 직권에 의하여 피고를 경정한다(행정소송법
제14조 제6항).

법원은 피고경정의 요건이 충족된 경우에는 결정으로써 원고신청의
피고경정을 허가하거나 직권으로 피고를 경정한다.

법원이 피고경정의 허가결정을 한 경우에는 그 결정의 정본을 새로운
피고에게 송달해야 한다(행정소송법 제14조 제2항·제21조 제4항). 피
고의 지정을 잘못한 원고의 피고경정신청을 각하하는 결정이나 소의
변경에 따른 피고경정허가결정에 대해서는 즉시 항고할 수 있다(행정
소송법 제14조 제3항·제21조 제3항).

③ 피고경정의 효과

새로운 피고에 대하여는 처음에 소를 제기한 때에 소송이 제기된 것
으로 간주하며, 종전의 피고에 대한 소송은 결정이 있는 때에 취하된
것으로 간주한다(행정소송법 제14조 제4·5·6항, 제21조 제4항).

【서식】 피고경정신청서1

피 고 경 정 신 청

사 건   ○○구10호, 농지조성비 등 부과처분취소
원 고   ○ ○ ○
피 고   부산광역시 북구청장

신 청 취 지

피고 "부산광역시 북구청장"을 "농어촌진흥공사"로 경정한다.

신 청 이 유

원고는 위 사건에 관하여 농지조성비 납부통지서를 부산광역시 북구청장 소속 공무원으로부터 교부받아 그 처분청을 부산광역시 북구청장으로 알고 피고를 부산광역시 북구청장으로 표시하였으나 납부통지서에 처분청이 농어촌진흥공사로 표시되어 있어, 부산광역시 북구청장은 업무협조에 따른 전달부과통지서 전달행위만을 수행한 것으로 인지하고 피고를 경정하고자 본 신청에 이르렀습니다.
* 농어촌진흥공사 주소 : 경기도 의왕시 포일동 487 (437-120)

20○○ 3. 15

원 고   ○ ○ ○ ㊞

부산지방법원행정부   귀중

【서식】 피고경정신청서2

피 고 경 정 신 청

사　건　○○구7167호, 개발부담금
원　고　○　○　○
피　고　부산직할시 동래구청장

신 청 취 지

피고 "부산직할시 동래구청장"을 "부산광역시 연제구청장"으로 경정한다.

신 청 이 유

위 사건에 관하여 20○○. 3. 2. 자 자치행정구역 개편에 의거 부산직할시 동래구의 권한일부가 부산광역시 연제구로 분할되어 권한이 승계되었으므로 피고경정신청을 합니다.

* 연제구청 주소 : 부산 연제구 연산2동 822-7(우 : 607-082)
  (전화번호 : 법무계 860-8413)

20○○. 3. 3

피　고　○　○　○　㊞

부산지방법원 특별2부　귀중

4. 전심절차

(1) 세무소송에서의 전심절차의 의의

과세처분은 일반 행정처분에 비하여 대량·반복적으로 이루어지고, 전문성, 기술성, 복잡성, 계속성 및 정형성 등의 특성을 지니고 있기 때문에 제소에 앞서 과세관청의 전문적인 지식과 경험을 활용함으로써 남소를 방지하고 사실관계에 대한 쟁점을 분명하게 하기 위해, 또 상급관청으로 하여금 감독·시정케 함으로써 통일적인 조세행정을 기할 수 있다는 필요성에 근거하여 그 전심절차와 제소기간에 대하여 일반 행정처분과는 차이를 두어 규정하고 있다.

행정소송법 제18조는 제1항에서 "취소소송은 법령의 규정에 의하여 당해 처분에 대한 행정심판을 제기할 수 있는 경우에도 이를 거치지 아니하고 제기할 수 있다. 다만, 다른 법률에 당해 처분에 대한 행정심판의 재결을 거치지 아니하면 취소소송을 제기할 수 없다는 규정이 있는 때에는 그러하지 아니하다"고 규정하고, 그 제2, 3항에서 위 단서의 규정에 의하여 행정심판을 거쳐야 하는 경우에 대한 예외를 규정하고 있다.

한편 국세기본법은, 위법한 처분에 대한 행정소송은 행정소송법의 위 규정에도 불구하고 국세기본법에 의한 심판청구와 그에 대한 결정을 거치지 않으면 이를 제기할 수 없다고 규정하고 있다.

(2) 전치주의의 적용범위

이미 본 바와 같이 행정소송법은 행정심판 전치에 관하여 취소소송에서 이를 규정하고 부작위위법확인소송에 준용하고 있으므로, 전치는 항고소송 중 과세처분 취소소송과 부작위위법확인소송에만 적용되고, 무효등확인소송과 당사자소송에는 그 적용이 없다. 과세처분의 무효는 소송상 또는 소송 외에서 누구나 언제, 어디에서든지 이를 주장할 수 있어 전심절차를 거칠 필요가 없고 제소기간의 제한도 없기 때문이다.

한편 무효를 선언하는 의미에서 취소를 구하는 취소소송에 있어서 행정심판전치주의가 적용되는지 여부가 문제된다.

행정행위의 무효사유와 취소사유와의 구별이 객관적으로 뚜렷하지 않고 상대적일 뿐 아니라, 무효확인을 구하는 뜻이라 하더라도 그 소송의 방식이 취소소송이라면 행정소송법상 취소소송에 대하여 요구되는 소송요건인 행정심판전치주의의 요건을 충족해야 할 것이다(대판 1990. 8. 28 90누1892).

따라서 실무에 있어서 원고가 전치요건을 갖추지 않은 채 처분의 취소를 구하는 소를 제기했으나, 그 주장하는 취지가 무효확인을 구하는 것으로 볼 수 있다면 법원은 바로 소각하 판결을 할 것이 아니라 적절한 석명권을 행사하여 무효확인소송으로 변경을 촉구해야 할 것이다.

(3) 전치주의 적용의 완화

개정 전 행정소송법은 원칙적으로 필요적 전치요건을 규정하고, 전치요건의 예외를 함께 규정하고 있었지만, 조세소송에 대해서는 과세처분의 특수성을 고려하여 국세의 경우 그 예외를 인정하지 않고 있었다.

그러나 국세에 관한 조세소송에 있어서도 행정청으로 하여금 기본적 사실관계와 법률문제에 대하여 다시 판단할 수 있는 기회를 부여하였고 정당한 사유가 있는 때에는 전심절차를 거치지 않고도 조세소송을 제기할 수 있도록 하였다.

여기서 정당한 사유란 (ㄱ) 2개 이상의 같은 목적의 행정처분이 단계적, 발전적 과정에서 이루어진 것으로서 서로 내용상 관련이 있는 경우, (ㄴ) 조세소송 계속 중 그 대상인 과세처분을 과세청이 변경하였는데 위법사유가 공통된 경우, (ㄷ) 동일한 행정처분에 의하여 수인이 동일한 의무를 부담하게 되는 경우, (ㄹ) 형식상 수개의 과세처분이 있으나 그것이 하나의 과세원인에 대한 수개의 분할납부로서의 과세처분인 경우 등에 있어서 선행처분에 대하여 전심을 거쳤거나 납세의무자들 중 1인이 적법한 전심절차를 거친 경우 등을 들 수 있다.

국세의 전심절차 적용, 예외에 관한 판례

- 동일한 계약관계에서 발생한 2년에 걸친 이자에 대한 원천징수의무불이행을 이유로 한 2개의 가산세부과처분이 세목과 납세의무자 및 원고주장의 위법사유가 동일한 경우 선행과세처분에 대하여 전심절차를 거쳤다면 후행 과세처분에 대하여 별도로 전심절차를 거칠 필요가 없다(대판 1991. 7. 26. 91누117).
- 당초의 과세처분이 있은 후 세액의 일부를 증액하는 경정처분이 있으면 당초의 과세처분은 경정처분에 흡수되어 독립적인 존재가치를 상실하므로 전심절차의 경유 여부도 그 경정처분을 기준으로 판단해야 할 것이지만, 이 경우 그 위법사유가 공통된 경우에는 당초의 과세처분에 대하여 전심절차를 경유하였으면 그 경정처분에 대하여 별도로 전심을 경유할 필요가 없다(대판 1992. 8. 14. 91누13229).
- 공동상속의 경우 상속세부과처분에 대한 불복은 상속인 각자가 자기의 납부의무 있는 세액에 관하여 제기하는 것이 원칙이나 전심절차에 있어서는 공동상속인을 대표하여 상속세의 과세표준과 세액의 결정통지를 받을 수 있는 자가 통지를 받고(모든 상속인이 통지를 받은 경우에도 동일함) 전심절차를 거친 경우 나머지 상속인들은 동일한 전심절차를 거칠 필요가 없다(대판 1993. 5. 27. 93누3387).
- 당초의 종합소득세부과처분 취소소송 계속 중에 그 처분을 취소하고 동일한 과세표준에 대하여 귀속년도를 달리하여 종합소득세 및 방위세를 부과한 사안에서 변경 후의 종합소득세뿐만 아니라 방위세 부과처분에 대하여도 전심절차를 거치지 않고 그 취소를 청구할 수 있다(대판 1993. 5. 27. 96누2200).
- 또한, 원고가 조세부과처분 전에 피고로부터 과세 전 조사내용통지 및 재산압류통지를 받고 그에 따른 부과처분을 예견하여 이의신청을 하고 부과처분이 있은 후 피고가 이의 신청을 기각함에 따라 그에 대한 심사 및 심판청구를 거쳐 소를 제기한 경우 원고는 위 부과처분에 대해서도 이의신청을 거친 것으로 보아야 한다(대판 1991. 4. 23. 90누9155).

그러나 수개의 과세처분에 대한 조세소송의 전심절차는 당해 과세처분마다 따로 결정해야 한다.

수개의 과세처분에 대한 조세소송의 전심절차에 관한 판례

- 종합소득세 부과처분에 대한 심사청구 및 심판청구를 함에 있어서 가산세의 부가처분만이 위법하다고 주장하였고, 그 후 심판청구기각결정을 송달받고서 이에 대해 행정소송을 제기함에 있어서 가산세 부분의 취소를 구하다가 청구를 변경하여 위 부과처분 전부(본세 포함)의 취소를 구한 경우, 본세에 관한 취소청구는 전심절차를 거치지 않아 부적법하다(대판 1982. 12. 14, 82누3152).
- 부동산 명의신탁을 이유로 명의자에게 증여세 등 부과처분을 하였으나 이를 체납하자, 연대납세의무자로서 실질소유자인 증여자에 대하여 증여세 부과처분을 하고 아울러 명의신탁한 부동산을 타인에게 양도한데 대하여 실질소유자에게 양소소득세부과처분을 한 경우, 위 각 과세처분은 증여 또는 양도된 목적물이 동일할 뿐 별개의 독립된 처분으로서 그 중 하나의 과세처분에 대하여 전심절차를 거쳤더라도 다른 과세처분에 대하여 전심절차를 거치지 아니하고는 그 과세처분의 취소를 구하는 행정소송을 제기할 수 없다(대판 1991. 5. 24, 91누247 ; 1992. 9. 8, 92누4383).
- 종전의 제2차 납세의무자 납부고지처분이 당연 무효라는 이유로 이와는 별개의 새로운 과세처분이 이루어진 경우에는 비록 종전의 처분에 대하여 전심절차를 거쳤다고 해도 원칙적으로 새로운 납부고지처분에 대하여 전심절차를 거쳐야 한다(대판 1996. 9. 10, 95누13739).

납세의무자가 과세처분이 있기 전에 소득금액변동통지에 대하여 이의신청과 심사 및 심판청구를 했을 뿐 그 후의 과세처분에 대하여 전심절차를 거치지 않고 취소소송을 제기한 경우 그 소송의 적부가 문제되는데, 판례는 엇갈리다가 1993. 1. 19. 92누8293 전원합의체 판결로써 필연적으로 뒤따를 과세처분에 대한 전심절차는 경유할 필요가 없다는 쪽으로 견해를 통일하였다.

5. 제소기간

행정소송법은 제20조에서 제소기간에 관하여 규정하고 이를 부작위위법확인소송에 준용하고 있다(같은 법 제38조 제2항). 무효 등 확인소송에는 제소기간의 제한이 없고, 당사자소송의 경우에도 법령에 특별한 규정이 있는 경우를 제외하고는 제소기간의 제한이 없다(같은 법 제41조 참조).

이와 같은 제소기간은 소송요건의 하나이므로 법원이 이를 직권으로 조사하며 제소기간이 지난 경우에는 소송은 부적법하게 되어 본안 판단에 들어가기 전에 판결로써 각하된다.

조세소송의 경우에는 조세법률관계의 특수성으로 인하여 그 제소기간이 일반 행정소송과 달리 취급되어 행정소송법 제20조의 규정 적용이 배제된다.

(1) 국세의 경우 제소기간

국세에 관한 과세처분의 경우, 국세기본법 및 관세법상의 심판청구를 거친 경우에는 그 심판청구에 대한 결정의 통지를 받은 날로부터 90일 내에 제기하되, 국세기본법 제81조 단서 및 관세법 제120조 제3항의 규정에 의한 결정기간(=90일) 내에 결정의 통지를 받지 못한 경우에는 결정의 통지를 받기 전이라도 그 결정기간이 경과한 날로부터 행정소송을 제기할 수 있다.

(2) 지방세의 경우 제소기간

지방세의 경우에는, 2심급에 있어서는 심사청구에 대한 결정의 통지를 받은 날로부터, 선택적 3심급에 있어서는 재심사청구에 대한 결정통지를 받은 날로부터 각 90일 내에 제기하되, 결정기간(=90일) 내에 결정통지가 없이 그 결정기간이 경과한 때에는 청구인은 그가 원하는 경우 결정기간이 경과한 날로부터 행정소송을 제기할 수 있다.

(3) 기산일과 기간의 계산

주위적 청구가 행정심판의 재결을 거칠 필요가 없는 무효확인소송이라도 병합 제기된 예비적 청구가 취소소송이라면 이에 대한 제소요건을 갖추어야 한다.

또한, 취소소송을 제기했다가 나중에 당사자소송으로 변경한 경우 당초의 취소송이 적법한 기간 내에 제기된 때에는 당사자소송의 제소기간을 준수한 것으로 보아야 한다. 이와 같이 당사자소송으로 변경한 경우에는 처음부터 당사자소송을 제기한 것으로 보므로(행정소송법 제21조 제4항, 제14조 제4항), 변경된 당사자소송의 제소기간의 준수여부를 취소소송 제기시를 기준으로 해야 하기 때문이다.

피고의 경정에 따라 청구취지를 변경하는 경우에는 새로운 제소로 볼 것이 아니라 청구취지를 정정하는 것으로 보는 것이 상당하고 제소기간 계산도 경정전의 소제기시를 기준으로 하는 것이 상당하다.

국세청장은 심사 또는 심판청구의 내용이나 절차에 관하여 보정요구를 할 수 있고, 보정요구를 한 경우 이 기간은 결정기간에 산입하지 않는 것으로 하고 있다(국세기본법 제81조, 제65조 제4항, 제63조 제1항).

그러므로 결정기간으로부터 90일이 지난 후에 소송이 제기되었다고 하더라도 법원으로서는 막바로 각하할 것이 아니라 직권으로 보정요구사실의 유무나 원고들이 실제로 제소기간을 도과한 것인지 여부를 석명하여 소의 적법 여부를 판단해야 한다.

판례는, "심판청구에 대한 결정기간 내에 있어서는 1회에 한하지 않고 언제든지 그 보정을 명할 수 있으나, 보정요구는 도달주의의 원칙에 따라 보정요구의 취지가 상대방에게 알려졌을 때 그 효력이 생기므로 보정요구의 취지가 상대방에게 도달하지 아니한 채(송달불능 등으로) 그 결정기간이 경과하면 보정요구의 효력은 발생하지 않아 보정요구한 기간만큼 심판결정기간이 연장되는 효력은 없다"(대판 1982. 11. 23, 82누385)고 하고 또한 "보정요구를 하면서 기간을 명시하지 아니하고 종기만을 표시한 경우에는 보정요구서가 청구인에게 도달한 날부터가 아니라, 보정요구서에 표시된 보정요구일로부터 종기로 표시된 날까지가 보정기간이 된다"(대판 1982. 5. 11. 80누128)고 하고 있다.

제 6 장   소의 제기

1. 당사자와 대리인

(1) 당사자

당사자란 자기의 이름으로 국가의 권리보호를 요구하거나 요구받는 자를 말한다. 당사자가 누구인가의 여부는 소장에 나타난 당사자의 표시를 비롯하여 청구권인 기타의 기재 등 전 취지를 기준으로 하여 객관적으로 확정된다.

당사자의 이러한 개념은 곧 미성년자의 친권자, 법인의 대표이사 등 법정대리인이나 소송대리인과 구별되고 또한 당사자의 승소보조를 위해 자기의 이름으로 소송을 수행하는 종된 당사자로서의 보조참가인과도 구별된다.

조세소송에 있어서는 일반적으로 조세행정처분, 즉 조세의 부과징수처분을 받은 자가 그 처분 등으로 인하여 권리 또는 이익을 침해받은 경우에 적극적 당사자인 원고가 되어 그 처분의 취소·변경, 무효확인(또는 부존재 위법확인)을 청구하는 형태로 나타난다.

조세소송도 일반 행정소송과 마찬가지로 원고와 피고가 대립하는 對審의 형식을 취한다는 점에서 민사소송과 본질적으로 다르지 않지만 민사소송은 이해가 상반되는 권리주체 사이의 분쟁해결인데 반하여 행정소송, 특히 항고소송은 피고로 된 행정청이 권리주체로서의 지위에 있는 것이 아니라 소송절차상 피고의 지위에서 반대의 이익을 대표하여 소송을 수행한다는 점에서 민사소송과 다른 특징을 나타낸다.

(2) 당사자능력

당사자능력이란 조세소송의 주체가 될 수 있는 일반적인 능력을 말하는 것으로, 소송사건의 내용이나 성질에 관계없는 일반적인 자격을 의미한다. 따라서 당사자능력의 개념은 특정한 소송물에 대하여 정당한 당사자로서 본안판결을 받기에 적합한 자격을 뜻하는 당사자적격 및 현재 계류중인 특정소송의 당사자가 누구인가를 정하는 당사자확정과도 구별된다.

조세소송의 당사자능력에 관하여는 행정소송법이나 국세기본법 기타 세법 등에 특별한 규정이 있는 것 외에는 민사소송법에 관한 당사자능력에 관한 규정이 준용된다(행정소송법 제8조 제2항). 따라서 권리능력이 있는 자는 조세소송의 당사자능력이 있으나, 외국법인의 국내지점은 당사자능력이 없게 된다.

그런데 법인격이 없는 단체(사단·재단 기타 단체)도 조세소송의 당사자능력이 인정되는 경우가 있다.

즉, 법인격이 없는 단체 중 ㈀ 주무관청의 허가 또는 인가를 받아 설립되거나 법령에 의하여 주무관청에 등록한 사단·재단 기타 단체로서 등기되지 않은 것과 공익을 목적으로 출연된 기본재산이 있는 재단으로서 등기되지 않은 것(국세기본법 제13조 제1항 제1, 2호), ㈁ 위 ㈂ 이외의 단체중 단체의 조직과 운영에 관한 규정을 가지고 대표자 또는 관리인을 선임하고 있고, 단체 자신의 계산과 명의로 수익과 재산을 독립적으로 소유·관리하고 있으며, 또한 단체의 수익을 구성원에게 분배하지 않을 것을 요건으로 하여 관할 세무서장의 승인을 받은 단체(같은 조 제2항, 그 시행령 제8조)는 비영리내국법인으로 보아(법인세법 제1조 제2호) 국세기본법 기타 세법이 적용되므로 조세소송의 당사자능력이 인정된다.

또한, 법인격이 없는 단체 중 국세기본법 제13조에 의하여 법인으로 보는 단체 외의 법인 아닌 단체는 거주자 또는 비거주자로 보아 소득세법을 적용하므로(소득세법 제2조 제3항), 이와 같은 권리능력이 없는 단체도 위 한도 내에서 조세소송의 당사자능력이 인정된다. 여기에 해당되는 예로는, 대표자가 선임되어 있는 종중, 부락민 150여 세대로 구성된 산림계, 정관과 의사결정기관인 회원총회, 업무집행기관인 이사회가 구성되어 있는 한국자동차 부품사업중앙연합회 등을 들 수 있다.

결국, 법인격이 없는 단체 중 국세기본법 제13조, 그 시행령 제8조에 해당하는 것은 법인으로서, 그 이외의 소득세법 제2조 제3항에 해당하여 각 과세단위가 되므로 그 범위 내에서 조세소송의 당사자능력이 있다고 할 것이다.

(3) 대리인

　조세소송에서도 당사자는 소송대리인을 선임할 수 있는데, 이 경우 민사소송법상 소송대리인에 관한 규정이 준용된다(행정소송법 제8조 제2항, 민사소송법 제90조 내지 제97조).

　소송대리인은 포괄적 대리권의 일부로 소송대리권을 갖는 지배인과 같이 법령상 본인을 위해 일정한 범위의 업무에 관하여 일체의 재판상의 행위를 할 수 있는 자, 즉 법령상의 소송대리인을 제외하고는 변호사 또는 법무법인이 아니면 안된다.

　조세소송의 피고인 세무행정청은 그 소속직원이나 상급행정청의 직원을 소송수행자로 지정하여 소송을 수행하게 하거나 변호사를 소송대리인으로 선임할 수 있다.

2. 소장작성과 소가산정

(1) 소장의 작성과 제출

　소를 제기하려면 민사소송법에 의하여 서면으로 작성한 소장을 법원에 제출해야 한다.

　소장에 기재해야 할 사항으로는 당사자 및 법정대리인, 청구의 취지, 청구의 원인과 증거방법, 부속서류 및 작성일자 등이 있다. 소장을 작성하면 거기에 민사소송법 소정의 인지(현금납부의 경우 그 증명서)를 붙이고, 소송서류의 송달비용을 예납해야 한다(민사소송법 제116조, 민사소송규칙 제19조 제1항 제1호).

　그리고 소장의 첨부서류로서 피고의 수만큼의 소장부본, 소가산정이 어려운 경우 그 산출을 위해 필요한 자료, 피고가 소송무능력자일 경우 법정대리인, 피고가 법인인 경우 그 대표자, 법인이 아닌 사단이나 재단일 때에는 그 대표자 또는 관리인의 각 자격증명서(민사소송규칙 제63조 제1항) 등을 제출해야 한다.

(2) 소장의 기재사항

　① 당사자

원고의 표시는 원칙적으로 민사소송의 경우를 따르므로 원고의 명칭과 주소를 기재한다. 항고소송의 피고는 국가나 행정청이므로 피고를 표시할 때는 다음에 유의해야 한다.

㉠ 행정기관

항고소송 피고의 표시에 있어서는 처분행정청의 명칭만을 표시하는 것으로 족하고, 그 기관을 담당하고 있는 자연인의 성명이나 주소를 표시하지 않는 것이 관례이다.

예 : 피고 여의도세무서장, 피고 김해시장, 피고 부산광역시 중구청장

㉡ 공·사법인이 처분청인 경우

민사소송에서와 같이 대표자 또는 그 대리인을 기재하는 것이 관례이다.

예 : 피고 농업진흥공사 사장   ○○○

② 청구취지

청구취지는 원고가 어떤 대상에 대해 어떤 종류와 내용의 판결을 구하는가를 표시하는 소의 결론부분이다. 따라서 청구취지는 원고의 청구가 인용될 경우에 판결의 주문에 해당하는 것이다. 항고소송에 있어서 소송의 대상이 되는 처분은 당사자, 일시, 내용 등을 간결하게 기재하여 특정해야 하며, 취소소송은 형성의 소이므로 이행의 소에서와 같이 '…하라'고 표시해서는 안된다. 또한, 일부취소의 판결을 구하는 경우에는 그 범위를 특정해야 한다.

예 : 피고가 20○○. 1. 16. 자로 원고에 대하여 한 20○○년 2기분 부가가치세 금 15,000,000원의 부과처분은 이를 취소한다.

1. 피고가 20○○. 7. 1. 자로 원고에 대하여 한 20○○년 귀속 종합소득세 금 30,000,000원의 부과처분 중 금 20,000,000원을 초과하는 부분은 이를 취소한다.

2. 소송비용은 피고의 부담으로 한다.

라는 판결을 구합니다.

행정소송에 있어서도 소장에 소송비용의 부담에 관한 재판을 구하는 취지를 기재하는 것이 일반적이지만 이는 법원에 대하여 직권발동을 촉구하는 의미에 지나지 않는다.

③ 청구원인

청구원인은 소송상의 청구를 다른 청구와 구별할 수 있을 정도로 주장책임 범위 내에서 간결·명확하게 기재해야 한다. 청구원인에는 소송물을 특정하기 위하여 필요한 사실관계를 적으면 되고 그 특정을 위한 법률용어 또는 법조문을 반드시 표시할 필요는 없다. 그러므로 취소소송에서는 소송의 대상이 된 처분의 위법사유를 기재하면 된다.

(3) 소가의 산정

소가는 원고가 소로써 이루려는 목적이 갖는 경제적 이익을 화폐단위로 평가한 금액이라고 할 수 있다.

민사소송 등 인지규칙 제17조는 행정소송의 소가를 정하는 기준에 대하여 다음과 같이 규정하고 있다.

㈀ 조세 기타 공법상의 금전·유가증권 또는 물건의 납부를 명한 처분의 무효확인 또는 취소를 구하는 소송에 있어서는 그 청구가 인용됨으로써 원고가 납부의무를 면하게 되거나 환급받게 될 금전·유가증권 또는 물건가액의 3분의 1, 다만 그 금전·유가증권 또는 물건의 가액이 30억원을 초과하는 경우에는 이를 30억원으로 본다.

㈁ 체납처분취소의 소에 있어서는 체납처분의 근거가 된 세액을 한도로 한 목적물건 가액의 3분의 1, 다만 그 세액 또는 목적물건 가액이 30억원을 초과하는 경우에는 이를 30억으로 본다.

물건 등 가액의 산정방법에 관해서는 민사소송 등 인지규칙 제9조 내지 제11조에 규정되어 있다. 예컨대, 토지의 가액은 개별공시지가에 100분의 30을 곱하여 산정한 금액으로 하고 건물은 지방세법 시행령 제80조제1항제1호의 방식에 의하여 산정한 시가표준액에 100분의 30을 곱하여 산정한 금액으로 한다.

한편 소의 병합의 경우는 다음과 같이 산정한다.

1개의 소로써 수개의 청구를 하는 때에는 그 가액을 합산한다. 다만 과실, 손해배상, 위약금 또는 비용의 청구가 소송의 부대목적이 되는 때에는 그 가액은 소송 목적의 가액에 산입하지 않는다(민사소송법 제27조).

조세부과처분취소청구에 병합하여 각종 가산세(신고불성실가산세, 납부불성실가산세 등)의 부과처분취소청구를 하는 경우에 있어서는, 가산세는 제재세로서 별도의 확정절차(부과결정)를 요하고 본세의 과세처분과는 별개의 처분이라는 이유 등으로 소가를 합산하는 것이 현재의 실무관행이다.

3. 소제기의 효과

(1) 법원 등에 대한 효과

소가 제기되면 사건은 법원에 계속되고, 당사자는 동일사건에 대하여 반복해서 소를 제기하지 못한다.

사건을 배당받은 재판부의 재판장은 소장을 심사하고(민사소송법 제254조), 소장의 부본을 피고에게 송달하며(동 법 제255조), 제1차 변론기일을 지정하여 당사자를 소환한다. 법원은 신속한 재판을 위하여 필요하다고 인정될 때에는 변론에 앞서 변론의 준비절차를 거칠 수 있다(동 법 제279조).

(2) 처분에 대한 효과

행정처분은 취소소송의 제기에 영향을 받지 않는다. 다만, 원고는 취소소송의 제기와 함께 그 집행정지를 신청할 수 있을 뿐이다.

그러나 통상 과세관청은 과세처분취소의 소가 제기되면 압류재산의 공매처분을 보류해 주고 있다.

제 7 장　　공동소송과 소송참가

1. 공동소송

공동소송이란 1개의 소송절차에 수인의 원고 또는 피고가 관여하는 소송형태를 말한다. 이 경우의 원고 또는 피고측에서는 수인을 공동소송인이라 한다.

공동소송은 다수 당사자간의 관련분쟁을 동일절차 내에서 동시에 심리함으로써, 심판의 중복을 피하여 당사자와 법원의 노력을 절약하도록 하며 분쟁의 통일적 해결에도 이바지하지만 때로는 소송을 복잡하게 하거나 지연시키는 요인이 되기도 한다.

(1) 공동소송의 종류

공동소송은 공동소송인간 합일확정의 필요 여부에 따라 통상공동소송과 필요적 공동소송으로 구분된다.

통상공동소송이란 각 공동소송인과 상대방 사이의 청구가 각각 독립된 것이어서 승패가 일률적으로 될 필요가 없는 공동소송, 즉 각각 별개의 소송으로 해결지어도 무방한 성질의 사건이 우연히 하나의 절차에 병합된 형태이다(민사소송법 제65조).

이에 대해 필요적 공동소송은 소송의 목적이 공동소송인 전원에 대하여 합일적으로 확정된 경우의 소송이다.

(2) 공동소송의 요건

① 행정소송법 제15조

행정소송법 제15조는 수인의 청구 또는 수인에 대한 청구가 처분 등의 취소청구와 관련있는 때에 한하여 그 수인이 공동소송인이 될 수 있도록 규정하고 있다. 즉 처분의 취소청구와 관련된 청구인 때에는 그 청구가 취소소송의 피고 이외의 자를 피고로 할지라도 취소소송과 병합하여 1인 또는 수인이 원고가 되어 소송을 제기할 수 있다.

그리고 관련청구에 해당하기만 하면 그것이 취소소송과 동종의 소송절차에서 심판될 수 있는지 여부 및 심급과도 무관하게 병합이 허용된다고 본다. 따라서 취소소송과 민사상 손해배상청구를 병합하여 고등법원에 제소할 수 있게 된다.

병합되는 청구에 대한 수소법원의 토지관할권 문제는 민사소송법 제25조의 관련재판적규정이 준용된다고 할 것이다(행정소송법 제8조 제2항).

따라서 행정소송법 제15조의 공동소송은 민사소송법 제65조에 의한 공동소송에 대한 관계에서 특별규정의 성질을 지니고 있다고 본다.

② 관련청구

처분 등의 취소청구와 관련있는 청구란 첫째 당해 처분 등과 관련되는 손해배상·원상회복·부당이득반환 등의 청구소송, 둘째 당해 처분 등과 관련되는 취소소송을 말한다(행정소송법 제10조 제1항 제1·2호).

여기에서 처분 등과 관련되는 손해배상, 원상회복, 부당이득반환 등의 청구란 당해 취소소송의 대상인 처분 등의 취소·무효 또는 부존재를 선결문제로 하는 청구 및 당해 처분이나 재결로 인하여 입은 손해에 대한 청구를 가리키는 것이며, 처분 등과 관련되는 취소소송이란 당해 처분 등과 관련 있는 재결의 취소청구 또는 재결에 관련되는 처분의 취소청구와 같이 당해 취소소송의 대상이 원인적으로 서로 관련되는 경우를 뜻한다고 할 것이다.

③ 소의 주관적·예비적 병합

소의 주관적·예비적 병합이란, 처분청을 피고로 하여 처분의 취소를 주관적으로 청구하고 그 청구가 부적법하거나 이유 없는 경우에 예비적으로 권리주체인 국가나 지방자치단체를 피고로 하여 손해배상을 청구하는 경우, 제1차적인 당사자에 대한 주관적 청구가 인용되는 것을 해제조건으로 하여 제2차적인 당사자를 상대로 예비적 청구를 병합하는 것을 말한다.

소의 주관적·예비적 병합에 대한 규정은 행정소송법은 물론 민사소송법에도 없다.

생각건대 조세소송에 있어 소의 주관적·예비적 병합이 문제되는 경우는 주관적 피고와 예비적 피고의 한 쪽이 국가 또는 지방자치단체이고 다른 쪽은 그 행정청인 경우가 대부분으로, 이 경우에 주관적 피고와 예비적 피고는 실질적으로 동일하므로 예비적 피고의 지위가 현저히 불이익·불안정하다고 볼 수 없다. 따라서 소의 주관적·예비적 병합을 허용하는 것이 타당하다고 할 것이다(반대설 있음).

④ 제3자에 의한 관련청구소송의 주관적·추가적 병합

제3자에 의한 관련청구소송의 주관적·추가적 병합은 제3자가 법원에 계속중인 타인 사이의 소송에 당사자로서 참가하는 것으로, 소송관계를 복잡하게 하고 행정사건의 신속확정의 요청에 반하므로 허용되지 않는다.

2. 소송참가

소송참가란 타인 사이에 계속중인 소송의 결과에 따라 자기의 법률상의 이익에 영향을 받게 된 제3자가 자기의 이익을 위하여 그 소송절차에 참가하는 것을 말한다.

행정소송의 취소판결의 효력은 제3자에게도 미치기 때문에(행정소송법 제29조 제1항) 행정소송에 있어서 이해관계인을 당해 소송에 참가시켜 심판에 필요한 소송자료를 제공하도록 함으로써 공익과 밀접하게 관계있는 행정사건의 분쟁을 정확·공정하게 해결하기 위해서, 또한 소송대상처분이 제3자의 권익에 영향이 있는 경우에 당해소송에 이해관계 있는 제3자의 권익보호를 위해서 소송참가가 필요하다.

(1) 행정소송에서의 소송참가

행정소송에서는 제3자의 소송참가와 행정청의 소송참가가 인정된다(행정소송법 제16조, 제17조, 제38조 제1·2항, 제44조 제1항, 제46조).

이해관계 있는 제3자에는 행정청도 포함될 것이지만, 행정청의 소송참가와 제3자의 소송참가는 그 제도의 취지와 목적을 달리한다. 즉 행정청의 소송참가는 그 자체가 피고로 되는 것을 제외하고는 당사자적격이 없는 관계행정청으로 하여금 소송에 참여시켜 충분한 소송자료를 제출토록 함으로써 행정사건에 대한 적정한 심판을 기하려는 데 대하여, 제3자의 소송참가는 제3자의 권익보호를 주된 목적으로 하고 있다.

(2) 행정소송법상의 소송참가

① 제3자의 소송참가

소송의 결과에 따라 권익의 침해를 받을 제3자가 있는 경우에 당사자 또는 제3자의 신청이나 법원이 직권에 의하여 결정으로써 그 제3자를 소송에 참가시키는 것을 제3자의 소송참가라고 한다(행정소송법 제16조 제1항, 제38조 제1·2항, 제44조 제1항, 제46조).

(ㄱ) 참가의 요건

첫째, 타인간의 행정소송이 계속중일 것

소송이 계속중이어야 하므로 타인간의 소송이 소송요건의 흠결로 부적법하게 되면 소송참가도 부적법하게 된다. 그리고 계속중이면 상고심에서도 허용된다.

둘째, 소송결과의 영향으로 권리 또는 이익을 침해받을 제3자일 것

제3자는 당사자 능력이 있는 소송당사자 이외의 자를 의미하므로 행정청과 같이 권리·의무의 주체가 될 수 없는 자는 이에 해당하지 않는다. 권리 또는 이익은 법률상의 이익이어야 하며, 단지 사실상 또는 경제상의 이익인 경우는 해당하지 않는다. 침해를 받는다는 것은 판결의 주문에 의하는 경우는 물론 판결의 구속력에 따르는 행정청의 새로운 처분에 의하여 권리 또는 이익을 박탈당하는 경우를 포함한다.

(ㄴ) 소송참가의 절차

• 참가의 신청

참가신청은 서면 또는 구술에 의하여 취지와 이유를 명시하여 피참가소송의 계속법원에 제기해야 한다(행정소송법 제8조 제2항, 민사소송법 제72조 제1항).

참가신청이 있는 때에는 법원은 신청한 서면 또는 조서의 등본을 당사자 쌍방에게 송달해야 한다(행정소송법 제8조 제2항, 민사소송법 제

72조 제2항).

- 참가의 허부결정

  당사자 또는 제3자로부터 참가신청이 있을 때에는 법원은 참가허부의 재판을 하며 직권에 의한 소송참가의 경우에는 법원은 결정으로써 제3자에게 참가를 명한다(행정소송법 제16조 제1항). 법원이 제3자의 소송참가를 허가하거나 명하는 결정을 하려는 때에는 미리 당사자 및 제3자의 의견을 들어야 한다(동법 제16조 제2항). 참가신청을 각하한 결정에 대하여 제3자는 즉시항고를 할 수 있다(동법 제16조 제3항).

(ㄷ) 참가인의 지위

- 소송에 참가한 제3자는 피참가인의 행위와 저촉되는 행위를 할 수 있다. 따라서 참가인에 대한 민사소송법 제76조 제2항의 제한이 배제되며, 참가인이 상고를 제기할 경우에 피참가인이 상고권기각이나 상고취하를 해도 상고의 효력은 지속된다.

- 참가인의 상소기간은 참가인에 대한 판결송달시로부터 독립하여 계산한다.

- 참가인에게 소송절차의 중단 또는 중지의 사유가 발생하면 소송절차는 정지된다.

  참가인은 당사자가 아니므로 이밖에는 통상의 보조참가인과 동일한 지위를 갖는다. 따라서 참가인의 소송행위는 참가하는 때의 소송의 정도에 따라서 해야 하며, 본소의 목적을 변경하는 소의 취하·소의 변경 등의 행위를 할 수 없다.

  참가인은 참가한 소송의 판결의 효력범위 안에 있게 된다(행정소송법 제29조 제1항, 제38조 제1·2항).

② 행정청의 소송참가

  다른 행정청을 소송에 참가시킬 필요가 있다고 인정되는 때에 법원이 당사자 또는 당해 행정청의 신청 또는 직권에 의하여 결정으로써 그 행정청을 소송에 참가시키는 것이 행정청의 소송참가이다(행정소송법 제17조 제1항, 제38조 제1·2항, 제44조 제1항, 제46조).

소송에 참가한 행정청에 대하여는 민사소송법 제76조의 규정을 준용하도록 되어 있으므로(행정소송법 제17조 제3항), 이 경우 행정청의 소송참가의 성질은 보조참가에 준한다.

(ㄱ) 소송참가의 요건

첫째, 타인간의 소송이 계속중일 것

둘째, 피고행정청 외의 행정청일 것

피고행정청 이외의 행정청으로서 계쟁처분이나 전심절차인 조세행정불복신청의 재결과 관계있는 행정청을 말하는 것으로, 피고행정청의 상급행정청과 전심절차인 불복신청의 재결청이 이에 해당한다.

셋째, 참가의 필요성이 있을 것

주로 행정소송사건에 대한 적정한 심리·재판을 실현하기 위하여 참가시킬 필요가 있는 경우를 말한다.

(ㄴ) 소송참가의 절차

• 참가의 신청

참가신청은 서면 또는 구술에 의하여 취지와 이유를 명시하여 피참가소송의 계속법원에 제기한다(민사소송법 제72조 제1항).

• 참가의 허부결정

당사자 또는 다른 행정청으로부터 참가신청이 있는 때에는 법원은 결정으로써 참가허부의 재판을 하며, 직권에 의한 경우에는 결정으로써 당해 행정청에게 참가를 명한다(행정소송법 제17조 제1항). 참가를 허가하거나 명하는 결정을 하려는 때에는 당사자 및 당해 행정청의 의견을 들어야 한다(행정소송법 제17조 제2항). 법원의 결정에 대하여 당사자 또는 당해 행정청은 불복할 수 없다.

(ㄷ) 참가인의 지위

소송에 참가한 행정청에 대하여는 민사소송법 제76조의 규정을 준용하므로, 참가인은 보조참가인의 지위에 준하는 지위를 갖는다. 따라서 참가인은 피참가인의 승소를 위하여 필요한 일체의 소송행위를 할 수 있으나(민사소송법 제76조 제1항), 타인의 소송 보조자에 그치므로 참가당시의 소송정도로 보아 피참가인도 할 수 없는 행위·피참가인의 행위와 저촉되는 행위·소를 변경하는 등의 행위를 할 수 없다(민사소송법 제76조 제2항).

(3) 민사소송법상의 소송참가

행정소송법상 인정되는 소송참가에는 제3자의 소송참가와 행정청의 소송참가가 있는데 민사소송법상 소송참가에 관한 규정들이 행정소송에도 준용될 수 있는가가 문제된다.

행정소송법은 행정소송에 관하여 이 법에 특별한 규정이 없는 경우에는 민사소송법의 규정을 준용한다(행정소송법 제8조 제2항)고 규정하고 있어 행정소송의 특수성에 배치되지 않는 한 민사소송법상의 소송참가도 준용된다고 할 것이다.

민사소송법상의 소송참가는 보조참가 형태와 당사자참가 형태로 대별되는데 보조참가 형태는 다시 통상의 보조참가와 공동소송적 보조참가로 나뉘고, 당사자참가 형태는 다시 독립당사자참가와 공동소송참가로 나뉜다.

① 보조참가

㈎ 통상의 보조참가

보조참가란 소송계속중 소송의 결과에 대하여 이해관계 있는 제3자가 당사자 일방의 승소를 보조하기 위하여 소송에 참가하는 것을 말한다(민사소송법 제71조).

보조참가인은 피참가인의 승소를 위하여 필요한 일체의 소송행위를 할 수 있으나(민사소송법 제76조 제1항), 타인의 소송의 보조자에 그치므로 참가 당시의 소송정도로 보아 피참가인도 할 수 없는 행위, 피참가인의 행위와 저촉되는 행위, 피참가인에게 불리한 행위, 소를 변경하는 등의 행위를 할 수 없다(민사소송법 제76조 제2항).

제3자의 경우 행정소송법상 제3자의 소송참가(행정소송법 제16조)의 요건인 소송의 결과에 따라 권리 또는 이익의 침해를 받을 정도는 아니지만 사법상 또는 공법상의 지위에 영향을 받게 될 이해관계 있는 자가 이 보조참가인적격을 갖춘 경우는 민사소송법상의 보조참가가 허용된다고 볼 것이다.

그러나 당사자능력 내지 당사자적격이 없이 국가 또는 지방자치단체의 기관에 불과한 행정소송의 피고를 위해 보조참가를 할 수 없다고 본다. 왜냐하면 행정소송법 제17조의 행정청에 의한 소송참가는 특별히 규정을 두어 위 당사자능력 내지 당사자적격에 관하여 예외를 인정하고 있기 때문이다.

㈦ 공동소송적 보조참가

공동소송적 보조참가란 판결의 효력이 제3자에게 미치는 경우 그 제3자가 보조참가하는 것을 말하며, 민사소송법상의 규정은 없으나 해석론상 인정되고 있다.

공동소송보조참가인에게는 통상의 보조참가인에 비해 여러면에서 독립적 지위가 인정된다. 즉 피참가인의 행위와 저촉되는 행위를 할 수 있으며, 참가인의 상소기간은 참가인에 대한 판결송달시로부터 독립하여 계산되고, 참가인에게 소송절차의 중단 또는 중지의 사유가 발생하면 소송절차가 정지된다.

행정소송(항고소송)의 판결의 효력은 제3자에게 미친다(행정소송법 제29조 제1항, 제38조 제1·2항). 이 점에서 공동소송적 보조참가가 행정소송법상의 제3자의 소송참가와 그 효과가 같으며 참가의 절차도 제3자의 소송참가와 같으므로 행정소송에서는 특별히 이 공동소송적 보조참가를 인정할 실익이 없다. 왜냐하면 이 경우에 이해관계 있는 제3자는 제3자에 의한 소송참가로써 그 목적을 달성할 수 있기 때문이다.

② 당사자참가

㈀ 독립당사자참가

독립당사자참가란 타인간의 소송계속이 원·피고 쌍방을 상대방으로 하여 원·피고간의 청구와 관련된 자기의 청구에 대해 동시에 심판을 구하기 위하여 그 소송절차에 참가하는 것을 말하며(민사소송법 제79조 제1항), 이 경우에는 종전 소송의 원·피고와 참가인이 각각 독립한 지위에서 대립되는 소송이 성립하게 된다.

항고소송과 관련해서 볼 때 민사소송법에 대한 특별법인 행정소송법에 있어서는 동법에서 처분을 행한 행정청을 상대로 하여 소를 제기하라고 규정하고 있으므로, 행정청 아닌 원고를 피고로 하여 독립당사자참가를 하는 것은 허용되지 않을 것이지만 당사자소송의 경우에는 허용될 것이다.

(ㄴ) 공동소송참가

공동소송참가란 소송의 목적이 당사자의 일방과 제3자에 대하여 합일적으로 확정될 경우에 그 제3자가 계속중인 소송에 공동소송인으로서 참가하여 필요적 공동소송의 경우처럼 민사소송법 제69조의 적용을 받는 것을 말한다(민사소송법 제83조). 따라서 고유필요적 공동소송은 물론 유사필요적 공동소송의 경우에도 공동소송참가가 허용된다.

공동소송참가에 있어서 참가인은 공동소송적 보조참가인에 비하여 당사자로서 독립된 청구를 할 수 있고 또한 당해 소송에 관련청구를 병합할 수 있으므로, 비록 행정소송법이 제16조에서 제3자의 소송참가를 허용하고 있고, 그 경우에 참가인에게 민사소송법 제69조의 규정을 준용하도록 하고 있다 하더라도 이 경우 그 성질은 공동소송적 보조참가로 보게 되기 때문에 행정소송에 있어서도 민사소송법상의 공동소송참가를 허용해야 할 것이다. 다만 이 경우는 별소에 참가하는 것이므로 참가인은 그 청구에 대하여 당사자적격이 있어야 하고 항고소송에 참가하는 경우에는 행정심판전치요건을 갖추고 제소기간을 지키는 등 제반 소송요건을 구비해야 할 것이다.

제 8 장   관련청구의 병합과 이송

1. 관련청구의 병합

청구의 병합이란 하나의 소송절차에서 수 개의 청구가 일괄하여 심리되는 것을 말한다.

이는 수 개의 청구에 관하여 심리와 재판을 함께 함으로써 행정처분에 관련되는 모든 분쟁을 일거에 해결하여 심리의 중복을 피하고 소송경제를 도모하며 재판의 저촉을 방지하는데 그 의의가 있다.

행정소송법 제10조 제2항은 관련청구의 병합에 관하여, 항고소송에는 그 청구와 관련되는 손해배상·부당이득반환·원상회복 등의 청구나 당해 처분과 관련되는 다른 취소소송을 병합할 수 있으며, 취소소송에는 사실심의 변론종결시까지 관련청구소송을 병합하거나 피고 이외의 자를 상대로 한 관련청구소송을 취소소송이 계속된 법원에 병합하여 제기할 수 있다고 규정하여 소의 주관적·추가적 병합과 소의 객관적 병합을 인정하고 있다. 그러나 행정소송법 제10조의 규정은 항고소송에 있어서 소의 주관적 병합과 객관적 병합에 관한 일부 규정에 불과하므로 그 나머지 문제는 결국 이론적으로 해결할 수밖에 없다.

당사자소송에 있어서는 그 소송의 형식 및 실질이 민사소송과 다르지 않으므로 일반적으로 민사소송법의 규정에 따라 청구의 병합을 인정할 수 있을 것이다.

그러나 당사자적격, 출소기간의 제한, 행정심판 전치 등 행정소송법상의 특수한 요건들이 각 당사자에 관하여 충족되어야 하므로 실제로는 많은 제약이 따르게 된다.

행정소송법 제10조 제2항은 무효등확인소송, 부작위위법확인소송 및 당사자소송에 각 준용된다(행정소송법 제38조 제1·2항, 제44조 제2항).

(1) 관련청구 병합의 요건

행정소송법 제10조 제2항은 취소소송에만 사실심의 변론종결시까지 관련청구소송을 병합하거나 피고 이외의 자를 상대로 한 관련청구소송을 취소소송이 계속된 법원에 병합하여 제기할 수 있다고 규정하고 있다. 그 요건을 살펴보면 다음과 같다.

① 병합되는 청구는 처분의 취소소송과 관련되는 청구이어야 한다.

관련청구는 당해 처분과 관련되는 손해배상·부당이득반환·원상회복 등 청구(행정소송법 제10조 제1항 제1호), 즉 처분 등의 취소·무효 또는 부존재를 선결문제로 하는 청구 및 당해 처분을 원인으로 하여 발생한 청구이다. 과오납금반환청구, 위법한 체납처분에 의하여 국가·지방자치단체 기타 제3자가 취득한 재산의 반환이나 등기·등록의 말소 또는 손해배상의 청구 등이 이에 해당된다.

관련청구의 병합은 취소소송에 다른 청구를 병합하는 것으로 다른 청구에 취소청구를 병합하는 것은 인정하지 않는다. 즉 취소소송의 관할법원에 다른 청구를 출소하거나 계속중인 취소소송에 다른 청구를 추가하는 것이어야 한다.

그러나 취소소송 외의 행정사건의 청구 상호간, 예컨대 취소소송과 당사자소송 상호간에 관련청구가 인정되는 경우에는 그 어느 하나에 다른 것을 병합해야 가능하다고 볼 것이다.

② 본래의 취소소송이 적법해야 한다.

본래의 소송이 소의 이익, 출소기간의 준수, 행정심판전치 등 소송요건을 갖추어 적법해야 한다는 것이 판례의 입장이다. 이에 따라 대법원은 부과된 조세를 이미 납부한 원고가 조세부과처분의 무효확인을 구하는 소송에 병합하여 납부한 세금의 환급을 청구한 사안에서, 조세부과처분무효확인소송이 소의 이익이 없어 부적법하므로 병합제기된 세금의 환급을 청구하는 소송 역시 소송요건에 흠결이 있다고 하여 부적법한 것으로 판시하였다(대판 1975. 11. 25, 74누238).

그 밖에 후발적 병합의 경우에는 취소소송의 사실심변론종결 전에 제기해야 하며 소송절차를 현저히 지연시키지 않아야 할 것이다. 병합되는 각 청구에 관하여 수소법원에 토지관할이 있어야 할 필요는 없다. 다만, 이 경우 민사소송법 제25조의 준용에 의하여 관련재판적이 인정될 것이다.

(2) 민사소송법에 의한 청구의 병합

행정소송법은 제10조 제2항 및 제15조에서 청구의 객관적 병합 및 공동소송에 관하여 특별한 규정을 두고 있으므로, 민사소송법상의 청구의 객관적 병합이나 공동소송에 관한 기본직인 원칙규정인 동법 제253조 또는 제67조는 행정소송에 준용될 여지가 없다.

그러나 행정소송법에 특별한 규정이 없는 경우에는 행정소송의 특수성에 반하지 않는 한 민사소송법의 청구의 병합 및 공동소송에 관한 다른 규정은 이를 행정소송에도 준용할 수 있을 것이다.

여기서 특별한 청구병합의 형태인 반소(민사소송법 제269조·제412조), 중간확인의 소(민사소송법 제264조), 소의 추가적 변경(민사소송법 제262조) 등이 행정소송에도 준용되는지가 문제된다.

이것은 모두 준용된다고 볼 것이지만 이 경우에도 각자의 요건을 갖추어야 함은 물론 행정소송법상 청구병합의 기본적인 요건으로서 요구되는 관련청구의 요건을 충족해야 할 것이며, 또한 민사소송법상의 청구병합의 경우와 달리 각 청구가 동종의 소송절차에서 심리되지 않는 경우에도 청구의 병합이 가능하다고 할 것이다.

(3) 관련청구 병합의 심리

수 개의 청구가 병합된 경우 법원은 각 청구가 요건을 구비하고 있는지 여부를 먼저 심리해야 한다. 청구병합의 요건과 관련하여 행정소송법상의 관련청구의 병합 요건은 어느 것이나 공익적 요청에 기한 것이므로 그 요건을 구비했느냐의 여부는 당사자의 이의를 기다릴 것 없이 심리해야 할 것이다. 그러나 행정소송에서 관련청구가 아닌 것을 착오로 병합하여 심리판결한 경우 이러한 절차상의 위법은 판결에 영향을 미치는 것은 아니므로 판결의 파기사유로는 되지 않는다고 해석한다.

관련청구의 병합이 허용된 때에는 법원은 재판의 저촉과 모순을 피하기 위하여 변론과 증거조사를 같은 기일에 공통으로 행하며, 동일절차로 심리한다. 그러나 법원은 필요에 따라 변론을 분리하여 별개의 절차로 처리할 수도 있고 병합된 청구 중에 종국판결을 할 수 있을 정도로 성숙한 것이 있으면 우선 그것에 관하여 일부판결을 할 수도 있다. 다만 청구의 선택적 병합, 예비적 병합 등에 있어서는 이와 같은 분리조치가 허용되지 않을 것이다.

민사소송법에 의해야 할 원상회복청구와 손해배상청구가 행정처분의 취소청구에 병합된 경우에 이러한 민사사건에도 행정소송법 제26조의 직권증거조사에 의할 것인가가 문제된다. 심리가 공통되는 부분에 있어서는 병합을 인정한 취지에 비추어 그 적용이 있다고 보지만 그 심리가 공통하지 않는 부분에 관하여는 민사소송법의 절차에 따라야 한다고 본다.

2. 관련청구의 이송

관련청구의 이송이란 관련청구소송이 다른 법원에 계속되어 있는 경우 당사자의 신청이나 직권으로 당해 사건을 취소소송이 계속되고 있는 법원으로 이송하는 것을 말한다(행정소송법 제10조 제1항).

취소소송과 관련청구소송을 서로 다른 법원에서 재판하게 되는 경우에 발생하는 법원과 당사자의 부담을 줄이고 아울러 재판의 모순 저촉을 피하기 위하여 이 제도를 인정한 것이다.

관련청구소송을 취소소송이 계속되는 법원으로 이송하도록 하고 있기 때문에 그 반대로 취소소송을 관련청구소송에 이송하여 병합하는 것은 불가능하다.

취소소송의 경우에 관련청구소송의 이송을 규정하고 있는 행정소송법 제10조 제1항은 무효등확인소송과 부작위위법확인소송 및 당사자소송에 각 준용된다(동법 제38조 제1·2항, 제44조 제2항).

(1) 이송의 요건

① 취소소송과 관련청구소송이 각각 다른 법원에 계속되어 있어야 한다.

관련청구소송은 당해 처분 등과 관련된 손해배상청구·부당이득반환청구, 원상회복 등 청구소송 및 당해 처분과 관련되는 취소소송을 의미한다(행정소송법 제10조 제1항).

그런데 취소법원은 고등법원이 제1심 관할법원이고 관련청구소송은 지방법원이 제1심 관할법원인 경우에 심급상의 문제가 생긴다. 그러나 행정소송법 제10조 제2항에서 사실심의 변론종결시까지는 관련청구소송을 병합할 수 있다고 규정한 취지에 비추어 관련청구의 병합도 사실심법원에 계속되어 있는 한 그 심급에 관계없이 이송할 수 있다고 본다.

② 이송의 타당성을 인정할 수 있어야 한다.

관련청구이면 당연히 이송이 되는 것이 아니라 이송이 상당하다고 법원이 인정해야만 이송할 수 있다. 이때 타당성의 여부는 당사자의 편의, 소송경제, 재판의 모순방지, 두 소송사건의 내용·성질 및 심리의 진행정도를 고려하여 법원이 재량으로 판단한다.

③ 관련청구의 이송은 당사자의 신청 또는 법원의 직권에 의한 재판에 의한다.

(2) 이송결정의 효과

이송의 결정은 당해 관련 청구소송을 이송받은 법원을 기속하므로 이송받은 법원은 다시 다른 법원에 이송하지 못하며 이송된 관련청구소송은 처음부터 이송받은 법원에서 계속된 것으로 간주된다(행정소송법 제8조 제2항, 민사소송법 제39조·제40조 제1항).

이송결정과 이송신청의 각하결정에 대해서는 즉시 항고를 할 수 있는 것으로 해석된다(민사소송법 제39조).

제 9 장   소의 변경

　소의 변경이란 청구의 변경, 다시 말하면 소송물의 변경을 말한다. 청구의 변경은 종전의 청구를 새로운 청구로 바꾸거나 종전의 청구에 새로운 청구를 추가시키는 방법으로 이루어진다. 즉 법원과 당사자의 동일성은 유지되면서 오로지 청구만 변경되는 것이며, 청구, 즉 소송물의 변경을 뜻하기 때문에 청구의 취지와 원인의 변경에 의하여 이루어진다.

　행정소송법은 제21조·제22조에서 소의 종류의 변경, 처분변경으로 인한 소의 변경을 특별히 규정하고 있으며, 다시 소의 종류의 변경을 무효등확인소송, 부작위위법확인소송 및 당사자소송에 각 준용하고(행정소송법 제37조·제42조), 처분변경으로 인한 소의 변경은 무효등확인소송과 당사자소송에 각 준용하고 있다(행정소송법 제38조 제1항·제44조 제1항).

1. 소의 종류의 변경

　원고가 당해 소송의 사실심변론종결 전까지 청구의 기초에 변경을 가하지 않는 범위 내에서 법원의 허가를 받아 당해 소송을 다른 종류의 행정소송으로 변경하는 것이다(행정소송법 제21조 제1항·제37조·제42조).

　소의 종류의 변경은 구청구에 갈음하여 신청구를 제기하는 것이므로 교환적 변경이라고 할 것이며, 한편 행정청을 상대로 취소소송을 진행하다가 권리의무의 주체인 국가 또는 지방자치단체를 상대로 하여 당사자소송으로 소의 종류를 변경하는 경우는 피고가 달라지게 된다. 이 점에서 행정소송법상 소의 종류의 민사소송법상의 소의 변경과 다르게 된다.

　이 제도는 원고가 행정소송의 종류를 잘못 선택한 경우 이를 바로잡기 쉽게 하여 행정소송의 행정구제적 기능을 실효성 있게 하려는데 그 인정의 취지가 있다.

　소 종류의 변경 태양으로는, 첫째 취소소송을 무효등확인소송, 부작위위법확인소송 또는 당사자소송으로 변경하는 것, 둘째 무효등확인소송을 취소소송·부작위위법확인소송 또는 당사자소송으로 변경하는 것, 셋째 부작위위법확인소송을 취소소송, 무효등확인소송 또는 당사자소송으로 변경하는 것, 넷째 당사자소송을 항고소송으로 변경하는 것이 있다.

(1) 요 건

① 소송이 사실심에 계속되고 변론종결 전이어야 한다.

소의 종류의 변경은 제1심인 고등법원에 계속중일 때에 한하여 할 수 있으며, 한편 변론종결 후 판결선고 전에는 불가능하다.

② 청구의 기초에 변경이 없어야 한다.

신청구와 구청구의 기초에 동일성이 유지되어야 하며, 이 청구의 기초는 행정청의 특정한 처분이나 부작위의 하자를 청구의 원인사실로 하여 그 처분 등의 취소·변경이나 무효 등 확인을 구하는 것이므로 결국 당해 청구의 원인사실인 처분 등이나 부작위의 위법성을 적출한 바탕이 되는 사실관계라고 해야 할 것이다. 따라서 당해 소송의 대상인 처분이나 부작위가 달라지게 되면 그 소송의 목적물이 달라져서 청구의 기초에 변경이 생기게 되는 것이다.

③ 변경하는 소가 소송요건을 갖춘 것이어야 한다.

변경신청하는 新訴는 스스로 적법한 요건을 갖추어야 한다. 예컨대, 당사자소송을 취소소송으로 변경하고자 하는 경우에는 제소기간, 행정심판전치 등 취소소송 제기에 필요한 소송요건을 갖추어야 한다. 소의 변경이 있으면 처음에 소를 제기한 때에 소가 제기된 것으로 간주되므로, 당사자소송을 항고소송으로 변경한 경우 제소기간에 관하여는 처음의 당사자소송을 제기한 때에 항고소송을 제기한 것으로 보아야 한다.

④ 소 변경의 상당성이 인정되어야 한다.

민사소송법에서는 소의 변경에 별도의 허가를 요하지 않고 다만 소의 변경이 소송절차를 현저히 지연시키는 등 부당하다고 인정하는 때에 한하여 결정으로써 소의 변경을 불허하도록 하고 있다(민사소송법 제262조 제1항, 제263조). 그러나 행정소송법상의 소의 종류의 변경에 있어서는 법원이 상당하다고 인정할 때에 한하여 이를 허가하도록 하고 있다.

(2) 절 차

① 원고의 신청

소의 종류의 변경은 원고의 신청이 있는 경우에만 할 수 있다. 원고는 서면으로 변경을 신청해야 하며, 신청서는 소변경의 단순한 신청서의 의미뿐 아니라, 신소의 소장의 의미를 가지므로 민사소송법 소장의 송달 및 인지 첨부에 관한 규정이 적용된다(민사소송법 제262조 제3항, 민사소송등인지법 제5조).

② 의견청취

소의 변경으로 피고를 달리하게 될 때에는 법원은 허가를 하기 전에 새로 피고가 될 자의 의견을 들어야 한다(행정소송법 제21조 제2항). 새로 피고가 될 자의 의견은 법원이 허가를 함에 있어서 참작하는 자료가 될 뿐이고 이에 기속되는 것은 아니다. 의견진술을 듣지 않고 한 소변경허가 결정은 위법하지만 신청구 피고의 이의가 없으면 책문권이 상실되어 그 하자가 치유된다고 볼 것이다.

③ 법원의 허부결정

행정소송법상 소의 변경은 법원의 허가결정이 있어야 할 수 있다(행정소송법 제21조 제1항). 위 허가결정은 피고에게 고지해야 하고 피고의 변경이 있는 때에는 그 결정의 정본을 피고에게 송달해야 한다(동 법 제21조 제4항, 제14조 제2항).

법원은 소변경신청의 요건을 직권조사하여 요건이 인정되지 않으면 불허가결정을 한다. 또한 소변경신청은 소송중의 소의 일종이므로 성질상 재판장의 소장심사권에 관한 규정이 유추적용된다고 보는 것이 상당하다(민사소송법 제254조). 따라서 필요적 기재사항에 흠결이 있거나 인지가 부족한 경우에는 명령으로 신청서를 각하해야 할 것이다.

소변경허가결정에 대하여는 신·구 청구의 피고 모두 즉시항고를 할 수 있다(행정소송법 제21조 제3항). 그러나 불허결정에 대하여는 독립해서 불복할 수 없고 종국판결에 대한 상소로써만 다툴 수 있다(대판

1992. 9. 25, 92누5096).

적법한 소변경신청이 있음에도 불구하고 이에 대하여 아무런 결정을 하지 않은 채 구청구에 대하여만 판단한 경우에는 판단유탈의 위법이 있다할 것이다.

(3) 효 과

소의 종류의 변경을 허가하는 결정이 확정되면 종전의 소를 제기한 때에 변경된 신소가 제기된 것으로 간주하고 종전의 소는 취하된 것으로 본다(행정소송법 제21조 제4항, 제14조 제4·5항).

2. 처분변경으로 인한 소의 변경

처분변경으로 인한 소의 변경이란 행정소송이 제기된 행정청이 당해 소송의 대상인 처분을 변경한 때에 원고가 법원의 허가를 받아 소를 변경하는 것을 말한다(행정소송법 제22조 제1항). 이러한 처분의 변경에 대한 소의 변경은 청구의 교환적 변경이다.

이 제도는 행정소송계속중에도 행정청은 당해 소송의 대상인 처분을 변경할 수 있게 되어 이 경우에 원고가 구소를 취하하고 신소를 새로이 제기해야 한다면 행정소송이 가지는 행정구제제도로서의 기능이 감소되기 때문에 무용한 절차의 반복을 피하고 간이 신속하게 당해 소송의 목적을 달성할 수 있게 하기 위한 것이다.

행정소송법은 제22조에서 취소소송의 계속중에 처분의 변경으로 인한 소의 변경에 관하여 규정하고, 다시 이를 무효등확인소송 및 당사자소송에 각 준용하고 있다(행정소송법 제38조 제1항·제44조 제1항).

(1) 요 건

① 처분의 변경이 있어야 한다.

당해 소송의 대상인 처분이 소가 제기된 후에 행정청에 의하여 변경된 때이다. 처분의 변경은 당해 처분행정청이나 처분행정청의 상급행정청에 의하여 이루어진다.

과세처분의 취소소송이 계속되는 중에 그 내용에 오류 또는 탈루가 있어 이를 시정하기 위하여 세무행정청이 새로운 과세처분인 경정처분을 한 경우에는, 그 경정처분에 대하여 따로 전심절차를 거치거나 제소기간을 준수할 필요 없이 소의 변경절차에 의하여 그 경정처분을 소송의 대상으로 삼으면 될 것이다.

당초처분의 취소소송이 계속되는 중에 세무행정청이 당초처분에 내재하는 절차상의 하자를 이유로 이를 취소하고 그 절차상의 하자를 보완하여 다시 동일한 내용의 과세처분을 한 경우에는 경정처분과는 달리 당초처분은 취소되어 그 효력이 소급하여 소멸되고 후행처분만이 존재하게 된다. 따라서 당초처분은 소송물이 될 수 없고, 후행처분에 대하여 별도로 전심절차를 거쳐 다시 제소해야 한다고 본다.

② 처분의 변경이 있은 것을 안 날로부터 60일 이내이어야 한다.

③ 기타의 요건

소 변경의 성질상 당해 소송이 계속중이고 사실심변론종결 전이어야 한다. 다만 행정심판 전치주의상 요구되는 전심절차를 갖춘 것으로 의제되므로(행정소송법 제22조 제3항) 별도의 전심절차를 거칠 필요는 없다.

(2) 절 차

㈀ 원고의 신청

㈁ 법원의 결정

소의 종류의 변경과 마찬가지로 법원의 직권에 의한 변경은 허용되지 않는다.

(2) 효 과

처분의 변경으로 인한 소의 변경은 소의 교환적 변경이므로 그 허가결정이 확정되면 종전의 소를 제기한 때에 신소가 제기된 것으로 간주하며, 구소는 취하된 것으로 볼 것이다.

3. 민사소송법에 의한 소의 변경

행정소송법은 소의 변경에 관하여 소의 종류의 변경과 처분변경으로 인한 소의 변경의 두 가지 경우에 관하여 특별히 규정을 두고 있는데, 이는 민사소송법상의 소의 변경외에 특별히 규정하고 있는 소의 변경을 인정한 것이라고 보아야 할 것이므로, 행정소송에서도 민사소송법상의 소의 변경이 허용되는 것으로 보아야 할 것이다.

따라서 원고는 소송절차를 지연시키는 것이 현저한 경우를 제외하고는 청구의 기초에 변경이 없는 범위 내에서 사실심의 변론종결시까지 청구의 취지 또는 원인을 변경할 수 있다(민사소송법 제262조 제1항). 이 경우에는 법원의 적극적인 소변경의 허가결정을 요하지 않으며 청구의 기초에 관한 동일성의 요건이 결여되어 있고, 피고가 소의 변경에 대하여 동의하거나 지체없이 이의를 제기하지 않는다 하더라도 행정소송의 특수성에 비추어 이 청구의 기초의 동일성은 공익적인 요건이라고 보아 그 요건의 흠결이 치유된다고 할 수 없을 것이다.

그러나 항고소송에 있어서는 행정심판전치, 제소기간의 제한 등 제소요건이 엄격하므로 많은 제약이 있게 된다. 즉 청구를 변경하기 위해서는 변경되는 청구에 대하여도 그 청구의 대상이 되는 처분에 관하여 행정심판을 거치고 제소기간을 준수해야 한다.

【서식】소변경신청서1

소 변 경 신 청

사　건　　○○구120호, 법인세부과처분취소
원　고　　○　○　○
피　고　　○○세무서장

　　　원고는 다음과 같이 소변경 신청을 합니다.

변경하는 청구취지

1. 피고가 20○○. 1. 22.자로 원고에 대하여 한 법인세 717, 685, 740원의 과세처
   분은 무효임을 확인한다.
2. 소송비용은 피고의 부담으로 한다.

청구원인 변경

1. 과세처분의 당연무효
   법인의 체납세액에 대하여 제2차 납세의무를 지는 과점주주는 법인의 경영을
   사실상 지배하는 주주이어야 합니다.
   이 점을 헌법재판소는 1999. 6. 26. 98헌바49 등 병합사건결정에서 이를 표명
   한바 있습니다.
   이 사건에서 원고는 소외회사 경영에 일체 관여한 바 없고 주주권을 행사한
   바도 없으므로 원고에 대한 이 사건 과세처분은 당연무효입니다.
   또한 피고는 소외회사에 대한 납세고지 없이 원고에 대하여 곧바로 제2차 납
   세의무를 지운 것도 보충성의 법리상 당연무효입니다.

　　　　　　　　　　　　　　　20○○. 7. 20

　　　　　　　　　　　　　　원　고　○　○　○　㊞

○○지방법원 행정부　귀중

【서식】 소변경신청서2

소 변 경 신 청

사 건　　○○구1888호, 부가가치세부과처분취소
원 고　　○　○　○
피 고　　○○세무서장

신 청 취 지

　"피고가 20○○. 7. 1. 자로 원고에 대하여 한 20○○. 2기분 부가가치세 27,915,810원의 부과처분은 이를 취소한다"의 소는 "피고가 20○○. 7. 3. 자로 원고에 대하여 한 20○○. 2기분 부가가치세 26,866,840원의 부과처분은 이를 취소한다"는 소로 변경한다.

신 청 원 인

　피고가 조세심판원의 심판결정 내용에 따라 이 사건 부동산 매매대금에 부가가치세가 포함된 것으로 보아 과세표준을 재산정하고 20○○. 4. 15. 변경된 청구취지 기재와 같이 감액경정하였다가 20○○. 7. 3. 당초처분을 취소하고 납세의무자 선정착오를 이유로 원고를 포함한 공동소유자 3명에 대하여 그대로 각각 재부과처분하므로 소변경을 신청합니다.

입 증 방 법

　갑 제8호증의 1 내지 3　　　각 납세고지서

20○○. 8. 1

원 고　　○　○　○　㊞

○○지방법원 행정부　귀중

【서식】소변경신청서3(청구취지 확장)

<h1 align="center">청구취지확장 및 원인보충</h1>

사　건　○○누2324호, 취득세부과처분취소
원　고　주식회사 해운대○○호텔
피　고　부산광역시 해운대구청장

확장된 청구취지

1. 피고가 20○○. 4. 25. 자로 원고에 대하여 한 취득세 결정세액 2,267,593,980원 및 농어촌특별세 결정세액 226,759,398원의 부과처분 중 취득세 973,963,721원 및 농어촌특별세 97,396,372원의 각 결정세액을 초과하는 부분은 이를 모두 취소한다.

청구원인 보충

1. 원고는 호텔건물 취득에 따른 취득세 및 부가되는 농어촌특별세에 관하여 나이트클럽 및 사우나 시설 면적은 지방세법 제112조 제2항의 규정을 적용하여 고급오락장에 대하여는 중과세세율을 적용하여 신고·납부하면서 외국인투자비율에 의한 조세감면규정에 따라 감면비율 59.26%를 감면하고 신고·납부하였다.
2. 피고는 20○○. 4. 25. 나이트클럽 시설에 대한 취득세 감면을 배제하고 취득세 695,981,700원, 농어촌특별세 63,798,780원을 부과처분하였다가 20○○. 10. 30. 원고가 감사원에 심사청구를 제기하고 있던 도중 나이트클럽시설에 대한 취득세 감면율을 당초 외자투자지분 22.8088%를 적용하고 이 사건 부과처분 금액과 같이 감액결정하였습니다.
   신고납부 후에 과세관청이 증액경정처분을 한 경우에 증액경정처분이 소송물이 되며, 신고납부는 증액경정처분에 흡수되어 그 독자성의 효력이 상실됩니다(대법원 1989. 11. 24. 선고, 89누3724판결 ; 1984. 12. 11. 선고, 84누225판결).
3. 헌법재판소 2000. 7. 16. 선고 96헌바52호 사건에서 이 사건 부과처분의 과세근거가 된 지방세법 제112조 제2항을 위헌이라고 결정하였고 그 효력을 상실하였으며 효력상실의 효력은 선고 당시 소송계속중인 사건에도 미치므로(대법원 1998. 5. 22. 선고, 96누18182 판결) 고급오락장 및 사치성 시설에 대한 중과세

적용을 배제하고 산출한 정당한 세액은 별지(생략)와 같습니다.

20○○. 9. 8

원 고 (주)해운대○○호텔
대표이사 ○ ○ ○ ㊞

○○고등법원 특별2부   귀중

【서식】 소변경신청서4(청구취지 감축)

청구취지감축 및 원인보충

사　건　○○구8311호, 부가가치세등부과처분취소
원　고　○○기업주식회사
피　고　○○세무서장

감축된 청구취지

　피고가 20○○. 10. 1. 자로 원고에 대하여 한 20○○년 2기 부가가치세 71,144,070원, 20○○. 1기 부가가치세 58,297,130원과 1996. 귀속 법인세 70,922,200원의 부가처분은 이를 모두 취소한다.

청구원인 보충

1. 20○○년 1기분 부가가치세
　조세심판결정에 따라 당초 고지세액 84,858,520원에서 금 26,561,385원이 감액되어 차액은 금 58,297,135원이 되나 국고단수법에 따라 10원 미만 절사하면 고지세액은 58,297,130원이 됩니다.

20○○. 2. 11.

원　고　○○기업주식회사
대표이사　○　○　○　㉑

○○고등법원 특별3부　귀중

제 10 장　　조세소송의 심리

제 1 절　　서 설

소가 제기되면 법원은 이에 대하여 심리를 해야만 한다. 소송의 심리는 소에 대하여 판결하기 위해 그 기초가 될 소송자료를 수집하는 것으로 소송절차의 가장 중심적인 위치를 차지한다.

한편 행정소송은 공적 행정에 관한 분쟁을 대상으로 하기 때문에 그 소송의 결과에 의하여 영향을 받는 자의 범위가 광범할 뿐만 아니라 행정소송의 목적이 당사자간의 분쟁의 해결에 그치지 않고 나아가 행정 자체의 적법성의 보장도 그 목적으로 하는 등의 특수성이 있다. 그리하여 조세소송에 있어서는 변론주의를 기본으로 하되 실체적 진실발견을 위하여 직권증거조사와 직권심리를 채택하고 아울러 행정심판기록의 제출명령제도를 규정하고 있다(행정소송법 제25·26조).

제 2 절   심리의 내용

1. 요건심리

소가 적법하게 제기되어 본안판결을 할 수 있는 상태에 있는지의 여부에 관하여 하는 심리를 요건심리라고 한다. 즉 소송요건의 구비여부를 심리하는 것이다. 이 요건심리의 결과 소송요건을 구비하지 않은 경우 그 흠결이 보정가능한 때에는 상당한 기간을 정하여 보정을 명하고, 보정이 불가능한 것인 때에는 부적법한 소라 하여 판결로써 소를 각하한다.

소송요건으로는 관할, 세무행정처분의 존재, 소의 이익, 원고적격, 피고적격, 행정심판전치, 제소기간 등과 같은 소극적 요건 외에 중복소송, 기판력 등과 같은 소극적 요건이 있는데, 소송요건은 당사자의 이익보다도 공익상 이유를 고려한 것이므로 법원은 당사자의 주장이 없더라도 직권으로 이를 해야 하고 당사자가 이의를 하지 않는다고 해서 그대로 본안판결을 하지는 못한다.

2. 본안심리

요건심리에 의하여 당해 소송이 소송요건을 갖추었다고 인정되는 경우 청구의 인용 여부를 판단하기 위하여 사건의 본안에 관하여 실체적으로 심사하는 과정에 들어가게 되는데 이를 본안심리라고 한다. 이 단계에서 사실의 확정, 처분의 적법성 등을 둘러싼 법률적·사실적 문제 등을 심리하게 된다.

제 3 절   심판의 대상 (소송물)

심판의 대상이란 소송에 있어서 심리 및 판단의 대상을 말하는 것으로 소송물이라고도 한다. 조세소송에 있어서 이 소송물을 어떻게 파악하느냐에 따라 심리의 방식, 판결의 기판력의 범위, 소의 병합 등을 둘러싸고 차이를 나타내게 된다.

통설에 의하면 과세처분 취소소송의 소송물은 세무행정청이 조세채무로 인정한 과세표준 또는 세액이 객관적으로 존재하는가의 여부와 결부된 당해 과세처분의 적부라고 한다. 따라서 원고인 납세자가 주장하는 실제 과세표준 또는 세액의 수치 자체가 직접 심판의 대상이 되지 않고, 단지 당해 처분이 위법한지 여부에 대한 소송상의 공격·방어 방법에 지나지 않는다고 한다. 그러므로 심리의 결과 당해 과세처분이 인정한 과세표준 또는 세액이 객관적으로 존재하는 것이 인정되면 그 처분은 적법하게 되고, 이와 반대로 그 처분이 인정한 과세처분 또는 세액이 객관적으로 정당한 과세표준 또는 세액보다 상회하는 것으로 인정되면 당해 처분은 그 초과하는 한도에서 위법하게 되고 조세채무는 그 한도에서 존재하지 않게 된다. 그리고 무효확인소송의 경우 소송물은 권리 또는 법률관계의 존부확인을 구하는 것이며, 이는 청구취지만으로 소송물의 동일성이 특정된다고 할 것이므로 당사자가 청구원인에서 내세운 개개의 주장은 공격·방어 방법에 불과한 것이 된다고 할 것이다.

한편 당사자소송에서는 공법상의 권리관계 내지는 법률관계 자체가 소송물이 될 것이다.

1. 과세처분취소소송과 소송물

(1) 과세처분취소소송의 소송물

과세처분취소소송에 있어서의 소송물은 무엇을 대상으로 조사·심리할 것인가(심판의 대상)의 문제로서 이는 어느 범위까지 심리·판단할 것인가 하는 심판의 범위(소송물의 범위)의 문제와 개념적으로는 구분되지만 실제에 있어서는 서로 밀접하게 관련되어 혼용되고 있다.

일반적으로 행정처분 취소소송은 처분의 위법을 이유로 하여 그 취소를 구하는 것이므로 심판의 대상, 즉 소송물은 처분에 대한 취소사유의 존부, 즉 위법성 일반이다. 여기에서의 위법성은 실체적 위법성(처분의 실체적 요건의 흠결)과 절차적 위법성(처분의 절차적 요건의 흠결)을 모두 포함한다.

조세소송에 있어서 과세처분은 당해 과세요건의 충족으로 객관적, 추상적으로 이미 성립되어 있는 조세채권을 구체적으로 현실화하여 확정하는 절차로서 준법률행위적 행정행위인 확인행위에 해당하는 바, 그 취소소송은 위와 같은 과세처분의 실체적, 절차적 위법을 그 사유로 삼게 된다. 따라서 심판의 대상은 일반 행정처분에 있어서와 마찬가지로 과세처분의 위법성 일반이 된다.

(2) 과세처분취소소송의 주문기재례

판결주문은 그 내용이 특정되어 있고 주문 자체에서 특정할 수 있어야 하므로, 부과한 세금 중에서 어느 범위의 액을 취소한다고 구체적으로 명시해야 한다.

따라서 '일정액의 과세표준을 초과하는 부분에 대응하는 세액에 관한 부분을 취소한다'거나 '일정액을 익금으로 가산하여 산출한 세액의 부과처분 부분을 취소한다'는 등의 판결주문은 그 주문표시만으로는 과세표준액에 대하여 어떤 세액이 산출된 것인지 분명하지 않아 취소되는 부분이 특정되었다고 볼 수 없다.

그러므로 법원은 부과된 세액의 일부만이 위법하다고 판단되는 경우에는 관련세법의 규정에 따른 전체 과세표준을 확정하고 여기에 법정의 세율을 적용하여 세액을 산출한 다음 정당한 세액을 초과하는 부분만 취소하는 주문을 해야 한다.

<과세처분 전부를 취소하는 경우>

1. 피고가 20○○. 3. 5. 원고에 대하여 한 ○○○세 부과처분을 취소한다.

2. 소송비용은 피고의 부담으로 한다.

<과세처분 일부를 취소하는 경우>

1. 피고가 20○○. 5. 5. 원고에 대하여 한 ○○○세 부과처분 중 금 274,000원을 초과하는 부분은 이를 취소한다.

2. 원고의 나머지 청구를 기각한다.

3. 소송비용은 이를 3등분하여 이중 2는 원고의, 나머지는 피고의 각 부담으로 한다.

2. 무효확인소송의 소송물

과세처분 무효확인소송의 소송물은 권리 또는 법률관계의 존부 확인으로서 이는 청구취지만으로 소송물의 동일성이 특정된다.

따라서 당사자가 청구원인에서 무효사유로 내세운 개개의 주장은 공격방어방법에 불과하여 사실심의 변론종결시를 기준으로 그때까지 제출하지 않은 공격방어방법은 그 뒤 다시 동일한 소송을 제기하여 이를 주장할 수 없고(대판 1992. 2. 25, 91누6108), 과세처분의 무효확인청구를 기각하는 판결이 확정된 경우에는 사실심 변론종결 이전의 사유를 들어 다시 그 부과처분의 무효를 주장하고 이로써 압류처분의 무효를 다툴 수 없다(대판 1988. 6. 28, 87누1009).

그리고 과세처분부존재확인소송의 소송물은 그 부존재를 주장하는 과세처분의 결과로 인하여 생긴 조세채무의 부존재확인이다.

이에 관한 주문기재례는, "1. 피고가 20○○. 3. 5. 원고에 대하여 한 ○○○세 부과처분은 무효임(존재하지 아니함)을 확인한다. 2. 소송비용은 피고의 부담으로 한다"는 형식이 된다.

과세처분 중 일부에 대한 무효확인청구도 가능하다.

예컨대, 과세관청이 인정한 과세소득 중 일부는 인정되지만, 나머지 과세소득에 대하여는 그 근거가 되는 과세자료가 없어 무효로 인정된다면 그 부분에 대한 일부 무효확인청구를 할 수 있다.

3. 경정처분과 소송물

① 경정처분

경정처분이란 일단 확정된 조세채무 곧 납세의무의 내용에 오류·탈루가 생긴 경우 이를 시정하기 위하여 세무행정청이 새로 한 과세처분, 즉 이미 확정된 과세표준 또는 세액을 변경하여 확정하는 세무행정청의 새로운 과세처분이다. 경정처분은 당초처분에서 확정한 과세표준과 세액을 포함하여 다시 전체로서의 과세표준과 세액을 조사결정하게 되는데, 이 경우 과세표준 또는 세액을 증가시키는 경정처분을 증액경정처분이라 하고 이를 감소시키는 경정처분을 감액경정처분이라 한다.

② 경정처분의 소송물

세무행정청이 행한 당초 처분의 내용에 오류·탈루가 있어 이를 시정하기 위해 다시 전체로서의 과세표준 또는 세액을 변경하여 과세처분인 경정처분을 한 경우 심판의 대상은 어떻게 되는가 하는 문제는 당초처분과 경정처분과의 관계를 법률적으로 어떻게 파악하느냐에 관련된다.

당초처분과 경정처분의 법률관계에 대한 견해는 (i) 경정처분의 효력은 그 처분에 의하여 변경된 증액 또는 차액세액에 관한 부분에만 미치고 당초처분과 경정처분은 서로 독립하여 별개의 과세처분으로서 병존한다는 존재설과, (ii) 경정처분의 효력은 당초처분에 의하여 확정한 과세표준 및 세액을 포함하여 처음부터 다시 조사결정한 과세표준 및 세액의 전체에 미치고, 당초처분은 경정처분에 흡수·소멸되어 일체를 이루는 것이라는 흡수설, (iii) 경정처분의 효력은 그 처분에 의하여 변경된 증액 또는 는 차액세액에 관한 처분에 대해서만 미치나 당초처분은 경정처분에 흡수되어 일체로서 병존한다는 흡수병존설, (iv) 경정처분이 당초처분에 흡수 소멸되어 일체가 되고, 이로 인하여 당초처분에 의하여 확정된 세액 등은 경정된 금액만큼 증감된다는 역흡수설, (v) 경정처분은 당초처분과 결합하여 일체로서 병존하면서 당초처분에 의하여 확정된 세액 등을 증감시키는 효력을 갖는다고 보는 역흡수병존설 등이 있다.

한편 판례는 증액경정결정과 감액경정결정을 나누어서 그 법률관계를 고찰하고 있는데 이에 따른 경정처분의 소송물을 살펴보기로 한다.

㈀ 증액경정처분의 경우

과세청이 과세처분을 증액경정하는 처분을 한 경우에는 처음의 과세처분은 뒤의 경정처분의 일부로 흡수되어 독립한 존재가치를 상실하여 소멸되고 오직 경정처분만이 쟁송의 대상이 된다고 한다(대판 1991. 10. 8, 91누1547). 따라서 이에 의하면 처음의 과세처분이 제소기간의 경과나 전심절차의 종결로 이미 확정된 뒤에 증액경정처분을 한 경우에도 당사자는 경정처분에 대한 소송절차에서 이미 확정된 처음의 세액과 과세표준에 대하여 그 위법 여부를 다툴 수 있으나, 경정처분이 있음에도 불구하고 당초의 처분을 독립한 대상으로 하여 그 취소를 구하는 것은 소의 이익이 흠결되어 부적법 각하하게 된다. 따라서 납세자로서는 당초 처분에 대하여 취소소송을 하는 도중에 경정처분이 있는 경우에는 소의 변경절차를 밟아야 할 것이다. 다만 이 경우 청구취지 또는 원인의 변경은 처분의 변경이 있음을 안 날로부터 60일 이내에 해야 하는 제한이 있다(행정소송법 제22조 제2항).

㈁ 감액경정처분의 경우

과세관청이 조세부과처분을 한 뒤에 그 불복절차과정에서 국세청장이나 조세심판원장으로부터 그 일부를 취소하도록 하는 결정을 받고 이에 따라 당초 부과처분의 일부를 취소·감액하는 내용의 경정결정을 한 경우 위 경정처분은 당초 부과처분과 별개 독립의 과세처분이 아니라 그 실질은 당초 부과처분의 변경이고 그에 의하여 세액의 일부취소라는 납세자에게 유리한 효과를 가져오는 처분이라 할 것이다. 그러므로 그 경정결정으로 아직 취소되지 않고 남아있는 부분이 위법하여 다투는 경우에는 항고소송의 대상이 되는 것은 당초의 부과처분 중 경정결정에 의하여 취소되지 않고 남은 부분이 된다 할 것이고 경정결정이 항고소송의 대상이 되는 것은 아니라고 한다(대판 1991. 3. 13, 91누391). 따라서 이에 의하면 제소기간의 준수 여부도 당초처분을 기준으로 하여 판단해야 한다. 한편 납세자가 감액경정처분에 대하여 취소소송을 제기한 경우에는 소각하의 대상이 되는 것이다. 다만 이 경우 법원은 바로 소각하를 할 것은 아니고 석명권을 행사하여 납세자에게 당초처분 중 경정처분에 의하여 감액되고 남은 잔액부분에 관하여 불복하는지의 여부를 분명하게 하고, 이에 따른 청구취지의 변경절차를 밟도록 해야 할 것이다(대판 1983. 4. 12, 82누35).

4. 전자납부

(1) 전자신고

① 개인 - 본인 명의로 된 사업을 수행하지 않는 개인납세자를 말한다.

홈택스에 본인의 주민등록번호로 가입하고 세무서에 신규 개인사업자로 등록하면 홈택스에 자동으로 반영되어 개인사업자로 서비스를 이용할 수 있으며, 개인이 자신의 신고서를 직접 전자신고 할 경우 공인인증서 없이도 서비스를 이용할 수 있다.

개인이 전자신고 세액공제가 적용된 종합소득세 확정신고를 본인의 홈택스ID로 전자신고하는 경우 전자신고 세액공제(2만원)를 받을 수 있다.

② 개인사업자

개인사업의 경우 동일 주민번호로 여러 개의 사업을 운영할 수 있으며 이런 경우 각 사업장에 대한 세무업무를 동일한 사용자ID로 모두 처리할 수 있다.

홈택스 가입은 본인의 주민등록번호로 가입한다.(신규 사업자등록 또는 기존 사업 폐업 등으로 인한 변동으로 가입당시와 현재의 사업 운영 여부가 달라지는 경우 세무서에 등록 또는 폐업 신청한 사업자 내역에 따라 자동으로 반영된다.)

- 홈택스에 가입한 후 본인이 대표자로 있던 모든 사업을 폐업하게 되면 개인으로 변경.

개인사업자가 자신이 대표자인 사업장의 신고서를 직접 전자신고 할 경우 공인인증서 없이 신고할 수 있다.

개인사업자가 전자신고 세액공제가 적용된 종합소득세 확정신고(2만원), 부가가치세 확정신고(1만원)를 본인의 홈택스ID로 직접 전자신고하는 경우 전자신고 세액공제를 받을 수 있다.(단, 부가가치세 간이과세 신고시는 납부할세액 범위 내에서만 공제.(1만원))

③ 법인 - 세무서에 법인으로서 사업자등록이 되어 있는 사용자.

홈택스 가입은 법인의 사업자등록번호로 가입한다. 따라서 중간에 법인 대표자의 변경과 관계없이 기존 사용중인 사용자ID는 계속해서 사용할 수 있다.

본점과 지점이 존재하는 법인사업자의 전자신고 이용

– 대리신고자(세무대리인,납세관리인)가 아닌 경우는 원칙적으로 특정 사업자번호에 해당하는 신고업무는 해당 사업자번호로 등록된 홈택스ID로만 신고할 수 있으므로 본점과 지점이 나뉘어 있는 경우 각 사업자별로 홈택스 ID를 등록하여 각각 신고해야 한다.

– 단, 부가가치세는 본점에서 홈택스를 가입한 경우 본점의 홈택스ID로 지점의 부가가치세 신고서도 전자신고할 수 있다.

법인이 해당 사업장의 신고서를 직접 전자신고 할 경우 공인인증서 없이도 신고할 수 있다.

전자신고 세액공제가 적용된 법인세 정기신고(2만원), 부가가치세 확정신고(1만원)를 법인사업자의 홈택스ID로 직접 전자신고하는 경우 전자신고 세액공제를 받을 수 있다.

④ 세무대리인 – 타인의 세무업무를 대행할 수 있는 세무사, 공인회계사, 변호사(개인,법인 포함).

세무서 사업자 등록 당시 업종코드 7412XX 또는 741101로 등록된 경우 홈택스에서 세무대리 업무를 취급할 수 있다.

사업자의 유형에 따라 개인사업자의 경우 대표자의 주민등록번호로 가입을 하며 법인인 경우 법인의 사업자등록번호로 가입을 한다.

세무대리인이 홈택스에서 이용할 수 있는 신고업무 – 전자신고가 가능한 모든 세목

세무대리인이 수임납세자의 전자신고를 다음과 같이 대행한 경우에 세무대리인 본인의 종합소득세 확정신고시 100만원(건당1만원) 한도로 전자신고 세액공제를 받을 수 있다.

– 수임자가 개인사업자인 경우 : 부가가치세 확정신고 및 종합소득세

확정신고를 모두 전자신고 한 경우

- 수임자가 법인인 경우: 부가가치세 확정신고 및 법인세 정기신고를 모두 전자신고 한 경우

세무대리인의 경우 타인의 신고업무를 대행하므로 전자신고시 신원확인이 가능한 공인인증서의 확인이 필요하다.

⑤ 납세관리인 - 국세기본법 82조 및 각 세법에서 정한 절차에 따라 세무서에 신고한 특정인(개인, 법인 모두 가능)의 국세 업무에 대하여 대리로 해당 업무를 처리할 수 있는 관리인(개인,법인)을 말한다.

납세관리인이 되려면 관련 법규에서 정한 사유에 해당하는 개인 또는 법인은 세무서를 방문하여 납세관리인(설정,변경,해임) 신청서를 작성하여 해당 납세자의 인감증명서와 함께 제출하여야 한다(해임 신청시는 인감증명서를 제출하지 않아도 됨).

납세관리인은 세무서에 신고한 납세관리 내역은 약 2~3일 후에 홈택스까지 연계되어 반영되며 납세관리인으로 지정된 사용자의 ID로 자신이 관리하는 납세자들의 아래와 같은 세금 업무를 홈택스를 이용하여 대신 처리할 수 있다.

- 전자신고, 전자납부, 전자고지 열람

* 이용방법 : 전자신고, 전자고지 이용시는 납세관리인의 홈택스 아이디로 로그인하여 해당 서비스를 이용하며, 전자납부 이용시에는 납세관리인 ID로 로그인하여 [전자납부]-[타인세금납부]를 이용하시거나, [나의정보관리]-[위임자지정]에서 위임자 선택하여 납세관리인의 계좌로 전자납부 이용

납세관리인이 신고한 경우 전자신고 세액공제 여부

전자신고 세액공제가 적용된 법인세 정기신고(2만원), 소득세 확정신고(2만원), 부가세 확정신고(1만원)를 납세관리인이 대리 신고하는 경우 납세관리를 의뢰한 사업자가 전자신고 세액공제를 적용받을 수 있다.

* 단, 부가가치세 간이과세 신고시는 납부할 세액 범위 내에서만 공제

가능.(1만원)

(2) 전자고지

① 전자고지란 홈택스 홈페이지에 접속하여 고지내용을 확인할 수 있는 서비스를 말한다.

② 『고지내용확인』을 선택하여 본인의 고지내용을 확인할 수 있고, 납세고지서를 열람한 후 해당고지세액에 대하여 즉시 전자납부할 수 있다.

③ 전자고지 이용시간은 매일 06:00 ~ 24:00

④ 전자고지를 이용하려면 세무서 방문 또는 인터넷으로 홈택스 이용신청을 하여 사용자번호(ID)/비밀번호를 등록해야 한다.

⑤ 전자고지서비스를 신청한 납세자는 고지내용이 결정되면 전자우편 또는 휴대폰 단문 메세지로 고지사실을 안내 받을 수 있다.(※ 전자우편 주소나 휴대전화번호가 바뀐경우 [나의정보관리]-[나의회원정보] 에서 개인정보를 변경)

⑥ 양도·종합·산림·퇴직소득의 경우 소득세할 주민세 고지내역도 함께 조회할 수 있다.

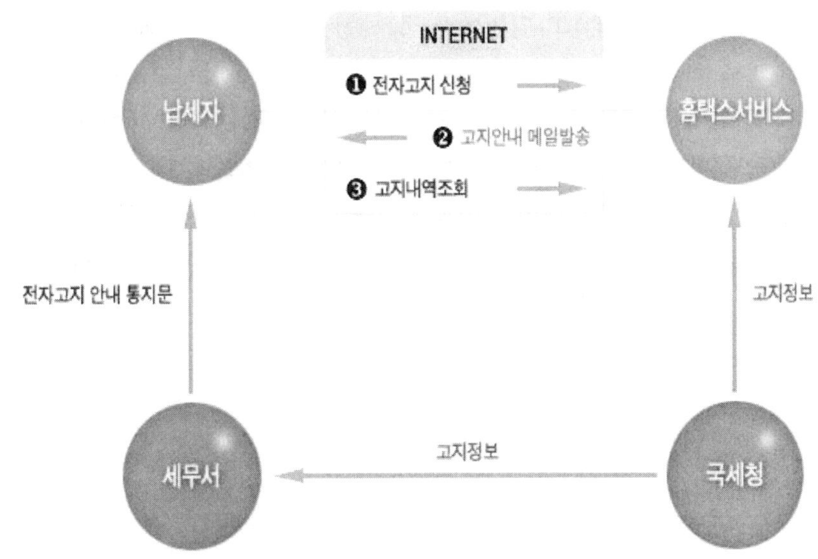

(3) 전자납부

전자납부란 납세자가 홈택스 홈페이지에 접속하여 계좌이체 방식으로 국세를 납부할 수 있는 서비스를 말한다.

전자고지를 받거나 전자신고를 한 납세자는 자동으로 입력된 납부관련 정보를 확인하고, 은행을 선택한 후 계좌번호와 계좌비밀번호만 입력하여 간편하게 납부할 수 있다. 내야할 세금보다 잔고가 부족한 경우 일부만 납부할 수 있다.

전자납부가 완료되면 즉시 납부결과를 확인하고 국세 전자납부 확인서를 출력 할 수 있다.

국세전자납부확인서는 전자납부 즉시 납세증명을 발급 받고자 할 경우 출력하여 세무서 제출용으로 사용할 수 있다(온라인 납세증명은 납부일 2~3일 후에 가능).

전자납부이용시간은 금융결제원 지로시스템 이용시간과 같다.(평일: 09:00 ~ 22:00, 토요일 및 공휴일은 이용안됨 - 단, 상호저축은행, 씨티은행은 09:00 ~ 19:00시까지)

전자납부를 하기 위해서는 세무서 방문 또는 인터넷으로 홈택스 이용신청을 하여 사용자번호(ID)/비밀번호를 등록하고, 홈택스 홈페이지에 접속하여 납부하고자 하는 신고/고지내역을 조회한 후, 전자납부를 선택하고 금융결제원 지로시스템 제공화면에서 계좌정보를 입력하여 처리한다(금융결제원 지로시스템에서는 국고수납대행은행에 이체를 의뢰하고, 그 처리결과를 알려준다.). 금융결제원 지로시스템에서 처리한 이체결과를 확인한다. 납세자는 홈택스 홈페이지에 접속하여 전자납부결과를 조회할 수 있다.

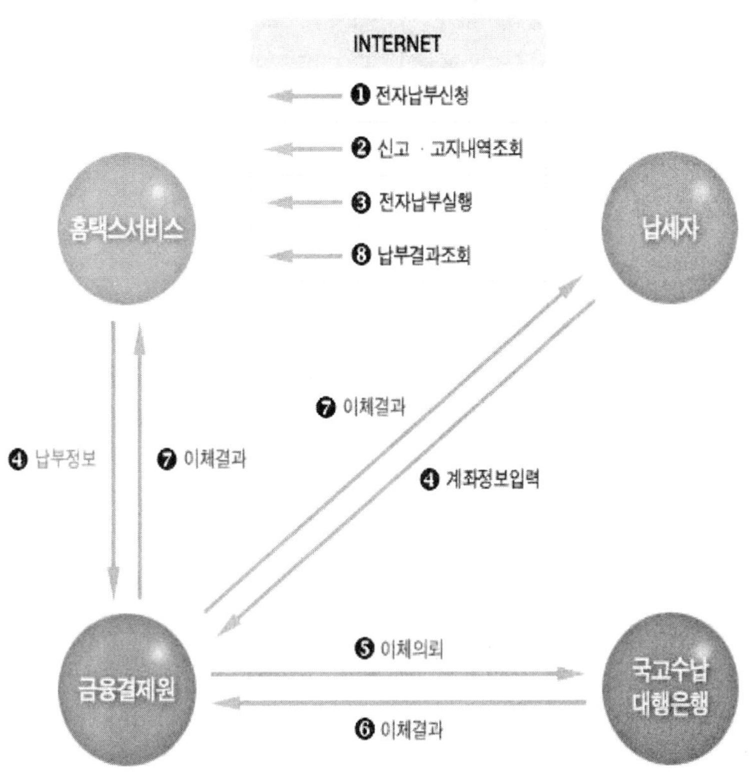

[접근방식별 전자납부 요령]

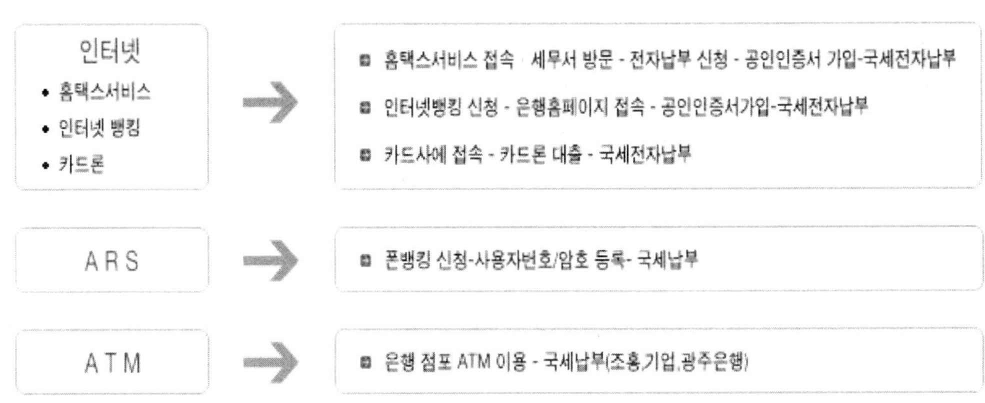

제 4 절 심리의 범위

1. 심리의 범위에 관한 일반원칙

(1) 원칙과 그 예외

행정소송에서도 민사소송과 마찬가지로 법원은 소송제기가 없는 사건에 대하여 심리·재판할 수 없음은 물론 소송제기가 있는 사건에 대해서도 원고의 청구의 범위를 넘어 심리·재판할 수 없다.

이에 대해 행정소송법은 예외를 인정하여 법원이 필요하다고 인정할 때에는 당사자가 주장하지 않은 사실에 대해서도 심리·판단할 수 있게 하였다(행정소송법 제26조 후단). 그러나 이것이 원고의 청구범위를 초월하여 그 이상의 청구를 인용할 수 있다는 것은 의미하지는 않는다. 즉 원고의 청구범위를 유지하면서 그 범위 내에서 필요에 따라 신청 외의 사실에 대해서도 판단할 수 있음을 규정하고 있는 것이다.

(2) 법률문제, 사실문제, 재량문제

법원은 원칙적으로 사실문제, 법률문제에 관한 심리권을 가지고 있다. 한편 재량문제 중에서도 법률적 판단에 관한 재량인 법규재량은 법률문제로서 당연히 법원의 심리의 범위에 들어간다. 그러나 단순히 당·부당의 문제에 그치는 행정청의 자유재량행위는 법원의 심리권의 범위에 포함되지 않는다. 다만 이 경우에도 재량권의 한계를 넘거나 그 남용이 있을 때에는 법원은 이를 취소할 수 있으므로(행정소송법 제27조), 자유재량행위도 재량권을 일탈하거나 남용이 있는 경우에는 법원의 심사의 범위에 속하게 된다. 따라서 행정처분이 자유재량행위라는 이유만으로 소를 부적법하다고 해서 각하할 것이 아니라 재량권의 일탈이나 남용이 있는지의 여부에 대한 판단을 위하여 법원에 그에 대한 심리권이 있다고 보는 것이 타당할 것이다. 즉 이 경우에도 일응 행정소송의 대상이 된다고 보아야 할 것이다.

2. 과세처분 취소소송의 심리의 범위

과세처분 취소소송의 심리대상은 과세관청이 결정한 소득금액의 존부이다. 과세관청은 재판의 변론종결시까지 당해 과세관청에서 인정한 과세표준액 등이 객관적으로 존재한다는 것을 인정할 수 있는 모든 자료를 제출하여 그에 의하여 소득금액의 존부를 판단할 것을 주장할 수 있으므로, 과세처분 당시 누락된 매출금액을 총수입금액에 포함시켜야 한다는 과세관청의 주장을 받아들여 그 소득금액을 확정할 수 있다(대판 1990. 3. 27, 89누3854).

과세처분의 증액경정이 있는 경우에는 선행과세처분은 경정처분의 일부로 흡수, 독립한 존재가치를 상실하여 소멸하므로 선행과세처분이 불복기간의 경과나 전심절차의 종결로 이미 확정된 뒤에 증액결정을 했더라도 그 확정에 의하여 발생된 불가변력이나 불가쟁력을 인정할 여지가 없게 되어, 경정처분에 대한 소송절차에서는 당사자는 이미 확정된 선행처분에 포함된 사항에 대해서도 그 위법 여부를 다룰수 있게 된다(대판 1990. 4. 10, 90누218). 또한 항고소송에 있어서 원고는 전심절차에서 주장하기 않은 공격·방어 방법을 소송절차에서 주장할 수 있고 법원은 이를 심리하여 행정처분의 적법 여부를 판단할 수 있다(대판 1989. 2. 14, 88누7293).

따라서 취소소송 특히 경정처분에 대한 취소소송에서는 다음과 같이 정리할 수 있을 것이다.

경정처분 등에 대한 취소소송의 소송물은 경정처분 자체가 아니라 경정처분 등에 의하여 확정된 세액 등이 조세실체법에 정해진 객관적인 과세표준이나 세액을 상회하느냐의 여부라고 보아야 한다. 따라서 처분의 이유는 소송상의 공격·방어 방법에 지나지 않게 된다. 그러므로 처분이유의 변경은 물론 세액의 객관적 존재를 입증할 수 있는 어떠한 이유도 주장할 수 있으며, 납세자나 세무행정청은 시기에 늦지 않는 한 변론종결시까지 당초처분의 이유나 전심절차에서 주장하지 않은 불복사유를 공격·방어 방법으로 수시로 제출할 수 있게 되고, 경정처분의 취소소송에서 당초처분에 내재하는 실체적·절차적 위법 여부도 심리할 수 있게 된다. 따라서 취소판결이 확정되면 동일처분으로 보여지는 재경정처분은 어떠한 이유로도 다시는 할 수 없다.

제5절 심리의 절차

행정소송법에 특별한 규정이 없는 한 행정소송사건의 심리에는 민사소송법과 법원조직법이 준용된다. 따라서 원칙적으로 민사소송법상의 심리절차에 따르게 된다. 민사소송법상의 심리절차는 공개심리주의, 쌍방심리주의, 구술심리주의, 직접심리주의, 처분권주의, 변론주의, 수시제출주의 등 제원칙을 들 수 있다. 그런데 행정소송법은 이에 대한 특별한 규정으로서 행정소송법 제26조와 제25조를 두고 있다.

1. 직권심리

(1) 변론주의와 직권심리

일반적으로 민사소송에서는 변론주의가 지배하여 소송자료인 사실과 증거의 수집·제출책임을 당사자에게 맡기고, 당사자가 변론에 제출한 소송자료만을 재판의 기초로 삼는다.

취소소송의 심리에 관하여 행정소송법 제26조는 "직권심리"라는 제목으로 "법원은 필요하다고 인정할 때에는 직권으로 증거조사를 할 수 있고, 당사자가 주장하지 아니한 사실에 대하여도 판단할 수 있다"라는 특례를 규정하고 있으며 이 규정은 취소소송 이외의 다른 항고소송에 준용하고 있다.

그런데 위와 같은 직권심리에 관한 규정의 성격에 관하여 행정소송에 있어서도 변론주의를 원칙으로 하면서 이를 보충하여 법원이 당사자가 제출한 증거에 관하여 충분한 심증을 얻을 수 없고 공정·타당한 재판을 확보하기 위하여 필요하다고 인정하는 경우, 당사자가 주장한 사실에 관하여 직권으로 증거조사를 할 수 있음을 규정한 것에 불과하다고 보고 있다.

(2) 처분권주의와 직권심리

처분권주의란 절차의 개시, 심판의 대상, 절차의 종결에 있어서 당사자에게 주도권을 주어 그 처분에 맡기는 원칙을 말한다(민사소송법 제203조).

직권심리에 관한 행정소송법 제26조의 규정은 사실심리에 관한 것으로서 처분권주의의 원칙을 배제하는 것은 아니다. 따라서 행정소송에 있어서도 원고의 청구취지, 즉 청구범위·액수 등을 초과하여 판결할 수 없고 원고의 청구의 범위를 유지하면서 그 범위 내에서 필요에 따라 주장 외의 사실에 관하여 판단할 수 있을 뿐이다(대판 1995. 4. 28, 95누627).

(3) 직권심리의 범위

판례에 의하면, 행정소송법 제26조에 규정되어 있는 "법원은 필요하다고 인정한 때에는 직권으로 증거조사를 할 수 있고 당사자가 주장하지 아니한 사실에 대하여도 판단할 수 있다"는 규정에 근거하여, 법원은 아무런 제한 없이 당사자가 주장하지도 않은 사실을 판단할 수 있는 것은 아니고 일건 기록상 현출되어 있는 사항에 관해서만 이를 직권으로 심리조사하고 이를 기초로 하여 판단할 수 있다(대판 1988. 4. 27, 87누1182).

예컨대, 양도소득세부과처분취소소송에서 양도인인 원고가 취득일로부터 10년 이상 보유하던 토지를 양도한 사실이 명백하다면, 비록 소득세법 제23조 제2항 제2호 소정의 장기보유특별공제에 대한 주장을 하지 않았더라도 이는 법률상 당연히 공제되어야 할 것이기 때문에 법원으로서는 그와 같이 확정한 보유기간에 따른 같은 법 소정의 특별공제를 하여 정당한 세액을 산출해야 한다(대판 1992. 2. 28, 91누6597).

2. 행정심판기록 제출명령

행정소송법 제25조 제1항은 "법원은 당사자의 신청이 있을 때에는 결정으로써 재결을 행한 행정청에 대하여 행정심판에 관한 기록의 제출을 명할 수 있다"고 규정하고 있다.

행정소송에 있어서 당해 처분 등에 관계되는 서면 등 자료는 일반 민사소송의 경우와는 달리 대부분 처분행정청의 수중에 집중되어 있기 때문에 원고가 그 주장사실에 대한 입증자료를 확보하는 것이 사실상 어려울 때가 많다.

따라서 행정소송에 있어서 원고로 하여금 입증방법을 확보하게 하기 위하여 이 제도를 채택한 것이다. 물론 원고로서는 민사소송법 제343조에 의한 문서제출명령신청을 활용할 수 있으나, 문서제출명령신청은 요식행위로서 문서의 표시, 취지, 제출의무자 및 그 의무의 근거 등을 명시해야 하는 등 신청요건이 있어서 원고로서 그 구체적 사정을 요건에 맞추기 어려울 때가 적지 않으므로, 위 행정소송법 제25조 제1항의 행정심판기록 제출명령제도는 위 문서제출명령 신청보다는 발전된 제도라 할 수 있다.

행정심판기록은 당해 행정심판에 관한 기록 모두를 가리키므로, 행정심판 청구서와 답변서, 재결서뿐만 아니라 행정심판위원회의 회의록 기타 행정심판 위원회에서의 심리과정에서 제출된 모든 증거 등의 자료를 포함한다.

3. 행정소송과 자백

직권증거조사, 직권심리주의와 관련하여 민사소송법상의 자백의 구속력을 행정소송에서도 인정할 것인가가 문제된다. 특히 소송요건의 존재 등 이른바 직권조사사항에 대하여는 민사소송에서건 행정소송에서건 자백의 대상이 되지 않는 것이므로, 소송요건의 존재 등을 제외한 나머지 사항, 즉 행정소송의 본안에 관계되는 사실에 관하여 당사자 스스로에게 불리한 진술이 소송상 자백으로 성립되느냐 여부를 민사소송과 달리 취급할 것인가가 문제된다. 행정소송법 제8조 제2항은 행정소송에 관하여 그 법에 특별한 규정이 없는 사항에 대하여는 민사소송법의 규정을 준용하도록 하고 있는데, 행정소송절차의 특수성에 비추어 재판상의 자백에 관한 규정인 민사소송법 제288조를 준용할 수 있을 것인가 하는 것과 직권주의를 규정한 행정소송법 제26조가 어떤 의미를 가지고 행정소송절차의 특수성을 이루는가 하는 점이 논의되고 있다.

판례는 "…소원전치주의를 채택한 행정소송제도 하에 있어서는 소원의 적법 여부는 직접 소송의 적법 여부를 좌우하게 되므로 이는 직권조사사항에 속하고 직권조사사항은 자백의 대상이 될 수 없는 것인바(당원 1974. 2. 24. 선고, 64누174판결), 원판결 이유에 의하면 원심은 원고가 본 건 행정처분이 있은 것을 안 날이 1976. 2. 7.임은 당사자 사이에 다툼이 없다고 판시하고 이를 바탕으로 하여 1976. 3. 9.에 제기된 본 건 행정처분에 대한 소원은 불변기간을 경과한 부적법한 것이고, 따라서 본 건 행정소송은 부적법한 것이라고 판단하고 있어 결국 원심으로서는 소원 여부를 직권으로 조사한 연후에 본 건 소송의 적부를 결정하여야 함에도 불구하고 본 건 행정처분이 있은 것을 원고가 안 날이 1976. 2. 7. 이라는 당사자 사이에 다툼이 없는 자백을 바탕으로 하여 본

건 소원의 적부를 판단하였음은 심리미진이나 법리를 오해한 위법을 저질러 판결결과에 영향을 미쳤다 할 것"(대판 1977. 9. 13, 77누123)이라고 판시하고, 또한 "기록에 의하면 원고는 이 사건 소 제기 당시부터 1977사업년도의 법인세 등 부과처분에 관하여 피고인정의 매출누락이 없고, 따라서 원고 법인의 1977사업년도의 총수입금액이 피고인정의 금액과 다르다는 사실만을 주장하여 오다가 원심 제19차 변론시에는 1977사업년도 원고 법인의 과세표준과 세액을 추계결정한 점에 대하여는 다투지 아니한다고 하여 그 스스로 그 과세표준과 세액을 추계조사의 방법으로 결정하여야 할 추계사유가 있음을 자인하고 있음이 명백하므로 원심이 1977사업년도의 원고 법인의 과세표준과 세액을 추계조사의 방법으로 결정할 것이라고 한 것은 결과적으로 정당하다"(대판 1983. 6. 14, 82누417)고 판시하고 있다.

제6절   주장책임

변론주의 하에서는 주요사실을 당사자가 변론에서 주장해야 하며 당사자에 의해 주장되지 않은 사실은 판결의 기초로 삼을 수 없다. 따라서 당사자는 주요사실을 주장하지 않으면 유리한 법률효과의 발생이 인정되지 않는 위험 또는 불이익을 부담하게 되는데, 이와 같은 당사자 일방의 위험 또는 불이익을 주장책임이라고 한다.

주장책임의 대상과 범위는 원칙적으로 입증책임의 그것과 일치한다.

판례는, 행정소송에 있어서 특단의 사정이 있는 경우를 제외하면 당해 행정처분의 적법성에 대해서는 당해 처분청이 이를 주장입증해야 하겠지만, 행정소송에 있어서 직권주의가 가미되어 있다고 해도 여전히 당사자주의와 변론주의를 그 기본구조로 하는 이상 원고는 행정처분의 위법을 들어 그 취소를 청구함에 있어서 직권조사사항을 제외하고는 그 위법의 구체적인 사실을 먼저 주장해야 한다고 한다(대판 1994. 11. 25, 94누9047).

1. 주장과 전심절차

원고는 전심절차에서 하지 않은 주장을 소송단계에서 하거나 전심절차에서 한 주장을 소송단계에서 철회, 변경하는 것이 가능하다.

판례는, 전심절차에서의 주장과 행정소송에서의 주장이 전혀 별개의 것이 아닌 한 그 주장이 반드시 일치해야 하는 것은 아니고 당사자는 전심절차에서 미처 주장하지 않은 사유를 공격방어방법으로 제출할 수 있다고 하겠으므로, 원고가 전심절차에서 증여사실에 기초하여 주식가액의 평가방법이 위법하다고 주장하다가 행정소송에 이르러 증여사실 자체를 부인하는 등 공격방어방법을 변경했다고 해서 이를 금반언의 원칙, 신의성실의 원칙에 반한다고 할 수 없다고 한다(대판 1988. 2. 9, 87누903).

2. 상고심에서의 새로운 주장

항고소송에서와는 달리 상고심에서는 사실심에서 주장하지 않았던 행정처분의 위법성에 관한 사유를 새로이 주장할 수 없다. 다만, 직권조사사항에 대해 법원이 그 직권조사를 소홀히 했다고 볼 수 있는 경우에는 이를 주장할 수 있다(대판 1996. 6. 25, 96누570).

3. 석명권 행사

민사소송법상 재판장은 소송관계를 명료하게 하기 위하여 당사자에게 질문하거나 입증을 촉구하며, 당사자가 간과한 법률상의 사항을 지적하여 의견진술을 할 기회를 주어야 한다. 이를 석명권이라 한다(민사소송법 제136조).

행정소송에서의 석명권도 민사소송의 경우와 본질적인 차이는 없겠지만 직권심리를 규정하고 있는 행정소송법 제26조와의 관계상 석명권의 범위가 문제된다.

판례는 사실심 법원의 재판장은 당사자 사이에 다툼이 있는 사실에 관하여 입증이 안된 모든 경우에 당사자에게 입증을 촉구해야 하는 것은 아니지만, 소송정도를 보아 당사자가 오해 또는 부주의에 의하여 입증하지 않은 것이 명백한 경우에는 입증책임의 원칙에 따라 입증이 없는 것으로 보아 판결할 것이 아니라, 그에 대한 입증을 촉구할 의무가 있다고 한다(대판 1995. 5. 12, 94누15929).

제 7 절 입증책임

입증책임이란 소송상 일정한 요증사실의 존부가 확정되지 않은 경우에 불리한 판단을 받게 되는 일방 당사자의 불이익 내지 위험을 말한다. 원래 입증책임은 변론주의 하에서 특히 중요성을 갖지만 예외적으로 직권증거조사가 인정되는 행정소송에서도 의미가 있다.

조세소송에서 입증책임이 주로 논의되는 소송형태는 취소소송과 무효등확인소송이다. 이는 조세소송에서 기관소송이나 민중소송은 실제로 상정하기 어렵고, 당사자소송도 과오납금의 반환청구소송을 민사소송으로 해야 한다는 판례의 입장에서는 그 유형을 찾아보기 어렵기 때문이다.

1. 취소소송에서의 입증책임

(1) 판례의 태도

행정소송법에는 입증책임에 관한 규정이 없고, 민사소송에서의 입증책임의 분배도 이론의 산물이기 때문에 취소소송에서 입증책임을 어떻게 분배할 것인지에 관하여는 여러 학설이 대립하고 있다. 취소소송에서도 민사소송의 일반원칙에 따라 입증책임을 분배해야 한다는 것이 통설이다.

판례가 "기존의 행정처분을 취소하는 행정처분은 이미 취득된 국민의 기존이익과 권리를 박탈하는 별개의 행정처분으로 그 취소될 행정처분에 있어서의 하자 또는 취소하여야 할 필요성에 대한 입증책임은 기존의 이익과 권리를 박탈하는 별개의 행정처분으로 그 취소될 행정처분에 있어서의 하자 또는 취소하여야 할 필요성에 대한 입증책임은 기존의 이익과 권리를 박탈하는 처분을 한 그 행정청에 입증책임이 있다"(대판 1964. 5. 26, 63누142)고 판시한 이래 확립된 것이다.

즉, 대법원 1984. 7. 24. 선고 84누124판결은, "민사소송법의 규정이 준용되는 행정소송에 있어서 입증책임은 원칙적으로 민사소송의 일반원칙에 따라 당사자 간에 분배되고 항고소송의 특성에 따라 당해 처분의 적법을 주

장하는 피고에게 그 적법사유에 대한 입증책임이 있다고 하는 것이 당원의
일관된 견해이므로, 피고가 주장하는 당해 처분의 적법성이 합리적으로 수
긍할 수 있는 일응의 입증이 있는 경우에는 그 처분은 정당하다고 할 것이
며, 위와 같은 합리적으로 수긍할 수 있는 증거와 상반되는 주장과 입증은
그 상대방인 원고에게 책임이 돌아간다고 풀이하여야 할 것이다"라고 판시
하여 취소소송에 있어서의 입증책임의 일반적인 분배기준을 밝히고 있고,
대법원 1983. 9. 13. 선고 83누288판결은, "행정처분이 위법함을 내세워 그
취소를 구하는 항고소송에 있어서 그 처분의 적법성에 대한 주장 입증핵임
은 처분청인 피고에게 있다"라고 판시하여, 일정한 적극적 처분에 대한 취
소소송에 있어 권리행사규정의 요건사실의 존재에 대한 입증책임은 원칙적
으로 피고인 행정청이 부담하는 것임을 거듭 밝히고 있다.

(2) 입증책임의 분배

① 행정청(피고)에게 입증책임이 있는 경우

행정처분은 법률의 규정에 근거하여 행해진다. 처분의 근거가 되는 규
정은 대개 '어떠어떠한 경우에는 어떠어떠한 처분을 한다'는 형식으로
되어 있는데, 그것이 결국 행정처분을 할 권리를 발생시키는 근거가
되는 것이다. 취소소송에 있어서는 이 권리근거규정의 적용에 관하여
쌍방의 다툼이 있는 것이므로 피고인 행정청이 그 규정의 적용이 적
법성, 다시 말해 그 규정의 요건사실의 존재에 대한 입증책임을 지게
된다. 이러한 점에서 행정처분취소소송은 민사소송 중 채무부존재확인
소송과 흡사하다. 채무부존재확인소송에서는 원고가 채무의 부존재를
입증할 책임을 부담하는 것이 아니라 피고가 채권의 존재를 입증할
책임을 부담하는 것과 같다.

행정소송의 대부분은 위 근거규정의 적용에 대한 다툼이므로 피고인 행
정청이 행정처분의 적법성에 대하여 입증책임을 지는 것이 보통이다.

예컨대, 소득세부과처분취소소송에서 과세표준인 일정한 소득의 존재
(대판 1967. 5. 23. 67누22), 과세대상소득의 누락이 있다는 사실(대판
1984. 3. 13. 82누259), 제2차 납세의무자인 과점주주 여부(대판 1985.8.
20. 85누396), 상속세법시행령 제5조 제2항 내지 제5항 소정의 평가방

법, 즉 기준시가에 의한 보충적 평가방법을 택할 경우 그 사유(대판 1987. 6. 23. 86누862), 추가과세의 적법성(대판 1988. 9. 13. 85누988), 차관중개수수료에 대한 과세처분에 있어서 실수령 수수료액수(대판 1990. 12. 26. 90누646)에 관하여 피고인 행정청에 입증할 책임이 있다는 것이 판례의 입장이다.

행정처분의 절차에 관한 규정도 실체적 요건에 관한 규정과 마찬가지로 권리발생규정으로 해석해야 하므로 행정처분이 적법한 절차에 따라 행해졌다는 점도 피고 행정청의 입증책임에 속한다. 판례도 과세처분취소소송에 있어서 과세처분의 절차상 적법요건에 대한 입증책임이 행정청에게 있다고 한다(대판 1984. 12. 11. 84누 225).

나아가 행정청에 의한 주류면허취소, 연부연납허가처분취소 등 행정처분의 취소의 경우를 보면 통설, 판례는 행정청은 명문의 규정이 없는 경우 하자 있는 행정처분을 취소할 수 있다고 보고, 다만 행정처분의 하자 또는 취소해야 할 공공의 필요성에 대한 입증책임은 기존의 이익과 권리를 침해하는 처분을 한 당해 행정청에 있다고 한다(대판 1964. 5. 26. 63누142). 즉, 행정청은 원 처분이 위법일 것과 취소를 정당화할 만한 공익상의 필요가 있을 것의 두 가지 요건이 있을 때에만 원 처분을 취소할 수 있다. 그러므로 위 두 요건은 행정처분취소처분의 권리발생요건이라고 할 수 있으며 행정청이 그 요건의 존재를 입증해야 한다고 한다.

② 납세의무자(원고)에게 입증책임이 있는 경우

㈀ 권리장애규정의 요건사실

소득세법 제5조에서 "다음 각 호의 소득에 대하여는 소득세를 부과하지 아니한다"라고 규정하고 있는 것과 같이 어느어느 경우에 어느어느 처분을 하지 않는다라는 형식으로 규정되어 있는 것이 권리장애규정이다. 이 경우 그 요건사실은 원고의 입증책임에 속한다. 비과세 요건에 대한 입증책임은 그 비과세 사유를 주장하는 납세의무자에게 있다(대판 1985. 7. 9. 84누780)는 판례와 소득세법 제5조 제6호 (라)목 소정의 양도한 토지의 자경사실에 대한 입증책임은 원고에게 있다(대판 1987. 10. 13. 87누402 ; 대판 1986. 10. 14. 85누722) 는 판례가 이를 말해주고 있다.

취소소송에 있어서 당해 처분이 자유재량의 한계를 일탈하였다는 점에 관한 입증책임도 원고에게 있는데, 이것도 위와 궤를 같이한다고 해석된다. 즉, 행정청이 자유재량행위에서 재량을 그르쳤다고 해도 그것은 근거 규정과의 관계에서는 원칙적으로 적법, 위법의 문제가 생기는 것은 아니고 당, 부당의 문제만이 생길 뿐이며, 예외적으로 그것이 위법하게 되는 것은 그 근거규정에 위반했기 때문이 아니고, 헌법 또는 법질서 일반에서 도출되는 비례의 원칙, 평등의 원칙, 신의성실의 원칙 또는 각 실정법규정과 내재목적에 위반되기 때문이다. 따라서 자유재량행위의 근거규정과 자유재량의 한계를 긋는 위의 제원칙 내지 목적과는 원칙과 예외의 관계에 있고, 후자는 일종의 권리장애규정이라고 할 수 있으므로, 그 취소소송에 있어서 피고 행정청은 당해 처분의 자유재량사항 이외의 요건을 입증하면 되고, 그것이 자유재량의 한계를 벗어났다는 점, 즉 위의 제원칙 내지 목적에 위반되었다는 점을 인정하는데 필요한 사실은 원고가 입증해야 한다.

판례도 위와 같이 "자유재량에 의한 행정처분이 그 재량권의 한계를 벗어나서 위법하다는 점은 그 행정처분의 효력을 다투는 자가 이를 주장, 입증하여야 하고 처분청이 그 재량권의 행사가 정당한 것이었다는 점까지 주장 입증할 필요는 없다"(대판 1987. 12. 8. 87누861)" 고 판시한다.

(ㄴ) 소송요건

소송요건은 직권조사사항이다. 그러나 그 존부가 불명확한 경우에는 원고의 불이익으로 귀착된다는 의미에서 원고의 입증책임에 속하는 사항이라고 볼 수 있다. 반대로 소송장애사유는 피고의 입증사항이다.

앞에서 본 바와 같이 행정심판전치절차가 적용되는 행정소송에서 행정심판을 거치는 것은 소송의 요건이 된다. 따라서 이 경우 원고는 행정심판을 거친 사실 또는 전치주의의 예외가 되는 사유를 입

증해야 한다. 제소기간 내에 소의 제기가 있은 사실 역시 취소소송
의 소송요건이 되며, 따라서 원고는 처분이 있음을 안 날 등에 대해
입증을 할 책임을 진다.

㈐ 재결청에 의한 원 처분취소의 경우

재결청의 취소처분에 대한 취소소송에서는 원 처분이 적법하다는 것
을 주장하는 원고가 원 처분의 적법요건을 입증해야 한다.

㈑ 신청각하처분의 취소를 구하는 경우

법규가 신청인의 신청에 의하여 할 행정처분(신청인에게 유리한 내용)
을 규정하고, 그 처분의 요건(권리발생사실)을 정하고 있는 경우 그
신청을 거부한 처분이 위법부당함을 이유로 그 거부처분의 취소를 구
하는 때에는 원고가 구비했어야 할 행정처분의 적법요건에 대한 입증
책임을 진다.

그런데 판례는 허가신청에 대하여 허가기준미달을 이유로 불허가한
처분이 적법하다는 사실의 주장과 입증책임이 처분청에게 있다고 한
다(대판 1986. 4. 8. 86누 107).

2. 무효등확인소송에서의 입증책임

무효등확인소송의 입증책임에 대해서는 두 가지 견해가 있다. 그 하나는 무
효등확인소송에서도 입증책임의 소재에 관한 한 취소소송의 경우와 크게 다를
것이 없다고 보는 견해이고, 다른 하나는 무효등확인소송에 있어서는 무효등
확인소송의 취소소송에 대한 예외성 등을 이유로 처분 등의 무효원인사실에
대하여 원고가 입증책임을 부담해야 한다고 보는 견해이다.

전자는 무효등확인소송에 있어서는 취소소송에 있어서보다도 당해 처분 등
의 법적합성에 대한 의문이 훨씬 강하므로, 피고인 행정청이 당해 처분 등의
유효요건에 대한 입증책임을 지는 것이 당연하다고 보는 것이다.

이에 대해, 후자는 취소소송과 무효등확인소송의 소송형식상의 차이와 무효
등확인 소송의 취소소송에 대한 예외성 및 무효등확인소송에서 주장되는 하자
의 중대성·명백성, 즉 특별한 하자의 주장이라는 점 등을 이유로 당해 처분
등의 무효원인에 대해서는 원고가 주장·입증해야 한다고 한다. 대법원은 "행

정처분의 당연무효를 주장하여 그 무효확인을 구하는 행정소송에 있어서는 원고에게 그 행정처분이 무효인 사유를 주장·입증할 책임이 있다(대판 1984. 2. 28. 82누154)"라고 판시하여 위에서 본 후자의 견해, 즉 무효원인에 대한 주장, 입증의 책임은 취소소송의 경우와는 달리 원고가 부담한다는 태도를 취한다.

3. 부작위위법확인소송에서의 입증책임

부작위위법확인소송은 행정청의 부작위, 즉 행정청이 당사자의 신청에 대하여 상당한 기간에 일정한 처분을 해야 할 법률상 의무가 있음에도 불구하고 이를 하지 않은 것이 위법하다는 것을 확인하는 소송이므로(행정소송법 제2조 제1항 제2호, 제4조 제3호), 일정한 처분의 신청을 한 자만이 원고적격을 가진다(행정소송법 제36조). 따라서 일정한 처분의 신청을 한 것에 대해 원고가 입증책임을 지는 것은 당연한 일이라 하겠다. 처분을 해야 할 '법률상 의무'의 존부 및 '상당한 기간'의 판단은 구체적인 사안에 따라 판단해야 할 법률상의 문제라 하겠으나, '상당한 기간'을 경과하게 된 것을 정당화할만한 특별한 사유에 대해서는 당해 행정청이 입증책임을 진다.

4. 입증책임의 완화

종래의 통설은 행정소송에도 민사소송에서의 입증책임의 원칙이 그대로 적용된다고 하고 있고, 판례도 과세원인 및 과세표준금액 등 과세요건이 되는 사실에 관하여는 과세관청에 그 입증책임이 있다는 확고한 태도를 보이고 있으므로, 피고인 과세관청은 과세처분의 적법성을 쓰고 입증하기 위하여 소득세에 있어서의 필요경비나 법인세에 있어서의 손금과 같은 소득금액계산상의 소극적 사유까지 입증해야 한다.

그러나 세무소송에서의 원고는 과세소득이 발생하는 거래의 직접적인 당사자인 만큼 자기에게 유리한 필요경비나 손금의 존재를 입증하기가 쉽지만 피고인 과세관청은 그 거래의 직접 당사자가 아니므로, 위와 같은 소극적 사유를 입증하기가 쉽지 않으며 경우에 따라서는 그 입증이 사실상 불가능에 가까운 경우도 있을 수 있다. 이러한 이유로 통설 및 일부 학설의 입장에서 유력하게 등장한 것이 증명도 완화 또는 입증필요 전환의 논의이다. 조세소송에 있어서 일반행정소송에서 요구되는 정도의 입증을 요구하는 것은 조세법률관계가 가지는 위의 특수성을 무시하게 된다는 것이 그 논의의 현실적 바탕을

이룬다

조세소송에서의 증명도에 관한 학설은 수없이 많지만 추계과세에서나 실액과세에서나 모두, 이른바 '일응의 입증'으로 족하다고 하는 견해가 압도적이다. 즉, 요증사실의 존재를 긍정할 수 있을 정도의 개연성을 가진 것, 다시 말하면 경험칙상 특별한 사정이 없는 한 '아마 그럴 것이다'라고 할 정도의 것을 말한다고 한다.

통설인 법률요건분류설은 경험칙에 의한 사실상의 추정이라는 경로를 통하여 필요경비 등 소극적 사유에 대한 과세관청의 입증에 있어서는 그 필요성의 정도를 완화시켜야 한다고 주장하고 있다.

한편, 소수설 중의 하나인 구체적 사안설을 취하는 입장에서는 조세법률관계는 대량·반복적으로 성립되는 것이지만, 개개의 납세자가 행하는 경제거래는 정확한 기장이 되어 있지 않는 한 과세관청이 이를 포착하기 어렵다는 점을 참작하여 다음의 각 경우에 있어서는 입증책임을 완화해야 한다고 주장한다. 즉, (ㄱ) 납세자가 납세신고 또는 전심절차에서 주장한 것과 다른 유리한 사실을 소송에서 주장하는 경우, (ㄴ) 납세자가, 경험칙상 부존재가 사실상 추정되는 것과 같은 이례적 사유에 있어서 그 추정을 동요시킬 정도의 입증을 하지 못하는 경우, (ㄷ) 필요경비나 손금에 있어서 과세관청이 일응의 입증을 했으나 이를 다투는 납세자가 근거를 들어 구체적인 입증을 하지 못하는 경우 등이다.

입증책임 완화와 관련된 판례

■ **입증책임의 완화에 관한 판례를 다음의 몇 개의 유형으로 나누어서 보자.**
　□1□

　가. 증여세부과에 있어서 당해 재산이 증여된 재산인지의 여부는 입증책임을 부담하고 있는 과세관청이 이를 입증하는 것이 원칙이지만, 수증자가 일정한 직업 또는 별다른 수입이 없는 자일 경우에는 그 자금출처에 관하여 수증자 측에서 납득할 만한 입증을 하지 못하는 한 증여로 인정함이 타당하다(대판 1987. 7. 21. 87누300).

　나. 국세기본법 제39조 제2호 소정의 제2차 납세의무를 지우는 경우에 있어서 같은 조 제2호와 같은 법시행령 제20조의 요건을 갖춘 과점주주에 해당한다는 사실은 과세관청이 주장·입증하여야 하나, 과세관청으로서는 주주명부나 법인이 과세관청에 제출하는 주식이동상황명세서 또는 법인등기부등본 등에 의

하여 과점주주라고 볼 수 있는 자료를 제출하면 일응의 그 입증을 하였다고 보아야 할 것이고, 제2차 납세의무자로서의 책임을 면하고자 하는 자가 그 주주명의를 도용당하였다거나 실질적 주주가 아니고 형식상의 주주에 불과하다는 등 제2차 납세의무자가 될 수 없는 사실을 입증하여야 한다는 것이 당원의 견해이다(당원 1991. 7. 23. 선고, 91누1721).

다. 원심은 거시증거에 의하여 원고 노희관, 김순옥이 이 사건 각 국세납부의무 성립일 현재 주주명부상 소외 회사의 주주로 등재되어 있을 뿐 아니라 회사 등기부상 원고 노희관은 수차에 걸쳐 이사 및 감사에, 원고 김순옥은 이사에 각 취임한 것으로 되어 있다는 점 등을 인정하고, 위 원고들이 형식적으로 주주명부나 법인등기부상에 주주 또는 이사나 감사로 등재되었을 뿐 회사의 운영에 관여한 사실이 없다는 소외 회사의 대표이사이자 위 원고들의 친척인 증인 조세환 및 그의 친구인 증인 홍승찬의 증언은 그들과 위 원고들과의 관계 등에 비추어 믿을 수 없다는 이유로 이를 배척하여 원고들이 위 법 소정의 제2차 납세의무자인 과점주주에 해당한다고 판시하는 한편, 원고 이봉구는 주주명부상 주주로 등재되어 있는 사실이 인정될 뿐 그밖에 위 원고가 소외 회사의 운영에 참가하는 등 위 회사를 실질적으로 지배할 위치에 있었다고 판시하였는바, 이러한 원심의 사실인정과 판단은 기록과 앞서 본 판례의 취지에 비추어 수긍이 가고 거기에 소론들이 각 지적하는 바와 같은 채증법칙 위반 등의 위법이 있다고 할 수 없다(대판 1992. 12. 11. 92누10906).

2

가. 부과처분취소소송에 있어 과세원인, 과세표준 등 과세요건이 되는 사실에 관하여는 원칙적으로 과세관청에게 입증책임이 있다 할 것이므로 납세자가 자산양도차익에 관하여 한 과세표준확정신고가 그 실지거래가액과 다르게 신고한 것이라 하여 기준시가에 의해 양도차익을 산출하고 부과처분을 함에 있어서는 그 신고의 내용이 실지거래가액과 다르게 이루어졌다는 점에 관하여 과세관청에게 입증책임이 있음이 원칙이라 할 것이나, 그 신고의 내용이 거래의 실정에 비추어 이례적이어서 경험칙상 신빙할 수 없는 특별한 사정이 있는 경우에는 납세자가 그 신고내용이 실지거래가액과 다르지 아니함을 입증해야 할 부담을 가진다 할 것이다.

그런데 이 사건에서 원판결 이유에 의하면, 원심은 원고가 소외 이달수와 공동하여 1979. 3. 26. 본 건 대지를 양수하여 같은 해 10. 16. 그 지상에 본 건 공장 1동을 건립한 다음 이를 1980. 8. 21. 소외 홍성례에게 양도한 자산양도에 관하여 실지거래가액이 그 취득가액은 금 26,380,606원, 양도가액은 금 20,000,000원이라고 과세표준확정 신고한 것에 대하여 거시증거에 의하면 원고와 위 이달수가 본 건 대지와 공장을 금 52,590,000원에 취득하여 원고가 본 건 대지와 공장의 2분의 1지분을 취득하는데에 금 26,245,000원이 소요된 사실은 인정되나 나아가 위 홍성례에게 양도한 대금이 금 40,000,000원이어서 원고의 지분을 양도한 실지거래가액이 금 20,000,000원이라는 점은 믿지 아니하는 증거 이외에는 달리 이를 인정할 증거가 없다 하여 결국 원고가 한 위 확정신고는 양도가액에 관한한 실지거래가액과 다르게 신고한 경우에 해당된다고 보지 않을 수 없다고 판시하고 있는바, 이와 같은 사실관계에서 취득가액의 약 75% 해당 금액에 타에 양도한다는 것은 거래의 실정에 비추어 이례적이어서 경험칙상 신빙할 수 없는 특별한 사정에 속한다 할 것이니, 원심의 위와 같은 조치는 위에서 본 견해에 따른 것이어서 정당하다(대판 1985. 3. 12. 84누362).

나. 일반적으로 세금부과처분취소소송에 있어서 과세요건은 과세권자에게 입증책임이 있다 할 것이고, 구체적인 소송과정에서 경험칙에 비추어 과세요건사실이 추정되는 사실이 밝혀지면 상대방이 문제로 된 당해 사실이 경험칙 적용의 대상적격이 못 되는 사정을 입증하지 않는 한, 당해 세금부과처분을 과세요건을 충족시키지 못한 위법한 처분이라고 단정할 수 없다(대판 1987. 12. 22. 87누811).

다. 과세요건사실의 존재에 대한 입증책임이 과세관청인 피고에게 있음은 논지가 지적하는 바와 같지만, 경험칙에 비추어 과세요건사실이 추정되는 사실이 소송과정에서 밝혀지면 경험칙 적용의 대상이 되지 아니하는 사정을 주장하는 편에서 그러한 사정을 입증하여야 하고, 그렇지 않는 한 그 세금부과처분에 대하여 과세요건을 충족시키지 못한 위법이 있는 처분이라고 할 수 없는 것이다(당원 1987. 12. 22. 87누811 판결 ; 1989. 9. 12. 선고, 89누183 판결 참조).

앞에서 본 바와 같이 원심은 그 부인 김삼성으로부터 금원을 취득한 사실을 인정하였으므로 그 금원을 김삼성의 채무변제에 사용하였다는 주장에 대한 입증책임은 원고에게 있다고 판단한 것은 정당하다고 할 것이다(대판 1990. 4. 7. 89누6006).

라. 과세처분의 위법을 이유로 그 취소를 구하는 행정소송에 있어서 과세처분의 적법성 및 과세요건사실의 존재에 관하여는 원칙적으로 과세관청인 피고가 그 입증책임을 부담하나(당원 1987. 7. 7. 선고, 85누393 판결 ; 1989. 1. 24. 선고, 88누5624 판결 각 참조), 경험칙상 이례에 속하는 특별한 사정의 존재는 납세의무자인 원고에게 그 입증책임 내지는 입증의 필요가 돌아간다고 할 것인바(당원 1985. 3. 12. 선고, 84누362 판결 참조), 원심이 이 사건 종합소득세 과세표준 및 세액의 경정결정과 이에 기한 부과처분이 정치보복적 차원에서 이루어진 것으로서 국민의 재산권 보장이라는 헌법상의 원칙에 반하고 예측가능성도 없으며 신의칙에 위배된 위법한 처분이라는 원고의 주장에 대하여 이를 인정할 자료가 없다고 판시하여 위 주장을 배척한 것은 위의 법리와 취지를 같이하여 옳고 거기에 입증책임의 분배에 관한 법리오해의 위법이 있다 할 수 없으니 이 점에 관한 논지는 이유 없다(대판 1990. 2. 13. 89누2851).

□3□

가. 그러나 남양물산의 대표자 급료를 확인하기 위한 노력에도 불구하고 그것을 인정할 증거자료를 발견할 수 없었음이 이 사건 기록상 명백한바, 원래 대표자의 급료는 특별한 사정이 없는 한 당해 법인의 필요경비(손금산입액)라 할 것인데 소득세나 법인세과세처분취소소송에 있어서의 과세 근거로 되는 과세표준의 입증책임은 과세관청에 있는 것이고 과세표준은 수입으로부터 필요경비를 공제한 것이므로 수입 및 필요경비의 입증책임은 과세관청에 있다할 것이나, 필요경비는 납세의무자가 지배하는 영역 안에 있는 것이어서 그 입증이 손쉽다는 것을 감안해 보면 납세의무자가 그에 관한 입증활동을 하지 않고 있는 필요경비에 대해서는 부존재의 추정을 하는 것이 마땅하다 하겠다.

  이것은 과세관청의 입장에서 볼 때에 필요경비에 관한 입증은 소득의 감퇴 요인에 관한 소극적 사실의 입증인 셈이 되어 일반적으로는 사실상 곤란할 것이라는 점까지를 아울러 생각해 보면 부존재의 추정을 용인하여 납세위무자에게 입증의 필요성을 인정하는 것은 공평의 관념에도 부합된다 할 것이다.

  물론, 과세관청의 입증의 곤란성은 경우에 따라 다른 것이므로 입증이 손쉬운 경우에 대해서까지 일률적으로 납세의무자에게 입증의 필요성을 인정하는 것은 필요경비에 대한 입증책임이 과세관청에 있다는 원칙에 비추어 옳지 아니하나, 앞서 본 바와 같은 이 사건의 사실관계 하에 있어서는 대표이사의 급료는 납세자가 적극적으로 입증할 필요가 있다고 볼 것이어서 사실심인 원심까지 그러한 입증을 않고 있는 원고 소송대리인으로서는 법률심인 당원에서 새로이 비난할 수없으므로 소론은 소론은 받아들일 수 없다(대판 1988. 5. 24. 86누 121).

나. 소득액 확정의 기초가 되는 필요경비액에 대한 입증책임도 원칙적으로 과세관청에 있고, 다만 구체적 경비항목에 관한 입증의 난이라든가 당사자 사이의 형평 등을 고려하여 납세자측에 그 입증책임을 돌리는 경우가 있다할 것인바(당원 1984. 7. 24. 선고, 84누8판결 참조), 이 사건에 있어서 서적도매상을 경영하는 원고가 그 소득을 얻기 위하여 통상적으로 필요로 하는 '통상적 경비'는 과세관청인 피고가 그 부존재를 입증하여야 할 것이며, 다만 경험칙상 그 부존재가 사실상 추정되는 이례적인 '특별경비'는 그 존재를 주장하는 원고에게 입증책임이 있다고 할 것이다. 그렇다면 원심이 이 사건 필요경비 중 어느 범위까지 예외적으로 원고에게 그 입증책임이 있는지를 살펴보지 아니하고 전표 등 증빙자료가 없는 경비지출액을 전부 손금 부인하고 익금에 가산한 피고 과세청의 처분을 적법하다고 판시한 것은 필요경비의 입증책임에 관한 법리를 오해한 위법이 있다 할 것이다(대판 1990. 2. 13. 89누2851).

□4□

가. 과세표준액의 존재를 합리적으로 수긍할 수 있는 일응의 입증이 있는 경우에

는 그 과세처분은 정당할 것이요, 위와 같은 합리적으로 수긍할 수 있는 증거와 관계된 가격으로 판매함에 있어서의 정당한 사유가 있는가의 여부의 점에 대한 주장과 입증은 상대방측에서 하여야 한다고 해석할 것임에도 불구하고, 원심이 본 건물 건에 대한 원심판결 적시일시에 있어서의 시가를 인정하면서 그와 같은 시가대로 원고가 본 건 물건을 판매하였다는 피고의 입증이 없다 하여 피고의 주장을 배척하였음은 세법에 있어서 입증책임에 관한 법리를 오해한 위법이 있다(대판 1967. 5. 23. 67누22).

나. 추계의 합리성이 과세관청에 의하여 일응 입증되었을 때에는 좀 더 사실과 근접한 추계방법이 존재한다는 것에 대하여 납세의무자가 입증할 필요성이 있다(대판 1988. 5. 24. 86누121).

제 8 절   조세행정처분의 하자의 심리

1. 조세행정처분의 하자의 구별

부과처분이나 징수처분 등의 행정처분에 하자가 있어 위법한 경우 행정처분은 무효 또는 취소사유가 되어 원칙적으로 원고 청구인용의 승소판결이 선고되고, 그렇지 않다면 원고 청구기각의 패소판결이 선고될 것이다.

행정행위의 하자 중 어느 것을 무효원인으로 하며 어느 것을 취소원인으로 할 것인가의 구별에 관해서는 하자의 성질에 초점을 두어 하자의 내부적 성질이 중대하고 외부적 성질이 명백한 것은 무효이고, 그 이외의 경우는 취소로 보는 중대명백설이 통설이다.

대법원은 통설의 견해와 양자의 구별기준을 중대하고 명백한 하자의 여부에 두어 중대하고 명백한 하자는 무효이고, 그렇지 않은 하자는 취소사유에 해당된다고 한다.

2. 하자에 관한 개별적 고찰

행정행위의 무효, 취소원인의 구별표준에 관하여 통설과 판례를 따른다 하더라도 중대하고 명백한 하자가 구체적으로 어떠한 하자를 의미하는 것인가를 가려내기는 쉽지 않다. 행정행위가 유효하게 성립하기 위해서는 주체, 절차, 형식, 내용의 4가지 점에서 그 요건을 갖추어야하므로 이 4가지의 관점에서 살펴보기로 한다.

(1) 주체에 관한 하자

행정행위가 완전하게 성립하기 위해서는 행위주체와 관련해 ㈀ 정당한 권한을 가진 행정기관이, ㈁ 그 권한 내에서, ㈂ 정상적인 의사에 기해 행위를 해야 한다.

예컨대 세무공무원이 체납처분을 하기 위해 질문·검사·수색 또는 재산압류를 할 때는 증표를 휴대하고 관계자의 요구가 있을 때에는 제시하도록 하고 있음에도(국세징수법 제25조) 증표를 제시하지 않고 행정강제를 행한 경우, 증표의 휴대와 제시의무는 국민의 권익보호를 위한 취지이므로 무효원인이라 할 것이다.

또한 토지개량조합의 조합원이 아닌 자에게 조합비부과처분을 한 경우(대판 1965. 2. 9. 64누112), 영업을 하지 않는 자에게 영업한 것을 전제로 하는 사업소득세를 보관한 경우(대판 1969. 11. 11. 69누122), 부동산을 양도한 사실이 없는 사람에 대해 부동산을 양도한 사실이 있는 것으로 오인하고 양도소득세를 부과한 경우(대판 1980. 12. 23. 80누393 ; 1983. 8.2 3. 83누179) 등과 같이 행정처분의 대상이 되는 법률관계가 전혀 없는 사람이나 행정처분 당시부터 행정처분의 대상이 될 수 없는 것이 분명한 물건에 관한 행정처분은 착오에 의한 행정처분으로서 그 표시된 내용에 중대하고 명백한 하자가 있어 당연무효라고 할 것이다.

이에 대하여 매매를 상속 또는 증여로 본 경우(1982. 10. 26. 81누69), 사실상 매도일자를 조사하지 않고 등기부상 원인일자를 기준으로 부동산 투기 억제세의 부과처분을 한 경우(대판 1972. 6. 27. 71누112), 착오로 원고 명의로 소유권이전 등기된 것을 원고에게 증여된 것으로 보아 증여세를 부과한 경우(대판 1974. 11. 26. 71누76), 남편에게 명의를 빌려준 것에 불과함에도 증여로 보아 증여세를 부과한 경우(대판 1984. 2. 28. 82누154), 아들이 원고의 승낙 없이 인감도장을 부정 사용한 결과 주주명부에 등재되었음에도 과점주주로 보고 한 부과처분(대판 1984. 9. 25. 84누286), 비업무용 토지에 해당하지 않는 토지를 비업무용 토지로 오인하여 재산세 등의 과세처분을 한 경우(대판 1989. 1. 31. 88누4577), 진실한 명의신탁해지를 위장된 행위로 오인하여 증여세를 부과한 경우(대판 1990. 1. 23. 89누4208), 회사가 제3자로부터 부동산을 매수하여 취득함에 있어서 불가피한 사정으로 대표이사 개인명의로 소유권이전등기를 경료한 경우 과세관청이 상속세법 제32조의2에 따라 대표이사 명의로 소유권이전등기된 날에 회사가 대표이사에게 그 부동산을 증여한 것으로 보아 대표이사에게 증여세 및 방위세를 부과한 경우(대판 1990. 7. 13. 90누2901), 납세의무자인 갑 주식회사의 주주명부에 주주로 잘못 등재되어 있는 원고를 갑 회사의 과점주주로 오인하고 제2차 납세의무자로 지정하여 과세처분을 한 경우(대판 1990. 12. 7. 90

누5245), 갑으로부터 고철을 매입했음에도 관세관청이 고철매입의 상대방을 갑 아닌 을로 오인하여 부가가치세를 부과한 경우(대판 1992. 9. 14. 92누4000), 자산의 무상양도에 대하여 양도소득세를 부과한 경우(대판 1993. 1. 15. 91누10305), 투기거래로 인정할 수 없어 원칙적인 방법인 기준시가에 의하여 양도차익을 산정해야 하는데도 투기거래로 잘못 인정하고 예외적인 방법인 실지거래가액에 의하여 양도차익을 산정한 경우(대판 1993. 7. 13. 91누42166), 개발사업의 실질적 시행자가 아닌 사업허가명의자에게 한 개발부담금부과처분(대판 1993. 10. 12. 93누16987)과 같이 행정처분의 대상이 되지 않는 법률관계나 사실관계에 대하여 이를 행정처분 대상이 되는 것으로 오인할 만한 객관적인 사실이 있는 경우, 행정처분 대상이 되는가 여부가 그 사실관계를 정확히 조사해야 비로소 밝혀질 수 있는 경우는, 이를 오인한 하자가 중대하더라도 외관상 명백하지 않으므로 당연무효는 아니고 취소할 수 있을 뿐이다. 이러한 판결의 취지에 비추어 볼 때 사실오인의 경우 무효로 되는 것이 거의 없다고 해도 과언이 아니다.

반면, 대법원 1985. 5. 26, 86누357 판결은, "세무관청이 소득세를 부과하고자 할 때에는 소득세법이 규정하는 바의 자진신고, 실지조사, 서면조사, 추계조사 등의 방법에 따라 얻은 정확한 근거에 바탕을 두고 과세표준액을 결정하고 세액을 산출하여야 하며, 위와 같은 조사방법 등을 완전히 무시해 버리고 아무런 근거도 없이 막연한 방법으로 과세표준액과 세액을 결정부과하였다면 이는 그 하자가 중대하고도 명백하여 당연무효라고 할 것이다"라고 판시하고 있다.

(2) 내용에 관한 하자

행정행위는 법에 정한 것을 구체적으로 실현하는데 그 목적이 있는 것이므로, 내용이 실현 불가능한 것이거나 불명확한 것인 때에는 그 효력이 발생하지 않는다.

① 실현 불가능한 내용

이에는 사실상 실현이 불가능한 경우와 법률상 실현이 불가능한 경우가 있다. 사실상 불능의 경우는 행정행위의 목적으로 할 수는 있지만 자연법칙상 또는 사회통념상 사실에 있어서 실현불가능한 경우이다.

이러한 행정행위는 별다른 문제 없이 무효처리될 수 있다.

법률상 불능이란 법률구성상 실현이 불가능한 것을 말한다. 물품의 수입자로 볼 수 없는 자에 대한 물품세 부과처분(대판 1964. 6. 2. 64누112), 사망자에 대한 행정처분(대판 1969. 1. 21. 68누190), 영업을 하지 않는 자에게 영업한 것을 전제로 한 사업소득세 부과처분(대판 1970. 3. 24. 70누12), 제3자의 소유물에 대한 압류처분(대판 1970. 3. 24. 70누12), 권리의무의 주체가 될 수 없는 학교에 대하여 한 관세부과처분(대판 1971. 11. 15. 71누131), 면세법인체에 대한 법인세부과처분(대판 1972. 10. 10. 72누154)과 같은 것이다.

구체적인 예로는, 행정소송이 확정되었음에도 행정처분을 한 행정청이 행정소송의 사실심변론종결 이전의 사유를 내세워 한 확정판결과 저촉되는 판정 내지 처분(대판 1969. 1. 21. 64누39 ; 1980. 7. 22. 80다839), 국세 심사청구법에 따른 심사청구에서 재결청이 증여세 부과처분에 대하여 취소결정을 했음에도 이에 기속받은 당해 행정청 및 처분청이 그에 어긋나는 결정이나 처분을 한 경우(대판 1972. 2. 29. 71누110), 도로를 무단사용하는 자에 대한 도로법 제43조 소정의 점용료 부과처분(대판 1975. 7. 8. 75누26), 사법상의 물품대금채무에 불과한 서울특별시자의 토사매각대금 부과처분(대판 1976. 10. 29. 76누142), 중과세처분을 할 수 없는 물품에 대한 중과세나 과세대상이 아닌 물품에 대한 과세처분(대판 1981. 6. 9. 81다400), 제척기간이 경과한 후의 법인 세부과처분(대판 1993. 12. 28. 93누17409)등을 들 수 있다.

② 불명확한 내용

행정행위의 내용이 불명확한 경우 그 행위는 무효이다.

예컨대 취득세납세고지서에 갑 외 3인, 세액합계 금 37,350,140원이라고 기재한 것은 갑 이외에 나머지 3명에 대한 과세처분(대판 1992. 4. 28. 91누11889)과 같은 것이다.

(3) 절차에 관한 하자

행정행위를 위한 일련의 법률요건 중 하나를 결하거나 그 하나에 하자가 있는 경우를 절차에 관한 하자라고 한다. 절차에 관한 하자가 행위의 효과에 어떤 영향을 미치는가는 절차를 둔 취지·목적에 의해 판단해야 할 것이다. 예컨대 대립하는 당사자간의 이해조정 또는 이해관계인의 권익보장을 위한 절차를 규정한 경우 그것을 결한 행위는 무효이고, 행정의 원활 또는 합리적인 운영 또는 행정상의 편의를 목적으로 하는 요건을 규정한 경우 그것을 결한 행위는 취소원인에 불과하다고 할 것이다.

행정행위를 할 때에 이해관계인으로 하여금 권리를 주장하거나 이의신청을 할 수 있도록 하기 위해 규정되어 있는 공고 또는 통지를 하지 않으면 그 독촉절차를 거치지 않은 조세체납처분이 이에 해당할 것이다.

한편, 통지가 행정처분의 구성요소인 표시행위인 경우, 예컨대 세법상 조세부과처분은 상대방에게 서면으로 통지하도록 규정하고 있는데(소득세법 제114조 8항), 이러한 조세부과처분은 상대방에게 도달함으로써 비로소 성립한다고 할 것이다. 따라서 통지를 결한 부과처분은 그 표시행위 자체가 없는 것이므로 부존재로 되어 무효와 취소의 문제는 생길 여지가 없다(대판 1983. 4. 26. 80누527).

(4) 형식에 관한 하자

요식행위인 행정행위에 있어서 그 유효요건인 형식을 결여한 행위는 무효이다.

① 문서에 의하지 않은 경우

법률상 문서에 의해야 함에도 문서에 의하지 않고 행위를 한 때에는 원칙적으로 그 행위는 무효이다.

따라서 서면에 의하지 않은 납세고지는 무효가 된다(대판 1991. 3. 27. 90누3404 ; 1988. 2. 9. 83누404).

② 이유를 기재하지 않은 경우

판례는 과세처분을 하면서 법정기재사항인 세액산출근거 등의 기재를 누락했거나 과세표준과 세액의 계산명세서를 첨부하지 않은 납세고지서를 발부하여 송달했다면 납세고지서 작성상의 이와 같은 하자는 그 고지서가 송달된 이상 과세처분의 본질적 요소를 이루는 것이 아니라고 할 것이어서 과세처분이 취소의 대상이 됨은 별론으로 하고 당연 무효하고 할 수 없다고 하고(대판 1993. 4. 13. 92누10623, 1992. 7. 14. 92누2424), 이러한 하자의 치유는 늦어도 과세처분에 대한 불복여부의 결정 및 불복신청에 대한 편의를 줄 수 있는 상당한 기간 내에 해야 하며(대판 1983. 7. 26. 82누420), 이러한 기간이 경과한 후에 과세관청이 원고의 직원을 불러 과세의 근거와 세액산출근거를 사실상 알려주었다든지(대판 1988. 2. 9. 83누420), 과세관청이 상고를 제기하여 그 행정소송을 그대로 유지한 채 다시 세액산출근거를 기재한 납세고지서를 발부하였다 하더라도(대판 1984. 8. 21. 83누431) 그 하자는 치유되지 않는다고 한다.

3. 행정행위의 하자주장과 심리

행정행위의 무효를 주장하여 심리되는 소송형태에는 무효확인소송이 있고, 행정행위의 취소를 주장하여 심리되는 소송형태에는 취소소송이 있다. 그러나 무효의 주장을 취소소송으로서 행하는 방법, 이른바 무효선언적 의미에서의 취소소송을 제기할 수도 있는데, 이 경우 반대설이 있으나 취소소송에서와 같이 행정심판전치, 제소기간의 준수가 요청된다.

4. 재량문제의 심리

(1) 사법권과 행정재량

행정소송법 제27조는 "행정청의 재량에 속하는 처분이라도 재량권의 한계를 넘거나 그 남용이 있는 때에는 법원은 이를 취소할 수 있다"고 규정하고 있다. 이 규정은 행정청의 재량처분에 관하여는 원칙적으로 위법의 문제는 생기지 않는 것, 즉 법원은 행정청의 재량판단의 적부를 심사할 수 없다고 하는 것을 전제로 하는 것이라고 설명된다.

그러나 특정한 재량행위가 기속재량에 속하는 것인지 자유재량에 속하는 것인지 여부는 객관적으로 명백하지 않으며, 자유재량행위라 하더라도 그 재량권에는 일정한 한계가 있고 그것을 벗어나면 위법한 것이 된다. 따라서 자유재량행위도 행정소송의 대상이 되는 것이며, 심리의 결과 재량권의 유월 또는 남용 등 재량권 사용이 위법한 정도에 이르면 그 처분을 취소해야 하고, 위법한 정도에 이르지 않으면 그 청구를 기각하게 된다.

(2) 재량권의 내적 한계

판례는 재량권에 대해, "서울특별시급수조례 제34조 제1항에 의한 과태료를 어느 정도로 부과할 것인가는 부과권자의 재량에 맡겨져 있다 할 것이나 그러한 재량에 따라 이루어진 과태료부과처분은 사회통념상 현저하게 타당성을 잃어 부과권자에게 맡겨진 재량권을 남용한 것이라고 인정되는 경우가 아니라면 위법한 처분으로 볼 수 없다 할 것이고, 재량권을 남용한 것인지의 여부는 총 급수량에 대한 부정 급수량의 비율뿐 아니라 부정급수량의 규모, 그 기간, 부정급수의 방법 등 제반사정을 참작하여 판단하여야 한다"(대판 1987. 7. 7. 86누820)고 판시하고 있다.

제 11 장   조세소송의 종료

조세소송은 민사소송과 마찬가지로 종국판결에 의해 종료되는 것이 보통이지만 소취하, 화해 등에 의해 종료되는 경우도 있다.

제 1 절 판결에 의한 종료

1. 판결의 종류

(1) 인용판결

본안심리의 결과 원고의 청구가 이유있다고 인정하여 그 청구의 전부 또는 일부를 인용하는 경우에 하는 판결을 말한다. 이는 다시 그 내용에 따라 형식판결, 확인판결 및 이행판결로 구별할 수 있다.

① 형성판결

법률관계를 새로이 형성·변경·소멸시키는 내용의 판결을 말하며 취소소송의 인용판결이 이에 속한다. 이 경우 법원은 처분의 내용을 적극적으로 변경할 수는 없고 처분의 내용을 일부 취소하는 것만 가능하다고 보는 것이 통설이다. 한편 과세처분의 취소소송에서 청구를 인용하여 과세처분을 취소하는 경우, 즉 과세처분취소소송에 있어서 세액산출 과정의 잘못 때문에 과세처분이 위법한 것으로 판단되더라도 사실심의 변론종결시까지 제출된 자료에 의하여 적법하게 부과될 정당한 세액이 결정되는 때에는 과세처분 전부를 취소할 것이 아니라 그 정당한 세액을 초과하는 부분만을 취소해야 한다.

② 확인판결

특정한 법률관계의 존부를 확정하는 판결로서 조세채무부존확인소송, 무효등확인소송과 부작위위법확인소송 등의 인용판결이 이에 해당한다.

③ 이행판결

피고에 대하여 일정한 행위를 할 것을 명하는 판결이다. 그러나 세무행정청에 일정한 처분을 할 것을 명하는 이행판결은 3권분립주의의 원칙상 불가능하다고 보는 것이 통설과 판례의 입장이다. 이행판결로는 당사자소송으로서 과오납반환청구소송, 부과처분의 당연무효를 전제로 한 부당이득반환청구소송에서의 인용판결 등이 대표적인 경우이다.

(2) 기각판결

본안에 관하여 심리한 결과 원고의 청구가 이유 없다고 하여 그 청구를 배척하는 판결이다. 기각판결에는 일반적인 기각판결과 사정판결이 있다.

기각판결은 원칙적으로 소송의 대상처분이 적법하거나 단순한 부당에 그쳐 위법성이 없는 경우, 권리보호요건이 결여된 경우에 한다. 다만 기각판결이 있는 경우라도 행정청이 당해 처분을 직권으로 취소·변경하는 것을 막는 것은 아니다.

한편 원고의 청구가 이유 있는 경우에도 특별한 사정이 있어 청구를 기각하는 경우가 있다. 즉 취소소송에 있어서 조세처분이 위법하여 이를 취소·변경해야 할 것이지만, 그 처분을 취소·변경하는 것이 공공복리에 현저히 위배된다고 인정하는 때에는 법원이 청구기각의 판결을 할 수 있는데 (행정소송법 제28조 제1항), 이를 사정판결이라고 한다. 법원이 사정판결을 할 때는 원고가 침해받은 권익을 최대한 구제해야 할 것이므로 법원은 미리 원고가 그로 인하여 입게 될 손해의 정도와 배상방법 그밖의 사정을 조사해야 한다. 또한 원고는 이런 경우를 예상하여 피고인 행정청이 속하는 국가 또는 공공단체를 상대로 손해배상, 제해시설의 설치 그밖에 적당한 구제방법의 청구를 당해 취소소송이 계속된 법원에 병합하여 제기할 수 있다. 법원이 사정판결을 할 때는 판결의 주문에서 그 처분이 위법함을 명시해야 한다(행정소송법 제28조 제2·3항·제1항 후단).

(3) 소송판결

소송의 적부에 관한 판결로서 요건심리 결과 소송요건의 흠결을 이유로 그 소송을 부적법한 것으로 각하하는 판결이다. 예컨대 세무행정대상처분이 아니라든지, 원고적격이나 피고적격이 없거나 적법한 전심절차를 거치지 않았다거나 제소기간을 도과하여 소가 제기된 경우 본안에 들어가지 않고 내리는 판결이다. 따라서 소송각하판결인 것이다.

2. 위법성 판단의 기준시

일반행정처분에 있어서 위법성 판단의 기준시점에 관하여는 항고소송의 본질은 처분에 대한 사법적 사후심사이며, 판결시를 기준으로 하면 법원에 대하여 행정적 재량을 인정하게 되어 부당하다는 이유로 처분시를 기준으로 해야 한다는 것이 통설 및 판례의 태도이다.

그러나 조세행정소송에 있어서는 일반행정소송과는 달리, 즉 형식적으로는 형식소송이지만 실질적으로는 조세채무의 부존재확인소송으로 파악되어 그 처분의 위법여부는 결국 과세처분이 객관적 과세표준을 상회하여 인정되었는지의 여부에 달려 있다. 객관적 과세표준이 이미 정해져 있어서 과세처분이 이를 확인하는데 지나지 않으므로 그 심리범위도 납세자가 쟁점으로 제기한 주장에 한하지 않고 당해 기간의 과세표준액으로 하고 있어 그 과세표준은 처분시와 변론종결시가 다를 수 없으므로 민사소송의 경우와 같이 변론종결시를 기준으로 보아야 할 것이다. 판례도 과세처분의 위법을 다루는 행정소송에 있어 그 처분의 위법여부는 과세액이 정당한 세액을 초과하느냐의 여부에 따라 판단되는 것으로서 당사자는 소송변론종결시까지 객관적인 조세채무액을 뒷받침하는 주장과 증거를 제출할 수 있다고 판시하고 있다.

한편 조세소송에 있어 과세처분의 위법성 여부를 판단하는 기준이 되는 시기는 그 처분 당시라 할 것이어서 증여에 의한 재산의 취득이 있는 경우 과세관청에서 증여를 과세원인으로 하는 과세처분을 하기 전에 그 증여계약이 적법하게 해제되고 그 해제에 의한 말소등기가 된 때에는 그 계약의 이행으로 생긴 물권변동의 효과는 소급적으로 소멸하고 증여는 처음부터 없었던 것으로 보아야 할 것이므로, 이를 과세원인으로 하는 증여세의 과세처분은 할 수 없다 할 것이다. 그러나 과세처분이 있은 후 증여계약의 해제를 원인으로 한 소유권이전등기말소청구소송이 제기되어 그 승소판결이 확정되었다 하더라도 증여를 원인으로 한 소유권이전등기가 적법하게 마쳐진 이상, 그 때에 그에 대한 조세채권은 적법하게 성립된 것이므로 그 이후에 위와 같은 판결이 확정되었다거나 그로 인하여 등기가 말소되었다는 사유만으로는 증여세부과처분의 적법성을 다툴 수 없다는 판례도 있다(대판 1992. 2. 25. 91누12776).

3. 판결의 효력

(1) 구속력

판결이 확정되면 당사자인 행정청과 그밖의 관계행정청은 판결의 판단내용을 존중·수인하고 그 취지에 따라 행동해야 한다.

① 구속력의 내용

(ㄱ) 동일내용의 재처분 금지

어떤 행정처분을 취소하는 판결이 확정된 경우 당사자인 행정청과 그밖의 관계행정청은 동일한 사실관계 아래 동일당사자에 대하여 사실심변론종결 이전의 사유를 내세의 확정판결에 저촉되는 새로운 행정처분을 할 수 없다. 이러한 구속력은 판결주문 및 그 전제가 된 요건사실의 인정과 효력의 판단에만 미치는 것이므로, 절차상의 위법을 이유로 처분을 취소하는 판결이 확정된 경우 처분청이 확정판결에서 적시한 위법사유를 보완하여 행한 새로운 처분을 확정판결에 의하여 취소된 종전의 처분과는 별개의 것이 되어 구속력에 반하지 않는다.

한편 행정소송법 제30조 제1항은 구속력을 처분 등을 취소하는 확정판결에 한하여 인정하고 있으므로 기각판결에서는 구속력이 인정되지 않는다.

(ㄴ) 위법상태의 제거의무

판결에 의하여 취소되는 처분이 당사자의 신청을 거부하는 것을 내용으로 하는 경우에는 그 거부처분을 한 행정청은 판결의 취지에 따라 다시 이전의 신청에 대한 처분을 할 의무를 부담하여, 신청에 대한 거부처분의 철자상 위법을 이유로 한 취소판결이 확정된 때에는 적법한 절차에 따라 다시 이전의 신청에 대하여 처분을 할 의무를 부담한다

(행정소송법 제30조 제2·3항). 따라서 전자의 경우 당사자는 다시 신청을 할 필요가 없으며, 재처분의 내용은 판결의 취지를 존중해야 할 것이지만 원고가 신청한 내용대로 해야 하는 것은 아니며, 신청을 인용하거나 취소된 거부처분과 다른 이유로 거부처분을 해야 할 것이다.

이러한 거부처분에 대한 취소판결의 구속력은 행정청의 행위의무의 이행을 간접강제의 방법으로 담보하고 있다(행정소송법 제34조).

② 구속력의 범위

(ㄱ) 주관적 범위

판결에 따른 구속력은 당사자인 행정청뿐만 아니라 그밖의 모든 관계행정청에까지 미친다(행정소송법 제30조). 관계행정청은 당해 행정처분의 처분기관은 물론이고 당해 처분을 기초 또는 전제로 하여 여기에 관련된 처분 또는 부수된 처분을 행하는 모든 행정청을 포함한다. 따라서 피고행정청과 동일주체에 속하거나 동일한 행정사무계통인 상하의 행정청에 한하는 것은 아니다.

(ㄴ) 객관적 범위

판결의 구속력은 판결의 주문 및 그 전제가 된 요건사실의 인정과 효력의 판단에만 미친다. 따라서 판결의 결론과는 무관한 방론이나 간접사실에 대한 판단에는 구속력이 미치지 않으며, 구속력은 법원이 위법이라고 인정한 동일한 이유와 자료에 기하여 동일인에 대하여 동일한 처분을 하는 것을 금하는 것이므로, 과세처분의 절차상의 하자를 보완하여 새로 행한 과세처분에도 구속력이 미치지 않는다. 한편 처분청이 사실심변론종결 전에 존재하는 다른 이유와 자료에 기하여 동일한 처분을 하는 것이 허용되지 않는다는 것이 통설 및 판례의 태도이다.

③ 구속력의 위반

(ㄱ) 위법상태제거의무의 위반

이 경우는 그 자체가 위법한 부작위를 이루게 되어 국가배상법상의 위법행위를 구성하는 것으로 이해할 수 있을 것이다. 다만 그 의무를 직접 실현시킬 수는 없고 행정소송법 제34조에 의하여 간접강제될 뿐이다.

　㈃ 동일내용의 재처분금지의무의 위반

　　이 경우는 위법하여 그 하자가 중대하고 명백하므로 당연무효가 된다. 판례도 과세처분을 취소하는 판결이 확정되면 그 과세처분은 처분시로 소급하여 소멸하므로 그 뒤에 과세관청에서 그 과세관청을 경정하는 경정처분을 했다면 이는 존재하지 않는 과세처분을 경정한 것으로서 그 하자가 중대하고 명백한 당연무효의 처분이라고 한다.

(2) 형성력

　취소판결이 확정되면 당해 처분은 당연히 효력을 상실하고 처음부터 처분이 없었던 것과 같이 되어 기존의 법률관계 또는 법률상태에 변동을 가져오게 되는데 이를 형성력이라고 한다. 이러한 판결의 형성력은 형성판결이 갖는 효력이므로 취소소송의 인용판결에만 인정되며 기각판결에서는 인정되지 않는다.

　① 형성력의 내용

　　취소판결이 있으면 처분청의 별도의 행위 없이도 당해 처분은 실효되며, 행정청이 다시 그 취소의 통지를 할 필요가 없다.

　　그리고 당해 처분은 그 처분시에 소급하여 실효되는데, 이는 취소판결의 확정으로 그때까지 일응 유효한 것으로 취급되던 당해 처분이 소급하여 무효로 됨을 의미한다. 취소의 소급효는 취소의 원인이 되는 하자가 있는 처분에 대하여 후일 그 하자가 있는 것이 판명된 이상 처분시에 소급하여 무효로 취급하는 것이 법치행정의 원리에 맞기 때문에 인정되는 것이다.

　② 제3자효(대세효)

　　행정소송은 민사소송과는 달리 개인의 권익구제와 동시에 행정의 적법성 확보를 목적으로 하여 대상에 있어서도 공공성을 지니는 행정청의 처분 등을 대상으로 한다. 따라서 판결의 형성력에 따르는 법률관계나 법률상태를 통일적으로 확보할 필요가 있는데, 이에 행정소송법은 제29조 제1항에서 처분 등을 취소하는 확정판결은 제3자에 대해서도 그 효력이 있다고 규정하고 있다. 그러나 소송에 참가하여 자기의 이익을 주장하거나 방어할 기회를 갖지 않는 제3자에 대해서 판결의 효력을 미치게 하는 것은 소송법의 일반원칙에 어긋나고, 제3자에게 불측의 불이익이나 손해를 입힐 수 있으므로 제3자의 소송참가제도(행정소송법 제16조)와 제3자의 재심청구제도(행정소송법 제31조)를 인정하고 있다. 형성력의 제3자효는 취소판결뿐 아니라 무효등확인소송 및 부작위위법확인소송에서의 인용판결에도 준용된다(행정소송법 제38조 제1·2항).

(3) 기판력

종국판결이 확정되면 뒤에 동일사항이 문제되었을 때 당사자가 그에 반하는 주장을 하여 다투는 것이 허용되지 않으며, 법원도 그와 모순 저촉되는 판단을 할 수 없다. 이렇게 확정된 판결은 당사자간의 관계를 규율하는 기준으로서 구속력을 가지는데, 이를 기판력이라 한다.

확정판결의 판단에 기판력을 인정하는 것은 국가의 재판기관이 당사자간의 분경을 공권적으로 판단한 것에 기초한 법적 안정성에서 유래한 것으로서 민사소송법도 이에 관하여 규정하고 있다(민사소송법 제216조). 명문의 규정이 없는 행정소송법에 있어서도 민사소송법의 기판력제도가 인정된다고 하는 것이 통설 및 판례이다.

기판력이 인정되는 것은 종국판결로서 소각하판결이든 청구인용판결이든 청구기각판결이든 불문한다. 소송심리중에 문제로 된 개개의 실체상 또는 절차상의 사항을 해결하기 위하여 행하는 중간판결은 전제문제에 대하여 종국판결의 준비가 될 뿐으로 기판력이 인정되지 않는다.

① 기판력의 시간적 범위

기판력의 시간적 한계는 사실심의 변론종결시이다. 따라서 변론종결 이전에 있었던 사유는 기판력에 의하여 차단된다. 그러므로 행정청은 확정판결 이전의 사유를 내세워 확정판결에 저촉되는 처분을 할 수 없고, 원고도 그러한 이유로 다시 다툴 수 없게 된다. 그러나 변론종결 이후에 생긴 사유는 기판력에 의하여 차단되지 않으므로 행정청은 이를 이유로 확정판결과 다른 취지의 처분을 할 수 있다.

② 기판력의 주관적 범위

판결의 기판력이 누구에게 미치느냐 하는 주관적 범위의 문제는 민사
소송의 일반원리에 따라 당사자 및 이와 동시할 수 있는 당사자의 승
계인에게만 미치는 것이 원칙이다(민사소송법 제218조).

문제는 행정소송의 보조참가인에 대하여도 민사소송법의 법리가 적용
되어 보조참가인에게는 판결의 효력이 미치지 않고, 다만 패소한 경우
에 참가적 효력만이 인정되는가 하는데 있다. 보조참가인의 소송법상
의 지위는 행정소송의 성질에 비추어 공동소송적 보조참가인의 지위
에서 소송을 수행하므로 피참가인이 받은 확정판결의 기판력을 받는
다고 할 것이다.

③ 기판력의 객관적 범위

어떠한 사항에 관하여 기판력이 인정되느냐 하는 것이 기판력의 객관
적 범위이다. 이것은 민사소송의 경우와 같이 파악해야 할 것이므로
판결주문에 포함된 것에 한한다고 본다(민사소송법 제216조 제1항).
그러나 판결주문은 극히 간결하게 사건의 결론, 즉 청구를 인용하느냐
기각하는냐 등을 밝혀주는데 불과하므로 결국 주문에 이르게 한 이유
도 고려해야 할 것이다.

먼저 기각판결은 소송요건의 부존재를 확정하는 판결이므로 그 부분
에 관하여만 기판력을 갖는다. 이는 본안에 대한 판단이 아니므로 본
안에 대하여 기판력이 없는 것은 물론이다. 기각판결은 본안인 소송물
에 대한 판단이므로 당해 처분이 적법하다는 점에 관하여 기판력이
생긴다. 그러나 당해 처분이 위법하더라도 공익을 위하여 그 처분의
효력을 유지할 필요가 있을 때에 행하는 사정판결(행정소송법 제28조
제1항)은 기각판결이지만, 그 주문에 그 처분이 위법함을 명시해야 하
는 것이므로(행정소송법 제28조 제1항) 그 기판력은 처분이 위법하다
는 점에 생긴다.

인용판결은 소송물인 당해처분의 위법성을 확정하고 이 점에 관하여
기판력을 갖는다. 따라서 당사자는 다음 소에서 이에 반하는 주장을
할 수 없고 법원도 이에 저촉되는 판단을 할 수 없다. 이 점은 확정판

결에 의하여 행정청이 동일 당사자에 대하여 동일 사정하에서 동일 내용의 재처분을 할 수 없다는 원칙이 기판력의 문제가 아닌 구속력의 문제라는 것을 알 수 있게 한다. 기판력위배 여부와 관련하여 몇 가지 경우를 살펴보면, 먼저 과세처분취소소송의 확정판결에 적시된 위법사유를 보완하여 새로이 과세처분을 행한 경우 확정판결에 의하여 최소한 종전의 과세처분과는 별개의 처분으로서 기판력에 반하지 않으며, 취소소송의 청구기각판결이 확정된 후에 행정청이 당해 처분을 직권으로 취소하는 것도 기판력이 후소에서 당사자의 주장 및 법원의 판단을 제약함에 그치고, 행정청의 소송행위 이외의 행위를 제약하는 것이 아니라는 점에서 가능한 것이다. 그리고 행정청이 무효인 처분임을 확인하는 취지로 한 행정처분의 취소도 확정판결의 기판력에 저촉되지 않으며, 무효확인청구기각판결의 기판력은 뒤의 취소소송에 대한 관계에서는 기판력이 미치지 않는다고 보아야 할 것이다. 왜냐하면 무효원인인 하자는 취소원인인 하자보다 그 범위가 좁고 엄격하기 때문이다. 그러나 취소청구기각판결의 기판력은 뒤의 무효확인청구소송에 미친다고 볼 것이다.

(4) 집행력

항고소송에서는 행정청의 이행의무를 명하는 이행판결이 허용되지 않으므로 판결의 집행력은 문제될 수가 없다. 그러나 거부처분에 대한 취소판결 및 부작위위법확인판결이 확정되면 구속력의 효과로서 행정청은 당해 판결의 취지에 따라 신청에 대한 처분을 할 의무를 부담하며(행정소송법 제30조 제2항, 제38조 제2항), 행정청의 의무이행에 대해서는 간접강제가 인정되므로(행정소송법 제34조, 제38조 제2항), 그 범위 내에서는 확정판결의 집행력이 인정된다고 볼 것이다.

당사자소송은 그 성질상 민사소송에 준하므로 이행판결에 채무명의를 부여하고 집행력이 생기는 것은 당연하다 할 것이다.

【서식】 판결선고1(인용판결)

서 울 고 등 법 원
제6특별부
판   결

사 건   20○○구6329 종합소득세등부과처분취소

원 고   ○ ○ ○
          서울 양천구 목동 ○○아파트 504-405
          소송대리인 변호사 ○ ○ ○
          소송복대리인 변호사 ○ ○ ○

피 고   양천세무서장
          소송수행자 박○○, 신○○, 이○○, 송○○, 윤○○, 안○○, 정○○

변론종결   20○○. 3. 16.

주   문 피고가 20○○. 5. 1. 자로 원고에 대하여 한 20○○년도 귀속분종합소
          득세 금 13,989,410원 교육세 금 2,841,220원의 부과처분을 취소한다.
          소송비용은 피고의 부담으로 한다.

청구취지 주문과 같다.

이   유

    원고가 20○○년도에 서울 강서구 신월동 ○○의 1 및 같은 동 ○○의 11 대
지상에 다세대주택을 신축 분양하고 피고에 대하여 과세표준을 금 1,795,400원,
산출세액을 금 107,724원으로 하여 20○○년도 종합소득세의 과세표준 확정신고
를 하였는데, 피고는 실지조사의 방법에 의하여 과세 금 8,033,400원으로 인정하
여 산출한 종합소득세액을 금 932,949원으로 결정하여 20○○년 경 원고에게 부
과 고지함에 따라 원고가 이를 납부하였으나, 피고는 20○○년 경에 와서 위 신
축 분양에 관한 세무조사를 실시함에 있어 원고가 위 주택의 신축 분양에 관한
장부를 비치하지 아니하였다는 이유로 소득세법 제114조 제1항, 같은법 시행령
제169조 제1항 제1호에 의하여 추계조사결정을 한 후, 다시 20○○. 5. 1.자로 원
고에 대하여 20○○년 귀속분 종합소득세 금 13,989,410원 및 교육세 금
2,841,220원의 추징부과처분을 한 사실은 당사자 사이에 다툼이 없다.

  소득세법 제114조 제1항에 의하면, 정부는 대통령령이 정하는 명백한 객관적 사유로 인하여 제105조 내지 제110조의 결정(과세표준확정신고결정, 서면조사결정, 실지조사결정)을 할 수 가 없는 때에 한하여 과세표준과 세액을 업종별소득표준율에 의하여 조사 결정할 수 있고, 이를 추계조사결정이라 하고 있는데, 여기서 대통령령이 정하는 명백한 객관적 사유라 함은 같은법 시행령 제169조 제1항 제1호에 의하면, 과세표준을 계산함에 있어 필요한 장부나 증빙서류가 없거나 중요한 부분이 미비 또는 허위인 때를 말한다고 규정하고 있는 바, 위 소득세법 규정의 문언상 과세관청이 납세의무자의 신고나 서면조사만으로 과세표준을 산출할 수 없고, 나아가 원고가 비치 기장한 장부나 증빙서류가 없거나 허위 기장 누락 등의 사유가있어 실지조사의 방법에 의하더라도 과세표준을 산출할 수 없는 경우에 한하여 추계조사결정을 할 수 있음이 명백하다.

  그런데 행정처분인 조세부과처분에는 판결과 같은 엄격한 확정력이나 기속력이 없으므로, 과세관청이 부과처분을 한 후에라도 당해 조세채권이 시효로 소멸되기 전에 종전의 부과처분이 위법 부당함이 발견된 경우에는 이를 취소 변경을 하거나 종전의 처분을 번복하는 새로운 부과처분을 할 수 있고, 또한 그것이 '합법성'이나 '조세정의'의 원리에는 부합한다고 인정되지만, 다른 한편 그로써 납세자의 '신뢰보호'나 '금반언'의 원칙에 반하는 결과가 나오게 된다.
일반적으로 행정법관계에서 신뢰보호의 원칙은 합법성의 원칙을 희생하여서라도 국민의 신뢰를 보호함이 정의에 부합한다고 인정되는 특별한 사정이 있을 경우에 한하여 우선 적용되어야 할 것인데(대법원 1992. 4. 28. 선고 91누9848 판결 참조), 과세관청이 과세표준을 조사결정하여 일단 납세고지함에 따라 납세의무자가 이를 납부하였고 경정결정이나 쟁송절차 없이 혹은 이를 거쳐서 일단 부과처분이 확정된 상태에 이르러 상당한 시간이 지난 후에 과세관청이 당초 부과처분에 어떠한 위법사유가 있음을 발견하더라도 그 위법사유가 중대하거나 명백하지 아니하고, 또 그 위법사유의 발생에 대하여 납세의무자가 그 책임으로 돌릴 수 있는 어떠한 잘못이 없다면, 과세관청이 당초에 한 조세부과처분을 스스로 취소 변경하거나 이를 번복하고 다시 새로운 부과처분을 할 수는 없다고 해석할 것이고, 이 경우에는 합법성의 원칙을 희생하여서라도 국민의 신뢰를 보호함이 정의에 부합한다고 인정되는 특별한 사정이 있다고 볼 것이다(일반적으로 행정행위의 효력 판결의확정력에는 못미치지만, 법적 안정성의 요청상 발령청이나 다른 행정청에 대하여도 일정한 구속력을 갖는데, 이를 학설상 '실질적 존속력' 내지 '실질적 확정력'이라고 부르기도 한다).

이 사건에 관하여 보건대, 을제2호증의 1, 2, 을제3호증의 1, 2, 3, 을제4호증의 1, 2, 을제5호증의 각 기재와 증인 ○○○의 증언 및 원고본인신문결과에 변론의 전취지를 보태어 보면, 피고가 당초에 원고의 과세표준신고에 대하여 실지조사결정의 방법으로 일단

종합소득세 부과처분을 한 후 경정결정이나 쟁송절차를 거치지 아니하고 아무런 사정변경도 없이 2년 이상이 경과한 20○○. 12. 경 국세청이 음성·불로소득 혐의자에 대한 세무조사계획을 세우고 대대적인 세무조사를 실시함에 있어 부동산을 다수 보유하고 거래를 빈번히 하던 원고를 혐의자로 지목하여 조사할 것을 지시함에 따라 피고가 원고에 대한 세무조사를 실시하면서 원고의 국토이용관리법 위반사실이나 양도소득세 탈루, 임대수입의 과세누락 등의 혐의를 밝혀낸 것 이외에 원고가 종전에 이 사건 다세대주택을 신축 분양하고 신고한 총소득금액이 너무 낮다고 판단하여 재조사를 하게 된 사실. 이에 따라 피고소속공무원들이 원고의 위 주택 신축분양에 관한 소득금액을 다시 실지조사결정하기 위하여 원고에게 그에 따른 장부나 증빙서류의 제출을 요구하였으나, 원고가 이를 제출하지 못하자, 원고로부터 위 연립주택을 건축하면서 제장부 및 증빙서류를 비치하지 아니하였다는 취지로 기재한 확인서(을제2호증의 2)에 원고의 서명날인을 받아 이를 근거로 하여 피고가 이 사건 추계조사결정을 하게 된 사실을 인정할 수 있지만, 원고가 당초부터 위 신축, 분양에 관한 장부나 증빙서류를 전혀 비치 기장하지 아니하였다거나(원고가 소득세법 제160조 제3, 4항 정의 복식부기나 간이장부의무자에 해당함을 인정할 증거는 없지만, 적어도 소득세법 제160조 제6항의 일기장의무자에는 해당한다) 혹은 당초 처분시에 제출한 제반서류에 명백한 허위나 기장누락을 한 잘못이 있었다는 점에 관하여는 이를 인정할 아무런 증거가 없으므로(당시 담당 세무공무원이던 소외 김○열은 이 사건 변론에서 증인 소환에 응하지 아니하여 증거신청이 철회되었으며, 비록 그 진정성립을 인정할 자료는 없지만, 그의진술을 기재한 갑제6, 9호증이 각 기재에 의하면, 위 김○열은 당초 실지조사 당시 원고의 소득금액을 산출할 수 있을 정도의 충분한 장부 및 증빙이 있었던 것으로 기억한다고 진술하고 있으며, 한편 원고 본인의 진술에 의하면, 원고가 직접 위 다세대주택의 신축공사를 하지 아니하고 건축업자인 소외 김○효와 유○종에게 건축과 세무관계 등 모든 사무를 맡겨서 원고는 장부를 가지고 있지 아니하지만, 위 소외인들에게 장부나 증빙이 있었다고 한다). 위 인정사실만으로는 피고가 실지조사결정의 방법으로 한 당초 부과처분에 중대하거나 명백한 위법사유가 있다고 볼 수 없고, 또 어떠한 위법사유가 있다고 하더라도 그

에 대하여 납세의무자인 원고에게 어떠한 잘못이 있다는 등의 사정을 인정하기에 부족하므로, 피고가 단지 원고에게 재조사 당시에 장부나 증빙이 없다고 하여 당초의 처분을 번복하고 원고에 대하여 추계조사결정의 방법에 의하여 산출한 종합소득세 등을 새로 부과한 이 사건 처분은 위법하다 할 것이고, 따라서 이에 부합하는 취지로 된 원고의 주장은 결국 이유 있다.

그렇다면 피고가 원고에 대하여 한 위 종합소득세 등의 부과처분이 위법하다 하여 그 취소를 구하는 원고의 이 사건 청구는 정당하므로 이를 인용하기로 하여 주문과 같이 판결한다.

20○○.　4.　13

　　　　　재판장　판　사　○　　○　　○＿＿＿＿＿＿
　　　　　　　　　판　사　○　　○　　○＿＿＿＿＿＿
　　　　　　　　　판　사　○　　○　　○＿＿＿＿＿＿

【서식】판결선고2(기각판결)

대 법 원
제 1 부

판   결

사   건   20○○누11371 종합소득세등부과처분취소
원   고,   ○ ○ ○
피상고인   서울 양천구 목동 ○○아파트 302-803
       소송대리인 변호사 ○ ○ ○
피   고,   양천세무서장

상 고 인   소송수행자 ○ ○ ○

원심판결   서울고등법원 20○○. 2. 12. 선고 98구 6329 판결

주   문   상고를 기각한다.
       상고비용은 피고의 부담으로 한다.

이   유

피고소송수행자의 상고이유를 본다.

원심은, 피고가 판시 다세대주택의 신축 분양소득과 관련된 원고의 20○○년도 종합소득세 과세표준을 실지조사의 방법으로 산정하여 20○○년경 일차 원고에 대하여 부과처분을 하였다가, 2년 이상이 경과한 20○○. 12. 경 국세청이 음성·불로소득혐의자에 대한 세무조사계획을 세우고 대대적인 세무조사를 실시함에 따라 원고를 혐의자로 지목하여 세무조사를 실시하면서, 당초 산정된 위 총소득금액이 너무 낮다는 이유로 재조사를 하게 되었고, 그 재조사 과정에서 원고에 대하여 위 주택신축 분양에 관한 장부나 증빙서류의 제출을 요구하여 원고가 이를 제출하지 못하자원고로부터 당시 장부 및 증빙서류를 작성 비치하지 않았다는 확인서(을제2호증의 2)를 제출받은 후, 이를 근거로 추계조사의 방법으로 위

종합소득세의 과세표준을 다시 산정하여 이 사건 증액경정처분에 나아가게 되었던 것이나, 원고가 당초부터 위 신축 분양에 관한 장부나 증빙서류를 전혀 비치 기장하지 아니하였다거나, 당초 처분시에 제출한 제반서류에 명백한 허위나 기장 누락을 한 잘못이 있었다는 점에 관하여 이를 인정할 아무런 증거가 없으므로, 단지 재조사 당시에 장부나 증빙이 없다는 이유로 추계조사방법으로 나아가 과세한 이 사건 부과처분은 위법하다고 판단하였는 바, 관계법령 및 기록에 비추어 살펴보면, 원심의 위와 같은 인정판단은 정당한 것으로 수긍이 간다.

소론이 이 사건 과세처분의 근거로 내세우는 위 확인서는 원심이 이를 배척하는 전제에서 있음이 그 판시이유에 비추어 분명한 바, 논지는 결국 원심의 전권에 속하는 증거의 취사판단과 사실의 인정을 비난하는 것에 지나지 아니하여 받아들일 수 없다.

그러므로 상고를 기각하고 상고비용은 패소자의 부담으로 하여 관여법관의 일치된 의견으로 주문과 같이 판결한다.

20○○. 6. 19

재 판 장 대 법 관 ○ ○ ○ _________
주   심 대 법 관 ○ ○ ○ _________
          대 법 관 ○ ○ ○ _________
          대 법 관 ○ ○ ○ _________

제 2 절   당사자의 행위로 인한 종료

1. 청구의 기각과 인락

(1) 청구의 포기

청구의 포기란 원고가 소송물에 대한 자기의 주장을 부정하고 그것이 이유 없다는 것을 법원에 대하여 스스로 인정하는 소송상의 진술이다. 청구의 포기를 조서에 기재하면 그 조서는 확정판결과 동일한 효력을 갖게 된다(민사소송법 제220조).

청구의 포기는 원고가 그 불이익을 감수하겠다는 뜻이며 우월한 지위를 가진 행정청으로서는 하등의 영향을 받지 않으므로 조세소송에서도 가능하다고 본다. 따라서 청구의 포기가 있으면 소송은 종결되고 행정처분은 적법한 것으로 확정된다.

(2) 청구의 인락

청구의 인락이란 피고가 권리관계의 위법 또는 그 존부에 관한 원고의 주장을 이유 있다고 인정하는 법원에 대한 진술이다. 청구의 인락을 조서에 기재하면 그 조서는 확정판결과 동일한 효력을 갖게 된다(민사소송법 제220조).

청구의 인락에 관한 민사소송법상의 규정이 행정소송에도 적용되느냐에 관하여 국가·공공단체 또는 그 기관은 당해 소송물에 대해 임의로 처분할 수 없으므로 소극적으로 이해하는 것이 통설이다.

2. 화 해

화해란 소송절차중 당사자가 소송물인 권리 또는 법률관계에 관하여 서로 그 주장을 양보해 상호 일치하게 된 법률상태를 변론기일에 출석하여 쌍방이 일치하게 구술로 진술하는 행위로서, 소송상의 화해를 조서에 기재하면 그 조서는 확정판결과 동일한 효력을 갖는다(민사소송법 제220조).

　행정소송에서의 화해의 허부에 대해서 통설은 소극적인 태도를 취하는데, 이는 화해가 성질상 소송물에 대한 양보를 그 요건으로 하고 있는데 행정소송에 당사자인 국가·공공단체 또는 그 기관은 소송물에 대하여 임의적인 처분권이 없다고 보기 때문이다.

제 12 장 조세소송의 불복

1. 상 소

(1) 항 소

상소에 관하여는 민사소송법의 규정이 준용된다(행정소송법 제8조 제2항).

행정소송의 제1심의 관할법원인 행정법원이 선고한 종국판결에 대해서는 판결이 송달된 날로부터 2주일 내에 관할 고등법원에 항소할 수 있다(민사소송법 제396조).

항소심에서의 절차, 변론, 판결 등에 대하여는 민사소송법 중 항소에 관한 규정이 준용된다. 항소장에는 1심 인지액의 1.5배를 첨부해야 한다.

(2) 상 고

고등법원이 선고한 종국판결에 대하여는 법률심인 대법원에 상고를 제기할 수 있다. 상고는 고등법원의 판결이 송달된 날로부터 2주일 내에 상고장을 원심인 고등법원에 제출함으로써 한다. 대법원에서 기록접수통지서를 송달받은 날로부터 20일 내에 상고이유서 7통을 제출해야 한다. 행정소송의 상고사건에도 상고심절차에관한특례법이 적용된다. 이 특례법에 의하면, 상고이유는 (ㄱ) 원심판결이 헌법에 위반하거나 헌법을 부당하게 해석한 때, (ㄴ) 원심판결이 명령, 규칙 또는 처분의 법률위반 여부에 대하여 부당하게 판단한 때, (ㄷ) 원심판결이 법률, 명령, 규칙 또는 처분에 대하여 대법원 판례와 상반되게 해석한 때, (ㄹ) 법률, 명령, 규칙 또는 처분에 대한 해석에 관하여 대법원 판례가 없거나 대법원 판례를 변경할 필요가 있는 때, (ㅁ) 위의 1 내지 4 이외에 중대한 법령 위반에 관한 사항이 있는 때, (ㅂ) 위의 1 내지 4 이외에 중대한 법령 위반에 관한 사항이 있는 때, (ㅅ) 민사소송법 제424조 제1항 제1호 내지 4 제5호의 사유가 있는 때로 한정하며, 상고이유에 관한 주장에 위와 같은 사유가 포함되지 않은 때에는 심리를 하지 않고 판결로 상고를 기각한다(위 특례법 제4조 제1항).

상고장에는 1심 인지액의 2배를 첩부한다.

(3) 항 고

행정법원(지방법원 본원 합의부)의 결정·명령에 대하여는 고등법원에, 고등법원의 결정·명령에 대하여는 대법원에 재항고를 할 수 있다(민사소송법 제439조, 제442조). 법률의 규정이 있는 경우 민사소송법에 따른 즉시 항고를 할 수 있다. 행정소송법에 의한 즉시 항고의 대상은 (ㄱ) 피고경정신청의 각하결정(행정소송법 제21조 제3항), (ㄴ) 제3자의 소송참가신청 각하결정(동 법 제16조 제3항), (ㄷ) 소의 종류 변경허가결정(동 법 제21조 제3항), (ㄹ) 집행정지결정 또는 그 기각결정(동 법 제23조 제5항), (ㅁ) 집행정지결정의 취소결정(동 법 제24조 제2항) 등이다. 즉시항고는 원칙적으로 집행정지의 효력이 있지만 위 (ㄹ), (ㅁ)의 결정에 대한 즉시항고는 집행정지의 효력을 갖지 않는다. 특별항고도 민사소송에서와 같다. 재항고 및 특별항고에는 상고심절차에관한특례법에 의한 심리불속행규정이 적용된다(위 특례법 제7조).

2. 제3자에 의한 재심청구

항고소송에서의 인용판결은 소송당사자 이외의 제3자에게도 효력을 미치기 때문에(행정소송법 제29조 제1항), 소송에 관여하지 않은 제3자가 불측의 손해를 입는 것을 막기 위하여 제3자 및 행정청의 소송참가제도가 규정되어 있다(행정소송법 제16조·제17조).

그러나 제3자로서 자기의 귀책사유가 없이 소송에 참가하지 못하는 경우도 있을 수 있으므로 행정소송법은 항고소송에 관한 인용판결이 확정된 뒤에도 제3자가 당해 확정판결로 인한 권익의 침해를 주장할 수 있도록 제3자에 의한 재심청구를 특별히 인정하고 있다(행정소송법 제31조, 제38조 제1항·제2항).

이러한 제3자에 의한 재심청구는 재심사유, 소의 제기권자, 재심절차 등에 있어서 민사소송법상의 재심과는 다르지만, 확정된 종국판결에 대하여 그 판결의 영향을 받는 자가 그 판결의 취소와 새로운 재판을 구하는 비상의 불복신청 방법인 점에서는 같으므로 특별한 취소와 새로운 재판을 구하는 비상의 불복신청 방법인 점에서는 같으므로 특별한 규정이 없는 경우에만 민사소송법상의 재심의 규정을 준용할 것이다(행정소송법 제8조 제2항, 민사소송법 제454조·제455조·제459조 등).

(1) 재심청구의 당사자

재심청구를 할 수 있는 자, 즉 재심원고는 항고소송의 인용판결에 의하여 권리 또는 이익을 침해받은 제3자이고(행정소송법 제31조, 제38조 제1항·제2항), 재심피고는 확정된 종전 소송의 원고 및 피고 쌍방이 공동으로 된다.

권리 또는 이익의 침해를 받은 제3자에는 당해 판결의 형성력이 미침으로써 그 판결주문에 따라 직접 권리나 이익에 침해를 받는 소송당사자 이외의 제3자뿐만 아니라, 판결의 구속력을 통하여 권리 또는 이익의 침해를 받은 제3자도 해당된다고 할 것이다.

예컨대 공매처분의 취소소송에 있어서 경락인이 세무소송에 있어서 재심청구를 할 수 있는 제3자라고 할 수 있다.

(2) 재심사유

첫째는 자기에게 책임 없는 사유로 소송참가를 하지 못했어야 한다.

둘째는 판결의 결과에 영향을 미친 공격·방어방법을 제출하지 못했어야 한다. 즉 제3자의 공격·방어방법이 종전의 소송에 제출되었다면 그 판결이 제3자에게 유리하게 변경되었을 것으로 고려되는 경우를 말한다. 따라서 종전 소송에 이미 제출되어 판단된 경우 또는 제출되었다 하더라도 판결의 결과에 영향이 없는 때는 이에 포함되지 않는다.

(3) 재심청구기간

재심청구를 할 수 있는 기간은 당해 확정판결을 안 날로부터 30일, 판결이 확정된 날로부터 1년이다. 위 기간은 불변기간이다(행정소송법 제31조 제2항·제3항, 제38조 제1항·제2항).

3. 민사소송법에 의한 재심

행정소송에 있어서도 민사소송법에 의한 재심(민사소송법 제452조 내지 제460조) 또는 준재심(동법 제461조)을 청구할 수 있다(행정소송법 제8조 제2항).

재심의 소는 판결확정 후 재심사유를 안 날로부터 30일 이내 또 판결확정일로부터 5년 이내에 제기해야 한다.

4. 헌법재판소법에 의한 재심

조세행정처분의 적용법조에 관하여 법원에 위헌제청신청을 했으나 기각되어 헌법재판소법 제68조 제2항에 의하여 헌법재판소에 당해 적용법조에 대하여 헌법소원을 제기하여 위헌결정을 받았을 때에 당해 헌법소원과 관련된 소송사건이 이미 확정된 때에는 재심을 청구할 수 있다(헌법재판소법 제75조 제7항). 이 때 재심절차는 민사소송법을 준용한다(동법 제75조 제8항).

【서식】 항소장

항　소　장

원고(항소인)　○○산업주식회사
　　　　　　　○○시 ○○구 ○○동 ○○번지
　　　　　　　대표이사 ○　○　○
　　　　　　　소송대리인 변호사　○　○　○
　　　　　　　○○시 ○○동 1가 2-3 ○○오피스텔 701호　　（우 : 602-071)

피고(피상소인)　○○세무서장
　　　　　　　○○시 ○○동 247(우 : 601-032)

　위 당사자 간 부산지방법원 20○○구632호 법인세부과처분취소청구사건에 관하여 귀원이 20○○. 8. 19. 선고한 판결을 원고는 20○○. 8. 27. 송달받고 이에 불복이므로 항소를 제기합니다.

원심판결의 표시(주문)

1. 피고가 20○○. 6. 1. 자로 원고에 대하여 한 20○○사업년도 귀속분 법인세 금 19,751,050원의 부과처분 중 금 14,975,750원을 초과하는 부분은 취소한다.
2. 원고의 나머지 청구를 기각한다.
3. 소송비용은 이를 4분하여 그 3은 원고의, 나머지는 피고의 각 부담으로 한다.

항　소　취　지

1. 원심판결 중 원고(항소인) 패소부분을 취소한다.
2. 피고가 20○○. 6. 1. 자로 원고에 대하여 한 20○○. 귀속 법인세 19,751,050원의 부과처분을 전부 취소한다.
3. 소송비용은 1, 2심 모두 피고의 부담으로 한다.
라는 판결을 구합니다.

항 소 이 유

추후 제출하겠습니다.

휴대전화를 통한 정보수신 신청

　위 사건에 관한 재판기일의 지정·변경·취소 및 문건접수 사실을 예납의무자가 납부한 송달료 잔액 범위 내에서 아래 휴대전화를 통하여 알려주실 것을 신청합니다.

◼ **휴대전화 번호 :**

20○○.　　.　　.

신청인 원고　　　　　　(날인 또는 서명)

※ 문자메세지는 재판기일의 지정·변경·취소 및 문건접수 사실이 법원재판관사무시스템에 입력되는 당일 이용 신청한 휴대전화로 발송됩니다.

※ 문자메세지 서비스 이용금액은 메시지 1건당 17원씩 납부된 송달료에서 지급됩니다(송달료가 부족하면 문자메세지가 발송되지 않습니다).

※ 추후 서비스 대상 정보, 이용금액 등이 변동될 수 있습니다.

첨 부 서 류

1. 항소장 부본　　　　　　　　　　　　1통
2. 납부서　　　　　　　　　　　　　　　1통
3. 위임장　　　　　　　　　　　　　　　1통

20○○.　9.　2

원고(항소인)대리인

변호사　○　○　○　㉑

○○고등법원　귀중

【서식】 상고장

상 고 장

원고(상고인)　○　○　○
　　　　　　　○○시 ○○구 ○○동 ○○번
원고(상고인) 소송대리인 변호사　○　○　○
　　　　　　　○○시 ○○동 1가 2-3 (우 : 602-071)
피고(피상고인)　　○○세무서장
　　　　　　　○○시 ○○동 8-11 (우540-190)

　위 당사자 간 ○○고등법원 20○○구33호 양도소득세 부과처분취소청구소송에 관하여 귀원이 20○○. 9. 17. 선고한 청구기각의 판결을 원고는 20○○. 9. 24. 송달받고 이에 불복이므로 상고를 제기합니다.

원심판결의 표시(주문)

1. 원고의 청구를 기각한다.
2. 소송비용은 원고의 부담으로 한다.

상 고 취 지

1. 원심판결을 파기하고 이 사건을 광주고등법원으로 환송한다.
2. 소송비용은 피고의 부담으로 한다.
라는 판결을 구합니다.

상 고 이 유

　추후 제출하겠습니다.

첨 부 서 류

　　1. 상고장 부본　　　　　　　　　　　　1통
　　2. 납부서　　　　　　　　　　　　　　2통
　　3. 위임장　　　　　　　　　　　　　　1통

　　　　　　　　　　20○○. 10. 1
　　　　　　　　　　　　　　원소(상고인)소송대리인
　　　　　　　　　　　　　　변호사　○　　○　　○　㊞

대법원　귀중

【서식】 상고이유서

상 고 이 유 서

사　　　건　　20○○누10628호, 양도소득세부과처분취소
원　　　고　　○　　○　　○
피　　　고　　○○세무서장

　　원고 소송대리인은 다음과 같이 상고이유를 개진하오니 상고심절차에 관한 특례법 제4조에 의하여 판례가 없는 경우에 해당되므로 심리 후에 원심을 파기하여 주시기 바랍니다.

제1점 변론주의 처분사유에 관한 법리 위배

　　원심은 원고가 양도한 이 사건 토지가 개정된 조세감면규제법시행령(1995. 12. 30. 개정된 것) 제54조 제1항에 의하여 8년 자경농지로서 양도소득세 면제대상이 되나 원고가 이 사건 부과처분 이전에 면제신청을 하지 아니하였기 때문에 면제될 수가 없다고 판시하고 있습니다.

　　그러나 조세감면규제법 제55조 제2항은 "면제신청을 하여야 한다"고 표현하고 있을 뿐 같은 법 제66조 제4항은 "면제신청을 하는 경우에 한하여 이를 적용한다"고 표현하고 있지 아니하므로 과세당국은 이 사건 원심 변론과정에서 피고도 원고가 감면신청서를 제출하지 않아 양도소득세 면제요건을 갖추지 못하였다고 처분사유로 삼은 바도 없고 항변이나 변론을 한 바도 없습니다.

　　그럼에도 불구하고 피고와 과세당국에서 이 사건 감면신청서 미제출항변을 하지 않고 있음에도 불구하고 원심이 이에 반하여 판결을 한 것은 변론주의 처분사유에 관한 법리에 위배됩니다.

　　조세감면규제법상의 절차적 요건인 면제 또는 감면신청에 관하여 강행규정과 훈시규정으로 나누어 해석하고 운용하고 있습니다.

　　즉, 조세감면규제법 기본 통칙 2-12-18……41(이전 계획서, 세액면제 신청서 등의 제출 및 감면신청의 효력)에 의하면 8면 자경농지 양도의 경우 감면신청서를 제출하지 아니하여도 감면을 한다고 규정하고 있습니다.

　　그리하여 원고가 양도한 토지가 속한 일단의 토지를 협의수용당한 자에 대하여 개정된 법시행령 제54조 제1항이 시행되기 전까지 부과처분을 하지 아니한 사안에

대하여 국세청장은 감면신청이 없었음에도 불구하고 심사청구에 실체적 요건이 8년 자경인 이상 면제결정을 한 바 있습니다(갑 제6호증 심사결정서 참조, 이 사건은 원고와 달리 내부결정조차 하지 아니한 점만 원고와 다를 뿐입니다).

제2점 조세감면규제법 제55조 제2항의 성격에 관한 법리 오해

원심은 조세감면규제법 제55조 제2항의 면제신청을 강행규정으로 해석하고 있으나 이는 훈시규정으로 보아야 합니다.

원심이 강행규정으로 이해하면서 인용한 대법원 1995. 9. 15. 선고 95누6748판결과 동 1970. 4. 28. 선고 70누23판결은 관세법에 의한 관세감면에 관한 것으로서 이 사건과는 입법취지나 사안을 달리하여 원용하기에 부적절하며(관세의 경우 대부분 수출입 사업자로서 관세에 관하여 인지도가 높다), 또 대법원 1989. 9. 26. 선고 88누12165 판결은 조세감면규제법 제62조(1994. 12. 22. 개정되기 전의 것) 제4항을 강행규정으로 보고 있으나 법문의 표현이 "……주택건설 등록업자 또는 사원용 주택건설업자가 감면신청을 하는 경우에 한하여 이를 적용한다"고 되어 있어 이 사건과는 법문의 표현이 다르고 입법연혁도 달라 이 사건에 원용하기에 적절하지 않습니다.

부연하면 8년 자경농지 비과세는 사회적 기층민이며, 농업의 후진성에 비추어 농업의욕고취와 원본잠식을 배제하기 위한 세제상의 지원으로, 당초 소득세법 제5조 제6호 (라)목에 규정하여 8년 이상 자경농지에 대해서는 양도소득세 비과세 처리를 하면서 절차적으로 신고나 면제신청을 요구하지 아니하였는데 1993. 12. 31. 소득세법에서 삭제하고 1993. 12. 31. 조세감면규제법 제55조에 신설되면서 훈시규정으로 감면신청을 하도록 하였습니다.

소득세법에서 조세감면규제법으로 전이된 것은 농지의 경우라도 지가앙등, 도시화 촉진으로 거액의 양도소득이 발생한 경우에는 무조건 전액 비과세할 것이 아니라 감면종합한도를 적용하는 것이 형평에 부합한다는 데에 연유합니다.

그러나 국민주택 건설용지 양도의 경우에는 매수인(주택건설업자)이 감면신청을 하여야 함에도 불구하고 자경농지 양도의 경우에는 양도인(농민)이 감면신청을 하여야 하는 관계로 주택건설 사업자는 경제적 우위에 있고 사업자로서 세법인지도가 높은 반면 농민은 세법인지도 거의 없다는 점에서 주택건설사업자가 감면신청을 하는 경우에 한하여란 표현대신 단순히 감면신청을 하여야 한다고만 훈시적으로 규정한 것입니다.

뿐만 아니라 소득세법에서 8년 자경농지는 무조건 비과세해 온 업무처리의 관례에 따라 8년 자경농지 양도의 경우 절차적인 감면신청이 없어도 실체적인 감면요건을 갖추면 감면대상으로 인식하는 납세자의 의식이 확립된 데도 기인합니다.

제3점 이 사건의 경우에는 법 소정의 감면신청을 할 수 없는 예외적인 경우에
　　　해당됩니다.

　조감법 제55조 제2항에 의하면 "……대통령령이 정하는 바에 따라 면제신청을 하여야 한다"고 규정되어 있고, 동 법시행령 제54조 제4항은 "……양도소득세를 면제받고자 하는 자는 당해 농지를 양도한 날이 속하는 과세년도의 과세표준신고기한 내에 재무부령이 정하는 세액면제신청서를 제출하여야 한다"고 규정하고 있습니다.
　이 사건에서 원고가 이 사건 농지를 양도한 1994. 12. 10. 당시에 8년 자경농지 비과세 요건을 갖추지 못하여 그 다음 해 5. 31. 까지 세액면제신청서를 제출하는 것이 법률적으로 불가능하였습니다.
　다만, 1995. 12. 30. 비과세요건을 완화하고 부칙 제3조에서 이를 미결정분까지 소급적용하도록 하였으므로 원고는 시행령 제54조 제4항에 의한 감면신청 자체는 사실 법률상 불가능하였으므로 원고가 감면신청을 하지 아니하였다 하여 원고에게 어떠한 귀책사유가 있는 것도 아니며 이러한 경우에는 소정의 감면신청을 하지 아니하여도 되는 예외적인 사유가 있는 경우에 해당됩니다.

제4점 감면신청 유무에 관한 법리오해

　원심은 이러한 경우에 원고가 개정법령을 적용받고자 한다면 이 사건 부과처분 전에 감면신청을 하여야 한다고 판시하나 원심이 판시한 감면신청 자체를 하더라도 감면법시행령 제54조 제4항 요건에 맞는 감면신청이라고 볼 수 없습니다.
　원심은 또 원고가 이 사건 부과처분을 받고 전심절차인 심사청구시에 감면주장을 한 것을 감면신청을 볼 수 없다고 하나 원고는 당초 양도소득세 면제되지 않고 70%만 면제되는 줄 알고 30%는 자진신고 납부하였으나 피고 과세관청에서 100% 면제라고 보아 기납부한 세액을 과오납으로 반환하였으므로 원·피고 간의 조세법률관계는 종료된 것으로 여기고 있는데 새삼스럽게 개정법령에 따라 8년 자경농지 비과세 면제신청을 하여야 한다는 것은 기대가능성이 없고 묵시적

인 금반언의 원칙, 신뢰보호의 원칙에도 위배됩니다.

　따라서 원고가 이 사건 부과처분 후에 감면신청을 하였더라도 이 사건과 같은 예외적인 사안의 경우에는 적법한 감면신청이 있는 것으로 봄이 타당합니다.

제5점 시행령 부칙 제3조에 관한 법리오해

　조세감면규제법시행령(1995. 12. 30. 개정된 것) 부칙 제3조 단서가 "제54조 제1항……의 개정규정은 이 영 시행 후 최초로 결정하는 분부터 적용한다"고 하여 기왕의 8년 자경농지 감면정책이 잘못되었음을 시인하고 이를 반성적으로 입법을 보완한 후 소급적용하도록 한 것은 실체적인 요건상 개정법령의 요건에만 부합하면 절차적인 감면신청 여부와 관계없이 양도소득세를 면제한다는 취지로 보아야 합니다.

　만약, 절차적 요건을 갖추어야 하는 것으로 예정하였다면 이미 시행령 제54조 제4항의 요건을 갖추는 것은 불가능하므로 반드시 이 법 시행 후에 일정기간 내에 감면신청을 하도록 절차적인 규정을 두었을 것인데 이러한 절차규정이 없는 점에 비추어 애매하면 납세자에게 유리하게라는 조세법률주의 정신에 따라 해석함이 타당합니다.

제6절 비과세관행 또는 국세관행 금반언 위배

　가사, 백보를 양보하여 원고가 이 사건 부과처분 전에 감면신청을 하여야 하는 것이 정당하더라도 과세당국은 세법 전에 게재되는 기본통칙을 통하여 8년 자경농지의 경우 감면신청을 훈시규정으로 보는 언동을 하였으므로 이에 위배하여 감면을 배제하는 것은 평등원리, 비과세관행, 신의칙, 금반언에 위배되는 것입니다.

20○○. 8.　9

원고 소송대리인
변호사　○　　○　　○　㊞

대법원 특별2부(바)　귀중

【서식】재심소장

재 심 소 장

원고(재심원고)   1. ○○건설주식회사(변경 전 상호 : 주식회사 ○○주택)
              ○○시 ○○구 ○○동 581의 9
          2. ○ ○ ○
              ○○시 ○○구 ○○동 322 ○○아파트 101동 403호
              위 원고(재심원고)들 소송대리인 변호사 ○○○
              ○○시 ○○동 1가 2-3
                     (602-071)
피고(재심피고) ○○시 ○○구청장
              ○○시 ○○구 ○○동 396-16   (614-031)

취득세 부과처분취소사건의 판결에 대한 재심

원·피고 간의 귀원 20○○구214호 취득세부과처분취소사건에 관하여 귀법원
이 20○○. 5. 23. 선고한 판결에 대하여 재심사유가 있으므로 아래와 같이 재심
의 소를 제기합니다.

재심을 구하는 판결의 표시

원고들의 청구를 각 기각한다.
소송비용은 원고들의 부담으로 한다.

재 심 취 지

1. 부산고등법원 20○○. 5. 23. 선고 20○○구214호 취득세 부과처분취소 사건의
   판결을 취소한다.
2. 피고가 20○○. 4. 11.자로 원고 ○○건설주식회사에 대하여 한 취득세 금
   566,034,880원 및 원고 ○○○에 대하여 한 취득세 36,647,670원의 부과처분은
   이를 각 취소한다.

3. 본안 및 재심소송비용은 모두 재심 피고의 부담으로 한다.
라는 판결을 구합니다.

<h2 align="center">재 심 사 유</h2>

1. 당초 사실관계 및 부가처분의 내용과 원심법원의 판단

　가. 사실관계
　① 원고 ○○건설주식회사(이하 원고 회사라 한다)는 부산 부산진구 연지동 322
　　　○○타워 공동주택(아파트) 총 6동 350세대를 신축하여 20○○. 1. 14. 준공
　　　검사(사용검사)를 받고, 20○○. 2. 26. 집합건물 관리대장에 등재하였다.
　　　　한편 위 아파트 350세대 중 90평형은 위 아파트 6동 중 1동이며, 총 24세
　　　대이다.
　② 원고 ○○○은 20○○. 9. 6. 90평형인 위 아파트 101동 403호를 원고 회사
　　　로부터 분양받았다.
　　　　한편, 원고 회사는 위 90평형인 각 아파트를 건물관리대장에 등재하면서
　　　적용면적 241.97㎡로 공유면적 55.681㎡, 법정주차장 외 주차장 면적 4.904
　　　㎡등재하였다.
　나. 부과처분
　이에 대하여 피고는 20○○. 4. 11. 위 아파트 중 90평인 아파트는 건축물관리대장에
기재된 연면적(전유면적, 공유면적, 법정주차장 외 주차장면적의 합계)이 298㎡이상이라
고 판단하여 20○○. 12. 31. 개정 전 구 지방 세법시행령 제84조의3 제1항 제2호 (4)목
에서 규정하고 있는 고급주택으로 보아 원고들에게 구 지방세법 제112조 제2항(1974.
12. 27. 법 제2743호로 개정되고 1994. 12. 22. 법 제4794호로 개정되기 전의 것)의 세율
을 적용하여 산출한 세액에서 이미 납부한 세액을 차감하고원고 회사에게는 금
566,034,880원, 원고 ○○○에게는 금 36,647,670원의 각 취득세를 부과고지하였다.
　다. 원심의 판단
　지방세법 제112조 제1항, 제2항은 취득세의 세율은 취득물건 가액의 1,000분의
20으로 하되, 취득한 물건이 대통령령으로 정하는 고급주택에 해당하는 경우에
는 위 세율의 100분의 750으로 하도록 되어 있고, 같은법시행령 제84조의3 제1
항 제2호 (4)목은 "1구의 건물의 연면적(공유면적을 포함한다)이 298㎡를 초과하
는 주거용 공동주택"을 고급주택의 하나로 규정하고 있는바, 위 규정의 내용 등
에 비추어 볼 때 고급주택의 범위를 대통령령에 위임한 위 지방세법의 규정이

헌법에 위반된다거나, 위 지방세법시행령의 괄호 안의 규정이 원고들의 주장과 같은 사유로 무효라고 볼 수 없고, 나아가 공동주택의 부속시설이 이 시행령 규정상의 공유부분에 해당되는 경우라면 이는 위 규정에 의하여 당연히 건물의 연면적에 산입되는 것이니, 원고들의 이들에 관한 주장은 모두 그 이유 없다고 판시하였다.

2. 부과처분에 대한 쟁송과 헌법소원

원고는 위 부과처분의 취소를 구하는 행정소송에서 구 지방세법 제112조 제2항(1994. 12. 27. 법률 제2743호로 개정되고 1994. 12. 22. 법률 제4794호로 개정되기 전의 것)의 위헌제청신청을 하였으나 기각되어 헌법소원을 한 끝에 헌법재판소는 1998. 7. 16. 위 구 지방세법 제112조 제2항 전단 중 "고급주택"부분과 동항 후단 중 고급주택에 관한 부분은 헌법에 위반된다고 결정하였다.

3. 재심의 사유

이 사건 부과처분의 근거규정에 대하여 위헌결정이 났고 이러한 위헌규정에 의하여 부과한 이 사건 취득세 부과처분은 결국 위법하다 할 것입니다.

원고들은 헌법재판소 결정문을 20○○. 7. 27. 송달받고 헌법재판소법 제75조 제7항에 의거 본 재심에 이르렀습니다.

첨 부 서 류

1. 재심소장 부본	1통
2. 헌법재판소 결정	1통
3. 판결정본	1통
4. 위임장	1통
5. 납부서	1통
6. 법인등기부등본	1통

20○○. 8.

원고(재심원고)소송대리인
변호사   ○   ○   ○   ㊞

○○고등법원   귀중

제 13 장　　가구제(假救濟) (집행정지)

제 1 절　서　설

1. 집행부정지의 원칙

행정처분은 당연무효가 아닌 이상 효력이 발생하여 그 처분을 집행할 수 있으며, 위법을 이유로 취소소송이 제기되는 경우라 하더라도 당해 처분의 효력이나 그 집행 또는 절차의 속행에 아무런 영향을 미치지 않는다. 이것을 집행부정지의 원칙이라 한다. 행정소송법 제23조 제1항도 취소소송의 제기는 처분의 효력이나 그 집행 또는 절차의 속행에 영향을 주지 않는다고 규정함으로써 집행부정지의 원칙을 채택하고 있다.

그러나 행정소송법은 이러한 집행부정지를 원칙으로 하면서, 일정한 경우에 그 예외를 인정하여 집행정지를 할 수 있도록 규정함으로써(행정소송법 제23조 제2·3항)예외적으로 가구제의 길을 마련하고 있다.

2. 행정소송에서의 가구제

(1) 행정소송법상 가구제의 규정

행정소송법은 제23조 및 제24조에서 취소소송에 있어서 가구제로서 집행정지에 관한 특별규정을 두고, 다시 무효등확인소송에서 이를 준용하고 있다(동법 제38조 제1항). 즉 행정소송에 있어 가구제로서의 집행정지는 취소소송과 무효등확인소송에만 인정된다.

(2) 행정소송에 있어서의 민사소송법상의 가처분 허부

행정소송법 제23조 제2항에 규정된 집행정지는 민사소송법상의 가처분을 배제하는 대상적 가구제 제도이므로 행정소송에는 그 성질상 민사소송법상의 가처분이 타당하지 않다고 보아 소극적으로 이해하는 것이 통설 및 판례의 입장이다.

제 2 절   집행정지

1. 의의 및 성질

집행정지는 본안소송을 전제로 하여 승소판결이 확정되었을 때 권리를 실현시키기 위하여 있는 가구제절차이다. 즉 집행정지란 처분이나 그 집행 또는 절차의 속행에 의하여 기성사실이 창출·축적됨으로써 다음에 본안 소송에서 승소하더라도 회복하기 어려운 손해가 생길 우려가 있을 때에 법원이 당사자의 신청 또는 직권에 의하여 본안의 부수적 조치로서 본안 판결시까지 처분의 효력이나 그 집행 또는 절차의 속행의 전부 또는 일부를 잠정적으로 정지시키는 것을 말한다(행정소송법 제23조 제2항).

집행정지는 행정처분의 효력 또는 집행 등을 정지하여 임시로 권리보호를 받는 것으로서 민사소송법상의 임시적 지위를 정하는 가처분과 비슷한 성질을 가지며, 소극적으로 다툼이 있는 처분의 집행 등을 정지시킴으로써 현상을 유지하는데 그치므로 소극적 현상·凍結性을 갖는다. 집행정지는 사법절차에 의한 구제조치의 일종으로 이해해야 할 것이다.

2. 집행정지의 종류

(1) 처분의 집행의 정지

처분 내용의 실현과 이를 강제하는 집행력을 정지하여 처분을 일시적으로 동결상태에 두는 것이다.

(2) 처분의 절차속행의 정지

본안에서 취소청구를 하고 있는 처분을 전제로 하여 일련의 절차가 진행되고 있을 때 후속절차를 못하게 하거나 그 후행처분의 집행을 정지하는 것이다. 따라서 정지결정 전에 이미 행한 행위의 효력에는 아무런 영향이 없게 된다.

과세처분에 불복하여 취소소송을 제기한 경우 이 소송을 본안으로 하여 체납처분의 속행을 정지할 수 있는지와 관련해서는, 비록 과세처분과 체납처분은 별개의 처분이지만 체납처분은 과세처분의 집행절차로서의 성격을 띠고 있으므로 과세처분에 대한 집행정지로서 체납처분의 절차의 속행을 정지할 수 있다고 할 것이다(반대설 있음).

(3) 처분의 효력의 정지

처분의 효력, 즉 구속력·공정력·집행력 및 불가쟁력과 불가변력을 결함으로써 잠정적으로 처분이 없었던 것과 같은 상태에 두는 것이다.

처분의 효력의 정지는 처분의 부존재와 같은 효과가 생겨 행정에 미치는 영향이 크므로 처분의 집행의 정지 및 처분의 절차속행의 정지에 의하여 목적을 달성할 수 없는 경우에만 해야 한다(행정소송법 제23조 제2항 단서).

3. 집행정지의 대상과 당사자적격

(1) 집행정지의 대상

집행정지의 대상은 형식적으로는 처분, 처분의 집행 또는 절차의 속행이지만 실질적으로는 본안소송, 즉 취소소송 또는 무효등확인소송의 대상인 처분이다.

① 사실행위

사실행위도 항고소송의 대상이 되는 한도에서는 집행정지가 적용된다 할 것이다. 따라서 세관장에 의한 휴대품의 유치나 화물의 영치에 대해서 집행정지를 신청할 수 있다.

② 거부처분　거부처분에 대하여는 설령 집행정지를 한다 하더라도 이로 인해 그 거부처분과 반대되는 처분이 있었던 것과 같은 효과가 생기는 것은 아니므로 그 집행을 정지할 필요가 없다.

③ 복효적 행정처분

복효적 행정행위란 행정청 외에 2인 또는 그 이상의 당사자를 가지며 그 중 적어도 1사람 이상에게 불이익을 부여하고 동시에 다른 한 사람 이상에게 불이익을 가하는 효과를 가진 행정행위를 말한다. 이때 불이익을 받은 자는 행정소송의 원고적격과 소의 이익이 있어 권리의 구제를 받을 수 있으므로(행정소송법 제12조·제16조), 본안소송으로 처분청을 피고로 하여 항고소송을 제기하고 당해 처분의 집행정지신청을 할 수 있을 것이다.

④ 속행처분

집행정지의 대상에 절차의 속행이 포함된다는 것은 행정소송법 제23조 제2항이 규정하고 있다. 다만 이 경우 절차의 속행의 범위를 어떻게 해석하느냐에 따라 집행정지의 대상이 달라지게 된다.

㈀ 압류처분과 공매처분과 같이 선행처분과 속행처분이 연속하는 일련의 절차를 구성하여 일정한 법률효과의 발생을 목표로 함으로써 위법성의 승계가 인정되는 경우는 선행처분인 압류처분의 취소소송을 본안으로 하여 속행처분인 공매처분의 집행정지를 구할 수 있다.

㈁ 과세처분과 체납처분과 같이 선행처분과 속행처분간에 위법성의 승계가 인정되지 않는 경우에도 속행처분이 선행처분의 집행이라고 볼 수 있는 경우에는 선행처분인 과세처분의 취소소송을 본안으로 하여 속행처분인 체납처분의 집행정지를 구할 수 있다(반대설 있음).

㈂ 그러나 선행처분과 속행처분간에 밀접한 관련이 없고 다른 목적을 가진 경우에는 절차의 속행으로 볼 수 없어 선행처분의 취소소송을 본안으로 하여 속행처분의 집행정지를 구할 수 없을 것이다.

⑤ 부관(附款)만의 독자적 집행정지 대상 여부

행정행위에 조건·기한·부담·취소권의 보유 등의 부관이 있는 경우의 부관만을 독립하여 집행정지의 대상으로 삼을 수 있는가? 부담과 같이 일반적으로 행정처분의 중요한 요소라고 할 수 없는 부관에 대하여는 그 부관만을 독립하여 취소소송의 대상으로 삼을 수 있다. 따라서 독립한 집행정지의 대상으로 삼을 수 있을 것이다.

(2) 당사자적격

① 신청인적격

당해 처분에 있어 직접 법률상 이익이 있는 자이면 족하고 반드시 당해 처분의 상대방에 한하지 않아 제3자도 그 처분에 대하여 직접 법률상 이익이 있으면 집행정지를 신청할 수 있다.

② 신청의 이익

구체적인 사건에서 집행정지에 의하여 신청인의 권리 또는 보호할 가치 있는 이익이 있어야 하며, 신청인이 집행정지결정을 구할 현실적 필요가 있어야 한다. 따라서 집행정지를 한다 하더라도 반대되는 처분이 있었던 것과 같은 효과가 생기지 않고 거부처분·불허가처분이나 이미 집행이 종료되어 버린 경우 등은 신청의 이익이 없게 된다.

③ 피신청인적격

원칙적으로 본안소송에서는 피고적격을 가진 피고행정청이지만, 처분절차의 속행정지에 있어서는 그 속행처분 또는 절차의 처분청이 될 것이다.

4. 집행정지의 요건

(1) 본안소송이 계속되어 있으며 그것이 적법해야 한다.

먼저 본안소송이 계속되어 있어야 한다. 이 점은 민사소송법상의 가처분과 다른 점이다. 집행정지신청이 본안소송의 제기과 동시에 된 경우는 무방하며, 집행정지신청 후 그 결정이 있기 전에 본안소송이 제기되어 계속되면 그 하자는 치유되는 것으로 볼 것이다.

계속된 본안소송은 적법해야 한다. 따라서 본안소송이 제소기간 내에 제기되고 행정심판전치를 거치는 등의 제반 소송요건을 갖추어야 한다.

한편 본안소송이 계속되어 있어야 하므로 집행정지결정을 한 후에라도 본안소송이 취하되어 그 소송이 계속하지 않은 것으로 되면 이에 따라 집행정지결정도 당연히 그 효력이 소멸된다.

(2) 처분의 집행으로 인하여 회복할 수 없는 손해가 발생할 우려가 있어야 한다.

회복할 수 없는 손해는 금전으로 보상할 수 없는 손해, 다시 말해서 금전보상만으로 수인 또는 허용할 수 없거나(불능) 하기 어려운(곤란) 유형·무형의 손해로서 행정처분과의 사이에 상당인과관계가 있는 것을 말하다.

(3) 긴급한 필요가 있어야 한다.

시간적으로 보아 집행을 정지하지 않으면 행정객체의 권리보호를 할 수 없는 경우를 말한다.

판례는 신청인이 과세처분에 의하여 입은 손해는 본안소송에서 과세처분이 무효임이 확정되거나 그 처분이 취소되었을 때에는 신청인이 이미 지급한 납세액의 배상을 청구할 수 있을 것이므로 이와 같은 경우에는 과세처분을 정지함에 회복할 수 없는 손해를 피하기 위하여 긴급한 사유가 있는 경우에 해당하지 않는다고 판시한 것(대판 1971. 1. 28. 70두7)과 반대로 공매처분의 집행으로 인하여 회복하기 어려운 손해가 생길 염려가 있고 또 그 손해를 예방하기 위하여 긴급한 필요가 있음을 인정하여 공매처분의 집행정지를 인용한 것도 있다(대판 1986. 11. 27. 86두21).

결국 이러한 요건에 해당하는지 여부는 행정목적의 달성과 손해를 면하려는 신청인의 손해를 비교하여 판단하는 수밖에 없을 것이다.

(4) 집행정지에 의하여 공공복리가 중대한 영향을 받을 우려가 없어야 한다.

공공복리란 당해 처분이 직접적인 목적으로 하는 일반국민 전체의 이익이라 할 것이다. 그러나 위법한 세무행정처분은 공공복리에 적합하다고 볼 수 없게 되므로 세무행정처분에서는 공공복리를 이유로 집행정지신청이 기각되는 일은 없을 것이다.

5. 집행정지의 절차

법원은 당사자의 진청 또는 직권에 의하여 집행정지결정을 할 수 있다. 신청은 본안소송이 계속된 법원에 대하여 하며, 신청의 이유를 소명해야 한다(행정소송법 제23조 제2항·제4항).

집행정지결정은 결정에 의하는 재판절차이므로 변론을 거치지 않고도 결정할 수 있으며 당사자를 심문할 수도 있다(민사소송법 제134조 제2항).

법원의 집행정지의 결정이나 집행정지신청 기각결정에 대하여는 즉시항고할 수 있다. 단 그러한 즉시항고에서는 그 즉시항고의 대상인 결정의 집행을 정지하지 않는다(행정소송법 제23조 제5항).

6. 집행정지결정의 효력

집행정지의 결정이 있으면 그 결정의 종류에 따라 처분의 효력의 정지, 집행의 정지 및 절차속행의 정지 등의 내용적 효력이 발생하게 된다. 이 중 처분의 효력정지의 경우에는 그 정지의 효과는 원칙으로 장래에 향하여 발생하게 되는 것으로 볼 것이다.

한편 집행정지결정은 형성력과 구속력이 있으므로 처분의 효력의 존속을 저지시키고 당사자 기타 관계행정청을 구속하는 효력을 가지고 있다.

집행정지결정의 효력은 특별한 사정이 없는 한 본안판결이 확정될 때까지 존속될 것이지만, 특히 판결주문에서 본안판결의 선고시로 한정한다든지 후에 집행정지결정의 취소결정이 있으면 그 효력은 그 때까지 존속한다고 할 수도 있다.

(1) 형성력

집행정지의 결정이 있으면 행정처분 자체의 존속이 정지되거나 행정처분 내용의 실현이 저지된다. 따라서 당해 처분이 유효함을 전제로 하는 후속절차의 진행이나 후속처분은 할 수 없게 된다. 따라서 집행정지결정에 위배한 처분은 그 하자가 중대하고 명백하여 무효이다. 한편 이 형성력은 장래에 향해서만 작용할 뿐이지 처분시에 소급하는 것은 아니라고 할 것이다.

(2) 구속력

집행정지결정은 그 사건에 관하여 당사자인 행정청과 그밖의 관계행정청을 구속한다(행정소송법 제23조 제6항·제30조 제1항). 따라서 행정청은 집행정지의 결정내용을 존중하고 그 결정의 내용에 따라 행동해야 한다.

그러나 집행정지결정의 구속력은 그 결정 이후에 행정청이 결정의 취지에 반하는 행동을 할 수 없다는 소극적 행위의무를 지울 뿐이고, 나아가 본안의 취소판결과 같이 그 결정의 취지에 따라 새로 구체적 처분 등의 행동을 해야 하는 적극적 행위의무까지 지우는 것은 아니다.

집행정지결정이 있었음에도 불구하고 행정청이 그 처분의 집행을 계속하거나 후속절차를 진행하여 집행정지에 반하는 행위를 하는 경우에는 그 하자가 중대하고 명백하여 당연무효가 될 것이다.

제3절 집행정지결정의 취소

1. 의 의

집행정지결정은 원고의 승소판결의 실효성을 담보하기 위한 가구제 제도이다. 그런데 집행정지결정이 확정된 후에 그 처분의 효력 및 집행의 정지로 공공복리에 중대한 영향을 초래하거나 원고를 위하여 집행정지를 한 상황이 바뀌어 정지사유가 없어진 경우에는 이 집행정지결정을 취소할 필요가 있게 된다.

이에 행정소송법은 집행정지결정이 확정된 후에 사정변경에 의해 집행정지를 취소할 수 있도록 취소제도를 마련함으로써 상대방 당사자의 신청 또는 직권에 의하여 집행정지결정을 취소할 수 있도록 규정하고 있다(행정소송법 제24조 제1항).

이것은 민사소송법에서 가압류 또는 가처분이 있은 후 사정변경에 의하여 그 결정을 취소할 수 있도록 한 사정변경에 의한 가압류·가처분 취소와 유사한 제도라고 볼 수 있다.

2. 취소의 요건

집행정지결정의 소극적 요건인 공공복리에 중대한 영향을 미칠 우려가 집행정지결정 확정 후에 사정이 변경되어 공공복리에 중대한 영향을 미칠 우려가 있게 된 때 계속·회복하기 어려운 손해발생의 우려 및 긴급의 필요성이 결정확정된 후에 부존재하게 되는 것 등이다.

따라서 원고가 본안소송에서 패소하거나 소가 취하된 경우 또는 소의 이익이 소멸된 경우도 이에 해당된다. 한편 판례는 본안소송이 취하되면 집행정지결정은 당연히 실효하고 별도의 조치가 필요하지 않다고 한다.

당해 집행정지결정의 확정 전에 존재하던 사실이 그 확정 후에 판명된 경우에도 행정처분의 공익성을 감안하여 이를 사정변경으로 보아 집행정지결정을 취소할 수 있다고 볼 것이다.

3. 취소의 절차

당사자의 신청에 의하거나 법원의 직권으로 결정하게 된다. 당사자는 집행정지결정의 상대방인 행정청이 될 것이다.

취소신청은 집행정지결정이 확정된 후 그 결정의 효력이 존속하고 있으면 언제라도 할 수 있다. 집행정지결정의 주문에서 특별히 일정한 시점을 정하고 있으면 그 때까지 집행정지의 효력이 존속하지만 특별한 규정이 없으면 본안판결의 확정시까지 집행정지의 효력이 존속하므로 신청은 그 사이에 있어야 한다.

집행정지결정의 취소는 결정으로써 해야 하며, 신청에 의하는 경우의 결정은 신청인의 소명에 기해야 한다(행정소송법 제24조 제2항, 제23조 제4항). 이 취소결정은 제3자에게도 효력을 미친다(행정소송법 제29조 제2항).

4. 취소결정에 대한 불복

집행정지취소결정 또는 그 신청의 기각결정에 대하여 즉시항고할 수 있다. 단, 집행정지의 취소결정에 대한 즉시항고에는 그 결정의 효력을 정지하는 효력이 없게 된다(행정소송법 제23조 제5항, 제24조 제2항).

【서식】집행정지신청서

집 행 정 지 신 청

신 청 인   ○ ○ ○
        ○○시 ○○구 ○○동 ○○번지
        소송대리인 변호사   ○   ○   ○
        ○○시 ○○동 1가 2-3 (602-071)

피신청인 영도세무서장
        ○○시 ○○동 1가 50-4 (600-081)

신 청 취 지

피신청인의 별지목록 기재 부동산에 대한 공매절차진행은 ○○고등법원 20○○구8607호 증여세 부과처분취소 사건의 판결선고시까지 그 집행을 정지한다.

신 청 이 유

1. 부과처분의 내용

피신청인은 신청인의 모 ○○○으로부터 신청인 앞으로 양도계약을 하였다가 양도계약해제를 하고 말소등기를 하여 원상회복된 남항 1가 230-17 토지와 영선 2가 18-6, 영선 2가 13-3의 각 토지와 그 지상 건물 중 3분의 1지분에 관하여 직계존비속 간의 양도양수로 증여로 의제하고 증여세를 부과하였습니다.

2. 부가처분의 위법성
  ① 신청인은 부과처분 전에 양도계약을 해제하고 말소등기가 되었으므로 이건 부과대상이 없어졌다(동 지 대법원 1989. 7. 25. 선고, 87누561판결).
  ② 상속세법 제31조 제4항의 적용사안
    위 법조는 민법상 증여를 받았다가 쌍방합의에 의하여 반환하는 경우에 관한 특례조항이다.

이는 과거 순수한 증여를 받았다가 증여세 부과 전에 반환하는 경우에 과세할 수 없다는 판례를 수용하여 납세의무자에게 유리하게 적용시켜 주기 위한 배려에서 나온 것이고, 직계존비속 간의 양도양수에 따른 증여의제에까지 적용을 확대시키는 것은 조세법률주의상 허용되지 않은 확대해석으로 부당합니다.

또한 쌍방합의에 의한 반환이 아닌 양도계약해제에 의한 반환의 경우에는 적용이 없습니다.

이는 법조문의 배열상으로도 제31조 제1항의 순수한 증여에 관한 규정이며 직계존비속 간의 양도행위는 제35조에 규정되어 있는 것만 보더라도 제35조에는 적용시킬 수 없음이 명백합니다.

③ 상속세법 제35조에 관하여

이 건은 직계존비속 간의 양도양수계약에 의하였다가 양도양수계약이 해제되어 원상회복된 사안입니다.

양도양수계약이 해제되면 소급하여 그 효력이 상실되므로 양도양수가 없던 것으로 됩니다(대법원 1984. 12. 26. 선고, 84누412 판결 : 1986. 7. 8. 선고, 85누709 판결 : 1987. 2. 24. 선고, 86누427 판결 : 1987. 5. 12. 선고, 86누916 판결 : 1989. 7. 11. 선고, 88누8609 판결).

따라서 이 사건에서 양도양수 증여의제 요건이 소멸되었습니다.

④ 기타 적용내용기재(생략)

⑤ 신청인은 피신청인의 이 건 부과처분에 관하여 위와 같은 사유로 위법하다고 다투면서 귀원에 본안소송을 제기하여 진행중이 있습니다.

3. 피신청인의 강제집행

피신청인은 별지목록 기재 부동산을 20○○. 3. 19. 압류하여 채권을 확보하고 있고, 또 매월 1.2% 가산금을 부과하고 있으면서 본안소송중에 있는 피신청인의 재산을 성업공사 부산지점에 이관하여 공매절차를 취하고 있습니다.

4. 집행정지의 필요성

① 만약 본안소송 진행도중 공매실시로 압류재산이 매각되면 신청인이 본안소송에서 승소하더라도 상실한 주택 등 부동산을 회수할 수 없고 회복할 수 없는 손해가 발생합니다.

② 법적 근거

과세처분취소소송을 본안으로 한 집행정지가 가능한가.

근기 : 행정소송법 제23조 제2항

학설(긍정) : 재판실무대계 조세쟁송법 제430면

판례 : 부산고법 95부27(1995. 2. 3. 결정)

부산고법 95부521(1995. 11. 24. 결정)

소　명　방　법

소 갑 제1호증의 1, 2　　　　　　　　각 공매대행통지서(공매사실)

소 갑 제2호증의 1, 2, 3, 4　　　　　각 등기부등본(압류사실)

소 갑 제3호증의 1 내지 3　　　　　각 부동산 양도계약해제서

첨　부　서　류

1. 위 각 소명방법　　　　　　　　각 1통

2. 신청서 부본　　　　　　　　　　1통

3. 위임장　　　　　　　　　　　　1통

20○○. 1.

신청인 대리인
변호사 ○   ○   ○ ㉑

○○고등법원 귀중

별 지 목 록

1. 부산 영도구 남항동 1가 227-6 대 122.3㎡

2. 위 지상 조표 제313호
   목조기와 시멘트 블록조 스레트 시멘트 블록조 슬래브지붕
   단층 근린생활시설 및 주택 97.51㎡
   중 단정강 지분 3분의 1

3. 부산 영도구 남항동 1가 230-14 대 77㎡

4. 위 지상 철근콘크리트 및 벽돌조 슬래브지붕
   3층 근린생활시설 및 단독주택

       1층   49.44㎡
       2층   49.44㎡
       3층   49.44㎡
       중 단 ○○지분 3분의 1

【서식】집행정지결정서

부 산 고 등 법 원
제 1 특 별 부
결   정

사   건   20○○부24, 공매절차진행 집행정지

신 청 인   ○   ○   ○
           ○○시 ○○구 ○○동 1가 227-6
           대리인 변호사 ○ ○ ○

피신청인   영도세무서장
           소송수행자 ○ ○ ○

주   문   피신청인의 별지목록 기재 부동산에 대한 공매절차진행은 당원 20○
           ○구8607호 증여세부과처분취소 사건의 판결선고시까지 그 집행을
           정지한다.

신청취지   주문과 같다.

이   유   신청에 제출의 소명자료에 의하면 위 공매절차진행의 진행으로 신청
           인에게 회복하기 어려운 손해를 예방하기 위하여 긴급한 필요가 있
           다고 일응 인정되고 달리 공공복리에 중대한 영향을 미칠 우려가 있
           는 때에 해당한다고 인정할 자료도 없으므로 이에 주문과 같이 결정
           한다.

                    20○○. 1. 29.

                              재판장 판사 ○   ○   ○
                                      판사 ○   ○   ○
                                      판사 ○   ○   ○

별 지 목 록

1. ○○시 ○○구 ○○동 1가 227-6 대 122.3㎡ 중 단 ○○지분 3분의 1

2. 위 지상 조표 제313호
   목조기와 시멘트 블록조 스레트 시멘트 블록조 슬래브지붕
   단층 근린생활시설 및 주택 97.51㎡
   중 단정강 지분 3분의 1

3. ○○시 ○○구 ○○동 1가 230-14 대 77㎡ 중 단 ○○지분 3분의 1

4. 위 지상 철근콘크리트 및 벽돌조 슬래브지붕
   3층 근린생활시설 및 단독주택

   1층   49.44㎡
   2층   49.44㎡
   3층   49.44㎡
   중 단 ○○지분 3분의 1

제 14 장   소송비용

소송비용이란 당사자가 소송을 수행하면서 지출한 비용을 말하는 것으로 재판비용과 당사자비용으로 구성된다.

재판비용은 당사자가 법원의 활동에 대하여 국가에 납부하는 비용이며 당사자비용은 국가 이외의 자에게 지출하는 비용이다.

당사자가 소송수행을 위하여 지출한 모든 비용이 법률상의 소송비용이 되지는 않으며, 민사소송비용법, 민사소송인지법 등에 의한 제한을 받는다.

1. 소송비용의 범위

(1) 재판비용

인지대, 증인에 대한 여비, 감정료, 송달료 등이다.

(2) 당사자비용

서류작성비, 당사자가 기일에 출석하기 위한 일당, 여비, 소송대리인을 선임한 경우의 변호사 보수 등이다.

변호사 보수는 현실적으로 지급한 변호사 보수가 전액 소송비용으로 산입되는 것은 아니고, 다음과 같이 대법원규칙으로 정한 금액의 범위 내에서만 소송비용에 산입된다.

[소송비용에 산입되는 변호사 보수의 기준] - 변호사보수의소송비용산입에관한
규칙 제3조 별표

소 송 물 가 액	소송비용에 산입되는 비율
1,000만원까지 부분	8%
1,000만원을 초과하여 2,000만원까지 부분 (80만원＋(소송물가액-1,000만원)×7/100)	7%
2,000만원을 초과하여 3,000만원까지 부분 (150만원＋(소송물가액-2,000만원)×6/100)	6%
3,000만원을 초과하여 5,000만원까지 부분 (210만원＋(소송물가액-3,000만원)×5/100)	5%
5,000만원을 초과하여 7,000만원까지 부분 (310만원＋(소송물가액-5,000만원)×4/100)	4%
7,000만원을 초과하여 1억원까지 부분 (390만원＋(소송물가액-7,000만원)×3/100)	3%
1억원을 초과하여 2억원까지 부분 (480만원＋(소송물가액－1억원)×2/100)	2%
2억원을 초과하여 5억원까지 부분 (680만원＋(소송물가액－2억원)×1/100)	1%
5억원을 초과하는 부분 (980만원＋(소송물가액－5억원)×0.5/100)	0.5%

2. 소송비용의 재판

(1) 소송비용부담자 확정

소송비용의 부담에 관한 사항은 법원이 직권으로 판결주문에 표시한다.
통상 원고청구의 인용 여부와 승소비율에 따라 정해진다. 다만, 사정판결,
소제기 후에 피고의 처분취소 또는 처분변경으로 인하여 청구가 기각 또는
각하된 경우에는 피고의 부담으로 한다(행정소송법 제32조).

(2) 소송비용액의 확정

판결주문에는 그 수액의 표시가 없으므로 수액확정을 위하여 소송비용확정절차를거쳐야 한다. 이것은 재판확정 후에 제1심 수소법원이 당사자의 신청에 의하여 결정으로 재판한다(민사소송법 제110조).

법원은 당사자로부터 소송비용확정결정신청을 받으면 소송비용계산서를 첨부하여 상대방에게 송달하고 그에 대한 의견을 표시할 것을 최고한다. 이 때 상대방의 답변이 있으면 이를 참조하며 답변이 없더라도 소송비용액에 관한 결정을 한다.

【서식】 소송비용액확정결정신청서

소송비용액확정결정신청서

사 건 번 호　　　20○○구4465 취득세부과처분취소
신 청 인(원고)　　○　　○　　○(　　　-　　　　)
　　　　　　　　　○○시 ○○구 ○○동 689-44 (601-050)
　　　　　　　　　(연락처) 02-123-4567, (휴대전화) 010-1234-4567,
　　　　　　　　　(이메일) lawb@lawb.co.kr
　　　　　　　　　대리인 변호사　○　○　○
　　　　　　　　　○○시 ○○동 1가 2-3 (602-071)
　　　　　　　　　(연락처) 02-123-4567, (휴대전화) 010-1234-4567,
　　　　　　　　　(이메일) lawb@lawb.co.kr
피신청인(피고)　　○○광역시 ○○구청장
　　　　　　　　　○○시 ○○구 ○○동 806 (601-030)

　위 당사자 간 귀원 20○○. 3. 30. 자 선고 20○○구 4465호 취득세부과처분취소 사건에 관하여 신청인은 다음과 같이 소송비용액확정결정신청을 합니다.

신 청 취 지

　위 당사자 간의 20○○. 3. 30. 자 귀원 20○○구 4465호 취득세부과처분취소 사건 판결에 의하여 피신청인(피고)이 신청인(원고)에게 상환하여야 할 소송비용액은 금 523,510원임을 확정한다.
라는 판결을 구합니다.

신 청 이 유

1. 신청인은 위 사건 판결에서 소송비용 부분에 관하여 피신청인의 부담으로 한다는 판결을 득하였고 위 판결은 20○○. 4. 21. 자로 확정되었습니다.
2. 신청인의 소송비용내역은 별지 소송비용계산서와 같습니다.
3. 따라서 소송비용으로 금 523,510원을 피신청인이 신청인에게 상환하는 판결을 행정소송법 제8조 제2항, 민사소송법 제110조 제1항에 의하여 신청합니다.

첨 부 서 류

1. 판결　　　　　　　　　　　　1통
2. 확정증명원　　　　　　　　　1통
3. 별지 계산서　　　　　　　　　4통
4. 위임장　　　　　　　　　　　1통

20○○. 5. 28

신청인　대리인
변호사　○　○　○　㊞

○○고등법원　귀중

소송비용계산서

비 용 액　　　　　　　　　　　　비 용 종 목

금　16,900원　　　　　　　　　　인지대
금　30,200원　　　　　　　　　　송달료
금　　500원　　99. 3. 8. 자 청구취지감축 및 원인보충서 인지대
금　　500원　　　　　확정증명서 발급 인지대
금　1,000원　　　소송비용액확정결정신청서 인지대
금　6,040원　　　위 송달료
금　468,370원　　변호사 보수(변호사 보수의 소송비용산입에 관한 규칙)
　　　　　　　　{800,000+(15,891,000-10,000,000)×7/100}

합계 523,510원

【서식】 최고서

○ ○ 고 등 법 원
최 고 서

주식회사 ○○대표이사   귀하

사   건   20○○아313 소송비용액확정
신청인(피고)   ○○광역시 ○○구청장
          신청대리인 변호사   ○   ○   ○
피신청인(원고) 주식회사 ○○
          대표이사   ○   ○   ○
          ○○시 ○○구 ○○동 957의 40

 위 당사자 사이의 이 법원 20○○구17636 개발부담금부과처분취소 사건에 따른 소송비용액 확정결정신청에 관하여 신청인이 제출한 비용계산서를 송부하오니 이 최소서 송달일로부터 14일 안에 별첨 비용계산서의 비목, 금액 등에 관하여 의견을 표시하고, 부인하는 경우에는 그 이유 및 소명에 필요한 서면 등을 제출하여 주시기 바랍니다.

20○○. 9. 14

재판장 판사 ○   ○   ○

법원 소재지	부산 서구 부민동 2가 1번지	담당 직원	인사과 보존계 법원주사 ○○○	전화	240-1101

<h1 align="center">소 송 비 용 계 산 서</h1>

제1심

　　1. 변호사 보수(착수금)　　　금 2,000,000원
　　　소　　계　　　　　　　　금 2,000,000원

소송비용액확정결정신청

　　1. 착수금　　　　　　　　　금　　80,000원
　　1. 인 지　　　　　　　　　　금　　　1,000원
　　1. 송달료　　　　　　　　　금　　24,160원
　　　소　계　　　　　　　　　　금　 105,160원

　　합 계 금　　　　　　　　　　금 2,105,160원

【서식】 최고에 대한 의견서

최고에 대한 의견

사　건　20○○아313, 소송비용액확정
신청인(피고)　　　○○광역시 ○○구청장
피신청인(원고)　　주식회사 ○○

1. 피신청인은 신청인이 20○○. 7. 8. 자로 피신청인에 대하여 한 ○○부담금 275,580,190원의 부과처분에 불복하여 20○○. 12. 29. 귀원에 행정소송을 제기하였습니다(○○고등법원 20○○구17636호).

2. 신청인은 위 소송계류중인 20○○. 7. 16. 경에 이르러 위 개발부담금에 대한 정산결과 전액 감액되자 직권취소하였고, 이에 따라 피신청인은 위 개발부담금 전액감면으로 인하여 소송의 실이익이 없을 뿐만 아니라 신청인의 소취하 요구로 20○○. 8. 20. 소취하 하였습니다.

3. 신청인의 개발부담금부과처분에 대한 직권취소로 피신청인이 소를 취하하지 않고 소송을 종료할 경우 피신청인의 청구가 각하될 것이나 피신청인의 소제기는 피신청인의 권리의 신장에 필요한 행위이고 소취하는 소제기 후 심리중에 처분취소에 따른 것이므로 행정소송법 제32조, 민사소송법 제99조, 제100조에 의하여 소송비용 부분에 대하여는 신청인이 부담하여야 합니다.
피신청인은 신청인에게 이 사건에 대한 소송비용을 지급받기 위하여 소송비용확정신청을 하여 두고 있습니다.

　첨부 : 1. 정산결과알림　　　　1부

　　　　　　　　　　　　　20○○. 9. 16.

　　　　　　　　　　　피신청인(원고)　(주) ○　○

대표이사　○　○　○　㊞

제 3 편   헌법소원

제 1 장   헌법소원

위법한 조세의 과세처분과 체납처분 등에 대하여 구제받는 방법으로는 처분의 취소를 구하는 행정심판과 행정소송을 하는 것이 정도라 할 것이다.

그러나 위헌적인 법률에 기하여 이루어지는 과세처분 등에 있어서는 위헌적인 법률의 효력을 배제시키지 않고는 행정소송을 통하여 승소판결을 이끌어 낼 수가 없다.

그리하여 과세처분취소소송이 계류중인 법원에 위헌심판제청신청을 하여 법원으로 하여금 헌법재판소에 위헌심판제청을 하도록 청구하고, 만약 위헌심판제청신청 기각결정을 받으면 헌법재판소에 헌법소원을 제기할 수 있다. 또한, 위헌무효의 법률을 적용한 판결에 대하여는 헌법소원을 제기할 수 있다.

제 2 장   헌법소원의 청구

1. 위헌제청신청기각과 헌법소원

　위헌제청신청기각결정을 받은 원고는 기각결정서를 받은 날로부터 14일 이내에 헌법재판소에 당해 적용법률 또는 조항의 위헌 여부에 관한 헌법소원을 할 수 있다.

　이 때 신청인이 변호사자격을 보유하고 있지 않은 이상 변호사를 대리인으로 선임해야 하고, 변호사를 선임할 자력이 없는 경우에는 국선대리인 선임신청을 할 수 있다.

　이 때 14일 이내에 국선대리인 선임신청이 있으면 심판청구서가 14일이 지나 접수되어도 적법한 청구가 있는 것으로 된다. 헌법재판소가 국선대리인을 선정하지 않는 결정을 한 때에는 선임신청을 한 날부터 국선대리인 선임신청에 대한 기각결정의 통지를 받은 날까지의 기간은 위의 청구기간에 산입하지 않는다.

【서식】 헌법소원심판청구서

헌법소원심판청구서

청구인   1. 주식회사   ○○주택
　　　　　　　○○시 ○○구 ○○동 ○○번지
　　　　　　　대표이사 ○   ○   ○
　　　　　2. ○   ○   ○
　　　　　　　○○시 ○○구 ○○동 ○○번지 ○○아파트
　　　　　　　101동 403호
　　　　　　　위 청구인들 대리인 변호사 ○   ○   ○
　　　　　　　○○시 ○○동 1가 2-3   (602-071)

피청구인 ○○고등법원 95구214호, 취득세부과처분취소
　　　　　원고(주)○○주택 외1
　　　　　피고 ○○광역시 ○○구청장

청 구 취 지

　구 지방세법 제112조 제2항(20○○. 12. 27. 법률 제2743호로 개정되고, 20○
○. 12. 22. 법률 제4794호로 개정되기 전의 것)은 헌법 제38조, 제59조의 조세법
률주의, 헌법 제75조의 포괄위임금지의 원칙 및 헌법 제11조의 평등의 원칙에
위배된다.

침해된 권리

　구 지방세법 제112조 제2항(20○○. 12. 27. 법률 제2743호로 개정되고, 20○
○. 12. 22. 법률 제4794호로 개정되기 전의 것)

침해의 원인
(상세내용 생략)

청　구　이　유

1. 사실관계

　가. 청구인 주식회사 ○○주택은 부산 부산진구 연지동 322 한신타워 공동주택(아파트) 총 6동 350세대를 신축하여 20○○. 1. 14. 준공검사(사용검사)를 받고, 20○○. 2. 26. 집합건물관리대장에 등재하였다.

　　　한편, 위 아파트 350세대 중 90평형은 위 아파트 6동 중 1동이며 총 24세대이다.

　나. 청구인 ○○○은 20○○. 12. 21. 90평형인 위 아파트 101동 403호를 청구인 주식회사 ○○주택으로부터 분양받았다.

　다. 한편, 청구인 주식회사 ○○주택은 위 90평형인 각 아파트를 건물관리대장에 등재하면서 전용면적 241.97㎡, 공유면적 55,681㎡, 법정 주차장 외 주차장 면적4,907㎡로 등재하였다.

2. 부과처분

　이에 대하여 소외 ○○광역시 ○○구청장은 20○○. 4. 11. 위 아파트 중 90평인 아파트는 건축물관리대장에 기재된 연면적(전유면적, 공유면적, 법정주차장 외 주차장 면적의 합계)이 298㎡ 이상이라고 판단하여 20○○. 12. 31. 개정 전 구 지방세법시행령 제84조의 3 제1항 제2호 (라)목에서 규정하고 있는 고급주택으로 보아 청구인들에게 구 지방세법 제112조 제2항(20○○. 12. 27. 법 제2743호로 개정되고 20○○. 12. 22. 법 제4794호로 개정되기 전의 법, 이하 이 법조항이라고 한다)의 세율을 적용하여 산출한 세액에서 이미 납부한 세액을 차감하고 청구인 주식회사 ○○주택에게는 금 566,034,880원, 청구인 ○○○에게는 금 36,647,670원의 각 취득세를 부과고지하였다.

　청구인들은 ○○구청장의 위 취득세부과처분에 불복하여 감사원 심사청구를 거쳐 ○○고등법원에 행정소송을 제기하여 그 취소를 구하였으나 20○○. 5. 23. 기각되었고, 또한 청구인들은 20○○. 1. 23. 동 법원에 위헌제청신청을 하였으나 20○○. 5. 23. 기각되어 동 기각 결정정본을 20○○. 6. 5. 자로 송달받고 본 청구에 이른 것이다.

3. 이 법 조항의 위헌성

　가. 조세법률주의에 위배

　　　헌법 제38조는 "모든 국민은 법률이 정하는 바에 의하여 납세의 의무를 진다"고 규정하고, 헌법 제59조에서는 "조세의 종목과 세율은 법률로 정한다"고 규정하고 조세법률주의를 천명하고 있다.

조세법률주의란 과세요건과 세율을 의회에서 제정하는 법률로 규정하여야 한다는 원칙과 과세요건이 일의적이고 명확하여 해석상 다의적인 의미가 되지 아니하도록 규정하는 것을 기본내용으로 한다. 그런데 이 법 조항을 보면, "대통령령으로 정하는 ……고급주택……"이라고만 규정하여, 과세대상인 고급주택의 범위, 기준 등 어느 것 하나 법률에 규정한 바 없어, 가치개념인 고급주택이 무엇을 의미하는가에 대하여 법률에 그 대강도 규정하지 아니하였는바, 이는 과세요건 법정주의 및 과세요건 명확주의에 위배된다.

나. 개별위임의 위배

헌법 제75조는 "대통령은 법률에서 구체적으로 범위를 정하여 위임받은 사항…에 관하여 대통령령을 발할 수 있다"고 규정하고 있다.

이는 개별적, 구체적 위임만을 허용하고, 포괄적 백지위임은 허용하지 않는다는 것이다.

그런데 이 법 조항은 위임의 구체적 기준이나 조건은 전혀 규정한 바 없이, 즉 조세법률주의의 중요한 요건인 과세요건 중 과세대상의 기준이나 조건은 전혀 규정한 바 없이, 단지 "대통령령으로…정하는 고급주택…"이라고만 규정하여, 행정부에 입법권을 위임하면서도 포괄적이고 추상적인 기준 및 조건, 범위를 정하는데 그치고 있어 결국 이 법 조항은 헌법 제75조에 위배된다.

다. 평등의 원칙에 위배

헌법상 평등의 원칙(헌법 제11조)은 조세법 영역에서는 공평부담의 원칙으로 구현되고 있다. 이 법 조항의 취지는 사치성 재산의 취득을 억제하려는 데 있다.

그런데 이 법 조항에서 위임받은 동 법시행령(20○○. 12. 31. 개정되기 전의 것) 제84조의 3 제1항 제2호 (라)목의 규정은 공동주택의 경우, 1구의 건물의 연면적(공유면적을 포함한다)이 298㎡를 초과하는 주거용 공동주택은 고급주택으로 규정하고 있는바, 이와 같이 공동주택의 고급주택성 여부를 단순 면적에 의하여만 확정한다면, 면적만 298㎡이하로 하고 건물의 내부 자재 및 그 주택의 가액이 아무리 높아도 고급주택에 해당하지 아니하고, 반면 그 위치나 가액으로 봐서 결코 고급주택이라고 볼 수 없는 경우에도 면적만 298㎡를 넘으면 고급주택으로 보아 중과세함은 너무 형식논리에 치우쳐 공평과세의 원칙(평등의 원칙)에 위배된다.

참 고 판 례

헌법재판소에서 포괄위임으로 위헌결정된 사례

① 구 소득세법 제60조(1994. 12. 22. 개정 전의 것)···기준시가의 결정은 대통령령이 정하는 바에 의한다(1995. 11. 30. 91헌바 1,2,3,4등, 헌재판례집 7권 ② 562면).

② 법인세법 제32조 제5항···익금에 산입한 금액의 처분은 대통령령이 정하는 바에 의한다(1995. 11. 30, 93헌바32. 판례집 7권 ② 562면).

③ 소득세법 제23조 제4항···양도가액은 그 자산의 양도 당시의 기준시가에 의한다. 다만, 대통령령이 정하는 경우에는 그 자산의 실지거래가액에 의한다(1995. 11. 30. 94헌바40. 판례집 7권 ② 616면).

④ 복표발생현상기타사행행위단속법 제9조···각령의 규정에 위반한 행위로서 각령에서 본조의 법칙을 적용할 것을···처한다(1991. 7.8. 91헌가4. 판례집 3권 336면).

첨 부 서 류

1. 심판청구서 부본	14통
2. 판 결	1통
3. 위헌제청신청결정정본	1통
4. 결정정본송달증명원	1통
5. 위임장	1통
6. 법인등기부등본	1통

20○○. 6. 15

청구인 대리인
변호사 ○   ○   ○ ㉑

헌법재판소 귀중

2. 법령에 대한 헌법소원

위헌적인 법령의 집행을 기다리지 않고도 위헌법령 그 자체가 특정한 기본권 주체 자신의 기본권을 직접적이고 현실적으로 침해하는 예외적인 경우에는 곧바로 법령자체에 대하여 헌법소원을 제기할 수 있다(헌법재판소 1990. 10. 15. 선고, 89헌마 478 결정).

법령에 대한 헌법소원에 있어서는 원칙적으로 그 법령이 시행된 사실을 안 날로부터 60일 이내에, 법령이 시행된 날로부터 180일 이내에 청구해야 하지만 법령이 시행된 뒤에 비로소 그 법령에 해당하는 사유가 발생하여 기본권을 침해받게 된 자는 그 사유가 발생하였음을 안 날로부터 60일 이내에, 그 사유가 있은 날로부터 180일 이내에 헌법소원을 청구해야 한다.

여기서 '사유'는 당해 법령이 청구인의 기본권을 명백히 구체적이고 현실적으로 침해한 것을 말한다(헌법재판소 1990. 10. 8. 선고, 89헌마89 결정 등 참조).

【서식】법령에 대한 헌법소원 청구서

헌 법 소 원 청 구 서

청구인   ○ ○ ○
            ○○시 ○○구 ○○동 1478-9
            소송대리인 변호사 ○ ○ ○
            ○○시 ○○동 203
피청구인   대한민국

침해된 권리
제11조, 제23조, 제59조

침해의 원인
   ○○시 검인계약서제도 실시에 따른 시세불균일 과세에 관한 조례 제2조, 제3
조 입법행위

청 구 취 지

   ○○시 검인계약서제도 실시에 따른 시세불균일 과세에 관한 조례 제2조, 제3조
는 청구인의 평등권, 재산권보장, 실질적 조세법률주의, 비례의 원칙에 위반된다.
라는 결정을 구합니다.

청 구 이 유

(1) 사건의 개요
   소외 ○○○는 20○○. 2. 23. 주식회사 ○○로부터 ○○시 ○○구 우1동 994
외 13필지상의 대우마리나아파트 3차 304동 904호를 분양받아 계약금 및 중도금
합계97,707,592원을 납부한 상태에서 20○○. 4. 28. 사망하고 청구인이 상속재산
협의분할방식에 의하여 단독으로 승계받아 20○○. 11. 15. 잔금 26,545,000원을
납부하여 사실상 소유권을 취득하였다.
   청구인은 이 사건 부동산에 관한 잔대금을 지불한 후 30일 이내에 취득세를

자진신고하여 납부하여야 하고(지방세법 제120조), 또 이 사건 부동산의 등기를
하면 등록세와 교육세를 자진신고납부하여야 하며, 이를 이행하지 않으면 등기
신청서가 수리되지 않습니다(지방세법 제130조, 제51조, 부동산등기법 제55조 제
9호 참조).

(2) 이 사건 조례 제정의 배경
 ① ○○시가 제정한(20○○. 10. 14. 제정 후 20○○. 12. 29. 개정, 20○○. 1.
   1. 시행) 조례인, "○○시 검인계약서제도 실시에 따른 시세불균일 과세에
   관한 조례" 제2조, 제3조에서 개인간의 거래시 작성된 검인계약서에 한정
   하여 지방세법상에 의하여 산출한 취득세와 등록세의 100분의 30을 경감
   하도록 규정하고 있다.
   당초에는 100분의 70을 경감하고 20○○. 1. 1.부터는 100분의 40을 경감하
   다가 20○○. 1. 1.부터는 100분의 30을 경감시켜 주고 있다.
 ② 종래 부동산등기를 하면서 그 원인증서로 실제의 매매계약서 대신에 매도
   증서를 애용하였으며, 이 매도증서에는 실제의 매매가액 대신에 과세시가
   표준액을 매매가액으로 기재하여 왔고, 이 과세시가표준액에 따라 취득세
   및 등록세 등을 자진납부 또는 부과하여 왔다. 그런데 과세시가 표준액은
   실지거래가액의 20~30퍼센트밖에 되지 않는 낮은 가액이었다.
 ③ 정부는 20○○. 10. 1.부터 부동산등기법 제40조 제2항을 시행하여 부동산
   의 매매 및 교환에 대하여는 매매계약서에 시장, 군수의 검인을 받은 계약
   서(검인계약서)를 사용하여 등기신청을 하도록 하다가 20○○. 8. 1.부터
   근거 법령이 부동산등기특별조치법 제3조로 변경되었다.
   정부는 이 검인계약서의 사용으로 실지거래가액이 노출됨으로 인하여 납세
   자의 세부담이 종래의 과세시가 표준액에 따른 세부담에 비하여 현저히 높
   아지게 되자 조세저항을 우려하여 이 사건 조례를 제정하여 조세감경을 꾀
   하는 일방 검인계약서제도가 당초의 취지대로 정착되기를 바랐다.

(3) 청구의 자기성, 직접성, 현재성
  청구인은 곧 이 사건 부동산 매수에 관한 잔금을 치르고 이에 대한 소유권이
전등기와 이에 따른 등록세, 취득세를 자진납부하여야 하는데, ○○시와 과세당
국은 이 사건 조례의 적용을 배제할 것임이 명백히 예상되므로 청구인은 이 사건
조례로 인하여 직접적으로 권리를 침해받고 있는 실정입니다.

(4) 위헌사유

○○시가 이 사건 조례를 제정하면서 실지거래가액이 노출되는 데 따른 급격한 세부담 감경을 위한 입법취지에 비추어 법인과 법인 간의 거래와 개인과 법인 간의 거래에 대하여 감경을 배제한 아무런 합리적인 이유도 없이 개인 간의 거래에 비하여 불리하게 중과세되도록 차별적인 입법행위를 한 것은 헌법상의 조세평등주의, 실질적 조세법률주의, 재산권 보장의 원리에 위배되어 위헌이라고 하겠습니다. ○○시는 지방세법 제7조 제2항에서 공익상 기타의 사유로 불균일 과세를 할 수 있다고 규정하고 있으므로 그 정당성이 있다고 항변할지 모르나 합리적인 범위 내에서 공익상의 이유로 차별을 할 수 있는 것이지 합리적인 범위를 벗어나 위헌적인 차별을 할 수는 없는 것입니다.

과세목적물이 동일하다면 동일한 세부담의 원칙이 적용되어야 합니다.

최초 수분양자를 거친 그 다음 단계 거래부터는 경감 적용이 된다는 것도 모순입니다.

따라서 이 사건 조례는 위헌임을 면하지 못할 것이므로 청구인은 본 심판에 이르렀습니다.

첨부 :	1. 분양계약서	1통
	2. 위임장	1통
	3. 청구서 부본	14부

20○○. 11. 17.

청구인 대리인
변호사 ○ ○ ○ ⑩

헌법재판소 귀중

3. 판결에 대한 헌법소원

헌법재판소법 제68조 제1항은 법원의 판결을 헌법소원의 대상에서 제외하고 있다. 따라서 원칙적으로 판결은 헌법소원의 대상이 되지 않는다.

그러나, 헌법재판소가 위헌으로 결정한 법령을 적용함으로써 국민의 기본권을 침해한 판결은 헌법소원의 대상이 된다(헌법재판소 1997. 12. 24. 선고, 96헌마172 등).

【서식】 판결에 대한 헌법소원청구서

헌법소원심판청구서

청구인   ○ ○ ○
           ○○시 ○○구 ○○동 147-9
           대리인 변호사 ○ ○ ○

 침해된 권리 헌법 제11조 제1항 평등권 침해의 원인이 되는 공권력의 행사
  1. 헌법재판소법 제68조 제1항
  2. 대법원 1992. 10. 9. 선고, 92누4215

청 구 취 지

 헌법재판소법 제68조 제1항과 대법원 1992. 10. 9. 선고 92누4215판결은 청구인의 평등권을 침해한 것으로 위헌이다.
라는 결정을 구합니다.

청 구 이 유

1. 사건의 요지
① 청구인 소유의 부산 금정구 구서동 723의 14 임야 1,339평방미터가 20○○. 5. 11. 부산직할시에 수용되었다.
② 남부세무서장은 위 토지양도에 관하여 구 소득세법시행령 제170조 제4항 제1호(1989. 8. 1. 개정되기 전)를 적용하여 실지거래가액에 의하여 1990. 8. 1. 방위세 부과처분을 하였다.
③ 청구인은 남부산세무서장의 부과처분에 대하여 위 소득세법시행령 제170조 제4항 제1호의 위헌을 주장하면서 행정심판 및 행정소송을 제기하였으나 최종적으로 20○○. 10. 9. 대법원으로부터 기각당하였다.
2. 위헌이라고 주장하는 이유
 (1) 헌법재판소법 제68조 제1항
    헌법재판소법 제68조 제1항은 헌법소원의 대상으로 법원의 재판을 제외하고 있다.

그러나 법원의 재판으로 기본권을 침해받은 경우에 이에 대한 구제수단으로서 헌법소원의 용인되어야 함에도 아무런 합리적인 이유도 없이 이를 제외한 것은 헌법 제11조 제1항의 평등권을 침해한 것이다.

명령, 규칙이 기본권을 침해하고 있음에도 불구하고 법원이 이를 부정하는 경우 명령, 규칙에 대하여 헌법소원이 가능하거나 아니면 법원의 재판에 대하여 헌법소원이 가능하여야 한다.

헌법 제107조 제2항이 명령, 규칙에 대한 1차적 심사권을 법원에 준 이상 이에 대한 판단을 그르친 법원의 재판에 대한 통제로 헌법소원이 가능하여야 함에도 이를 제외한 위 헌법재판소법 규정은 위헌이 되는 것이다.

(2) 대법원 1992. 10. 9. 선고 92누4215

대법원이 위 재판은 구 소득세법시행령 제170조 제4항 제1호가 개인의 국가, 지방자치단체 또는 법인과의 거래를 개인 간의 거래에 비하여 합리적인 근거없이 중과세하도록 하여 평등권을 침해하는 것이다라는 청구인들의 주장을 납득할 만한 이유설시도 없이 배척하고 있는바, 이는 헌법재판소법 제68조 제1항과 함께 평등권, 실질적 조세법률주의, 자유시장경제의 원리를 침해하고 있다.

첨   부

1. 판결정본(대법원, 고등법원)
2. 대리인 선임서
3. 청구서부본   14통

20○○. 10. 1.

청구인들 대리인
변호사 ○   ○   ○   ㉑

헌법재판소 귀중

4. 과세처분 등에 대한 헌법소원

과세처분 등의 행정처분이 공권력행사에 해당되나 헌법재판소법 제68조 제1항 단서에 의하여 다른 법률에 구제절차가 있는 경우에는 그 절차를 모두 거친 후가 아니면 곧바로 헌법소원을 제기할 수 없는 이른바 보충성을 갖추어야 하는 관계상 과세처분에 대한 취소의 행정소송을 거쳐야 한다.

법원의 재판을 거쳐 확정된 행정처분인 경우에는 당해 행정처분을 심판의 대상으로 삼았던 법원의 재판이 예외적으로 헌법소원심판의 대상이 되어 그 재판자체가 취소되는 경우에 한하여 가능하며, 이와 달리 법원의 재판이 취소될 수 없는 경우에는 당해 행정처분 역시 헌법소원심판의 대상이 되지 않는다 (헌법재판소 1998. 5. 28. 선고, 91헌마 98 결정).

【서식】 과세처분 등에 대한 헌법소원청구서

헌법소원청구서

청구인   1. 정 ○ ○
         2. 박 ○ ○
         3. 김 ○ ○
소송대리인 변호사 ○ ○ ○
              ○○시 ○○동 203   (602-701)

피청구인 ○○세무서장
         경남 ○○시 ○○동 515-7   (660-280)

청 구 취 지

1. 헌법재판소법 제68조 제1항 중 "법원의 재판을 제외하고는" 부분과 대법원
   1992. 9. 22. 선고, 92누 4925 판결은 헌법상의 평등권, 적정한 재판을 받을
   권리 등에 위배되고,
2. 피청구인이 20○○. 1. 16.자로 청구인 정○○, 박○○에게 한 양도소득세
   111,114,510원 및 ○○세 9,391,390원, 청구인 김○○에게 한 ○○세 4,137,050
   원의 부과처분은 실질적 법치주의 원리, 기본권 존중주의, 실질적 조세법률주
   의 등에 위배된다.

청 구 이 유

이 사건 부과 근거법령인 구 소득세법시행령 제170조 제4항 제1호 (20○○. 8.
1. 삭제되기 전)는 위임 근거인 모법인 구 소득세법 제23조 제4항 단서, 제45조
제1항 단서(각 20○○. 12. 21. 개정되어 20○○. 12. 31. 개정되기 전의 것)의 위
임범위를 넘어 기준시가 과세보다 현저히 불리하게 실지거래가액에 의하여 중과
세 하도록 한 것인바, 이는 헌법상의 평등원리와 모법위임의 범위 일탈로 무효
인 것이다(헌재 1995. 11. 30. 선고, 94헌바40, 95헌바13 결정 참조).

따라서 무효인 법령을 적용한 판결과 이에 의한 부과처분(공권력 행사)으로서
청구인들의 기본권을 침해한 것이다.

20○○. 4. 20

청구인 소송대리인
변호사 ○ ○ ○ ㉑

헌법재판소 귀중

제 3 장   헌법소원의 판례

■ **1. 구 소득세법 제99조 제3항 위헌소원**
  1999. 6. 24. 95헌바42 [기각]

가. 위헌법률심판제청 내지 헌법재판소법 제68조 제2항에 의한 헌법소원의 적법
   요건인 재판의 전제성을 판단함에 있어서 법원의 법률적 견해가 존중되어야
   하는지 여부(적극)

나. 위임입법에 관한 헌법 제75조의 「구체적으로 범위를 정하여」의 의미

다. 구 소득세법 제99조 제3항이 조세법률주의에 위배되는지 여부(소극)

◆ 결정요지 ◆

가. 위헌법률심판이나 헌법재판소법 제68조 제2항의 규정에 의한 헌법소원심판
   에 있어서 위헌여부가 문제되는 법률이 재판의 전제성 요건을 갖추고 있는
   지의 여부는 헌법재판소가 별도로 독자적인 심사를 하기보다는 되도록 이에
   관한 법원의 법률적 견해를 존중해야 할 것이며, 다만 그 전제성에 관한 법
   률적 견해가 명백히 유지될 수 없을 때에는 헌법재판소가 이를 직권으로 조
   사할 수 있다 할 것이다.

나. 헌법 제75조에서는 「대통령은 법률에서 구체적으로 범위를 정하여 위임받은
   사항……에 관하여 대통령령을 발할 수 있다」고 규정함으로써 이와 같은 위
   임입법의 근거를 마련함과 동시에 위임은 구체적·개별적으로 행하여질 것
   을 요구하고 있는데, 여기서 「구체적으로 범위를 정하여」라 함은 법률에 대
   통령령 등 하위법규에 규정될 내용 및 범위의 기본사항이 가능한 한 구체적
   이고도 명확하게 규정되어 있어서 누구라도 당해 법률 그 자체로부터 대통
   령령 등에 규정될 내용의 대강을 예측할 수 있어야 함을 의미한다고 할 것
   이고, 그 예측가능성의 유무는 당해 특정조항 하나만을 가지고 판단할 것은

아니고 관련 법조항 전체를 유기적·체계적으로 종합판단하여야 하며, 각 대상법률의 성질에 따라 구체적·개별적으로 검토하여야 한다.

다. 구 소득세법 제99조 제3항은 같은 조 제1항, 제2항에서 직접 규정하였거나, 해당 항목에서 개별적으로 대통령령에 위임한 사항을 제외한 나머지 기준시가에 관한 사항에 대하여만 대통령령에 위임하고 있는 것으로서, 위 제1항, 제2항에서 위와 같이 자산별로 기준시가의 원칙적인 산정기준이나 방법을 규정하고 있는 이상 그 대통령령에서 정할 기준시가 산정방식의 대강을 충분히 예측할 수 있다고 봄이 상당하다.

■ 2. 구 상속세법 제26조 제2항 위헌소원
1999. 6. 24. 98헌바68 [합헌]

가. 증여세에 대하여 30% 이내의 납부불성실가산세를 부과하는 것이 과잉금지의 원칙에 어긋나는지 여부(소극)

나. 증여세에 대한 납부불성실가산세율을 대통령령에 위임한 구상속세법 제26조 제2항이 포괄위임입법에 해당하는지 여부(소극)

◆ 결정요지 ◆

가. 구 상속세법(1990. 12. 31. 법률 제4283호로 신설되고, 1996. 12. 30. 법률 제5193호로 전문개정되기 이전의 것) 제26조 제2항 중 "대통령령이 정하는 바에 의하여" 부분과 같은 항 제2호는 상속인 또는 수증자가 상속세 또는 증여세를 납부하지 아니하는 경우 그에 대한 제재로서 납부할 세액에 대하여 일정한 비율의 세금을 부과하는 것으로서 납세자의 재산권을 제한하는 규정이나, 증여세 등은 상속재산 또는 증여재산의 재산가액에서 일정한 공제를 하고 이에 대하여 최고 60%의 세율을 곱하여 산출하는데, 그에 대하여 10% 내지 30%에 해당하는 납부불성실가산세를 부과한다고 하여 수증자 등의 수증재산을 완전히 박탈하는 것이라고 할 수 없다.

그리고, 이 사건 심판대상조항은 조세행정의 원활과 조세부담의 공평을 기하기 위하여 조세법상 부과된 협력의무의 이행을 확보하고, 납세자가 납부기한을 준수하지 않음으로 인하여 미납액에 대하여 얻을 수 있는 이자 상당의 이익을 박탈하는 것을 입법목적으로 하므로 그 입법목적은 정당하다고 할 것이다. 그리고 그 입법목적을 달성하기 위하여 형사처벌을 가하지 아니하고 일정한 금전적 제재를 가하는 것은 적절한 방법이라고 할 것이다. 또한, 이 사건 심판대상조항 및 관련규정들의 취지는 신고납부기한의 다음날부터 납부일 전일까지의 기간에 대하여 미납부세액의 일정 비율에 상당하는 가산세를 부과함으로써 신고납부기한내에 조세를 납부한 사람과의 형평을 기하고, 신고납부기한의 다음날부터 납부일 전일까지의 이자 상당의 이익을 박탈하고자 하는 것이다. 즉 미납부세액에 대하여 위 기간동안의 이자 상당액에 대하여 가산세를 부과하지 않는다면 신고납부기한내에 조세를 납부하지 않은 납세자는 그 기간동안의 이자 상당액의 이익을 챙길 수 있으므로 이를 박탈하자는 것이 이 사건 심판대상조항의 취지인 것이다. 이와 같이 이 사건 심판대상조항에 의하여 부과되는 가산세는 미납부기간동안의 이자에 상당한 금액을 징수하는 것으로서 30%의 범위 내에서 연 14.6%정도인 세율이 지나치게 높아 부당하다고 할 수 없으므로, 이 사건 심판대상조항은 과잉금지의 원칙에 어긋나는 것이 아니다.

나. 이 사건 심판대상조항 중 미납부가산세의 세율을 대통령령에 위임한 규정은 구 상속세법 제26조 제2항 본문이 아니라 같은 항 제2호의 "금융기관의 이자율을 참작하여 대통령령이 정하는 비율" 부분인데, 이 위임조항을 보면 가산세율을 정함에 있어서 금융기관의 이자율을 참작하여 그 비율을 정하도록 위임의 구체적 범위를 명확히 규정하고 있다. 그리고 이 조항에 따라 구 상속세법시행령 제19조의2 제2항은 100원에 일변 4전을 가산세율로 규정하고 있는 바, 이러한 이 사건 심판대상조항의 입법형식 및 그 규정내용을 보면 이 사건 심판대상조항이 포괄위임입법에 해당한다고 할 수 없다.

■ **3. 상속세법 제29조의2 제4항 위헌소원, 구 상속세법 제29조의2 제4항 등 위헌소원**
　 1999. 5. 27. 97헌바66, 98헌바11 · 48 [합헌]

가. 증여를 받은 후 증여세 신고기한인 6개월이 지난 때에는 당사자간의 합의에 따라 증여받은 재산을 반환하더라도 증여세를 부과할 수 있도록 규정한 구 상속세법 제29조의2 제4항("이 사건 조항")의 위헌 여부(소극)

나. 이 사건 조항을 개정법 시행 후 최초로 증여세를 결정하는 것부터 적용하도록 규정한 상속법개정법률 부칙 제7조가 재산권을 침해하는 소급입법인지 여부(소극)

◆ 결정 요지 ◆

가. (1) 증여세 회피기도의 차단, 과세행정의 능률 제고 등을 위하여 증여계약의 합의해제에 일정한 제한을 가하고자 신설된 이 사건 조항의 입법목적은 정당하고, 조세채무 성립 후의 사정변경은 원칙적으로 조세채권·채무관계에 소급적 작용을 끼치지 않는다는 점, 합의해제의 통상적 동기의 하나가 증여 당사자간의 담합을 통한 조세회피에 있는 점, 증여한 후 6개월 내에는 증여세 부담없이 합의해제할 수 있는 점, 국세기본법상의 경정청구제도를 통하여 부득이한 합의해제의 경우를 구제할 수 있는 가능성이 있는 점 등을 고려할 때, 이 사건 조항에 의한 계약의 자유 내지 경제상의 자유에 대한 제한은 조세채권의 실행을 위한 필요하고도 합리적인 것으로 인정되므로 그러한 자유를 보장하고 있는 헌법 제10조, 제119조 제1항에 위반되지 아니하며, 조세평등주의에 위배된다고 볼 수 없다.

　 (2) 입법자는 합의해제의 효력을 과세의 각 단계별로 규율할 수 있는 것이고, 이 사건 조항은 이미 성립한 증여세채무가 증여계약의 합의해제로 영향을 받지 않는다는 것을 바탕으로 하여 증여세 신고기한 내에서만 예외적으로 합의해제의 소급효를 인정하고 있는바, 그것이 계약의 자유 등을 위헌적으로 침해하는 것이 아니며, 달리 원칙에 합치되지 않는다고

볼 사정도 없으므로, 이 사건 조항은 실질적 조세법률주의에 위반된다거나 재산권보장의 원칙에 어긋난다고 할 수 없다.

나. 개정법이 시행되기 전에 이미 증여계약이 합의해제되고 원상회복을 마친 경우에는 증여계약의 이행으로 인한 물권변동의 효과는 소급적으로 소멸하고 증여는 처음부터 없었던 것이 되므로 이를 과세원인으로 하는 증여세 부과처분은 할 수 없으므로, 위 부칙 제7조는 과세관청으로 하여금 그러한 경우에도 개정법 시행 후에 이르러 이 사건 조항을 소급적용하여 증여세를 부과할 수 있게 하는 것이 아니어서 재산권을 침해하는 소급입법이라 볼 수 없고, 개정법 시행 후에 합의해제되어 증여재산을 반환하는 경우에는 위 부칙조항에 의하여 이 사건 조항이 적용되나, 이 사건 조항은 증여 그 자체에 관한 것이 아니라 증여계약의 합의해제에 관하여 규율하는 조항이므로 증여의 이행 그 자체는 이미 완료되었더라도 합의해제 및 반환이라는 법적 사실이 개정법 시행 후에 이루어진 이상 이에 대하여 이 사건 조항을 적용한다 하더라도 그것이 소급입법으로서 재산권을 박탈하는 것이라 할 수 없다.

<재판관 김용준, 재판관 신창언의 반대의견>

증여계약을 합의해제하게 되는 동기나 사정은 반드시 조세포탈에 국한되는 것이 아니며, 예상밖의 조세부담을 모면코자 하거나, 경제적으로 유리한 시기를 포착하여 증여하고자 하는 것은 경제생활과 관련하여 국민이 당연히 누릴 수 있는 자유이고 그 자체로 비난받거나 억제되어야 할 것이 아니므로, 이와 같은 경제상의 자유를 6개월이라는 극히 짧은 기간 이내로 제한할 만한 정당한 이유가 없고, 한편 국가의 조세수입에 대한 기대이익은 납세의무가 확정되어야만 비로소 보호할 만한 필요가 있는 것이므로 국가의 조세채권이 과세처분으로 확정되기 전에는 조세포탈의 의도가 명백한 경우 등의 특별한 사정이 없는 한 조세채권 확보의 명분으로 증여계약 당사자의 경제상의 자유를 희생시켜서는 아니될 것인바, 이 사건조항은 조세포탈의 방지, 증여세의 확보라는 목적에 치우쳐 국민의 정당한 계약의 자유 내지 경제상의 자유를 일률적으로, 비례성의 원칙에 위반하여 과도하게 침해하는 것이어서 헌법 제10조에 위반된다. 그리고 증여세의 부과처분을 하기 전에 증여계약이 합의해제되어 증여받은 재산이 반환되기까지 하였다면 그 재산에 대한

소유권은 다시 증여자에게 완전히 이전된 것이므로 "증여에 의한 재산의 무상
취득"이란 과세객체가 당초부터 존재하지 않는 것임에도 불구하고 이 사건 조
항은 그에 대하여 증여세를 부과하는 것이어서 조세법률주의에도 위반된다.

■ **4. 지방세법 제188조**
   1999. 30. 25. 98헌가11 · 14 · 15 · 18(병합) [위헌]

가. 사치성 재산에 대한 재산세의 표준세율을 그 가액의 1,000분의 50으로 중과하고 있는 지방세법(1998. 12. 31. 법률 제5615호로 개정되기 이전의 것) 제188조 제1항 제2호 (2)목 중 "고급오락장용 건축물"부분이 조세법률주의에 위배되는지 여부(적극)

나. 재산세 중과세 대상이 되는 고급오락장용 건축물의 구체적인 기준과 범위를 대통령령에 위임하고 있는 위 법 제188조 제3항이 포괄위임입법금지원칙에 위배되는지 여부(적극)

다. 사치성 재산용 토지에 대한 종합토지세의 세율을 토지과세표준액의 1,000분의 50으로 중과하고 있는 위 법 제234조의16 제3항 제2호 중 "기타 사치성 재산으로 사용되는 토지"부분이 조세법률주의에 위배되는지 여부(적극)

라. 종합토지세 중과세 대상이 되는 기타 사치성 재산용 토지의 구체적인 기준과 범위를 대통령령에 위임하고 있는 위 법 제234조의15 제2항 단서 제5호 중 "기타 사치성 재산으로 사용되는 토지로서 대통령령으로 정하는 토지"부분이 포괄위임입법금지원칙에 위배되는지 여부(적극)

◆ 결정 요지 ◆

가. 위 법 제188조 제1항 제2호 (2) 목 중 "고급오락장용 건축물"부분은 "고급오락장"의 개념이 지나치게 추상적이고 불명확하여 고급오락장용 건축물이 무엇인지를 예측하기가 어렵고, 과세관청의 자의적인 해석과 집행을 초래할 염려가 있으므로 헌법 제38조, 제59조에 규정된 조세법률주의에 위배된다.

나. 위 법 제188조 제3항은 고급오락장용 건축물이 무엇인지가 재산세 중과세요건의 핵심적 내용을 이루는 본질적이고도 중요한 사항임에도 불구하고 그 기준과 범위를 구체적으로 확정하지 않고 단순히 "고급오락장용 건축물의 구분과 한계는 대통령령으로 정한다"라고 불명확하고 포괄적으로 규정함으로써 실질적으로는 중과세 여부를 행정부의 자의에 맡기고 있을 뿐만 아니라, 입법목적, 지방세법의 다른 규정 또는 기타 관련법률을 살펴보더라도 고

급오락장용 건축물의 기준과 범위를 예측해 내기가 어려우므로 헌법 제75조 상의 포괄위임입법금지원칙에 위배된다.

다. 위 법 제234조의16 제3항 제2호 중 "기타 사치성 재산으로 사용되는 토지" 부분은 "기타 사치성 재산"의 개념이 지나치게 추상적이고 불명확하여 기타 사치성 재산으로 사용되는 토지가 무엇인지를 예측하기가 어렵고, 그 입법 연혁과 입법목적을 살펴보더라도 '기타 사치성 재산'의 기준과 범위를 합리적이고 객관적으로 예측해 내기가 어려워서 과세관청의 자의적인 해석과 집행을 초래할 염려가 있으므로 헌법 제38조, 제59조에 규정된 조세법률주의에 위배된다.

라. 위 법 제234조의15 제2항 단서 제5호 중 "기타 사치성 재산으로 사용되는 토지로서 대통령령으로 정하는 토지" 부분은 종합토지세를 중과세하는 마당에 '기타 사치성 재산으로 사용되는 토지'의 기준과 범위를 스스로 좀더 구체적으로 확정한 다음 하위법규에 위임하였어야 함에도 불구하고 기타 사치성 재산용 토지의 기준과 범위를 어떻게 규정할 것인지의 문제를 행정부의 재량과 자의에 맡겨버린 것이며, 입법목적, 지방세법의 다른 규정 또는 기타 관련법률을 살펴보더라도 그 기준과 범위를 객관적·합리적으로 예측하기 어렵고, 행정입법에 전적으로 위임할 수밖에 없는 불가피성도 없으므로 헌법 제75조상의 포괄위임입법금지원칙에 위배된다.

<재판관 정경식, 이영모의 반대의견>

위 법조항들이 헌법에 위반된다는 결론에는 다수의견과 견해를 같이 하지만, 1998. 7. 16. 선고한 96헌바52등 사건, 1999. 1. 28. 선고한 98헌가17 사건에서 밝힌 다음과 같은 이유를 원용하여 위 법조항들에 대하여 곧바로 위헌결정을 할 것이 아니라 헌법불합치결정을 하여야 한다. 즉, 고급주택과 고급오락장에 대하여 취득세를 중과세하는 입법취지와 우리의 현 실정을 감안할 때 이 조항들은 그 입법의 필요성과 정당성이 아직도 인정되므로, 입법형식상의 잘못만을 이유로 곧바로 위헌결정을 함으로써 사치성 재산에 대하여도 통상의 세율에 의한 취득세만을 부과할 수밖에 없어 원래의 입법취지를 실현할 수 없을 뿐만 아니라, 이미 중과세된 취득세를 납부한 사람들과의 사이에 형평에 어긋나는 결과를 초래할 것이 아니라, 입법형성권을 가진 국회로 하여금 사치성재산에 대한 중과세제도를 다른 세법 또는 관계법률과 연계하여 전반적, 체계적으로 정비할 수 있도록 헌법불합치결정을 하여야 한다.

■ 5. 지방세법 제112조 제2항 전단 중 "고급주택"부분 위헌제청
1999. 1. 28. 98헌가17 [위헌]

통상의 취득세율의 100분의 750으로 중과세하면서 그 대상을 "대통령령으로 정하는 고급주택"이라고 규정하여 대통령령에 위임한 것이 조세법률주의와 포괄위임입법금지원칙에 위반되는지 여부(적극)

◆ 결정 요지 ◆

지방세법(1994. 12. 22. 법률 제4794호로 개정되고, 1998. 12. 31. 법률 제5615호로 개정되기 전의 것) 제112조 제2항 전단 중 "고급주택"부분과 동항 후단 중 고급주택에 관한 부분은 결국 "대통령령으로 정하는 고급주택"을 취득하거나 이를 구분하여 그 일부를 취득하는 경우에 통상의 취득세율의 100분의 750으로 중과세하도록 규정한 것인바, 고급주택이 무엇인지 하는 것은 취득세 중과세요건이 핵심적 내용을 이루는 본질적이고도 중요한 사항임에도 불구하고 그 기준과 범위를 구체적으로 확정하지도 않고 또 그 최저기준을 설정하지도 않은 채 단순히 "대통령령으로 정하는 고급주택"이라고 불명확하고 포괄적으로 규정함으로써 실질적으로는 중과세 여부를 온전히 행정부의 재량과 자의에 맡긴 것이나 다름 없을 뿐만 아니라, 입법목적, 지방세법의 체계나 다른 규정, 관련법규를 살펴보더라도 고급주택의 기준과 범위를 예측해 내기 어려우므로 이 조항들은 헌법상의 조세법률주의, 포괄위임입법금지원칙에 위배된다.
<재판관 정경식, 재판관 이영모의 반대의견>
고급주택에 대하여 취득세를 중과세하는 입법취지와 우리의 현 실정을 감안할 때 이 조항들은 그 입법의 필요성과 정당성이 아직도 인정되므로, 입법형식상의 잘못만을 이유로 곧바로 위헌결정을 함으로써 사치성 재산에 대하여도 통상의 세율에 의한 취득세만을 부과할 수밖에 없어 입법취지를 실현할 수 없을 뿐만 아니라 이미 중과세된 취득세를 납부한 사람들과의 사이에 형평에 어긋나는 결과를 초래할 것이 아니라, 입법형성권을 가진 국회로 하여금 사치성 재산에 대한 중과세제도를 다른 세법 또는 관계법률과 연계하여 전반적, 체계적으로 정리·정비할 수 있도록 헌법불합치결정을 하여야 한다.

■ 6. 조세범처벌절차법 제16조 등 위헌소원
1999. 1. 28. 97헌바90 [합헌·각하]

가. 대통령령이 헌법재판소법 제68조 제2항의 규정에 의한 헌법소원심판청구의
대상이 되는지 여부(소극)

나. 조세범처벌절차법 제16조 본문에 의한 교부금이 조세법률주의의 적용대상인
지 여부(소극)

다. 조세범처벌절차법 제16조 본문상 교부금 산정의 구체적인 기준을 대통령령
에 위임한 것이 헌법상 위임입법의 한계를 일탈하였는지 여부(소극)

라. 조세포탈자가 재판이나 통고처분을 받아 벌금액이 확정된 경우에만 조세포탈
제보자에 대한 교부금을 지급하고 단순히 추징·부과처분만을 받거나 징역형
을 선고받은 경우에는 이를 지급하지 않도록 규정하고 있는 이 사건 법률조
항이 헌법상 평등의 원칙에 위반되거나 재산권을 침해하는지 여부(소극).

◆ 결정 요지 ◆

가. 헌법재판소법 제68조 제2항의 규정에 의한 헌법소원심판청구는 법률이 헌법
에 위반되는 여부가 재판의 전제가 되는 때에 당사자가 위헌제청신청을 하
였음에도 불구하고 법원이 이를 배척하였을 경우에 법원의 제청에 갈음하여
당사자가 직접 헌법재판소에 헌법소원의 형태로써 심판신청을 하는 것이고,
따라서 그 심판의 대상은 재판의 전제가 되는 법률인 것이지 대통령령은 그
대상이 될 수 없다고 할 것이므로, 이 사건 심판청구 중 대통령령인 조세범
처벌절차법시행령 제6조 제1항에 관한 부분은 부적법하다고 할 것이다.

나. 조세범처벌절차법 제16조에 의한 교부금제도는 비록 조세범처벌절차법에 규
정되어 있는 것이지만 국민으로부터 반대급부없이 일방적, 강제적으로 징수
하는 조세의 부과, 징수나 감면과는 달리 세수확보와 조세에 관한 범칙사건
을 간편·신속하게 처리하려는 목적으로 조세범처벌법을 위반한 범칙사건을
처리함에 있어서 중요한 자료를 제공한 자에게 그 기여도에 따라 포상 내지
보상금으로 확정벌금액의 일부에 상당하는 금액을 지급하려는 보상적 성격

의 제도라고 할 것이므로 조세법률주의의 적용대상이 아니라고 할 것이어서, 위 법률조항은 더 나아가 판단할 필요없이 헌법 제59조의 조세법률주의에 위반되지 아니한다.

다. 조세범처벌절차법 제16조는 교부금지급의 대상자와 교부금의 상한과 하한을 명백히 규정하면서 교부금 산정의 구체적 기준을 대통령령에 위임하고 있고, 조세범처벌법의 관련규정을 유기적 체계적으로 종합판단하면 위 법률조항의 위임에 따라 조세범처벌절차법시행령에 규정될 교부금 지급기준의 내용이 어떤 것이 될지를 충분히 예측할 수 있으므로 헌법 제75조상 위임입법의 한계를 일탈하였다고 볼 수 없다.

라. 조세범처벌절차법 제16조는 세수확보와 조세에 관한 범칙사건을 간편 신속하게 처리하려는 목적으로 포탈세액 또는 벌금액을 산정함에 있어서 중요한 자료를 제공한 자에 대하여 그 기여도에 따라 재판이나 통고처분에 의하여 확정된 벌금을 재원으로 하여 그 중 일부에 상당하는 금액을 특별히 교부금으로 지급할 수 있도록 한 것으로서, 위 법률조항이 벌금형이 확정된 경우에만 교부금을 지급하고 그렇지 아니한 경우에는 교부금을 지급하지 아니하기로 한 데에는 합리적인 이유가 있다고 할 것이므로, 입법권이 자의적으로 행사된 경우에 해당하여 청구인의 평등권이나 재산권을 침해한 것이라고 볼 수 없다.

■ 7. 구 소득세법 제82조 제1항 등 위헌소원
1998. 12. 27. 97헌바33 · 48 · 72, 98헌바15 · 16 · 57(병합) [합헌]

가. 부동산매매업자에 대하여 소위 비교과세제도를 규정하고 있는 구 소득세법 제82조 제1항이 과세요건명확주의에 위반되는지 여부(소극)

나. 종전의 양도소득세부과처분을 취소하고 새로이 종합소득세부과처분을 하는 것이 조세법률주의에 위반되거나 이중과세와 소급과세에 해당되는지 여부(소극)

다. 종합소득세와 양도소득세를 서로 다른 기준에 의하여 산정하도록 한 소득세법체계가 조세법률주의에 위반되는지 여부(소극)

◆ 결정 요지 ◆

가. 소득세법의 전반적 체계와 관련규정의 취지에 비추어 보면, 부동산의 수익을 얻을 목적이 없이 단순히 재산의 관리행위로서 이루어지는 경우에는 양도소득세의 과세원인사실인 양도에 해당하고, 수익을 얻을 목적으로 일반적인 경제활동에의 참여라고 할 수 있을 정도로 독자적이고 지속적으로 이루어지는 경우에는 종합소득세의 과세원인사실이 부동산매매업이라고 판단할 수 있다고 할 것이므로 이 사건 법률조항은 과세요건명확주의에 위반되지 아니한다.

나. 부동산의 양도가 종합소득세의 과세대상이 되는 부동산매매업에 해당되는지 여부는 수익의 목적이 있었는지의 여부와 그 행위가 계속성, 반복성을 띠었는지, 부동산매매의 규모·횟수·태양 등을 종합 고려하여 일정한 기간이 지난 다음에야 비로소 판단될 수밖에 없는 성질의 것이므로, 과세관청이 부동산 거래가 있은 뒤에 사업소득으로 인정하여 종합소득세로 경정처분을 한다 하여 법적 안정성을 침해함으로써 조세법률주의에 위반한다거나, 이중과세처분 또는 소급과세처분이라고 볼 수 없다.

다. 부동산매매업자의 부동산거래로 인한 소득은 처음부터 사업소득에 해당하여 종합소득세의 부과대상이 되므로 과세표준산정이 기초가 되는 소득액의 산정을 실질과세의 원칙에 따라 실지거래가액으로 산정하는 것이 당연한 이치이다. 반면 양도소득세의 경우 기준시가과세원칙을 채택한 입법목적은 모든 자산의 거래에 관하여 납세의무자가 진실한 실지거래가액을 신고하리라는 사실상 기대할 수 없는 데다 과세관청이 일일이 실지거래가액을 조사한다는 것도 조세행정상 심히 곤란함에도 실지거래가액에 의한 과세를 고집한다면, 납세의무자의 조세저항만을 증폭시킬 뿐 객관성 있는 조사도 어렵고, 담당 공무원의 능력이나 자세에 따라 납세의무자의 세부담이 달라지게 되며, 실지거래가액을 조작한 자만 이득을 보게될 여지도 있어 오히려 실질적으로는 조세공평주의에 반하는 결과가 초래될 우려가 있다는 점 등을 고려하여 획일적인 기준시가에 의하여 양도차익을 산정함으로써 조세법의 집행과정에 개재될 수 있는 부정을 배제하고, 실질적인 조세부담의 공평과 조세정의를 실현하고자 하는 데 있는 것이다. 따라서 부동산의 양도에 의한 매매차익의 계산을 양도주체에 따라 서로 다른 기준에 따르게 한 것은 각 소득과이에 대한 과세방법상의 특성에 따른 합리적 근거가 있는 것이라고 할 것이므로 헌법에 위반되지 아니한다.

■ 8. 농어촌특별세법 부칙 제3조 제3항 위헌소원
**   1998. 11. 26. 97헌바58 [합헌]**

가. 소급입법의 종류와 허용범위

나. 법인세의 과세기간중에 농어촌특별세법을 제정하여 법인세를 본세로 하는 농어촌특별세를 부과하기로 하면서, 그 법 시행일 이후 최초로 종료하는 사업년도의 개시일부터 적용토록 한 것이 소급과세금지원칙에 위반되는지 여부(소극)

다. 위와 같은 부진정소급입법이 신뢰보호원칙에 위반되는지 여부(소극)

◆ 결정 요지 ◆

가. 새로운 입법으로 이미 종료된 사실관계에 작용케 하는 진정소급입법은 헌법적으로 허용되지 않는 것이 원칙이며 특단의 사정이 있는 경우에만 예외적으로 허용될 수 있는 반면, 현재 진행중인 사실관계에 작용케 하는 부진정소급입법은 원칙적으로 허용되지만 소급효를 요구하는 공익상의 사유와 신뢰보호의 요청 사이의 교량과정에서 신뢰보호의 관점이 입법자의 형성권에 제한을 가하게 된다.

나. 농어촌특별세는 법인세의 과세기간이 종료되는 때에 납세의무가 성립하는바, 농어촌특별세법 부칙 제3조 제3항은 그 시행일 이후 최초로 종료하는 사업년도의 개시일부터 적용토록 하고 있으므로 법인세 및 이를 본세로 하는 농어촌특별세의과세기간 진행중에 시행된 법을 과세기간 개시일에 소급하여 적용토록 하는 이른바 부진정소급입법에 해당할 뿐, 새로운 입법으로 이미 종료된 과거에 소급하여 과세하는 진정소급입법이라 할 수 없어 소급입법에 의한 재산권박탈을 금지한 헌법 제13조 제2항이나 소급과세금지원칙에 위반한다고 할 수 없다.

다. 농어촌특별세법은 우루과이라운드 협상의 타결에 따른 후속대책의 일환으로 추진되는 농어촌 개발사업 등에 필요한 재원을 조달하기 위하여 10년을 시한으로 농어촌특별세를 신설하면서도, 법인세를 본세로 하는 농어촌특별세는 특별히 적용기간을 2년으로 단축하고 있고, 개정된 법인세법에 따라 법인세율이 종래 34%에서 32%로 인하된 것을 감안하여 그 차이인 2%만을 농어촌특별세로 부과함으로써 기업의 실질적 부담증가는 없도록 배려하고 있으므로, 비록 동법 부칙 제3조 제3항에서 그 시행일 이후 최초로 종료하는 사업년도의 개시일부터 적용토록 하고 있더라도 입법취지에서 엿보이는 공익목적인 중요성, 신뢰침해의 방법과 정도, 침해받은 신뢰의 보호가치 등을 종합적으로 비교·형량할 때 위 부칙조항이 헌법상의 신뢰보호원칙에 위반한 것이라 하기 어렵다.

■ 9. 부산광역시세조례 부칙 제2조 위헌확인, 목포시세조례 부칙 제2조 위헌확인
1998. 11. 26. 96헌마55, 96헌마 213(병합) [각하]

법령에 의한 기본권침해의 직접성이 부인된 사례

◆ 결정 요인 ◆

부산광역시세조례(1995. 12. 29. 부산광역시조례 제3260호로 개정된 것) 부칙 제2조 및 목포시세조례(1995. 12. 30. 목포시조례 제774호로 개정된 것) 부칙 제2조는 각기 1995년도 사업소득에 대한 주민세에 관하여 개정된 인상세율을 1996. 1. 1. 이후에 "부과징수(신고납부하는 경우를 포함한다)"되는 소득세·법인세 및 농지세에 대한 주민세부터 적용토록 하고 있는 바, 주민세를 부과징수하는 경우 위 부칙조항을 적용하여 이루어지는 별도의 집행행위인 과세처분에 의하여 비로소 기본권침해가 현실적으로 나타나게 되고, 주민세를 신고납부하는 경우에는 소득세할의 납세의무자가 납부하여야 할 세액을 산출하여 이를 소득세의 납세지를 관할하는 시장·군수에게 신고납부하여야 하지만, 신고납부를 하지 아니하거나 신고납부세액이 세법에 의하여 신고납부하여야 할 세액에 미달할 때에는 보통징수, 즉 부과징수의 방법에 의하여 징수하도록 하고 있으므로 신고납부의 경우에도 종국적으로는 과세처분이라는 집행행위를 통하여 기본권침해가 현실화되는 것이어서, 위 조례 부칙 제2조는 모두 기본권침해의 직접성이 없고, 이 부칙조항들을 직접 대상으로 삼은 이 사건 심판청구는 법령에 대한 헌법소원의 요건을 갖추지 못하여 부적법하다.

제 4 편 행정심판 관련서류

【서식】 이의신청서

[별지 제32호서식] <개정 2005.3.19, 2006.2.14>

<table>
<tr><td colspan="3" rowspan="2">이 의 신 청 서</td><td>처리기간</td><td>수수료</td></tr>
<tr><td>3 0 일</td><td>없 음</td></tr>
<tr><td rowspan="6">신
청
인</td><td>①성 명</td><td></td><td>②주 민 등 록 번 호
(사업자등록번호)</td><td colspan="2"></td></tr>
<tr><td>③상 호</td><td></td><td>④전 화 번 호
(휴대전화번호)</td><td colspan="2"></td></tr>
<tr><td>⑤주 소 또 는 사
업장소재지</td><td colspan="4">(우   -   )
전자우편(e-mail) :</td></tr>
<tr><td colspan="5"></td></tr>
</table>

<table>
<tr><td>⑥처 분 청</td><td></td><td>⑦조 사 기 관</td><td></td></tr>
<tr><td colspan="4">⑧처분통지를 받은 날(또는 처분이 있은 것을 처음으로 안 날) : 년 월 일</td></tr>
<tr><td colspan="4">⑨통지된 사항 또는 처분의 내용(과세처분인 경우에는 연도, 기분, 세목 및 세액 등을 기재합니다)
※________년도________기분_________세_________원 부과처분</td></tr>
<tr><td colspan="4">⑩불복의 이유(내용이 많은 경우에는 별지에 기재하여 주십시오)

</td></tr>
<tr><td colspan="4">「국세기본법」 제66조 및 동법 시행령 제54조의 규정에 의하여 위와 같이 이의신청합니다.
년   월   일
신청인   (서명 또는 인)

세 무 서 장
지방국세청장   귀하</td></tr>
<tr><td colspan="4">첨부서류
1. 불복이유서(불복의 이유를 별지로 작성한 경우입니다)
2. 불복이유에 대한 증거서류(첨부서류가 많은 경우 목록을 별도로 첨부하여 주십시오)</td></tr>
</table>

<table>
<tr><td rowspan="4">위
임
장</td><td colspan="6">「국세기본법」 제59조제1항의 규정에 의하여 아래 사람에게 위 이의신청에 관한 사항을 위임합니다(다만, 심사청구의 취하는 별도의 위임을 받은 경우에 한합니다).</td></tr>
<tr><td rowspan="2">위 임 자
(신 청 인)</td><td colspan="5">대 리 인</td></tr>
<tr><td>구 분</td><td>성 명</td><td>사업장
소재지</td><td>사업자등록번호
(전자우편)</td><td>전화번호
(휴대전화
번호)</td></tr>
<tr><td>(서명 또는 인)</td><td>세 무 사
공인회계사
변 호 사</td><td>(서명 또는 인)</td><td>(우 -)</td><td></td><td></td></tr>
</table>

이의신청서접수증		(접수번호 호)	
성 명		주 소	

첨부서류
  1. 불복이유서(   )
  2. 불복이유에 대한 증거서류(   )
		접 수 자	

		접수일자인	
귀하의 이의신청 진행상황은 국세청 홈페이지(www.nts.go.kr)에서 조회가 가능합니다.			

【서식】불복이유서

불 복 이 유 서

1. 청구취지

"서인천세무서장이 20○○년 8월 16일 청구인에게 결정고지한 종합소득세 17,542,280원에 대한 처분을 취소한다"라는 결정을 구함.

2. 청구이유

① 처분내용

청구인은 인천시 ○○구 ○○동 535-2번지에서 ○○숯불갈비(업종 : 음식, 일반, 한식)을 경영하고 있는 자로서, 20○○년 5월 31일 98년 귀속 종합소득세 신고시 상기 사업장의 20○○년 총수입금액 194,726,722원에 대한 사업소득금액 31,740,463원(코드번호 : 521110, 일반한식, 자가, 기본율 16.3%)을 추계하여 종합소득세 5,650,525원을 자진신고 납부하였으나, 처분청은 당 사업장의 주된 표준소득률을 37.2%(코드번호 : 552170, 고급음식점, 자가, 기본율)를 적용 94년 귀속 종합소득세 17,542,280원을 95년 8월 16일자로 추가 결정고지하였습니다.

② 청구인의 의견

청구인의 사업장은 표준소득률상 고급음식점(552170)의 적용범위 및 기준에 해당되지 않으며, 대단위 한우 불고기 단지가 조성되어 있는 곳으로 특별한 인테리어 시설도 되어 있지 아니한 서민식당이며, 가격 또한 한우의 고기 부분 중 갈비를 제외한 기타 부위(등심포함)를 1인분에 8천원(갈비 : 1인분 9천원)의 저렴한 가격으로 인근지역 일반서민에게 조리 판매하고 있어 사회통념상 고급음식점(인천지역 일부 업소 중 갈비, 등심, 안심 등을 1인분에 만 5천원 이상에 판매하고 있는 대형 업소가 있음)과는 상당히 거리가 있습니다. 고급 호화사치성 식당에 중과세하려는 취지를 감안하면 사회통념상 도저히 고급음식점이라고 볼 수 없습니다.

【서식】이의신청서(지방세)

■ 지방세기본법 시행규칙[별지 제75호서식]   (앞 쪽)

<table>
<tr><td colspan="2" align="center">지방세 이의신청서</td><td>처리기간
90일</td></tr>
</table>

<table>
<tr><td rowspan="6">신
청
인</td><td>① 성 명 (대 표 자)</td><td></td><td>②주민(법인, 외국인)
등 록 번 호</td><td></td></tr>
<tr><td>③ 상 호 (법 인 명)</td><td></td><td>④사업자등록번호</td><td></td></tr>
<tr><td>⑤ 주 소 (영 업 소)</td><td colspan="3">□□□-□□□□</td></tr>
<tr><td>⑥ 전 화 번 호</td><td>(휴대전화:)</td><td>⑦ 전 자 우 편 주 소</td><td></td></tr>
<tr><td>① 성 명 (대 표 자)</td><td></td><td>②주민(법인, 외국인)
등 록 번 호</td><td></td></tr>
</table>

<table>
<tr><td rowspan="4">대
리
인</td><td>① 성 명 (대 표 자)</td><td></td><td>②주민(법인, 외국인)
등 록 번 호</td><td></td></tr>
<tr><td>③ 상 호 (법 인 명)</td><td></td><td>④사업자등록번호</td><td></td></tr>
<tr><td>⑤ 주 소 (영 업 소)</td><td colspan="3">□□□-□□□</td></tr>
<tr><td>⑥ 전 화 번 호</td><td>(휴대전화:)</td><td>⑦ 전 자 우 편 주 소</td><td></td></tr>
</table>

<table>
<tr><td>⑧통지를 받은 연월일
또는 처분이 있었음을
안 연 월 일</td><td></td><td>⑨ 처 분 청</td><td></td></tr>
<tr><td rowspan="2">⑩통 지 된
사 항 또는
처분내용</td><td>세 목</td><td>세 액</td><td></td></tr>
<tr><td>세부내용</td><td colspan="2"></td></tr>
<tr><td colspan="2">⑪불 복 사 유</td><td colspan="2"></td></tr>
<tr><td colspan="2">⑫결 정 서 전자송달
신 청 여 부</td><td colspan="2">□ 신청   □ 신청하지 않음</td></tr>
<tr><td colspan="2">⑬증 명 물 건 의 표 시</td><td colspan="2"></td></tr>
</table>

「지방세기본법」 제118조 및 같은 법 시행령 제95조제1항에 따라 별지와 같이 증명서류를 첨부하여 이의신청을 합니다.

년   월   일

신청인(대리인)   (서명 또는 인)

지방자치단체의 장 귀하

<table>
<tr><td>증명서류</td><td>이의신청 사유를 증명할 수 있는 서류</td><td>수수료
없 음</td></tr>
</table>

이 지방세 이의신청에 관한 일체의 권한을 상기 대리인에게 위임합니다.

위 임 자   (서명 또는 인)

<table>
<tr><td></td><td colspan="2" align="center">지방세 이의신청서 접수증
(접수번호   호)</td></tr>
<tr><td>성 명(법인명)</td><td></td><td>주소(영업
소)</td><td></td></tr>
<tr><td rowspan="3">증명서류</td><td rowspan="3"></td><td>접 수 자</td><td></td></tr>
<tr><td>접수일자</td><td></td></tr>
<tr><td>도장</td><td></td></tr>
</table>

210mm×297mm(일반용지 60g/㎡(재활용품))

(뒤 쪽)

작 성 방 법

□ **인적사항(신청인, 대리인)란**

① 성명(대표자): 개인은 성명, 법인은 법인 대표자 성명을 적습니다.

② 주민(법인, 외국인)등록번호: 개인(내국인)은 주민등록번호, 법인은 법인등록번호, 외국인은 외국인
  등록번호를 적습니다.

③ 상호(법인명): 개인사업자는 상호, 법인은 법인등기부상의 법인명을 적습니다.

④ 사업자등록번호: 「부가가치세법」 에 따라 등록된 사업장의 등록번호를 적고, 등록번호가 없는 경
  우 빈 칸으로 둡니다.

⑤ 주소(영업소):

  － 개인: 주민등록표상의 주소를 원칙으로 하되, 주소가 사실상의 거주지와 다른 경우 거주지를 적을
    수 있습니다.

  － 법인 또는 개인사업자: 법인은 주사무소 소재지, 개인사업자는 주된 사업장 소재지를 적습니다. 다
    만, 주사무소 또는 주된 사업장 소재지와 분사무소 또는 해당 사업장의 소재지가 다를 경우 분
    사무소 또는 해당 사업장의 소재지를 적을 수 있습니다.

⑥ 전화번호: 연락이 가능한 일반전화(휴대전화)번호를 적습니다.

⑦ 전자우편주소: 수신이 가능한 전자우편주소(E-mail 주소)를 적습니다.

□ **청구내용란**

⑧ 통지를 받은 연월일 또는 처분이 있었음을 안 연월일: 통지를 받은 연월일 또는 그 처분이 있었
  음 안 연월일을 적습니다.

⑨ 처분청: 과세 행정기관을 적습니다.

⑩ 통 지 된 사항 또는 처분내용: 과세된 세목 및 지방세액 등을 적습니다.

⑪ 불복사유: 처분내용에 이의가 있는 내용을 적습니다.

⑫ 전자송달 신청: 전자송달을 원하시는 경우 신청란에 √ 표시합니다.

⑬ 증명물건의 표시: 증명서류로 제출하시는 목록을 적습니다.

【서식】 불복이유서

청 구 취 지

처분청이 20○○. 8. 5. 자로 청구인에 대하여 한 취득세 금 236,812,680원의 부과처분을 취소한다.

청 구 원 인

1. 처분의 내용

처분청은 청구인이 20○○. 11. 19. ○○시 양정동 352-25 대 464.1㎡ 및 같은 동 352-4 대 247.9㎡(이하 이 사건 토지라 함)를 취득한 후 2년 6월 내에 매각하지 아니하였다는 이유로 이 사건 토지가 지방세법 소정의 법인의 비업무용토지에 해당한다고 보고, 위 법에 의하여 산출한 취득세액에서 이미 자진신고납부한 세액을 차감하여 20○○. 8. 5. 자로 청구인에게 취득세 금 236,812,680원의 부과처분을 하였다.

2. 처분의 위법성

가. 청구인은 20○○. 2. 11. 상호신용계업무 등을 목적사업으로 하여 설립된 법인으로서 소외 박○○, 송○○ 등 채무자에 대한 채권의 보전 및 행사를 위하여 적정한 가격에 의한 낙찰자가 나타나지 아니하여 이 사건 토지를 20○○. 11. 19. 경락을 받아 취득하였습니다.

나. 청구인은 이 사건 토지를 취득한 후 즉시 매각하기 위하여 이 사건토지상의 무허가주택을 소유하면서 거주하고 있던 소외 박인과 퇴거 문제를 협의하면서 매각을 추진하였으나, 당시 장기간에 걸친 부동산 경기침체 때문에 원매자가 나타나지 아니하여 이 사건 토지를 취득한 1년 이내인 20○○. 10. 24. 성업공사에 이 사건 토지에 대한 매각을 위임하였고, 이에 성업공사가 매각에 나섰으나 매수자가 나타나지 아니하여 유찰되고 있어 현재까지 처분되지 못하고 있습니다.

따라서 청구인이 이 사건 토지를 지방세법시행령 제84조의4 제4항 제2호에 의거 소정의 기간인 1년 내에 성업공사에 매각 의뢰한 이상 현재 매각되지 아니하더라도 정당한 사유가 있다고 할 것이므로, 비업무용토지의 취득으로 보아 중과세하는 것은 위법부당합니다.

첨 부 서 류

1. 납세고지서
2. 매각위임증서
3. 위임장

【서식】 심사청구서

[별지 제29호서식] <개정 2005.3.19, 2006.2.14>

<table>
<tr><td colspan="4" rowspan="2">심 사 청 구 서</td><td>처리기간</td><td>수수료</td></tr>
<tr><td>90 일</td><td>없 음</td></tr>
<tr><td rowspan="3">청
구
인</td><td>①성 명</td><td></td><td>②주 민 등 록 번 호
(사업자등록번호)</td><td colspan="2"></td></tr>
<tr><td>③상 호</td><td></td><td>④전 화 번 호
(휴대전화번호)</td><td colspan="2"></td></tr>
<tr><td>⑤주 소 또 는 사업
장소재지</td><td colspan="4">(우   -   )
전자우편(e-mail) :</td></tr>
<tr><td colspan="2">⑥처 분 청</td><td colspan="2">⑦조 사 기 관</td><td colspan="2"></td></tr>
<tr><td colspan="6">⑧처분통지를 받은 날(또는 처분이 있은 것을 처음으로 안 날) : 년 월 일</td></tr>
<tr><td colspan="6">⑨통지된 사항 또는 처분의 내용(과세처분인 경우에도 연도, 기분, 세목 및 세액 등을 기재합니다)

※ ─────── 년도 ─────── 기분 ─────── 세─────── 원 부과처분</td></tr>
<tr><td colspan="2">⑩이의신청을 한 날</td><td>년 월 일</td><td>⑪이의신청 결정통지를 받은 날(또는
결정기간이 경과한 날)</td><td colspan="2">년 월 일</td></tr>
<tr><td colspan="6">⑫불복의 이유(내용이 많은 경우에는 별지에 기재하여 주십시오)</td></tr>
<tr><td colspan="6">「국세기본법」 제62조 및 동법 시행령 제50조의 규정에 의하여 위와 같이 심사청구를 합니다.

년   월   일

청구인   (서명 또는 인)

국세청장   귀하</td></tr>
<tr><td colspan="6">첨부서류 : 1. 불복이유서(불복의 이유를 별지로 작성한 경우입니다)
        2. 불복이유에 대한 증거서류를(첨부서류가 많은 경우 목록을 별도로 첨부하여 주십시오)</td></tr>
<tr><td rowspan="4">위
임
장</td><td colspan="5">「국세기본법」 제59조제1항의 규정에 의하여 아래 사람에게 위 심사청구에 관한 사항을 위임합니다(다만, 심사청구의 취하는 별도의 위임을 받은 경우에 한합니다).</td></tr>
<tr><td rowspan="2">위 임 자
(청 구 인)</td><td colspan="4" align="center">대 리 인</td></tr>
<tr><td>구 분</td><td>성 명</td><td>사 업 장
소 재 지</td><td>사업자등록번호
(전자우편)</td><td>전화번호
(휴대전화번호
)</td></tr>
<tr><td>(서명 또는 인)</td><td>세무사
공인회계사
변호사</td><td>(서명 또는 인)</td><td>(우 -)</td><td></td><td></td></tr>
</table>

<table>
<tr><td colspan="2" align="center">심사청구서접수증</td><td colspan="2">(접수번호   호)</td></tr>
<tr><td>청구인</td><td></td><td align="center">주 소</td><td></td></tr>
<tr><td rowspan="2">첨부서류
  1. 불복이유서(　　)
  2. 불복이유에 대한 증거서류(　　)</td><td rowspan="2"></td><td align="center">접 수 자</td><td></td></tr>
<tr><td align="center">접수일자인</td><td></td></tr>
<tr><td colspan="4">귀하의 심사청구 진행상황은 국세청 홈페이지(www.nts.go.kr)에서 조회가 가능합니다.</td></tr>
</table>

210㎜×297㎜(일반용지 60g/㎡(재활용품))

【서식】 불복이유서

불 복 이 유 서

청 구 취 지

강남세무서장이 20○○. 7. 16. 자로 청구인에게 고지처분한 증여세 183,330,000원과 동 방위세 30,555,000원의 부과처분은 이를 취소한다. 라는 결정을 내려주시기 바랍니다.

청 구 이 유

1. 과세 경위

청구인은 다음 부동산을 (이하 "쟁점 부동산"이라 함) 취득하였던 바,

소 재 지	지목	면 적	취 득 일 자	취 득 가 액
관악구 신림동 572-5	대지	510.7㎡	20○○. 06. 12	750,000,000
관악구 신림동 1669-12	대지	31.7㎡	20○○. 05. 13	
계				750,000,000

※ 취득가액은 실지거래가액임

처분청은 취득가액 750,00,000원 중 427,500,000원만을 자력 취득금액으로 인정하고 322,500,000원은 청구인의 남편인 청구외 ○○○으로부터 증여받은 것으로 추정하여 과세함으로써 이 건 처분에 이르렀습니다.

2. 처분의 위법 부당성

청구인은 쟁점 부동산을 취득함에 있어 전액 청구인 자력으로 취득하였는 바, 그 내역은 다음과 같습니다.

일 자	자 금 출 처	금 액	비 고
20○○. 04. 20	영등포구 대림동 709-5 대지 331.30㎡ 건물 891.07㎡ 매각대금	855,000,000	
20○○. 06. 22	고려화재로부터 대출금	120,000,000	
20○○. 10. 30	신한상호신용금고 대출금	150,000,000	
계		1,125,000,000	

　이와 같이 쟁점 부동산을 누구에게서도 증여받지 아니하고 자력으로 취득하였으나, 처분청은 아무런 거증 없이 청구인의 남편이 증여하였을 것이라 추정하여 과세하였던 바,

　이는 사실관계를 오해한 처분이오니 취소하여 주시기 바랍니다.

【서식】 심사청구서(지방세)

■ 지방세기본법 시행규칙[별지 제76호서식]

(앞 쪽)

<table>
<tr><td colspan="4" align="center">지방세 심사청구서</td><td>처리기간</td></tr>
<tr><td colspan="4"></td><td>90일</td></tr>
<tr><td rowspan="6">청
구
인</td><td>① 성 명 (대 표 자)</td><td></td><td>② 주민(법인, 외국인)
등 록 번 호</td><td></td></tr>
<tr><td>③ 상 호 (법 인 명)</td><td></td><td>④ 사 업 자 등 록 번 호</td><td></td></tr>
<tr><td>⑤ 주 소 (영 업 소)</td><td colspan="3">□□□-□□□</td></tr>
<tr><td>⑥ 전 화 번 호</td><td>(휴대전화:)</td><td>⑦ 전 자 우 편 주 소</td><td></td></tr>
<tr><td>① 성 명 (대 표 자)</td><td></td><td>② 주민(법인, 외국인)
등 록 번 호</td><td></td></tr>
<tr><td>③ 상 호 (법 인 명)</td><td></td><td>④ 사 업 자 등 록 번 호</td><td></td></tr>
</table>

<table>
<tr><td rowspan="2">대
리
인</td><td>⑤ 주 소 (영 업 소)</td><td colspan="3">□□□-□□□</td></tr>
<tr><td>⑥ 전 화 번 호</td><td>(휴대전화:)</td><td>⑦ 전 자 우 편 주 소</td><td></td></tr>
</table>

<table>
<tr><td rowspan="6">통
지
된
사
항</td><td rowspan="2">⑧ 부 과
처 분</td><td>세 목</td><td></td><td>세   액</td><td></td></tr>
<tr><td>처 분 청</td><td></td><td>고 지 서 수 령 일</td><td></td></tr>
<tr><td rowspan="3">⑨ 이 의
신 청</td><td>이의신청
제출일</td><td></td><td>결 정 서 수 령 일</td><td></td></tr>
<tr><td>결정사항</td><td></td><td>결 정 기 관</td><td></td></tr>
</table>

<table>
<tr><td>⑩ 결정통지를 받지못한
경우의 경정기간이
경 과 한 날</td><td colspan="3"></td></tr>
<tr><td>⑪ 불 복 사 유</td><td colspan="3"></td></tr>
<tr><td>⑫ 심 사 결 정 서
전 자 송 달 신 청</td><td colspan="3">□ 신청   □ 신청하지 않음</td></tr>
<tr><td>⑬ 증 명 물 건 의 표 시</td><td colspan="3"></td></tr>
</table>

「지방세기본법」 제119조 및 같은 법 시행령 제96조에 따라 별지와 같이 증명서류를 첨부하여 심사를 청구합니다.

년   월   일

청구인(대리인)   (서명 또는 인)

특별시장·광역시장·도지사 귀하

<table>
<tr><td>증명서류</td><td>심사청구 사유를 증빙할 수 있는 서류</td><td>수수료
없 음</td></tr>
</table>

이 지방세 심사청구에 관한 모든 권한을 위의 대리인에게 위임합니다.

위 임 자   (서명 또는 인)

<table>
<tr><td colspan="4" align="center">지방세 심사청구서 접수증</td></tr>
<tr><td colspan="4" align="right">(접수번호   호)</td></tr>
<tr><td>성명(법인명)</td><td></td><td>주소(영업소
)</td><td></td></tr>
<tr><td>증명서류:</td><td></td><td>접 수 자</td><td></td></tr>
<tr><td></td><td></td><td>접수일자인</td><td></td></tr>
</table>

210mm×297mm(일반용지 60g/㎡(재활용품))

(뒤 쪽)

작 성 방 법

□ **인적사항(청구인, 대리인)란**

① 성명(대표자): 개인은 성명, 법인은 법인 대표자 성명을 적습니다.

② 주민(법인, 외국인)등록번호: 개인(내국인)은 주민등록번호, 법인은 법인등록번호, 외국인은 외국인등 록번호를 적습니다.

③ 상호(법인명): 개인사업자는 상호, 법인은 법인등기부상의 법인명을 적습니다.

④ 사업자등록번호: 「부가가치세법」 에 따라 등록된 사업장의 등록번호를 적고, 등록번호가 없는 경우 빈 칸으로 둡니다.

⑤ 주소(영업소):

　－ 개인: 주민등록표상의 주소를 원칙으로 하되, 주소가 사실상의 거주지와 다른 경우 거주지를 적을 수 있습니다.

　－ 법인 또는 개인사업자: 법인은 주사무소 소재지, 개인사업자는 주된 사업장 소재지를 적습니다. 다만, 주사무소 또는 주된 사업장 소재지와 분사무소 또는 해당 사업장의 소재지가 다를 경우 분사무소 또는 해당 사업장의 소재지를 적을 수 있습니다.

⑥ 전화번호: 연락이 가능한 일반전화(휴대전화)번호를 적습니다.

⑦ 전자우편주소: 수신이 가능한 전자우편주소(E-mail 주소)를 적습니다.

□ **청구내용란**

⑧ 부과처분: 해당 세목, 지방세액, 고지서수령일 등을 적습니다.

⑨ 이의신청: 이의신청을 한 경우에만 적기 바랍니다.

⑩ 결정통지를 받지못한 경우의 경정기간이 경과한 날: 이의신청에 대한 결과통지를 받지 못한 경우에 만 그 날짜를 적습니다.

⑪ 불복사유: 이의신청 결정 등 처분내용에 이의가 있는 경우 그 내용을 적습니다.

⑫ 전자송달 신청: 전자송달을 원하시면 신청란에 √ 표시합니다.

⑬ 증명물건의 표시: 증명서류로 제출하시는 목록을 적습니다.

【서식】 불복이유서

청 구 취 지

 ○○시 ○○구청장이 20○○. 12. 16. 청구인에게 한 취득세 10,197,080원의 부과처분은 이를 취소한다.

청 구 이 유

1. 사실관계

 청구인은 ○○시 ○○구 ○○동 689-44번지상에 다가구 8세대 주택 1동 471.83㎡를 건축하였다.

2. 부과처분의 내용

 청구인은 위 주택을 고급주택에 해당한다고 보아 취득세를 중과하고 있다.

3. 부과처분의 위법성

 그러나 다가구주택은 호화생활에 따른 담세력을 인정하여 중과하는 고급주택이 아니고, 집 없는 국민의 주거생활을 도모하기 위한 정부의 지원에 의하여 신축된 만큼 중과세는 부당하다.

4. 전심절차

 청구인은 ○○시장에게 이의신청을 하였으나 20○○. 3. 19. 기각결정통지를 받았다.

【서식】관세청장에 대한 심사청구

심 사 청 구 서				처리기간
				60일
심 사 청구인	1.상 호 성 명	○○무역(주) 대표이사 ○ ○ ○	2. 사업자등록번호 (주민등록번호)	211-86-30618 (590117-2000419)
	3.주 소	○○구 ○○동 234-27	4. 전 화 번 호	(02)511-9973
내 용	5.실화 주명	○○무역(주)	6. 처 분 청	부산세관장
	7.처분 일자	20○○년 10월 5일	8. 처분이 있은 것 을 안 날	20○○년 10월 8일
	9.이의신청일		10.이의신청결정의 통지를 받은 날	
	11.수입신고일	별 첨	11.신 고 번 호	별 첨
	13.품 명	1. 전기세탁기 2. 가스건조기	14.불 복 세 액 (제 세 차 액)	특별소비세 (₩ 9,979,740)
	15.청구 요지	별 지	16.불 복 사 유	별 지

위와 같이 관세법 제119조, 제121조 및 동 법시행령 제145조의 규정에 의하여
심사청구 합니다.

20○○. 10. 18.

심사청구인 ○○무역주식회사
대표이사 ○   ○   ○ ㊞

관세청장 귀하

구비서류 : 1. 대리인에게 위임한 경우에는 위임장	수수료
2. 이의신청을 거친 경우에는 이의신청 결정서 사본 1부 3. 기타 증빙 자료	없 음

【서식】 심사청구이유서

청 구 취 지

○○세관장이 20○○. 10. 5. 청구인에 대하여 한 특별소비세 9,979,740원의 부과처분은 이를 취소한다라는 결정을 구합니다.

청 구 이 유

1. 수입통관 및 부과처분

청구인은 상업용 세탁기 전문 제조업체인 미국의 SPEED QUEEN사로부터 세탁기 및 건조기를 수입하여 국내에 빨래 체인점을 모집하여 판매하고 있습니다.

청구인은 20○○년 3월 12일 가스건조기 14대와 전기세탁기 22대를 특별소비세법(이하 "특소세법"이라 한다) 제1조 제2항의 제외품으로 판정받고 부산세관으로부터 통관하였습니다.

그러나 부산세관에서는 본 제품에 대한 당초의 판정을 당사가 소명할 기회도 없이 번복하고 특소세 누락의 추징고지서를 당사에 송부하였습니다.

2. 불복이유

(1) 가스건조기

당사는 20○○년 1월 7일 본 제품에 대한 특소세 대상 여부를 국세청에 질의한바, 가스를 이용한 건조기인 경우에는 과세물건에서 제외된다는 회신을 받았습니다.
(별첨 국세청 질의회신서)

(2) 전기세탁기

특소세법 제1조 제2항의 제2종 제3호에서는 전기세탁기인 경우에는 '가정형의 것에 한한다'라고 규정되어 있는바, 당사가 수입한 본 제품에 대한 특소세 적용 여부를 기획재정부에 질의한 바, 전기세탁기 중 가정형이라는 것은 그 크기나 구조·성능 등을 종합적으로 고려하여 가정에서 사용될 수 있는 "범용성"이 있는 것이어야 한다는 회신을 받았습니다(별첨 기획재정부 질의회신서).

   이에 본 제품은 그 크기나 구조·성능·가격 등을 종합적으로 고려할 때 가정형에 포함하지 않는다고 사료되어(별첨 : 제품 시방서) 특소세 부과없이 통관하였습니다.

(3) 결   론
   따라서 이 사건 가스건조기와 전기세탁기는 부과대상이 아님에도 불구하고 처분청이 법리오해로 위법부당하게 부과한 것인 만큼 취소되어야 합니다.

【서식】 감사원심사청구서

<table>
<tr><td colspan="7" align="center">감 사 원 심 사 청 구 서</td></tr>
<tr>
<td rowspan="3">청
구
자</td>
<td>주   소
(사무소의소재지)</td>
<td colspan="5">서울 ○○구 ○○동 824-22 ○○빌딩 402호</td>
</tr>
<tr>
<td>성 명 (상 호)</td>
<td colspan="2">○○실크 (주)</td>
<td>전화번호</td>
<td colspan="2">556-6771</td>
</tr>
<tr>
<td>직   업
(업   종)</td>
<td>제 조 업
여성의류</td>
<td>주민등록번호
(사업자등록번호)</td>
<td>213-81-71997</td>
<td>연
령</td>
<td>1989.11.11설립</td>
</tr>
<tr>
<td colspan="2">2. 심사를 요하는 대상기관 및 관계자</td>
<td colspan="5" align="center">서울특별시 양천구청장</td>
</tr>
<tr>
<td colspan="2">3. 심사청구의 대상이 되는 행위의 내용</td>
<td colspan="5">대도시내 법인전입에 따른 부동산등기, 등록세, 교육세,
4배 중과세 결정</td>
</tr>
<tr>
<td colspan="2">4. 심사청구의 취지 및 그 이유</td>
<td colspan="5" align="center">별   첨</td>
</tr>
<tr>
<td colspan="2">5. 행정심판(행정심판법의 타법들에 의한
　행정심판 절차를 포함) 또는 소송제기
　유무</td>
<td colspan="5" align="center">무</td>
</tr>
<tr>
<td colspan="2">6. 관계기관의 처분 또는 행위가 있은 날
　또는 그 처분 또는 행위가 있은 것을
　안 날</td>
<td colspan="5" align="center">20○○. 8. 20</td>
</tr>
<tr>
<td colspan="2">7. 대리인 또는 대표자의 성명 및 주소</td>
<td colspan="5">○○실크 주식회사 대표이사 ○　○　○
○○구 ○○동 824-22 ○○빌딩 402호</td>
</tr>
<tr>
<td colspan="7">　　감사원법 제43조 및 감사원심사규칙 제3조의 규정에 의하여 관계서류를 첨부하여 위와 같이 심사를 청구합니다.

　　　　　　　　　　　20○○. 9.

　　　　　　　　청구인 : 서울 ○○구 ○○동 524-22
　　　　　　　　　　　　(주) ○○실크 대표이사　○　○　○　㊞

　첨부서류 : 표지표함 38매

감사원 귀중</td>
</tr>
</table>

【서식】심사청구이유서

심사청구의 이유

1. 당 심사청구 건의 개요
   ① 당 청구 법인 ○○구 ○○동 824-22 (주) ○○실크는 ○○구 ○○동 52-12 4층 건물 1동 496평을 협력업체인 하청 봉제공장에 대한 임대용으로, 20○○. 1. 11. 성업공사로부터 매입하여 현재까지 임대중임.
   ② 20○○. 1. 11. 취득 이후 서울특별시는 등록세 중과세를 매년 검토하였으나, 인적설비 없는 임대용 건물이므로 본점 전입등기 전까지는 중과세한바 없음.
   ③ 당 법인은 주업인 여성용 의류제조수출의 부진으로 ○○시 ○○동 321-43 본 공장을 20○○. 9. 14. 매도(폐쇄)하였기에, 등기부상 본점 소재지를 형식적 소재지인 ○○시 ○○동 321-43에서 실질적인 소재지이고 20○○. 11. 11. 당사 설립 이래 계속하여 실질적인 본점인 ○○구 ○○동 824-22 서울 사무소로 20○○. 3. 12. 이전등기하였음.
   ④ ○○시 ○○동 321-43 본 공장 폐쇄에 의한 등기부상의 본점소재지 변경이므로, 본점 이전등기에 따른 서울시내로의 인적·물적 설비의 전입은 전혀 없었으나, 서울특별시는 지방세법 제138조 제1항 제3호 및 동 시행령 제102조 제2항에 의하여 본점 전입과 무관한, 본점 전입등기 전에 매입한 ○○구 ○○동 임대용 부동산의 등록세, 교육세를 4배 소급중과세 하였음.
   ⑤ ○○시 ○○동 321-43 본 공장 폐쇄에 따른 인적·물적설비는 ○○시 ○○구 ○○동 278 동우섬유(주)에 매도하였으므로, 서울시내로의 인적·물적설비의 전입은 없었고, 오히려 본 공장 폐쇄로 인하여 창사 이래 실질적 본점인 서울 사무소의 인적·물적설비도 감소하였음.

2. 서울시내로 본점 전입등기 전에 매입한, 본점 전입과 무관한 임대용 부동산등기에 대한 등록세 소급 중과세를 취소 결정해야 하는 이유
   ① 지방세법 제138조 제1항 제3호는 "대도시 내로의 법인의 본점 전입에 따른 부동산등기"를 중과세한다고 명시했으므로, 대도시 내로의 본점 전입과 관련한 부동산등기만이 중과세되어야 함.
   모법에서 "본점 전입에 따른 부동산등기"라고 열거했는데 동 시행령 제102

조 제2항을 본점 전입 이전에, 본점 전입과 관련없이 기히 취득한 부동산 등기까지도 중과세한다고 확대해석하여 중과세 한 것은 잘못이고, 모법의 뜻에 반하는 확대해석의 근거인 동 시행령 제102조 제2항도대도시 내로의 본점 전입과 관련한 부동산등기만 중과세 한다는 뜻(별첨 11페이지 대법원 판례 사본 참조)이므로, 본점 전입과 관련없는 당 건 등록세 중과세는 취소 결정되어야 함.

② 본점 전입 이전의 본점 전입과 무관한 부동산 취득등기에 대한 등록세 소급중과세 근거이고, 지방세법 제138조 제1항 제3호와 일치되지 않는 뜻으로 잘못 해석되기도 하는, 동 시행령 제102조 제2항은 "법인의 본점 전입에 따른 부동산등기라 함"은 전입 이전에 "취득하는" 일체의 부동산 등기를 말하며…라고 명시한바, 본점 전입 이전에 "취득한"이 아니고 "취득하는" 문구는 본점 전입 이전에 기히 취득한 소급의 뜻이 아니고, 본점 전입 등기 전에 현재 행위의 본점 전입과 관련한 일체의 부동산 취득등기를 중과세한다는 뜻이므로, 당 청구 건의 본점 전입 전에 기히 취득한 본점 전입과 무관한 부동산 취득등기 등록세 중과는 취소되어야 함.

③ 지방세법시행령 제102조 제4항 중에서 "동법 제138조 제1항 제3호의 규정에 의한 대도시 내로의 법인의 본점 전입에 따른 부동산등기는 당해 대도시 외의 법인이 당해 대도시 내로의 본점 전입에 따른 등기를 말한다"라고 명시했는데, 이는 대도시 이외의 지역에서 대도시 내로의 본점 전입과 관련한 부동산 등기의 등록세를 중과세한다는 것이므로, 당 건 등록세 중과세는 본점 전입과 관련없는 본점 전입 전 부동산 취득등기에 대한 것이므로 취소 결정되어야 함.

④ 대도시 이외의 지역 법인이 대도시 내에 인적 설비 없이 임대용 부동산을 취득하면 등록세 중과없고, 동일한 대도시 내의 다른 장소로 인적·물적설비의 전입없이 법인의 본점 이전등기하면 전입 전에 중과세 해당없던 본점 전입과 무관한 임대용 부동산까지 소급하여 등록세를 중과세하는 것은 지방세법시행령 제102조 제2항을 잘못 해석하는 과세조치이므로 당 건 등록세 중과는 결정되어야 함(별첨 12, 13페이지 유권해석 참조).

⑤ 지방세법 제138조 제1항 제3호 및 동 시행령 제102조 제2항의 법인의 본점 전입에 따른 부동산 취득등기의 기산일은 그 법인의 전입등기일에 관계없이 사실상 전입한 날을 말함(별첨 14페이지 유권해석 사본 참조).

당 (주) ○○실크는 20○○. 11. 11.부터 ○○시 ○○동 321-43 본점 등기

지에 사실상 지점인 본 공장만 유지하고, 영등포구 여의도동 44-1 대영빌
딩 541호, 542호, 552호(합계 128.4평)에서 본점 업무, 즉 영업부, 무역부,
자재부, 관리부(총무·경리) 업무를 수행했었고, 20○○. 10. 15. 부터는 강
남구 역삼동 824-22 ○○빌딩으로 이전하여 본점 업무를 수행하고 있음.
위와 같은 사유로 20○○. 1. 11. 취득등기한 강서구 신월동 52-12 부동산
은 사실상 본점 전입일인 20○○. 11. 11.부터 5년 후의 취득이므로 등록세
중과 해당없음.

⑥ 등록세액을 과세표준으로 하는 방위세액은 20○○. 12. 31. 까지 납세의무
가 발생하는 것만 과세하므로(방위세법 부칙 제6조 사본 별첨), 20○○. 3.
12. 본점 이전 등기 때문에 야기된 부동산취득 등록세 중과에 대한 방위세
부과는 20○○. 12. 31. 방위세법이 소멸되었기에 취소 결정해야 함.

【서식】 심판청구서

<table>
<tr><td colspan="7" align="center">심 판 청 구 서</td><td>처리기간</td></tr>
<tr><td colspan="7"></td><td>90일</td></tr>
<tr><td rowspan="3">청
구
인</td><td>① 성　　　명</td><td>○　○　○</td><td>②주민등록
번　　호</td><td>360420-1036711</td><td>③납세
번호</td><td></td><td></td></tr>
<tr><td>④ 주소또는영업소</td><td colspan="3" align="center">부산 ○○구 ○○동 1204-1</td><td>⑤전화
번호</td><td></td><td></td></tr>
<tr><td>⑥ 상　　　호</td><td colspan="6"></td></tr>
<tr><td colspan="2">⑦ 처　　분　　청</td><td colspan="6">남대문세무서장</td></tr>
<tr><td colspan="2">⑧ 심사의 청구를 한 날</td><td colspan="2">20○○.9.6</td><td colspan="3">⑨심사청구의 결정통지를 받은날
(결정의 통지를 받지 못한 경우에
는 결정기간이 경과한 날)</td><td>20○○.
10. 25</td></tr>
<tr><td colspan="2">⑩ 통지된 사항 또는
처분의 내용</td><td colspan="6" align="center">20○○년 7월 수시분 부가가치세 67,611,050원</td></tr>
<tr><td colspan="2">⑪ 불 복 의 이 유</td><td colspan="6">별지기재와 같음</td></tr>
<tr><td colspan="8">　
　　국세기본법 제69조 및 동 법시행령 제55조의 규정에 의하여 증빙서류를 갖추
어 위와 같이 심판청구를 합니다.

　　　　　　　　　　20○○. 12. 9

　　　　　　　　　　　　　　　　　　신청인 ○ ○ ○ ⑪

조세심판원장　귀하
　</td></tr>
<tr><td colspan="6">첨부 : 1. 대리인에게 위임한 경우에는 위임장
　　　 2. 심사결정서 사본 1부
　　　 3. 기타 증빙서류
　　※ 이 용지는 무료로 배부합니다.</td><td colspan="2">수수료

없　음</td></tr>
</table>

210㎜×297㎜(인쇄용지(특)34g/㎡)

【서식】심판청구이유서

청 구 취 지

  피청구인이 20○○. 7. 16. 자로 청구인에 대하여 한 20○○년 2기분 부가가치세 67,611,050원의 부과처분은 이를 취소한다.

청 구 이 유

1. 사실관계

  청구인은 서울특별시 중구 남대문로 5가 6-20 소재 대지 179.2㎡ 및 건물(1937년 8월 15일에 준공된 낡은 건물임) 541.82㎡인 한성빌딩을 1973년 10월 23일에 취득하였습니다.

  동 빌딩을 취득하여 청구인의 사업장으로 사용하다가, 1978년 4월 1일자로 남대문세무서에 부동산 임대사업자로 사업자등록신청을 하여, 과세특례자 사업자등록증(첨부⑤ 사업자등록번호 104-09-02977)을 교부받아 30여년간 부가가치세법상 과세특례자로서 신고납부의무를 성실히 이행하였습니다.

  그러던중 20○○년 7월 1일자로 남대문세무서장의 과세유형전환통지에 의거 1년 동안 일반과세자(첨부⑥ 일반과세자 사업자등록번호 104-19-98695)로서 부가가치세 신고납부의무를 성실히 이행하다가 동 빌딩이 낡은 건물이므로 임대료 수금 등에 어려움이 있어 동 빌딩을 20○○년 9월 1일자로 소외(주)대우에 양도하기로 하고, 부동산 매매계약을 체결하였습니다.

  그런데 계약과정에서 양수자인 (주)대우에서는 건물에 대하여 내용년수가 경과되어 감가상각이 완료된 낡은 건물(1937. 준공, 71년 경과)이므로 재산가치는 전혀 없고, 오히려 철거비용이 소요되므로 토지만 인수하겠다고 고집하여 계약에 어려움이 있었으나, 결국 본 청구인이 일부 의견을 받아들여 쌍방 합의로 첨부 부동산매매계약서(첨부⑦)에서 확인되는 바와 같이 토지·건물가액을 구분표시하여, 토지 : 금 1,349,811,591원, 건물 : 금 11,080,372원, 부가가치세 : 금 1,108,037원, 합계 : 1,362,000,000원으로 하여 계약이 성립되었습니다.

  본 청구인은 토지, 건물이 구분표시된 계약내용대로 건물공급가액 금 11,080,372원에 대한 세금계산서를 적법하게 발행교부하였으며(첨부⑧세금계산서), 동 부가가치세 1,108,037원을 포함한 20○○년 제2기 부가가치세 1,847,760

원을 자진신고납부 하였습니다.

2. 부과처분의 내용

피청구인은 실지거래가액이 불분명하다고 보아 과세시가표준액에 의하여 안분하여 건물의 가액을 631,950,454원(공급가액 574,505,868원, 부가가치세 57,450,586원)으로 결정하고 청구취지 기재와 같이 부과처분을 하였습니다.

3. 부과처분의 위법성

양도당시 서울시내에서 신축되는 철근콘크리트 슬라브 3층 건축물의 평당 건축비가 1,500,000원 내지 2,000,000원이 소요되는 실정에 비추어 보아, 본 청구인이 양도건축물은 준공된지 71년이 경과되어 법정상각이 완료된 자산으로 양수자인 (주)대우측에서 재산적 가치가 전혀 없을 뿐만 아니라, 오히려 철거비용이 소요되므로 인수를 거부하였던 건축물로서 과연 당사자 계약자유의 원칙에 의거 매매된 실거래가액을 무시하고, 본 건 건축물 양도가액이 토지, 건물의 총 약도가액 1,362,000,000원의 약 반에 해당되는 631,956,454원의 재산적 가치가 있다고 보고 있으나, 양수자인 (주)대우는 재산적 가치가 전혀 없다고 보고 취득 즉시 멸실하였음이 별첨 건축물 철거, 멸실신고서(첨부⑨)와 건축물 철거승인서(첨부⑩) 및 건축허가서(첨부⑨)와 건축물 철거승인서(첨부⑩) 및 건축허가서(첨부⑪)에서 확인되고 있습니다. 이는 본 건 건축물이 재산적 가치가 없다는 사실을 명확하게 증명하고 있습니다.

부가가치세법시행령 제48조의 2 제3항에서, 사업자가 토지와 그 토지에 정착된 건축물 및 기타 구축물을 함께 공급하는 경우에 그 건물 및 기타 구축물의 공급가액은 실거래가액에 의한다라는 대원칙을 규정하고, 다만 실거래가액 중 토지의 가액과 건물 및 기타 구축물의 가액의 구분이 불분명한 경우에는 공급계약일 현재의 지방세법에 의한 과세시가표준액에 따라 계산한 가액에 비례하여 안분계산한다고 규정하고, 제4항에서는 제3항 본문의 규정을 적용함에 있어서 다음 각호의 경우에는 그 가액을 건물 및 기타 구축물의 실거래가액으로 본다. 이 경우 적용순서는 다음 각호의 순에 의한다.

제1호. 주택건설촉진법에 의하여 국가 또는 지방자치단체로부터 사업계획의 승인을 얻어 공급하는 주택의 경우에는 그 승인된 사업계획상의 분양가액.

제2호. 토지와 건물 및 구축물의 장부가액이 있는 경우에는 그 가액에 비례하여 안분계산한 가액. 이 경우 장부가액이 없는 경우에는 취득가액을 기준으로 한다.

　제3호. 지가공시및토지등의평가에관한법률에 의한 감정평가 법인이 감정평가한
　　　　가액이 있는 경우에는 그 가액에 비례하여 안분계산한 가액으로 한다.

로 규정하고 있음을 알 수 있다.

　여기에서 토지와 그 토지에 정착된 건물 및 기타 구축물을 함께 공급하는 경우에 있어서 "토지가액과 건물 및 기타 구축물의 가액이 구분된 실거래가액이 있는 경우"라 함은 일반적으로 매매계약서상의 매매금액이 실지거래가액임이 확인되고(첨부⑫부동산 매수 사실확인서), 계약서상에 토지의 가액과 구분표시되어 있으며, 세금계산서를 발행·교부하였으며, 구분표시된 토지와 건물가액 등이 정상적인 거래 등에 비추어 합당하다고 인정되는 경우 등 이라 할 수 있다. 이는 별첨 예규(첨부⑬국세청 부가 22601-1269, 1991. 9. 26)에서도 사업자가 토지와 그 토지에 정착된 건물 및 기타 구축물을 함께 공급함에 있어 토지와 그 토지에 정착된 건물 및 구축물의 공급가액이 구분되어 실지거래되는 경우, '부가가치세법시행령 제48조의 2 제3항 단서 및 제4항의 규정을 적용할 수 없다'고 해석하고 있으며, 또한 별첨 심판례(첨부⑭ 국심 92부3993, 1993. 1. 18)에서도 같은 취지로 해석하고 있음을 알 수 있으며 법원판결도 마찬가지입니다.

　그렇다면 청구인처럼 적법하게 거래된 부동산 매매거래의 경우는 계약서에 구분표시된 건물의 양도가액을 실지거래가액으로 인정하여야 마땅함에도 남대문세무서장은 건물의 현황, 매매 경위 등을 전혀 고려치 않고 자의적인 판단을 하여 실거래가액을 부인하고 부가가치세를 과세함은 위법부당한 처분입니다.

<h1 style="text-align:center">첨　부　서　류</h1>

① 심사청구 결정서 ·· 1부

② 납세고지서 겸 영수증서 ·· 1부

③ 양도물건 토지대장 ·· 1부

④ 양도물건 건축물관리대장 ·· 1부

⑤ 과세특례 사업자등록증(당초) ·· 1부

⑥ 일반과세자 사업자등록증(양도시) ·· 1부

⑦ 부동산매매계약서 ·· 1부

⑧ 세금계산서 ·· 1부

⑨ 건축물 철거, 멸실 신고서 ……………………………………………… 1부
⑩ 건축물 철거 승인 …………………………………………………………… 1부
⑪ 건축허가 신청서 및 허가서 …………………………………………… 1부
⑫ 부동산 매수 사실 확인서 ………………………………………………… 1부
⑬ 국세청 예규(국세청 부가 22601-1269. 1991. 9. 26) …………… 1부
⑭ 판례사본(국심 92부3993, 1993. 1. 18) ……………………………… 1부
⑮ 위임장 ………………………………………………………………………… 1부

20○○. 12.

청구인 : 부산시 ○○구 ○○동 1204-1
○   ○   ○

【서식】 결정전조사결과통지서

결정전조사결과통지서

근거 : 과세적부심사사무처리규정		통 지 일 자	20○○. 3. 06
납 세 서	상 호	14	주민등록번호	670815-1234567
	성 명	○ ○ ○	사업자등록번호	
	주소(사업장)	○○시 ○○구 ○○동 58	전 화 번 호	

○ 조사대상 (세목 : 증여세   연도 : 20○○. 20○○. 20○○.   기본 : 20○○년 수시)

조 사 경 위 및 조 사 내 용	○ 조사경위 : 위장 실명전화자 조사 ○ 조사내용 : 강서구 대저2동 1847-2 외 2필지 및 다대조성아파트101동 103호 취득부동산에 대한 자금출처 조사한바 형 ○○○이 증여한 재산으로 확인되어 총수증금액 155,665천원에 대한 추징

○ 결정한 내용 (예상고지세액 : 32,560,550원)

구 분	수 입 금 액	과 세 표 준	산 출 세 액	납부할세액
신고(결정)				
결정(경정)		결의서 참고		
증 감 액				

불 임 서 류	• 조사종결복명서를 작성한 경우 그 복명서 사본 • 수입금액·과세표준 및 세액의 산출내역

　귀하의 증여세에 대한 조사내용과 결정한 내용을 과세적부심사 사무처리규정 제5조 제1항의 규정에 의하여 알려드립니다.

부산지방세청장 ㉑

【참고】 ① 이 통지내용에 대하여 이의가 있는 때에는 이 통지를 받은 날로부터 2주일 이내에 과세적부심사청구를 할 수 있습니다.
　　　　② 이 통지내용에 대한 문의는 부동산조사 1과 ○○○(☎051-7507-372)에게 하시기 바랍니다.

【서식】 과세적부심사청구서

<table>
<tr><td rowspan="2" colspan="2">과 세 적 부 심 사 청 구 서</td><td>처리기간</td></tr>
<tr><td>2주간</td></tr>
</table>

근거 : 과세적부심사사무처리규정				

청구인	성 명	○ ○ ○	주민등록번호	670815-1234567
	상 호		사업자등록번호	
	주소(사업장)	○○구 ○○동	전 화 번 호	
대리인	성 명	변호사 ○ ○ ○	주민등록번호	561112-1117824
	상 호	○○법률사무소	사업자등록번호	
	주소(사업장)	서구 부민동 701	전 화 번 호	051)247-8811
결정전통지관서		부산지방국세청장		
결정전통지일자		20○○. 3. 6. (통지받은 날 : 20○○. 3. 8.)		
청 구 이 유		결정전통지내용, 청구이유 및 증빙서류는 청구서에 붙임		
의견 진술 여부				

　　과세전적부심사사무처리규정 제4조의 규정에 의하여 과세전적부심사를 청구합니다.

20○○. 3. 14.

청구인 : ○ ○ ○ ㉑

위 대리인 : 변호사 ○ ○ ○ ㉑

부산시 서구 부민동 701

부산지방국세청　귀하

　　이 과세전적부심사청구에 관한 일체의 권한을 상기 대리인에게 위임함.

위 임 자 ○ ○ ○ ㉑ (인감증명서 첨부)

【서식】과세전적부심사청구이유서

청 구 취 지

처분청이 20○○. 4. 7. 자로 청구인에 대하여 한 각 증여세 20○○년 귀속 1,610,770원, 20○○년 귀속 14,050,920원, 20○○년 귀속 16,989,860원의 각 부과처분은 이를 모두 취소한다.

청 구 원 인

1. 청구인은 다음과 같이 부동산을 취득하고 소유권이전등기를 경료하였습니다.

— 다   음 —

순번	소 재 지	구분	면적㎡	등기일자	취득가액(천원)	등기원인
(가)	강서구 대저2동 1847-2	대지	56.7	20○○.8.1	11,907	매매
(나)	강서구 대저2동 1847-2	대지	1.2	20○○.8.1	252	매매
(다)	사하구대대동조성A101동103호	아파트	32.75평	20○○.12.2	252	매매
(라)	강서구 대저2동 1847-2	대지	255.2	20○○.6.26	66,888	명의신탁해지
(마)	강서구 대저2동 1847-2	대지	8.8	20○○.6.26	2,305	명의신탁해지

2. 부동산 취득자금 출처 소명
  (1) (가), (나), (라), (마) 부동산
  ① 청구인은 20○○. 2. 20. ○○대학교 무용학과를 졸업하였고(증 제1호), 재학중이던 20○○. 11월부터 20○○. 12월까지 이용주가 운영하는 의상실 보조업무와 의상모델을 해주는 댓가로 월 80만원씩 합께 1,120만원을 지급받았습니다(증 제2호).
  ② 청구인은 대학 재학시 자취방으로 사용하던 서울 성북구 동선동 소재 방1칸도 청구인이 아르바이트 등으로 얻은 소득 8백만원을 임차보증금으로 지급하고 임차하고 있었습니다(증 제3호).

③ 청구인은 (가) (나) 부동산을 8,685,000원에, (라) (마) 부동산을 39,526,000
원 합계 48,210,000원(증 제4, 5호)에 취득하면서 이용주로부터 받은 소득
과 부족한 자금은 모친 ○○○로부터 원조받았습니다.

④ 가사, 청구인이 취득자금을 증여받았다고 보더라도 형 ○○○은 무소유 승
려로서 소득이 없었으므로 모 ○○○로부터 증여받았다고 보면(증 제6호)
증여재산공제 1천5백만원을 공제하고 증여세를 산출하는 것이 정당합니다.

(2) (나)부동산

취득자금 74,312,000 중 부산은행 대출금 30,000,000(증 제7호)은 이미 귀청이
자금출처로 인정한 바와 같고 그 외 잔금을 치르면서 20○○. 11. 15. 청구외 ○
○○으로부터 2천만원(증 제8호), 20○○. 11. 25. 청구외 ○○○으로부터 1천만
원(증 제9호)을 각각 차용하였으므로 취득자금 중 80% 이상 입증되므로 증여세
부과대상이 아닙니다.

또한, (나) 부동산에는 청구인이 분양받은 직후 ○○○(법명 : ○○스님)에게 전
세금 3천만원에 임대하였으므로(증 제10호) 이 임대보증금이 취득 자금으로 조달
된 부채 등을 상환하는데 사용되었음은 넉넉히 짐작됩니다.

입 증 서 류

증 제1호	졸업증명서
증 제2호	사실확인서(이용주)
증 제3호	임대차계약서(○○○)
증 제4호	명의신탁해지약정서
증 제5호	매매계약서
증 제6호	사실확인서(○ ○ ○)
증 제7호	부채증명원(부산은행)
증 제8호	차용증(○ ○ ○)
증 제9호	차용증(○ ○ ○)
증 제10호	사실확인서(○ ○ ○)
증 제11호	조세심판례 2통

【서식】 지방세과세예고통지서

<table>
<tr><td colspan="6" align="center">지방세과세예고통지서</td></tr>
<tr><td>예고번호</td><td colspan="2" align="center">세무 13433-439</td><td align="center">예 고 일 자</td><td colspan="2" align="center">20○○. 5. 14</td></tr>
<tr><td rowspan="2">납세의무자</td><td>성 명</td><td>○○기업</td><td>주민등록번호(법인등록번호)</td><td colspan="2" align="center">180111-0141597</td></tr>
<tr><td colspan="2" align="center">주소 또는 영업소</td><td colspan="3" align="center">부산광역시 금정구 부곡동 225-19</td></tr>
<tr><td colspan="6" align="center">과 세 예 고 내 역</td></tr>
<tr><td rowspan="2" align="center">연 도</td><td rowspan="2" align="center">세 목</td><td rowspan="2" align="center">과세물건</td><td rowspan="2" align="center">과세표준</td><td colspan="3" align="center">산 출 내 역</td></tr>
<tr><td align="center">정당세액</td><td align="center">기납부액</td><td align="center">추징세액</td></tr>
<tr><td rowspan="5" align="center">20○○년
~
20○○년</td><td>종합토지세</td><td rowspan="5">별첨내역서
참조</td><td rowspan="5">별첨내역서
참조</td><td align="right">48,397,780</td><td align="right">16,551,320</td><td align="right">31,846,460</td></tr>
<tr><td>도시계획세</td><td align="right">5,778,360</td><td align="right">5,778,360</td><td align="right">0</td></tr>
<tr><td>교 육 세</td><td align="right">9,679,550</td><td align="right">3,310,260</td><td align="right">6,369,290</td></tr>
<tr><td>농 특 세</td><td align="right">5,259,660</td><td align="right">655,130</td><td align="right">4,604,530</td></tr>
<tr><td>합   계</td><td align="right">69,115,350</td><td align="right">26,295,070</td><td align="right">42,820,280</td></tr>
<tr><td colspan="2" align="center">추 징 사 유</td><td colspan="4">별첨 과세예고내역서 참조</td></tr>
</table>

상기와 같이 지방세 과세사항이 발생되어 과세예고 통지합니다.

20○○. 5. 14

부산광역시 해운대구청장 ㊞

○○기업 귀중

본 예고내용에 이의가 있을시는 지방세법 제70조의 규정에 의거 본 통지를 받은 날로부터 15일 이내에 소명자료를 첨부하여 구청장에게 과세전적부심사를 청구할 수 있습니다.
문의처 : 해운대구청 세무과(전화 740-8292, 8492)

【서식】 과세전적부심사청구서

<table>
<tr><td colspan="4" rowspan="2" align="center">과 세 적 부 심 사 청 구 서</td><td align="center">처리기간</td></tr>
<tr><td align="center">15일</td></tr>
<tr><td rowspan="3" align="center">청
구
인</td><td align="center">성   명</td><td align="center">○○기업주식회사
대표이사 ○ ○ ○</td><td align="center">주민등록번호
(법인등록번호)</td><td align="center">180111-0141597</td></tr>
<tr><td align="center">상   호</td><td></td><td align="center">전 화 번 호</td><td align="center">515-9111</td></tr>
<tr><td align="center">주소·거소
또는 영업소</td><td colspan="3" align="center">부산 ○○구 ○○동 225-19</td></tr>
<tr><td rowspan="3" align="center">대
리
인</td><td align="center">성   명</td><td></td><td align="center">주민등록번호
(법인등록번호)</td><td></td></tr>
<tr><td align="center">상   호</td><td></td><td align="center">전 화 번 호</td><td></td></tr>
<tr><td align="center">주소·거소
또는 영업소</td><td colspan="3"></td></tr>
<tr><td colspan="2" align="center">통 지 관 서</td><td colspan="3">부산광역시 해운대구청장</td></tr>
<tr><td colspan="2" align="center">통 지 일 자</td><td colspan="3" align="center">20○○. 3. 12. (통지받은 날 20○○. 3. 13)</td></tr>
<tr><td colspan="2" align="center">통 지 내 용</td><td align="center">세목</td><td align="center">취득세</td><td align="center">기타</td></tr>
<tr><td colspan="2" align="center">청 구 이 용</td><td colspan="3" align="center">별지 기재와 같음</td></tr>
<tr><td colspan="5" height="200">지방세기본법 제116조의 규정에 의하여 과세전적부심사를 청구합니다.

20○○. 3. .

청구인(대리인) ○○기업주식회사 (서명 또는 인)
대표이사 ○ ○ ○

부산광역시장 귀하</td></tr>
<tr><td colspan="2" rowspan="2" align="center">구비서류</td><td colspan="2">1. 세무조사결과 통지서 또는 과세예고서</td><td align="center">수수료</td></tr>
<tr><td colspan="2">2. 기타 증빙서류</td><td align="center">없 음</td></tr>
<tr><td colspan="5">이 과세적부심사청구에 관한 일체의 권한을 상기 대리인에게 위임함.

위 임 자 ○ ○ ○ ㉑</td></tr>
</table>

【서식】청구이유서

청 구 이 유`

1. 부과예고통지

   청구인이 이 사건 토지를 20○○. 6. 29. 취득한 후 20○○. 5. 27. 건축허가를 받아 20○○. 6. 22. 착공신고를 하고 펜스설치공사만 하고 방치하고 있다가 20○○. 2. 8. 건축변경허가를 받아 공사에 나선 것은 취득 후 1년 이내에 업무에 공하지 아니한 것으로 중과세 대상에 해당한다.

2. 공사진행사항

20○○ 6. 29.	취득
20○○. 5. 27.	건축허가(지하1층 지상5층)근린생활시설
20○○. 6. 27.	착공신고서 제출
20○○. 6. 22.~20○○. 7. 12.	펜스설치(○○건설)
20○○. 7. 13.~20○○. 8. 31.	해수욕장개장으로 공사중단
20○○ 9. 27.~20○○. 10. 15.	지질조사(○○지질)
20○○. 11. 26.~20○○. 4. 7.	교통영향평가(교통환경연구원)
20○○. 3. ~20○○. 5. 25.	미관심의(해운대구청)
20○○. 11.	설계변경허가신청(해운대구청)
20○○. 2. 8.	설계변경허가(해운대구청)
20○○. 7. 15.~	건축공사 (○○건설)

3. 정당한 사유

   비업무용토지 취득에 대한 취득세중과세 취지는 기업의 자금이 사장되는 것을 방지하고 부동산 투기를 규제하자는 데 있으므로, 법인의 고유업무에 직접 사용하지 못한 정당한 사유가 있다면 비업무용토지의 범위에서 제외되어야 할 것이고, 여기에서 "정당한 사유"라 함은 법령에 의한 금지·제한 등 그 법인이 마음대로 할 수 없는 외부적인 사유는 물론 고유업무에 사용하기 위한 정상적인 노력을 다하였음에도 시간적인 여유가 없어 유예기간을 넘긴 내부적인 사유도 포함되고, 정당한 사유의 유무를 판단함에 있어서는 중과의 입법취지를 충분히 고려하면서 해당 법인이 비영리법인인지 아니면 영리법인인지 여부, 토지의 취득목적에 비추어 고유목적에 사용하는데 걸리는 준비기간의 길고 짧음, 고유목적에 사용할 수 없는 법령상, 사실상의 장애사유 및 장애정도, 당해 법인이 토지를 고유업무에 사용하기 위한 진지한 노력을 다하였는지 여부 등을 아울러 참작하여 구체적인 사안에 따라 개별적으로 판단하여야 할 것이다(동지 대법원 1993. 6. 23. 92누1773 : 동 1995. 12. 95누5257 : 동 1997. 11. 25. 97 누12488).

이 사건을 검토해 보겠습니다.

① 청구인은 이 사건 토지를 증여받았으므로 이 사건 토지취득을 함에 있어 기업자금이 유출된 바가 없고 부동산 투기목적이 없음이 명백하다.

② 청구인이 이 사건 토지를 증여받았으나 그 지상에 건축을 하여 임대업에 공하는 데 있어서는 건축규모에 비추어 상당한 기간이 소요됨을 알 수가 있습니다.

③ 청구인은 우선 이 사건 토지취득 후 1년 이내에 건축허가를 받아 착공신고서를 제출하고 펜스설치 등 착공에 나섰으나 이 사건 토지가 해운대해수욕장에 인접하여 있어 공사로 인한 분진, 소음, 교통혼잡을 발생한다는 이유로 피청구인인 구청으로부터 공사중단의 협조요청을 받아 일시중단하였으며(해운대구청 교통 2000000-1586. 20○○. 6. 5. 참조),

④ 고층건물 신축에 따른 지질조사, 교통영향평가, 미관심의, 설계변경 등으로 본격적인 건축공사가 지연된 것이고, 청구인이 고의로 업무제공을 지연시킨 것이 아니고 진지한 노력을 다한 끝에 현재 거의 완공단계에 이르고 있습니다.

첨 부 자 료

1. 건설공사도급계약서(○○건설)
2. 건설공사도급계약서(○○지질)
3. 공사도급계약서(○○건설)
4. 작업일보(○○건설)
5. 심의필증(교통영향평가)
6. 지질조사보고서(○○지질)
7. 주차대책알림(해운대구청)

【서식】 보정요구서

조 세 심 판 원

분류기호 :   20○○. 11. 28
수   신 : 세무사 ○ ○ ○   발신 : 조세심판원장 ㉑
제   목 : 보정요구서

　귀하가 20○○. 8. 30. 제출한 심판청구는 아래와 같이 보정할 사항이 있으므로 국세기본법 제63조 및 동법시행령 제52조의 규정에 의하여 보정을 요구하오니 보정기간 내에 보정하여 주시기 바랍니다.

청구인	① 성　　　　　명	○○○ 외 3인	② 주민등록번호	
	③ 주소또는영업소	서울시 ○○구 ○○동 32		
	④ 상　　　　　호			
위대리인	⑤ 성　　　　　명	세무사 ○ ○ ○		
	⑥ 주　　　　　소	○○구 ○○동 12		

⑦ 보 정 기 간	20○○. 11. 29. 부터 20○○. 12. 28. 까지　(30일간)
⑧ 보 정 할 사 항	청탑빌딩 등기부등본 사본
⑨ 보정을요하는이유	사실심리
⑩ 기타 필요한 사항	

　※ 지정된 기일 안에 보정요구서를 제출하지 아니한 경우에는 각하 결정됩니다.

【서식】 보정서

보 정 서

수　신 : 조세심판원장

참　조 : 제4사관실

제　목 : 보정서

1. 국심 1267. 41-1630(20○○. 3. 15)에 관련된 사항입니다.
2. 국민주택 5동의 취득가액 : 아파트 신축을 위하여 주안동 379번지의 나대지를
　○○○으로부터 57,000,000원에 매입하였으며 주안동 478-6·478-12, 도화동
　412-1·412-9·412-10의 대지와 지상 건물은 1세대당 약 14,000,000원에서
　14,500,000원으로 하여 5동의 국민주택을 매입하였으나 국민주택 매입에 따른
　계약서는 보관하지 못하고 있으며 이 주택을 매입하여 철거하여 멸실신고를
　필하였으며 철거를 위한 비용도 지출하였으나 구체적인 증빙을 비치하고 있
　지 못합니다.
3. 아파트 신축에 따른 자본적 지출 : 아파트 신축현장 사진(별첨 5매)에서와 같
　이 모델하우스 신축에 약 10,000,000원 이상 투입되었으며 아파트 건축공사를
　위하여 투입한 재료대 및 인건비가 약 90,000,000원 이상 투입하여 토지를 제
　외한 매매계약서와 같이 토지·건물 및 모델하우스를 포함하여 180,000,000원
　에 양도하였기 때문에 엄청난 재산상의 피해를 당한 사업입니다.
4. 위와 같이 부동산 취득가액이 약 130,000,000원이 되며(입증서류 일부미비) 또
　한 국민주택 5동의 철거비용도 투자됐으며 모델하우스 및 아파트 신축을 위
　하여 약 100,000,000원을 투입하다가 자금부족으로 모델하우스 및 신축중인
　아파트와 토지를 180,000,000원에 양도하였으므로 양도가액에는 토지대금뿐만
　아니라 건물 신축비가 포함되어 있으므로 총 양도가액 180,000,000원에서 구
　분 계산하여야 하나 주택이 아니므로 시가표준액에 의한 안분 계산이 불가능
　하므로 본 부동산 양도에 따른 실거래 가액을 산정할 수 없으므로 시가표준
　액에 의하여 결정하여 주시기 바랍니다.

첨부 : 1. 아파트 신축을 위한 자재구입 및 노무부 영수증 일부
　　　　2. 현장 사진 5매 끝

20○○. 3.

청구인 ○ ○ ○
위 청구인 대리인 세무사 ○ ○ ○ ㉑

【서식】 이의신청에 대한 결정서

결 정 서

제   호

신 청 인   ○○시 ○○동 478번지
　　　　　　 ○○유화공업(주) ○ ○ ○

행정처분청   ○○세무서장

　위 당사자간의 사건에 관하여 20○○년 4월 2일자 이의신청에 대하여 다음과
같이 결정한다.

주   문 본건 이의신청서는 이를 기각한다.

이   유 별첨과 같음

　　　　　　　　　　　　　　　20○○년 4월 14일

　　　　　　　　　　　　　　　　　　　　　　　○ ○ 세 무 서 장 (인)

　이 결정에 대하여 이의가 있을 때에는 이 결정서를 받은 날로부터 90일 이내
에 국세청장에게 심사청구를 할 수 있습니다.

【서식】 이의신청에 대한 결정서(인용결정)

결 정 서

제   호

신 청 인 ○○시 ○○구 ○○동 37
          ○   ○   ○

행정처분청 영 등 포 세 무 서

　　　20○○년 2월 9일자 귀하가 제출한 이의신청에 대하여
　　　다음과 같이 결정한다.

주   문 본건 이의신청은 당초 결정을 취소한다.

이   유 별첨과 같다.

　　　　　　　　　　　20○○년 3월 14일

　　　　　　　　　　　　　　　영 등 포 세 무 서 장 (인)

　　이 결정에 대하여 이의가 있을 때에는 이 결정서를 받은 날로부터 90일 이내
에 국세청장에게 심사청구를 할 수 있습니다.

결 정 이 유

  청구인은 ○○구 ○○동 37에 거주하는 자로서 청구인이 경기도 ○○군 초월면 지월리 552번지 소재 농지를 88. 4. 19에 매수하여 자작농을 영위하여 오던중 98. 1. 14에 ○○군 광주면 동일리 56에 거주하는 청구의 ○○○에게 매도하였던 바, 자격농지의 양도에 해당되어 비과세임에도 양도소득세 ○○○원(동 교육세 ○○○원)을 고지결정함은 부당하므로 이를 결정취소하여 줄 것을 바라는 청구요지로서, 이에 대하여 당초 조사경위를 살펴보면, 청구인에게 결정전에 안내문을 우송하였으나 반송되어 정부시가표준액을 적용하여 양도소득세를 고지결정하였으나 당 청구에서 자격농지증명을 제시하였으므로 결정 취소함이 타당하다고 당초 처분과의 이의신청에 대한 의견서에서 기술하고 있는 바, 우선 조세특례제한법 제69조에 규정하고 있는 비과세소득 조항의 양도소득에 관한 사항을 살펴보면, "8년 이상 계속하여 직접 경작한 토지로서 농지세의 과세대상(비과세·감면 및 소액부징수의 대상이 되는 토지를 포함한다)이 되는 토지는 비과세소득으로 규정하고 있는 바, 본건 청구의 주요한 쟁점사항은 청구인이 양도한 농지가 과연 위 비과세 조항에 해당되는지의 여부를 가려보는데 있다 할 것이므로, 이를 살피건대 청구인이 본건 청구에서 첨부제시한 광주군 초월면장 발생 자작증명원에 의하여 양도농지인 초월면 지월리 552소재 전(田) 3,816평은 20○○. 4. 19부터 20○○. 1. 14까지 청구인이 자작하였음이 입증되고 있는 바, 따라서 청구인의 양도 농지는 조세특례제한법 규정의 비과세소득의 범위에 해당되는 것이라 할 것이므로 그렇다면 청구인의 주장은 이유 있는 것으로 인정되며, 공평과세위원회의 심리를 거쳐 국세기본법 제65조 제1항 제3호에 의거하여 주문과 같이 결정한다.

【서식】 이의신청에 대한 결정서(일부경정결정)

결 정 서

제   호

신 청 인 ○○시 ○○구 ○○동 23
　　　　　　　○　○　○

행정처분청 영 등 포 세 무 서

　　　　20○○년 2월 7일자 귀하가 제출한 이의신청에 대하여
　　　　다음과 같이 결정한다.

주   문 본건 이의신청은 당초 결정을 취소한다.

이   유 별첨과 같다.

　　　　　　　　　20○○년 5월 16일

　　　　　　　　　　　　　　　　영 등 포 세 무 서 장 (인)

　　이 결정에 대하여 이의가 있을 때에는 이 결정서를 받은 날로부터 90일 이내
에 국세청장에게 심사청구를 할 수 있습니다.

결 정 이 유

   청구인은 ○○구 ○○동 23호에서 면장갑 가내제조업을 영위하던 중 20○○. 12. 11자로 폐업한 자로서 폐업시까지의 개인영업에 ○○○원을 고지처분하고 그 결정과세표준금액과 원천징수납부거래금액과의 차액에 대한 원천징수 미징수 개인영업세 ○○○원에 고지처분한데 대하여 청구인은 세법 소정의 일기장을 비치 기장하고 있으며, 영업기간 중 사업이 부진하고 신병으로 인하여 20○○. 11. 14 병원에 입원하게 되어 20○○. 12. 11자로 폐업하게 되었음에도 위와 같이 결정고지함은 부당하므로 이를 시정하여 줄 것을 주장한다.

   이에 대한 당초 조사 결정경위를 살펴보면, 청구인은 교통사고로 입원 폐업한 자로서, 청구인표준계산서 발행금액이 ○○○원이나 월 평균 생산액을 ○○○원으로 추정하여 해당기 과세표준금액을 ○○○원으로 결정하였고, 그 과세표준금액에서 원천징수납부과세표준 ○○○원을 차감한 ○○○원을 원천징수불이행과세표준으로 결정한 사안임을 알 수 있는 바, 이 건 주요쟁점사항은 청구인 비치장부에 의하여 영업세 과세표준금액을 실지조사할 수 있는지의 여부와 당초 추계조사결정이 정당한 것인지를 가려보는 데 있다 할 것이므로, 살펴건대 청구인이 비치 기장하고 있는 장부와 증빙서류를 열람하여 본 바 매입에 관한 사항이 기장되어 있지 아니하고 증빙서류 또한 비치되어 있지 않으므로 이에 의한 실지조사는 불가한 것으로 보이며, 그러면 추계조사의 정당여부를 살펴건대 시설상황에 의하여 월평균생산액을 ○○○으로 추계하고 있으나 청구인이 20○○. 12. 11자로 폐업하였음이 후폐업처리대장에서 확인되고 있음에도 월평균 생산추계액 ○○○원에 만기 6개월로 승하여 계산함은 불합리하다 할 것이므로 12월분의 실적은 폐업일까지 일할계산하여 신청하는 것이 타당한 것으로 보인다.

   그렇다면 청구인의 주장은 이유있는 것으로 인정되어 공평과세위원회의 심리를 거쳐 국세기본법 제65조 제1항제3호에 의하여 주문과 같이 결정한다.

【서식】 조세심판결정통지서

조 세 심 판 원

조 심 1232281   (70-4385)   20○○. 3. 11
수 신 수신처 참조
제 목 조세심판결정통지
         결정서번호 : 제20○○중 96호
         청 구 인 : ○○시 ○○구 ○○동 85-4
                  주식회사 ○○은행 ○ ○ ○
         행정처분청 : 중 부 세 무 서 장

   1. 국세기본법 제65조 제3항 의 규정에 의하여 위 당사자간의 조세심판
      결정을 통지합니다.
   2. 당해 세무서장은 국세기본법 제80조 제2항 및 동법 시행규칙 제32조
      의 규정에 의하여 처리하시기 바랍니다.

   첨부 : 결정서 1부.

                                  조 세 심 판 원 장 ⑳

수 신 처 : 청구인, 중부세무서장
사본배부처 : 감사원, 국세청

【서식】 심판청구에 대한 결정서

결 정 서

제○중 96호

청 구 인 : ○○시 ○○구 ○○동 85-4

　　　　　　주식회사　○○은행　○　○　○

행정처분청 : 중 부 세 무 서 장

　　위의 당사자간의 심판청구사건에 관하여 20○○년 12월 24일 청구인으로부터 심판청구가 있었으므로 조세심판관(합동)회의의 의결을 거쳐 다음과 같이 결정한다.

주　　문　심판청구를 기각한다.

이　　유　별첨과 같다.

20○○. 3. 11

조 세 심 판 원 장 ⑪

<hr>

　이 재결에 대하여 이의가 있을 때에는 이 결정서를 받은 날로부터 90일 이내에 국세청장에게 심사청구를 할 수 있습니다.

제 5 편   행정소송서류와 소장 작성

제 1 장   변론을 위한 서류작성

1. 준비서면작성

준비서면은 당사자가 변론에서 진술한 사항을 기재하여 법원에 제출하는 서면으로서 변론에 앞서 상대방에게 그 내용을 예고하고, 법원이 미리 변론내용을 파악하여 소송진행을 신속하게 하도록 하는 기능을 한다.

【서식】 준비서면1 (양도소득세부과처분취소청구)

준 비 서 면

사 건   20○○구1975호, 양도소득세부과처분취소   〔담당재판부 : 제   (단독)부〕
원 고   ○ ○ ○
         ○○시 ○○구 ○○동 ○○번지
         (연락처) 02-123-4567, (휴대전화) 010-1234-5678, (이메일) lawb@lawb.co.kr
피 고   ○○세무서장

1. 원고의 양도주택에 3년 이상 거주에 관하여

 원고는 신정동 464-7 이 사건 주택을 20○○. 5. 11. 신축 취득하고 이사를 하였으나 당시 주민등록은 신정동 519-24에 되어 있었는데, 이 사건 주택의 인근이라 주민등록을 이전하지 않고 그냥 두게 되었던 것입니다.

 원고가 이 사건 주택에 거주하였음은 이곳에 원고의 전화가 설치되어 있는 점(갑 제7호증), 준공무원인 통반장인 확인(갑 제5호증), 증인 ○○○에 의하여 입증이 됩니다.

2. 신정동 522-21 여관에 관하여

 건축물관리대장에 의하면 이 건 부동산은 1층에 63㎡(19평)의 주택이 있는 것으로 되어 있으나 이는 2층과 3층의 여관경영에 부속되는 시설로 종업원의 안내실 및 숙소로 이용되는 것으로서 그 규모에 비추어 공부상의 기재에 불구하고 여관부속시설물로 보아야 합니다.

 더구나 원고는 이를 여관으로 임대하였기 때문에 사업용건물이지 주택이 아닙니다(갑 제3, 4호증).

 원고는 이 사건 주택을 양도하고 여관경영과 함께 별도의 출입구를 만들어 주거용으로 개조한 뒤 이곳에 거주하고 있을 뿐입니다.

 대법원 판례 1990. 12. 26. 선고 90누6385 판결도 이를 주택으로 보지 않습니다(공보 91년 668면).

20○○. 2. 11

원 고 ○ ○ ○ ㉑

○○고등법원 특별3부 귀중

◇ 유의사항 ◇

연락처란에는 언제든지 연락 가능한 전화번호나 휴대전화번호를 기재하고, 그 밖에 팩스번호, 이메일 주소 등이 있으면 함께 기재하시고, 상대방 수만큼의 부본을 첨부하여야 한다.

【서식】 준비서면2 (법인세부과처분취소청구)

준 비 서 면

사 건   20○○구2580 법인세부과처분취소   〔담당재판부 : 제   (단독)부〕
원 고   ○○시장주식회사

　　　　　○○시 ○○구 ○○동 ○○번지

　　　　　(연락처) 02-123-4567, (휴대전화) 010-1234-5678, (이메일) lawb@lawb.co.kr
피 고   ○○세무서장

　사건에 관하여 원 소송대리인은 아래와 같이 변론을 준비합니다.

다 　 음

(1) ○○시 북구 칠성동 4가 141, 182, 183, 184, 185, 186, 187, 188의 대지 8필
지 총 1,311평과 그 지상건물 49동 건평 808평은 원래 ○○시 소유로서 구
동성시장부지로 사용하여 오다가 같은 시에서 시장 민영화촉진계획에 따라
20○○. 4. 26. 각 그 부지 위에 점포를 개설운영하고 있던 시장상인 소외
임○○ 외 125명이 각 그 점유부분을 각 그 기재대금으로 매수하면서 그
많은 상인들 명의로 소유권이전등기하는 번잡을 피하기 위한 일시적 편의
상 원고회사명의로 명의신탁한데 불과한 것입니다.

(2) 원고회사는 시장법에 따라 법인이 아니고서 시장을 개설할 수 없다고 하기
에 1주당 액면 ○○원 총주식 2,808주 총 자본금 ○○만원으로 하여 설립된
시장법인으로써 위 막대한 거액의 토지를 실질적으로 소유할 능력이나 형편
이 되지 못하고 그 토지의 매매·임대차 등은 오로지 그 실질적 소유권자인
시장상인들의 처분 여하에 달려있는 것이므로 소외 ○○건설합자회사로 하
여금 지상점포 건물을 건립하게 하는 자금 융통을 위한 물상보증이나 그 지
상건물의 소유권취득도 실질적으로는 위 매수자 125명의 권한과 책임사유로
돌아가게 된 것이고, 따라서 위 시장부지의 경락으로 인하여 소유권을 상실
한 자 또한 위 영세상인 125명으로 이들은 무려 시가 ○○만원의 부지를 잃
고 불과 ○○만원 상당의 부실건물 미완성 건물을 취득하기는 하였으되 이

것마저 세금체납으로 입찰공매에 부쳤으니 이 사건 부과처분은 위법부당하기 짝이 없습니다.

20○○. 7. 16

원고소송대리인 변호사 ○ ○ ○ ㉑

○○고등법원 귀중

◇ 유의사항 ◇

연락처란에는 언제든지 연락 가능한 전화번호나 휴대전화번호를 기재하고, 그 밖에 팩스번호, 이메일 주소 등이 있으면 함께 기재하시고, 상대방 수만큼의 부본을 첨부하여야 한다.

2. 답변서 작성

준비서면 가운데 피고나 피상소인이 본안의 신청을 기재하여 최초로 제출하는 것을 답변서라고 한다.

【서식】답변서1 (취득세등부과처분취소청구)

답 변 서

사건번호 20○○구1563호 취득세등부과처분취소   〔담당재판부 : 제   (단독)부〕
원   고 (주) ○ ○
　　　　　　○○시 ○○구 ○○동 ○번지
피   고   ○○시 ○○구청장

　위 사건에 관하여 피고는 다음과 같이 답변합니다.

청구취지에 대한 답변

1. 원고의 청구를 기각한다.
2. 소송비용은 원고의 부담으로 한다.
라는 판결을 구합니다.

청구원인에 대한 답변

1. 기초사실

○ 청구원인 중 원고가 20○○. 11. 9. 취득한 부산광역시 남구 대연동 산 20의1
　외 2필지 임야 9,371㎡(이하 "사건토지"라 한다)에 대해 피고가 20○○. 6. 14.
　자로 취득세 등 금 125,122,810원을 부과·고지한 사실은 인정하나 그밖의 주
　장과 사실은 모두 부인합니다.

○ 원고가 20○○. 11. 9. 이 사건토지를 관광호텔 신축을 목적으로 취득한 후 1
　년 이내에 정당한 사유없이 법인의 고유업무에 직접 사용하지 아니하므로

○ 피고는 사건토지를 구 지방세법(1994. 12. 22. 법률 제4794호로 개정되기 전의
　것, 이하 "법"이라 한다) 제112조(세율) 제2항, 같은 법시행령(1994. 12. 31. 대
　통령령 제14481호로 개정되기 전의 것, 이하 "시행령"이라 한다) 제84조의 4
　(법인의 비업무용토지의 범위) 제1항 소정의 법인의 비업무용토지로 보고

○ 그 취득가액(734,720,000원)에 법인의 비업무용토지에 대한 중과세율을 적용하여
　산정한 취득세액에서 자진신고하여 기납부한세액을 공제한 취득세114,616,320원

(가산세 포함)과 농어촌특별세 10,506,490원(가산세 포함) 합계 125,122,810원을 원고에게 부과·고지한 것입니다.

○ 원고는 위 처분에 불복하여 20○○. 7. 15. 부산광역시장에게 이의신청을 하였으나 같은 해 9. 11. 기각결정되었고, 이에 불복하여 내무부장관에게 심사청구를 하였으나 같은 해 12. 23. 기각결정되었습니다.

2. 원고의 주장
○ 원고는 청구원인에서 ○○시에서 개최되는 20○○년 ○○에 대비하여 20○○. 5. 3. 및 같은 해 7. 21. 사건토지의 토지거래계약시 피고로부터 관광호텔신축용으로 토지거래허가를 취득하여 같은 해 11. 9. 사건토지를 취득한 후, 20○○. 9. 7. ○○시장에게 관광호텔 신축관련 사업계획승인신청을 하였으나 '인근 군부대의 보안 및 작전에 미치는 영향이 심대하여 사업계획 승인이 불가'하다고 회시받았는바
○ 사건토지의 인근 군부대 옆에는 "○○대학교"가 있고, 그 맞은편에는 "21세기" 고층건물이 건축되어 있으며, 군사시설보호구역 지정이나 법규상 아무런 규제조항이 없는데도 불구하고 행정편의 위주에 따라 원고의 사업계획을 승인하지 아니한 것이며, 이로써 사건토지를 고유목적에 사용하지 못한 데에는 원고에게 아무런 귀책사유가 없고 정당한 사유가 있으므로 피고의 이 건 취득세 등 중과세처분은 위법하다고 주장하고 있습니다.

3. 관련법규
○ 법 제112조(세율) 제2항에서는 '대통령령으로 정하는(…)법인의 비업무용토지(…)를 취득한 경우의 취득세율은 세율(1000분의 20)의 100분의 750으로 한다(생략)'라고 규정하고 있으며
○ 시행령 제84조의 4(법인의 비업무용토지의 범위) 제1항에는 '법 제112조 제2항의 규정에 의한 법인의 비업무용 토지는 법인이 토지를 취득한 날로부터 1년(…)이내에 정당한 사유없이 그 법인의 고유업무에 직접 사용하지 아니하는 토지를 말한다'라고 규정하고 있습니다.

4. 원고청구의 부당성
○ 법 제112조 제2항, 시행령 제84조의 4 제1항의 규정은 일반적으로 법인이 토지를 취득한 후 1년 이내에 정당한 사유없이 그 법인의 고유목적에 직접 사용하지 아니하는 토지를 법인의 비업무용토지로 보아취득세를 중과세함으로써

비업무용토지의 매각을 촉진시켜 법인의 고유목적이외의 토지의 취득·보유
로 인한 비생산적인 투기의 조장을 방지하고 토지의 효율적 이용을 기하고자
함에 그 취지가 있다 할 것이고,

○ 여기에서 정당한 사유라 함은 관계법령에 의한 사용금지·제한 등 그 법인이
마음대로 할 수 없는 외부적인 사유는 물론, 고유업무에 직접 사용 하기 위한
정상적인 노력을 다하고도 시간적인 여유가 없어 그 법인의 과실없이 유예기
간을 넘긴 경우의 내부적인 사유를 포함한다(같은 취지 대법원 1993. 7. 27.
선고, 93누 6041 판결) 할 것인바,

○ 사건토지는 군부대(육군 제1266부대)와 인접하고 있고, 자연녹지 및 도시계획
도로가 접한 도시계획지역 내의 임야로서 피고가 20○○. 5. 3. 및 같은 해 7.
21. 원고에게 사건토지에 대한 토지거래계약허가(처분)시 "다른 법령에 의한
규제사항은 그 법령에 의거 처리되오니 그리 아시기 바랍니다(토지형질변경
심사지역입니다)"라고 분명하게 통보하였고,

○ 원고가 20○○. 9. 7. ○○시장에게 관광숙박업사업계획 승인을 신청(지하 1
층, 지상 12층)하였으나 ○○시장은 관광숙박업사업계획을 검토하면서 사건토
지의 소재 지역이 군부대와 인접하여 있어 당해 군부대에 관광호텔 신축계획
에 대한의견을 조회한 결과, 당해 군부대에서는 "군부대의 경계선에서 50m
근접되어 있고 고층건물에서 부대 전지역이 완전 투시되어 군보안 및 작전에
미치는 영향이 심대하므로 신축계획에 부동의"라고 회시하였으며, 피고는 20
○○. 10. 17. 부산광역시장에게 한 "관광숙박업사업계획 승인신청에 따른 검
토보고"에서 "당해 지역은 자연녹지지역으로서 주변 자연경관이 울창한 녹지
대로 형성되어 있으며, 피고의 장기발전계획에 의거 개발억제대상지역으로 방
향제시되어 현재 개발억제대상지로 검토중에 있으므로 토지형질변경, 교통,
주민민원 야기 등 제반사항을 고려할 때 현상태로 보존하는 것이 좋을 것으
로 판단됩니다"라고 회시하였는데, 부산광역시장은 원고에게 "관광호텔 신축
대상자가 인근 군부대에 보안 및 작전에 미치는 영향이 심대하여 관광숙박업
사업계획의 승인이 불가"하다고 회시하였습니다.

○ 사건토지는 위와 같이 사실상 취득하기 이전부터 관광호텔을 신축하기에는
적합하지 아니하였고, 원고로서는 사건토지를 취득하기 전에 미리 이러한 사
항들을 주도면밀하게 검토했어야 함에도 그러하지 못한 것은 그 귀책사유가
원고에게 있다 할 것이고,

○ 사건토지의 토지거래계약시 이용목적을 관광호텔 신축용으로 하여 허가를 받

았다고 하더라도 관광진흥법에 의한 인·허가를 받지 아니한 이상 별개의 사항으로 관광숙박업사업과는 관련이 없으며, 원고의 주업이 산림업이 아닌 이상 사건토지를 고유업무에 사용하기 위해서는 취득한 날로부터 1년 이내에 지목을 변경하고 사업계획을 조정하거나 부산광역시장을 상대로 위 불허가처분에 대한 행정심판을 제기하는 등 사건토지를 법인의 고유목적에 직접 사용하기 위한 적극적인 노력을 다하였어야 함에도 원고는 그러한 노력을 다하지 않은 채, 다만 관광숙박업사업계획 승인을 받지 못하였다고 하여 취득 당시(임야) 상태로 방치하고 있는 것은 토지를 고유업무에 직접 사용하기 위한 정상적인 노력과 추진을 다하였다고는 결코 볼 수 없을 뿐만 아니라,

○ 토지거래계약허가 여부는 토지의 이용목적이 국토이용관리법상의 국토이용계획 및 도시계획상 적합한지 여부와 주변의 생활환경 및 자연환경 보존상 적합한지 여부를 검토하여 결정'하는 것이며 취득하고자 하는 토지의 이용목적이 여타 관계법령에 의한 다른 허가 등을 반드시 전제하는 것이 아니므로 다른 법령 등에 의한 규제 여부까지 검토할 필요는 없는 것이고 피고도 그러한 사항을 위 토지거래계약허가시 분명하게 고지하였는바 이 건 취득세 등 중과세처분은 사건토지를 취득하기 전 사전확인 없이 토지부터 취득한 원고에게 책임이 있다하겠고, 또한 원고가 위 관광숙박업사업계획 승인이 불가하다는 사실을 인지한 20○○. 10. 12. 이후에도 이 건 토지와 연접한 토지를 취득한 사실 등을 볼 때 원고가 이 건 토지의 고유목적사업 수행을 위한 진지한 노력을 다하지 않은 것은 분명한 사실입니다.

5. 결 론

위와 같이 피고의 이 건 취득세 등 부과처분은 적법하며 원고의 청구는 이유 없으므로 마땅히 기각되어야 할 것이다.

20○○. 6.

위 피고   ○○시 ○○구청장
소송수행자   지방행정주사보 ○ ○ ○ ㉑
                 지방세무주사보 ○ ○ ○ ㉑

○○고등법원 특별1부 귀중

◇ 유의사항 ◇

1. 연락처란에는 언제든지 연락 가능한 전화번호나 휴대전화번호를 기재하고, 그 밖에 팩스번호, 이메일 주소 등이 있으면 함께 기재하기 바랍니다.
2. 답변서에는 청구의 취지와 원인에 대한 구체적인 진술을 적어야 하고 상대방 수만큼의 부본을 첨부하여야 합니다.
3. 「청구의 취지에 대한 답변」에는 원고의 청구에 응할 수 있는지 여부를 분명히 밝혀야 하며, 「청구의 원인에 대한 답변」에는 원고가 소장에서 주장하는 사실을 인정하는지 여부를 개별적으로 밝히고, 인정하지 아니하는 사실에 관하여는 그 사유를 개별적으로 적어야 합니다.
4. 답변서에는 자신의 주장을 증명하기 위한 증거방법에 관한 의견을 함께 적어야 하며, 답변사항에 관한 중요한 서증이나 답변서에서 인용한 문서의 사본 등을 붙어야 합니다.

【서식】 답변서2(소득세부과처분취소청구)

답 변 서

사건번호 20○○구348 행정처분취소   〔담당재판부 : 제   (단독)부〕

원 고   재단법인   ○○수출시험검사소

피 고   ○○세무서장

  위 사건에 관하여 피고는 다음과 같이 답변함.

청구취지에 대한 답변

  원고의 본소청구를 기각한다.

  소송비용은 원고의 부담으로 한다.

라는 판결을 구함.

청구원인에 대한 답변

1. 소장 청구원인 사실중 제1항 및 제2항의 사실 및 청구취지 제1항의 과세처분
   을 한 사실은 인정하나 나머지 사실은 전부 부인합니다.
2. 원고는 현실적인 퇴직이 아닌 경우, 즉 중임의 경우에도 퇴직금을 지급할 수
   있고, 따라서 퇴직금에 대한 소득세 계산 방법에 따라 갑종근로소득세를 납
   부하였으니 피고가 이를 상여로 보아 청구취지와 같은 갑근세를 추징함은 법
   리를 오해한 처분이라고 주장하고 있으나 원고법인은 특별법은 수출검사법에
   의하여 설립된 비영리법인이라고는 하나 재단법인으로서의 내국법인임에는
   틀림이 없는고로 법인세법의 적용을 배제할 수 없으며, 따라서 퇴직금의 범
   위를 규정한 법인세법 시행령 제44조 제1항 "법인이 임원 또는 사용인에게
   지급하는 퇴직금은 임원 또는 사용인이 현실적으로 퇴직하는 경우에 지급하
   는 것에 한하여…"라는 규정에 의하여 원고법인이 중임 임원에게 지급한 퇴
   직금을 퇴직금으로 인정하지 않고 상여로 보아 처분한 피고의 당초처분은 하
   등의 잘못이 없다 할 것입니다.
   소득세법 제22조 제3항은 퇴직소득은 거주자 비거주자 또는 법인의 사용인이
   현실적으로 퇴직함으로 인하여 지급받은 퇴직급여에 한한다고 명문으로 선언

하고 있습니다. 따라서 원고의 주장은 모두 이유 없는 것으로 본 건은 마땅히 기각되어야 할 것입니다.

20○○. 11. 11.

피고   ○○세무서장

소송수행자   ○   ○   ○   ㉐

서울고등법원 특별1부   귀중

◇ 유의사항 ◇

1. 연락처란에는 언제든지 연락 가능한 전화번호나 휴대전화번호를 기재하고, 그 밖에 팩스번호, 이메일 주소 등이 있으면 함께 기재하기 바랍니다.
2. 답변서에는 청구의 취지와 원인에 대한 구체적인 진술을 적어야 하고 상대방 수만큼의 부본을 첨부하여야 합니다.
3. 「청구의 취지에 대한 답변」에는 원고의 청구에 응할 수 있는지 여부를 분명히 밝혀야 하며, 「청구의 원인에 대한 답변」에는 원고가 소장에서 주장하는 사실을 인정하는지 여부를 개별적으로 밝히고, 인정하지 아니하는 사실에 관하여는 그 사유를 개별적으로 적어야 합니다.
4. 답변서에는 자신의 주장을 증명하기 위한 증거방법에 관한 의견을 함께 적어야 하며, 답변사항에 관한 중요한 서증이나 답변서에서 인용한 문서의 사본 등을 붙어야 합니다.

3. 석명신청

석명신청은 상대방의 신청이나 주장에 불명료·불완전·모순이 있는 경우에 이 점을 지적하여 법원으로 하여금 상대방에게 명백하게 하도록 권한을 발동할 것을 촉구하는 것이다.

【서식】 석명신청서

석 명 신 청 서

사건번호 20○○구17285, 상속세부과처분취소   〔담당재판부 : 제 (단독)부〕

원   고 정 ○ ○

　　　○○시 ○○구 ○○동 ○번지

　　　(연락처)02-123-4567, (휴대전화)010-1234-5678, (이메일) lawb@lawb.co.kr

피   고 ○○세무서장

위 당사자 간 상속세부과처분취소사건에 관하여 피고는 원고에 대하여 다음 사항의 석명을 구하고자 신청합니다.

다   음

1. 석명을 구하는 이유

　원고는 20○○. 7. 22. 자 청구취지정정 및 원인보충에서 피상속인 소외 망 박○○이 대한투자신탁 서면지점에서 인출한 116,701,885원도 상속재산에 가산하는 것은 부당하다는 주장을 하고 있습니다.

　피고는 이에 그 사실의 명백한 파악을 할 필요가 있습니다.

2. 석명을 요하는 사항

　피상속인이 20○○. 8. 9. 대한투자신탁 서면지점에서 인출한 금 116,701,885원의 사용처와 그 사용내역

20○○. 8. 25

피고 ○○세무서장
위 소송수행자 김 ○ ○ ㊞

○○고등법원 특별3부 귀중

4. 서증과 서증인부

서증은 문서를 열람하여 거기에 기재된 의미내용을 증거자료로 얻기 위해 하는 증거조사를 말하는데 대부분 입증할 당사자가 스스로 소지한 문서를 제출한다.

이 때 원고가 제출한 것은 갑호증, 피고가 제출한 것은 을호증으로 표시하여 제출순서대로 각자 번호를 붙여 나간다. 서증은 통상 원본을 제출하지 않고 이를 복사하여 "원본에 의하여 등사함. 원(피)고 ○○○"이라고 표시하여 법원용 1부와 상대방용 각 1부를 제출한다. 서증이 제출되면 상대방은 이에 대하여 서증인부를 해야 한다.

서증인부는 다음과 같이 답변한다.

① 성립인정 : 그 순서를 작성명의자가 작성한 문서로 인정하는 것이다. 단 공문서는 성립인정을 하지 않아도 그것이 공문서로 인정되는 때에는 진정한 것으로 추정되고, 사문서의 경우에도 문서에 있는 본인 또는 대리인의 서명이나 날인이 진정한 것임을 증명하면 문서전체가 진정한 것으로 추정된다.

② 부지 : 작성명의자가 작성한 것인지 여부를 알 수 없는 경우

③ 부인 : 위조 등으로 작성명의자가 작성하지 않은 경우

④ 공성부분인정 : 내용증명에 있는 우체국의 일부인, 개인이 관공서에 제출한 문서에 찍힌 접수인, 검인 등의 경우에는 공문서 부분만 인정한다.

⑤ 성립인정 입증취지부인 : 작성명의자가 작성한 것은 인정하지만 당해 사건의 입증자료로서는 부적합하다는 의견이다.

⑥ 성립인정 이익으로 원용 : 상대방이 제출했지만 오히려 자신에게 유리하다고 판단되는 경우

⑦ 인부표 : 상대방의 서증이 많아 법정에서 답변하기가 부적당한 경우에는 서증인부표를 작성하여 제출하는 것이 바람직하다.

【서식】인 부 표

인 부 표

20○○부7868호

<table>
<tr><td></td><td>서증목록</td><td>인 부</td></tr>
<tr><td>갑 제1호증</td><td>납세고지서</td><td>성립인정</td></tr>
<tr><td>갑 제2호증</td><td>심판결정서</td><td>성립인정</td></tr>
<tr><td>갑 제3호증</td><td>사업자등록증</td><td>성립인정</td></tr>
<tr><td>갑 제4호증의　1</td><td>대차대조표</td><td>부지</td></tr>
<tr><td>2</td><td>손익계산서</td><td>부지</td></tr>
<tr><td>3</td><td>합계잔액시산표</td><td>부지</td></tr>
<tr><td>4</td><td>계정별원장</td><td>부지</td></tr>
<tr><td>갑 제5호증의　1</td><td>법인세과세표준 및 세액신고서</td><td>성립인정</td></tr>
<tr><td>2</td><td>대차대조표</td><td>부지</td></tr>
<tr><td>3</td><td>손익계산서</td><td>부지</td></tr>
<tr><td>4</td><td>결손금처리계산서</td><td>부지</td></tr>
<tr><td>5</td><td>T/B</td><td>부지</td></tr>
</table>

5. 문서제출명령신청

문서를 소지한 상대방 또는 제3자가 제출의무를 부담하고 있는 경우 그 문서를 소지한 상대방 또는 제3자에게 문서의 제출명령을 하도록 신청하는 것이다.

상대방이 소지한 문서는 문서제출명령을 신청하면 상대방이 임의로 제출하는 것이 통례이다. 상대방이 임의로 자신의 증거방법으로 제출하지 않으면 신청인은 제출된 문서를 자신의 증거로 원용하여 호증번호를 붙여 서증으로 제출해야 한다.

【서식】문서제출명령신청서

문 서 제 출 명 령 신 청

사　건　20○○구1563, 취득세등부과처분취소　　〔담당재판부 : 제　단독(부)〕

원　고　주식회사　○　○

　　　　○○시　○○구　○○동　○번지

　　　　(연락처)02-123-4567, (휴대전화)010-1234-5678, (이메일) lawb@lawb.co.kr

피　고　○○시 남구청장

　위 사건에 관하여 원(피)고는 주장사실을 입증하기 위하여 다음과 같이 문서
제출명령을 신청합니다.

1. 문서의 표시　　　　별지기재
2. 문서의 취지(내용)
3. 문서를 가진 사람　　○○시 남구청 건축과
4. 증명할 사실
5. 문서제출의무의 원인(해당란에 ✔표시)
☐ 상대방이 소송에서 인용한 문서를 가지고 있음(인용문서)
☐ 신청자가 문서를 가지고 있는 사람에게 그것을 넘겨달라고 하거나 보겠다고
　요구할 수 있는 사법상의 권리를 가지고 있음(인도·열람문서)
☐ 문서가 신청자의 이익을 위하여 작성되었음(이익문서)
☐ 문서가 신청자와 문서를 가지고 있는 사람사이의 법률관계에 관하여 작성된
　것임(법률관계문서)
☐ 그 밖에 제출이 필요한 문서
　사유 :

20○○.　6.　13

원고 주식회사　○　○

대표이사　○　○　○　㊞

○○지방법원 귀중

별　　지

○○시 남구 대연 3동 55-1 신축허가 및 구 ○○대학교 증축허가와 관련하여

1. 건축허가서
2. 인근군부대장의 건축허가에 대한 의견서

6. 문서송부촉탁신청

문서를 소지한 상대방 또는 제3자가 문서의 제출의무를 부담하지 않는 경우 그 소지자에게 임의제출을 구하는 신청이다.

이것은 당사자가 법령에 의하여 문서의 정본 또는 등본을 청구할 수 있는 경우에는 신청할 수 없다.

【서식】 문서송부촉탁신청서

문 서 송 부 촉 탁 신 청

사 건   20○○구44319호, 양도소득세부과처분취소 〔담당재판부 : 제 (단독)부〕

원 고   ○ ○ ○

　　　　○○시 ○○구 ○○동 ○번지

　　　　(연락처)02-123-4567, (휴대전화)010-1234-5678, (이메일) lawb@lawb.co.kr

피 고   ○○세무서장

1. 기록의 보관처

　　　　○○시청 지적과
　　　　○○시 부원동 623(우 : 621-010)

2. 송부촉탁할 문서

　　　　별지와 같습니다.

3. 증명하고자 하는 사실

　　　　　　　　　20○○. 2. 17

　　　　　　　　　　　　　　　원고 소송대리인
　　　　　　　　　　　　　　　변호사 ○ ○ ○ ㊞

○○지방법원   귀중

송 부 할 문 서 목 록

1. 김해시 진영읍 설창리 730과 설창리 722-1에 관한 20○○년도 토지특성조사표
2. 20○○년도 설창리와 신용리 일원의 표준지 가격표
3. 20○○년도 위 토지에 적용된 비준표(토지가격비준율표)
4. 위 2필지 토지와 인근 표준지가 표시된 도면

7. 사실조회

　법원이 공무소·학교·회사 등의 공사의 단체에 대하여 특정사항의 사실에 관한 보고를 구하는 것이다.

【서식】 사실조회신청서1(취득세등부과처분취소청구)

사 실 조 회 신 청

사　건　20○○구1563, 취득세등부과처분취소　　〔담당재판부 : 제　(단독)부〕
원　고　주식회사　○　○
피　고　○○시 남구청장

　위 사건에 관하여 주장사실을 입증하기 위하여 다음과 같이 사실조회를 신청합니다.

1. 사실조회의 목적

2. 사실조회 기관
　육군 제1266부대장
　○○시 남구 대연 3동 (우 : 608-023)

3. 사실조회 사항
　별지와 같음

20○○.　10. 6

원고 주식회사　○　○
대표이사　○　○　○　⑩

(연락처)02-123-4567, (휴대전화)010-1234-5678, (이메일) lawb@lawb.co.kr

○○지방법원　귀중

별   지

1. 귀 군부대가 ○○시 외곽으로 이전할 계획이 수립되어 있는지 여부, 있다면 대강의 시기.
2. 귀 부대 앞 ○○빌딩 신축과 ○○대학교 증축공사에 건축동의를 해 준 사실이 있는지 여부.
   있다면 관계서류를 보내주시기 바랍니다.

【서식】 사실조회신청서2(법인세 부과처분취소청구)

사 실 조 회 신 청

사　건　20○○구142호 법인세 부과처분취소　　〔담당재판부 : 제 (단독)부〕

원　고　○○펄프공업주식회사

피　고　을지로세무서장

　위 당사자간의 귀원 20○○구 142호 법인세 부과처분취소청구사건에 관하여 원고는 주장사실을 입증하기 위하여 다음과 같이 사실조회를 신청합니다.

1. 사실조회의 목적

1. 사실조회 기관 : 서울특별시 종로구 세종로 84 소공세무서장

2. 사실조회 사항
　(1) 서울특별시 중구 다동 123에 본점을 둔 대표이사 ○○○인 ○○제지주식
　　　회사가 20○○. 4. 및 현재 영업시설을 소유하고 있는지 여부
　(2) 위 회사가 해산하거나 청산한 사실이 있는지 여부
　(3) 위 회사가 영업을 계속하고 있다면 그 영업장소와 자산 규모

20○○. 3. 4.

위 원고대리인 변호사　○　○　○　⑪

(연락처)02-123-4567, (휴대전화)010-1234-5678, (이메일) lawb@lawb.co.kr

○○지방법원　귀중

8. 증인(증거)신청과 증인신문

당사자는 법정에서 증인신청을 하여 채택을 받은 후 증거신청서에 증인의 이름과 주소, 신문사항 5통을 첨부하여 신문예정기일 10일 전까지 법원에 접수시켜야 한다.

이 때 증인여비를 예납해야 증인 소환을 할 수 있지만 여비를 예납하지 않고 직접 대동할 수도 있다.

증인신문사항은 요건사실에 관련된 것으로 증인이 경험한 것에 대하여 간략하게 단답식으로 질문하도록 한다.

【서식】 증인(증거)신청서

증 거 신 청 서

사건번호 20○○구 2686호   〔담당재판부 : 제   (단독)부〕
원   고 ○ ○ ○
         ○○시 ○○구 ○○동 ○번지
         (연락처) 02-123-4567 (휴대전화) 010-1234-5678 (이메일) lawb@lawb.co.kr
피   고 ○ ○ ○
         ○○시 ○○구 ○○동 ○번지

  위 사건에 관하여 원고 등 소송대리인은 그 주장사실을 입증하기 위하여 아래 사람을 증인으로 신청합니다.

― 아   래 ―

1. 증인의 표시
    증인성명 : ○ ○ ○
    증인주소 : ○○시 ○○군 ○○면 ○○리 ○

2. 증인신문사항 : 별지 기재와 같음.

20○○.   .   .

원고 ○   ○   ○   ㉞

○○지방법원 귀중

【서식】 증인 신문사항

증인 ○○○에 대한 신문사항
(울산시 남구 신정1동 709-1)

1. 증인은 원고로부터 원고 소유인 울산 남구 신정동 522-21 소재 여관을 20○
   ○. 4. 10. 2년 기간으로 임차하여 경영한바 있어 원고를 알지요.
   이것이 증인과의 임대차 계약서이지요. (이 때 갑 제3호증을 제시한다)

2. 신정동 522-21 소재 여관은 지하실과 지상 4층 건물이고, 1층은 주차장 45㎡
   와 안내실 겸 종업원 기거 거실 방 63㎡가 있고, 2층과 3층은 객실이지요.

3. 증인은 위 여관에서 종업원 1명을 고용하여 주야로 영업을 하였고, 증인과 종
   업원은 안내실로 통하는 거실과 방에서 쉬곤 하였지요.

4. 1층에 붙은 거실은 여관경영을 위한 부속시설이고, 별도로 독립하여 살림을
   할 수 있는 정도는 아니었지요.

5. 증인이 임대차기간 2년이 만료되어 원고에게 위 여관을 명도한 뒤 원고가 여
   관 입구와 별도로 차고지 앞에 출입문을 내어 살고 있지요.
   이것이 1층의 설계도면이지요. (이 때 갑 제12호증 설계도면을 제시한다)

9. 당사자신문

　당사자 본인이 경험한 사실에 대하여 신문하고 응답하는 것으로 증인신문 방식과 동일하지만, 이것은 법원이 다른 증거조사에 의하여 심증을 얻지 못한 때에 한하여 할 수 있다.

【서식】 당사자신문신청서

원고본인신문신청서

사 건   20○○구6803호, 종합소득세부과처분취소   〔담당재판부 : 제   (단독)부)〕

원 고   ○ ○ ○

　　　　　○○시 ○○구 ○○동 ○번지

　　　　　(연락처) 02-123-4567 (휴대전화) 010-1234-5678 (이메일) lawb@lawb.co.kr

피 고   남부산세무서장

위 사건에 관하여 원고 소송대리인은 원고본인신문신청을 합니다.

　　　　*첨부 : 신문사항　　　　　　　　　　　　4통

　　　　　　　　　　　　20○○. 3. 2.

　　　　　　　　　　　　　　　　　원고 소송대리인

　　　　　　　　　　　　　　　　　변호사 ○ ○ ○ ㊞

○○지방법원   귀중

【서식】 당사자 신문사항

20○○구6803호

원고 ○○○에 대한 본인신문사항
(○○시 ○○구 ○○동 601)

1. 원고는 김○○의 소개로 20○○. 3. 2. 부산 중구 광복동 3가 11 대111.4㎡(소유자 서○○, 광복동 3가 5-49 대 21㎡(소유자 이○○)와 위 지상 철근콘크리트조 슬라브 주택 및 점포 26평의 부동산을 금 5억 3천만원에 매수하는 계약을 하고 그 대금을 모두 지급하였고 당시 토지와 건물의 가액을 구분한 바는 없습니까.
   이것이 그 때 매매계약서입니까? (이 때 갑 제2호증의 1을 제시한다.)

2. 원고는 20○○. 4. 13. ○○부동산 김○○의 소재로 부산 진구 부전동 517-3 대 87.6㎡와 지상 철근콘크리트조 슬라브 점포 63.5평의 부동산을 금 5,100만원에 매수하는 계약을 하고 모두 지급하였고 당시 토지와 건물의 가액을 구분한 바는 없습니까?
   이것이 그 때 매매계약서입니까? (이 때 갑 제2호증의 2를 제시한다.)
   당시 매도인의 소재를 찾을 수는 없습니까.

3. 원고는 20○○. 4. 30. ○○부동산 김○○의 보조원 이○○의 소개로 부산진구 부전동 512-1 소재 대 155㎡와 위 지상 철근콘크리트조 슬라브근린생활시설 63.9평 건물의 부동산을 금 2억 9,200만원에 매수하는 계약을 하고 그 대금을 모두 지급하였고 당시 토지와 건물의 가액을 구분한 바는 없습니다.
   이것이 그 때 매매계약서입니까? (이 때 갑 제2호증의 3을 제시한다.)

4. 원고는 20○○. 7. 10. 홍○○의 소개로 부산 민락동 178-1 대 251.1㎡와 위 지상 철근콘크리트조 슬라브 160.37㎡ 상가의 부동산을 금 2억원에 매수하는 매매계약을 하고 그 대금을 모두 지급하였고 당시 토지와 건물의 가액을 구분한 바는 없습니까?

이것이 그 때 매매계약서입니까? (이 때 갑 제4호증의 4를 제시한다.)
세월이 많이 흘러 당시 매도인과 소개인을 찾을 수가 없습니까.

5. 원고는 위 부동산 임대에 따른 임대소득세 등 세무관리를 20○○년부터 세무
   사 박○○에게 위임하였고 당시 임대보증금과 월임료에 관한 자료만 제시하
   였고 취득계약서 제시를 요구하지 아니하여 제시한바 없습니까.

6. 원고는 20○○년 귀속분은 같은 종친인 남충정세무사에게 위임을 하였고, 이
   사건 추징과 관련하여 남충정세무사로부터 혹시 취득계약서가 있느냐고 하여
   비로소 제시하였습니까.

10. 검증 및 감정

검증이란 법관이 오관의 작용에 의하여 직접적으로 사물의 성상·현상을 검사하여 그 결과를 증거자료로 삼는 증거조사로, 일반적으로 현장검증이 많이 이용된다. 이 경우 감정이 부수되기도 한다.

법관이 검증을 위하여 법원 밖으로 출장을 가서 검증을 실시하면 여비를 납부해야 한다.

감정이란 법관의 판단능력을 보충하기 위하여 특별한 학식경험을 가진 자에게 그 전문적 지식이나 경험법칙 또는 이를 이용하여 내린 판단을 보고시키는 증거조사를 말한다.

이 보고를 행하는 자를 감정인이라 한다.

감정을 하는 경우 상당한 금액의 감정비용이 소요된다.

【서식】검증 및 감정신청서

현 장 검 증 및 감 정 신 청

사 건 20○○구452 도로수익자 부담금부과처분취소 〔담당재판부:제 (단독)부〕

원 고 ○ ○ ○

　　　　○○시 ○○구 ○○동 ○번지

　　　　(연락처) 02-123-4567 (휴대전화) 010-1234-5678 (이메일) lawb@lawb.co.kr

피 고 서울시 ○○구청장

위 당사자간의 귀원 20○○구 452호 도로수익자 부담금부과처분취소청구 사건에 관하여 원고는 주장사실을 입증하기 위하여 아래와 같이 검증 및 감정을 신청합니다.

아   래

1. 검증장소 및 목적

서울시 ○○구 ○○동 474의 12대 17평과 동소 동번지의 13도로 47평을 살피는데 있음.

2. 감정목적 및 감정사항

서울시 ○○구 ○○동 474의 12대 66평의 도로편입 전 평당가격과 도로편입 후 잔여대지 19평의 평당가격을 감정코자 함.

20○○. 6. 14.

위 원고대리인 변호사 ○ ○ ○ ⑩

○○지방법원 귀중

11. 증거설명

변론종결 후 법원의 증거가치 판단과 관련하여 그동안 원·피고가 제출한 증거에 관한 설명서를 작성하여 법원에 제출함으로써 법원의 증거가치 판단에 주의를 환기시켜 줄 필요가 있다.

【서식】 증거설명서

증 거 설 명 서

사 건   20○○구3651호, 양도소득세부과처분   〔담당재판부:제   (단독)부〕
원 고   ○ ○ ○ 외 4
          ○○시 ○○구 ○○동 ○번지
          (연락처) 02-123-4567 (휴대전화) 010-1234-5678 (이메일) lawb@lawb.co.kr
피 고   가락세무서장

1. 망인이 매각한 토지
① 갑 제6호증(각서)에 의하면 범방동 1296-2 전 1,583㎡에 관하여 망인이 20○○.
   6. 17. 배○○로부터 금 28,000,000원을 차용하기로 하고 대물변제한 토지임이
   나타나고, 갑 제8호증의 1 내지 5(입금표)에 의하면 망인이 사망 당시까지
   18,000,00원을 온라인으로 지급받고 나머지 10,000,000원은 상속인이 받았음이
   확인되며 갑 제5호증(계약서)에 의하면 범방동 1366 답 605㎡에 관하여 망인
   이 20○○. 3. 1. 배○○에게 18,000,000원에 매도한 토지임이 확인됩니다.
② 망인이 위와 같이 토지를 매도하게 된 것은 3명의 대학생과 1명의 고등학생
   자녀의 교육비, 농촌주택개량신축자금이 필요하여 배○○에게 매도한 것입니
   다(증인 배○○ 증언 참조).
③ 망인이 토지를 매각하거나 차용하지 않았다면 농촌에서 농사를 지어 간신히
   입에 풀칠할 정도인 망인의 구좌에 온라인으로 돈을 받은 일이 없기 때문에
   명백히 입증이 되었다고 봅니다.
이러한 경우 대법원 1990. 10. 23. 선고 90누3393판결은 망인이 재산을 처분하고
계약금, 중도금을 수령하였다면 상속재산으로 볼 수 없다고 판시하고 있습니다.

2. 재산평가의 문제
 갑 제10호증에 의하면, 범방동 1362-2 대 397㎡는 공신력 있는 감정기관의 감
정가격인 금 19,453,000원으로 평가하여야 합니다.

20○○. 3. 14.

원고 소송대리인
변호사 ○   ○   ○   ㊞

○○고등법원 특별1부 귀중

12. 법률적 의견서 등 제출

변론종결 후에라도 법률해석 적용에 관하여 변론에서 미진한 부분이 있으면 이 점에 관한 의견이나 참고판례 또는 문헌을 제시하여 법원의 판단에 도움을 준다.

【서식】 법률적 의견서

법 률 적 의 견 서

사 건   20○○구15036호, 상속세부과처분취소   〔담당재판부:제   (단독)부〕
원 고   박 ○ ○ 외 5

　　　　○○시 ○○구 ○○동 ○번지

　　　　(연락처) 02-123-4567 (휴대전화) 010-1234-5678 (이메일) lawb@lawb.co.kr
피 고   ○○세무서장

1. 금양임야

① 청량면 상남리 800 토지에는 원고 정○○(상속인) 증조모 손○○의 봉분 1기
   와 분묘수호용 소나무 10여 그루가 있는 등 분묘기지로 사용되고 있고 분묘
   기지 일부가 농작물 재배지로 이용되고 있다고 하여 금양임야가 아니라고
   볼 수는 없는 것입니다.

   금양임야인지 여부는 공부상의 지목이 아니라 실질과세원칙상 실제로 분묘로
   이용되거나 분묘를 수호하는 토지인지 여부의 사실상의 지목에 따라야 할 것
   입니다(대법원 1997. 11. 28. 선고, 97누 5961판결(공보 98-173).

② 가사 나무가 없고 농작물 재배지로 이용되고 있는 부분을 금양임야가 아니라
   고 하더라도 묘토에 해당된다고 보아야 합니다.

③ 피고가 제시하는 대법원 1997. 5. 30. 선고 97누 4838 판결(공보 97-1930)의
   사실관계는 광주 시내에 있는 토지로서 상속개시 이전부터 주변에 건물이
   들어서서 사실상 농지로서의 기능을 상실한 토지에 관한 것으로 이 사건과
   사안을 달리하여 원용할 바 못됩니다.

   이 사건 토지가 도시계획상 토지구획정리사업 대상지로 지정되고 토지구획정
   리 후에 상업지역으로 사용될 예정이라도 이 법원의 현장검증 결과에서 보다
   시피 토지구획사업도 시행되지 않고 있고, 인근이 모두 농촌과 농지로서 이용
   되고 있는 점을 감안하면 농지로서 기능을 상실하였다고 볼 수는 없습니다.

                    20○○. 3. 14.

                              원고 소송대리인

                              변호사 ○ ○ ○   ㉑

○○지방법원 귀중

【서식】쟁점정리서

쟁 점 정 리

사　건　　20○○구6397호, 양도소득세부과처분취소〔담당재판부:제　(단독)부〕

원　고　남　○　○

　　　　　○○시　○○구　○○동　○번지

　　　　　(연락처) 02-123-4567　(휴대전화) 010-1234-5678　(이메일) lawb@lawb.co.kr

피　고　　○○세무서장

1. 쟁점1 양도시점

갑 제5호증의 1, 2(검인 매매계약서)에 의하면 잔대금 지급일이 20○○. 8. 30. 이고, 구 소득세법시행령 제○○조 제1항 제1호에 의하면 양도시기는 대금청산일이고 대금청산한 날이 불분명하면 매매계약서에 기재된 잔금지급약정일이 된다고 되어 있으므로 대법원 1993. 11. 24. 92누 282(공 93-291). 1993. 4. 9. 93누 2353(공 93-1412)에 의하면 검인계약서는 특단의 사정이 없는 한 계약서 기재 내용에 추정력이 있다.

따라서 양도시기는 20○○. 8. 30. 이다.

갑 제6호증의 1 내지 4에 의하면 실제 잔금지급일도 20○○. 8. 30. 이고, 원고도 20○○. 8. 30. 로 하여 피고한테 신고하였다(갑 제4호증 참조). 다만, 을 제6호증과 을 제7호증의 매매일자 또는 양도일자를 20○○. 8. 31. 로 기재한 것은 민법상 권리이전의 효력이 발생하는 등기접수일인 20○○. 8. 31. (갑 제5호증의 1)로 표시하였을 뿐이다.

(실무적으로도 법무사가 등기서류를 작성하여 접수하는 데는 1일 이상의 시간이 소요된다)

피고도 부과처분시 양도일자는 20○○. 8. 30. 로 보았다(을 제1호증의 3중 양도일자 참조).

2. 쟁점2 개별지가의 효력발생

개별지가는 20○○. 8. 30. 에 공고하였고(을 제8호증) 이는 공무원의 근무 시간인 오전 9시 이후에 게시판에 공고됩니다.

　공고의 효력발생시기는 초일 불산입 원칙에 의거 공고일의 다음 날인 20○○. 8. 31. 이라는 것이 일본 최고재판소 1986. 6. 19. 판결입니다(사법논집 25집 670~671면).

3. 법률적인 판단
① 양도 당시에는 유휴토지 여부를 판단할 개별공시지가의 효력이 발생하지 아니하여 그 감면배제 요건의 충족이 이루어지지 않았다.
② 양도 당시에 적용된 구 소득세법 제○○조는 위헌결정이 났고 동 결정에서 20○○. 12. 22. 개정된 소득세법 제○○조에 의한 개별공시지가를 적용하라고 하였으나 적용할 취득 및 양도 당시의 효력이 발생된 개별공시지가가 존재하지 아니하여 결국 과세표준산정 법조가 없어 부과처분을 취소할 수밖에 없다.

20○○. 5.

원 고   남 ○ ○ ㊞

○○지방법원   귀중

13. 변론기일변경과 변론재개

　지정된 변론기일에 출석할 수 없는 경우에는 변론기일을 변경해 줄 것을 법원에 신청할 수 있다. 이 때 소명자료를 첨부하고 상대방의 동의를 받는 것이 좋다.

　법원은 변론을 진행한 결과 판결을 선고하기에 충분한 심리가 되었다고 판단되면 판결선고기일을 지정하는 이를 변론종결 또는 결심이라고 한다.

　변론종결 후에는 추가적인 주장이나 증거자료를 제출할 수 없다. 그러나 종결 이후 추가로 주장하거나 증거자료를 제출할 필요성이 있으면 변론재개사유를 기재하고, 이에 관한 증거자료를 첨부하여 변론재개신청을 해야 한다.

【서식】 변론기일 변경신청서

변 론 기 일 변 경 신 청 서

사 건　20○○구36171호, 양도소득세부과처분취소　　　〔담당재판부:제 (단독)부〕
원 고　김 ○ ○
　　　　○○시 ○○구 ○○동 ○번지
　　　　(연락처) 02-123-4567　(휴대전화) 010-1234-5678　(이메일) lawb@lawb.co.kr
피 고　○○세무서장

1. 원고 소송대리인은 20○○. 2. 7. 10:00로 변론기일을 지정통지 받았으나 이날 소송대리인은 구속된 형사피고인의 변론기일과 중복되므로 위 사건의 변론기일을 1차 연기 받고자 본 신청에 이르렀습니다.

2. 참고로 위 사건의 쟁점인 부과권의 제척기간경과 여부에 관하여 동종 사안인 대법원 20○○누12418호 (특별1부) 사건으로 심리중에 있으므로 가급적 변론기일을 추후 또는 3월 이후로 하여 주시기 바랍니다.
   (대법원 판결에서 원고주장이 이유없을시 소를 취하할 예정입니다.)

3. 변론기일연기에 관하여 전화로 피고소송수행자의 동의를 받았습니다.

20○○. 2. 2.

원고 김 ○ ○ ㉑

○○지방법원　귀중

【서식】 변론재개신청서

변 론 재 개 신 청 서

사 건   20○○구3678호, 양도소득세부과처분취소   〔담당재판부:제 (단독)부〕
원 고   박 ○ ○
        ○○시 ○○구 ○○동 ○번지
        (연락처) 02-123-4567 (휴대전화) 010-1234-5678 (이메일) lawb@lawb.co.kr
피 고   ○○세무서장

  만약 전치기간을 충족하였고, 원고의 실지거래가액 적용청구를 받아들이지 않을 경우에는 원고 소송대리인이 변론종결시에 20○○년도 기준시가 결정의 위법성에 관한 입증을 하겠다고 한 바 있으므로 동 입증을 위하여 변론을 재개하여 주시기 바랍니다.
  개별지가의 위법성은 조세부과처분의 소송에서 다툴 수 있다는 것이 대법원의 확립된 견해입니다.

2000. 5. 2.

원 고 박 ○ ○ ㊞

○○지방법원 귀중

제 2 장   사안에 따른 소장작성사례

제 1 절 국세기본법 · 국세징수법 관련

■ 1. 세법해석의 원칙

○○운수주식회사는 택시운송사업을 영위하는 업체로서 조세특례제한법에 따라 운송수입에 대하여 부가가치세 50%를 감면받아왔다. 그리고 이번에 택시차체를 처분하면서 택시매각대금에 대해서까지 부가가치세 50%를 감면신고하였다.

그러나 세무서는 운송수입이 아닌 사업용 고정자산의 매각대금이라는 이유로 택시매각대금에 대해서는 감면을 배제하였다.

【서식】소 장

소   장

원 고   ○○운수주식회사
　　　　　○○시 ○○구 ○○동 ○○번지
　　　　　대표이사 김 ○ ○
　　　　　(연락처) 02-123-4567 (휴대전화) 010-1234-5678 (이메일) lawb@lawb.co.kr
　　　　　(123-456)
피 고   ○○세무서장
　　　　　○○시 ○○구 ○동 ○○번지
　　　　　(123-456)

부가가치세 부과처분취소

청 구 취 지

1. 피고가 20○○. 9. 2. 자로 원고에 대하여 한 부가가치세 167,227,500원의 부과
   처분은 이를 취소한다.
2. 소송비용의 피고의 부담으로 한다.
라는 판결을 구합니다.

청 구 원 인

1. 사실관계
   원고는 보유택시 122대를 처분하고 이에 대한 부가가치세 중 조세특례제한법 제
   106조의 7 제1항을 적용하여 납부세액의 50%를 경감하여 신고납부하였습니다.

2. 부과처분의 내용
   피고는 고정자산 매각은 감경대상이 안된다고 추징하였습니다.

3. 부과처분의 위법성
   그러나 세법은 문리해석에 의한 엄격해석을 하여야 하고 납세자에게 불리하게
   함부로 확대해석할 수는 없습니다.
   세법해석은 문리해석이 원칙이고, 다만 입법취지를 감안한 목적론적 해석은
   납세의무자에게 유리한 경우에만 허용되고 과세당국에 유리한 해석은 허용되지
   않습니다.
   이 사건에서 피고가 제시하고 있는 입법목적을 들어 조세특례제한법 제106조
   의7 제1항 택시운송사업자에 대한 납부세액이라고 되어 있으므로 이를 축소하여
   운송수입에 따른 납부세액이라고 해석할 수는 없는 것입니다.

4. 전치기간
   납세고지서는 20○○. 9. 7. 수령하고 소정의 전심절차를 거쳤습니다.

입 증 방 법

갑 제1호증   납세고지서
갑 제2호증   의견서

첨 부 서 류

1. 소장부본	1통
2. 위 입증방법	각 1통
3. 납부서	2통
4. 위임장	1통

20○○. 3.

원고 (주)○○운수
대표이사 김 ○ ○ ㉑

○○지방법원 귀중

- Point : 조세특례제한법 제106조의 7에서는 일반택시 운송사업자에 대해서는 부가가치세 납부세액의 100분의 90을 감면한다고 규정하고 있다. 세법의 해석은 엄격하게 해야 하며 함부로 축소 또는 확대 해석하는 것이 허용되지 않는다.
- 참조법령 : 국세기본법 제18조(세법해석의 기준)

판 례

■ 조세법은 납세의무의 한계를 설정하는 것이므로 법문대로 엄격하게 해석하여야 할 것이고 입법의 동기, 취지 및 목적과 사회통념에 따른 목적론적 해석은 조세법률주의가 지향하는 법적 안정성 및 예측가능성을 크게 해치지 않는 범위 내에서만 허용된다고 할 것인바, 일반택시운송사업자의 부가가치세를 경감하는 위 규정의 입법동기 내지 취지가 그 경감액을 소속 택시기사의 처우개선에 활용토록 하기 위한 것이고, 행정관청에서 그와 같은 취지로 일반택시운송사업자를 지도, 감독하고 있다고 하더라도, 조세감면규제법 제100조의 2 제1항이 일반택시운송사업자의 부가가치세가 경감되는 범위를 제한하는바 없는 이상, 이 사건과 같이 당해 사업에 사용하던 고정자산의 매각분에 대하여 위 규정을 적용하지 아니한 이 사건 과세처분은 위 법문에 반하여 부당하게 조세의 경감범위를 제한함으로써 법적안정성이나 예측가능성을 침해한 것으로써 위법하다고 하지 않을 수 없다(부산고법 1998. 3. 13. 선고, 98누 2553 판결).

> ## ■ 2. 위장 주민등록지로 납세고지서를 발송한 경우 그 송달의 효력

안○○는 직장생활을 하면서 사정상 주민등록만 위장전입해 두고 살림을 주민등록상 주소지 아닌 다른 곳에서 하고 있다.

세무서는 안○○에 대한 납세고지서를 주민등록지로 발송하고 다른 곳에서 그 송달 여부는 확인하지 않았다.

안○○은 물론 납세고지사실을 모르고 있었는데 세무서로부터 급료압류를 받자 그 때에야 부과처분의 존재를 알고 부과처분무효확인의 소를 제기하였다.

【서식】소 장

소　　장

원 고　안 ○ ○
　　　　○○시 ○○구 ○○동 ○○번지 ○○아파트 A동 1007호
　　　　(연락처) 02-123-4567 (휴대전화) 010-1234-5678 (이메일) lawb@lawb.co.kr
　　　　(123-456)
피 고　○○세무서장

양도소득세과세처분무효확인청구의 소

청 구 취 지

1. 피고가 20○○. 5. 1. 자로 원고에 대하여 한 20○○년 귀속 양도소득세 43,411,500원 및 교육세 8,682,300원의 부과처분은 무효임을 확인한다.
2. 소송비용은 피고의 부담으로 한다.

청 구 원 인

1. 부과처분의 내용

피고는 원고가 서울 관악구 봉천동 24 대 26㎡를 20○○. 9. 1. 양도하였다 하여 기준시가에 의한 양도차익을 산정하고 청구취지 기재와 같이 부과처분을 하였습니다.

2. 부과처분의 무효

이 사건 20○○. 5. 1. 자 납세고지서는 원고에게 도달하지 아니하여 과세처분의 효력이 발생하지 아니하였다.

피고는 20○○. 5. 1. 자 납세고지서를 그 시경 등기우편으로 원고의 주민등록지 주소인 서울 ○○동 87로 발송하였고, 이 발송한 등기우편물이 피고 세무서에 반송되지 아니하였으므로 원고에게 송달되었다는 것이다. 그러나

① 등기우편물로 발송하고 반송되지 아니하였다 하여 원고에게 도달되었다고 볼 수는 없으며,

② 반송고지서 처리대장에 등재되어 있지 아니하다고 하여 반송된 우편물을 다른 우편물과 섞어 제대로 챙기지 아니하여 누락될 수도 있기 때문에 반드시 우편물이 반송되지 아니하였다고 단정할 수 없으며,

③ 원고는 20○○. 4. 14. ○○○와 혼인하고 20○○. 1. 6. 딸 1명을 둔 가장으로서 가족들과(갑 제5호증 가족관계증명서 참조) 서울 ○○구 ○○동 402에서 거주하다가 20○○. 2. 경 어린 자녀를 돌보아줄 처지가 되는 인천으로 이사가기로 계획을 하고 장차 서울시내에서 아파트를 분양받을 자격을 유지하기 위하여(갑 제29호증 원장조회 참조) 부친의 주선으로 ○○구 ○○동 87에 20○○. 2.29. 주민등록 위장전입신고를 하게된 것이고(갑 제6호증 주민등록 참조),

④ 그 후 원고는 가족들과 함께 인천시 ○○동 57-2로 이사를 하고 20○○. 9. 30. 원고를 제외한 처와 자녀만 위 주소지로 진입신고를 마쳤으며(갑 제16호증 주민등록 참조),

⑤ 원고는 20○○. 5. 에 이르러 원고의 처 ○○○가 다니던 한국 이동통신 주식회사의 인사발령에 따라 20○○. 8. 에 서울 본사에서 대전에 있는 대덕연구단지로 전근 발령이 나자(갑 제36호증) 처 및 자녀와 함께 대전시 ○○구 ○

○동 ○○아파트 112동 903호로 이사를 하고 20○○. 6. 2. 전입신고를 마쳤
으며(갑 제16호증 참조),

⑥ 처가 대전으로 전근 발령이 나므로 서울에 복귀하기 위한 연고 배려차원에서
남편인 원고의 주민등록을 서울에 계속 둘 필요성에 따라 계속하여 위 ○○
동 87의 위장 주민등록을 계속하여 두게 된 것에 불과합니다.

따라서 납세고지서가 원고에게 도달되지 아니한 이상 이 사건 부과처분은 당
연무효입니다.

입 증 방 법

기재생략

첨 부 서 류

기재생략

20○○. 10. 1.

원고 ○ ○ ○ ㊞

○○지방법원 귀중

- Point : 납세고지서는 납세의무자에게 송달되어야 비로소 그 효력이 발생한다. 안○○은 위장
  주민등록지의 세입자에게 평소 우편물수령권한을 위임한 일도 없고, 그들을 통해서 우
  편물을 수령한 일도 없다.

- 참조법령 : 국세기본법 제8조

판 례

① 구 국세기본법(1996. 12. 30 법률 제5189호로 개정되기 전의 것) 제11조 제1항에서 공시송달 사유의 하나로 들고 있는 그 제3호 소정의 '주소 또는 영업소가 분명하지 아니한 때'라 함은, 과세관청이 선량한 관리자의 주의를 다하여 송달을 받아야 할 자의 주소 또는 영업소를 조사하였으나 그 주소 또는 영업소를 알 수 없는 경우를 말한다(세무공무원이 납세고지서의 교부송달을 위하여 납세의무자의 주거지로 출장을 나갔으나 출입문의 시정되어 있는 경우, 당해 세무공무원으로서는 이웃집이나 통·반장 등에게 탐문하여 위 의무자의 거주사실 여부를 확인해 볼 의무가 있다고 한 사례)(대법원 1998. 6. 12. 선고, 97누17575 판결).

② 위 인정사실에 의하면 피고가 서울 동작구 신대방동 360의 87로 원고에 대한 납세고지서를 발송할 당시 원고는 물론 그의 가족 중 누구도 위 주소지에 거주하지 아니하였으므로, 피고가 위 주소지로 원고에 대한 납세고지서를 등기우편으로 발송하였다는 사정만으로는 위 납세고지서가 원고에게 적법하게 송달되었다고 볼 수는 없다(대법원 1995. 8. 22. 선고, 95누 3909 판결 참조).

한편, 위에서 인정한 바와 같이 원고가 생활상의 편의를 위하여 소외 김석도의 양해하에 2년여 동안 위 김석도의 주소지로 주민등록을 옮겨 놓았다면 위 김석도나 그의 가족에게 사회생활상 필요에 의하여 발송되는 우편물의 수령권한을 위임하였다고 봄이 상당하지만(대법원 1984. 10. 10. 선고, 84누 195판결 : 1992. 1. 21. 선고, 91누 7859 판결 등 참조), 피고가 원고에 대한 납세고지서를 위 주소지로 발송할 당시 위 주소지에는 소외 김석도의 가족 외에 그 1층에 소외 임형석의 가족들이 거주하고 있었던 사정에 비추어 볼 때, 피고가 원고에 대한 납세고지서를 위 주소지로 발송하였다는 사실만으로는 원고로부터 수령권한을 위임받은 위 김석도나 그의 가족이 위 납세고지서를 수령하였다고 추단할 수도 없다(서울고법

1997. 5. 21. 선고, 96구1434 판결).

피고는 원고가 소외 임형석과 그의 처인 김순옥에게 우편물 수령권한을 위임하였고, 위 임형석 또는 김순옥이 원고에 대한 위 납세고지서를 수령하였다고 주장하나, 을 제15 내지 18호증의 기재만으로는 위 주장사실을 인정하기에 부족하고 달리 이를 인정할 증거가 없다.

따라서 원고에 대한 납세고지서가 원고나 원고로부터 그 수령권한을 위임받은 자에게 도달되었다는 사실을 인정할 다른 증거가 없는 이 사건에서, 이 사건 과세처분에 관한 납세고지서의 송달은, 세법에 규정하는 서류는 그 명의인의 주소·거소·영업소 또는 사무소에 송달하여야 하고 그 송달을 받아야 할 자에게 도달한 때로부터 효력이 발생한다는 국세기본법 제8조 제1항 및 제12조 제1항의 규정에 위배되는 부적법한 것이어서, 그 효력이 발생하였다고 볼 수 없으므로 이 사건 과세처분은 무효라고 할 것이다.

■ 3. 주채무자에 대한 납세고지서의 송달없이 제2차 납세의무자에 대하여 한 납세고지서의 효력

세무서는 소외 회사에 대한 납세고지서를 회사 주소지로 우편발송했으나 그것이 폐업으로 반송되자 공시송달하고 이어 과점주주에 대하여 제2차 납세의무자로 지정하고 소외 회사의 체납세액을 납세고지하였다.

【서식】소 장

소   장

원 고   ○ ○ ○

　　　　○○시 ○○구 ○○동 ○○번지

　　　　(연락처) 02-123-4567　(휴대전화) 010-1234-5678　(이메일) lawb@lawb.co.kr

　　　　(123-456)

피 고   ○○세무서장

부가가치세부과처분취소

청 구 취 지

　피고가 20○○. 9. 16. 자로 원고에 대하여 한 20○○년 수시분 부가가치세 7,767,720원의 부과처분은 무효임을 확인한다.

청 구 원 인

1. 부과처분의 내용

　피고는 원고가 소외 주식회사 우진화학의 과점주주라는 전제 하에서 원고를 제2차 납세의무자로 지정하고 소외 회사의 체납세를 납부하도록 청구취지 기재와 같은 부과처분을 하였다..

---

2. 부과처분의 무효

　그러나 원고는 소외 회사에 출자하거나 경영에 참여한 바도 없으므로 소외 회사의 실질적인 주주가 아닐 뿐 아니라 피고가 주채무자인 (주)우진화학에 대한 납세고지를 하면서 회사 소재지로 송달하였다가 반송되자 회사 대표이사에게 송달해 보지도 않고 곧바로 공시송달 해버린 송달상의 위법으로 인하여 납세고지의 효력이 발생되지 않고 이로 인하여 주된 납세의무자의 납세의무가 확정되지 않은 이상 보충적인 제2차 납세의무자인 원고의 납세의무도 발생할 여지가 없다.

입 증 방 법

기재생략

첨 부 서 류

기재생략

20○○. 2. 1.

원고 ○ ○ ○ ㊞

○○지방법원 귀중

- Point : ① 제2차 납세의무는 부동성·보충성을 가지므로 주된 납세의무자에 대한 조세채무의 확정 없이 곧바로 제2차 납세의무를 부과할 수 없다.
　　　　　② 소외 회사 대표이사의 주소지로 송달을 시도한 후 송달이 안될 경우에 비로소 공시송달할 수 있다.
- 참조법령 : 국세기본법 제8조 제1항 (송달)

판 례

① 가. 제2차 납세의무자에 대한 납부고지는 형식적으로는 독립된 과세처분이지만, 실질적으로는 과세처분 등에 의하여 확정된 주된 납세의무에 대한 징수절차상의 처분으로서의 성격을 가지는 것이므로, 제2차 납세의무자에 대하여 납부고지를 하려면 먼저 주된 납세의무자에 대하여 과세처분 등을 하여 그의 구체적인 납세의무를 확정하는 절차를 거쳐야 하고, 그러한 절차를 거침이 없이 바로 제2차 납세의무자에 대하여 납부고지를 하는 것은 위법하다.

나. 하자 있는 행정행위에 있어서 하자의 치유는 행정행위의 성질이나 법치주의의 관점에서 볼 때, 원칙적으로 허용될 수 없으나 행정행위의 무용한 반복을 피하고 당사자의 법적 안정성을 보호하기 위하여 국민의 권리와 이익을 침해하지 아니하는 범위 내에서 구체적인 사정에 따라 예외적으로 허용될 수 있다.

다. 주된 납세의무자에 대한 과세처분의 효력 발생 전에 한 제2차 납세의무자에 대한 납부고지처분의 절차상의 하자가 그 후 주된 납세의무자에 대한 과세처분의 효력 발생으로 치유되었다고 본 사례(대법원 1998. 10. 27. 선고, 98두4535 판결)

② 송달관계에 관한 법규를 보면 국세기본법 제6조 제1항은 이 법 또는 세법에 규정하는 서류는 그 명의인의 주소, 거소, 영업소 또는 사무소에 송달한다고 하고, 그 법 제11조 제1항은 서류의 송달을 받아야 할 자가 다음 각호의 1에 해당하는 경우에는 서류의 요지를 공고한 날로부터 10일이 경과함으로써 제8조의 규정에 의한 서류의 송달이 있은 것으로 본다고 한 다음, 그 제3호에서 주소 또는 영업소가 분명하지 아니한 때를 들고 있고, 같은 법시행령 제7조는 법 제11조 제1항 제3호에서 "주소 또는 영업소가 분명하지 아니한 때"라 함은 주민등록표, 법인등기등본 등에 의하여도 이를 확인할 수 없는 경우를 말한다고 하고, 국세기본법기본통칙 1-3-11…11은 주소 또는 영업소가 분명하지 아니한 때라 함은 선량한 관리자의 주의로 송달을 받아야 할 자의 주소 또는 영업소를 조사(시, 읍, 면, 동의 주민등록사항, 인근자, 거래처 및 관계자 참문, 등기부등본 등의 조사)하였으나 그 주소 또는 영업소를 알 수 없는 경우를 말한다고 하고 있다.

일반적으로 조세실체법상의 행정처분은 국민의 재산권과 밀접한 관계가 있으므로 그 내용을 처분대상자에게 송부, 전달하는 행위는 중요성이 다른 행정처분에 비하여 뚜렷하다. 특히 서류의 명의인에게 서류를 직접 전달하는 방법이 아닌 공시송달의 경우는 실제 적용함에 있어 그 요건을 신중히 검토하고 엄격히 제한하여야 할 것이다.

앞서 든 갑 제2호증(법인등기부등본), 을 제3호증의 1, 2, 3(특수우편물수령증, 납세고지서, 고지서송부), 을 제4호증의 1, 2(공시송달기안문, 공시송달)의 각 기재에 의하면 우진화학의 법인등기부에 본점이 부산 사하구 감전동 808의 11로 되어 있고, 대표이사인 신정호와 그 처로 우진화학의 감사인 전명복의 주소는 모두 부산 민락동 현대아파트 106동 303호로 되어 있는 사실, 피고는 우진화학에 대하여 납기가

1992. 5. 31. 인 1992년도 수시분 부가가치세의 납세고지서를 같은 해 5. 18. 송달함에 있어서 대표이사를 표시하지도 아니한 채 본점 소재지인 부산 사하구 감전동 808의 11로 송달하였다가 이사 후 전출불명으로 송달불능(장기폐문)이 되자 같은 달 30. 국세기본법 제11조에 따라 공시송달한 사실(을 제3호증의 1, 을 제4호증의 2), 피고는 공시송달을 함에 있어서 우진화학의 법인등기부등본에 나타나 있는 우진화학 대표이사인 신정호의 주소지에 납세고지서를 송달하지도 아니하였을뿐더러 주민등록표 등으로 확인하지도 아니하였으며, 신정호의 동생이자 우진화학의 이사인 신철호의 주소지인 부산 주례 럭키아파트 9동 1204호에도 확인하는 등 조사를 하지 아니한 사실을 인정할 수 있고 이와 달리할 만한 증거 없다.

국세기본법 제11조 제1항 제3호와 같은 법시행령 제7조의 규정에서 말하는 "공시송달을 할 수 있는 경우로서 주소 또는 영업소가 분명하지 아니한 때"라 함은 주민등록표, 법인등기부등본에 의하여도 이를 확인할 수 없는 경우를 뜻하므로 회사에 대한 납세고지를 본점 소재지의 주소에 대표이사 표시도 없이 회사의 이름만 기재하여 등기우편으로 발송하였다가 주소 불명으로 반송되어 오자 회사 대표이사의 주민등록표 등에 의하여 그 대표자의 주소 등을 확인함이 없이 막바로 공시송달의 방법에 의하여 송달하였다면 이는 부적법한 것으로서 송달의 효력이 없다고 할 것이다(대법원 1989. 89. 12. 선고, 89누 3250 판결 참조). 그리고 주된 납세의무자 지정처분은 주된 납세의무자에 대한 과세처분의 무효사유가 승계되므로 그 점에서 무효라고 할 것이다(대법원 1992. 10. 9. 선고, 91누 10510 판결 참조). 앞서 인정한 사실에 의하면 피고는 우진화학에 대하여 납세고지서를 등기우편으로 발송하여 송달불능이 되자 우진화학의 대표이사인 신정호의 주소지에 송달하지도 아니하고 달리 법인등기부등본 등으로 조사하지도 아니하고 바로 납세고지서를 공시송달하였고 그 이외에 달리 우진화학에 대한 구체적인 납세의무확정절차를 이행하지도 아니한 채 원고에 대하여 앞서 본 바와 같이 제2차 납세의무지정처분을 하고 납세통지를 하였으므로 원고에 대한 이 건 납세통지처분은 중대하고 명백한 하자가 있어 무효라고 할 것이다. 따라서 피고의 이 건 처분이 무효임의 확인을 바라는 원고의 주위적 청구는 나머지 점에 나아가 살필 것도 없이 이유있다(대법원 1993. 12. 22. 선고, 93구 807 판결).

■ 4. 형식상의 주주에 대한 제2차 납세의무 지정

신○○는 형이 설립하는 회사에 출자자로 명의를 대여하였을 뿐이지만, 그의 형이 실제로 그의 명의를 차용하여 주식을 인수하고 대표이사로 내세워 회사를 경영해 오다가 도산하였다.

【서식】 소 장

소　　장

원 고　신 ○ ○
　　　　○○시 ○○구 ○○동 ○○번지
　　　　(연락처) 02-123-4567　(휴대전화) 010-1234-5678　(이메일) lawb@lawb.co.kr
　　　　(123-456)
피 고　○○세무서장

부가가치세등 부과처분취소

청 구 취 지

1. 피고가 20○○. 1. 21. 자로 원고에 대하여 한 20○○년 6월 수시분 법인세 금 15,445,790원 및 부가가치세 금 630,300원, 20○○년 11월 수시분 법인세 5,059,390원 및 부가가치세 4,150,090원 20○○년 12월 수시분 법인세 6,148,650 및 부가가치세 31,531,500원의 부과처분은 이를 모두 취소한다.
2. 소송비용은 피고의 부담으로 한다.

청 구 원 인

1. 부과처분의 내용

 피고는 원고가 소외 삼호개발주식회사의 과점주주라는 전제하에 원고에 대하여 소외 회사 체납세액에 대한 제2차 납세의무자로 지정하고 청구취지 기재와 같이 납부통지를 하고 있다.

2. 납부처분의 위법성
원고는 형식상 소외 회사의 주주로 되어 있고 대표이사 명의를 대여하였을 뿐이고 주금을 출자하거나 주주로서 권리행사 또는 경영에 참여한 바 없다.
따라서 제2차 납세의무를 부담할 수 없으므로 이 사건 납부통지는 위법하다.

3. 전심절차
(1) 납부통지 - 20○○. 1. 21.
(2) 이의신청 - 20○○. 3. 9.
    기   각 - 20○○. 4. 8.
(3) 심사청구 - 20○○. 6. 8.
    기   각 - 20○○. 7. 16(7. 19. 수령)
(4) 심판청구 - 20○○. 9. 16.
    기   각 - 20○○. 12. 12.

입 증 방 법

기재생략

첨 부 서 류

기재생략

20○○. 2. 1.

원고 ○ ○ ○ ㉑

○○지방법원 귀중

- Point : ① 신○○가 형식상 출자자로 등재된 경위와 그의 실제 생업을 밝히고, ② 실제로 출자하고 경영한 형이 주식인수에 관한 금융자료와 회사경영 관계를 증명해야 한다.
- 참조법령 : 국세기본법 제39조(출자자의 제2차 납세의무), 동 시행령 제30조(국세환급가산금의 결정)

판 례

① 가. 명의신탁이라는 주장에 대하여

망인과 원고 장○창 사이에 1969. 11. 10. 망인이 원고에게 소외 회사의 주권 및 증자될 주권 일체를 양도한다는 취지의 약정서가 작성된 사실을 인정할 수 있다.

그러나, (i) 망인이 본처인 박○○과 호적상 이혼한바 없을 뿐 아니라, 망인이 사망할 때까지 박○○과 같은 주소지에서 동거한 점, (ii) 약정서의 내용중에 망인이 박○○에 대한 위자료 지급에 갈음하여 이 사건 주식을 원고 장○창에게 양도한다는 등의 기재가 전혀 없을 뿐 아니라, 그밖에 박○○이 위자료로 이 사건 주식을 받았다는 사실을 짐작케 할 만한 내용의 증거서류가 없는 점, (iii) 약정서에 기하여 소외회사의 전체주식중 48.5%가 양도된 셈인데도 약정서가 망인이 사망할 때까지 회사에 한번도 제시된바 없고, 또 양도에 따른 증여세 등의 신고도 전혀 한바 없는 점, (iv) 망인이 원고 장○창에게 이 사건 주식을 양도하였다고 주장하는 1969. 11. 10. 당시 원고 장○창은 22세 가량의 학생이었고, 그 뒤 원고 장○창이 장성한 후에도 망인이 사망할 때까지 계속하여 주주명부상 이 사건 주식의 소유자가 망인으로 남아 있었을 뿐만 아니라, 실제로 망인이 이 사건 주식에 관하여 주권을 행사하고 이익배당을 받음과 아울러 그에 대한 소득세를 납부하였으며 또 회사를 경영하였던 점, (v) 망인이 1986. 8. 1. 사망한 다음 회사가 1986년도 결선서에 첨부하여 세무관서에 제출한 주식이동상황명세서에도 망인의 주식 1,689,983주가 상속에 의하여 원고 장○창에게 양도된 것으로 기재되어 있는 점 등에 비추어 보면, 위 약정서는 이 사건 주식이 1969. 11. 10. 원고 장○창에게 양도되었다는 원고의 주장사실을 인정하는 증거로 삼을 수 없고, 또한 원고의 위 주장사실에 부합하는 판결문은 위 약정서를 주된 증거로 삼은 것일뿐 아니라, 원고 장○창의 친동생에 의하여 제기된 지 약 2개월만에 선고된 것인데, 그에 대하여 항소도 없이 확정된 점 등에 비추어 이를 선뜻 받아 들이기 어렵고, 그밖에 이에 부합하는 증인 박○○, 이○○, 정○○ 및 이○○의 일부 증언은 이를 믿을 수 없거나 그것만으로 원고의 주장사실을 인정하기에 부족하다 할 것이다.

나. 주식을 공동상속재산으로 보아야 한다는 주장에 대하여

이 사건 주식은 망 장○찬의 소유였고 위 소외인의 사망으로 원고와 소외 상속인들이 공동상속인이 된 사실, 위 망인이 생전에 이 사건 주식을 원고에게

사인증여하였다거나 상속후에 상속인들 사이에서 상속재산의 협의분할 또는 상속포기가 있었다고 인정하지 않는 한 이 사건 주식은 원고와 소외 상속인들이 각 그 상속지분에 의하여 공동상속하였다 할 것이다.

그런데, 피고는 이 사건 주식을 원고가 단독 상속한 것으로 보아 이 사건 부과처분을 하였고, 약정서상에 위 장○찬이 1969. 11. 10. 원고에게 자신이 소유하고 있는 회사의 주식 및 증자될 주식 일체를 양도한다는 내용이 기재되어 있음을 알 수 있다.

그러나 위 약정서의 기재에 의하더라도 제1조에서 '갑(장○찬)의 소유인 ○○전기(주)의 주권을 을(원고)에게 양도함'이라는 내용이 있을 뿐 달리 위 장○찬이 사망으로 인하여 양도의 효력이 발생한다는 사인증여 취지의 내용은 찾아 볼 수 없고, 오히려 제2조에서는 '을은 갑에게 별지목록 주권을 신탁하여 대외적으로 갑이 그 주주로서의 권한을 행사한다'라고 되어 있고, 제3조에서는 '제2조는 을의 의사에 의하여 하시든지 취소한다'라고 되어 있어 약정과 동시에 양도의 효력이 발생함을 전제로 하고 있으므로 특별한 사정이 없는 한 이 사건 약정서는 위 장○찬이 원고에게 위 주식을 사인증여한다는 취지로 작성된 것이라고 볼 수는 없다고 할 것이다.

그리고 위 장○찬이 사망시까지 이 사건 주식에 관하여 권리를 행사하였고, 그의 사망후에는 소외 회사의 주식이동상황명세서에 이 사건 주식이 상속에 의하여 원고 장○찬에게 양도된 것으로 기재되어 있는 등 원고 장○창이 이 사건 주식에 관하여 혼자서 권리를 행사하고 있다는 사실은 인정할 수 있으나, 위 인정사실만으로는 이 사건 약정서를 사인증여의 취지로 작성된 것이라고 볼 수는 없다 할 것이고, 그밖에 이 사건 주식이 위 장○찬과 원고 장○창 사이에 약정에 기하여 위 장○찬 사망후 장○창에게 단독으로 귀속되었다고 인정할 자료가 없다.

다. 주식의 평가부분에 대하여

이 사건 주식은 증권거래소에 상장되지 않은 주식으로, 상속재산의 평가에 있어서 비상장 주식이라 하더라도 그에 대한 객관적 교환가치가 적정하게 반영된 정상적인 거래의 실례가 있는 경우에는 그 거래가격을 시가로 보아 주식의 가액을 평가하여야 하고, 그러한 매매실례가 없는 등 시가산정이 어려울 때에 비로소 상속세법시행령 소정의 보충적 평가방법에 의하여 평가하여야 할 것이며, 시가산정이 어려워 보충적 평가방법에 의할 수밖에 없다는 점에 관한 입증책임은 과세관청에 있다(86누 263 참조).

그런데 증거자료와 변론의 전취지를 종합하여 보면, 소외 회사의 우리사주조합은 1986. 6. 30. 위 회사의 기계장비를 납품한 소외 박○효에게 소외회사 주식 13,500주를 주당 금 800원에도 양도하였고, 1987. 6. 15. 소외 정○증은 원고에게 같은 주식 7,644주를 주당 금 800원에 양도하였고, 1988. 1. 6. 소외 유○상은 소외 홍○태에게 같은 주식 96주를 역시 주당 금 800원에 양도한 사실을 알 수 있는 바, 우리사주조합과 위 박○효의 위와 같은 관계만으로는 이들이 특수관계에 있다고 볼 수는 없고 위 정○증과 원고 사이, 위 유○상과 홍○태 사이도 각각 특수관계에 있다고 볼 아무런 자료가 없으므로 다른 특별한 사정이 없는 한 위 각 거래가격은 당시의 소외 회사 주식의 객관적 교환가치를 적정하게 반영한 것으로 보아야 할 것이다(대법원 1998. 2. 10. 선고, 98두 19612).

② 갑 제5호증의 1 내지 10, 갑 제6호증의 1 내지 8, 갑 제8호증, 갑 제9호증의 1, 2, 갑 제10호증의 1 내지 3의 각 기재, 증인 황창무, 황길석의 각 증언과 법원의 국민은행 토성동지점 및 반도투자금융주식회사에 대한 각 사실조회결과 및 변론의 전취지를 종합하면, 다음과 같은 사실을 인정 할 수 있고 달리 반증이 없다.

 (i) 위 삼호개발은 1982. 7. 5. 경 원고의 형인 위 김종찬이 해상수중항타업, 중장비임대업 등을 할 목적으로 설립한 동인의 1인 회사이었다.

(ii) 위 김종찬은 이 설립 당시 외형적으로 주식소유를 분산시키기 위하여 그 소유주식 7,000주(주당 10,000원) 중 자신이 35.7%(2,499주), 원고가 12.9%(903주), 소외 김창무, 김종기가 각 10.7%(749주), 소외 박용완, 황길석, 이정우가 각 10%(각 700주) 소유하는 것으로 주주명부에 등재하였으나, 1989. 1. 경 자신 및 형인 위 김종태가 각 2,500주, 동생인 원고가 2,000주를 각 소유하는 것으로 소유명의를 변경하였고, 1990년도 들어서 자본금을 금 70,000,000원에서 금 120,000,000원으로 늘렸으며, 이에 따라 자신이 6,500주, 원고가 3,000주를 각 소유하는 것으로 그 보유량을 변경하였다(위 김종태는 2,500주로 변동이 없음.)

(iii) 한편, 원고는 위 회사 설립당시부터 1982. 10. 28. 까지 이사로, 1988. 4. 7.부터 현재의 대표이사인 위 정광주가 취임할 때까지 이사 및 대표이사로 근무한 것처럼 법인등기부에 등재되어 있다.

(iv) 위와 같이 원고가 주주명부에 주주로, 법인등기부에 이사 또는 대표이사로 등재된 것은 외형적으로 주식소유를 분산시키고, 주식회사로서 구색을 갖추며, 위 김종찬이 1985. 경 당좌수표의 부도를 낸 적이 있어 동인의 이름으로 은행 당좌거래개설이 안되는 관계로 원고의 명의를 빌리자는 동인의 요청에 따라 원고가 자신의 명의의 사용을 허락하여 주주명부에 형식상 주주로 등재되고, 또한 법인등기부에 형식상 이사 또는 대표이사로 등재되었을 뿐이고, 주식을 취득하기 위하여 그 대금을 지급한바 없고, 주주총회의 참석, 이익배당 등의 수령 등 주주권을 행사하였거나, 이사 또는 대표이사로서 업무를 수행한 적이 없었다. 원고는 위 삼호개발과는 관계없이 1986. 경부터 부산 영도구 대교동 1가 155에서 해영기업사란 상호로 부선(浮船)업을 하고 있었다.

(v) 원고가 피고의 주장처럼 위 삼호개발에서 1988. 및 1989. 근로소득을 취한 것

으로 위 삼호개발의 장부에 기재되어 있으나 이것도 위 김종찬이 원고를 법인등기부에 대표이사로 등재하다보니 대표이사에게 월급을 준 것으로 회계처리한 것에 불과하고, 원고가 법인등기부에 대표이사로 등재되어 있는 때인 1990. 11. 12.부터 1991.2. 7. 까지 사이에 원고 이름으로 당좌수표 11매 액면금 합계 금 244,130,000원을 발생하여 예금부족 등으로 부도를 낸 적이 있는데, 이 경우도 위 김종찬이 실제 발행인으로서 형사처벌을 받았을 뿐이다.

위 인정사실에 의하면, 원고는 위 삼호개발의 주주명부에 주주로 등재되어 있으나 주식의 소유명의를 분산시키기 위하여 명의대여를 요청하는 위 김종찬의 요구에 응해 동인에게 명의를 빌려주어 형식상 원고도 출자하여 주주가 된 것처럼 주주명부에 등재되어 있음에 불과하므로, 결국 원고는 위 삼호개발의 주주가 아니라고 할 것이다.

　따라서 피고의 위 삼호개발에 대한 위 각 법인세 및 부가가치세 납세고지서의 송달이 적법하다 하더라도 원고가 위 삼호개발의 국세기본법 제39조 제2호 소정의 과점주주였음을 전제로 한 이 사건 과세처분은 위법하다(부산고법 1993. 11. 24. 선고, 93구 531 판결).

■ 5. 납세자가 작성한 잡기장을 토대로 한 과세와 근거과세

과세관청은 김○○가 탈세했다는 제보를 받고 소속공무원을 김○○의 식육점에 보내 잡기장을 압수하고 그 곳에 기재된 숫자가 모두 식육판매대금이라고 보아 이미 신고한 김○○의 판매액과의 차액에 대하여 수입금액 누락으로 보아 추가로 과세하였다.

【서식】 소 장

소 　 장

원 고 김 ○ ○
　　　　○○시 ○○구 ○○동 ○○번지
　　　　(연락처) 02-123-4567 　(휴대전화) 010-1234-5678 　(이메일) lawb@lawb.co.kr
　　　　(123-456)
피 고 　 서부산세무서장

종합소득세부과처분취소

청 구 취 지

1. 처분청이 20○○. 4. 16. 자 청구인에 대하여 한 20○○년 귀속 종합소득세 12,639,370원의 부과처분은 이를 취소한다.
2. 소송비용은 피고의 부담으로 한다.
라는 판결을 구합니다.

청 구 원 인

1. 사실관계
　　원고는 부산 사하구 하단동 608-8에서 ○○정육점이라는 상호로 식육도소매

　업을 영위하고 있는 사업자로서 장부와 증빙에 의하여 20○○. 96. 귀속 소득세를 서면신고하였고 피고는 이에 대하여 서면조사결정하였다.

2. 부과처분
　피고는 탈세정보가 있다 하여 원고의 사업장에 와서 잡기장을 압수하고 잡기장에 기재된 숫자메모가 식육판매대금이라고 보고 여기서 소득세 신고한 수입금액을 공제한 차액을 누락분으로 계산한 뒤 청구취지 기재와 같이 추가로 부과처분하였다.

3. 부과처분의 위법성
　그러나 원고는 수입금액을 신고누락한 사실이 없을 뿐 아니라 잡기장의 기재는 식육판매사항, 주문사항, 금전거래 등을 모두 기록한 비망록에 불과한데도 피고는 아무런 근거없이 비망록기재 모두를 식육판매로 보아 이 건 과세를 하고 있는 바, 이는 국세기본법상의 근거과세에 위배된 것으로 위법하다.

4. 전심절차
　기재생략

입 증 방 법

기재생략

첨 부 서 류

기재생략

20○○. 3.

원 고 김 ○ ○ ㉑

○○지방법원 귀중

• Point : 이 사건에서 매출누락에 관한 입증책임은 과세관청에 있으므로 잡기장의 숫자가 식육판매대금이라는 증명을 과세관청이 했어야 한다.

판 례

■ 원심은 위 사실을 인정하면서 그 증거로서 갑 제1호증의 1, 2, 을 제1, 2호증의 각 1, 2, 3의 각 기재와 변론의 전취지를 들고 있는바, 그 중 갑 제1호증의 1, 2는 납세고지서, 을 제1호증의 1, 2는 결정결의서에 불과하므로, 원심이 원고의 위 수입누락금액을 인정함에 있어 채용한 중요한 증거는 을 제1호증의 3과 을 제2호증의 1 내지 3 등인 것으로 보인다.

그런데 위 을 제1호증의 3과 을 제2호증의 1은 원고의 사업장에 세무조사를 나간 공무원의 검토조서 및 복명서로서 그 내용이 사업장 내에 비치 보관하고 있던 일기장에 의거 확인 작성하였다는 일방적인 세무공무원의 진술에 불과하고 그 기재내용을 뒷받침하는 증빙서류가 전혀 없으며, 그 작성근거로 하였다는 일기장에 관하여도 압수된 바가 없어서 그 일기장 내용의 진위나 작성경위, 그것이 과연 원고의 식육점 거래에 관하여만 기재된 것인지에 관하여 확인할 길이 없으므로, 위 검토조서와 복명서는 그 내용의 신빙성이 의심스럽다고 할 수밖에 없다.

한편, 을 제2호증의 2, 3(확인서)은 원고가 작성명의인으로 되어 있으나 원고의 서명날인이 없이 날인거부한 것으로 기재되어 있고, 원고는 이를 원심으로 부지라고 하면서 그 진정성립을 다투고 있는데 달리 원고에 의하여 진정하게 작성되었다고 인정할 증거도 없으며, 위 확인서 작성의 근거로 되었다고 기재된 잡기장 및 가계부가 압수 제시된바 없어서 위 잡기장 등의 존부와 기재내용의 진위가 의심스럽고, 이 확인서의 기재 자체도 거래상대방, 거래시기, 거래방법에 개한 기재가 없이 총 매출금액만 기재되어 있어 신빙성이 있다고 보기 어렵다.

그런데도 원심이 위와 같은 증거만에 의하여 위와 같은 사실을 인정하고 이 사건 과세처분을 정당하다고 판단한 것은 근거과세에 관한 법리를 오해하였거나 증거의 가치판단을 그르쳐서 사실을 오인한 위법이 있다고 할 것이므로 이를 지적하는 취지의 논지는 이유가 있다(대법원 1995. 9. 5. 선고, 95누 696 판결).

■ 6. 과소신고납부 행위가 세무공무원의 납세지도에 의한 것일 때 불성실신고 납부가산세가 면제되는지 여부

이○○은 재일교포로서 세무서 공무원의 납세지도에 따라 부동산 양도에 따른 양도소득세 신고납부를 하고 세무서도 정당한 것으로 신고 시인했다가 국세청이 내부감사과정에서 과소신고납부한 것으로 지적되자 부족세액을 추징하면서 가산세까지 부과하였다.

【서식】소 장

소　　장

원　고　이　○　○
　　　　일본국 도쿄도 히라쯔카현 ○○번지
　　　　대표이사 김○○
　　　　(연락처) 02-123-4567 (휴대전화) 010-1234-5678 (이메일) lawb@lawb.co.kr
　　　　(123-456)
피　고　영도세무서장

양도소득세부과처분취소

청 구 취 지

1. 피고가 20○○. 6. 16. 자로 원고에 대하여 한 양도소득세 239,413,010원의 부과처분 중 양도소득세 85,635,740원을 초과하는 부분을 취소한다.
2. 소송비용은 피고의 부담으로 한다.
라는 판결을 구합니다.

청 구 원 인

1. 사실관계

① 원고는 부산 중구 중앙동 83-5 대지 823.8㎡이하 (이 사건 토지라 한다)와 그 지상 건물 453.57㎡(이하 이 사건 부동산이라 한다)를 20○○. 12. 6. 양도하였다.

② 원고는 재외국민이라서 이 사건 부동산을 양도함에 있어서는 인감증명법에 의하여 관할 세무서장의 경유확인 아래 소유권이전에 필요한 인감증명서를 발급받을 수 있으므로 이를 경유하고자 피고 세무서에 내방하였다.

③ 피고는 원고에게 이 사건 부동산양도에 따른 양도소득세 자진신고납부를 요구하면서 세액계산에 필요한 제반서류의 제시를 요구하였다.

④ 이에 원고는 피고세무서가 요구하는 모든 자료를 제시하였고 피고는 양도소득세 자진신고서를 작성하고 납부세액 1,207,090,159원의 납부를 요구하는 납부서를 원고에게 교부하여 납부토록 하므로 원고는 20○○. 12. 6. 이를 납부하였다.

⑤ 피고는 원고로부터 납부영수증을 제시받고 비로소 인감증명서에 관인을 찍어주었다.

2. 이 사건 부과처분

피고는 그 시경 원고의 납부에 따라 정당한 신고납부로 사후결정을 하고서 상당한 시일이 지난 이후에 상부관청의 감사에 지적되었다는 이유로 장기보유특별공제 일부를 배제하고 불성실신고납부가산세 39,537,452원을 덧붙여 20○○. 6. 16. 금 239,413,010원을 고지하였다.

3. 부과처분의 위법성

이 사건 당초 신고납부는 피고가 작성한 과세표준과 세액신고서와 납부서에 의하여 납부한 것으로 그 신고과정에 피고 스스로 법적인 판단에 착오를 일으켰더라도 피고의 행위를 신뢰한 원고에게 어떠한 귀책사유가 있다고 볼 수 없으므로 신의칙 내지 신뢰보호의 원칙상 가산세 부과는 위법 부당합니다.

4. 전심절차
기재생략

입 증 방 법

기재생략

첨 부 서 류

기재생략

20○○. 9. 1.

원 고 이 ○ ○ ⑪

○○지방법원 귀중

- Point : 원고인 이○○에게 의무해태를 탓할 수 없는 정당한 사유가 있는 경우에 해당된다.

- 참조법령 : 국세기본법 제47조(가산세의 부과).

판 례

■ 세법상 이 가산세는 과세권의 행사 및 조세채권의 실현을 용이하게 하기 위하여 납세자가 정당한 이유없이 이 법에 규정된 신고, 납세 등 각종 의무를 위반한 경우에 개별세법이 정하는 바에 따라 부과되는 행정상의 제재로서 납세자의 고의, 과실은 고려되지 않는 반면, 이와 같은 제재는 납세의무자가 그 의무를 알지 못하는 것이 무리가 아니었다고 할 수 있어서 그를 정당시 할 수 있는 사정이 있거나 또는 그 의무의 이행을 당사자에게 기대하는 것이 무리라고 하는 사정이 있을 때 등 그 의무해태를 탓할 수 없는 정당한 사유가 있는 경우에는 이를 고할 수 없다 할 것이다.

그런데 앞서 인정한 사실관계에 의하면, 원고로부터 양도소득세 신고절차와 관련된 업무를 위임받은 박명관은 이 사건 대지와 건물의 양도에 따른 양도차익 예정신고를 하면서 당시 양도소득세에 대한 세무지도를 담당한 피고 이하 세무공무원의 세무지도에 따라 그가 작성한 신고서를 제출하고 그 신고서에 적힌 양도소득세를 자진납부한 것이고, 또한 양도소득금액을 산정함에 있어서 장기보유특별공제대상에서 제외되는 토지의 범위에 관한 구 소득세법시행령 제46조의 3은, 법 제23조 제2항 제2호에서 장기보유특별공제대상에서 제외되는 토지가 되려면, 양도일 현재 토지초과이득세법 제8조의 규정에 의한 유휴토지 등에 해당하여야 할 뿐만 아니라 나대지이거나 건축물에 부수되는 토지로서 당해 건축물의 바닥면적에 일정한 배율을 곱하여 산정한 면적을 초과하는 부분의 토지이어야 한다고 하고, 이에 한 걸음 더 나아가 시행령 제15조 제9항에서는 도시계획구역 안의 토지와 그밖의 토지에 대하여 그 배율을 달리 규정하고 있는데, 본래 광범위하고 항상 변동하는 경제적 현상과 거래를 규제대상으로 하고 있는 세법은 기술적이어서 그 해석이 용이하지 아니하고 이에 대하여는 단순한 법률의 부지나 오해의 범위를 넘어 세법해석상 의의로 인한 견해의 대립이 생길 수 있다 할 것이고, 원고가 이 사건 양도소득세 신고 및 납부를 잘못 하였다 하더라도, 이 장기보유특별공제대상의 토지 범위를 둘러싼 것으로서 일반적인 납세의무자인 원고로서는 그와 같은 소득세법상의 규정을 알기가 쉽지 않을 것이었으므로, 사정이 이러하다면, 이 사건 대지의 양도의 경우 담당 세무공무원의 세무지도에 따라 그가 작성한 자산양도차익에 신고서대로 신고, 납부한 원고에게 이 사건 전체 대지 중 일부 대지가 장기보유특별공제 대상에서 제외된다는 것을 알지 못한 데 대하여 사회통념상 무리가 아니었다고 할 수 있어서 그를 정당시할 수 있는 사정이 있거나 그 의무의 이행을 원고에게 기대하는 것이 무리라고 하는 사정이 있는 경우에 해당하므로, 결국 이 사건 부과처분 가운데 앞서 본 신고불성실가산세 금 19,549,896원 및 납부불성실가산세 금 19,987,556원의 각 부과처분은 위법하다 할 것이어서, 원고의 이 부분 주장은 이유 있다(부산고법 1997. 9. 10. 선고, 97구 1693 판결).

■ 7. 부과처분 없는 압류처분에 의하여 세액을 납부한 경우의 세액 반환청구

원고 갑과 소외 을은 공동으로 상가를 신축하여 양도했고 관할세무서장은 상가시설 양도에 대한 부가가치세를 을에게만 납세고지했으나 을이 납부하지 않자 갑의 재산에 압류를 하였고, 이에 따라 원고가 일단 납부하고 반환을 청구하였다.

【서식】소 장

소　장

원 고　문 ○ ○
　　　　○○시 ○○동 26-2
　　　　(연락처) 02-123-4567　(휴대전화) 010-1234-5678　(이메일) lawb@lawb.co.kr
　　　　(123-456)
피 고　대한민국

부당이득반환

청 구 취 지

1. 피고는 원고에게 금 25,208,260원 및 이에 대한 20○○. 9. 29.부터 이 사건 소장부본 송달일까지는 연 10.95%의 비율에 의한, 그 다음 날부터 완제일까지는 연 25%의 비율에 의한 금원을 지급하라.
2. 소송비용은 피고의 부담으로 한다.
라는 판결을 구합니다.

청 구 원 인

1. 부과처분과 압류처분

원고와 소외 심○○은 부산 금정구 서동 113-5 대 209.6㎡와 그 지상주택 및 근린생활시설 599.72㎡(이하 이 사건 부동산이라 한다)를 20○○. 7. 21. 취득하여 20○○. 12. 29. 소외 김○○에게 양도하였다.

피고 산하 해운대세무서장은 20○○. 12. 20. 이 사건 부동산 양도를 부동산매매업의 영위로 보아 납세고지서에 심용봉 외 1인으로 한 부가가치세 77,483,560원을 기재하여 심용봉 1인에게 고지하였다.

해운대세무서장은 심○○이 위 부가가치세를 납부하지 아니하자 20○○. 8. 31. 원고 소유인 창원시 필용동 16-1 외 5필지상에 건립된 판매시설 5층 521호 36㎡를 압류함으로써 20○○. 9. 4. 압류등기가 경료되었다.

원고는 이에 대하여 원고에 대한 부과처분 없이 압류처분을 한 것은 당연무효라고 국세심사청구를 거쳐 심판청구 끝에 청구인용의 결정을 받았습니다.

2. 원고의 세금납부와 부당이득

원고는 압류처분에 대한 불복기간중에 해운대세무서로부터 압류된 세금을 납부하지 아니하면 압류부동산을 공매하겠다고 하므로 부득이 공매처분을 피하기 위하여 20○○. 9. 28. 압류세액 중 25,208,260원을 납부하였습니다.

3. 결 론

대법원 1984. 1. 24. 선고 83누476 판결도 "동업관계에 있으므로 국세기본법 제25조에 의한 상호연대납세의무자의 관계에 있다고 하더라도 그 1인에 대한 납세고지의 효력은 나머지 연대납세의무자에게까지 미친다고 할 수 없다"고 판시하고, 대법원 1985. 5. 10. 선고 88누11 판결도 "연대납세의무자라 할지라도 각자의 구체적 납세의무는 개별적으로 성립하여 확정함을 요하는 것이므로…과세관청이 부가가치세의 경정고지를 연대납세의무자 중 1인에게만 하였다면 그 나머지 연대납세의무자에게는 과세처분 자체가 존재하지 아니한다"고 판시하고 있습니다.

그렇다면 피고 산하 해운대세무서장이 원고에 대한 부과처분 없이 세금을 징수한 것은 법률상 원인없이 이익을 얻고 원고에게 동 액 상당의 손해를 끼친 것이므로, 피고는 원고에게 징수한 25,208,260원 및 이에 대해 징수한 날로부터 이 사건 소장부본 송달일까지는 국세기본법 제52조 및 국세기본법시행령 제30조 제2항 소정의 연 10.95%의, 그 다음 날부터 완제일까지는 소송촉진등에관한특례법 소정의 연 25%의 비율에 의한 지연손해금을 지급할 의무가 있다.

입 증 방 법

기재생략

첨 부 서 류

기재생략

20○○. 9.

원 고 문 ○ ○ ⑩

○○지방법원 귀중

- Point : ① 공동사업자에 대한 납세고지의 절차의 하자가 없었는지 조사하고,
  ② 부과처분 없이 이루어진 징수처분의 효력을 검토한다.
- 참조법령 : 국세기본법 제25조(연대납세의무), 국세징수법 제9조(납세의 고지).

판 례

■ 원고와 소외 심용봉이 1988. 7. 20. 소외 이일랑으로부터 그 소유의 부산 금정구 서동 113의 5 대 209.6평방미터와 그 지상주택 및 근린생활시설 599.72평방미터(이하 이 사건 부동산이라 한다)를 매수하여 같은 달 21. 이 사건 부동산에 관하여 원고와 위 심용봉 명의의 소유권이전등기가 마쳐지고, 원고와 위 심용봉은 1989. 12. 29. 소외 김명옥에게 이 사건 부동산을 매도하여 같은 날 위 김명옥 명의의 소유권이전등기가 마쳐진 사실, 이에 피고 산하 해운대세무서장이 이 사건 부동산의 위 양도행위를 부동산매매업의 영위로 보아 위 심용봉의 재산에 대하여 국세확정 전의 보전 압류를 한 후 1994. 12. 20. 위 심용봉에게 '심용봉 외 1인'이라고 기재하여 1989년 제2기분 부가가치세 77,483,560원을 고지하였으나, 위 심용봉이 위 부가가치세를 계속 납부하지 아니하자, 원고를 연대납세의무자라고 하여 달리 고지 및 독촉절차를 거치지 아니한 채, 1995. 8. 31. 1989년 제2기분 부가가치세 34,839,590원에 대한 체납처분절차로서 원고 소유의 창원시 필용동 16의 1 외 5필지상에 건립된 판매시설 5층 521호 36평방미터를 압류하고 1995. 9. 4. 그

압류등기가 마쳐진 사실, 원고는 이에 불복하여 1995. 9. 22. 국세심사청구를 거쳐서 1996. 1. 13. 위 압류처분의 취소를 구하는 국세심판청구를 하여 1996. 5. 22. 위 부과처분 자체가 존재하지 아니하여 위 압류가 부적법한 처분이라는 이유로 위 처분을 취소한다는 결정을 받았으나, 원고는 이미 위 원고 소유 부동산이 공매되는 것을 막기 위하여 부득이하게 1995. 9. 28. 위 압류세액 중 금 25,208,260원을 납부한 사실을 인정할 수 있고 반증이 없으므로, 특단의 사정이 없는 한 피고 산하 해운대세무서장이 원고에 대한 부과처분 없이 위 세금을 징수한 것은 법률상 원인없이 이익을 얻고 원고에게 동 액 상당의 손해를 입힌 것이라 할 것이므로, 피고는 원고에게 위 금 25,208,260원 및 이에 대한 지연손해금을 지급할 의무가 있다(부산지법동부지원 1996. 12. 19. 선고, 96가단 20934 판결).

■ 8. 갑 외 1명으로 기재된 납세고지서의 효력

구청이 공유자에 대한 취득세 납세고지서에 공유자 갑과 을 2명을 갑 외 1명으로 표기하여 갑에게만 송달한 경우

【서식】 소 장

소　　장

원　고　1. 박 ○ ○
　　　　2. 한 ○ ○
　　　　○○시 ○○구 ○○동 ○○번지
　　　　(연락처) 02-123-4567 (휴대전화) 010-1234-5678 (이메일) lawb@lawb.co.kr
　　　　(123-456)
피　고　○○광역시 ○○구청
취득세부과처분취소

청 구 취 지

　피고가 20○○. 12. 16. 원고 박○○에 대하여 한 취득세 ○○○원 중 ○○○원을 초과하는 부분을 취소하고, 피고가 20○○. 12. 16. 원고 한○○에 대하여 한 취득세 ○○○원의 부과처분은 무효임을 확인한다.

청 구 원 인

1. 사실관계
　원고들은 부부로서 20○○. 7. 7. 초량동 ○○○번지 부동산을 공동으로 취득하였습니다.
2. 부과처분의 내용
　피고 구청은 위 부동산 취득에 대한 취득세고지서를 발부하면서 원고 박○○ 외 1명으로 하여 원고에게만 송달하였습니다.
3. 부과처분의 위법성

그러나 납세고지서는 납세자별로 하여야 하므로 원고 박○○에 대하여서만 납세고지서로서 효력이 있고 원고 한○○에게는 납세고지로서 효력이 없습니다.
아울러 원고 박○○의 경우에도 그 지분을 초과하는 부분은 위법합니다.

4. 전심절차
  (1) 납세고지 - 20○○. 12. 16.
  (2) 이의신청 - 20○○. 2. 12.
     기   각 - 20○○. 2. 13.
  (3) 심사청구 - 20○○. 3. 23
     기   각 - 20○○. 6. 22.
            - 20○○. 6. 24. 수령

입 증 방 법

기재생략

첨 부 서 류

기재생략

20○○. 8.

원 고 박 ○ ○ ⑪
한 ○ ○ ⑪

○○지방법원 귀중

- Point : 갑의 경우에는 갑의 지분을 초과한 금액이므로 위법하게 되고 을의 경우에는 납세고지
  의 효력이 없어 무효가 된다.
- 참조법령 : 국세기본법 제25조 제1항

판 례

■ 납세고지서에 관한 위 각 규정은 조세행정의 공정을 기함과 동시에 납세의무자에게 부과처분의 내용을 상세히 알려 불복 여부의 결정과 그 불복신청에 편의를 주려는 취지에서 나온 것으로서 강행규정이라고 볼 것이므로 납세고지서에 위와 같은 사항이 흠결되어 있다면 그 과세처분 자체가 위법한 것이 되어 취소의 대상이 된다 할 것이며, 한편 연대납세의무자의 상호연대관계는 이미 확정된 조세채무의 이행에 관한 것이지 조세채무의 성립과 확정에 관한 것은 아니므로 연대납세의무자라고 할지라도 각자의 구체적 납세의무는 개별적으로 확정함을 요하는 것이어서 구체적 납세의무확정의 효력발생요건인 부과처분은 별도로 있어야 한다.

갑 제1호증의 기재에 의하면, 이 사건 납세고지서에 '고순만 외 1인'이라고 기재되어 있어 원고 고순만을 제외한 나머지 1인이 그 기재 자체로 누구인지 알 수 없어 원고 한보패에게는 적법한 과세처분이 있었다고 할 수 없다.

피고는 위 원고가 원고 고순만과 연대하여 등록세를 납부할 의무가 있고, 원고 고순만의 처로서 동일한 주소에 거주하며, 피고의 세부지도를 통하여 이 사건 부과처분 전에 이 사건 부과처분이 있을 것이라는 사실을 미리 알고 있었으므로 이 사건 납세고지서상의 '고순만 외 1인'이 원고 한보패를 말하는 것이므로, 이 사건 납세고지서는 원고 한보패에게도 그 효력이 있다고 주장하나, 그 주장하는 같은 사유가 있다 하더라도 달리 볼 것이 아니므로 피고의 위 주장은 받아들일 수 없다(부산고법 1993. 6. 2. 선고, 92구 3267 판결).

■ 9. 확정판결 이후에 한 추가과세의 효력

원고에 대한 부과처분을 둘러싸고 벌어진 쟁송에 대해 확정판결이 있은 후에 피고 세무서는 당초처분의 필요경비를 과다계산한 것을 발견하고 추가로 과세를 하였다.

【서식】 소 장

소　　장

원 고 서 ○ ○

　　○○시 ○○구 ○○동 ○○번지

　　(연락처) 02-123-4567 (휴대전화) 010-1234-5678 (이메일) lawb@lawb.co.kr

　　(123-456)

피 고 ○○세무서장

양도소득세 부과처분취소

청 구 취 지

1. 피고가 20○○. 7. 16. 자로 원고에 대하여 한 양도소득세 33,235,660원, 교육세 5,974,860원의 부과처분은 이를 취소한다.
2. 소송비용은 피고의 부담으로 한다.
라는 판결을 구합니다.

청 구 원 인

1. 사건의 개요
  (1) 원고는 20○○. 10. 1. 울산시 남구 무거동 130-15 전 495㎡(이하 이 사건 토지라 한다)를 취득하여 경작하다가 20○○. 11 .27. 소외 황○○에게 양

도하였습니다.

이 사건 토지는 울산 남구 무거동 130-6 2621㎡에서 20○○. 9. 6. 분할된 토지이다.

(2) 원고는 이 사건 토지의 양도에 관하여 20○○. 5. 30. 과세표준확정신고를 함에 있어 당시 공시된 1993. 1. 1. 자 개별지가인 ㎡당 금 340,000원을 기준으로 하여 양도가액 및 취득가액을 산정하여 양도차익을 계산하고 양도소득세 24,133,270원 및 방위세 4,826,650원을 자진신고납부하였다.

(3) 피고는 20○○. 1. 1. 자 개별지가를 ㎡당 금 576,000원으로 보고 양도가액 및 취득가액을 산정한 뒤 양도차익과 산출세액을 계산하고 원고가 자진신고납부한 위 세액을 공제한 뒤 추가로 양도소득세 금 86,265,030원 및 교육세 17,549,620원을 부과하였다가 조세심판원의 재결에 따라 가산세 적용을 배제한 뒤 양도소득세 73,143,415원, 교육세 14,624,688원으로 감액경정을 하였다.

(4) 원고는 위 추징처분에 불복하여 부산고등법원에 행정소송을 제기하여 피고가 과다하게 양도소득을 산정한 것은 위법이라고 주장하여 20○○. 5. 31. 위 추징처분을 취소하라는 판결을 선고받고 동 판결은 확정되었고 이에 따라 피고는 추징처분을 취소하였다.

2. 새로운 부과처분

  피고는 위 행정소송이 확정된 후 취득가액 계산을 과대하게 사정하였다면서 새로이 소득금액을 계산하고 20○○. 7. 16. 자로 양도소득세 33,235,660원, 교육세 5,974,860원을 추가로 납세고지를 하여 왔다.

3. 부과처분의 위법성

  그러나 피고는 위 행정소송의 기판력(일사부재리 원칙)에 의거 소송당시 취득가액의 계산이 잘못되었음을 주장, 입증하지 않고 소송이 종결된 뒤 이 점을 내세워추징하는 것은 기판력에 위배된다.

4. 전심절차
  기재생략

입 증 방 법

기재생략

첨 부 서 류

기재생략

20○○. 5. 1.

원 고 서 ○ ○ ⑩

○○지방법원 귀중

- Point : 확정판결의 기판력을 중심으로 법리를 전개한다.
- 참조법령 : 국세기본법 제26조의2 제2항(국세부과의 제척기간)

판 례

■ 과세처분이란 당해 과세요건의 충족으로 객관적, 추상적으로 이미 성립하고 있는 조세채권을 현실화하여 확정하는 절차이고 과세처분의 취소소송은 위와 같은 과세처분의 실체적, 절차적 위법을 취소원인으로 하는 것으로서, 그 소송물은 과세처분의 적법성 내지 위법성 일반을 말하고, 구체적으로 그 과세처분이 적법 또는 위법하게 되는 사유는 공격방어방법으로서 과세처분취소소송의 변론종결시까지 주장할 수 있는 것이며, 나아가 과세처분에서 인정한 과세표준 또는 세액의 다과가 쟁점인 경우에는 당해 과세처분의 위법성의 유무는 과세처분에서의 과세표준 또는 세액이 실체적·객관적 과세표준 또는 세액을 초과하는지의 여부에 따라 결정되는 것이므로 잠재적인 심판대상은 일개 과세단위의 실체적·객관적 세액 전부에 미치게 되는 것이고, 그 범위에서는 과세관청은 처분시의 그것과는 다른 별개의 사정을 들어 그 과세처분에서의 과세표준 또는 세액이 실체적·객관적 과세표준 또는 세액을 초과하지 아니한다고 주장할 수 있는 것이며, 또 사실심 변론종결 전까지 증액경정처분도 할 수 있는 것인 바, 그렇다면 이러한 과세처분취소소송의 기판력은 이러한 잠재적 심판대상 범위까지 미친다고 봄이 타당하다고 볼 것이고(대법원 1980. 10. 14. 선고, 78누 345 : 1989. 4. 11. 선고, 87누 647 : 1990. 3 .23. 선고, 89누 5386 : 1996. 4. 23. 선고, 93누 7697 등 판결 참조), 이러한 입장에서 보면, 비록 과세처분시 과세표준 또는 세액을 결정함에 있어서 탈루된 소득이 있었고 그것이 그 과세처분의 취소소송에서 드러나지 아니한 결과 판결에 반영되지 아니하였다고 하더라도, 그 취소소송의 판결이 확정되면 그 과세단위의 실체적·객관적 조세채무는 그 범위로 확정되는 것이어서, 그 후 탈루소득에 대한

추가적인 과세처분은 판결의 기판력에 저촉되어 허용되지 아니한다고 하겠다.

이 사건의 경우, 피고는 원고의 신고·납부 세액 및 그 과세표준이 부당하게 적다고 인정하고 그 과세표준 및 세액을 스스로 결정한 다음 원고의 자진납부세액을 공제하여 종전 과세처분을 하였고, 종전 과세처분의 취소소송에서 그 과세처분은 소송상 드러난 실체적·객관적 과세표준 및 세액의 범위를 초과한다는 이유로 이를 취소하는 판결이 확정되었는바, 그렇다면 이 취소판결의 확정에 의하여 이 사건 토지의 양도소득에 관한 원고의 납세채무는 신고·납부한 양도소득세 및 방위세 범위 내로 확정되는 것이라고 보아야 할 것이고, 따라서 비록 원고가 신고·납부한 세액 및 과세표준에 피고 주장과 같은 오류가 있어서 양도소득세 등이 부당하게 적게 산정되었고 피고가 이 점을 간과한 채 종전 과세처분을 하고 그 취소소송에서도 이를 주장하지 못한 결과 판결에 반영되지 아니하였다고 하더라도, 이와 같은 탈루소득을 근거로 추가적인 과세처분을 하는 것은 판결의 기판력에 저촉되어 허용되지 아니한다고 할 것이다(부산고법 1996. 11. 13. 선고, 96구 4954 판결).

■ 10. 세액산출근거를 기재하지 않은 납부통지의 효력

세무서는 소외 회사에 대한 2차 납세의무자로 남○○를 지정하고 납부통지를 하면서 세액산출근거는 기재하지 않은 채 고지세액만 기재하여 납세고지서를 작성하였다.

【서식】 소 장

소   장

원 고   남 ○ ○
　　　　○○시 ○○구 ○○동 100-9
　　　　(연락처) 02-123-4567　(휴대전화) 010-1234-5678　(이메일) lawb@lawb.co.kr
　　　　(123-456)
피 고   ○○세무서장

부가가치세부과처분취소

청 구 취 지

1. 피고가 20○○. 3. 31. 원고에게 대하여 한 각 부가가치세 9,768,090원의 부가 처분은 이를 모두 취소한다.
2. 소송비용은 피고의 부담으로 한다.

청 구 원 인

1. 부과처분의 내용
　피고는 원고가 소외 주식회사 ○○의 과점주주라는 전제 하에서 소외 회사의 체납세에 대하여 제2차 납세의무를 과하고 청구취지 기재와 같은 부과처분을 하고 있습니다.

2. 부과처분의 위법성
 (1) 실체적 위법
    그러나 원고는 소외 회사에 출자한 사실도 없고 경영에 참여한 바도 없습니다. 다만, 소외 회사 대표이사인 ○○○이 소외 회사를 설립하면서 발기인 숫자를 채우기 위하여 원고를 주주로 등재한 것에 지나지 않습니다.
 (2) 형식적 위법
    피고는 원고에 대하여 부과처분을 하기에 앞서 주된 납세의무자에 대한 납세고지를 하고 체납처분을 해도 부족한 경우에 비로소 원고에 대하여 부과처분을 할 수 있는 보충성을 결하고 있습니다. 뿐만 아니라 납세고지서상에 세액산출근거가 없어 위법합니다.

3. 전심절차
   기재생략

입 증 방 법

기재생략

첨 부 서 류

기재생략

20○○. 12.

원 고 남 ○ ○ ㊞

○○지방법원 귀중

• Point : ① 행정처분의 통지서인 납세고지서의 흠결유무를 검토한다.

     ② 납세고지의 흠결로 인한 취소는 흠결을 보충하여 재고지할 수 있으므로 납부했으면 환급이자 상당액, 납부하지 않았으면 가산금을 면하는 정도의 실익만 있다.

• 참조법령 : 국세징수법 제12조(제2차 납세의무자에 대한 납세고지)

판 례

■ 국세징수법 제12조는 세무서장은 납세자의 국세·가산금 또는 체납처분비를 제2차 납세의무자로부터 징수하고자 할 때에는 제2차 납세의무자에게 징수하고자 하는 국세·가산금 또는 체납처분비의 과세년도·세목·세액 및 그 산출근거·납부기한·납부장소와 제2차 납세의무자로부터 징수할 금액 및 그 산출근거 기타 필요한 사항을 기재한 납부통지서에 의하여 고지하여야 한다고 규정하고 있는바, 위 규정은 단순한 세무행정상의 편의를 위한 훈시규정이 아니라 조세법률주의의 원칙에 따라 과세관청의 자의를 배제하고 신중하고도 합리적인 과세처분을 하게 함으로써 조세행정의 공정을 기함과 아울러 제2차 납세의무자에게 징수처분의 내용을 자세히 알려주어 이에 대한 불복 여부의 결정과 불복신청의 편의를 주려는 데 그 근본취지가 있는 강행규정으로 보아야 하므로, 납부통지서에 위 법조가 요구하는 사항 중 일부의 기재를 누락시킨 하자가 있는 경우에는 그 징수처분은 위법하다 할 것이다.

그런데, 이 사건의 경우, 갑 제1호증의 1 내지 5, 갑 제2호증의 1, 2, 3의 각 기재에 의하면 피고가 원고들에게 송달한 이 사건 납부통지서에는 세액산출근거에 관하여 "자진신고분 무납부"라고만 기재되어 있는 사실을 인정할 수 있고 반증이 없는바, 이는 원고들이 징수처분의 내용을 상세하게 알 수 있도록 과세표준액, 적용할 세율 등 세액산출근거를 구체적으로 기재한 것이 아니어서 위 법조에서 요구하는 사항 중 세액산출근거의 기재를 누락시킨 경우라고밖에 볼 수 없고, 따라서 피고의 원고들에 대한 이 사건 징수처분은 그 고지방법에 하자가 있어 위법하다고 할 것이다(부산고법 1995. 6. 28. 선고, 93구 8375 판결).

■ 11. 체납자에게 납세고지서를 송달하지 않고 경매법원에 한 교부청구와 배당의 효력

피고구청은 체납자에 대한 취득세 납세고지서를 발송하기만 하고 송달사실을 확인하지 않은 채 체납자 소유 경매부동산에 교부청구를 하였다.

교부청구에 따라 경매법원 배당을 하자 경매부동산의 근저당권자는 배당이의를 제기하였다.

【서식】 소 장

소　　장

원　고　　주식회사　○○국민상호신용금고
　　　　　　○○시　○○구　○○동　○○번지
　　　　　(연락처) 02-123-4567　(휴대전화) 010-1234-5678　(이메일) lawb@lawb.co.kr
　　　　　(123-456)
피　고　　○○시　○○구청

청 구 취 지

1. 위 당사자 간의 귀원 20○○타경 4552 부동산경매사건의 배당에 관하여 20○○. 4. 21. 귀 법원이 작성한 배당표를 변경하여 이의있는 금 23,416,950원을 원고에게 배당한다.
2. 소송비용은 피고의 부담으로 한다.

청 구 원 인

1. 원고는 소외 ○○건설주식회사에게 1억 2,000만원을 대여하고 20○○. 12. 4. 그 소유인 금정구 남산동 968-4 소재 공동주택 101호, 102호에 채권최고액 금 156,000,000원의 근저당권을 설정하였다.

2. 원고는 소외 ○○건설주식회사가 위 대여금 채무를 이행하지 아니하므로 1999. 4. 9. 위 부동산에 관하여 경매신청을 하고 20○○. 4. 12. 경매개시 결정이 났다.

3. 위 부동산에 관하여 20○○. 9. 17. 경매가 되고 20○○. 2. 23. 경매허가 결정이 났다.

4. 피고는 20○○. 12. 17. 위 회사가 지방세를 체납하였다는 이유로 위 부동산을 압류하였고 위 부동산에 경락허가결정이 난 후인 20○○. 10. 14. 금 23,416,950원의 배당요구를 하고 원고에 앞서 선순위로 위 금액을 배당받았다.

5. 그러나, 위 조세채권은 납세고지서 송달이 없으므로 정당하게 확정된 것이 아닐 뿐만 아니라 그 내역도 원고에 앞서 배당받아야 할 것이 아닌 위 101호, 102호 이외의 부동산에 관한 세금까지 포함된 것으로서 원고보다 선순위로 배당한 것은 위법하다.

입 증 방 법

기재생략

첨 부 서 류

기재생략

20○○. 10. 1.

원고 (주)○○국민상호신용금고
대표이사 ○ ○ ○ ㉑

○○지방법원 귀중

- Point : ① 교부청구된 지방세가 납세고지서 송달을 통하여 적법하게 확정되었는지 검토하고 지방세와 근저당권자의 우열을 따진다.

  ② 배당이의의 소는 교부청구자를 상대로 제기하고, 배당실시 후에는 세금의 귀속자인 국가 또는 지방자치단체를 피고로 해야 한다.

● 참조법령 : 국세징수법 제56조(교부청구)

판 례

■ 이 사건 취득세, 등록세와 같이 자진신고납세방식의 조세에 있어서 납세의무자가 자진신고납부를 하지 않거나 부족신고한 경우에는 과세관청이 미신고 및 부족신고분에 대한 세액 추징의 과세결정을 하고 지방세법 제25조, 제190조 및 같은 법 시행령 제8조의 각 규정에 의한 세액산출근거 및 납부기한 등의 필요적 기재사항이 기재된 적법한 납세고지서를 납세의무자에게 송달하여야 비로소 납세의무가 확정되는 것이라 할 것이고, 한편 지방세법 제26조에 의한 납기 전 징수는 위와 같은 납세의무의 확정을 전제로 납부의무자가 지정 또는 변경된 납부기한까지 조세를 납부하지 아니하는 경우 지방세법 제28조 제1항 제2호에 의하여 독촉절차 없이 바로 압류처분할 수 있는 것인데, 이 경우에도 과세관청은 확정된 지방세의 납부기한을 미리 정하여 고지하거나 이미 고지된 납부기한을 변경고지하여야 하며 이러한 납세고지서나 납부기한 변경고지서를 송달함이 없이 압류처분을 하면 그 압류처분은 당연무효라 할 것이다.

  돌이켜 이 사건을 보면, 피고 주장 자체에 의하더라도 납세고지서 발송일 이후인 1992. 12. 10. 에 가서야 과세결정을 하였다는 것인바, 이러한 사정과 갑 제6호증, 을 제15호증의 1, 을 제16호증의 1, 을 제17호증의 1, 을 제18호증의 각 기재에 의하면 위 과세결정일과 같은 날인 1992. 12. 10. 에 소외 회사에서 납세고지서를 발부한 것으로 되어 있을 뿐이며, 피고가 이미 납세고지서를 송달하였다면 재차 납세고지서를 송달할 필요가 없을 터인데도 위 과세결정일부터 압류처분 2일 전인 1992. 12. 15. 까지 사이에 소외 회사를 방문하는 등 납세고지서를 직접 교부 송달하려고 애쓴 점, 더욱이 지방세법 제65조에 의해 준용되는 국세기본법 제10조 제2항에 의하면 납세고지서의 송달의 우편에 의하고자 할 때에는 등기우편에 의하여야 하고, 같은 조 제7항에 의하면 통상우편의 경우 과세관청은 그 송달사실을 확인할 수 있는 기록을 작성 비치하도록 되어 있음에도 피고가 이에 대하여 그 기재에 의하여도 서류의 주요내용 등을 알 수 없을 뿐 아니라 우편물 접수증에 불과한 을 제6호증의 각 기재만 가지고서는 이를 인정하기 부족하며 달리 이를 진정할 증거가 없으므로(국세기본법 제12조 제2항은 서류를 통상우편으로 송달하였을 경우 우편물이 보통 도달할 수 있었을 때에 도달한 것으로 추정하는 규정으로, 등기우편물에 의한 납세고지서 송달인 이 사건에도 적용될 수 있겠지만 앞서 본 점, 특히 납세고지 및 독촉행위가 불가능하다고 복명한 을 제18호증의 기재 등에 비추어 그러한 추정은 번복된 것으로 본다), 결국 소외 회사에 대한 납세고지서의 송달없이 이루어진 피고의 이 사건 경매목적물에 대한 압류처분은 당연무효라 할 것이다.

  한편, 위 피고의 주장을 납세의무확정 전 보전압류의 취지로 보는 경우에 관하여 살피건대, 지방세법 제28조 제2항, 제3항, 제4항, 국세징수법 제24조 제5항 제2

호 규정에 의한 확정 전 보전압류의 체납처분절차는 통상의 체납처분절차와는 달리 과세관청이 사전에 부과처분이나 독촉절차 없이 압류처분을 선행하고 사후적으로 압류한 날로부터 3개월 내에 과세 결정 및 납세고지서를 송달하여 납세의무를 확정시키는 것인바, 이 경우에는 과세관청이 비록 사후 납세고지서를 송달하지 않은 하자가 있더라도 이로 인해 사전 압류처분 자체가 당연무효로 되는 것은 아니지만, 적어도 경매절차에 있어서 과세관청의 교부청구가 적법하기 위하여는 사후적으로 납세의무자의 조세채무가 확정되어 체납되었음이 전제가 되어야 하는 것이고, 확정 전 보전압류 이후 과세관청이 납세의무를 확정하여 그에 따른 납세고지서를 송달한 바 없다면 압류처분만 있고 부과처분이 없는 상태이므로 납세의무자가 조세를 체납했다고 볼 수 없다 할 것인데, 피고가 비록 위 압류처분 전인 1992. 12. 10. 위 지방세에 대하여 과세결정을 한 바가 있다 할지라도 위 경락허가 당시까지(경락허가일 이후 체납 조세액의 교부청구 불가. 대법원 1994. 3. 22. 선고, 93다 19276 판결 참조) 소외 회사에 대하여 납세고지서를 송달하였다는 점을 인정할만한 아무런 증거가 없으므로, 결국 소외 회사가 위 각 지방세를 체납했다 할 수 없으니 소외 회사의 지방세 체납을 전제로 한 피고의 이 사건 교부청구는 부적법하다 할 것이다.

그렇다면, 피고의 지방세채권이 원고의 근저당권부 채권에 우선하는지 여부에 관하여는 더 나아가 살펴 볼 필요도 없이 어느모로 보나 피고는 이 사건 경매목적물의 경락대금에서 배당받을 권리가 없으니 위 경매사건의 배당표 중 피고에게 배당된 23,416,950원을 삭제하고 이를 원고에게 배당하여야 할 것이다 (부산고법 1995. 7. 5. 선고, 94나 6250 판결).

제 2 절　종합소득세 · 양도소득세 관련

■ 1. 단 1회 건물을 신축하여 양도한 자를 부동산매매업자로 볼 수 있는지 여부

　송○○는 사용승낙을 얻어 처 소유 토지에 건물을 신축하여 1회 양도하였고 이에 대하여 세무서는 부동산매매업으로 보아 종합소득세를 부과하였다.

【서식】소 장

소　　장

원 고　송 ○ ○
　　　　○○시 ○○구 ○○동 ○○번지
　　　　(연락처) 02-123-4567　(휴대전화) 010-1234-5678　(이메일) lawb@lawb.co.kr
　　　　(123-456)
피 고　○○세무서장

종합소득세부과처분취소

청 구 취 지

1. 피고가 20○○. 3. 3. 자로 원고에 대하여 한 20○○년 귀속 종합소득세 ○○
　○원의부과처분은 이를 취소한다.
2. 소송비용은 피고의 부담으로 한다.
라는 판결을 구합니다.

청 구 원 인

1. 사실관계

① 원고는 처 김○○이 20○○. 9. 23. 취득하여 소유하던 북구 덕천동 347-1 대 200.5㎡에 토지사용승인을 득한 후 20○○. 2. 건축허가를 내고 지하 1층, 지상 3층, 연면적 493. 74㎡의 근린생활시설 건물을 완공하여 20○○. 9. 25. 준공검사를 마쳤다.

② 원고가 위 건축물을 신축하게 된 것은 원고의 장남 송○○이 경영하던 해운대구 우동 소재 삼창건설이 사업장을 임차하여 사용중이던 관계로 건축 후 삼창건설에 임대해 줄 목적으로 건축하였으나 삼창건설이 20○○. 5월경 부도가 나고, 위 건물 신축시 진 빚을 감당하지 못하고 20○○. 6. 27. 소외 박○○에게 양도하였다.

③ 원고는 약 45년간 군복무 후 예편하였고 이 건 부동산을 신축판매한 것 외에는 단 한 건도 매매한 사실이 없다.

2. 부과처분의 내용

피고는 이 건 양도에 관하여 부동산매매업으로 간주하고 종합소득세를 부과처분하였다.

3. 부과처분의 위법성

원고가 위 부동산을 양도한 것은 사업의 목적이 아닌 일시적, 우발적 양도이고 취득이나 양도의 횟수 및 양태가 계속성, 반복성이 없으므로 부동산매매업으로 볼 수는 없고 양도소득으로 보아야 합니다.

4. 전심절차
기재생략

입 증 방 법

기재생략

첨 부 서 류

기재생략

20○○. 5. 1.

원 고 송 ○ ○   ⑩

○○지방법원 귀중

- Point : 사업성 즉 계속·반복성이 없는 일시적, 우발적 매매임을 입증한다.

■ 2. 이자소득세의 과세

　임○○은 부동산을 담보로 하고 건설회사에 금원을 대여했으나 그 건설회사는 도산했고, 담보부동산을 처분하더라도 원금회수에도 부족한 실정이다. 그런데 과세관청은 이미 변세기가 도과하여 법률적으로 이자가 발생한 이상 이자소득세 납세의무가 있다고 보아 이자소득세를 과세하였다.

【서식】소 장

소　　장

원 고　임 ○ ○
　　　　○○시 ○○구 ○○동 ○○번지
　　　　(연락처) 02-123-4567 (휴대전화) 010-1234-5678 (이메일) lawb@lawb.co.kr
　　　　(123-456)
피 고　○○세무서장

종합소득세부과처분취소

청 구 취 지

1. 피고가 20○○. 4. 16. 자로 원고에 대하여 한 종합소득세 금 45,204,660원의 부과처분은 이를 취소한다.
2. 소송비용은 피고의 부담으로 한다.
라는 판결을 구합니다.

청 구 원 인

1. 사실관계

　원고는 소외 (주)○○건설에게 금원을 대여해 주었으나 소외 (주)○○건설의 도산으로 이자는커녕 원금마저 회수불가능하게 되었다.

2. 부과처분의 내용

　피고는 원고가 소외 (주)○○건설로부터 일부 지급받은 돈은 이자에 해당한다고 보고 금 82,432,875원을 소득으로 보아 이 건 부과처분을 하고 있다.

3. 부과처분의 위법상

　그러나 원고가 수령한 금원은 원금에도 미치지 못하고, 소외 회사나 대표이사 임○○도 도산하여 채무변제의 가능성이 없게 되었다.

　따라서 이자소득이 성숙확정되었다고 볼 수 없으므로 이 건 부과처분은 위법합니다.

입 증 방 법

기재생략

첨 부 서 류

기재생략

20○○. 7. 1.

원 고　임 ○ ○　㉑

○○지방법원 귀중

• Point : ① 채무자의 도산사실을 증명한다(금융기관에 어음거래부도와 그 규모를 사실조회한다).
　　　　　② 담보부동산의 환가가치(감정가액)와 경매로 인한 낙찰가액이 원금에도 미치지 못한다는 점을 증명한다(경매기록 송부촉탁).
　　　　　③ 국세청전산망에 나타난 재산상황을 사실조회하며 채무자의 재산상태를 밝힌다.
• 참조법령 :　소득세법 제16조 제1항(이자소득)

판 례

■ 소득세의 과세대상이 되는 이자소득이 발생하였다고 하기 위하여는 소득이 현실적으로 실현되었을 것까지는 필요없다고 할 것이나 그것을 지급받을 수 있는 가능성이 상당히 높은 정도로 성숙, 확정되어야 할 것이고, 담보권 등을 실행하여도 원금채권을 회수하기에 미치지 못할 것이 객관적으로 명백하다면 그 이자채권이 성숙, 확정되었다고는 할 수 없다고 할 것인바, 위 인정사실에 의하면 별지 제2의 2, 8 기재 부동산에 관하여는 그에 대한 원고의 가압류로서 배당금 등 일부변제를 받을 가능성이 전혀 없고, 별지 제2의 3 내지 7 부동산도 그 평가액이 합계금 670,000,000원 정도인데 그에 관하여 원고의 위 각 가압류보다 우선하는 채권최고액 금 400,000,000원의 현대중공업주식회사 명의의 근저당, 체납세 등이 있는 외타인명의의 위 각 가압류, 전세권 등이 있을 뿐만 아니라, 위 주식회사 조우건설에 대한 거액의 일반채권도 있어 위 부동산들이 담보권의 실행 등으로 처분되는 경우 원고의 위 가압류채권과 동순위로 되는 일반채권자들이 상당수 배당에 참가할 수 것으로 예상되며 위 주식회사 조우건설 등에게 다른 재산도 없으므로, 가사 원고가 별지 제2의 1 기재 부동산에 대한 위 근저당권의 실현으로 그 채권최고액인 금 300,000,000원을 변제받는다고 하더라도 별지 제2의 2 내지 8 기재 부동산이 처분됨에 따라 위 각 대여금의 원금 합계 금 900,000,000원 중 나머지인 금 326,308,860원(900,000,000원 - 위 금 224,000,000원 - 위 금 49,691,140원 - 위 금 300,000,000원)을 회수하는 것은 불가능하다고 할 것이니, 원고가 위와 같이 금 224,000,000원 및 금 49,691,140원을 지급받음으로써 위 각 대여금에 대한 이자가 현실적으로 실현되었다거나 그 이자채권이 성숙, 확정된 상태에 있다고 볼 수 없고 달리 이를 인정할 만한 증거도 없다.

따라서 위 각 대여금에 대한 이자소득은 발생하지 아니하였다고 할 것이므로 이 사건 처분 중 그 이자소득이 발생하였다고 함을 전제로 한 부분은 위법한 것이다(부산고법 1994. 7. 7. 선고, 93구 7242 판결).

■ 3. 이자소득의 귀속주체를 오인한 과세처분

서○○은 사채전주의 부탁을 받고 사채를 쓸 사람을 물색하여 돈을 대여해
주고, 차용인으로부터 이자를 받아 전주한테 전해주었는데, 과세관청이 서○○
을 이자소득의 귀속자로 오인하고 이자소득세를 과세하였다.

【서식】소 장

소　　장

원　고　이 ○ ○
　　　　○○시 ○○구 ○○동 ○○번지
　　　　(연락처) 02-123-4567 (휴대전화) 010-1234-5678 (이메일) lawb@lawb.co.kr
　　　　(123-456)
피　고　○○세무서장

종합소득세부과처분취소

청 구 취 지

피고가 20○○. 6. 16. 자로 원고에 대하여 한 20○○년 귀속 종합소득세
16,200원, 교육세 1,620원 및 1991년 귀속 종합소득세 8,370,120원, 1992년 귀속
종합소득세 3,760,000원의 부과처분은 모두 취소한다.

청 구 원 인

1. 사실관계
　원고는 부산 서구 부민동 18에서 ○○부동산이란 상호 아래 부동산매매·임대
중개·금전대차 소개 등의 업무를 영위하여 오고 있다.
　원고는 법원 주위에서 돈을 대여하고자 하는 자와 차용하고자 하는 자 사이에
서 중개를 놓아주는 소외 사채알선을 하여 왔습니다.

2. 부과처분의 내용

피고는 원고가 다음 채무자에게 금전을 대여하고 이자를 수령하였다고 인정한 뒤 청구취지 기재와 같은 부과처분을 하고 있습니다.

채 무 자	20○○년	20○○년	20○○년
○○주택		4,500,000원	
○○금방		9,000,000원	3,750,000원
○○건설		6,250,000원	
박 ○ ○	750,000원	2,000,000원	8,000,000원
이 ○ ○		5,000,000원	5,000,000원
○○건설		3,000,000원	3,360,000원
강 ○ ○		375,000원	

3. 부과처분의 위법성

그러나 원고는 사채알선을 위탁받아 처리하였을 뿐 그 실질적인 채권자(전주)가 아니므로 이자가 귀속된 바 없습니다.

실소득자는 다음과 같습니다.

채 권 자	20○○년	20○○년	20○○년
정 ○ ○	750,000원	4,500,000원	
한 ○ ○		6,375,000원	4,610,000원
이 ○ ○		5,000,000원	5,000,000원
김 ○ ○		6,000,000원	2,500,000원
강 ○ ○		6,250,000원	6,250,000원
배 ○ ○		1,500,000원	6,000,000원
박 ○ ○		500,000원	2,000,000원

따라서 원고에 대한 이 건 처분은 소득의 귀속자를 오인한 처분으로 위법합니다.

4. 전심절차

(1) 납세고지 - 20○○. 6. 16.
(2) 이의신청 - 20○○. 7. 14.

　　　기　　각 - 20○○. 8. 12.
　(3) 심사청구 - 20○○. 9. 7.
　　　기　　각 - 20○○. 10. 22.
　(4) 심판청구 - 20○○. 11. 15.
　　　기　　각 - 20○○. 2. 14.

입 증 방 법

기재생략

첨 부 서 류

기재생략

20○○. 3. 2.

원 고　이 ○ ○　㊞

○○지방법원　귀중

● Point : 실전주에게 송금한 온라인 입금표, 담보부동산에 채권자로 등기한 자 등을 체크하여 이
　　　　　자소득의 실귀속자(전주)를 밝힌다.
● 참조법령 : 소득세법 제16조(이자소득), 국세기본법 제14조(실질과세).

판　례

■ 갑 제3, 6호증, 갑 제4, 7, 10, 11, 13호증의 각 1, 2, 3, 갑 제5, 8호증의 각 1, 2, 갑
제9, 12, 14호증의 각 내지 4의 각 기재와 증인 김현삼, 김용주의 각 증언에 변론
의 전취지를 종합하면, 원고는 부산 중구 충무동 1가 10의 13에서 신진부동산소개
라는 상호로 부동산소개업을 하는 자로서 1991. 12.부터 사채전주인 소외 정용삼
(30,000,000원), 한선조(10,000,000원), 이환중(50,000,000원), 김용주(20,000,000원), 강
강식(50,000,000원), 배순금(60,000,000원), 박남술(20,000,000원) 등 7인으로부터 사
채를 이용할 사람을 소개해 달라는 부탁을 받고 부산 서구 부민동 18의 31에서
덕산부동산이라는 상호로 금전대차소개업을 하는 소외 김현삼에게 사채알선을 부
탁하여 그를 통하여 위 한경수 등 7인에게 사채를 대여해 주었으며, 원고는 위 김

현삼으로부터 자신이 소개한 사채이자 전액을 교부받아 와서 위 정용삼 등 사채
전주들에게 직접 또는 은행무통장입금방식으로 모두 전달해 준 사실, 위 주식회사
동전건설에게 50,000,000원을 대여해 준 위 강강식은 1991. 1. 28. 그 담보로서 소
외회사 소유의 경주군 서면 아화리 355 답 1,297㎡에 관하여 근저당권 및 지상권
을 설정하기까지 한 사실을 각 인정할 수 있고, 을 제3호증의 1, 2, 3의 각 기재만
으로는 이를 뒤집기에 부족하고 달리 반증이 없다.

　위 인정사실에 의하면, 원고는 위 정용삼 등이 위 한경수 등에게 대여한 사채의
이자를 전달받아 그대로 건네주었을 뿐 자신이 사채전주로서 그 이자를 수취한
것은 아니라고 할 것이고, 따라서 원고에게 위와 같은 액수의 이자소득이 있음을
전제로 하는 피고의 이 사건 처분은 위법하다고 할 것이다(부산고법 1994. 12. 9.
선고, 94구 1265 판결).

■ 4. 매입누락 여부와 서면조사결정의 경정

최○○가 소득세확정신고를 하면서 기재한 매입액 1,541,916,657원과 국세청 전산실로부터 하달된 매입계산서 일람표 2,526,624,717원과의 차액 1,011,718,060원을 과세관청이 매출누락으로 보아 당초 한 서면조사결정을 경정한 경우.

【서식】소 장

소　장

원 고　최 ○ ○

　　　　○○시 ○○구 ○○동 ○○번지

　　　　(연락처) 02-123-4567　(휴대전화) 010-1234-5678　(이메일) lawb@lawb.co.kr

　　　　(123-456)

피 고　○○세무서장

종합소득세부과처분취소

청 구 취 지

1. 피고가 20○○. 11. 8. 자로 원고에게 한 종합소득세 11,872,240원 및 동 교육세 2,425,000원의 각 부과처분은 이를 모두 취소한다.
2. 소송비용은 피고의 부담으로 한다.

청 구 원 인

1. 원고의 사업장과 세무대리
　원고는 전주시 장대동 64-10 소재 동양수산이라는 상호로 선어소매업을 영위하는 자이고, 원고의 세무대리인 ○○○세무사를 통하여 기장 및 세무신고를 하여 오고 있습니다.

2. 사실관계
 (1) 원고의 20○○년 수입금액신고사항
       수입금액(매출)   주요매입사항
     생선 1,805,731,670원   선어 2,403,383,047원
 (2) 원고의 20○○년도 귀속 소득세 확정신고사항
       수입금액(매출)   선어매입
       1,921,465,670원   1,514,916,657원

3. 부과처분의 내용
  피고는 당초 원고의 서면신고에 따라 서면조사결정을 하였다가 그 후 원고들이 1997년 귀속 소득세 확정신고를 하면서 매입액을 1,514,916,657원으로 신고하였으나 국세청 전산실이 작성한 계산서 일람표상의 금액인 2,526,634,717원과의 차액 금 1,011,718,060원에 대하여 매출이익을 10.5%를 적용하여 매출누락액을 산정한 후 청구취지와 같이 추가로 종합소득세 및 동 교육세 부과처분을 하였습니다.

4. 부과처분의 위법성
 (1) 피고가 당초의 원고의 서면신고대로 서면조사결정을 하였다가 뒤늦게 서면신고의 오류를 발견하였다면 먼저 납세의무자에게 서면신고의 오류에 대한 사실 여부의 해명을 요구하거나 직접 조사를 한 후 그 조사결과에 따라 소득의 탈루가 있으면 비로소 당초의 서면조사결정을 경정할 수 있다고 할 것이다.
 (2) 이 사건에서 원고는 매입액을 사실대로 기장을 하였음에도 세무대리인이 소득세 확정신고를 하면서 동 신고서에 매입액을 잘못 기재함으로써 오류가 발생한 것이지, 고의로 매입액을 누락한 것이 아닙니다.
 (3) 소득세 확정신고서에 세무대리인의 실수로 매입액을 과소기재하였다 하여 이에 대한 진위 여부를 확인도 하지 않은 채 그 차액을 매입누락으로 보고 또 여기에다 아무런 근거도 없는 이익률을 곱하여 매출누락액을 산정할 수는 없습니다.

     첨 부 : 생 략

20○○. 8. 1.

원 고 최 ○ ○ ⑩

○○지방법원 귀중

- Point : 원고의 소득세 신고가 국세청 전산실의 집계와 다르게 된 합리적인 이유를 밝히고 차액을 매출누락하였다는 증거가 없음을 주장한다.
- 참조법령 : 구 소득세법 제127조(서면조사결정)

판 례

■ 피고가 서면조사결정의 방법으로 이 사건 과세표준 등을 경정한 것이라면 원고 등이 그 신고시에 제출한 서면상에 형식적인 미비나 오류가 있거나 또는 아예 신고내용 중에 포함되지 아니한 수익의 탈루 등이 있어야만 이를 경정할 수가 있다고 할 것인데, 원심이 인정실시한 바와 같은 사실, 즉 국세청전산자료에 의해 원고가 금 1,011,718,060원의 매입액을 신고 누락한 것으로 확인되었다는 사실만으로는 원고가 신고한 수입금액 이외에 매출누락 수입이 있다고 단정할 수 없으니, 그 매출수익에서 공제할 매입액의 오류, 탈루가 경정할 수 있는 경우에 해당하는지의 문제는 별론으로 하고, 원고 등의 신고내용에 포함되지 아니한 수입금액의 탈루가 있다거나 그 신고시 제출한 서면에 의해 형식적 미비나 오류가 있어 이를 경정할 수 있는 경우라고는 도저히 볼 수가 없다(대법원 1993. 2. 23. 선고, 92누10531 판결).

■ 5. 동업자권형에 의한 수입금액의 추계

  지○○은 1세대 주택 1동을 신축분양하고 분양가액을 수입금액으로 하여 소득표준율을 곱해 산정한 소득금액을 계산하고 그에 따라 종합소득세를 신고납부했다. 그런데 과세관청은 그의 분양신고가액이 인근사업자에 비해 낮다고 하여 신고가액을 부인하고 인근사업자의 분양가액을 수입금액으로 추계하였다.

【서식】소 장

소   장

원 고   지 ○ ○
　　　○○시 ○○구 ○○동 ○○번지
　　　(연락처) 02-123-4567 (휴대전화) 010-1234-5678 (이메일) lawb@lawb.co.kr
　　　(123-456)
피 고   영도세무서장
종합소득세부과처분취소

청 구 취 지

  피고가 20○○. 8. 17. 원고에 대하여 한 20○○년 귀속 종합소득세 4,361,220원의 부과처분은 이를 취소한다.

청 구 원 인

1. 사실관계
  원고는 소외 고○○과 부산 영도구 동삼동 825-5 대 166㎡, 같은 동 822-4 대 188㎡ 지상에 다세대주택 1동을 신축하여 20○○년 이를 금 254,000,000원에 분양하였다.

2. 부과처분의 내용

　피고는 원고가 신고한 금 254,000,000원은 동업자인 소외 양○○가 한 분양금액에 비하여 적어 믿을 수 없다며, 소외 양○○의 사업실적(분양가)을 기준으로 하여 분양금액(수입금액) 258,310,500원으로 추계한 뒤 이를 토대로 소득금액을 추계조사결정하고 있다.

3. 부과처분의 위법성

　그러나 원고가 분양한 다세대주택과 소외 양○○가 분양한 주택은 그 위치, 구조, 재질 등에서 상이하므로 양○○가 한 분양가격을 기준으로 원고의 분양가격을 산정할 수는 없다.

　따라서, 이 점에서 수입금액산정의 위법이 있다.

2000. 5. 1.

원 고 지 ○ ○ ㉑

○○지방법원 귀중

- Point : ① 위 분양신고가액의 진실성을 입증하거나,

　　　　　② 원고가 분양한 주택은 인근사업자의 분양주택과 위치, 건축내장재 등에 차이가 있어 둘을 비교하기에는 부적절하다는 점을 입증한다.

- 참조법령 : ① 구 소득세법 제114조의2 제2항(수입금액의 추계결정)

　　　　　② 구 소득세법시행령 제169조 제1항 제2호(동업자권형)

판 례

① 납세의무자의 과세표준과 세액 등의 신고내용에 누락이 있어 과세관청이 그를 경정하고자 하는 경우에, 실지조사에 있어서는 장부나 증빙 등에 의함이 원칙이나 장부이외의 확인서 등 다른 자료에 의하여 경정하는 것은 적법하고(대법원 1996. 12. 10. 선고, 96누 11105 판결 참조), 추계조사에 있어서는 납세의무자의 장부 기타 증빙서류가 존재하지 않거나 존재하더라도 그 중요부분이 미비되거나 허위임이 명백하여 신뢰성이 없고 달리 소득의 실액을 밝힐 방법이 없는 때에는 가장 타당성이 있는 근거에 의하여 소득 등을 결정할 수 있음(대법원 1996. 7. 30. 선고, 94누 15202 판결 참조)(대법원 1998. 10. 23. 선고, 98두 8384).

② 원고는 최재학과 이 건 벽산주택 8세대분을 신축하여 1991. 4. 14. 분양하고 총수입금액, 소득금액 가운데 원고의 2분의 1지분에 해당하는 수입금액 127,000,000원(254,000,000/2), 소득금액 24,892,000원(49,784,000/2)으로 하여 종합소득세를 4,905,440원으로 신고하였으나, 피고는 원고의 벽산주택분양가액이 주변시세에 비하여 현저히 낮고 총수입금액을 계산함에 있어서 필요한 장부도 전혀 없고, 원고가 제출한 매매계약서 8장은 계약일이 1991. 4. 10. 중도금지급일이 같은 해 5. 10.로 모두 동일하고, 날인된 인영이 모두 한글체 목도장의 것으로 동일한 점 등에 비추어 진실하지 아니하다고 보여지는 등의 이유로 수입금액을 동업자 권형의 방식에 의하여 추계조사결정하기로 하여 같은 동 325의 대지 215㎡ 지상에 연면적 603.69㎡인 8세대분 건마다 세대주택을 같은 무렵 신축하여 분양한 양정엽을 권형 대상인 동업자로 선정하여 그의 건미주액 양도에 관한 수입금액 335,000,000원을 기준으로 1992. 8. 17. 벽산주택 양도에 관한 수입금액 335,000,000원을 기준으로 1992. 8. 17. 벽산주택 양도에 관한 총수입을 358,310,515원으로 하여 소득표준율 19.6%를 곱하여 소득금액을 70,278,860원으로 추계결정한 다음, 원고의 지분에 해당하는 종합소득세를 경정하여 이미 납부한 세액 등을 공제하고 주문기재와 같은 종합세액을 부과 고지한 사실, 건미주택은 부산시 중심에 있는 시청에서 1.5㎞가량 떨어진 바닷가 평지에 자리하고, 벽산주택은 건미주택에서 다시 산쪽으로 1.5㎞ 거리에 있는 해발 150m인 고지대로 경사 15도이며 100m 이내에 산이 있는 위치이고, 건미주택의 대지는 도로가에 자리하여 교통이 편리하고 지형이 반듯하고 택지로서 오랫동안 사용되었고 군작전지역에 해당하지 아니하는데 비하여 벽산주택은 군작전지역에 해당하다가 최근에 해제되었고 얼마 전까지 잡종지 및 전으로 사용되던 것을 택지로 지목변경중에 있으며 계획도로에 접하고 있지만 현재는 도로가 없어 임시로 타인소유인 토지를 도로로 사용하는 사정이고, 건미주택은 저지대라 수압에 관계없이 상수도사정이 좋고, 세대당 건축면적이 넓으며 주차장시설도 있을뿐더러 인근에 동삼국민학교, 해동중학교, 동삼여자중학교, 동삼파출소, 동삼우체국 등이 있으나, 벽산주택은 고지대로 갈수기에는 상수도사정이 좋지 아니하고 세대당 건축면적이 적고 지하주차장시설도 없으며 학교도 통학거리가 먼 등, 위치, 용도 및 편의시설 등의 여러 가지의 점에 있어서 건미주택쪽이 벽산주택보다 훨씬 유리한 사실, 원고의 벽산주택은 1991년 4월 무렵 평당분양가격이 1,803,977원(254,000,000/140.8)이고 1993. 9월 무렵 주식회사 마마주택이 동삼 2지구에서 분양하는 대단위 아파트의 분양가격이 평당 231만원인 사실을 각 인정할 수 있고, 이에 일부 반하는 듯한을 제5, 6호증의 1 내지 4, 을 제7호증의 1, 2, 을 제8호증의 1 내지 5의 각 기재는 위 인정에 방해가 되지 아니하고 달리 이에 반하는 증거없다.

위 인정사실에 의하면 원고 등은 벽산주택을 신축함에 있어 아무런 장부가 없을뿐더러 원고가 제출하는 매매계약서에도 진실성이 없어 보이므로 추계과세의 요건을 구비한다고 할 것이나, 양정엽의 건미주택과 원고의 벽산주택은 위치, 용도, 편의시설 등 여러 가지 조건을 종합적으로 고려하면 건미주택쪽이 현저히 유리하여 양정엽의 건미주택 신축양도에 따른 총수입액은 원고의 벽산주택 양도에 따른 총수입액가 근사하리라 인정할 만한 객관적인 유사성이 있다고 할 수 없고, 1993년 무렵 원고의 벽산주택과 같은 동삼 2지구에 분양하는 마마주택의 분양가격을 고려하면 원고가 신고한 벽산주택의 분양가격이 그렇게 부당하다고 보이지 아니하는 점 등을 합쳐보면, 피고의 이 건 과세처분에는 동업자선정기준의 합리성 내지 타당성이 인정되지 아니하고 동업자가 양정엽밖에 없다고 하더라도 양정엽의 총수입을 그대로 원고의 총수입으로 추계한 점에 있어 추계방법에 있어서의 합리성 내지 타당성이 있다고 할 수 없을 뿐더러 이에 따른 추계에 의한 소득금액의 합리성도 인정하기 어렵다고 할 것이므로 피고의 이 건 과세처분은 원고의 나머지의 주장을 살펴볼 것도 없이 위법하다고 할 것이다(부산고법 1993. 11. 24. 선고, 93구 1961 판결).

■ 6. 건물신축판매에 따른 추계과세

오○○는 토지를 구입하여 그 곳에 주상복합건물을 신축한 다음 이를 처분하고, 기준시가에 의하여 양도소득세 과세표준 및 세액을 신고하였다.

그런데 과세관청은 그를 부동산매매업자로 보아 양도가액은 실지거래가액으로, 취득가액은 건축비를 조사할 수 없다는 이유로 소득표준을 적용하여 추계과세하였다.

【서식】소 장

소   장

원 고 오 ○ ○
　　　　○○시 ○○구 ○○동 ○○번지
　　　　(연락처) 02-123-4567 (휴대전화) 010-1234-5678 (이메일) lawb@lawb.co.kr
　　　　(123-456)
피 고 ○○세무서장

종합소득세부과처분취소

청 구 취 지

1. 피고가 20○○. 1. 3. 자로 원고에 대하여 한 20○○년 귀속 종합소득세 31,273,210원의 부과처분은 이를 취소한다.
2. 소송비용은 피고의 부담으로 한다.
라는 판결을 구합니다.

청 구 원 인

1. 사실관계

원고는 다음과 같이 부동산을 취득하여 양도하였습니다.

소 재	지 목	수량㎡	취득등기연월일	양도등기연월일
진주 수정동 21-20	대	136.2	20○○. 8. 22	20○○. 8. 28
	건물	474.99	20○○. 2. 28	20○○. 9 .24

2. 부과처분의 내용

　피고는 이에 대하여 원고가 부동산매매업을 영위하였다 하여 매도금액에 소득표준율 24.7%를 곱하여 추계소득금액을 산정하고, 청구취지 기재와 같이 부과처분을 하고 있다.

3. 부과처분의 위법성

　피고는 부동산매매업으로 보아 원고의 처분가격에 소득표준율을 곱하여 추계과세를 하고 있으나 이는 위법 부당합니다.

　세무조사 당시 이 사건 부동산의 양도가 부동산매매업인지 양도소득인지 여부가 쟁점이 되다보니 미처 실소득금액에 관하여는 조사가 되지 아니하였습니다.

　당시 원고는 신축과정에서 진 빚 때문에 원가에도 미치지 못하는 가격에 처분하여 적자를 보았다고 하소연을 하였으나 채택되지 아니하였습니다.

　피고는 원고가 소지한 증빙서류에 의하여 소득을 결정하는 것이 타당합니다.

4. 전심절차

　(1) 부과처분 - 20○○. 1. 3.
　(2) 심사청구 - 20○○. 3. 2.
　　 기　　각 - 20○○. 4. 8.
　(3) 심판청구 - 20○○. 4. 20.
　　 기　　각 - 20○○. 7. 22.

입 증 방 법

기재생략

첨 부 서 류

기재생략

20○○. 8. 1.

원 고 오 ○ ○ ㉑

○○지방법원 귀중

- 참조법령 : ① 구 소득세법 제118조(실지조사결정), 제120조(추계조사결정)
    ② 소득세법 제80조 제3항 (결정과 경정)
- 참조법령 : ① 구 소득세법 제118조(실지조사결정), 제120조(추계조사결정)
    ② 소득세법 제80조 제3항 (결정과 경정)

■ 7. 명의신탁해지와 유상양도

김○○은 서○○과 공동으로 투자하여 부동산을 매수하면서 등기를 그의 단독명의로 했다가 그 후 서○○의 지분에 관하여 명의신탁해지를 원인으로 하는 소유권이전등기를 해 주었다. 그러나 과세관청은 이를 명의신탁해지가 아닌 유상양도로 보아 양도소득세를 부과하였다.

【서식】소 장

소   장

원 고 김 ○ ○

　　　 ○○시 ○○구 ○○동 ○○번지

　　　 (연락처) 02-123-4567 (휴대전화) 010-1234-5678 (이메일) lawb@lawb.co.kr

　　　 (123-456)

피 고 ○○세무서장

양도소득세부과처분취소

〈청구취지 기재 생략〉

청 구 원 인

1. 사실관계

원고는 20○○. 11 .25. 소외 서○○로부터 이 건 토지에 대한 1365분의 1332 지분(이하 이 사건 토지라 한다)을 82,500,000원에 매수하기로 하여 그 날 돈 8,000,000원을 계약금으로 지급하고 잔금은 같은 해 12. 10. 에 지급하기로 약정한 사실, 그 뒤 서○○이 같은 해 12. 3. 무렵 원고에게 잔대금을 빨리 지급하여 달라고 하여 원고가 그 소유인 안락동에 있는 대지에 관하여 채권최고액 48,000,000원인 근저당권을 설정하고 대출받아도 잔금을 혼자 지급할 수 없게 되어 소외 정○○에게 매수한 대금의 반을 투자하면 이 사건 토지를 처분하여 이익금을 반분하자고 제의를 하여 위 소외인이 매매대금의 반에 해당하는 41,500,000원을 지급하였다가 서○○가 잔대금에서 2,500,000원을 감액하여 원고가 소외인에게 1,500,000원가량을 반환하였고, 이 건 토지에 대한 1365지분의 1332지분 전부에 관하여 원고 앞으로 소유권이전등기를 마친 사실, 그 뒤에 20○○년에 이르러 소외인이 부산지방법원 동부지원에 이 건 토지에 대한 원고의 1365분의 1332지분 가운데 1332분의 666지분에 관하여 소외인이 원고 앞으로 명의신탁을 하였고 이를 같은 해 8. 3. 해지하였다고 하여 소유권이전등기청구소송을 제기하여 소외인이 20○○. 11. 2. 승소판결을 받아 20○○. 5. 23. 소외인 앞으로 소유권이전등기를 마쳤다.

2. 부과처분의 내용

① 부산 강서구 송정동 380-3 전 1365㎡에 대한 1365분의 1332지분(이 사건 토지라 칭한다) 중 1332분의 666지분에 관하여 원고로부터 소외 정만모 앞으로 1996. 8. 3. 명의신탁해지를 원인으로 한 소유권이전등기가 경료되었다.

② 피고는 위 원고로부터 소외 정만모 앞으로 경료된 소유권이전등기는 유상양도에 해당된다고 보아 청구취지와 같은 부과처분을 하고 있다.

3. 부과처분의 위법성

원고와 소외 정만모가 공동으로 출자하여 이 사건 토지를 매수함에 있어 편의상 원고 앞으로 명의신탁하여 소유권이전등기를 하였다가 법원의 판결에 의하여 소외 정만모에게 명의신탁이 해지되어 원상회복 되었다(부산 지방법원 동부지원 20○○가단 8271 판결 참조).

따라서 이 사건 부과처분은 취소되어야 한다.

4. 전심절차

(1) 납세고지 - 20○○. 11. 16. 자

(2) 심사청구 - 20○○. 11. 28. 자

　기　　각 - 20○○. 1. 8. 자

(3) 심판청구 - 20○○. 1. 15. 자

　기　　각 - 20○○. 3. 15. 자

입 증 방 법

기재생략

첨 부 서 류

기재생략

20○○. 3. 2.

원 고 김 ○ ○ ㉑

○○지방법원 귀중

- Point : ① 명의신탁해지를 원인으로 하여 등기된 경우 그것이 유상양도라는 것을 입증할 책임은 과세관청에게 있다.
  ② 김○○와 서○○간의 등기이전 과정에서 대가수수가 없었다는 점을 입증한다.
- 참조법령 : 구 소득세법 제4조 제3항(양도)

판 례

■ 원심이 확정한 바와 같이 위 정만모가 원고의 위와 같은 이익분배약정에 따라 이 사건 토지지분 매매자금 중 반을 투자한 것이라면, 비록 대외적으로는 원고가 단독으로 계약을 체결하였고 그 단독 명의로 매수한 이 사건 토지지분 중 1/2 지분에 대하여는 위 정만모에게 그 권리가 있다고 할 것이고, 그 등기명의는 원고에게 신탁되어 있는 것이라고 봄이 합당하다 할 것이다. 따라서 이 정만모가 판시와 같이 명의신탁해지를 원인으로 이 사건 토지지분 중 1/2을 그 명의로 찾아간 것을 원고가 위 정만모에 대하여 처분하여 이익을 분배하는 대신 현물로 대물변제한 것이라고 볼 수는 없으므로 이를 유상양도라 할 수 없다 할 것이다(대법원 1994. 9. 9. 선고, 93누 23541 판결).

■ 8. 상속주택 개축의 의미

권○○은 1세대 1주택의 비과세요건을 갖춘 후 부모에게서 주택을 상속받았고, 상속주택이 노후하여 그것을 개축한 후 원래 그의 것으로 소유하고 있던 주택을 양도하였다. 이에 세무서는 권○○가 새로 신축한 주택을 보유한 채 종전 주택을 양도한 것은 1세대 2주택에 해당한다며 비과세혜택을 배제하였다.

【서식】소 장

소   장

원 고 권 ○ ○

　　　　○○시 ○○구 ○○동 ○○번지

　　　　(연락처) 02-123-4567 (휴대전화) 010-1234-5678 (이메일) lawb@lawb.co.kr

　　　　(123-456)

피 고 진주세무서장

양도소득세부과처분취소

청 구 취 지

1. 피고가 20○○. 7. 16. 자로 원고에 대하여 한 20○○년 귀속 양도소득세 12,496,200원 및 교육세 2,499,240원의 부과처분은 이를 모두 취소한다.
2. 소송비용은 피고의 부담으로 한다.

라는 판결을 구합니다.

청 구 원 인

1. 사실관계

　　① 원고는 20○○. 5. 9. 부산시 부산진구 연지동 394-42 대 165㎡와 그 지상 미

등기주택 1동 105㎡를 취득하고, 20○○. 5. 31. 부(父) 소외 권○○의 사망으로 경남 진양군 대곡면 812 대 295㎡ 지상 농가주택과 창고를 원고가 단독으로 상속재산협의분할의 방식에 의거 취득하였다(등기는 편의상 20○○. 9. 8. 법정상속등기와 동시에 원고 앞으로 매매형식에 의하여 이전되었다.

② 원고는 그 후 상속받은 농가주택을 헐고 동 지상에 주택 82.2㎡를 재축하여 현재 거주하고 있으며 1980년부터 보유하고 있던 부산진구 연지동 42 소재 주택은 20○○. 4. 21. 소외 이○○에게 양도하였다.

2. 부과처분의 내용

피고는 원고가 양도할 이 사건 부동산에 대하여 1세대 1주택 비과세적용을 배제하고 기준시가에 의하여 양도차익을 산정한 후 부과처분하였다.

3. 부과처분의 위법성

원고는 소외 권○○이 사망한 후 가업인 농사를 이어 받고자 이듬해인 20○○년 귀향하였고 귀향 후 주거에 불편한 상속농가주택을 개량(헐고 다시 건축)하여 현재 농사에 전념하여 거주하고 있으므로 설사 상속받은 주택을 헐고 새로 지었다 하더라도 기왕에 부여된 1세대 1주택 비과세혜택을 박탈할 수 없고, 또 1세대 1주택의 비과세 취지에 비추어 세법상 동일물로 볼 수 있으므로 상속에 의하여 2주택이 된 경우 먼저 양도하는 주택은 구소득세법시행령 제15조 제6항에 따라 1세대 1주택으로 보아 양도소득세 비과세하는 것이 정당합니다.

4. 전심절차
 (1) 납세고지 - 20○○. 7. 16.
 (2) 심사청구 - 20○○. 8. 16.
   기   각 - 20○○. 6. 24.

．입 증 방 법

기재생략

첨 부 서 류

기재생략

20○○. 7. 1.

원 고 권 ○ ○ ⑩

○○고등법원 귀중

- Point : 상속주택의 개축은 종전 상속주택과 동일성을 유지하는 것이라는 점을 들어 논리를 전
  개한다.

판 례

① 양도자산이 과세요건 내지 면세요건에 해당하는지 여부는 구 소득세법(1994. 12. 22. 법률 제 4803호로 전문 개정되기 전의 것) 제27조, 구 소득세법시행령(1994. 12. 31. 대통령령 제14467호로 전문 개정되기 전의 것) 제53조 제1항에서 정하는 양도시기를 기준으로 판단하는 것이므로, 구 소득세법 제5조 제6호 (자)목에서의 '1세대 1주택에서 고급주택을 제외한다'는 의미는 그 양도 당시에 고급주택이 아니면 족하고, 더 나아가 당해 주택이 그 취득일 이후 계속하여 고급주택이 아니었을 것까지 필요로 하는 것이 아니라고 할 것이며, 따라서 위 규정을 받아 1세대 1주택의 요건을 정한 구 소득세법시행령 제15조 제1항에서의 '주택'에는 고급주택도 포함된다 할 것이므로, 양도 당시에 고급주택이 아닌 이상, 1세대 1주택의 비과세요건인 거주기간이나 보유기간의 산정에 있어서 고급주택으로 있었던 기간을 제외할 것은 아니다(대법원 1998. 7. 10. 선고, 97누 20816 판결).

② 살피건대, 갑 제3 내지 13호증의 각 기재와 증인 이옥순의 증언에 변론의 전취지를 종합하면, 원고는 1977. 5. 9. 이 사건 부동산을 취득한 후 그 주택에 거주하고 있었는데, 1983. 5. 31. 그의 부친인 소외 망 정종백이 사망함에 따라 공동상속인들인 어머니인 소외 황갑연과 출가한 누나인 소외 정정순외 사이에 망인의 상속재산인 진주시 대곡면 와룡리 812 대 295㎡ 및 그 지상 미등기주택 60㎡ 및 창고 21.8㎡(이하 상속주택이라고 한다)를 망인의 외아들인 원고의 단독소유로 하기로 하는 상속재산분할협의를 마쳤으나 이에 관하여 상속등기를 경료하지 아니한 채 1984. 2. 경 소외 이옥순과 결혼한 후 어머니인 황갑연을 모시고 가업인 농사를 짓기 위하여 같은 해 2. 21. 상속주택으로 이사하여 거주하다가 1988. 경 그것이 너무 낡은데다가 생활하기에 불편하여 이를 헐고 다시 신축주택을 신축한 후 1989. 9. 8. 신축주택에 관하여 원고 명의의 소유권보존등기를 경료하고, 같은 날 그 부지인 위 토지에 관하여도 그소유권이전등기를 하면서 그 등기의 편의상 법무사가 요청하는대로 원고와 황갑연, 정정순, 공동명의의 상속등기를 경료함과 동

시에 그들의 지분 전부에 관하여 1988. 5. 6. 자 매매를 원인으로 한 소유권이전등기를 경료하고, 현재까지 그곳에서 처와 자녀 3명과 함께 황갑연을 모시고 거주하고 있는 사실을 인정할 수 있고 반증이 없다.

위 인정사실에 의하면, 원고는 이 사건 상속개시 당시 이 사건 주택을 5년 이상 보유하였음이 역수상 명백할 뿐만 아니라 그 후 협의분할에 의한 상속으로서 상속주택을 취득하게 됨으로써 이미 소득세법 제5조 제6호(자)목 소정의 "1세대 1주택"으로서의 비과세요건을 갖추고 있었다고 할 것이고, 한편 소득세법시행령제15조 제6항은 1세대 1주택을 보유하여 양도소득세가 과세되지 않게 되어 있는 자가 그의 의사나 선택에 의하지 아니하고 상속이라는 사유에 의하여 1가구 2주택이 되게 된 경우에는 그의 선택에 의하여 먼저 양도하는 주택에 대하여 비과세의 혜택을 부여함으로써 본의 아니게 1가구 2주택이 됨으로써 양도소득세의 비과세혜택이 소멸됨으로 인한 불이익을 구제하자는 데에 그 취지가 있다고 할 것이므로 (대법원 1993. 2. 9. 선고, 92누 15680 판결 참조), 그 후 원고가 상속주택에 거주하다가 이를 헐고 다시 그 지상에 신축주택을 신축하였다는 이유만으로 위 규정에 의하여 이미 부여받은 양도소득세의 비과세혜택이 당연히 소멸하는 것으로 볼수는 없다고 해석하는 것이 타당하다고 할 것이며, 또한 그것이 국세기본법 제18조 제1항에 "세법의 해석, 적용에 있어서는 과세의 형평과 당해 조항의 합목적성에 비추어 납세자의 재산권이 부당히 침해되지 아니하도록 하여야 한다"고 규정된 세법해석의 기준에도 합치되는 것이라고 할 것이므로, 결국 피고로서는 소득세법 제5조 제6호 (자)목에 의하여 이 사건 부동산의 양도로 인하여 발생하는 소득에 대하여는 양도소득세 등을 부과하지 아니하여야 함에도 불구하고 그 양도소득세 및 이에 기한 방위세를 부과한 이 사건 처분은 위법하다고 할 것이다(부산고법 1997. 6. 13. 선고, 96구 7168 판결).

■ 9. 시골노모가 아들 소유의 농지를 경작한 경우가 자경농지에 해당하는지 여부

이○○은 노모와 고향에서 농사를 지으며 살다가 도시로 올라가 직업을 얻어 도시에 거주하고 있고 노모는 고향에서 그 소유의 농지를 경작하고 있다. 이○○는 노모와 같이 살지는 않지만 노모의 생계를 돌보고 있다.

이러한 경우에 대해 세무서는 노모가 경작한 것을 이○○의 동거가족이 경작한 것으로 볼 수 없다고 보아 8년 자경농지의 비과세를 배제하였다.

【서식】소 장

소 장

원 고 이 ○ ○
  ○○시 ○○구 ○○동 ○○번지
  (연락처) 02-123-4567 (휴대전화) 010-1234-5678 (이메일) lawb@lawb.co.kr
  (123-456)
피 고 ○○세무서장

양도소득세부과처분취소

청 구 취 지

1. 피고가 20○○. 11. 16. 자로 원고에 대하여 한 20○○년 귀속 양도소득세 45,972,550원의 부과처분은 이를 취소한다.
2. 소송비용은 피고의 부담으로 한다.
라는 판결을 구합니다.

청 구 원 인

1. 사실관계

이 사건 토지			양 도 일	비 고
지 번	지 목	지적(㎡)		
밀양시 내이동 656	답	661	20○○. 11. 11.	
밀양시 내이동 656-1	답	694	20○○. 11. 11.	
밀양시 내이동 656-2	답	1,032	20○○. 11. 22. ~ 12. 3.	20○○. 11. 22. (1032분의 371) 20○○. 12. 3. (1032분의 661)
계		2,387		

원고는 경남 밀양시 내이동 656 답 661㎡외 2필지의 토지(이하 이 사건 토지라 한다)를 20○○. 1. 18. (등기부상 접수일) 취득하여 다음과 같이 양도하였다.

2. 부과처분

피고는 이 건 토지를 기준시가에 의하여 부과처분을 하고 있다.

3. 부과처분의 위법성

이 사건 토지는 원고의 모 정○○과 원고가 경작하다가 양도하였습니다. 그런데 원고의 모는 20○○. 10. 1. 원고와 합가할 때까지도 이 건 농지소재지에서 거주하면서 이 사건 토지를 경작해 왔으며, 합가 이전에도 소득세법시행령 제120조에 의하여 직장관계로 일시 퇴거자로 되어 부양하면서 소득공제까지 받아 왔습니다.

따라서 원고와 생계를 같이한 원고의 모가 이 사건 토지를 8년 이상 자경하였으므로 비과세에 해당됩니다.

4. 전심절차

기재생략

첨 부 서 류

기재생략

2000. 7.

원 고   이 ○ ○ ⑩

○○지방법원 귀중

• Point : 노모는 취업 등의 사정상 일시 별거하고 있지만 이○○와 생계를 같이 하는 가족에 해
당하므로 생계를 같이 하는 동거가족으로 보아야 한다는 주장을 편다.

판 례

(i) 인정하는 사실

원고가 1969. 1. 18. 밀양시 내이동 656 답 661㎡, 같은 동 656의 1 답 694㎡, 같은
동 656의 2 답 1,032㎡를 각 취득하였다가 1991. 11. 11. 위 656 및 656의 1 토지
를, 같은 해 11. 2. 위 656의 2 토지에 대한 1,032분의 371 지분을, 같은 해 12. 3.
같은 토지에 대한 그 나머지 1,032분의 661 지분을 각 양도한 사실, 이에 피고가
1993. 11 .16. 원고에 대하여 1991년 귀속 양도소득세 금 45,972,550원을 부과, 고
지한 사실은 당사자 사이에 다툼이 없다.

(ii) 처분의 적법 여부

가. 당사자의 주장

피고는, 이 사건 부과처분이 양도소득세 과세대상에 대하여 행해진 적법한 처
분이라고 주장함에 대하여 원고는, 첫째 위 656 답 661㎡ 외 2필지의 토지(이
하 이 사건 토지라 한다)는 실질적으로 원고의 모가 이를 취득하면서 원고에
게 명의신탁한 것이므로, 원고는 그 양도에 따른 납세의무가 없고, 둘째 이
사건 토지는 원고가 이를 양도할 때까지 원고 및 원고와 생계를 같이하는 원
고의 모가 8년 이상 자경한 농지여서 양도소득세의 비과세대상에 해당함에도
불구하고, 이에 해당하지 않음을 이유로 한 피고의 이 사건 부과처분은 위법
하다고 주장한다.

나. 이 법원의 판단

먼저 원고의 첫째 주장에 관하여 보건대, 원고의 모가 원고에게 이 사건 토지
를 명의신탁하였음을 인정할 아무런 증거가 없으므로, 위 주장은 이유없다.

다음 원고의 둘째 주장에 관하여 본다.

구 소득세법 (1993. 12. 31. 법률 제4661호로 개정되기 전의 것) 제5조 제6
호 (라)목 및 같은 법시행령(1993. 12. 31. 대통령령 제14083호로 개정되기 전

의 것) 제14조 제3항이 취득한 때로부터 양도할 때까지의 사이에 8년 이상 자기가 경작한 사실이 있는 양도일 현재의 농지의 양도로 인하여 발생하는 소득을 비과세대상으로 규정하고 있는 취지는, 육농정책의 일환으로 농지의 양도에 따른 조세부담을 경감시켜 주자는 데 있는 것으로서, 여기에서 농지를 자경한다 함은 자기가 직접 경작하는 경우 뿐만 아니라 생계와 세대를 같이 하는 가족으로 하여금 경작케 하거나 자기의 책임과 계산하에 다른 사람을 고용하여 경작하는 경우도 포함한다고 봄이 상당하다.

그리고 가족에 의한 경작과 관련하여 농지임대차관리법(1986. 12. 31. 공포, 1987. 10. 1. 시행) 제22조, 그 시행령 제24조는, 농가가 농경하는 농지 중 당해 농가와 세대를 같이하지 아니하는 세대주(해당 농가 세대주의 직계 존·비속 및 배우자) 또는 동거가족의 직계 존·비속 또는 배우자의 소유로 되어 있는 농지는 농지임대차 및 위탁경영 규정을 적용함에 있어서 당해 농가의 동거가족의 농지로 보도록 규정하고 있다.

돌이켜 이 사건의 경우, 원고가 양도한 이 사건 토지가 과연 위 법령이 규정한 8년 이상 자경한 농지로서 양도소득세의 비과세대상이 되는지 여부에 관하여 보건대, 을 제1호증의 4 내지 7의 기재와 증인 허복동의 증언, 이 법원의 밀양시장에 대한 사실조회결과에 별론의 전취지를 종합하면, 원고의 부(父) 소외 이차진, 모(母) 소외 이화순 사이의 1남 3녀 중 외아들로서, 1968. 1. 18. 농지의 이 사건 토지를 취득한 후 경남 밀양읍 내이동 707의 4에서 부모와 함께 거주하며 이를 경작하다가 1970. 5. 15. 부산직할시 지방공무원으로 임용된 후 결혼을 하여 1973. 12. 4. 부산 부산진구 부암동 128로 그 거주지를 옮긴 사실, 그 후 원고의 부모가 이 사건 토지 소재지인 위 밀양에 거주하면서 이 사건 토지를 계속 경작해 오던 중 1976. 경 원고의 부인 위 이차진이 사망하자, 원고의 모인 위 이화순 혼자 위 밀양에 그대로 거주하면서 이 사건 토지를 계속 경작해 오다가, 1988. 10. 1. 원고와 합가한 이후에도 원고와 위 이화순이 부산에서 이 사건 토지 소재지인 위 밀양을 왕래하며 소외 허복동 등을 고용하여 그 양도시까지 경작을 계속한 사실을 인정할 수 있고 반증이 없는바, 위에서 인정한 바와 같이 적어도 원고가 이 사건 토지를 취득한 때로부터 양도할 때까지 8년 이상 직접 또는 그의 부모로 하여금 계속 경작케 하였다면, 위의 법리 및 관련법령의 규정취지에 비추어, 이 사건 토지는 8년 이상 자경농지에 해당한다고 봄이 상당하고, 그 결과 이 사건 토지의 양도로 인하여 발생한 소득은 양도소득세의 비과세대상이 된다고 할 것이다. 원고의 위 주장은 이유 있다.

(iii) 결 론

그렇다면 이 사건 처분은 위법하므로 그 취소를 구하는 원고의 이 사건 청구는 이유있어 이를 인용하고, 소송비용은 패소자인 피고의 부담으로 하기로 하여 주문과 같이 판결한다(부산고법 1995. 8. 30. 선고, 94구 4257 판결).

■ 10. 대토로 인한 비과세 요건

박○○는 수필지의 농지를 양도하면서 그 중 일부에 관하여 대토를 하였다.

이에 대해 세무서는 양도토지 전부와 대토농지 전부를 비교하고 대토로 인한 비과세요건을 갖추지 못했다는 점을 들어 감면을 거부하였다.

【서식】 소 장

소 장

원 고 박 ○ ○
　　　○○시 ○○구 ○○동 ○○번지
　　　(연락처) 02-123-4567 (휴대전화) 010-1234-5678 (이메일) lawb@lawb.co.kr
　　　(123-456)
피 고 ○○세무서장

양도소득세부과처분취소

청 구 취 지

1. 피고가 20○○. 10 .16.자로 원고에 대하여 한 20○○년 귀속 양도소득세 142,556,640원의 부과처분은 이를 취소한다.
2. 소송비용은 피고의 부담으로 한다.

청 구 원 인

1. 사실관계
　① 원고는 다음과 같이 부동산을 한국토지개발공사에 공공사업용지로 양도하였다.

소 재 지	지 목	면 적	양 도 일	취 득 일
용원동 1555-4	대	119	20○○. 8. 2.	20○○. 1. 1.
용원동 182	전	1,296	20○○. 8. 2.	20○○. 2. 18.
용원동 184-2	전	36	20○○. 8. 2.	20○○. 3. 15.
용원동 316	답	790	20○○. 8. 2.	20○○. 3 .15.
용원동 334	답	450	20○○. 8. 2.	20○○. 4. 12.
용원동 413	답	972	20○○. 8. 2.	20○○. 4. 12.
용원동 606	답	982	20○○. 8. 2.	20○○. 4. 12.
용원동 549	답	922	20○○. 8. 2.	20○○. 3. 14.
용원동 549-1	답	316	20○○. 8. 2.	20○○. 8. 24.
용원동 336	묘지	655	20○○. 8. 2.	20○○. 8. 18.
용원동 10	답	1,028	20○○. 8. 2.	20○○. 8. 16.

② 원고는 진해시 용원동 182 전 1296㎡를 양도하는 대신 대토로 진해시 가주
  동 642 답 1340㎡를 20○○. 2. 6. 취득하였다.
③ 원고는 용원동 336묘지 655㎡ 중 448㎡는 취득한 때부터 양도할 때까지 8
  년 이상 과수원으로 자경해 왔다.

2. 부과처분의 내용

피고는 원고의 위 토지의 양도로 인한 양도소득 산출세액 중 조세감면규제법
제57조에 의한 금 3억원을 공제한 후 나머지에 대하여 청구취지 기재와 같은 부
과처분을 하고 있다.

3. 부과처분의 위법성

그러나 용원동 182 전 1296㎡에 대하여는 소득세법 제5조 제6조 (차) 목 및
동 법시행령 제14조 제7항에 의거 대토농지로 비과세되어야 하고 (대법원 1991.
5. 28. 선고, 90누 9605 판결, 공보 91년 1809면) 용원동 336묘지 655㎡중 448㎡
소득세법 제5조 제6호 (라) 목에 의하여 8년 자경농지로 비과세되어야 한다.

따라서 위 비과세 부분을 제외한 나머지 토지의 산출세액은 금 3억원 미만이
므로 이건 과세처분은 위법합니다.

4. 전심절차
   기재생략

. 입 증 방 법

기재생략

첨 부 서 류

기재생략

20○○. 7. 1.

원 고 박 ○ ○ ⑪

○○지방법원 귀중

- Point : 양도소득은 토지필지별로 계산하므로 대토요건도 필지별로 따져보아야 한다는 주장을 편다.
- 참조법령 : 구 소득세법 제5조 제5호 (자) 목, 동 시행령 제14조 제7항.

판 례

■ 원고가 순번(14) 부동산을 양도하고 그 대토로서 진해시 가주동 642 농지를 취득하였다고 주장하고 있고 이 두 농지를 비교하면 새로 취득한 농지의 면적이 양도한 농지의 면적보다 넓은 것이 명백하며, 원고가 위 순번(14) 부동산을 양도한 후 진해시 가주동 642 농지를 취득한 것은 1년 이내에 이루어진 것이니, 다른 특별한 사정이 있음을 엿볼 수 없는 이 사건에 있어서 위 진해시 가주동 642 농지의 취득은 경작상의 필요에 의하여 농지를 대토한 것으로 보아야 할 것이므로, 원심으로서는 마땅히 위 양도와 취득이 위 법령조항에 의한 비과세의 다른 요건에 맞는지 여부를 살펴보았어야 할 것임에도 불구하고 원고가 소유하고 있다가 양도한 위 23필지의 부동산 중 과세대상의 농지 전부를 새로 취득한 농지와 비교하여 새로 취득한 농지의 면적이 종전의 농지면적에 못 미치고 당초 경작상의 필요에 의하여 대토가 이루어진 것이 아니라고 하여 원고의 주장을 배척하고 말았으니, 원

심판결에는 농지의 대토에 관한 법리를 오해하였거나 심리를 다하지 아니하여 판결에 영향을 미친 위법이 있다고 아니할 수 없고, 이 점을 지적하는 논지는 이유가 있다(대법원 1994. 9. 30. 선고, 94누 8518 판결).

■ 11. 토지의 용도에 대한 항공사진판독 결과의 증명력

전○○는 토지를 8년 이상 경작하다가 농지로 양도했으나 세무서는 항공사진 판독 결과를 보고 위 토지를 공장용지로 판단해 양도소득세 비과세를 배제하고 부과처분을 하였다.

【서식】 소 장

소   장

원 고 전 ○ ○
    ○○시 ○○구 ○○동 ○○번지
    (연락처) 02-123-4567 (휴대전화) 010-1234-5678 (이메일) lawb@lawb.co.kr
    (123-456)
피 고 ○○세무서장
양도소득세부과처분취소

청 구 취 지

1. 피고가 20○○. 8. 1. 자로 원고에 대하여 양도소득세 금 49,744,570원 및 동 교육세 금 9,948,910원의 과세처분은 이를 취소한다.
2. 소송비용은 피고의 부담으로 한다.
라는 판결을 구합니다.

청 구 원 인

1. 부과처분의 내용
  피고는 원고가 20○○. 10. 13. 울산시 중구 효문동 236 전 1759㎡(이하 이 사건 토지라 한다)를 소외 ○○공업주식회사에 양도한 데 대하여, 8년 자경농지로 볼 수 없다는 이유로 청구취지와 같은 과세처분을 하고 있습니다.

2. 부과처분의 위법성

그러나 이 사건 토지는 원고가 20○○. 5. 16. 취득하여 그 때부터 양도시인 20○○. 10. 31. 까지 고추, 콩 등을 직접 경작해 오다가 소외 ○○공업주식회사에 매도한 것입니다. 따라서 이 사건 토지는 8년 이상 자경한 농지로서 소득세법 제5조 제6호 (라)목에 의하여 비과세되어야 할 것입니다.

3. 전심절차

원고는 피고로부터 1997. 8. 1. 자로 부과처분고지서를 20○○. 8. 10. 에 수령한 후, 위와 같은 사유로 같은 해 9. 25. 감사원장에게 심사청구를 하였으나 20○○. 2. 13. 기각결정되었으므로 이 사건 소에 이른 것입니다.

입 증 방 법

기재생략

첨 부 서 류

기재생략

20○○. 3. 12.

원 고 전 ○ ○ ⑩

○○지방법원 귀중

- Point : ① 매매계약 당시의 토지 현황과 이용상황에 관한 증인을 확보하고,
  　　　　② 항공사진판독 결과의 신빙성을 탄핵한다.
- 참조법령 : 구 소득세법 제5조 제6호 (라)목(8년자경농지 비과세)

판 례

① 조세감면규제법 제55조 제1항 제1호, 같은법시행령(1996. 12. 31. 대통령령 제15197호로 개정되기 전의 것) 제54조 제1항 제1호, 제2항에 의하면, 농지 소재지에 거주하는 사람이 8년 이상 계속하여 직접 경작한 농지에 대하여는 양도소득세가 면제되나, 양도일 현재 특별시·광역시 또는 '시'에 있는 농지 중 도시계획법에 의한 주거지역·상업지역 및 공업지역 안에 있는 농지로서 이들 지역에 편입된 날부터 3년이 지난 농지에 대하여는 면제대상에서 제외된다고 규정하고 있는바, 조세법률주의의 원칙상 조세법규의 해석은 과세요건이나 비과세요건 또는 조세감면요건을 막론하고 특별한 사정이 없는 한 법문대로 해석하여야 하고, 합리적인 이유 없이 확정 또는 유추 해석할 수 없는 것이므로, 이 사건 토지가 양도일 현재 '시' 지역에 위치하고 있고 도시계획법에 의한 공업지역에 편입되어 이미 3년이 지났다면, 비록 이 사건 토지가 원래 생산녹지지역에 속하는 농지로서 진주시가 공업단지개발계획에 따라 그 일대를 일반공업지역으로 지정·고시하여 공업지역에 편입되었으나, 그 후 공업단지개발계획이 백지화되었고 원고는 이 사건 토지를 종전과 같은 형태로 8년 이상 계속하여 직접 경작하고 있는 사정이 있다 하더라도, 이 사건 토지는 양도소득세 면제대상에서 제외된다고 보아야 함(대법원 1998. 3. 27. 선고 97누 20090 판결 참조)(대법원 1998. 11 .10. 선고, 98두 12857).

② 갑 제7호증, 갑 제8호증의 1, 2, 3, 갑 제9호증의 각 기재와 증인 이윤재, 최상태의 각 증언에 변론의 전취지를 종합하면 원고는 이 사건 토지를 취득한 이래 8년 이상 자경하였을 뿐만 아니라 이 사건 토지는 비과세이긴 하지만 농지세의 과세대상 토지로서 위 양도 당시에는 농지였던 사실을 인정할 수 있고, 위 인정에 반하는 을 제2호증의 1, 2, 3의 각 기재는 울산시청의 도시계획과 직원이 1985. 4. 8. 과 1987. 4. 8. 및 1988. 3. 27. 자에 각 촬영된 항공사진에 의하여 이 사건 토지가 공장부지로 사용되고 있다고 판독하게 되었다는 단정적 내용뿐으로서 그와 같은 판독을 하게 된 합리적인 근거의 적시가 없을 뿐만 아니라 위 각 항공사진 자체에 의하여 그 판독결과가 정확하지 않으므로 믿을 수 없고, 같은 증인 김명기의 증언도 위 각 항공사진의 판독결과에 기초한 내용이거나 아니면 1985년도에 촬영된 사진에서 이 사건 토지 위에 물건들이 야적되어 있는 광경을 보았다는 단편적인 내용 등이어서 믿을 수 없으며, 달리 위 인정을 뒤집을 만한 증거가 없다.

그렇다면 구 소득세법(1988. 12. 26. 자로 개정되기 전의 것) 제5조 제6호 제(라)목은 양도할 때까지 8년 이상 계속하여 자기가 경작한 토지로서 농지세의 과세대상(비과세 감면과 소액부징수의 경우를 포함한다)이 되는 토지의 양도로 인하여 발생하는 소득에 대하여는 소득세를 부과하지 아니한다고 규정하고 있으므로 원고가 이 사건 토지를 양도함으로 인하여 얻은 위 양도소득세에 대하여는 과세할 수 없다 할 것이다(대법원 1992. 3. 14. 선고, 91구 681 판결) .

■ **12. 명의신탁부동산의 양도**

안○○은 장인에게 부동산 취득에 따른 명의대여를 하였고 장인은 그의 명의
로 부동산을 취득하여 양도하였다. 이에 세무서는 안○○에게 양도소득세를 부
과하였다.

【서식】소 장

소　　장

원　고　안　○　○
　　　　○○시 ○○구 ○○동 ○○번지
　　　　(연락처) 02-123-4567　(휴대전화) 010-1234-5678　(이메일) lawb@lawb.co.kr
　　　　(123-456)
피　고　○○세무서장

1. 피고가 20○○. 5. 1.자로 원고에 대하여 한 20○○년 귀속 양도소득세
　　25,512,960원 및 동 교육세 5,102,590원의 부과처분은 이를 취소한다.
2. 소송비용은 피고의 부담으로 한다.
라는 판결을 구합니다.

청 구 원 인

1. 사실관계
　　창원시 ○○동 118 대 249.4㎡ 지상 주택 1동 1층 117.85㎡, 2층 81.64㎡에 관
하여 20○○. 2. 1. (등기접수일) 원고로부터 소외 권○○ 앞으로 소유권이전등기
가 경료되었다.
2. 부과처분의 내용
　　1년 이내 단기양도에 해당된다는 이유로 실지거래가액에 의하여 양도차익산정

양도가액(토지＋건물)	65,000,000원
취득가액 토지	15,000,000원
건물	불분명
양도가액 토지	50,378,790원
건물	14,621,210원
취득가액 토지	15,000,000원
건물	13,095,515원

주1) 65,000,000원을 토지건물의 기준시가에 의하여 안분.
주2) 건물양도가액을 가지고 취득 당시로 환산함.

3. 부가처분의 위법성

쟁점 1. 원고는 명의자에 불과하다.

원고는 이 사건 부동산의 취득·양도에 전혀 관여한 바가 없습니다.

이 점은 이 사건 부동산의 취득등기시와 양도등기시에 선원으로 외국에 근무하고 있었던 사실(갑 제3호증의 1 내지 선원수첩 참조)과 양도등기시에 원고에 처가 친정아버지 구○○의 부탁으로 인감증명서를 발급해 주어 소유권이전을 넘겨준 사실에 의하여 증명됩니다.

원고는 이 사건 부동산을 취득할 능력과 자력이 없는 자입니다.

실질소유자는 건축업자인 원고의 장인 구○○가 한 것입니다.

쟁점 2. 건설업으로 보아 추계과세를 해야 한다.

설사 원고가 하였다고 가정하더라도 이 사건 부동산 거래는 사업상의 목적(수익)으로 이루어진 만큼 주택신축판매업으로 보아 양도가액에 소득세준율을 곱하여 종합소득세를 부과해야 합니다.

즉, 토지를 취득하고 건축허가를 얻어 준공하자마자 곧바로 매도한 것은 실수요자가 아닌 사업상의 목적임을 증명합니다.

주택 1동을 신축 판매해도 특별한 사정이 없는 한 사업상의 목적, 즉 수익을 목적으로 한 것으로 본다는 것이 과세당국이 공표한 소득세법 기본통칙 2-4-6…20 제1호이고, 조세심판례입니다.

따라서 이에 반하여 과세하는 것은 금반언, 신의칙에 위배됩니다.

쟁점 3. 토지의 취득가액은 재산정해야 한다.

토지취득등기하면서 작성한 검인계약서상의 취득가액 15,000,000원을 취득세·등록세를 경감할 목적으로 과소 기재한 것이고 사실은 37,500,000원(평당 50만원×75평)에 취득할 것입니다.

4. 전심절차
   (1) 고지서수령   - 20○○. 5. 10.
   (2) 심사청구   - 20○○. 7. 9.
        기   각   - 20○○. 9. 6.
   (3) 심판청구   - 20○○. 9. 17.
        기   각   - 20○○. 3. 4.

입 증 방 법

기재생략

첨 부 서 류

기재생략

20○○. 4.

원 고 안 ○ ○ ㉑

○○지방법원 귀중

- Point : ① 부동산 취득자, 양도자를 상대로 거래당사자가 원고가 아닌 장인이라는 점을 밝혀 명의대여사실을 입증한다.
        ② 부동산 취득 자금원이 장인이라는 점을 입증한다.
        ③ 원고가 관여할 수 없는 객관적 상황을 밝힌다.

판 례

■ 살피건대, 갑 제2호증의 1 내지 6의 각 기재 및 증인 구판규의 증언에 변론의 전 취지를 종합하면, 원고는 1986. 2. 3. 경 범양상선주식회사 소속원양상선에 3등 항 해사로 승선하여 1993. 2. 22. 경 하선할 때까지 휴가차 잠시 귀국하는 외에는 해 외에서 선원생활을 하여 왔고, 이 사건 토지의 양수시나 토지 및 건물의 양도시에 국내에 있지 아니하였던 사실, 그런데 원고의 장인인 소외 구판규가 자신의 자금 으로 이 사건 토지를 매수하고 그 지상에 이 사건 건물을 신축하여 이를 양도하 면서, 원고의 처로부터 원고의 인감증명서와 인감도장을 교부받아 토지·건물의 소유명의자를 원고로 해두는 방법으로 원고의 명의를 차용했던 사실을 인정할 수 있고 반증이 없으므로, 이 사건 처분은 실제의 행위자 아닌 자에 대하여 이루어진 것이어서 더 나아가 살펴 볼 필요없이 위법하다 할 것이다(부산고법 1997. 12. 24. 선고, 97구 5855 판결).

■ 13. 명의신탁 공장건물의 양도와 양도소득세의 감면

　민○○는 박○○등과 공장을 공동으로 취득하여 동업으로 경영하다가 양도했는데 공장부지는 공유로 등기되고 건축물은 사정상 동업자 1인 앞으로 등기되었다. 세무서는 민○○의 양도소득세 감면신청을 배제하고 과세하였다.

【서식】소 장

소　　장

원 고　민 ○ ○
　　　　○○시 ○○구 ○○동 ○○번지
　　　　(연락처) 02-123-4567　(휴대전화) 010-1234-5678　(이메일) lawb@lawb.co.kr
　　　　(123-456)
피 고　○○세무서장

양도소득세부과처분취소

청 구 취 지

1. 피고가 20○○. 2. 16. 자로 원고에 대하여 한 양도소득세 금 74,580,150원의
　부과처분은 이를 취소한다.
2. 소송비용은 피고의 부담으로 한다.
라는 판결을 구합니다.

청 구 원 인

1. 사실관계
　원고는 김해시 외동 238-4 토지상에 대진공업사(606-26-97297)를 20○○. 8. 1. 개업하여 경영하다가 위 사업용 토지와 건물(각 3분의 1지분)을 양도하고 사업

장을 김해시 홍동 65로 이전하고 소득세법 제6조 제2항 제2호에 의하여 양도소
득액 감면신청을 하였습니다.

2. 부과처분

　피고는 위 건물이 소외 김○○ 명의로 되어있다 하여 원고의 감면신청을 배제
하고 청구취지와 같은 처분에 이르렀다.

3. 처분의 위법부당성

　이 사건 토지는 원고와 소외 김○○, 박○○ 각 3분의 1지분으로 공동소유로
취득하였다가 김○○이 박○○의 지분을 취득하여 원고 지분 3분의 1, 김○○
지분 3분의 2로 되어 있었다.

　위 지상건물은 원고가 3분의 1, 소외 김○○이 3분의 2로 하여 원시취득하였으
나 건축허가를 당시의 사정에 의하여 김○○ 명의로 받다보니 원고의 지분 3분
의 1을 김○○에게 명의신탁하여 보존등기하기에 이른 것이다.

　원고는 위 토지와 건물에서 공장을 하다가 이를 양도한 것이다. 따라서 위 건
물을 타인 소유로 본 것은 사실 오인이다. 만약, 위 건물을 김○○ 단독소유로
인정하려면 위 김○○이 위 건물을 원고에게 임대하고 이로 인한 임대소득을 얻
었다는 입증이 있어야 할 것이다.

　가사, 위 건물이 타인 소유이더라도 이 사건 양도토지상에서 공장을 경영하다
가 공장이전 목적으로 양도했다면 건물소유와 상관없이 이로 인한 양도소득은
면제되어야 할 것입니다.

4. 전심절차
　기재생략

입 증 방 법

기재생략

첨 부 서 류

기재생략

20○○. 8.

원 고 민 ○ ○   ㉑

○○지방법원 귀중

● Point : 공장건물이 명의신탁된 것임을 주장, 입증한다.

● 참조법령 : 구 소득세법 제6조 제2항 제2호

판 례

■ 원고가 1983. 9. 1. 부터 부산 북구 삼락동 396의 16에서 대진수지공업사라는 상호로 합성수지제조업을 영위하던 중 1987. 4. 30. 소외인과 공동으로 출자하여 이 사건 토지를 매수하고 그 위에 이 사건 공장건물을 건축함에 있어 은행으로부터 시설자금융자를 받기 위하여 편의상 융자적격자인 소외인 명의로 건축허가를 받아 그 명의로 소유권이전등기를 하여 위 공장건물에 대한 원고의 소유지분을 명의신탁하고 그 공장건물 중 70평을 원고가, 나머지는 소외인이 구분하여 소유하면서 이 사건 공장건물로 원고의 공장을 이전한 사실을 인정할 수 있으므로 그 공장이전에 따른 양도로 보아 감면해야 한다(부산고법 1993. 7. 14. 선고, 92구 3113 판결).

■ 14. 1세대 1주택의 비과세 혜택을 위한 거주기간의 입증

신○○은 사업상의 사정으로 거주주택에 3년 이상 거주하지 못하고 사실상 가족 모두가 타 시로 이사를 하였다. 그는 사업자등록이 퇴거일자보다 훨씬 뒤에 이루어졌지만 사업상의 형편에 의한 퇴거라고 주장하면서 행정쟁송을 제기하였다.

【서식】 소 장

소　　장

원 고 신 ○ ○
　　　　○○시 ○○구 ○○동 ○○번지
　　　　(연락처) 02-123-4567 (휴대전화) 010-1234-5678 (이메일) lawb@lawb.co.kr
　　　　(123-456)
피 고 ○○세무서장

양도소득세부과처분취소

청 구 취 지

1. 피고가 20○○. 1. 16. 자로 원고에 대하여 한 20○○년 귀속 양도소득세 12,229,140원 및 교육세 2,445,820원의 부과처분은 이를 취소한다.
2. 소송비용은 피고의 부담으로 한다.
라는 판결을 구합니다.

청 구 원 인

1. 사실관계
　 원고는 창원시 소계동 30 소재지 대지 143.3㎡ 및 건물 146.18㎡(이하 이 사건 부동산이라 한다)를 20○○. 7. 21. (등기부상 접수일) 취득하여 20○○. 7. 30.

(등기부상 접수일) 양도하였다.

2. 부과처분

　이에 대하여 피고는 원고 및 그 세대원들이 사건 부동산에 3년 이상 거주하지 않았다 하여 이 사건 부동산의 취득 및 양도가액을 기준시가로 하여 양도차익을 계산하여 청구취지 기재와 같이 부과처분하였다.

3. 부과처분의 위법성

　원고와 그 가족들은 이 사건 부동산을 취득한 즉시 입주하여 생활하던 중에 20○○. 11. 경 원고가 부산 사상구 덕포동 42 소재 지하 1층에서 만화대여업을 하기 위하여 임대하자 이를 운영하기 위하여 원고와 그 가족 전원이 부산으로 이주한 것으로서 이는 소득세법 제5조 제6호, 동 법시행령 제15조 및 동 법시행규칙 제6조 제4항의 사업상의 형편으로 세대원 전원이 다른 시로 퇴거한 경우에 해당되어 이 사건 부동산의 양도는 1세대 1주택 비과세요건을 갖추었다 할 것이므로 피고의 이 건 처분은 위법합니다.

4. 전심절차

　원고는 피고의 20○○. 1. 16. 자 이 건 처분에 대하여 20○○. 2. 23. 이의 신청, 20○○. 6. 4. 심사청구를 거쳐 20○○. 9. 29. 심판청구를 하였으나 20○○. 1. 26. 자 기각결정을 송달받고 본 소에 이르렀습니다.

첨 부 서 류

기재생략

20○○. 3. 1.

원 고 신 ○ ○ ㊞

○○지방법원　귀중

● Point : ① 사업자등록이 사실상의 개업일자보다 늦어진 경위를 밝힌다.

　　　　② 사실상의 개업일자에 관하여 임대차계약서, 상거래 관련자의 증언 등을 확보한다.

● 참조법령 : ① 구 소득세법 제5조 제6호(1세대 1주택 비과세)

　　　　　　② 동 법시행령 제15조 제1항 제2호

　　　　　　③ 동 법시행규칙 제6조 제4항 제1호

판 례

■ 무주택자이던 원고는 소외 최재경으로부터 이 사건 주택을 매수한 후 그 처 및 자녀 2명과 함께 그 주택에 거주하다가 1988. 11 .11. 경 소외 이복언으로부터 그가 경영하던 부산 북구 덕포동 422의 15 지하 1층, 지상 3층 건물의 지하 1층 137.59㎡에 있는 "약속만화"라는 상호의 만화방(이하 이 사건 만화방이라 한다)을 인수하여 경영하게 되자, 그 사업상의 필요 및 자녀들의 교육관계로 같은 달 13. 경 그 세대원 전원이 부산 북구 덕포동 427의 1로 주민등록 및 주거를 옮기고, 그 자녀들도 재학중이던 마산구암국민학교로부터 부산사상국민학교로 전학한 사실, 그 후 1990. 7. 30. 소외 조현룡에게 이 사건 주택을 매도하면서 양도소득세를 면제받으려면 사업자등록증이 있어야 한다는 충고를 받아들여 뒤늦게 이 사건 주택양도일을 개업일로 하여 사업자등록을 하면서 착오로 이 사건 만화방의 상호를 "약속서점"으로, 그 사업장소재지를 원고의 주소지로 각 기재한 사실, 원고는 그 후 소득세 등 제세금의 부담을 줄이기 위하여 1991. 3. 11. 이 사건 만화방 폐업 신고를 한 다음 계속하여 이 사건 만화방을 경영하다가 1993. 8. 말경 사실상 폐업한 사실을 각 인정할 수 있고, 반증이 없다.

　위 인정사실에 의하면, 1세대 1주택 소유자이던 원고가 위와 같은 사유로 3년 이내에 이 사건 주택을 양도하게 된 것은, 취학 또는 사업상의 형편으로 세대 전원이 다른 시로 퇴거하는 바람에 당해 주소 또는 거소에서 3년 이상 거주하지 못하게 되는 경우에 해당한다 할 것이므로, 소득세법 제5조 제6호 (자)목에 의하여 이 사건 주택의 양도로 인하여 발생하는 소득에 대하여도 양도소득세를 부과하지 아니하여야 함에도 피고가 그 양도소득세 및 이에 기한 방위세를 부과한 것은 위법하다 할 것이다(부산고법 1995. 11. 17. 선고, 95구 1705 판결).

■ 15. 검인계약서의 추정력

  김○○은 도시계획에 들어간 토지를 금 1,600,000만원에 양도했다고 검인계약서를 작성하고 소유권이전등기를 마쳤으나 세무서는 기준시가 (양도가액 5,811,000만원)에 의하여 양도소득세 15,484,690원을 부과하였다.

【서식】 소 장

소　　장

원 고　김 ○ ○
　　　　○○시 ○○구 ○○동 ○○번지
　　　　(연락처) 02-123-4567 (휴대전화) 010-1234-5678 (이메일) lawb@lawb.co.kr
　　　　(123-456)
피 고　○○세무서장
양도소득세부과처분취소

청 구 취 지

1. 피고가 20○○. 1. 16. 자로 원고에 대하여 한 20○○년 귀속 양도소득세 15,484,690원의 부과처분으로 이를 취소한다.
2. 소송비용은 피고의 부담으로 한다.
라는 판결을 구합니다.

청 구 원 인

1. 사실관계
　원고는 부산 영도구 동삼동 272-3 대지 149㎡를 1976. 8. 26. 취득하여 20○○. 4. 30. 양도하였다.
양도소득세 예정 및 확정신고를 이행하지 아니하였다.

2. 부과처분

  기준시가에 의하여 당초 금 24,134,700원을 부과하였다가 이의신청과정에서 장기보유특별공제가 받아들여져 금 15,484,690원으로 감액경정하였다.

3. 부과처분의 위법성

  기준시가에 의하여 양도차익을 산정하더라도 기준시가에 의한 양도차익은 실지양도가액을 초과할 수 없으므로 실지양도가액 16,000,000원을 양도차익으로 삼아 과세표준과 세액을 계산하여야 하고 이에 의하면 별지 1과 같다(별지생략).

4. 전심절차
  기재생략

입 증 방 법

기재생략

첨 부 서 류

기재생략

20○○. 12. 1.

원 고 김 ○ ○ ⑪

○○고등법원 귀중

● Point : 기준시가에 의한 양도차익은 실지양도가액을 초과할 수 없다.

판 례

① ● 과세경위

  ○○시 ○○구 ○○동 324의 55 대지 및 건물을 1983. 10. 4. 취득하여 93. 10. 4. 양도하고 양도 및 취득가액을 실지거래가액에 의하여 1994. 5. 31. 양도소득세 과세표준 확정신고를 하였는데, 제출한 증빙서류가 신빙성이 없으므로 취득

및 양도가액을 모두 기준시가로 하여 과세.

• 판결요지

○○구 ○○동 주택에 대한 강제경매 신청을 철회시키게 하기 위하여 원고가 처분하였다고 주장하는 이 사건 부동산은 1993. 1 .30. 양도되었는데, 강제경매는 그 이전인 1992. 11. 5. 이미 취하되었으며, 같은 날 이 사건 부동산에 경료한 근저당권 설정등기도 말소 되었음을 알수 있으므로, 원고의 채무는 이 사건 부동산 양도일 이전인 1992. 11. 5. 모두 변제되었던 것으로 보이고,

판결요지와 같이 원고의 과세표준확정신고시 제출한 증빙서류에 의하여 양도 당시의 실지거래가액을 확인할 수 있는 경우에 해당한다고 할 수 없으며 과세 표준 확정신고시 제출한 증빙서류에 의하여 취득가액 또는 양도가액 중 어느 하나의 실지거래가액이 확인되지 아니하면 비록 다른 하나의 실지거래가액이 확인된다 하더라도 구소득세법시행령 제170조 제4항 제3호를 적용하여 실지거 래가액에 의하여 양도차익을 산정할 수 없고 구 소득세법 제23조 제4항 제1호 본문, 제45조 제1항 제1호 가목 본문의 규정에 따라 기준시가에 의하여 양도차 익을 산정하여야 하므로(대법원 1996. 5. 10. 선고 95누 13807 판결 및 1992. 2. 28. 선고 91누 9800 판결 참조), 이 사건 부동산의 취득당시의 실지거래가액이 원고가 주장하는 금액인지 여부를 따져볼 필요도 없이, 실지거래가액에 따라 양 도차익을 산정해야 한다는 원고의 주장은 이유없고, 기준시가에 의하여 양도차 익을 산정한 이 사건 과세처분은 적법함(대법원 1998. 10. 14. 선고, 98두 10936)..

② 피고는 원고가 주장하는 이 사건 토지의 실지양도가액 16,000,000원이 당초 고시한 개별공시지가 ㎡당 390,000원 적용시의 가액 58,110,000원의 27.5% 수준이고, 재조정한 개별공시지가 ㎡당 430,000원 적용시의 가액 64,070,000원의 약 25.0% 수준이며, 이 사건 토지와 가장 인접한 지역의 토지로서 1992. 9. 4. 수용된 토지의 보상단가가 ㎡당 915,000원인 점에 비추어 신빙성이 없다고 주장하나, 매매당사자들이 작성하여 시장, 군수 등의 검인을 받은 검인계약서는 특별한 사정이 없는 한 당사자사이의 매매계약내용대로 작성되었다고 추정되고, 그 계약서가 실제와 달리 작성되었다는 점은 주장자가 입증하여야 할 것이며 (대법원 1993. 4. 9. 선고, 93누 2353 판결 참조), 피고가 주장하는 위와 같은 사유만으로는 이 사건 토지의 실지양도가액이 신빙성이 없다고 단정할 수 없으므로 피고의 주장을 받아 들이지 아니한다(부산고법 1996. 11. 15. 선고, 95구 10143 판결).

■ 16. 토지와 건물을 일괄양도하는 경우의 가액구분

홍○○은 토지와 건물을 일괄 매매하면서 매매계약서에는 토지와 건물의 가액을 구분하여 명시하지 않고 매매와 관련된 세금계산서에는 이를 각 구분하여 교부하였다.

【서식】 소 장

소 장

원 고   홍 ○ ○
　　　　○○시 ○○구 ○○동 ○○번지
　　　　(연락처) 02-123-4567 (휴대전화) 010-1234-5678 (이메일) lawb@lawb.co.kr
　　　　(123-456)

피 고   ○○세무서장

양도소득세부과처분취소

청 구 취 지

피고가 20○○. 11. 16. 자로 원고에 대하여 한 1993년 귀속 양도소득세 284,728,690원 및 교육세 57,600,180원 합계금 342,328,870원의 부과처분은 이를 취소한다.

청 구 원 인

1. 사실관계
　원고는 소외 유○○와 함께 다음과 같이 부동산을 양도하였다.
　(1) 부동산

　　　부산 부산진구 부전동 91-5 대 717.4㎡
　　위 지상건물 일체
　　부산 부산진구 부전동 93-1 지상건물(원고)
　　부산 부산진구 부전동 93-11 지상건물(서홍석)
　(2) 양도일 20○○. 12 .31.
　(3) 총매매대금 4,515,300,000원
　(4) 취득자 동아생명주식회사

2. 원고의 자산양도차액예정신고
　원고와 유○○은 위 부동산을 매도할 때 다음과 같이 토지와 건물대금을 구분
하여 양도하였다.
　(1) 토지대금　　　　　　2,574,808,298원
　(2) 건 물　　　　　　　1,940,491,703원
　　합 계　　　　　　　　4,515,300,000원

　　원고의 지분에 의한 가액은 다음과 같다.
　(1) 토지대금　　　　　　1,287,516,188원

　(2) 건물대금　　　　　　　993,508,812원
　　합 　 계　　　　　　　2,281,025,000원
　취득가액은 위 가액을 기준으로 환산하였다.

3. 부가처분의 내용
　피고는 위 구분가액을 인정하지 않고 임의로 기준시가에 의하여 안분계산하여
양도가액 및 취득가액을 산정한 뒤 이 건 추징처분을 하고 있다.
　　　양도가액 2,252,907,064원
　　　취득가액　681,431,496원

4. 부가처분의 위법성
　그러나 원고가 매매계약서에는 토지와 건물의 가액이 구분되어 있지 아니하나
매매에 따라 교부한 세금계산서에 토지와 건물의 가액이 구분되어 있으므로 토
지와 건물의 가액은 실지구분하여 양도된 가액에 의해야 하고 이것이 불분명하

다고 보아 기준시가에 의하여 안분할 것이 아니다.

입 증 방 법

기재생략

첨 부 서 류

기재생략

20○○. 4. 1.

원 고 홍 ○ ○ ⑩

○○지방법원 귀중

- Point : 매매계약서의 기재에도 불구하고 토지와 건물가액을 구분했다는 점을 거래당사자의 증
  언 기타 간접증거를 들어 입증한다.
- 참조법령 : 구 소득세법시행령 제170조 제2항

판 례

- 갑 제2호증의 2 내지 6, 을 제2호증의 1, 2, 을 제3호증, 을 제5호증, 을 제6호증, 을 제7호증의 1, 2, 을 제8호증의 1 내지 4의 각 기재에 변론의 전취지를 합쳐보면 원고 등이 그들 소유의 토지와 건물을 1988. 12. 31. 소외 회사에게 양도할시 총 양도대금만 4,515,300,000원으로 결정하였을 뿐 토지와 건물에 따라 양도대금을 구분하여 표시하지 아니하였고, 그리하여 원고가 위 양도에 따른 자산양도차익예정신고 및 자진납부계산서를 1989. 1. 31. 피고에게 제출함에 있어서도 토지와 건물의 양도가액이 특정구분되지 않았음을 전제로 총양도가액을 각자의 기준시가에 따라 안분계산하는 방법으로 그들의 각 양도가액을 구분특정하고 그 구분특정된 양도가액을 기준으로 관계법령이 규정한 방식에 따라 환산한 취득가액을 각 양도 및 취득가액으로 표시하였던 사실, 한편 원고 등은 사업자등록을 한 부동산임대업자로서 소외 회사에 토지와 건물을 양도함에 따른 부가가치세가 면제되지 아니하는 건물에 한해서 위 소외 회사로부터 지급받고 세금계산서(갑 제2호증의 4 내지

6)를 발급함에 있어서는 위 건물의 양도가액을 1,940,491,703원으로 표시하였으며, 그에 따라 위 소외 회사는 장부에 원고 등으로부터 취득한 위 토지와 건물의 가액을 기장함에 있어서 위 세금계산서에 맞추어 토지의 가액은 2,574,808,297원으로, 건물의 가액은 1,940,491,703원으로 각 기장한 사실, 그러나 원래 소외 회사는 부산사옥 부지를 물색하던 중 소외 정완덕으로부터 가족관계에 있는 소외 최죽순, 서태남, 한명숙, 원고 등이 공동소유하고 있는 부산 부산진구 부전동 91-5외 4필지 및 그 지상건물을 소개받고 적당하다고 보아 1988. 12. 31. 이들을 일괄하여 대금 125억원에 양수하였는데 매매계약서를 소유자 별로 각자 작성함으로써 위에서 본 바와 같이 원고 등과 소외 회사 간의 이 사건 매매가 별도로 이루어진 것처럼 된 사실, 그리고 위 원고 등 외 3인과 소외 회사는 매매계약에 앞서 목적물의 시가감정을 공인감정사 손영웅에게 감정의뢰하였는데 그 결과 토지가액이 9,807,600,000원, 건물가액이 242,919,000원으로 나온 사실을 각 인정할 수 있고 이에 어긋나는 듯한 갑 제2호증의 1, 갑 제4호증의 각 일부기재와 이 법원의 동아생명보험주식회사에 대한 사실조회촉탁결과 일부는 믿지 아니하여 그밖에 다른 반증이 없는바, 위 인정사실에서 알 수 있는 바와 같이 이 사건 매매계약서에는 목적물인 토지와 건물에 대한 매매대금을 총액만 정하였지 구분특정하지 아니한 점, 그 후 위 양도에 따른 자산양도차익예정신고에도 원고가 매매대금이 토지와 건물에 따라 구분특정되지 않았음을 전제로 한 점, 그리고 소외 회사가 당초 매수를 희망하였던 것은 토지이지 그 지상건물은 별반 고려대상에 넣지 아니하였을뿐더러 토지가액을 별도로 구분특정할 필요가 없었던 점을 고려하여 보면, 이 사건 매매시의 토지와 건물의 각 양도가액은 구분특정되지 아니하여 불분명하다고 봄이 상당하다 할 것이고, 비록 매매쌍방이 그 후 건물의 양도가액을 구분특정하여 그에 따른 부가가치세를 주고 받았으며 나아가 장부에 그에 맞추어 토지와 건물의 가액을 기장하였기는 하나, 위 건물의 양도가액이 적정시가와는 현저히 맞지 아니하여 과연 진의에 기한 것인지가 의심스러운 데다가, 매매쌍방 모두 부가가치세를 대납하거나 환급받는 것이어서 그 다과에 따라 실질적인 경제적 부담이 전혀 없다는 점에서 위와 같은 사정만으로 토지와 건물의 각 양도가액이 구분특정되었다고 볼 수 없다(부산고법 1995. 1. 13. 선고, 94구 2008 판결).

**■ 17. 매매대금의 일부만을 지급한 상태에서 미등기 전매한 경우와 세입자 퇴
거비용의 필요경비산입 여부**

소외 망인은 매매대금의 일부만 지급한 상태에서 미등기 전매를 하고, 매도부
동산에 대한 세입자 퇴거비용을 상당액 지출하였다. 그런데 세무서는 그 퇴거비
용을 필요경비로 인정하지 않고 망인의 상속인인 윤○○에게 양도소득세를 부
과하였다.

【서식】소 장

소　장

원 고　노　○　○
　　　　○○시　○○구　○○동　○○번지
　　　　(연락처) 02-123-4567　(휴대전화) 010-1234-5678　(이메일) lawb@lawb.co.kr
　　　　(123-456)

피 고　○○세무서장

양도소득세부과처분취소

청 구 취 지

1. 피고가 20○○. 6. 16. 자로 원고에 대하여 한 양도소득세 267,020,470원
　 및 교육세 53,404,090원의 부과처분 중 양도소득세 75,900,940원 및 교육세
　 15,180,180원을 초과하는 부분은 이를 모두 취소한다.
2. 소송비용은 피고의 부담으로 한다.
라는 판결을 구합니다.

청 구 원 인

1. 부과처분의 내용

(1) 목적물 : ① 울산시 중구 학산동 74-1 대 464㎡
　　　　　　　　지상건물 757.46㎡(쟁점 부동산)
　　　　　　② 울산시 중구 성남동 21-1 대 56㎡
　　　　　　　　성남동 21-2 대 53㎡
　　　　　　　　성남동 22 대 46㎡
　　　　　　　　지상건물 100.44㎡
　계약 : 박○○ - 망 윤○○
　　매매대금　　　　　3,187백만원
　　20○○. 11 .17.　　금 2억원 수수
　　20○○. 11 .27.　　금 13억원 수수
　　잔금　　　　　　금 5억원 미지급 상태
　　특약　　　　　　쟁점 부동산의 전세보증금 1억 6,700만원과
　　　　　　　　　　성남동 22번지의 전세보증금 2,000만원은
　　　　　　　　　　매수인 오동철이 인수한다.

(2) 목적물 : 쟁점 부동산
　계약 : 망 윤○○ - (주)한라종합건설

　　매매대금　　　　　32억3천만원
　　20○○. 11. 7.　　금 5억원
　　20○○. 11. 26.　　금 13억원
　　잔금　　　　　　금 14억3천만원 미지급 상태
　　특약　　　　　　잔금지급 전에 매도인이 명도하기로 한다.

(3) 이전등기
　윤○○을 거치지 않고 20○○. 12. 27. 박○○에서 한라종합건설 앞으로 이
　루어졌다.

(4) 과세표준산정
　　과세대상　　　　부동산의 미등기전매
　　양도가액　　　　3,230,000,000원
　　취득가액　　　　2,167,000,000원

과세표준	1,063,000,000원
세 율	75%
산출세액	797,250,000원

(5) 납세고지

망 윤○○은 20○○. 10. 14. 사망하고 원고 (윤○○의 처)와 윤○○, 윤○○이 망인의 지위를 상속하였다.

피고는 납세고지를 함에 있어 원고 노○○ 외 2명으로 표기하였다.

2. 조세심판에서 일부인용

조세심판원은 취득가액을 2,537,724,703원으로 계산하고, 납세고지는 원고 노○○ 외 2인 중 외 2인에 대한 부분은 효력이 없어 원고의 지분범위를 초과하는 부분의 취소를 명하였다.

3. 부과처분의 위법성

(1) 부동산의 양도가 아닌 부동산을 취득할 수 있는 권리의 양도이다.

윤○○이 매수한 부동산에 대한 계약금만 치른 상태에서 양도한 곳은 부동산을 취득할 수 있는 권리의 양도라고 보아야 한다.

(2) 양도가액이 과대계상되었거나 필요경비가 과소하게 계상되었다.

쟁점 부동산은 상가건물로서 50여명의 세입자가 들어있던 부동산으로서 윤○○이 한라종합건설로부터 잔금을 지급받기 전에 세입자를 모두 내보내고 명도하기로 하였는데 윤○○이 이를 스스로 이행하지 못하여 한라종합건설과 합의하에 한라종합건설이 세입자 퇴거문제를 해결하고 그 소요비용을 매매대금에서 공제하기로 하고, 이에 따라 소요된 비용 중 5억3,000만원을 공제하였습니다.

그렇다면 양도가액은 금 5억3,000만원을 공제한 금액이거나 아니면 금 5억3,000만원은 양도비로 보아 필요경비에 산입해야 합니다.

4. 전심절차

(1) 납세고지 - 20○○. 6 .16 .

(2) 심사청구 - 20○○. 8. 10.

기각수령 - 20○○. 10 .11

(3) 심판청구 - 20○○. 10. 19
　　기　　각 - 20○○. 6 .20.

첨 부 서 류

기재생략

20○○.　8.　1.

원 고 　노 ○ ○ ○ ㉑

○○고등법원　귀중

● Point : ① 부동산의 양도가 아닌 부동산을 취득할 권리의 양도로 볼 수 있는지 여부를 판단한다.
　　　　　 ② 이사비용은 필요경비에 해당한다.

판 례

■ 소외 망인이 한라종합건설에 양도한 것은 부동산을 취득할 권리를 양도한 것일 뿐이라는 주장에 관하여 살피건대, 소득세법 제4조 제1항 제3호, 제3항에 의하면 양도소득은 자산의 양도로 인하여 발생하는 소득을 말하고, 여기에서 양도라 함은 그 자산의 소유권이 유상으로 사실상 이전되는 것을 말한다고 규정되어 있으며, 이는 토지나 건물을 매수한 후 그 대금의 거의 전부를 지급한 사실상의 소유권도 포함하는 것이라고 해석되고, 한편 이 사건 쟁점 부동산은 한라종합건설 앞으로 소유권이전등기가 경료된 때에 소외 망인으로부터 한라종합건설에게로의 양도가 있는 것으로 볼 것인바, 앞서의 인정사실에 의하면 이 사건 쟁점 부동산에 관한 소유권이전등기가 한라종합건설 앞으로 경료된 무렵인 1990. 12. 27. 경까지 소외 망인은 소외 박복수에게 이 사건 쟁점 부동산과 쟁점외 부동산의 매매대금 합계액 금 3,000,000,000원(소외 망인이 인수한 전세보증금을 제외한 금액임) 중 계약금 및 중도금 등으로 금 2,500,000,000원(83% 남짓)을 지급한 상태였으므로 이는 소외 망인이 이 사건 쟁점 부동산에 관한 사실상의 소유권을 취득하여 한라종합건설에 양도하였다고 할 것이고, 따라서 피고가 이를 토지 및 건물의 양도로 보고 한 이 사건 과세처분은 적법하다 할 것이며, 셋째 금 530,000,00원 상당에 매도대금이 감액되었거나 또는 위 금원 상당의 필요경비가 소요된 것이라는 원고의 주장에 관하여 살피건대, 앞서의 인정사실에 의하면 소외 한라종합건설은 이

사건 쟁점 부동산에 세들어 있던 소외 양길용 등 44명이 임의로 퇴거를 하지 아니하여 위 양길용 등에게 전세보증금 83,700,000원, 양도합의금 218,000,000원, 보상금 152,500,000원을 지급하고 위 양길용 등을 퇴거시킨 다음 1993. 6. 30. 에 이르러 소외 망인의 상속인 중의 한 사람인 원고와의 사이에 위 양길용 등 전세입주자들을 퇴거시키는데 앞서 본 명도합의금 등과 명도를 위한 사무실운영비, 인건비, 그리고 전세입주자들의 퇴거가 지연되므로 인하여 부담하게 된 금융비용 등 합계 금 992,931,358원 상당의 손해를 입었다고 주장하여 이 사건 쟁점 부동사에 관한 미지급 매매잔대금 1,430,000,000원 중 530,000,000원을 감액하고 나머지 잔대금 900,000,000원만을 지급하기고 약정한 뒤 약정당일 금 400,000,000원, 같은 해 12. 20. 금 500,000,000원만을 지급하였으므로, 결국 이 사건 쟁점 부동산의 매도대금은 금 2,783,700,000원(3,230,000,000-446,300,000원, 위 금 446,300,000원은 원고가 위 감액된 금 530,000,000원 중 한라종합건설이 소외 망인 대신 지급한 전세보증금 반환채무라고 하면서 공제를 주장하지 아니하는 금 83,700,000원을 제외한 금액임)으로 감액되었다 할 것이므로 위 감액된 매도대금이 아닌 당초의 매매계약 당시의 매도대금을 양도가액으로 하여 산출한 이 사건 과세처분은 위법함을 면치 못한다 할 것이니 이 부분 원고의 주장은 이유있다(부산고법 1995. 7. 13. 선고, 94구 4899 판결).

■ 18. 택지개발에서의 측량, 무허가 건물보상비 지출의 개발비 해당 여부

모○○은 임야를 택지로 전환하기 위한 사업시행허가 과정에서 2억원을 지출한 채 임야를 양도했으나 2억원에 대한 구체적인 서류상 증빙이 없다.

【서식】소 장

소 장

원 고 모 ○ ○
  ○○시 ○○구 ○○동 ○○번지
  (연락처) 02-123-4567 (휴대전화) 010-1234-5678 (이메일) lawb@lawb.co.kr
  (123-456)
피 고 ○○세무서장

청 구 취 지

피고가 20○○. 5 16. 원고에 대하여 한 20○○년 귀속 양도소득세 35,186,070원 및 교육세 7,037,210원의 부과처분은 이를 취소한다.

청 구 원 인

1. 피고의 지위
  당초 동래세무서장이 이 사건 처분을 하였으나 관할구역변경으로 인하여 피고가 동래세무서장의 지위를 승계하였습니다.

2. 양도부동산의 표시

소　　재　　지	지　　목	지적(㎡)	원고지분
울산 동구 동부동 산 148-2	임　야	7,680	1/5
울산 동구 동부동 산 148-3	임　야	841	1/5
울산 동구 동부동 산 165-5	임　야	39,144	1/5

3. 부과처분의 내용

피고는 원고가 이 사건 부동산을 취득한 날로부터 1년 이내에 양도하였다면서 임의로 조사한 실지거래가액에 의하여 양도차익을 산정하고 청구취지와 같은 부과처분을 하고 있다.

4. 부과처분의 위법성

그러나 원고는 1년 이상 보유하였고, 피고가 주장하는 실지거래가액은 사실과 달라 이를 인정할 수 없으므로 기준시가에 의하여 양도차익을 산정하여야 한다.

가사, 실지거래가액에 의하더라도 원고는 양도부동산을 택지로 개발하는 과정에서 금 2억원을 측량비, 설계비, 무허가건물 철거비 등으로 지출하였으므로 이를 개발비 또는 자본적 지출로 보아 필요경비에 산입하여야 합니다.

자세한 것은 피고의 처분경위와 내역을 본 다음 주장하겠습니다.

5. 전심절차

(1) 납세고지 - 20○○. 5. 16.
(2) 이의신청 - 20○○. 6. 12.
　　기　　각 - 20○○. 7. 12.
(3) 심사청구 - 20○○. 9. 16.
　　기　　각 - 20○○. 11. 10.
(4) 심판청구 - 20○○. 12. 21.
　　기　　각 - 20○○. 4. 19.
(5) 보정기간 - 20○○. 3. 10.~20○○. 4. 9.

입 증 방 법

기재생략

첨 부 서 류

기재생략

20○○. 7. 1.

원 고 모 ○ ○ ⑫

○○지방법원 귀중

● Point : 2억원 받은 사람을 상대로 한 증언을 확보하는 등 비용지출을 했다고 볼 간접증거를 확보한다.

● 참조법령 : 구 소득세법 제45조 제1항 제2호

판 례

■ 성립에 각 다툼이 없는 갑 제5호증의 1 내지 3, 갑 제6호증의 1 내지 15, 갑 제7, 9, 10호증, 증인 이종웅의 일부 증언에 의하여 진정성립이 인정되는 갑 제8호증의 각 기재와 위 증인에 변론의 전취지를 종합하면, 원고 등 공유자 5인이 1987. 8. 18. 소외 김태철, 이종웅에게 이 사건 양도임야들 중의 하나인 위 동부동 산 165의 5 임야의 일부인 9,921㎡와 위 양도임야들과는 별개인 같은 동 산 166의 3, 166의 4, 166의 6, 167의 4, 167의 5, 168의 2 임야 6필지 등 7필지 합계 44.972㎡에 관한 택지조성공사를 수급인의 비용으로 수행하는 조건으로 도급계약을 체결하여 수급인 중 한 사람인 위 이종웅은 택지로 조성될 임야의 측량, 무허가건물 등 지장물을 철거하고 위 김태철은 1988. 5. 31. 울산시로부터 그 명의로 택지조성사업시행허가까지 받았으나 위 김태철 명의의 사업시행허가와 관련 원고 등 토지소유자들 간에 의견대립이 생겨 원고 등 5인은 위 이종웅에게 그 때까지 수급인들이 들인 비용과 노력을 200,000,000원으로 평가하여 이를 정산하였던 사실을 인

정할 수 있고 이에 반하는 위 이종웅의 일부 증언은 믿지 아니하며 달리 반증이 없는바, 정산지출된 위 금원 중 원고가 이 사건 양도임야와 관련하여 지출한 8,824,157원(200,000,000원×9.921㎡/44.972㎡×1/5)은 양도임야를 택지로 전환시키기 위하여 지출한 개량비에 해당된다고 할 것이므로, 소득세법 제45조 제1항 제2호 소정의 필요경비로서 공제되어야 할 것이다(부산고등법원 1993. 6. 23. 선고, 92구 3182 판결).

■ 19. 노후건물 철거의 건물취득가액과 철거비용의 개량비 해당 여부

　이○○은 토지와 건물을 취득한 후 노후건물을 철거하고 신축 후 양도하였고 과세관청은 기준시가에 의해 양도차익을 산정하면서 건물 매입대금과 철거비용을 필요경비로 산입하지 않았다.

【서식】소　장

소　　장

원　고　이　○　○
　　　　　○○시　○○구　○○동　○○번지
　　　　　(연락처) 02-123-4567　(휴대전화) 010-1234-5678　(이메일) lawb@lawb.co.kr
　　　　　(123-456)

피　고　금정세무서장

양도소득세부과처분취소

청　구　취　지

1. 피고가 20○○. 3.자로 원고에 대하여 한 양도소득세 2,416,160원 및 교육세 1,005,940원의 부과처분은 이를 취소한다.
2. 소송비용은 피고의 부담으로 한다.

청　구　원　인

1. 사실관계
　① 원고는 20○○. 1 .6. (등기접수일) 부산 동래구 서동 10-8 대 148.4㎡와 동 지상 평브록 슬라브 주택 1동 65. 35㎡를 취득하였다.

② 원고는 위 대지의 이용증진을 위하여 노후된 위 주택을 즉시 금 2,950,000 원을 들여 철거하였다.

③ 원고는 위 대지에 20○○. 2. 23. 주택신축허가를 얻어 20○○. 5. 17. 완공 하였다.

④ 원고는 그 후 위 부동산을 양도하였다.

2. 부과처분의 내용

피고는 (당초 해운대세무서장이 부과하였으나 피고가 그의 지위를 승계하였다) 20○○. 1. 3. 자로 원고의 위 부동산 양도에 대해 기준시가에 의해 과세표준과 세액을 결정한 후 원고의 기 납부세액을 공제한 차액 양도소득세 금 2,416,160원, 교육세 금 1,005,940원 합계금 3,422,100원을 부과고지하였다.

3. 부과처분의 위법성

원고가 토지의 이용편의 내지 가치증진을 위해 철거한 건물의 과세시가 표준액 금 3,136,800원과 취득부대비용 금 219,576원 철거비용 금 2,950,000원은 설비비, 개량비에 해당되므로 양도차익에서 공제하여야 한다(대법원 1989. 7. 25. 선고, 89누 305판결 참조).

4. 정당한 과세표준과 세액

양도차익(과세표준)에서 설비비, 개량비 금 6,306,370원을 공제하면 다음과 같다.

과세표준	5,115,954원
세 율	60%
산출세액	3,069,572원
예정신고공제세액	306,957원
결정세액	2,762,615원
기납부세액	4,355,936원
환급세액	1,593,321원
교육세	2,762,615원
세 율	10%
산출세액	276,261원
기납부세액	435,593원

환급세액   159,332원

5. 전심절차
   기재생략

입 증 방 법

기재생략

첨 부 서 류

기재생략

20○○. 7. 4.

원 고 이 ○ ○ ○ ㊞

○○지방법원 귀중

- Point : 노후건물 철거목적은 취득한 토지의 이용가치 증진에 있음을 주장한다.
- 참조법령 : 구 소득세법 제45조 제1항 제2호

판 례

■ 이 사건의 경우와 같이 기존건물을 철거하여 그 지상에 새건물을 건축하여 양도하는 경우에 그 대지와 기존건물의 취득이 당초부터 건물을 철거하여 대지만을 이용하려는 목적이었음이 명백한 것으로 인정될 때에는 기존건물의 취득가액과 철거비용은 대지의 취득가액 또는 개량비에 해당되므로 양도소득의 필요경비로서 공제되어야 할 것인바, 기존건물의 철거비용이 금 1,000,000원인 당사자 사이에 다툼이 없고, 갑 제4호증의 1, 갑 제8호증의 1 내지 3의 각 기재를 근거로 소득세법 시행령 제94조 제5항, 제115조 제1항 제1의 2 (가)목에 따라 계산하면 기존건물의 취득 당시의 기준시가는 금 3,136,800원(65.35×48,000원), 그 필요경비는 금 219,576원(3,136,800×7/100)이 됨이 계산상 명백하므로, 위 합계금 4,356,376원과

앞서 본 위 대지와 신축건물의 필요경비 합계금 1,450,310원을 합한 금액을 양도소득의 필요경비로 하여 이 사건 양도소득세액과 동 방위세액을 다시 계산하면 별지 세액산출표의 정당결정란 기재와 같이 양도소득세는 금 3,815,615원, 동 방위세는 금 381,561원에 불과하여 원고가 당초 자진신고납부한 세액에도 미치지 못하므로 이 사건 부과처분은 위법하다 할 것이다(부산고법 1992. 11. 20. 선고, 92구 2523 판결).

■ 20. 토지의 투기거래로 보아 실지거래가액에 의해 과세한 경우

　정○○은 토지를 취득하고 건물을 신축한 뒤 양도하였다. 세무서는 양도가액 및 토지의 취득가액은 실지거래가액에 의해, 건물은 기준시가에 의해 양도차익을 산정했다.

【서식】소 장

소　　장

원　고　정　○　○

　　　　○○시 ○○구 ○○동 ○○번지

　　　　(연락처) 02-123-4567　(휴대전화) 010-1234-5678　(이메일) lawb@lawb.co.kr

　　　　(123-456)

피　고　○○세무서장

양도소득세부과처분취소

청 구 취 지

1. 피고가 원고에게 20○○. 9 .17. 자로 한 양도소득세 19,766,250원 및 동 교육세 3,953,250원과 증여세 13,068,000원 및 동 교육세 2,178,000원의 각 부과처분은 이를 각 취소한다.
2. 소송비용은 피고의 부담으로 한다.

라는 판결을 구합니다.

청 구 원 인

1. 양도소득세 등 부과처분 건
  (1) 사실관계

부산 북구 감전동 105-4

대 295.35㎡

위 지상건물 46.61㎡

원고소유 금 120,000,000원으로 평가

20○○. 12. 26. 원고가 김영분에게 금 20,000,000원 지급하고 교환.

부산 북구 모라동 384-2

대 167.5㎡……20○○. 5. 31. 취득

위 지상건물 184.94㎡……20○○. 11. 20. 신축

소외 이○○소유 금 140,000,000원으로 평가

  원고는 무주택자로서 주택을 마련하기 위하여 20○○. 5. 31.부터 부산 북구 모라동 384-2 대 167.5㎡를 금 67,500,000원에 매수하여 동 지상에 금 52,000,000원을 들여 20○○. 11. 20. 주택 1동을 신축하였으나(이하 이 사건 부동산이라 칭한다), 원고의 사업장이 감전동이라 곧바로 이사를 하지 못하고 있던 중 마침 감전동 105의 1 이○○로부터 그의 소유인 부산 북구 감전동 105-1 대 295.35㎡와 동 지상 주택 1동 46.61㎡와 교환하자는 제의를 받고 사업장의 편의를 도모하기 위하여 원고 소유부동산을 금 120,000,000원으로 소외 이○○ 소유부동산을 140,000,000원으로 각 평가한 후 20○○. 12. 26. 그 차액 금 20,000,000원을 이○○에게 지급하고 소유권이전등기를 각 경료하였던 것입니다.
  (2) 부과처분의 내용
    피고 세무서장은 이 사건 부동산의 양도가액은 실지거래가액에 의하되 토지와 건물의 가액이 구분되어 있지 아니하므로, 기준시가에 의하여 안분하여 계산하고, 취득가액은 토지에 대하여는 실지거래가액을, 건물에 관하

여는 실지취득가액이 불분명하다는 이유로 환산한 가액에 의하여 계산하고 양도차익을 결정하고 이에 의해 이 사건 부과처분을 하고 있다.

(3) 부과처분의 위법성

① 원고의 이 사건 부동산의 양도는 단기양도차익을 목적으로 한 투기거래가 아니고 실수요자로서의 거래이기 때문에 소득세법시행령 제170조 제4항 제2호 단서를 적용하여 "기준시가"에 의하여 양도차익을 결정하여야 하고 실지거래가액에 의하여 양도차익을 결정하여야 할 것은 아닙니다.

② 가사, 투기거래로 인정되어 실지거래가액에 의하더라도 건물의 취득가액은 환산가액에 의하여 할 것이 아니라 원고가 신축하면서 실제로 지출한 금액에 의하여야 할 것입니다.

〈중 략〉

입 증 방 법

기재생략

첨 부 서 류

기재생략

20○○. 7. 1.

원 고   정 ○ ○   ⑩

○○지방법원   귀중

• Point : ① 투기목적 없이 취득·양도한 것이다.

② 건물의 사실상 취득가액을 변론종결시까지 입증한다.

판 례

■ ① • 과세경위

원고는 1988. 10 .15. 경기 옹진군 ○○리 산 74 임야 5,256㎡(강○선과 공동 취득)를 취득하여 이를 이○초, 이○일, 김○수에게 1989. 2. 17. 양도 후 실지거래가액에 의하여 신고만 하고 무납부하여, 세무서의 고지에 의하여 납부하였으나, 이 사건 토지의 양수인 중 1인인 이○○가 세무조사과정에서 이 사건 토지를 평당 5만원으로 매수하였다는 확인서를 제출하자 위 확인서에 의한 양도가액을 기초로 양도소득세 경정결정함.

• 판결요지

원고가 자산양도차익예정신고 당시 제출한 검인계약서에는 그 매매대금이 천원 단위까지 기재되어 있는 점, 통상 검인계약서는 세금의 절약을 위하여 매매대금이 실지거래가액과 차이가 있는 점, 갑호증을 전심절차에 제출하지 아니한 점, 검인계약서의 계약일자와 갑호증의 계약일자가 서로 일치하지 아니하는 점 등에 비추어 위 검인계약서와 매매계약서의 신빙성에 다소 의심이 가기는 한다.

그런데 원고가 이 사건 토지를 취득한 후 불과 몇 개월이 지난 시점에서 이 사건 토지를 매입가격의 5배로 양도하였다는 이○초의 확인서 내용은 이 사건 토지의 과세시가표준액이 1988. 7. 1. 부터 1989. 7. 16. 까지 사이에 2.5배 이상 상승하였다는 점을 감안하더라도 선뜻 믿기 어렵고, 또한 이 사건 토지의 양수인은 이○초, 이○일, 김○수의 3인임에도 피고는 이○초 외의 다른 양수인들에 대하여는 아무런 확인도 하지 아니하였으며 달리 위 확인서의 179백만원에 양도하였다고 인정할 만한 아무런 증거가 없으므로 원고의 위 주장은 이유가 없다(대법원 1999. 2. 27. 선고, 98두 20117 판결).

② 이 건 토지 및 주택의 취득과 교환의 등기가 원고의 주장과 같다는 점에 부합하는 증인 박영선의 증언은 앞서 든 증거들 및 갑 제8호증, 갑 제10호증, 을 제1호증의 20의 각 기재 및 변론의 전취지에 의하여 인정되는 다음과 같은 사실, 즉 원고가 이 건 주택에는 물론 교환한 건물에도 일체 거주하지 아니하였고 원고의 사업장과 교환의 대상이 된 건물이 가까이 있어 출퇴근에 편리하다는 것이 4,000여만원의 공사비를 들여 신축한 주택에 하루도 거주하지 아니하고 2,000만원을 추가로 부담하고서까지 교환을 할 상당한 이유가 되기는 어렵다는 점에서(이 건 주택과 원고 사업장은 같은 구에 위치하여 그다지 먼 거리가 아니었으므로 더욱 그렇다), 또 이 건 토지와 주택은 각 167.5㎡와 184.94㎡이고 교환의 대상이 된 그것은 각 295.35㎡와 184.94㎡로서 건물보다는 오히려 토지를 목적으로 교환한 것임을 엿볼 수 있는 점 등에 비추어 믿기 어렵고, 달리 원고가 이 건 토지를 매수하여 주택을 신축한 후 거주함이 없이 불과 1개월만에 막바로 교환한 데 대한 수긍할 만한 이유를 찾아볼 아

무런 증거가 없는바, 그렇다면 이 건 토지 및 주택의 보유기간, 이용상태 등에 비추어 원고의 양도행위가 투기거래가 아니라고 단정할 수는 없다 할 것이므로 위 주장은 이유없다.

다음 (2)의 주장에 관하여 보건대, 갑 제7호증의 1 내지 12(공사비 지출내역서 및 장부)의 각 기재 및 증인 박영선의 증언에 변론의 전취지를 종합하면, 원고는 이 건 토지 위에 건평 184.94㎡의 주택을 신축하면서 그 자금으로 합계 금 42,362,600원을 지출한 사실을 인정할 수 있고, 달리 위 인정을 좌우할 증거가 없는바(그밖에 원고는 등록세 895,000원도 지출하였다고 주장하지만 이를 인정할 증거가 없다), 사실이 이와 같다면 비록 위 장부 등이 이 건 소송절차중에 비로소 제출되었다 하더라도 위 건물은 그 실지취득가액이 확인되는 경우에 해당한다 할 것이므로(1987. 2. 24. 86누 752 판결 참조), 피고가 이를 불분명한 것으로 보아 실지거래가액에 의하지 아니하고 소득세법시행령 제170조 제1항 단서를 적용하여 추계조사방법인 기준시가에 의하여 그 취득금액을 산정하여 부과한 것은 위법하다 할 것이므로 위 주장은 이유있다.

따라서 건물의 취득가액을 실지거래가액인 위 금 42,362,600원으로 하여 이 사건 양도소득세 및 그 방위세를 산정하면 별지세액산출표 '정당한 세액'란 기재와 같이 양도소득세는 금 6,687,360원, 방위세는 금 1,082,110원이 된다(부산고법 1992. 1. 24. 선고, 91구 2304 판결).

■ 21. 실지거래가액에 의해 양도차익을 신고한 경우

박○○은 과세표준확정신고를 하면서 실지거래가액에 의하여 양도차익을 신고하였다.

이에 대해 세무서는 박○○가 신고한 실지양도가액이 기준시가의 20~30% 수준이어서 믿을 수 없다고 배척하고 기준시가에 의하여 양도차익을 산정하였다.

【서식】 소 장

소   장

원 고 박 ○ ○
　　　　○○시 ○○구 ○○동 ○○번지
　　　　(연락처) 02-123-4567 (휴대전화) 010-1234-5678 (이메일) lawb@lawb.co.kr
　　　　(123-456)

피 고 금정세무서장

양도소득세부과처분취소

청 구 취 지

1. 피고가 20○○. 4. 16.원고에 대하여 한 20○○년 귀속분 양도소득세 38,282,540원 및 교육세 7,828,310원의 부과처분을 취소한다.
2. 소송비용은 원고의 부담으로 한다.

청 구 원 인

1. 사실관계
  원고는 20○○. 8. 7. 소외 산업기지개발공사로부터 별지목록 기재 토지(이하

같은 목록(1)항 기재 토지를 이 사건 제1토지, (2)항 기재 토지를 이 사건 제2토
지라 한다)를 취득하였다가 20○○. 12. 경 이 사건 제1토지를 소외 강○○에게,
이 사건 제2토지를 소외 한○○에게 양도한 후 20○○. 1. 31. 창원세무서장에게
이 사건 제1토지는 취득 당시의 실지거래가액이 17,742,402원, 양도 당시의 실지
거래가액이 20,300,000원이고, 이 사건거래가액이 15,500,000원이라고 하여 두 토
지에 대한 양도 및 취득 당시의 실지거래가액의 차액 3,301,373원〔(20,300,000원
－17,742,402원)＋(15,500,000원－14,756,225원)〕에서 필요경비 649,960원을 공제한
2,651,413원을 양도소득금액으로 계산하고 이를 기초로 양도소득세액을 1,431,760
원, 교육세액을 143,170원으로 산출하여 양도차익예정신고를 함과 아울러 그 세
액을 자진납부하였다.

2. 부과처분
　피고는 원고가 신고한 내용 중 양도 당시의 실지거래가액은 신빙성이 없다 하
여, 소득세법 제45조 제1항 제1호, 제60조, 그 시행령(20○○. ○. ○. 대통령령
제○○○○호로 개정되기 전의 것, 이하 구 소득세법시행령이라 한다) 제115조
제1항에 의한 기준시가에 따라 양도 및 취득가액을 계산하여 양도차익을 산정하
고, 이를 기초로 양도소득세액 및 교육세액을 결정한 다음, 20○○. 5. 16. 원고
에 대하여 청구취지 기재의 과세처분을 하였다.

3. 부가처분의 위법성
　(1) 기준시가 대비와 관련하여
　　　이 사건 토지에 관하여는 20○○. 3. 15. 특정지역으로 고시되었고, 배율은
　　　토지등급구간에 따라 141등급 이상은 9. 83, 140등급～101등급 사이는 17.
　　　5, 100등급 이하는 18.0으로 되어 있고, 배율은 동별로 임야, 대지, 전답별
　　　로 상·중·하 3개 필지씩 9개 필지를 선정하여 부동산중개인의 호가 또
　　　는 매매실례를 조사하여 이 가액과 토지등급가액을 나누어서 배율을 산정
　　　하는 것입니다.
　　　따라서 대지의 경우 겨우 3필지를 조사하여 동 전체의 배율을 정하는 것
　　　은 정확성과 신뢰성을 담보할 수가 없습니다.
　(2) 신고가액의 신빙성에 관하여
　　　원심은 원고가 신고한 양도가액에 관하여 믿을 수 없다고 하면서 제시한
　　　근거 중

① 기준시가는 앞에서 본 바와 같이 개별토지의 특성이 전혀 반영된 것이
아니므로 이 기준시가와 실지거래가액을 대비하는 것은 부적당하고,

② 원고가 실지 법인으로부터 취득한 실지거래가액이 기준시가의 절반정도
밖에 되니 아니한 점에 비추어 양도의 실지거래가액도 양도기준시가의
절반 이하일 것은 경험칙상 명백하고,

③ 원고가 기준시가가 부당하게 과대하게 결정되었다는 간접증거로 제시한
양도 당시 소급 감정가액은 제1토지는 금 37,758,000원, 제2토지는 금
23,513,600원으로 평가되어 양도기준시가(배율가액)는 터무니 없이 과대산
정되었다는 것이 입증되었음에도 불구하고, 기준시가와 대비하여 원고가
신고한 실지거래가액을 믿을 수 없다고 배척한 것은 위법부당합니다.

4. 전심절차
　기재생략

2000. 4. 1.

원 고　박 　○　○　○　㉑

○○고등법원　귀중

● Point : ① 실지거래가액은 실지거래된 금액이지 시가가 아니다.

② 기준시가가 확실하지 않음을 밝힌다.

③ 거래당사자를 증인으로 하여 거래가액의 진실성을 입증한다.

판 례

① 원고의 실지취득가액은 인정이 되나, 기준시가가 이 사건 제1토지는 66,700,482원,
이 사건 제2토지는 62,423,449원인 사실, 소외 한국감정원이 양도시점을 기준으로
토지의 시가를 감정한 결과 이 사건 제1토지는 37,758,000원, 이 사건 제2토지는
23,513,600원으로 평가된 사실, 이 사건 제2토지를 원고로부터 매수한 소외 하재규
는 피고가 1996. 12. 경 소외인에게 우편으로 보낸 문답서에서 그 토지를
30,000,000원 내외의 가격에 매수한 것으로 기억한다고 진술한 사실을 인정할 수
있는바, 원고가 이 사건 토지들을 양도한 시점은 부동산 투기로 인하여 토지가격
이 급등하였는데도 불구하고 원고가 신고한 실지양도가액은 취득가액을 근소하게

상회하는 정도로서 기준시가의 약 20~30%, 시가감정가격의 50~60%에 불과할 뿐 아니라, 더욱이 소외 하재규는 이 사건 제2토지를 원고가 신고한 실지양도가액 15,500,00원보다 훨씬 많은 30,000,000원 내외의 가격에 매수하였다고 진술하고 있는 점에 비추어 보면 원고가 신고한 이 사건 제1, 2토지에 대한 실지양도가액은 믿을 수 없다고 할 것이다(부산고법 1997. 3. 28. 선고 96구 5452 판결).

② • 과세경위

원고는 ○○시 ○○구 ○○동 793의 52 대 151㎡를 1991. 3. 5. 소외 박○○로부터 취득한 다음 같은 해 12. 12. 건물을 신축하여 1992. 6. 15. 소외 정율수에게 매도하고, 과세표준확정신고를 하면서 이 사건 토지의 취득가액과 양도가액은 실지거래가액에 의하고 건물은 기준시가에 의하여 양도소득세를 산출하여 자진신고납부하였으나, 이 사건 토지의 실지취득가액과 실지양도가액에 관한 증빙서류로 제출한 각 부동산매매계약서가 허위로 작성되어 이 사건 토지의 실지거래가액을 확인할 수 없는 경우에 해당하므로 기준시가에 의하여 양도소득세 부과처분함(대구고법 1998. 6. 18. 선고 97구 2437, 대법원 1999. 1. 29. 선고 98두 12031 : 원심판결정당).

• 판결요지

법 제23조 제4항 제1호, 제45조 제1항 제1호 가목, 영 제170조 제4항 제3호의 각 규정은, 자산을 양도한 경우에 그 양도차익을 결정함에 있어서 기준시가 과세원칙을 채택함으로써 실질과세의 원칙에 대한 예외를 인정한 취지로 해석되므로, 자산양도차익의 예정신고나 과세표준 확정신고를 함에 있어서 실지거래가액을 확인할 수 있는 증빙서류를 제출한 때에는 실지의 양도가액 및 취득가액에 의하여 양도차익을 산정할 것이나 이러한 신고가 없거나 신고가 있더라도 증빙서류의 제출이 없을 때 또는 그 신고시 제출한 증빙서류에 의하여 취득가액 또는 양도가액 중 어느 하나만의 실지거래가액이 확인되는 경우에는 기준시가에 의하여 양도차익을 결정하여야 한다(대법원 1998. 2. 10. 선고 97누 2771 판결 및 1996. 5. 10. 선고 95누 13807 판결 참조)

(i) 원고가 1995. 12. 12. 피고에게 이 사건 토지를 금 1억원 미만에 취득하였다는 내용의 확인서를 작성, 제출한 점,

(ii) ○○○가 이 사건 토지와 건물을 양수함에 있어서 그 대금 일부의 지급에 갈음하여 원고의 이 사건 토지와 건물을 담보로 한 대출금채무금 3천만원 내지 금 3천5백만원과, 이 사건 건물에 관한 임대차보증채무 금 3천8백만원을 인수하였음에도(증인 ○○○의 증언 및 원고의 1998. 4. 15. 접수 준비서면 참조), 계약서에는 위 각 채무의 인수 여부에 관한 아무런 언급이 없이 그 매매대금 179백만원 중 계약금 18백만원은 계약당일인 1992. 6. 15.에, 중도금 60백만원은 그 달 23.에, 잔대금 101백만원은 그 달 28.에 각 지급하는 것으로 기재되어 있는 점 등을 종합하여 볼 때, 위 각 부동산매매계약서는 허위로 작성된 것으로 인정되고, 위와 같은 경위에 비추어 이 사건 토지를 금

117백만원에 취득하고, 이 사건 토지와 건물을 인수하기로 하여 교환계약이 성립되었다. 그밖에 위 교환 당시 제2, 3부동산에 대한 공신력 있는 시가감정을 하였거나 그 감정가액의 차액을 지급하는 등 정산절차를 거친 바는 없다.

(iii) 원고는 이 사건 제2부동산을 명도받은 후 살펴본 결과 여관 및 목욕탕 건물이 하자가 많고 영업실적도 부진한 편이어서 10억원의 가치가 없음이 명백하다는 이유로 중개인인 위 △△△에 대한 중개수수료를 지급할 수 없다고 항의하였다.

(iv) 그러자 위 △△△은 1988. 2. 22. 원고를 상대로 하여 중개료 금 4백만원을 청구하는 지급명령을 신청하면서, 제2부동산을 금 10억원으로, 제3부동산을 금 8억원으로 산정하였음을 주장한 바 있다. 원고는 그 지급명령에 대하여 이의를 제기하기 않았다.

 (v) 원고는 1991. 5. 31. 제1, 2부동산에 대한 양도소득세 과세표준확정신고 및 자진납부계산서를 제출하면서, 부동산교환계약서, 부동산매매계약서, 거래사실확인서 및 관련 증빙자료를 첨부하였다. 그런데 이 사건 제2부동산의 취득에 관한 부동산교환계약서에는 제2부동산의 거래가액에 관하여는 아무런 기재가 없다.

(vi) 한편 원고가 위 제2부동산을 취득한지 20여일 지난 1987. 11. 19. 원고의 처 ×××명의로 소외 서은상호신용금고로부터 대출받기 위하여 제2부동산에 대한 담보가치를 감정한 결과 그 가액이 금 328백만원으로 감정평가되었다. 그 후 원고가 다시 1990. 6. 23.경 위 신용금고로부터 대출받으면서 제2부동산을 담보로 제공할 때 감정평가된 가액은 금 720백만원 상당이었다.

(vii) 한편 원고가 제2부동산을 보유한 기간 동안 그 소재지인 수원 지역의 부동산 가격 동향을 보면, 1987년부터 1990년 사이에 매년 순차로 7%, 17%, 31%, 25% 정도 가격이 상승하였다.

• 제2부동산의 실지거래 취득가액을 확인할 수 있는 경우인지 여부

위 인정사실들에 의하면, 원고는 제2부동산의 실제 취득가액이라고 주장하는 10억원은 공신력 있는 시가감정에 의한 감정가액도 아니고, 그 금액이 부동산교환계약서에 표시된 바도 없으며, 단지 중개인인 △△△의 소개료 청구의 지급명령 신청서에 기재되었을 뿐이다. 더욱이 원고 자신도 제2부동산을 명도받은 후 그 시가가 10억원에 못 미친다는 이유로 중개인에게 항의하면서 소개료의 지급을 거절한 바도 있으며, 취득 직후 금융기관에 담보제공을 위하여 감정한 결과 가액이 3억2천여만원에 불과한 것으로 평가되었다. 그밖에 제2부동산의 당시의 실제 거래가액이 금 10억원 정도 된다고 볼 만한 객관적인 뚜렷한 입증자료가 없다.

그렇다면, 원고가 제시한 부동산교환계약서 및 중개인의 거래사실확인서 등의 증빙자료만 가지고는 제2부동산의 취득 당시의 실지거래가액이 10억원이었음을 확인할 수 없다고 봄이 상당하다. 따라서, 이 사건 제2부동산의 양도 당시의 실

지거래가액이 확인되는지의 여부는 더 살펴볼 필요도 없이, 제2부동산의 양도소득은 기준시가에 의하여 산정할 수밖에 없다고 판단됨.

③ • 과세경위

창원시 ○○동 515답 외 1필지 1,499.94㎡를 1989. 6. 7. 취득하여 1991. 12. 12. 양도하고, 매매계약서 및 거래확인서 등을 첨부하여 자산양도차익 예정신고를 과세미달로 하였으나, 실지거래가액이 신빙성이 없어 실지거래가액을 확인할 수 없다고 보아 기준시가에 의하여 과세함(대법원 1998. 12. 9. 선고 8두 15085).

• 인정사실

- 원고가 자산양도차익 예정신고를 하면서 제출한 취득시의 매매계약서에는 계약일자가 기재되어 있지 아니하고, 원고가 매수한 이 사건 토지의 면적이 도합 1,499.94㎡로 454평임에도 불구하고 464평으로 잘못 기재되어 있으며, 필체로 보아 계약서 문구는 모두 동일인이 기재한 것으로 판단되는데 통상의 경우와는 달리 매도인 및 매수인의 성명도 동일인이 대신 기재한 것으로 보이며, 부동산 중개인의 이름 옆에는 중개인의 인장이 날인된 것이 아니라 사인이 기재되어 있음.

- 토지의 양도시의 매매계약서에는 원고가 토지를 6,335만원(그 중 잔금은 3,000만원이다)에 이○○에게 매도한 것으로 기재되어 있으나, 이○○는 1997. 10.29. 피고의 담당공무원에게 토지를 평당 27만원에(263평이므로 7,101만원이다) 매수한 것으로 기억한다고 진술하고 있고, 이○○가 보관중인 현금보관증에도 잔금이 4,730만원인 것으로 기재되어 있음.

- 이 사건 토지의 양도를 중개한 소외 김○○은 1998. 1. 14. 부산지방 국세청이 담당공무원들에게 매매계약서는 부동산소유권이전등기에 필요한 계약서 검인을 위하여 법무사사무실에서 별도로 작성된 것이며 실제의 계약서는 따로 작성되었다고 진술하고 있음.

- 원고가 주장하는 이 사건 토지의 취득가액 1억 400만원은 취득당시의 기준시가 42백만원의 244%에 이르는 반면 양도가액 1억 935만원은 양도당시의 기준시가 109백만원과 거의 같은 액수이며, 원고 주장의 양도가액은 취득가액보다 불과 5%가 더 많을 따름인바, 경상남도 지역의 연도별 지가변동률은 1989년이 17.25%, 1990년이 12.8%, 1991년이 14.47%에 이름.

• 위 인정사실들에 비추어 보면 원고가 제출한 증빙서류들은 모두 사후에 허위로 작성된 것이라 할 것이므로 결국 이 사건은 양도자가 양도차익 예정신고 또는 양도소득세 과세표준 확정신고시 제출한 증빙서류에 의하여 취득 및 양도 당시의 실지거래가액을 확인할 수 있는 경우에 해당한다고 할 수 없다 할 것이니, 기준시가에 의하여 양도차익을 산정한 피고의 조치는 적법함.

■ **22. 소득세를 신고할 때 제출한 실지거래가액의 신빙성**

남○○은 부동산을 동생에게 양도하고 실지거래가액에 의해 양도차익 예정신고를 했으나 세무서는 취득가액은 인정되나 양도가액은 형제간의 거래로 시가보다 저렴하다며 신빙성이 없다고 부인하고 기준시가에 의해 과세하였다.

【서식】 소 장

소　　장

원 고　남 ○ ○
　　　　○○시 ○○구 ○○동 ○○번지
　　　　(연락처) 02-123-4567 (휴대전화) 010-1234-5678 (이메일) lawb@lawb.co.kr
　　　　(123-456)
피 고　○○세무서장

양도소득세부과처분취소

청 구 취 지

　피고가 20○○. 1. 16. 자로 원고에 대하여 한 20○○년 귀속 양도소득세 71,909,260원의 부과처분은 이를 취소한다.
2. 소송비용은 피고의 부담으로 한다.

청 구 원 인

1. 사실관계
　원고는 다음과 같이 부동산을 양도하고 자산양도차익예정신고를 하였다.

(1) 부동산의 표시
　부산 연제구 연산동 406-19 대 221.2㎡
　지상 브로크조 슬라브즙 2층 창고 및 주택 소매점
　　지하 33.17㎡
　　1층 129.4㎡
　　2층 101.91㎡

(2) 취득 및 양도관계

취 득 일	취 득 가 액	양 도 일	양 도 가 액
20○○. 5. 9	357,600,000	20○○. 11. 25	270,000,000

2. 부과처분의 내용

　피고는 취득가액은 인정되나 양도가액은 신빙성이 없어 이를 부인하고 취득 및 양도가액 모두 기준시가에 의하여 산정한 뒤 양도소득세를 금 71,909,260원 부과하였다.

3. 여타 부동산의 양도와 소득금액

　이 건 부과처분에 합산된 여타 부동산의 소득금액 내역은 다음과 같다.

소 재 지	지 목	면적(㎡)	양도소득금액(원)
연산동 379-17	도로	10.5	232,722
연산동 379-19	대	94.5	48,237,481
보수동 1가 72-26외			44,521,735
금풍 산 115-2	임	59.504	6,782,483

4. 부과처분의 위법성

　그러나 원고가 양도한 이 사건 부동산의 양도가액은 검인계약서상의 금액이므로 함부로 부인하고 기준시가에 의할 수 없다.

5. 전심절차
   기재생략

입 증 방 법

기재생략

첨 부 서 류

기재생략

20○○. 9. 1.

원 고 남 ○ ○ ㉮

○○고등법원 **귀중**

- Point : 실지거래가액이 신빙성이 없다는 점은 과세관청이 입증해야 한다.

판 례

① 원고가 1991. 2. 25. 이 사건 토지와 건물을 금 357,600,000원에게 경락받아 소유하다가 같은 해 11. 25. 동생인 소외 이병준에게 금 270,000,000원으로 매도한 사실을 인정할 수 있으므로 제23조 제4항 제1호 단서, 시행령 제170조 제2항 (다)목에 의하여 실지거래가액에 의하여 양도차익을 산정하여야 할 것이나, 다른 한편 원고와 소외 이병준은 형제간으로 소득세법 제55조 제1항, 시행령 제111조 제1항 제1호에 해당하는 특수관계인 사실, 원고가 이 사건 토지를 경락받은 금액이 금 357,600,000원임에도 불구하고, 매도금액이 그보다 훨씬 못미치는 금 270,000,000원인 사실, 이 사건 토지와 건물의 양도시의 개별공시지가가 금 351,745,826원인 사실 등에 비추어 보면 원고의 위 양도가액은 합리적인 경제인이 취할 정상적인 거래가격이라고는 도저히 볼 수는 없고 시가에 미달하게 자산을 양도함으로써 양도소득에 대한 조세의 부담을 부당하게 감소시킨 것으로 일정되므로, 피고가 원고의 위 양도행위를 소득세법 제55조 제1항, 같은 법시행령 제111조 제2항 제1호에 해당한다고 하여 그 양도가액을 부인한 것은 정당하다고 할 것이다.

그러나 이 경우에는 양도가액을 같은 법시행령 제170조 제8항에 의하여 시가에

의하여 계산하여야 할 것이지 기준시가에 의하여 계산할 것은 아니라고 할 것이
므로(대법원 1991. 11. 26. 선고, 91누 2731 판결), 양도가액을 기준시가로 산정한
원고의 이 사건 처분은 이 점에서 위법하다고 할 것이다.

그런데 이 사건 토지와 건물의 시가가 산정되어 있지 아니하여 그 양도에 따른
정당한 세액을 산출할 수가 없으므로 이 사건 토지와 건물을 제외한 나머지 위
부동산의 양도에 따른 정당한 세액만을 산출하면 별지4(정당한 세액)의 기재와 같
이 그 양도소득세 금 27,393,375원이 된다고 할 것이다(부산고법 1994. 4. 20. 선고
93구 6218 판결).

② • 교환에 의하여 부동산을 취득할 경우 실지거래가액 인정 기준양도소득세를 부
과하기 위하여 취득가액 및 양도가액을 산출함에 있어서 당해 물건의 실지양도
가액이라 함은, 거래 당시 양도자가 당해 자산을 양도함에 있어서 그 대가로 지
급받은 가액으로서 매매계약서 기타 증빙자료에 의하여 객관적으로 인식되는
가액을 말한다.

따라서 거래가 교환인 경우에는 그것이 특히 목적물이 금전가치를 표준으로
하는 가치적 교환으로서 각 물건에 대한 시가감정을 하여 그 감정가액상의 차
액에 대하여 금전의 보충지급 등 정산절차를 수반한 때에는 그 실지양도가액을
확인할 수 있는 경우에 해당하나, 그렇지 못한 단순한 교환의 경우에는 그 실지
거래가액은 파악할 수 없다(대법원 1994. 12. 9. 선고 94누 6840 판결, 1997. 2.
11. 선고 96누 860 판결 참조).

• 원고는 1987. 10. 28. 소외 ○○○ 소유인 제2부동산을 원고 소유인 제3부동산과
교환하여 취득하면서, 중개인인 소외 △△△의 소개로 제2, 3부동산의 가액을 금
10억원 및 8억원 정도로 보아, 그 차액에 상당하는 제2부동산에 관련된 합계 2억
9천만원의 대출금 및 임대보증금 채무를 원고가 인수하고, 제3부동산에 관련된
금 5천만원의 임대보증금 채무는 위 허인태가 내용을 뒷받침할 만한 근거자료를
찾아볼 수 없다.

그렇다면 과세관청이 과세처분의 적법성에 관하여 입증하여야 한다는 입증책
임의 원칙에 비추어 이 사건 토지의 양도가액이 5만원임을 전제로 한 이 사건
처분은 결국 위법하다고 하지 않을 수 없음(서울고법 1998. 10. 23. 선고 97구
42283, 대법원 1999. 2. 9. 선고 98두 17982 : 원심판결정당).

③ 양도소득세액을 산출함에 있어 상정되는 실지거래가액이라 함은 거래 당시 급부
의 대가로 실지 약정된 금액을 일컫는 것이므로, 거래가 교환인 경우에는 그것이
특히 목적물의 금전가치를 표준으로 하는 가치적 교환으로서 목적물에 대한 시가
감정을 하여 그 감정가액의 차액에 대한 정산절차를 수반한 교환의 경우에는 실
지거래가액을 확인할 수 있다고 할 것이지만, 그렇지 아니한 단순한 교환인 경우
에는 실지거래가액을 확인할 수 없는 것이 대부분이라 할 것이다(대법원 1994.
12. 9. 선고 94누 6840 판결, 1997. 2. 11. 선고 96누 860 판결, 1998. 2. 10. 선고
97누7455 판결 등 참조).

　　원심은 이 사건 물물교환계약서에 의하더라도 이 사건 부동산의 취득시 부동산의 시가감정을 하여 실지거래가액을 객관적으로 확인한 바가 없을 뿐만 아니라 그 계약서에 이 사건 부동산의 교환가격을 2억7천만원으로, 교환대상토지의 교환가격을 1억5천만으로 기재하였다고 하더라도 이는 가액평가의 기준의 정함이 없이 단지 당사자간에 주관적으로 가액을 평가한 경우에 불과한 것이라 할 것이므로, 위 물물교환계약서로써는 실지거래가액을 확인할 수 없으므로 이 사건 부동산의 취득가액은 기준시가에 의하여 결정하여야 할 것이고 이에 따라 그 양도가액도 기준시가에 의하여 결정하여야 할 것이라고 판단하였는바, 기록에 비추어 살펴보면, 원심의 이러한 판단은 정당하고, 거기에 소론과 같은 법리오해의 위법이 있다고 할 수 없음(대법원 1998. 10. 2. 선고 98두 12079).

■ 23. 1세대 1주택의 양도요건과 양도소득세의 부과

송○○는 거주하던 아파트를 그 자녀에게 상속하여 양도하고 지금은 새로 취득한 다른 집에 거주하고 있다. 그런데 과세관청은 송○○가 원래 거주하던 집을 양도하기 전에 새로 집을 취득했다는 점을 들어 1세대 1주택의 양도요건에서 배제하고 양도소득세를 부과하였다.

【서식】소 장

소 장

원 고 송 ○ ○
      ○○시 ○○구 ○○동 ○○번지
      소송대리인 변호사 ○ ○ ○
      (연락처) 02-123-4567 (휴대전화) 010-1234-5678 (이메일) lawb@lawb.co.kr
      (123-456)
      ○○시 ○○구 ○○동 ○○번지
      (연락처) 02-123-4567 (휴대전화) 010-1234-5678 (이메일) lawb@lawb.co.kr
      (123-456)

피 고 ○○세무서장

양도소득세등부과처분취소청구의 소

청 구 취 지

1. 피고가 20○○. ○. ○. 자로 원고에 대하여 한 19○○년도 귀속 양도소득세 금 ○○○원 및 동 교육세 금 ○○○원의 부과처분을 취소한다.
2. 소송비용은 피고의 부담으로 한다.
라는 판결을 구합니다.

청 구 원 인

1. 이 사건 부과처분의 경위

　원고는 ○○시 ○○구 ○○동 ○○번지 ○○아파트 8동 1202호 104.01㎡(이하 이 사건 아파트라 한다)를 20○○. ○. ○. 취득(그 등기원인인 매매일자는 같은 달 6.)하여 20○○. ○. ○. 경부터 20○○. ○. ○. 경까지 거주하다가 20○○. ○. ○. 소외 ○○○에게 양도한 사실, 이에 피고는 원고가 위 아파트 취득 후 ○시 ○○구 ○○동 ○21의 203 소재 주택(이하 이 사건 상속주택이라 한다)을 20○○. ○. ○. 상속하여 20○○. ○. ○. 소외 ○○○에게 양도하였고 그 양도이전인 20○○. ○. ○. ○○시 ○○구 ○○동 ○ 소재 주택(이하 이 사건 신주택이라 한다)을 취득한 것으로 보고 이 사건 아파트의 양도는 소득세법 제5조 제6호 (자)목 소정의 1세대 1주택의 양도요건에 해당하지 않는다 하여 20○○. ○. ○. 원고에게 주문 기재의 양도소득세 등을 부과고지하는 처분을 하였다.

2. 과세처분의 위법성

　　가. 피고는 위 처분사유와 관계 법령을 들어 이 사건 과세처분이 적법하다고 주장함에 대하여, 원고는 이 사건 상속주택을 양도한 후에 주거이전의 목적으로 이 사건 신주택을 취득하였고 소득세법시행령 및 동시행규칙이 정하는 종전의 1세대 1주택에 관한 경과규정에서 정한 기간 내에 이 사건 아파트를 양도하였으므로 이 사건 아파트의 양도는 소득세법 제5조 제6호 (자)목 소정의 1세대 1주택의 양도요건에 해당하여 비과세되어야 할 것임에도 불구하고 한 이 사건 과세처분은 위법하다.

　　나. 관계법령

　　소득세법시행령 부칙 (1988. 8. 25. 대통령령 제12509호) 제1 내지 3항에 의하면 위 일자에 개정된 대통령령은 공포한 날로부터 시행하고 그 영은 그 시행 후 최초로 양도하는 분부터 적용하되, 다만 그 영 시행 당시 종전의 제15조 제1항 본문 및 동조 동항 제2호의 규정에 의한 1세대 1주택을 가진 세대가 영 시행일(괄호 안부분 생략)로부터 6월 이내에 당해 주택을 양도하고 소유권이전등기를 마친 경우 그 양도는 법 제5조 제6호 (자)목의 규정에 의한 양도로 본다고 규정하고, 소득세법 시행규칙 부칙 (1988. 8. 25. 재무부령 제1760호) 제1 내지 3항 역시 같은 날 개정된 규칙은 공포한 날로부터 시행하고 그 규칙은 그 시행 후 최초로 양도하는 분

부터 적용하되 다만 그 규칙 시행 당시 종전의 규정에 의하여 국내에 1주
택을 가진 세대가 주거이전을 목적으로 그 주택을 양도하기 전에 다른 주
택을 취득하여 이전한 경우로서 종전의 규정에 의한 1세대 2주택의 보유
허용기간(2년)이 종료되지 아니한 경우 그 다른 주택을 취득한 날로부터
그 규칙 시행일까지의 기간이 1년(종전의 주택이 주택건설촉진법시행령
제2조의 규정에 의한 아파트의 경우에는 6월)을 초과하지 아니한 때에는
그 규칙시행일(괄호 안부분 생략)로부터 1년(종전의 주택이 주택건설촉진
법시행령 제2조의 규정에 의한 아파트의 경우에는 6월) 이내에, 1년(종전
의 주택이 주택건설촉진법시행령 제2조의 규정에 의한 아파트의 경우에는
1년 6월)을 초과한 때에는 그 다른 주택의 취득일로부터 2년 이내에 종전
의 주택을 양도하는 경우 그 양도는 법 제5조 제6호 (자)목의 규정에 의
한 양도로 본다고 규정하고 있다.

따라서 이 사건 아파트의 양도일자는 비록 뒤에서 인정하는 바와 같이 위
시행령 및 시행규칙의 개정 이후인 20○○. ○. ○. 이지만 그 양도가 법
제5조 제6호 (자)목의 규정에 의한 양도인지의 여부는 위 경과규정에 의
할 때 개정 전의 종전 법규에 따라 판단하여야 할 것이다.

비과세소득을 정하고 있는 소득세법 제5조 제6호 (자)목은 대통령령이 정
하는 1세대 1주택의 양도로 인하여 발생하는 소득에 대하여는 양도소득세
를 부과하지 아니한다고 규정하고(이 부분은 1988. 12. 26. 법률 제4019호
로 개정되기 전의 것이나 그 개정 후의 것이나 그 내용이 같다), 같은 법
시행령(1988. 8. 25. 대통령령 제12509호로 개정되기 전의 것) 제15조 제1
항 본문은 법 제5조 제6호 (자)목에서 "1세대 1주택"이라 함은 거주자 및
그 배우자가 그들과 동일한 주소 또는 거소에서 생계를 같이하는 가족과
함께 구성하는 1세대가 국내에 1개의 주택을 소유하고 1년 이상 거주하는
것으로 한다. 같은 조 제6항은 제1항의 규정에 해당하는 자가 상속에 의
하여 주택을 취득하는 경우에는 먼저 양도하는 주택을 1세대 1주택으로
본다고 규정하고, 같은 법시행규칙(1988. 8. 25. 재무부령 제1760호로 개정
되기 전의 것) 제6조 제1항에 의하면 국내에 1개의 주택을 가진 세대가
'주거이전을 목적으로' 그 주택을 양도하기 전에 다른 주택을 취득하여
'이전한 경우'에 다른 주택을 취득한 날로부터 2년 이내에 종전의 주택을
양도한 경우에는 비록 양도 당시 다른 주택을 소유하여 1세대가 2주택을
소유한 경우라 하더라도 종전의 주택을 양도함에 따른 양도소득세 등을

과세하지 아니하도록 규정하고 있고 소득세법 제27조는 자산의 양도차익을 계산함에 있어서 그 취득시기 및 양도시기에 관하여는 대통령령으로 정한다고 규정하고, 그 위임을 받은 같은법시행령(1989. 8. 1. 대통령령 제12767호로 개정되기 전의 것) 제53조는 법 제27조에 규정하는 취득시기 및 양도시기는 다음 각 호의 경우를 제외하고는 당해 자산의 대금을 청산한 날로 한다고 규정하고, 그 제1호에서 대금을 청산한 날이 분명하지 아니하거나 대금을 청산하기 전에 소유권이전등기(등록 및 명의의 개서를 포함한다. 이하 같다)를 한 경우에는 등기부·등록부 또는 명부 등에 기 접수일로 한다고 규정하고 그 제4호에서 상속 또는 증여에 의하여 취득한 자산에 대하여는 그 상속이 개시된 날 또는 증여를 받는 날로 한다고 각 규정하고있다. 그러므로 원고는 피고의 20○○. ○. ○. 양도소득세등부과처분의 취소를 구하고자 이 사건 소제기에 이르게 된 것입니다.

입 증 서 류

추후 변론시 제출하겠습니다.

첨 부 서 류

1. 위 입증서류	각 1통
1. 소장부본	1통
1. 위임장	1통
1. 납부서	1통

20○○. ○. ○.

위 원고 소송대리인 변호사 ○ ○ ○ ㉑

○○행정법원 귀중

- Point : "국세청장이 지역에 따라 정하는 일정규모 이상의 거래나 기타 부동산투기의 억제를 위해 필요하다고 인정되어 국세청장이 지정하는 거래"라고 인정하여 그 양도차익을 실지거래가액에 의하여 산정하기 위해서는 양도 및 취득 당시의 실지거래가액이 모두 확인

될 필요는 없고 그 중 어느 하나의 실지거래가액만 확인되는 경우에도 그것이 투기목적의 거래라고 인정되기만 하면 가능하다.

- 참조법령 : 구 소득세법 제5조 제6호, 제15조 제1항, 제23조 제4항, 제27조, 제45조제1항, 제53조, 제70조 제1항·제4항

제3절 법인세 관련

■ 1. 명의수탁재산을 수증이익으로 볼 수 있는지 여부

○○주식회사는 부동산에 관한 명의신탁을 받았으나 장부에 자산으로 등재하지 않았고 세무서는 동 자산을 익금산입하였다.

【서식】 소 장

소   장

원 고   주식회사 도서주택

　　　　○○시 ○○구 ○○동 ○○번지

　　　　대표자 대표이사 도 ○ ○

　　　　(연락처) 02-123-4567 (휴대전화) 010-1234-5678 (이메일) lawb@lawb.co.kr

　　　　(123-456)

　　　　소송대리인 변호사 이 ○ ○

　　　　○○시 ○○구 ○○동 1가 3-2

　　　　(연락처) 02-123-4567 (휴대전화) 010-1234-5678 (이메일) lawb@lawb.co.kr

　　　　(123-456)

피 고   ○○세무서장

　　　　○○시 ○○구 ○○동 134-3

　　　　(616-050)

법인세등 부과처분취소

청 구 취 지

1. 피고가 20○○. 9 .6 . 자로 원고에 대하여 한 20○○년 귀속 법인세 46,722,180원 및 교육세 7,400,550원의 부과처분은 이를 모두 취소한다.
2. 소송비용은 피고의 부담으로 한다.

<h2 align="center">청 구 원 인</h2>

1. 사실관계

부산 북구 주례동 산 110-18 임야 7546㎡ 중 7546분의 660지분(이하 이 사건 부동산이라 한다)에 관하여 20○○. 8 .31.부터 20○○. 11. 18.까지 사이에 원고 명의로 등기되어 있었다.

2. 부과처분의 내용

피고는 원고 법인이 이 사건 부동산을 무상으로 취득하고도 이를 장부, 제무제표 및 법인세과세표준 신고시에 누락한 것은 법인세법시행령 제12조 제1항 제6호 해당되므로 동 자산가액을 익금에 산입한 후 이 건 과세처분에 이르렀다.

3. 부가처분의 위법성

그러나 이 사건 부동산은 소외 선○○, 정○○, 안○○가 이에 매수한 후 원고에게 명의신탁하여 두었다가 처분한 재산으로서 원고 회사가 수증받은 것이 아니다.

소외 선○○, 정○○, 안○○는 아파트를 건축하기 위하여 이 사건 부동산을 매수하였으나 건설업면허가 없어 건설업면허를 가진 원고 회사명의를 빌려 건축하기로 하고 원고 회사 앞으로 등기를 한 것에 지나지 않고 그 후 건축여건이 맞지 아니하여 곧바로 처분한 것이다.

4. 전심절차

   (1) 납세고지 - 20○○. 9. 6.
   (2) 이의신청 - 20○○. 10. 31.
      기　　각 - 20○○. 11. 20.
   (3) 심사청구 - 20○○. 1. 11.
      기　　각 - 20○○. 2. 26.

(4) 심판청구 - 20○○. 4. 21.
  기   각 - 20○○. 7. 19.

입 증 방 법

추후 제출하겠습니다.

첨 부 서 류

1. 소장부본	1통
2. 위임장	1통
3. 납부서	1통
4. 법인등기부등본	1통

20○○. 8. 31.

원고 소송대리인 변호사   이 ○ ○ ㉑

○○지방법원 귀중

• Point : ① ○○주식회사의 부동산이 명의신탁 재산임을 밝힌다.

    ② 명의신탁재산은 실질과세원칙상 익금산입의 대상이 아니다.

• 참조법령 : 구 법인세법시행령 제11조 제5호

판 례

■ 원고가 위 부동산을 증여받았음을 입증할 자료는 없는 반면 오히려 위에서 채용된 증거들이 갑 제4, 5호증, 갑 제6호증의 1, 2, 갑 제7 내지 9호증, 갑 제10호증의 1, 2의 각 기재 및 증인 조전남의 증언을 더하여 보면, 소외 조전남, 정윤모, 안병호 3인 1990. 6. 경 부산 북구 주례동 산 120-18 임야일원을 매수하여 그 지상에 아파트를 지어 분양하기로 하는 사업을 동업하기로 약정하였으나 건설업면허가 없었기 때문에 동 면허가 있는 원고의 명의를 빌리기로 한 사실, 그에 따라 위 3인의 동업자를 대표한 소위 조전남은 1990. 7. 20. 소외 차상도로부터 위 임야 중 165/7546지분을 매수하였고 이어 같은 해 8. 9. 소외 이영근외 2인으로부터 위 임야 중 495/7546지분을 매수함으로써 이 사건 부동산을 취득하게 되었는데, 다만

이에 따른 소유권이전등기는 위에서 본 바와 같이 원고의 명의를 빌려 건설, 분양하기로 한 약정에 따라 위 165/7546지분은 1990. 8. 30. 매매원인으로 원고명의로 경료한 사실, 그 후 나머지 임야 매수가 여의치 아니하여 위 3인의 동업자는 동업사업을 포기하기로 하고 1990. 9. 7. 이 사건 부동산을 소외 제일건업주식회사에 매도처분한 다음 받은 대금을 가지고 청산함으로써 동업관계를 해소한 사실을 각 인정할 수 있는바, 위 취득등기의 추정력에 의하여 매매가 그 취득원인인 것으로 추정되는 외에 더 나아가 위 인정사실에 의하면 이 사건 부동산이 원고 명의로 등기되게 된 것은 소외 조전남, 정윤모, 안병호 3인으로부터 명의신탁에 따른 것임이 긍정된다.

따라서, 위 등기명의의 취득을 두고 다른 과세원인으로 규율함은 별론으로 할지라도 익금의 하나로 규정된 법인세법시행령 제12조 제1항 제6호의 '무상으로 받은 자산의 가액'에 해당된다 할 것은 아니므로 그 조항을 근거로 그 수액을 익금으로 산입하여 행한 피고의 이 사건 부과처분은 위법하므로 원고의 위 주장은 이유있다(부산고법 1994. 7. 15. 선고, 93구 5741 판결).

■ 2. 증자소득공제와 기업합리화적립금의 적정 여부

○○금융주식회사는 증자하면서 증자에 대한 소득공제를 받고 그에 따른 기업합리화적립금을 세법이 개정되어 변경되었음에도 불구하고 종전 규정에 따라 하였다.

이에 세무서는 개정된 법령에 따른 기업합리화적립금의 과소적립을 이유로 증자소득공제를 배제하였다.

【서식】 소 장

소 장

원 고   ○○금융주식회사
         ○○시 ○○구 ○○동 ○○번지
         대표자 대표이사 한 ○ ○
          (연락처) 02-123-4567 (휴대전화) 010-1234-5678 (이메일) lawb@lawb.co.kr
         (123-456)
         소송대리인 변호사 이 ○ ○
         ○○시 ○○구 ○○동 1가 2-3
          (연락처) 02-123-4567 (휴대전화) 010-1234-5678 (이메일) lawb@lawb.co.kr
         (123-456)

피 고   ○○세무서장
         ○○시 ○○구 ○○동 1가 50-5
         (600-081)

법인세부과처분취소

청 구 취 지

1. 피고가 20○○. 6. 3. 자로 원고에 대하여 한 20○○년 수시분 법인세 117,057,160원의 부과처분은 이를 취소한다.
2. 소송비용은 피고의 부담으로 한다.

청 구 원 인

1. 사실관계

원고 법인은 금융업을 영위하는 상장회사입니다.

원고 회사는 20○○. 1월에 5억원, 같은 해 3월에 45억원을 증자하였다.

원고 회사는 20○○. 7. 1.~20○○1. 6. 30. 과세기간에 관한 법인세과세표준신고시에 20○○. 7. 1.부터 20○○. 12. 31.까지 과세기간에 관하여는 구 법인세법 제10조의 3 및 조세특례제한법 제7조의 2 제5항을, 20○○. 1. 1.부터 20○○. 6. 30.까지 과세기간에 관하여는 개정된 조세특례제한법 제55조를 적용하여 증자소득공제금액을 금 615,959,183원으로 계상하고 기업합리화적립금 64,000,000원을 적립하였다.

그 후 원고는 국세청 유권해석에 의하면 증자소득공제를 금 162,211,800원이나 과다하게 계상하였다는 것을 알고 20○○. 3. 26. 수정신고를 통하여 이에 대한 법인세 및 가산세 합계금 56,389,490원을 자진납부하였다.

2. 부과처분의 내용

피고가 원고가 수정신고한 증자소득공제액 453,747,383원에 대한 법인세 상당액 154,274,110원을 기업합리화적립금으로 적립하여야 함에도 불구하고 금 64,000,000원만 적립하였으므로 90,274,110원을 과소적립하였다고 보고 이에 법인세 금 117,057,160원을 부과하였다.

3. 부과처분의 위법성

그러나 원고 회사가 개정된 조세특례제한법 부칙 제21조에 의하여 증자소득공제금액을 615,959,183원으로 계상하고 기업합리화적립금 64,000,000원을 적립한 것은 정당한 것이며, 가사 피고의 견해가 정당하다고 하더라도 원고는 그 후 이에 상응한 기업합리화적립금 90,274,110원을 적립하였으므로 피고의 이 사건 부과처분은 위법합니다.

4. 전심절차
 (1) 납세고지 - 20○○. 6. 4.
 (2) 이의신청 - 20○○. 7. 31.
   기 각 - 20○○. 9. 4.
 (3) 심사청구 - 20○○. 9. 24.
   기 각 - 20○○. 12. 22.

입 증 방 법

추후 제출하겠습니다.

첨 부 서 류

1. 소장부본	1통
1. 법인등기부등본	1통
1. 납부서	1통
1. 위임장	1통

20○○. 2. 6.

원 고 소송대리인
변호사 이 ○ ○   ⑩

○○고등법원 귀중

● Point : 세법 개정에 따른 경과조치에 관한 규정에 대하여 조세법률주의 정신에 따라 내용을 전
   개한다.

판 례

- 원고 주장과 같이 위 법령의 개정 전후에 따라 적용법령이 달라지는 것이 아니라 위 개정된 조세감면규제법에 따라야 할 것이며, 법령의 개정으로 종래의 소득공제율 등이 변경되었다고 기득권을 침해하여 헌법상의 재산권보장의 원칙 등을 위반하였다고 할 수 없다.

  따라서, 개정된 조세감면규제법의 조항에 따라 원고의 이 사건 증자에 따른 증자소득공제액은 별지3 정당한 증자소득공제액 계산서의 기재와 같이 금 453,747,383원이고, 이에 따른 기업합리화적립금은 금 154,274,110원이므로, 당초 원고의 신고가 정당하다는 원고의 위 주당은 이유없다.

- 개정된 조세감면규제법 제91조 제2항을 제1항의 규정에 의하여 기업합리화적립금을 적립하여야 할 자가 이를 적립하지 아니한 경우에는 제1항의… 소득공제를 적용하지 아니한다. 다만, 대통령령이 정하는 경우에는 그러하지 아니하다고 규정하고, 동 법시행령 제65조 제1항은 법 제91조 제2항에서 대통령령이 정하는 경우라 함은 다음 각 호의 경우를 말한다고 하고 제2호에서 내국법인이 당해 과세년도의 결산확정일(법인세법 제26조 제3항의 결산확정일을 말한다) 이 후 세무조정으로 인하여 당해 과세년도에 적립하여야 할 기업합리화적립금이 증액된 경우를 들고 있는바, 여기서 세무조정이라 함은 과세소득과 과세표준의 산정은 물론 납부할 세액의 계산까지를 포함하는 일련의 절차를 말한다고 풀이함이 상당하다.

  원고의 이 사건 사업년도의 결산확정일은 1991. 8. 27. 이고, 원고가 정기주주총회를 거쳐 같은 해 9. 25. 과세표준과 세액을 신고하였다가 이에 관한 피고의 세무조정에 따라 1992. 3. 26. 수정신고를 하고, 당해 과세년도에 적립하여야 할 기업합리화적립금이 금 64,000,000원에서 금 154,274,110원으로 증액되었음은 앞서 본 바와 같으므로, 이 사건의 경우는 위 법시행령의 규정에 따라 그 다음 사업년도의 이익금처분에 있어 이를 적립하여도 무방하다고 할 것인데, 갑 제5호증의 1, 2, 3, 갑 제6호증, 갑 제7호증의 1, 2, 3의 각 기재와 변론의 전취지를 종합하면, 기업합리화적립금은 이익잉여금의 처분에 해당하고 이는 정기주주총회의 승인을 받아야 적립이 가능한 관계(상법 제449조 참조)로 원고가 위 수정신고를 하기에 앞서 1992. 2. 18. 임의적립금에서 이입하여 기업합리화적립금에 적립하기로 하는 내용이 이사회의 결의를 거쳐, 그 다음 사업년도의 정기주주총회(1992. 8. 27.)의 승인을 받아 위 기업합리화 과소적립금상당액인 금 96,000,000원을 적립한 사실을 인정할 수 있고, 반증이 없다.

  그렇다면, 애초 기업합리화적립금의 과소적립분에 해당하는 소득공제액을 부인하고 그 소득공제액에 해당하는 법인세 금 117,057,160원의 부과처분은 위법하다 할 것이다. 원고의 위 주장은 이유있다.

  피고는, 이 사건 법인세를 고지한 후 그 다음 사업년도 주주총회의 승인을 받아 기업합리화적립금을 추가로 적립함으로써 피고의 당초 부과처분이 위법한 처분이 된

다면 이는 국세기본법 제15조 소정의 신의성실의 원칙에 위배되고 법적안정성도 위
협을 받게 된다고 주장하나, 그러한 사유만으로 신의성실의 원칙에 위배된다거나 법
적안정성을 위협받는다고 할 수 없다(부산고법 1994. 1. 19. 선고, 93구 623 판결).

■ 3. 영업양수에 의해 발생한 고정미수금을 대표이사에 대한 가지급금으로 볼 수 있는지 여부

세무서는 부산○○주식회사에 대해서 세무조사를 할 때 부산○○주식회사 장부에 기재된 수금을 대표이사에 대한 가지급금으로 보아 인정이자계산을 하고 법인세를 부과했다.

【서식】소 장

소　　장

원　고　　주식회사 부산○○○
　　　　　○○시 ○○구 ○○동 1245-6
　　　　　대표자 대표이사 장 ○ ○
　　　　　(연락처) 02-123-4567 (휴대전화) 010-1234-5678 (이메일) lawb@lawb.co.kr
　　　　　(123-456)
　　　　　소송대리인 변호사 이 ○ ○
　　　　　○○시 ○○구 ○○동 1245-6
　　　　　(연락처) 02-123-4567 (휴대전화) 010-1234-5678 (이메일) lawb@lawb.co.kr
　　　　　(123-456)

피　고　　○○세무서장

법인세등부과처분취소

청 구 취 지

　피고가 원고에 대하여 한 20○○. 12. 16.자 20○○년 12월 수시분 법인세 금 6,037,690원 및 교육세 금 945,840원과 20○○. 7. 16.자 20○○년 7월 수시분 갑종근로소득세 14,500,410원 및 교육세 2,636,630원의 부과처분은 이를 모두 취소한다.

청 구 원 인

　피고가 원고에 대하여 한 20○○. 12. 16.자 20○○년 12월 수시분 법인세 금 6,037,690원 및 교육세 금 945,840원과 20○○. 7. 16.자 20○○년 7월 수시분 갑종근로소득세 14,500,410원 및 교육세 2,636,630원의 부과처분은 이를 모두 취소한다.

청 구 원 인

1. 사실관계

　원고회사는 소외 (주)한국○○의 부산지점 영업을 포괄적으로 양수하면서 소외 (주)한국○○의 외상매출채권 546,398,456원을 인수하면서 그 중 169,101,319원은 별도로 관리하고자 고정미수금이라 하여 구분하여 두었습니다.

2. 부과처분의 내용

　피고 세무서장은 위 고정미수금을 불량채권이라고 보고, 이는 원고 회사의 대표이사에게 가지급금에 상당하고, 이에 대한 인정이자를 익금 가산하는 동시에 대표이사에 대한 상여로 처분하고 청구취지 기재와 같은 부과처분을 하였습니다.

3. 부과처분의 위법성

　그러나 위 고정미수금은 회수가 불가능한 불량채권이거나 가공채권도 아니고, 다만 회수나 관리의 편의상 구분하여 둔 것에 지나지 않습니다.

　그리하여 원고 회사는 현재 위 고정미수금은 거의 회수하였습니다.

　따라서, 이는 원고 회사의 대표이사에 대한 미지급금으로 볼 수 없으므로 이에 대한 인정이자를 계상할 여지가 없어 이 사건 부과처분은 위법함을 면할 수 없습니다.

입 증 방 법

　구두 변론시 수시제출하겠습니다.

첨 부 서 류

1. 소장부본   1통
1. 납부서   1통
1. 위임장   1통
1. 법인등기부등본   1통

20○○. 3. 20.

원고 소송대리인 변호사   이 ○ ○ ⑩

○○지방법원 귀중

- Point : 고정미수금은 악성채권이나 가공채권이 아니라는 점을 입증한다.
- 참조법령 : 구 법인세법 제52조(부당행위계산의 부인)

■ 4. 토지매수인이 일정기간 내에 국민주택을 건설하지 못한 경우 법인세의 추징을 배제하기 위한 요건

삼인건설주식회사는 국민주택건설용지를 매수하여 취득일로부터 3년 내에 국민주택의 일부는 완공했으나, 나머지는 여러 사정으로 인해 준공예정일을 넘겨서야 완공했다.

【서식】 소 장

소   장

원   고   삼인건설주식회사

　　　　　○○시 ○○구 ○○동 2가 ○○번지

　　　　　(연락처) 02-123-4567 (휴대전화) 010-1234-5678 (이메일) lawb@lawb.co.kr

　　　　　(123-456)

피   고   ○○세무서장

청 구 취 지

1. 피고가 20○○. 2. 16. 자로 원고에 대하여 한 법인세 214,202,230원의 부과처분은 이를 취소한다.
2. 소송비용은 피고의 부담으로 한다.

청 구 원 인

1. 사실관계

　　원고는 다음과 같이 토지를 국민주택건설용지로 취득하였다.

소 재 지	면적(㎡)	취 득 일	감면세액
마산 월영동 산 134-6	14,215	20○○. 8. 12.	249,756,000
마산 월영동 산 139-6	3,298	20○○. 8. 10.	
마산 월영동 산 593	153	20○○. 8. 10.	22,185,120
마산 월영동 산 594-3	135	20○○. 8. 10.	

  원고는 위 토지에 관하여 국민주택건설에 착수하여 20○○. 6. 30. 사실상 완공하고 20○○. 8. 5. 준공검사필증을 교부받았다.

2. 부과처분

  피고는 원고가 사업승인서상 준공일까지 완공하지 못하였다고 보아 조세특례제한법시행령 제50조 제4항 제1호를 근거로 하여 이 건 추징처분을 하고 있다.

3. 부과처분의 위법성

  그러나 조세특례제한법시행령 제50조 제4항 제1호는 취득한 날로부터 3년이 경과되는 경우에 그 사업계획서상의 준공일까지를 의미하는 것이고 같은 항 제2호에 비추어 취득일로부터 3년 이내에 완공하는 경우에는 그 준공일이란 훈시적인 의미로 보아야 할 것입니다. 그렇지 아니하면 제1호는 헌법상의 평등권 규정에 위배되어 무효라고 보아야 합니다.

  따라서 원고는 1차분은 취득일로부터 3년 내에 아파트를 건설하였으므로 추징사유에 해당되지 않습니다.

  원고 회사는 2차분은 당초 사업계획승인서상 준공예정일 내에 준공하고자 최선을 다하였으나 외부적 사정에 따라 그 기간을 지킬 수 없어 준공예정일 변경신고를 하고 그 기간 내에 준공하였을 뿐만 아니라, 가사 당초 준공예정일 내에 준공 못하였더라도 이것은 부득이한 사정에 기한 것으로서 추징을 배제할 정당한 사유에 해당됩니다. 따라서 추징처분은 위법하다고 사료됩니다.

  더구나 월영동 593-26 토지에 대하여는 취득일로부터 3년 내에 완공하였으므로 이 부분은 추가징수사유에 해당되지 않음이 명백합니다.

입증방법 및 첨부서류

기재생략

20○○. 12.

원 고 소송대리인
변호사 ○ ○ ○   ㉑

○○지방법원 귀중

● Point : 준공예정일을 넘긴 것에 대해서 정당한 사유가 있다는 점을 주장·입증해야 한다.

판 례

■ 조감법시행령(1989. 12. 30. 개정되기 전의 것) 제7항은 주택건설등록업자가 수용이나 도시계획 기타 법률의 규정에 의하여 주택을 건설할 수 없는 경우에는 그 제4항 소정의 기간 내에 국민주택을 건설하지 못하더라도 기히 감면된 양도소득세액에 해당하는 금액을 법인세 등에 가산하여 징수당하지 않도록 구제조항을 두고 있으나, 원고가 주장하는 바와 같은 건축자재 및 인력파동 등의 사유는 이에 해당하니 아니할 뿐만 아니라, 갑 제7, 8호증의 각 기재에 의하면, 오히려 그 당시 정부가 국민주택의 건설을 촉진하기 위하여 상업용 건물과 대형, 재개발, 재건축 주택의 건축을 제한하였던 사실을 인정할 수 있을 뿐이어서, 원고에 대한 이 사건 법인세의 징수처분을 배제할만한 정당한 사유에 해당한다고 보기 어려우므로, 원고의 위 주장도 이유없다(부산고법 1995. 10. 11. 선고, 94구 5090판결).

■ 5. 납부세액을 "0"으로 신고한 것에 대해 법인세 및 교육세를 부과처분한 경우

○○건설은 외국에 본점을 둔 외국 법인으로서 액화천연가스 탱크건설 및 감독 용역의 공급에 관한 계약을 체결하고 사업을 수행한 후 세무서에 수입금액 금 ○○○원, 소득결손금액을 금 ○○○원으로 해서 납부세액을 "0"으로 신고했다.

이에 세무서는 법인세 및 교육세를 부과처분했다.

【서식】소 장

소   장

원 고   ○○건설
　　　　○○시 ○○구 ○○동 ○○번지
　　　　(연락처) 02-123-4567 (휴대전화) 010-1234-5678 (이메일) lawb@lawb.co.kr
　　　　(123-456)
　　　　소송대리인 변호사   ○○○
　　　　○○시 ○○구 ○○동 ○○번지
　　　　(연락처) 02-123-4567 (휴대전화) 010-1234-5678 (이메일) lawb@lawb.co.kr
　　　　(123-456)
피 고   ○○세무서장

법인세 등 부과처분취소의 소

청 구 취 지

주위적으로 주문과 같은 판결을 구하고, 예비적으로 피고가 20○○. ○. ○. 자로 원고에 대하여 한 20○○년도분 법인세 금 ○○○원 및 교육세 금 ○○○원의 부과처분은 이를 취소함.
소송비용은 피고의 부담으로한다.
라는 판결을 구합니다.

청 구 원 인

1. 원고 ○○건설은 프랑스에 본점을 둔 외국법인으로서 ○○가스공사의 액화천연가스(LNG) 탱크 건설 및 ○○건설용역 및 감독용역의 공급에 관한 계약을 체결하고 위 계약에 따라 사업을 수행한 후 20○○. ○. 피고에게 20○○사업년도분 법인세 및 교육세 신고를 함에 있어 수입금액을 금 ○○○원, 소득결손금액을 금 ○○○원으로 하여 납부세액을 "0"으로 신고한 사실, 이에 대하여 피고는, (1) 원고가 본점공통경비배부액으로 신고한 금 ○○○원 중 국내사업장 경비총액으로 인정한 금 ○○○원의 ○○%(평균배부율)에 해당하는 금 ○○○원만을 손금인정하고 나머지 금 ○○○원을 손금불산입하고, (2) 원고가 본점지급 직접공사원가로 신고한 금 ○○○원을 국내업무 관련 여부가 불명확하다는 이유로 전액 손금불산입하고, (3) 이 사건 공사에 공동참여한 소외 ○○○사가 공급한 해외기자재 및 발주자 직원 해외연수 용역을 원고가 공급한 것으로 간주하여 위수입금액에 소득표준율 ○○%를 적용하여 산출한 금 ○○○원(해외기자재분 금 ○○○원, 해외연수 용역분 금 ○○○원)을 익금산입하는 등 세무조정을 거쳐 20○○. ○. ○. 원고에 대하여 20○○사업년도분 법인세 금 ○○○원 및 교육세 금 ○○○원을 공시송달의 방법으로 부과고지한 사실, 그 후 피고는 20○○. ○. ○.자 조세심판원의 결정에 따라 손금불산입한 본점지급 직접공사원가 중 금 ○○○원을 손금산입하여 법인세를 금 ○○○원으로, 교육세를 금 ○○○원으로 각 감액경정한 사실을 인정할 수 있다.

2. 주위적 청구에 대한 판단

　　원고는 주위적으로, 피고가 이 사건 부과처분을 고지함에 있어 원고가 이 사건 부과처분 당시 국내지점을 폐쇄하고 철수하면서 납세관리인을 두지 아니하였다는 이유로 등기부상 본점 소재지에 우편송달을 해 보지도 아니하고 막바로 국내지점의 구 주소지로 공시송달을 하였는바 이를 국세기본법 제8조, 제11조에서 규정한 공시송달의 요건을 결여한 것으로서 부적법하다 할 것이므로 결국 원고에 대하여 적법한 납세고지서의 송달이 없어 피고의 이 사건 부과처분은 무효이다. 그러므로 원고는 피고의 20○○. ○. ○. 법인세 등 부과처분의 취소를 구하고자 이 사건 소 제기에 이르게 된 것입니다.

20○○. ○. ○.

원고 소송대리인 변호사 ○ ○ ○ ㉑

○○지방법원 귀중

- Point : 법인의 제2차 납세의무자는 납세의무성립일 현재 법인의 무한책임사원 등이어야 하고, 법인세 및 부가가치세의 납세의무성립일은 과세기간이 종료하는 때이다.
- 참조법령 : 국세기본법 제8조, 제11조

제 4 절 상속세 및 증여세 관련

■ 1. 망인이 사망 전에 기재한 장부상의 인출금이 상속재산으로 추정되는지 여부

20○○. 8. 23. 망인의 심장발작에 의한 급사로 상속이 개시되었는데 망인이 경영하던 개인사업장의 장부에는 사망시로부터 소급하여 1년간 1억 2,400만원이 인출금으로 기장되어 있었다. 이에 세무서는 인출금의 소비처가 밝혀지지 않는다고 상속재산으로 추정하였다.

【서식】소 장

소   장

원 고 1. 이 ○ ○
　　　 2. 정 ○ 진
　　　 3. 정 ○ 선
　　　 4. 정 ○ 미
　　　 5. 정 ○ 민
　　　 위 원고들 주소 ○○시 ○○구 ○○동 ○○번지
　　　 (연락처) 02-123-4567 (휴대전화) 010-1234-5678 (이메일) lawb@lawb.co.kr
　　　 (123-456)
피 고 ○○세무서장

상속세부과처분취소

청 구 취 지

피고가 20○○. 10 .5. 자로 원고 이○○에 대하여 한 상속세 59,712,847원 중

49,712,847원을 초과하는 부분의, 원고 정○진, 정○선, 정○미, 정○민에 대하여
한 각 상속세 29,856,422원 중 각 상속세 24,856,422원을 초과하는 부과처분은 이
를 모두 취소한다.

<h3 align="center">청 구 원 인</h3>

1. 사실관계
  ① 소외 정○동은 20○○. 8 .23. 사망하고 원고들은 망인의 지위와 재산을 상
     속받았다.
  ② 원고들은 상속재산가액을 1,124,978,205원으로, 산출세액을 77,339,764원으로
     하여 1996. 2. 21. 상속세 신고를 마쳤습니다.

2. 부과처분의 내용
  피고는 위 상속세 신고에 관하여 20○○. 10. 5. 상속세 과세표준을
596,502,288원으로 결정하고 상속세 192,660,180원을 원고들에게 부과처분 하였
습니다.

3. 부과처분의 위법성
  망인이 생전에 운영하던 ○○상사의, 1995. 1. 1.부터 사망시까지의 장부상 인
출금 잔액 124백만원은 회계장부에 명목만 인출금으로 기재되어 있었을 뿐이고,
위 인출금이 실질적으로 상속인들에게 사망 당시 남아 있었던 것은 아니므로 상
속재산으로 추정할 수는 없습니다.

  망인이 위 금액을 인출하였다 하더라도 그 중 일부는 생활비로 소비되었다고
보아야 합니다.

4. 전심절차
  기재생략

<h3 align="center">입 증 방 법</h3>

기재생략

첨 부 서 류

기재생략

20○○. 1. 4.

원 고   이 ○ ○ 외 4명

○○지방법원 귀중

- Point : 개인사업자의 세무보고용 장부는 요식성을 갖추기 위한 것이 대부분이고 신뢰도가 떨어지므로 실제로 인출금의 발생과 인출금의 사용처를 밝혀야 한다.
- 참조법령 : 구 상속세법 제7조의2 제1항

판 례

■ 상속세법 제7조의 2의 적용을 받기 위하여는 우선 '상속재산을 처분'한 경우라야 할 것이다.

그런데 앞서 본 증거들에 의하면, 망인이 1991. 1. 1.부터 같은 해 8. 23. 까지 사이에 동일상사에서 1억 8,500만원을 인출하고 6,100만원을 입금함으로써 그 차액인 1억 2,400만원에 관하여 동일상사의 장부상 망인에 대한 가지급금 항목(자산에 해당한다)에 기장되어 있는 사실은 인정되나, 위 규정의 입법취지가 상속재산의 처분대금이 과세자료의 노출이 쉽지 않은 현금으로 상속인에게 상속됨으로써 상속세를 부당하게 경감할 수 없도록 하기 위한 것인 점(대법원 1996. 8. 23. 선고, 95누 13821 판결 참조) 등에 비추어 보면, 상속재산의 처분이라 함은 부동산·동산 등의 재산을 타에 유상으로 양도하거나 혹은 예금을 인출하여 예금채권을 소멸시키는 등 법 제7조의 2 제3항 소정의 재산을 소멸 또는 감소시키는 동시에 현금자산을 증가시키는 일체의 행위를 뜻한다고 봄이 상당하다고 할 것인바, 따라서 이 사건과 같이 개인기업체의 경영자가 금원을 가지급금 명목으로 인출하여 갔다고 하더라도 이를 들어 상속재산을 처분한 것이라고는 할 수 없다고 할 것이다.

다만, 그 인출금이 예금을 인출하거나 혹은 부동산·동산 등의 재산을 매각한 대가로서 취득한 것이라면 예금인출 또는 부동산 등의 매각행위의 자체를 상속재산의 처분으로는 볼 수 있다고 할 것이다. 이 사건의 경우 위 인출금이 예금을 인출하거나 혹은 부동산·동산 등의 재산을 매각한 대가로서 취득한 것이고 또한 재산종류별로도 1억원 이상이라고 볼 아무런 자료가 없으므로, 결국 위 인출금 1억 2,400만원을 법 제7조의 2 제1항에 따라 상속세 과세가액에 산입할 수는 없다고 할 것이다.

또한, 이 인출금이 비록 동일상사의 회계장부에 자산으로, 즉 동일상사의 망인에 대한 채권이자 망인의 동일상사에 대한 채무로 기장되어 있으나, 개인기업체의 경우에는 채권자와 채무자는 동일인격체이므로 그 인출금 상당액의 채권을 망인이 취득하게 되었다거나 혹은 망인이 인출금 상당액의 채무를 부담하게 되었다고도 할 수 없다고 할 것이니, 위 인출금이 당연히 상속재산가액에 포함되거나 혹은 법 제7조의 2 제2항에 해당한다 하여 상속세 과세가액에 산입할 수는 없다고 할 것이다.

다만, 인출금이 상속개시 당시까지 소비되지 않고 있었다거나 혹은 이를 대가로 하여 다른 자산의 형태로 존재한다면 상속세의 과세대상이 된다고 할 것이므로 이 점에 관하여 나아가 살펴보건대, 앞서 본 바와 같이 장부에 기재되지 아니한 외상매입금채무와 지급어음채무(도합 9,000만원 가량 된다)의 존재가 과세처분에 대한 이의절차 등에서 밝혀졌듯이 동일상사의 부외 거래시 발생한 채무의 변제를 위하여 지출되었거나 혹은 망인의 생활비 등 개인용으로 지출되었을 가능성을 배제할 수 없는 이상, 피고주장과 같이 망인이 경남 울주군 강동면 신현리 923-1 과수원 8,423㎡를 소유·경영하면서 그 소득으로 생활비의 일부를 충당하였다거나 혹은 위 인출금이 사망 8개월 전부터 단기간에 걸쳐 이루어졌다거나, 망인의 상속인들이 인출금의 사용용도를 정확하게 밝히지 못하고 있다는 사유들만으로는 인출금 또는 그에 상당하는 다른 자산이 상속개시 당시 존재하고 있었다고 보기 어렵고 달리 이를 인정할 아무런 자료가 없으므로 결국 인출금을 상속재산가액에 포함할 수도 없다고 할 것이다(부산고법 1998. 3. 6. 선고, 97구 1471 판결).

> ■ **2. 비상장 주식에 대한 거래가액을 시가로 볼 수 있는지 여부**

　방○○은 비상장 상속 주식에 대한 상속개시 후 소외 ○○건설회사에 매매하고 이를 시가로 하여 상속세 신고를 마쳤다. 그러나 세무서는 보충적 평가액보다 현저히 저렴하다는 이유로 시가로 보지 않고 이를 부인하였다.

【서식】소 장

소　장

원 고　방 ○ ○
　　　　○○시 ○○구 ○○동 ○○번지
　　　　(연락처) 02-123-4567　(휴대전화) 010-1234-5678　(이메일) lawb@lawb.co.kr
　　　　(123-456)
피 고　○○세무서장

상속세부과처분취소

청 구 취 지

1. 피고가 20○○. 1. 26. 자로 원고 방○○에 대하여 한 상속세 112,105,360원의
　 부과처분으로 이를 취소한다.
2. 소송비용은 피고의 부담으로 한다.
라는 판결을 구합니다.

청 구 원 인

1. 자진신고
　 원고들은 망 서○○이 20○○. 10. 28. 사망함에 따라 망인의 지위와 재산을 상속받고 상속세로 금 744,583,275원을 자진신고납부하였다.

2. 부과처분의 내용

(1) 상속세결정

피고는 20○○. 7. 1. 서○○에 대한 상속세결정을 함에 있어 망인이 ○○투자금융주식회사에서 어음할인에 의한 거래를 하면서 20○○. 11. 5. ~ 20○○. 11. 2. 사이에 인출한 금 283,043,193원을 그 사용처가 불명하다는 이유로 이를 상속재산에 가산하여 상속세 949,136,477원을 결정하고 금 204,553,200원을 고지하였다.

(2) 경정결정

피고는 부산지방국세청 업무지적사항이라며 망인이 보유한 ○○모방 2,500주를 당초 시가에 의하여 금 20억원으로 평가하였다가 다시 보충적 평가방법에 의거 금 2,624,190,000원에 평가한 뒤 상속세 총결정세액 1,883,347,521원으로 하고 추가고지세액 934,211,040원을 추가로 고지하였다.

3. 부과처분의 위법성

원고들이 매각한 주식은 상속개시 당시와 별다른 변동이 없는 것이므로 이 매각대금은 시가로 보아야 한다.

(1) 이 사건 비상장주식의 시가와 평가

원고들은 ○○모방주식회사의 주식 2,500주를 20○○. 1 .26. 소외 ○○건설주식회사에게 금 1,248,868,916원(20억원에서 피상속인의 가수금채권 751,131,084원을 공제한 금액)에 양도하고, 피상속인의 ○○모방주식회사에 대한 가수금 채권 751,131,084원을 채권양도하고 합계금 20억원을 ○○건설주식회사로부터 수령하였다.

상속재산의 평가는 상속개시 당시의 시가에 의하되 시가가 불분명하면 보충적인 평가방법으로 그 가액을 산정하도록 하고 있습니다.

이 사건에서 원고들이 상속개시 후 불과 3개월만에 이윤추구를 목적으로 하는 기업에 주식을 금 1,248,868,916원에 매각한 것은 특별한 사정이 없는 한 수요와 공급에 의하여 결정되는 시장가격인 시가라고 보아야 합니다.

세무서는 위 거래가액의 진실성 여부에 관하여 직접 ○○건설주식회사에 출장하여 조사한바 그 진실성이 확인이 되어 당초 그 거래가액을 시가로 보아 평가하였습니다.

소외 ○○모방주식회사는 섬유업의 사양화로 이 부분사업을 폐업하고, 공장건물을 임대하여 명맥만 유지하는 회사에 불과하고 동 임대료수입도 미미하여 매년 적자에 시달려 오던 회사입니다.

그리하여 제세공과금 등 적자를 메우기 위하여 피상속인으로부터 돈을 가수금명목으로 차용하여 이에 충당하다 보니 상속개시 당시 가수금 부채가 금 751,131,084원에 달하고 있었습니다.

따라서 주식의 가치는 크게 떨어져 있었습니다.

(2) 주식매매와 부동산매매의 경우는 가격결정구조가 다르다.

기업소유 부동산매도의 경우에는 매수자는 매수가격 전체를 취득원가로 잡아 세무계산시 필요경비 또는 손금산입이 되므로 평가액 자체로도 거래가 성사됩니다.

따라서 매수 후 매도 사이에 양도차익에만 과세를 당하면 됩니다.

반면, 주식을 취득하면 주주의 지위만 변동될 뿐 기업소유 개개의 부동산 소유권의 변동은 초래하지 않습니다.

이 경우에는 주식을 취득한 회사는 기업소유 부동산을 매도하면 취득원가가 원래 기업이 부동산을 취득한 시점의 가액이 되므로, 특히 취득시기가 오래 전인 경우 취득원가는 미미하여 매도가액 전부가 대부분 양도차익이 되어 많은 조세부담을 하게 됩니다.

그리하여 주식을 취득하는 경우에는 이러한 조세부담액을 공제하고 거래가액이 정해지고 거래가 이루어 집니다.

이 사건에서 ○○모방이 취득한 부동산은 20○○년이고, 이 당시에는 부동산가격이 저가인 시절이라 취득가액 자체가 금 7,515,358원 정도로서 소유부동산을 타에 매각할 경우 특별부가세와 배당소득세를 원고 등이 부담하지만 주식을 처분하면매수인이 이를 부담하는 조세전가가 일어나므로 자연히 이를 감안하여 부동산가격에서 공제하여 거래가격이 정해지기 마련입니다.

그런데 부동산을 공시지가를 기준으로 평가하여 양도할 경우에 발생하는 제세금을 공제하면 원고의 수중에 들어오는 돈은 718,923,167원 정도에 지나지 않는데도 불구하고, 이 주식은 금 1,248,868,916원에 처분한 것은 시가 상당 내지 그 이상이라고 보아야 하고 결국 조세회피행위가 없었음이 명백합니다.

〈이하생략〉

- Point : ① 상속재산의 평가는 시가가 원칙이고 순이익과 순자산 평가법은 보충적이라는 점을 주장한다.

  ② 공인회계사에게 시가감정을 한다.

- 참조법령 : 구 상속세법 제319조 제1항, 동시행령 제5조

판 례

(i) 삼성건설(주)의 쟁점주식 양수대금 지급관련 장부(총계정원장, 현금출납부)와 청구인이 쟁점주식의 양도대금으로 지급받은 약속어음 등의 쟁점주식매매계약서와 거래금액, 거래일자와 일치하고 있어 계약서상의 거래금액은 실지거래가액임이 확인되고 있고,

(ii) 이 건 쟁점주식 발행법인인 (주)건명모방은 85년도 이후부터 쟁점주식 양도일까지 장기간 생산활동이나 영업활동이 전혀 없이 사실상 폐업상태임이 (주)건명모방의 대차대조표, 손익계산서 등 결산관련서류와 처분청의 조사내용에 의해 확인되며,

(iii) 당 심판소에서 조사한바, 청구인들과 삼성건설(주) 대표이사 정종기는 친인척 등 특수관계인에 해당되지 않은 것으로 확인되고 있으며,

(iv) 청구인들의 주장과 같이 쟁점주식의 발행법인을 해산하여 보유자산인 토지로 매각하여 주식의 지분만큼 배당받지 않고 청구인이 부담하여야 할 제세금 등을 고려한 후 쟁점주식에 대한 당사자 각 적정 교환가치를 산정하여 거래하는 것도 청구인의 입장에서는 선택할 수 있는 방법 중의 하나로 인정할 수 있을 것이다.

　위의 사실관계를 종합하여 볼 때, 쟁점주식에 대한 거래가 상속개시일로부터 약 3개월 후에 이루어지기는 하였으나, 위 주식발행회사의 경영상태의 변동은 없었으며, 폐업상태에 있는 법인으로서 경영권이 주식의 가치에 영향을 주기는 어렵다 할 것이고, 특수관계인 간의 의도적인 조작거래로 보여지지 않는바, 비록 이것이 불특정다수인간의 여러 차례에 걸친 거래로 인하여 형성된 가격이 아니었다고 하더라도 주식거래 당사자 간의 관계나 거래의 경위 및 가격결정 과정 등에 비추어 쟁점주식의 거래가격은 그 주식의 객관적 교환가치를 적정하게 반영한 정상적인 거래가격이라고 보여지므로 이는 상속세법 제9조 제1항과 같은 법시행령 제5조 제1항에서 규정하는 "상속개시 당시의 시가"로 인정하는 것이 타당할 것으로 판단된다(국세심판소 1997. 10. 30. 96부 1319 결정).

■ 3. 부동산을 취득하면서 소요한 자금출처의 입증 정도

하○○은 토지를 금 7억5천만원에 취득하면서 소요된 자금출처를 제시하였으나 세무서는 일부만 인정하고 나머지는 남편으로부터 증여받았다고 보았다.

【서식】 소 장

소　　장

원 고　하　○　○
　　　　○○시　○○구　○○동　○○번지
　　　　(연락처) 02-123-4567　(휴대전화) 010-1234-5678　(이메일) lawb@lawb.co.kr
　　　　(123-456)
피 고　○○세무서장

증여세부과처분취소청구의 소

청　구　취　지

1. 피고가 20○○. 7. 16. 원고에게 한 20○○년도분 증여세 금 183,330,000원 교육세 금 30,555,000원의 부과처분을 취소한다.
2. 소송비용은 피고의 부담으로 한다.
라는 판결을 구합니다.

청　구　원　인

1. 증여세 등의 부과경위

　　원고가 서울 관악구 신림동 432-4 대 510.7㎡ 및 같은 동 1669의 12 대 31.7㎡를 금 750,000,000원에 취득하고 1990. 6. 12. 그 등기를 마치자, 피고는 위 매매대금 중 427,500,000원만 자금출처로 인정하고, 나머지 금 322,500,000원을 원고의 남편 김○○로부터 증여받은 것으로 인정하여 1997. 7. 16. 원고에게 20○○년 귀속년도로 증여세 금 183,330,000원, 교육세 금 30,555,000원을 부과고지하였습니다.

2. 부과처분의 위법성

그러나 원고는 서울 영등포구 대림동 908 소재 부동산을 소유하다가 양도하는 등 남편 김○○과는 별도로 재산을 보유하며 이를 늘리는 등 경제활동을 하다가 위 부동산의 양도대금과 원고가 보험회사 및 신용금고 등에서 차용한 금원으로 이 사건 부동산을 매입한 것이므로, 위 매매대금의 일부를 증여받은 것으로 인정하여 한 이 사건 부과처분은 사실을 오인하여 실질과세의 원칙을 어긴 위법이 있다 할 것입니다.

3. 심사 및 심판청구

원고는 위와 같은 사유 등으로 20○○. 9. 6. 심사청구를 하였다가 20○○. 11. 3. 심사청구기각결정을 받고, 20○○. 12. 27. 조세심판원에 심판청구를 하였으나 20○○. 6. 10. 심판청구를 기각하는 결정을 송달받았습니다.

입 증 방 법

기재생략

첨 부 서 류

기재생략

20○○ 8. 1.

원 고 하 ○ ○ ⑪

○○지방법원 귀중

● Point : 부동산 취득자가 일정한 직업과 소득을 가지고 있는 만큼 세세하게 입증하지 못한다고 해서 증여추정을 할 수 없다.

● 참조법령 : 구 상속세법 제34조의 6

판 례

■ 원고는 1969. 경부터 1978. 9. 경까지 생활필수품가게인 영등포소비조합을 운영하였고 1982. 9. 17. 부천시 중동 390의 3 전 1,788㎡를 매수 취득하고, 1982. 11 .12. 서울 구로구 개봉동 407의 11 원풍아파트 6동 503호 91.47㎡를 경락받아 취득하고 1987. 8. 20. 위 원풍아파트를 매도하고, 1988. 1. 5. 위 부천시 토지를 매도한 후, 1988. 9. 5. 원고의 동생인 소외 유재선과 함께 대림동 토지를 취득하여 같은 달 21. 원고와 위 유재선의 공유로 소유권이전등기를 경료하고 1989. 3. 16. 그 지상에 대림동 건물을 신축·준공하여 같은 달 29. 원고와 위 유재선의 공유로 소유권보존등기를 경료하고 이를 임대하여 오던 중 1990. 4. 12. 대림동 부동산을 대금 855,000,000원에 매도한 외에는 별다른 직업이나 그밖의 재산이 없었던 사실, 반면에 위 정진숙은 가전제품판매회사인 소외 신광가전판매주식회사를 경영하여 왔고, 1981. 이후 전국 각지의 임야, 전, 답, 대지 등을 159건에 63,126㎡를 거래하는 등 상당한 경제적 능력이 있었던 사실이 인정되고 반증이 없는 바, 이 사건 토지의 취득대금 450,000,000원에서 대림동 부동산의 매각대금 중 원고 지분에 해당하는 몫으로 조달한 것으로 인정되어 피고로부터 자금출처를 인정받은 금 427,500,000원을 뺀 나머지 금 322,500,000원에 대하여는 원고가 그만한 재력을 보유하고 있었음을 인정할 증거가 없으므로 위 금 322,500,000원은 남편인 위 정진숙으로부터 증여받은 것으로 추정된다고 할 것이고, 이와 달리 원고에게 별도의 재산취득자금이 존재하고 아울러 그 자금이 이 사건 토지의 취득자금으로 사용되었다는 점은 원고가 입증하여야 할 것이다.

따라서 원고는 그 소득이나 재산의 정도가 이 사건 토지의 가치에 상당한 정도 미달하여 그 소득이나 재력만으로는 이 사건 토지 전부를 자력으로 취득하였다고 보기 어려운 반면 그의 남편인 위 정진숙은 위와 같은 자금을 대주기에 충분한 소득과 자력을 갖추었다고 인정되어 이 사건 토지의 취득자금 중 자금출처가 확인되지 않은 위 금 322,500,000원을 원고가 위 정진숙으로부터 증여받은 것으로 추정함이 상당하다고 할 것이므로, 결국 원고가 이 정진숙으로부터 위 금 322,500,000원을 증여받은 것으로 인정하여 그에 대한 증여세 및 방위세를 부과한 이 사건 처분은 적법하고 원고의 주장은 이유없다(서울고법 1997. 10. 9. 선고, 96구 26840 판결).

■ 4. 배우자 간의 금전융통과 차명계좌 이용에 대한 증여추정

유○○은 처의 예금을 담보로 은행에서 금전을 차용했다가 처의 예금을 차용해서 대출금과 상계한 후 변제하였다. 세무서는 여러 차례에 걸쳐 차용금을 처로부터 증여받은 것으로 보고 증여세 과세를 했다.

【서식】소 장

소　　장

원　고　유　○　○

○○시 ○○구 ○○동 ○○번지

(연락처) 02-123-4567 (휴대전화) 010-1234-5678 (이메일) lawb@lawb.co.kr

(123-456)

피　고　○○세무서장

증여세부과처분취소

청　구　취　지

1. 피고가 20○○. 3. 16. 자로 원고에 대하여 한 증여세 70,609,700원의 부과처분은 이를 취소한다.
2. 소송비용은 피고의 부담으로 한다.

라는 판결을 구합니다.

청　구　원　인

1. 부과처분의 내용

피고는 원고가 부산 남구 용호동 산26 임야 27,868㎡를 취득하면서 소요된 자금의 추적조사 과정에서 다음 사항을 증여로 보고 있다.

연 월 일 시	자 금 흐 름
20○○. 2. 9. 12 : 18	○○철강 인출 120,000,000원
20○○. 2. 9. 12 : 20	전○○ 계좌입금 120,000,000원
20○○. 2. 9. 12 : 54	전○○ 계좌출금 120,000,000원
20○○. 2. 9. 13 : 13	원고 계좌입금 120,000,000원
20○○. 7. 15.	수협 ○○동지점 140,000,000원 대출
20○○. 7. 19.	수협 ○○동지점 전○○예금으로 상계

쟁점 ① 20○○. 2. 9. 금 120,000,000원 건

　원고의 처 전○○ 계좌에서 인출된 금 120,000,000원이 원고 계좌에 입금된 것은 증여에 해당된다.

쟁점 ② 20○○. 7. 19. 금 140,000,000원 건

　원고가 20○○. 7. 15. 수협 ○○동지점에서 금 140,000,000원 대출받았으나 20○○. 7. 19. 원고의 처 예금에서 상계되었으므로 증여에 해당된다.

2. 부과처분의 위법성

　(1) 쟁점 ①에 대하여

　　　원고의 처 계좌에 입금된 금 120,000,000원은 원고의 처남 전○○이 대표이사로 되어 있으나 실권을 행사하고 있는 ○○철강으로부터 대여받은 가지급금으로서 자금관리상 형식적으로 만든 전○○ 계좌에 일시 입금시켰다가 출금하여 원고 계좌에 입금시킨 것에 불과하고 그 돈 자체가 전○○의 것이 아니므로 증여받은 것이 아닙니다. 원고는 ○○철강으로부터 대여받은 것을 가지급금으로 회계처리하였습니다.

　(2) 쟁점 ②에 대하여

　　　원고의 대출금 회수를 위하여 수협 ○○동지점이 원고의 처 예금을 상계하였더라도 원고는 처에게 구상하여 줄 의무가 있어 증여받은 것으로 볼 수 없으므로 이 사건 부과처분은 위법합니다.

3. 전심절차

(1) 납세고지 - 20○○. 3. 16.
(2) 이의신청 - 20○○. 5. 13.
   기   각 - 20○○. 6. 25.
(3) 심사청구 - 20○○. 10. 11.
   기   각 - 20○○. 11. 4.
(4) 심판청구 - 20○○. 11. 4.
   기   각 - 20○○. 2. 1.

입 증 방 법

기재생략

첨 부 서 류

기재생략

20○○. 2. 1.

원 고 유 ○ ○ ㊞

○○지방법원 귀중

- Point : ① 배우자 간의 자금융통이 증여가 아닌 일시적 융통임을 해명한다.
      ② 부부 간의 재산 정도와 금전융통금액의 상당성을 밝힌다.
      ③ 융통금 변제가 세무조사 이전인 사실을 증명한다.
- 참조법령 : 구 상속세법 제29조의 2 제1항 (증여세 납세의무자)

판 례

- 처분경위

원고가 부산 남구 용호동 산 26 임야 27,688㎡를 취득하는 과정에서 1991. 2. 9. 원고의 처인 소외 전경숙의 예금계좌에서 금 120,000,000원을 원고 계좌로 이체하였다가 인출하고, 같은 해 7. 15. 수산업협동조합 하단동지점으로부터 금 140,000,000

원을 대출받고서 같은 달 19. 전경숙의 예금으로 상계산 사실, 피고는 위 합계 금 260,000,000원을 전경숙이 원고에게 증여한 것으로 보고 1996. 3. 16. 원고에게 대하여 위 금 140,000,000원에 과한 증여세 금 70,609,700원을 부과처분한 사실은 당사자 사이에 다툼이 없다.

• 처분의 적법 여부

원고는 1982년경 부산 북구 감전동에서 삼성철강단조공업사를 운영하던 중 사업부진으로 부도를 내어 폐업하고, 후에 처남을 내세워 주식회사 삼보철강을 설립하여 이를 실질적으로 운영하고 있었는데, 1991. 2. 9. 위 회사로부터 금 120,000,000원을 차용하면서 회계처리의 편의상 동 회사의 이사로 등재되어 있던 처인 소외 전경숙의 계좌로 입금하게 하여 가지급금으로 처리하고 이를 인출하여 사용하였고, 같은 해 7. 15. 수협 하단동지점으로부터 금 140,000,000원을 대출받으면서 전경숙으로부터 위 금액 상당을 차용하기로 하고 동인의 예금으로 위 대출금을 상계하게 한 후, 그 차용금 중 금 4,000,000원을 1993. 7. 19.에 금 100,000,000원을 1995. 10. 10.에 각 전경숙에게 지급하여 이를 변제한 사실을 각 인정할 수 있고 반증이 없으므로, 원고가 위 수협 대출금을 수협에 변제하는 과정에서 전경숙으로부터 위 대출금액 상당을 증여받아 이를 수협에 변제하였다는 등의 전제에서 나온 피고의 이 사건 증여세부과처분은 위법하다 할 것이다(부산고법 1997. 12. 24. 선고, 97구 2191 판결).

■ 5. 노모가 수령한 토지수용보상금을 자녀의 통장에 입금시킨 경우를 증여로 볼 수 있는지 여부

성○○은 노모가 수령한 토지수용보상금을 자신의 통장에 입금시키고 그 중 일부를 인출해서 자기명의로 부동산을 취득했다.

과세관청은 수용보상금을 자녀인 성○○에게 증여한 것으로 보고 증여세 과세를 했다.

【서식】소 장

소　　장

원 고 성 ○ ○
　　　　○○시 ○○구 ○○동 ○○번지
　　　　(연락처) 02-123-4567 (휴대전화) 010-1234-5678 (이메일) lawb@lawb.co.kr
　　　　(123-456)
피 고 ○○세무서장

증여세부과처분취소의 소

청 구 취 지

1. 피고가 20○○. 11. 1. 원고에 대하여 한 20○○년 수시분 증여세 901,500,000원의 부과처분은 이를 취소한다.
2. 소송비용은 피고의 부담으로 한다.

청 구 원 인

1. 사실관계
　창원시 용지동 352의 2 대 1,940㎡ 및 그 지상건물 49.28㎡(이하 제1부동산이라고 한다)는 원고의 어머니인 소외 심○○의 소유였는데 ○○종합기계공업기지

개발사업으로 수용됨에 따라 20○○. 3. 28. 심○○이 창원시로부터 1,298,723,500원을 보상받게 되자 같은 날 그 보상금 전액이 아들인 원고명의의 ○○은행 보통예금통장에 입금되었다가 그 예금 중 900,000,000원이 인출되어 원고명의로 같은 해 4. 8. 창원시 중앙동 50의 8 대 244㎡ 및 그 지상 상가 및 주택 996.9㎡(이하 제2부동산이라고 한다)를, 같은 해 5. 4. 같은 시 신월동 ○○아파트 110동 203호 아파트 134.115㎡(이하 제3부동산이라고 한다)를 각 취득하는데 사용되고, 같은 해 4. 16. 나머지 예금 중 300,000,000원이 인출되어 원고명의의 ○○은행 신탁예치금통장에 입금되었다.

2. 부과처분의 내용

   피고는, 원고가 20○○. 3. 28. 어머니인 심○○으로부터 현금 1,200,000,000원을 증여받은 것으로 보고 20○○. 11. 1. 원고에 대하여 20○○년도분 증여세 901,500,000원을 부과하는 처분을 하였다.

3. 부과처분의 위법성

   원고의 모친은 70세 이상의 고령으로 무학자인 관계상 거액의 돈을 혼자 관리할 능력이 없어 자식인 원고에게 그 관리를 부탁하게 되었고, 원고는 재산관리 방편상보상금을 별도로 자신명의 통장을 개설하고 예금시킨 뒤, 부동산을 취득하는 등 재산관리를 하여 왔을 뿐이고, 보상금을 증여받은 것은 아닙니다.

   원고명의로 취득한 부동산은 명의신탁재산으로서 노모에게 반환하여야 하는 것으로 결코 증여받은바 없어 이 사건 부과처분은 취소되어야 합니다.

4. 전심절차
   기재생략

입 증 방 법

기재생략

첨 부 서 류

기재생략

20○○. 3.

원 고 성 ○ ○ ○ ⑪

○○지방법원 귀중

● Point : 노모가 연로하여 재산관리의 방편으로 그 자녀가 예금을 관리하였을 뿐이라는 점을 입
증한다.

판 례

① • 과세경위

- ○○빌딩의 주식 6,000주를 모 홍○○가 제3자인 이○주를 거쳐 여 이○순에
게 증여한 것을 우회증여로 보아 증여세 과세

- 1989년 5월 이○주로부터 홍○○의 자 이○순이 매입한 것처럼 명의개서

- 1989년 11월 주식취득자금 120백만원을 증여받은 것으로 증여세 신고

- 1991년 8월 우회증여로 보아 임대용건물을 임대료환산방법으로 평가하여 1주
당 가액을 계산증여세 28억원 고지 결정

- 1995년 6월 대법원 파기환송

- 우회증여는 인정되었으나 증여자산의 평가에 있어 당해증여물건이 아닌 법인
의 자산평가를 임대료환산방법으로 평가함은 부당하다고 파기환송되어 기준
시가로 평가 증여세 15억으로 경정함.

- 1997년 5월 환송심에서 우회증여로 보아 증여세 과세 적법(국승)

- 1998. 9. 25. 대법원 선고 국승

• 환송심(원심)판결요지

원고는 실질적인 거래라고 주장하지만 (i) 주식의 거래가액이 정상적인 거래에
서는 생각할 수 없는 저가이고, (ii) 회사의 재정상태 등을 전혀 모르는 상태에
서 원고의 모 홍○○에게 일임하였으며, (iii) 매도후에 양도소득과 의제배당에
대한 종합소득세를 원고의 부 이준구가 부담하였다는 것은 일반적으로 납득할
수 없어 이 사건 주식은 정상적인 거래가 아니라 모 홍○○가 그의 딸인 원고
에게 증여하려는 목적으로 행한 일련의 행위로 보인다. 또한 원고는 모 홍○○
가 이○주에게 명의신탁한 1986. 3. 8일을 증여시기로 보아야 한다고 주장하나

위의 인정사실에 의하면 홍○○가 원고에게 이 사건 주식을 증여함에 있어 이○주는 중간과정으로 거친 것에 불과하고 1989. 5월 원고에게 증여가 이루어졌다고 보아야 한다.

• 대법 확정판결 요지 제32조의 2의 증여의제 규정은 실질소유자로부터 명의자에게 실질적인 소유권을 이전하려는 것이면서도 단순한 명의신탁임을 가장하여 증여세를 회피하려는 경우에 적용되는 것으로서 명의인이 아니라 명의신탁자인 실소유자 또는 다른 제3자에게 부과될 증여세를 회피하기 위하여 명의인에게 명의신탁한 경우에까지 적용되는 것은 아니다. 따라서 이 사건 주식의 증여시기를 원심과 같이 볼 경우 홍○○는 이○주에게 이 사건 주식의 명의를 신탁한 것이 되지만 이는 원고에게 부과될 증여세를 회피하기 위한 것이지 명의인인 이○주에게 부과될 증여세를 회피하기 위한 것은 아니라 할 것이므로 이○주에 대하여 위 증여의제 규정이 적용될 여지가 없어 이중과세의 우려는 없다(대법원 1998. 9. 25. 선고, 97누 9291).

② 갑 제4 내지 7, 11호증, 갑 제10, 12호증의 각 1, 2, 을 제2, 12호증의 각 1, 2, 을 제3, 4, 7 내지 11, 13 내지 24호증의 각 기재 및 증인 심봉순의 증언과 원고본인 신문결과에 변론의 전취지를 종합하면, 심봉순은 1914. 생으로서 고령이고 초등교육조차 받지 못한 무학자로서 1947. 3. 3. 남편인 소외 망 강용현이 사망한 후 슬하에 2남 2녀를 키우면서 농사에만 종사하여 왔던 관계로 1992. 3. 28. 창원시로부터 일시에 제1부동산의 수용보상금으로 1,298,723,500원이라는 거액을 수령하게 되자 이를 혼자서 사실상 관리, 운용하기가 어려운 관계로 그 당시 차남으로서 자신과 함께 살고 있었을 뿐만 아니라 그 보상금을 수령할 때 창원시에 함께 갔던 원고로 하여금 이를 관리 운용하도록 하기 위하여 경남은행 용지지점 창원시출장소에서 원고의 명의로 보통예금통장을 별도로 개설하고(당시 원고는 다른 통장과 인장을 가지고 있었다) 그 보상금 전액을 입금한 사실, 그 후 심봉순은 그 통장과 인장을 자신이 보관, 관리하여 오다가 자신의 유일한 재산이며 주거지였던 제1부동산이 수용됨에 따라 노후에 대한 준비 등을 위하여 원고와 함께 이를 대체할 부동산과 아파트 등을 물색하던 중 그 중 800,000,000원을 인출하여 원고명의로 1992. 3. 26. 소외 배만조로부터 제2부동산을 매수하여 같은 해 4. 8. 그 소유권이전등기를 경료하였고, 100,000,000원을 인출하여 원고명의로 같은 해 4. 11. 소외 김창현으로부터 제3부동산을 매수하여 같은 해 5. 4. 그 소유권이전등기를 경료하였으며, 같은 해 4. 16. 은행직원의 권유로 300,000,000원을 인출하여 연 3%의 이율에 불과한 보통예금보다 연 12%의 이율에 여러 가지 혜택이 주어지는 신탁예치금통장을 원고명의로 개설하여 이를 대체입금하였고 나머지 돈은 새로 매수한 부동산의 수리비 및 생활비 등으로 인출하여 소비한 사실, 그런데 심봉순은 원고명의로 된 제2, 3부동산에 관한 등기필증 등 관련서류와 신탁예치금통장 및 인장 등을 자신이 소지, 보관하였고, 한편 원고는 이 사건 처분 전인 1993. 2. 2. 제2부동산은 심봉순이 원고에게 명의신탁한 것이라는 내용의 공증인증서를 작성한 바 있으며, 원고의 형이자 심봉순의 장남인 소외 강기중 명의로 같은 해 4. 27. 제3부

동산에 관하여 가등기가, 같은 해 4. 30. 제2부동산에 관하여 가압류등기가 각 경료되었을 뿐만 아니라, 이 사건 처분 후 심봉순이 원고를 상대로 창원지방법원 95가합 10518호로 제2부동산에 관하여 명의신탁해지를 원인으로 한 소유권이전등기청구소송을 제기하여 1996. 1. 18. 그 인낙조서까지 작성되어 있는 사실을 인정할 수 있고, 을 제6, 25호증의 각 기재만으로는 위 인정을 뒤집기에 부족하며 달리 반증이 없다.

위 인정사실에 의하면 심봉순이 그 소유인 보상금 1,298,723,500원을 보관, 관리하기 위하여 편의상 원고명의의 보통예금통장에 이를 전액 입금하였다가 그 중 900,000,000원을 인출하여 제2, 3부동산을 매수한 후 원고명의로 그 소유권이전등기를 경료하고 그 중 300,000,000원을 원고 명의의 신탁예치통장에 대체입금하였을 뿐이라고 할 것이므로 원고가 심봉순으로부터 현금 1,200,000,000원을 증여받았음을 전제로 한 피고의 이 사건 처분은 위법하다고 할 것이다(부산고법 1997. 5. 23. 선고, 95구 9693 판결).

■ 6. 직계존비속 간의 매매와 대가지급의 입증

임○○은 아들에게 여러 차례 금전을 대여해 주거나 채무를 대위변제하는 등 채권을 가지고 있다가 아들 소유 부동산을 대물변제조로 넘겨왔는데, 과세관청은 이것을 증여의제로 보고 증여세를 부과하였다.

【서식】 소 장

소　　장

원 고　임 ○ ○
　　　　○○시 ○○구 ○○동 ○○번지
　　　　(연락처) 02-123-4567　(휴대전화) 010-1234-5678　(이메일) lawb@lawb.co.kr
　　　　(123-456)
피 고　○○세무서장

증여세부과처분취소

청 구 취 지

1. 피고가 20○○. 5. 1. 자로 원고에 대하여 한 20○○년 귀속 증여세 63,377,140원의 부과처분은 이를 취소한다.
2. 소송비용은 피고의 부담으로 한다.
라는 판결을 구합니다.

청 구 원 인

1. 사실관계
　아들 소유인 부산 서구 암남동 431-2 대 661㎡ 중 366분의 92.8지분과 위 지상 주택1동 229.24㎡에 관하여 20○○. 5. 27. 원고 앞으로 소유권이전등기가 경료되었다.

2. 부과처분의 내용

　피고는 20○○. 5. 7. 원고의 아들 소외 임○○로부터 원고 앞으로 매매를 원인으로 소유권이전된 이 사건 토지공유자 지분 366분의 166 중 366분의 92. 8 및 이 사건 건물에 대하여 직계존비속 간의 양도를 증여의제로 보아 원고에게 이 건 부과처분하였다.

3. 부과처분의 위법성

　원고는 이 사건 토지 위의 주택신축자금 5,000만원을 소외 임○○에게 융통해 주고 이에 대한 담보로서 20○○. 10. 28. 가등기를 경료해 두었다가 그 이후에 임○○가 타에 진 채무를 갚기 위하여 또 원고로부터 융통해간 5,200만원을 합한 금 1억200만원에 이 사건 부동산을 양수하기로 하고, 20○○. 5. 6. 금 5,200만원짜리 매매계약서를 만들어 20○○. 5. 7. 소유권 이전등기를 경료하였으므로 이 사건 등기는 대가를 지급한 것이 객관적으로 명백하므로 증여의제를 할 수가 없습니다(1990. 3. 27. 선고, 89누 4949 판결 참조).

4. 전심절차
　　기재생략

입 증 방 법

기재생략

첨 부 서 류

기재생략

20○○. 1.

원 고　임 ○ ○　㊞

○○지방법원　귀중

- Point : 직계존비속간 매매시의 대가지급에 대해 명백히 입증한다.
- 참조법령 : 구 상속세법 제34조 제1항・제3항

판 례

■ 이 사건 과세처분의 적법 여부는, 서원의로부터 그 아버지인 원고 앞으로 된 이건 부동산에 관한 소유권이전등기가 실지로 대가를 지급하고 이루어진 것인지, 즉 원고 주장처럼 서원의가 원고에게 합계 금 102,000,000원의 채무를 지고 있었고, 그 대물변제로서 소유권이전등기를 해 주었는가 하는가에 달려 있는바, 위 소유권이전등기에 각 기재, 증인 서원의의 증언은 원고와 서원의 사이의 관계 등에 비추어 쉽사리 믿기 어렵고 갑 제4호증, 갑 제5호증의 1, 2, 3, 갑 제6호증의 1, 2, 3의 각 기재만으로는 원고의 주장사실을 인정하기에 부족하며, 달리 이를 인정할 증거가 없으므로, 결국 원고가 1992. 5. 7. 원고의 아들인 소외 서원의로부터 이 사건 부동산을 그 대금을 지급하고 취득한 사실은 명백히 인정된다고 할 수 없다 할 것이다(부산고법 1997. 10. 15, 97구 1396).

■ 7. 모자 간에 대가를 수수하기로 하고 자녀의 채권자에게 모친의 부동산을 넘겨준 경우

모자 간에 대가를 수수하기로 약정하고 모친이 자녀의 채무에 대한 대물변제조로 자녀의 채권자에게 모친소유의 부동산을 넘겨주었다. 이를 과세관청은 증여로 보고 증여세 과세를 하였다.

【서식】소 장

소　　장

원　고　감　○　○
　　　　　○○시 ○○구 ○○동 ○○번지
　　　　　(연락처) 02-123-4567　(휴대전화) 010-1234-5678　(이메일) lawb@lawb.co.kr
　　　　　(123-456)
피　고　○○세무서장

증여세등부과처분취소

청 구 취 지

　피고가 20○○. 5. 2. 자로 원고에 대하여 한 증여세 금 93,510,000원 및 교육세 금 15,585,000원의 부과처분은 이를 모두 취소한다.

청 구 원 인

1. 사실관계
   (1) 원고는 경남 사천시 동동 305-30 및 305-22 소재 4층 근린생활시설건물 (이하 이 사건 건물이라 한다)의 신축을 총 공사비 323,000,000원에 주식회사 ○○건설에 도급주어 신축하였다.

(2) 원고는 20○○. 8. 18. ○○건설합자회사와 도급계약을 체결하면서 공사대
금의 일부로 사천시 벌리동 532-4 대 595.3㎡ 및 동 532-8 대 595.2㎡(이
하 이 사건 토지라 한다)를 공사대금조로 소유권이전등기를 해 주기로 약
정하였다.

(3) 원고는 20○○. 9. 13. (등기접수일자) 소외 ○○건설합자회사 앞으로 이
사건 토지의 소유권이전등기를 경료하여 주었다.

2. 부과처분의 내용

피고는 원고가 지급할 공사대금 197,000,000원을 원고의 모친 소유인 이 사건
토지로 지급하였으니 금 197,000,000원 상당을 증여받았다고 보아 이 사건 부과
처분을 하였다.

3. 부과처분의 위법성

원고가 이 사건 건물신축대금의 지급수단으로 소유권을 넘겨 준 이 사건 토지
는 원고가 신축할 이 사건 건물의 3, 4층 여관을 이 사건 토지소유자인 전○○
에게 임대하면서 받을 임대보증금 2억원 중 197,000,000원조로 받은 것이므로 무
상으로 이 사건 토지를 증여받은 것이 아닙니다.

원고가 일단 이 사건 토지를 전○○으로부터 양도받아 중간생략등기의 방법으
로 ○○건설합자회사에 소유권이전을 넘겨 주었던 것입니다.

환언하면 원고가 이 사건 건물공사대금으로 이 사건 토지를 처분한 것이며 전
○○이 원고가 지급할 이 사건 건물공사대금을 대위변제한 것이 아닙니다.

4. 전심절차

(1) 납세고지 - 20○○. 5. 2.

(2) 심사청구 - 20○○. 6. 27.
기   각 - 20○○. 2. 19.(1. 21. 수령)

(3) 심판청구 - 20○○. 4. 19.
기   각 - 20○○. 9. 5.

입 증 방 법

기재생략

첨 부 서 류

기재생략

20○○. 11.

원 고 감 ○ ○ ㉑

○○지방법원 귀중

- Point : 모자 간의 대가수수약정이 현실적으로 대가수수로 이행되었는지 객관적으로 입증한다.
- 참조법령 : 구 상속세법 제29조의2 제1항 (증여세 납세의무자)

판 례

■ 먼저 전위순이 원고로부터 이 사건 건물의 3, 4층 여관을 보증금 200,000,000원에 임차하기로 하고, 그 임차보증금 지급조로 이 사건 토지를 양도한 것이라는 원고의 주장에 관하여 살피건대, 이에 부합하는 증인 박명률의 증언은 동인이 원고의 부이고 전위순 또는 원고의 모인 점에 비추어 이를 선뜻 믿기 어렵고, 갑 제4호증의 1 내지 3, 갑 제5호증 내지 9호증의 각 기재만으로 이를 인정하기에 부족하며 달리 이를 인정할 증거가 없으므로 위 주장은 이유없다(부산고법 1997. 6. 26. 96구 10898 판결).

■ 8. 부친을 상대로 소유권이전등기소송을 제기하여 승소판결을 편취하여 이전등기한 경우

송○○은 부친을 상대로 부동산 소유권이전등기소송을 제기하여 부친도 모르게 의제자백 판결을 받아서 소유권이전등기를 경료하였고, 이에 세무서는 증여세 과세를 했다.

【서식】 소 장

소　　장

원 고　심 ○ ○

　　　○○시 ○○구 ○○동 ○○번지

　　　(연락처) 02-123-4567 (휴대전화) 010-1234-5678 (이메일) lawb@lawb.co.kr

　　　(123-456)

피 고　○○세무서장

증여세부과처분취소

청 구 취 지

1. 피고가 20○○. 12. 16. 자로 원고에 대하여 한 증여세 145,301,660원 및 교육세24,200,270원의 부과처분은 이를 취소한다.
2. 소송비용은 피고의 부담으로 한다.

청 구 원 인

1. 사실관계

　별지목록 기재 부동산에 관하여 20○○. 8. 13. 소외 김○○로부터 원고 앞으로 20○○. 2. 8. 대물반환을 원인으로 하여 소유권이전등기가 경료되었다가 20○○. 8. 3. 원고 앞으로 경료된 소유권이전등기가 말소되어 김○○ 앞으로 원상회복되었다.

2. 부과처분의 내용

　피고는 소외 김○○로부터 원고 앞으로의 소유권이전등기는 직계존비속간의 양도로서 상속세법 제34조 제1항에 의하여 증여로 의제하고 부과 당시를 기준으로 공시지가에 의하여 토지가액을 평가하고 청구취지 기재와 같은 부과처분을 하고 있다.

3. 부과처분의 위법성

　이 사건 부동산에 관하여 20○○. 8. 13. 원고 앞으로 소유권이전등기를 경료한 것은 원고가 김○○를 상대로 부산지방법원에 허위의 제소를 하여 의제자백의 판결을 편취하여(○○지방법원 20○○. 6. 22. 선고, 20○○가합 5125 판결), 이에 기하여 단독으로 등기를 하였다가 뒤에 이러한 사실이 발각되어 김○○의 항소로 부산고등법원에서 원심판결이 취소되고(○○지방법원 20○○. 6. 25. 선고,20○○나 831 판결), 이로 인하여 원고 앞으로 경료된 등기는 원인무효로 말소되었습니다.

　따라서, 원고와 김○○ 간에 처음부터 양도양수가 없었으므로 원인무효에 기한소유권이전등기가 경료되었다 하여 증여의제를 할 수 없습니다.

4. 전심절차
　(1) 납세고지 - 20○○. 12. 16.
　(2) 심사청구 - 20○○.　2. 12.
　　　기　　각 - 20○○.　3. 13.
　(3) 심판청구 - 20○○.　3. 23.
　　　기　　각 - 20○○.　6. 22.
　　　　　　　 - 20○○.　6. 24. 수령

입 증 방 법

기재생략

첨 부 서 류

기재생략

20○○. 8. 1.

원 고 심 ○ ○ ㉑

○○지방법원 귀중

- Point : 판결편취의 경우에는 판결이 확정되지 않으므로 항소제기를 통해서 편취판결을 취소하도록 한다.
- 참조법령 : 구 상속세법 제34조 제1항

판 례

■ 갑 제5호증의 각 내지 3, 을 제1호증의 1, 2, 을 제3호증의 각 기재에 의하면 원고가 그의 아버지인 소외 윤동수로부터 별지목록 기재 부동산을 1990. 2. 8. 대물변제받았다 하여 위 소외인을 상대로 부산지방법원 90가합 5125호로 소유권이전등기를 구하는 소를 제기하여 의제자백에 의한 승소확정판결을 받고 그 판결에 터잡아 1990. 8. 13. 위 부동산에 대한 소유권이전등기를 경료한 것에 대하여, 피고는 이를 상속세법 제34조 제1항의 규정에 따라 증여로 의제하고 1991. 12. 16. 원고에게 대물변제 당시의 공시지가에 의하여 토지가액을 평가한 다음 주문 기재와 같은 이 사건부과처분을 한 사실, 그러나 위 판결은 소외 윤동수가 병환으로 곧 사망할 것같은 기미를 보이게 되자 원고가 출가한 여형제들에게 재산이 상속되는 것을 막기 위해 동생인 소외 윤범철과 상의하여 윤동수 몰래 윤동수에게 송달된 소장부본을 위 윤범철이 받고, 판결정본 또한 원고의 처 소외 박복희가 수령하여 위 윤동수에게 전달하지 아니함으로써 편취된 것으로 밝혀져 위 윤동수의 항소에 기한 이 법원 92나 831호로 1992. 6. 25. 위 원심판결의 취소와 아울러 원고의 청구를 기각하는 판결이 선고되어 그대로 확정되고 이에 따라 위 부동산에 관한 원고명의의 소유권이전등기가 같은 해 8. 3. 실제로는 원인무효임에도 형식상으로는 위 대물변제계약이 해제된 것으로 하여 말소된 사실을 각 인정할 수 있고 달리 반증이 없다.

　살피건대, 상속세법 제34조 제1항의 규정의 취지는 양도자의 의사에 기한 정당한 양도의 경우에만 그 가액을 증여한 것으로 의제한다는 뜻이라 할 것이므로 비록 외형상으로는 양도자가 직계비속에게 재산을 양도한 것처럼 보이지만 사실상 양도자의 의사에 반하는 등 정당한 양도행위가 없거나 당초부터 실체적 원인없이 경료된 원인무효의 등기인 것으로 밝혀진 경우에는 그 시점이 부과처분의 전후인지를 묻지 않고 위 규정을 적용할 수 없는 것이라 할 것이다(부산고법 1993. 6. 2. 선고, 92구 3267 판결).

■ 9. 모자 간에 소유권 반환청구소송을 제기하여 다투다가 법정화해를 한 뒤 모에게 소유권이전등기를 한 경우

강○○ 또는 이 남편이 장남 앞으로 명의신탁해 놓은 부동산에 대해, 강○○ 은 남편이 사망하자 아들을 상대로 소유권반환청구소송을 제기하였다. 그러나 그 후 법정화해를 통해 그 중 9655분의 5290만 소유권이전등기를 했고, 세무서 는 이를 증여로 보아 증여세 과세를 하였다.

【서식】 소 장

소   장

원 고 강 ○ ○

　　　　○○시 ○○구 ○○동 ○○번지

　　　　(연락처) 02-123-4567 (휴대전화) 010-1234-5678 (이메일) lawb@lawb.co.kr

　　　　(123-456)

피 고 ○○세무서장

증여세부과처분취소

청 구 취 지

1. 피고가 20○○. 12. 16. 자로 원고에 대하여 한 20○○년 귀속 증여세 168,759,600원의 부과처분은 이를 취소한다.
2. 소송비용은 피고의 부담으로 한다.

라는 판결을 구합니다.

청 구 원 인

1. 사실관계
   (1) 원고는 20○○. 5. 21. 소외 정○○을 상대로 부산 해운대구 재송동 1004-1 대 965.5㎡에 관하여 명의신탁해지를 원인으로 한 소유권이전등기 절차 이행의 소를 부산지방법원 동부지원에 제기하였다.

(2) 원고와 소외 정○○은 위 명의신탁해지를 원인으로 한 소유권이전등기청
　　구소송에서 다음과 같이 법정화해를 하였다.

(3) 위 화해에 따라 20○○. 3. 17. 원고 앞으로 위 토지 중 529㎡에 관하여 명
　　의신탁해지를 원인으로 한 소유권이전등기가 경료되었다.

2. 부과처분의 내용

　피고는 원고가 소외 정○○으로부터 소유권이전받은 위 529㎡ 토지를 정○○
으로부터 증여받았다고 보아 이 사건 부과처분을 하였다.

3. 부과처분의 위법성

(1) 원고는 이 사건 토지를 취득할 당시 남편 정○○과 함께 부산진구 양정동
　　산 70-10 소재 ○○주유소를 운영하고 있었고, 소외 정○○은 당시 만 28
　　세로서 대학을 졸업하고 2년이 지나도록 별다른 직업을 구하지 못해 ○○
　　주유소에서 원고를 보조하며 주유소관리를 돕고 있었다.

(2) 원고는 20○○. 3. 31. 재송동 1004 대 965.5㎡를 이○○로부터 금
　　7,225,000원에 매수하는 매매계약을 하고 잔대금을 모두 지급한 뒤 소유
　　권이전등기를 함에 있어 차남인 정○○ 앞으로 명의신탁하였습니다.

(3) 원고는 20○○년에 들어와서 위 토지를 자식들에게 균등하게 분배하고자
　　정○○에게 명의신탁해지를 하고 소유권반환을 청구하였으나 정○○이 이
　　를 이행하지 아니하여 부득이 정○○ 상대로 민사소송을 제기하였던 것입
　　니다.

(4) 위 소송도중 법원이 화해를 종용하여 자식을 상대로 소송을 계속한다는
　　것이 집안 창피이기도 하여 위 토지 중 529㎡를 원고가 돌려받고, 나머지
　　436.5㎡는 소외 정○○이 당시 위 ○○주유소의 관리를 5년간 도운 대가
　　로 받기로 합의하고 화해하였다.

(5) 따라서 명의신탁해지에 의한 소유권 환원임이 명백하고 원고가 정○○에
　　게 무상으로 증여받은 것이 아닌 만큼 증여세 부과는 위법합니다(부모가
　　자식에게 증여하는 것이 순리이지, 자식이 부모에게 증여한다는 것은 상
　　례에 어긋납니다).

4. 전심절차

　기재생략

입 증 방 법

기재생략

첨 부 서 류

기재생략

20○○. 10.

원 고 강 ○ ○ ㊞

○○지방법원 귀중

- Point : ① 부동산이 박○○ 또는 그녀의 남편이 명의신탁한 재산임을 입증한다. (특히, 등기필증을 원고가 소지하고 있었던 점을 입증한다).

  ② 소송이 증여를 위한 방편으로 이루어진 것이 아님을 입증한다.

- 참조법령 : 구 상속세법 제34조 제1 · 3항, 동법시행령 제41조 제3항

판 례

- ① 이 사건 토지에 관하여 박경옥 명의로 경료된 소유권이전등기는 원고가 아들인 박경옥 앞으로 이 사건 토지를 명의신탁한 것이라고 할 것이고, 따라서 위 화해조서에 기하여 원고명의로 경료된 이 사건 과세대상 토지에 관한 소유권이전등기는, 명의신탁의 해지에 따라 그 소유명의를 환원받은 것에 불과하여 증여행위가 아님은 물론, 구 상속세법 제34조 제1항 소정의 재산의 양도에 해당한다고 할 수도 없다고 할 것이다(대법원 1992. 12. 24. 선고, 92누 10784 판결 : 대법원 1989. 9. 12. 선고, 89누 411 판결 등 참조).

  한편 위 인정사실에 의하면, 망 박호영이 그의 자금으로 이 사건 토지를 매수하면서 그 매매계약의 매수인 명의를 원고로 하여 매매계약을 체결하였거나, 원고와 망 박호영이 공동으로 이를 매수하면서 그 매수인 명의를 원고 단독으로 하여 매매계약을 체결한 다음, 그 소유권이전등기를 경료함에 있어서는 아들인 박경옥 명의로 한 것으로 볼 여지도 있으나, 이 경우에도 박경옥은 사망 후 분쟁상태에 있는 이 사건 토지의 소유권 귀속에 관한 법률관계를 확

정받는데 대한 반대급부로, 원고에게 이 사건 과세대상 토지부분을 양도한 것으로 볼 것이고, 따라서 이 사건 과세대상 토지에 관하여 원고명의로 소유권이전등기가 경료된 것은 결국 상당한 반대급부를 지급하고 양도된 사실이 명백히 인정되는 경우에 해당한다고 할 것이다(부산고법 1997. 7. 9. 선고, 96구11419 판결).

② • 과세경위

이 ○○은 서울 ○○동 1642-25 소재 ○○빌리지 608호(대 502.02㎡ 포함)를 1991. 2. 27. 취득하면서 원고 조○○에게 소유권이전등기를 하였다.

이에 대하여 피고는 상속세법 제32조의2 소정의 제3자 명의로 등기 등을 한 재산에 대한 증여의제대상으로 보아 증여세 417백만원 과세

• 판결요지

  - 제1점, 조세회피목적이 있었는지에 대한 심리를 다하지 아니하였다는 주장에 대하여

명의신탁의 증여의제에 관한 구 상속세법(1993. 12. 31. 법률 제4662호로 개정되기 전의 것) 제32조의2 제1항의 입법취지는 명의신탁제도를 이용한 조세회피행위를 효과적으로 방지하여 조세정의를 실현한다는 취지에서 실질과세원칙에 대한 예외를 인정한 데에 있다 할 것이므로 명의신탁에 있어 조세회피의 목적이 없었다는 점에 관한 입증책임은 이를 주장하는 명의자에게 있다고 할 것이다(95누 9174, 96. 8. 20 참조).

소론은 이 사건 명의신탁에 조세회피목적이 있다는 점을 판단함에 있어서 구체적으로 해당되는 법령과 명의신탁자인 이○○ 및 수탁자인 원고가 보유하고 있는 부동산을 구체적으로 특정하여 그 면적과 적용법령과 과세표준 등의 관계를 살펴보아야 한다는 것이나, 그와 같은 사정 또한 명의자인 원고에게 입증책임이 있는 것으로서 원고가 이를 구체적으로 입증하지 아니한 이상 조세회피목적이 없다는 점에 대한 입증부족으로 인한 불이익은 원고에게 돌아가는 것이다. 원심에 그 점에 대한 심리를 다하지 아니한 위법이 있다는 논지는 이유없다.

  - 제2점, 조세의 범위를 증여세에 한정하여야 한다는 주장에 대하여

구 상속세법(1993. 12. 31. 법률 제4662호로 개정되기 전의 것) 제32조의2 제1항 단서 "증조세"에 증여세 이외의 다른 조세가 포함되고, 조세회피의 목적이 없는 명의신탁이라는 점에 대한 주장·입증책임이 납세의무자측에게 있다고 해석하는 것이 헌법상의 조세법률주의에 위배되는 해석이라고 할 수 없다(헌재 96헌바 87, 97헌바 5·29(병합), 1998. 4. 30. 참조)

  - 제3점, 명의신탁 증여의제 규정에 따른 증여의제시기에 대하여

증여세의 조세채권은 증여에 의하여 재산을 취득하는 때 성립하고(국세기

본법 제21조 제1항 제2호), 이 사건 토지의 취득시점은 원고 명의로 소유권 이전등기가 경료된 1991. 2. 27. 이므로 당시에 시행되던 구 상속세법(1993. 12. 31. 법률 제4662호로 개정되기 전의 것) 제32조의 2가 적용되어야 할 것이며, 그 후 전문개정된 상속세 및 증여세법 개정법률에 의하여 삭제되었다고 하더라도 그 이전에 조세채권이 성립된 이 사건에 관하여 위 개정법률의 부칙에 증여세를 부과할 수 없다는 경과규정이 없는 이상 그와 같은 사정이 이 사건 부과처분에 영향을 미칠 수 없다고 할 것이다(대법원 1999. 2. 23. 선고, 98두 13911).

■ **10. 소외인이 주주명의로 주식을 취득하자 이를 증여받은 것으로 보고 증여세를 부과한 경우**

　하○○은 ○○시에 본점을 둔 ○○건설 주식회사의 주주로 등재되어 있었다.

　○○지방국세청장은 세무조사를 실시한 결과, 소외 이○○가 하○○ 명의로 주식을 취득했음을 밝혀내고 ○○세무서에 통보했고, 이에 ○○세무서는 하○○ 명의로 등재된 이 사건 주식을 증여받은 것으로 보고 증여세액을 산정하여 부과처분했다.

【서식】소 장

소　　장

원 고　하 ○ ○
　　　　○○시 ○○구 ○○동 ○○번지
　　　　(연락처) 02-123-4567　(휴대전화) 010-1234-5678　(이메일) lawb@lawb.co.kr
　　　　(123-456)
　　　　소송 대리인 변호사　○　○　○
　　　　○○시 ○○구 ○○동 ○○번지
　　　　(연락처) 02-123-4567　(휴대전화) 010-1234-5678　(이메일) lawb@lawb.co.kr
　　　　(123-456)

피 고　○○세무서장

증여세부과처분취소

청 구 취 지

1. 피고가 20○○. ○. ○. 원고에 대하여 한 20○○년 귀속분 증여세 금 ○○○
　원의 부과처분은 이를 취소한다.
2. 소송비용은 피고의 부담으로 한다.
라는 판결을 구함.

청 구 원 인

1. 처분의 경위

　가. 원고는 20○○. ○. 경 ○○시 ○○구 ○○동 34의 1을 본점 소재지로 하는 상장 회사인 소외 ○○건설 주식회사(이하 소외 회사라 한다)의 주주 명부에 주주로 등재되어 있었다.

　나. 그런데 ○○지방국세청장은 그 무렵 소외 회사 및 그 계열법인에 대한 세무 조사를 실시한 결과, 그 대표이사인 소외 이○○가 19○○. ○. ○.부터 19○○. ○. ○. 까지 사이에 소외 회사의 유·무상 증자 등을 통하여 발행한 주식 중 ○○○주를 취득함에 있어, 20○○. ○. ○. 무상증자시 ○○○주, 같은 달 22. 소외 회사의 자기 주식 매각시 ○○○주, 20○○. ○. ○. 유상증자시 ○○○주, 20○○. ○. ○. 유상 증자시 ○○○주 등 합계 ○○○주(이 중 위 20○○. ○. ○. 유상 증자시 취득한 ○○○주를 다음 부터는 이 사건 주식이라고 한다)를 원고 명의로 취득였음을 밝혀내고, 이는 위 ○○○가 원고 명의로 신탁한 것이라고 피고에게 통보하였다.

　다. 이에 피고는 20○○. ○. ○. 상속세법 제○○조 제1항을 적용하여, 원고 명의로 등재된 이 사건 주식은 위 ○○○로부터 증여받은 것으로 보고 이 사건 주식의 가액을 금 ○○○○원으로 평가한 뒤, 상속세법 제○○조 제1항에 의하여 위 20○○. ○. ○. 증여 전 5년 이내에 동일인으로부터 증여받은 위 20○○. ○. ○. 자 20○○. ○. ○. 자 및 20○○. ○. ○. 자 증여분을 각 금 ○○○○원, 금 ○○○○원, 금 ○○○○원으로 각 평가하여 이들을 위 20○○. ○. ○. 증여분 가액에 합산한 뒤 이를 과세표준으로 하여 증여세 금 ○○○○원을 부과하였다가 20○○. ○. ○. 세율을 잘못 적용하고 가산세를 잘못 계산하였다고 하여 위 증여세액을 금 ○○○○원으로 감액

　라. 피고는 20○○. ○. 위 20○○. ○. ○. 자 증여분만을 재차 증여분으로 합산하여 증여세액을 산정하고, 이에 따라 증여세액에서 공제하여야 할 자진 납부 세액도 줄어들게 되는 한편, 증여세귀속분 증여세를 금 ○○○○원으로 다시 증액 경영하는 처분(이하 이 사건 부과처분이라고 한다)을 하였다.

2. 과세처분 위법성

원고는 다음과 같은 사유를 들어 이 사건 과세처분이 위법하다고 주장한다.

첫째, 소외 회사의 실질적 1인 주주인 소외 ○○○가 소외 회사의 기업공개를 앞두고 증권거래소 1부 종목으로 상장되기 위한 요건을 미리 갖추기 위하여 대주주인 자신의 지분을 낮추고, 또한 상장된 이후에도 증권감독기관에서 대주주로 하여금 상장 당시의 소유 주식 비율을 초과하여 주식을 취득할 수 없도록 그 취득을 사실상 제한하고 있었으며, 종합소득세등 세법상의 불이익도 예상되었기 때문에 이를 회피할 목적으로 원고들과의 아무런 협의나 의사의 연락 없이 일방적으로 그 명의를 도용하여 주식을 인수한 것이므로, 위와 같은 주식 인수를 원고들에 대한 증여로 볼 수 없을 뿐만 아니라 증여세를 회피할 목적도 없었으므로, 상속세법 제32조의 2 제1항을 적용하여 원고들과 소외 이○○로부터 이 사건주식을 증여받은 것으로 의제할 수는 없다고 할 것이어서 이 사건 각 과세처분을 위법하다.

둘째, 가사 소외 ○○○가 이 사건 주식을 원고들 명의로 인수한 것을 원고들에게 명의신탁한 것으로 본다고 할지라도, 위 이○○가 이 사건 주식에 관하여 이 사건 각 과세처분일 이전인 20○○. ○. ○. 까지 명의신탁을 해제하고 주주명부상의 원고들 소유명의를 말소하여 소급적으로 그 명의신탁의 효력을 상실케 함으로써, 이 사건 각 과세 처분 당시에는 증여로 의제할 명의신탁이 존재하지 아니하게 되었으므로 피고의 이 사건 각 과세처분은 위법하다.

그러므로 원고는 피고는 20○○. ○. ○. 증여세부과처분의 취소를 구하고자 이 사건 소 제기에 이르게 된 것입니다.

입 증 방 법

1. 갑 제1호증   납세고지서 겸 영수증서

기타에 필요한 것은 변론에 따라 수시로 제출하겠습니다.

첨 부 서 류

1. 위 입증방법   각 1통
2. 소송 위임장   1통
3. 소장부본   1통

20○○. . .

원고 소송 대리인
변호사 ○ ○ ○ ㉵

○○행정법원 귀중

- Point : 증여가 아닌 일반적인 부동산의 증여에 있어서 부동산의 취득일은 증여에 따른 소유권 이전등기를 한 때이며, 증여가 서면에 의한 것이거나 수증자가 부동산을 인도받아 사용 수익하고 있더라도 소유권이전등기를 마치지 않은 이상 부동산을 취득한 것으로 볼 수 없다. 또한 소유자이던 증여자가 사망한 경우에는 그 부동산은 상속재산에 속한다.
- 참조법령 : 구 상속세법 제31조의3 제1항, 제32조의2 제1항.

■ 11. 상속재산가액을 추가로 고지한 뒤 과세처분한 경우

  소외 유○○는 ○○아파트 수분양권을 양도받아 ○○○에 계약금과 중도금, 액수미상의 프리미엄을 받고 수분양 명의를 위 ○○○로 변경하였다. 그러나 19○○. ○. ○. ○○○이 사망함으로 인해 이○○ 외 2인은 ○○○처와 자녀들로부터 이 사건 아파트의 수분양권을 비롯한 위 망인의 재산을 공동으로 상속하게 되었다. 이에 ○○세무서는 상속재산가액을 추가로 고지한 뒤 위 상속재산 중 토지의 평가액을 감액 평가하여 과세처분했다.

【서식】소 장

소   장

원 고 이 ○ ○ 외 3인
　　　　○○시 ○○구 ○○동 ○○번지
　　　　(연락처) 02-123-4567 (휴대전화) 010-1234-5678 (이메일) lawb@lawb.co.kr
　　　　(123-456)
　　　　소송대리인 변호사 ○ ○ ○
　　　　○○시 ○○구 ○○동 ○○번지
　　　　(연락처) 02-123-4567 (휴대전화) 010-1234-5678 (이메일) lawb@lawb.co.kr
　　　　(123-456)

피 고 ○○세무서장
　　　　○○시 ○○구 ○○동 ○○번지
　　　　(123-456)

상속세부과처분 취소의 소

청 구 취 지

  피고가 20○○. ○. ○. 원고들에 대하여 한 상속세 금 ○○○○원 및 그 교육

세 금 ○○○○원의 부과처분 중 상속세 금 ○○○○원 및 그 교육세 금 ○○○
○원을 초과하는 부분은 이를 취소한다.

2. 소송비용은 피고의 부담으로 한다.
라는 판결을 구합니다.

청 구 원 인

(1) 소외 망 유○○는 20○○. ○. ○. 소외 ○○○로부터 같은 소외인 ○○시로
    부터 대금 ○○○○원에 분양받은 ○○시 ○○구 ○○동 89, 89의 1, 89의 2
    지상 ○○아파트 251동 507호(이하 '이 사건 아파트'라 한다)에 관한 수분양
    권을 양도받아 그 수분양자명의를 위 ○○○로 변경하였다.
(2) 위 ○○○는 이 사건 아파트 분양대금 중 계약금과 중도금 합계 금 ○○○
    ○원과 액수 미상의 프리미엄을 지급한 상태에서 20○○. ○. ○. 사망함으
    로써 원고들이 그 처와 자녀들로부터 이 사건 아파트의 수분양권을 비롯한
    위 망인의 재산을 공동으로 상속하게 되었다.
(3) 피고는 원고들의 상속재산의 가액을 토지 금 ○○○○원, 건물 금 ○○○○
    원및 이 사건 아파트 수분양권의 프리미엄 금 ○○○○원을 합한 금 ○○○
    ○원으로 보고 20○○. 3. 경 원고들에게 상속세 금 ○○○○원, 교육세 금
    ○○○○원을 부과고지하였다.
(4) 그런데 피고는 위 당초결정에서 이 사건 아파트의 수분양권의 가액을 평가
    함에 있어서 위 망 ○○○가 이미 지급한 분양대금 금 ○○○○원을 상속재
    산가액에서 누락한 사실을 발견하고, 위 당초 상속재산가액 금 ○○○○원
    에 위 분양대금 ○○○○원을 합하고 상속세법 제○○조 제3항의 공제액 금
    ○○○○원을 공제하여 상속재산가액을 금 ○○○○원으로 하고 20○○. ○.
    ○. 상속세 금 ○○○○원, 교육세 금 ○○○○원으로 경정결정하여 당초세
    액보다 증액된 상속세 금 ○○○○원, 교육세 금○○○○원을 추가로 고지
    하였다.
(5) 그러나 피고는 그 후 위 상속재산 중 토지의 평가액 금 ○○○○원을 금 ○
    ○○○원으로 감액 평가하고 위 건물 평가액 금 ○○○○원과 이 사건 아파
    트 수분양권의 기분양대금 ○○○○원 및 프리미엄 평가액 금 ○○○○원을

합한 금 ○○○○원을 상속재산가액으로 하여, 20○○. ○. ○. 원고들에게 상속세 금 ○○○○원 및 교육세 금 ○○○○원으로 감액결정(위 감액결정으로 20○○. ○. ○. 과세처분은 위와 같이 감액되었고, 이를 이하 '이 사건 과세처분'이라 한다)하여 이를 통지하였다.

2. 과세처분의 위법성

원고는, 피고가 이 사건 아파트에 대한 수분양권의 상속 당시의 가액을 위와 같이 그 분양대금 ○○○○원에 프리미엄 ○○○○원을 합하여 산정하였으나 이는 소득세법 제60조, 같은법시행령 제115조 제1항 제5호, 같은법시행규칙 제56조의 5 제10항에 의한 것으로 상속세법상 아무런 근거가 없는 것으로 조세법률주의에 반하여 위법한 처분이며, 또한 국세청 기본통칙 37⋯⋯(9) 제2항에 반하여 해석함으로써 소급과세의 금지를 규정한 국세기본법 제18조 제2항 및 세무공무원의 재량의 한계를 규정한 같은 법 제19조에 반하는 위법한 처분이다. 그러므로 원고는 피고의 20○○. ○. ○. 상속세부과처분의 취소를 구하고자 이 사건 소를 제기합니다.

입 증 방 법

추후 변론시 제출하겠습니다.

부 속 서 류

1. 소장부본	1통
1. 가족관계증명서	1통
1. 주민등록등본	1통
1. 소송위임장	1통
1. 납부서	1통

20○○. ○. ○.

원고소송대리인 변호사 ○ ○ ○ ㊞

○○행정법원 귀중

- Point : ① 상속인이 피상속인으로부터 그 소유의 토지를 피상속인의 사망 이전에 증여받았다고 해도 상속인 명의의 소유권이전등기가 상속개시 후에 이루어졌다면 위 토지는 여전히 상속재산에 속한다.

  ② 피상속인이 사망하기 1년 이전에 그 소유의 토지를 매각했다면 중도금 및 잔금을 사망하기 1년 이내에 수령했다고 하더라도 이를 상속세과세가액에 산입할 수 없다.
- 참조법령 : 구 상속세법 제9조 제3항, 구 소득세법 제60조, 국세기본법 제18조 제2항, 제19조

제 5 절   부가가치세, 특별소비세 관련

■ 1. 공유부동산을 매매한 사람에 대해 공유자 지분 외 초과 과세한 경우

　두 사람이 공유부동산을 매매하였음에도 불구하고 과세관청이 공유자 중 부동산 거래사실이 빈번한 갑이 부동산매매업을 영위한 것으로 보고 그에게만 부가가치세 전액을 과세하거나, 반대로 부동산 거래가 없는 을에게 부가가치세 전액을 과세한 경우. 이 때 갑이 자신의 지분을 제외한 나머지에 대해서까지 과세하는 것은 위법하다고 주장하거나(소장 ①), 을이 갑이 부동산매매업자라고 하여 자신도 부동산매매업자로 보는 것은 위법하다며(소장 ②) 행정쟁송을 제기한 사례.

【서식】소 장

소　　　장 (①)

원 고 　오 ○ ○

　　　　○○시 ○○구 ○○동 ○○번지

　　　(연락처) 02-123-4567　(휴대전화) 010-1234-5678　(이메일) lawb@lawb.co.kr

　　　(123-456)

피 고 　○○세무서장

부가가치세부과처분취소

청 구 취 지

1. 피고가 원고에게 한 20○○. 1. 16.자 20○○년 제1기분 귀속 부가가치세 금 19,657,620원의 부과처분은 이를 취소한다.
2. 소송비용은 피고의 부담으로 한다.
라는 판결을 구합니다.

청 구 원 인

1. 사실관계

  원고와 소외 이○○은 부산 해운대구 중동 775-2(합병 전 774-3, 775-1 76-11) 대 144㎡를 각 2분의 1지분씩 공동으로 취득하여 20○○. 3. 21. 소유권이전등기를 경료하고 그 지상에 건물 493.75㎡(이하 이 사건 부동산이라 한다)를 신축하고 20○○. 9. 18. 준공검사를 취득한 뒤 20○○. 6. 12. 소외 변○○에게 양도한 뒤 소유권이전등기를 경료하여 주고 원고의 지분에 대하여 20○○. 7. 30. 양도소득세예정신고와 자진납부를 마쳤습니다.

2. 부과처분의 내용

  피고는 이 건 양도에 대하여 원고가 부동산매매업을 영위한 것으로 보아 20○○. 1. 16. 자로 이 사건 부가가치세 19,657,620원의 부과처분을 하였습니다.

3. 부과처분의 위법성

  ① 원고는 처 김○○과 함께 부산 서구 남부민동 612-13에서 20○○. 7. 18.부터 ○○반점이라는 상호로 중국음식점을 운영하여 왔으나, 영업부진으로 휴업중인 당시 평소 친분이 있던 소외 이○○이 이 사건 대지를 소개하여 건물 신축 후 1층은 원고가 중국음식점으로 사용하고, 2층은 소외 이○○이 학원으로 운영하기로 하고 이 사건 대지를 취득하였으나 당시 건축자재파동으로 건축비가 예상금액을 훨씬 초과하게 되자 원고 등은 건축을 할수 없이 여기저기에 사채를 동원하였고 그로인한 자금압박을 견디지 못해 이 사건 부동산을 조기에 양도하였습니다.

  ② 원고는 이 사건 부동산의 거래 외에는 단 한 건의 부동산 거래도 없었으므로 가사 소외 이○○이 부동산 거래가 빈번하다 하여 원고를 부동산매매업을 영위한 것으로 보아 부동산매매업자로 간주할 수는 없습니다.

  ③ 이 사건 부동산 양도는 일시적, 우발적 양도에 지나지 않고 계속, 반복성이 없으므로 원고에 대한 이 사건 부과처분은 위법합니다.

4. 전심절차

  (1) 납세고지 - 20○○. 1. 16. 자
  (2) 심사청구 - 20○○. 3. 15. 자

　　　기　　각 - 20○○. 5. 12. 자
(3) 심판청구 - 20○○. 7. 11. 자
　　　기　　각 - 20○○. 1. 4. 자

입 증 방 법

기재생략

첨 부 서 류

기재생략

20○○. 2. 1.

원 고 오 ○ ○ ○ ⑩

○○지방법원 귀중

소   장 (②)

원 고 김 ○ ○

　　　　○○시 ○○구 ○○동 ○○번지

　　　　(연락처) 02-123-4567 (휴대전화) 010-1234-5678 (이메일) lawb@lawb.co.kr

　　　　(123-456)

피 고 ○○세무서장

부가가치세부과처분취소

청 구 취 지

1. 피고가 20○○. 7. 16. 자로 원고에 대하여 한 20○○년 제1기분 부가가치세
   금 33,257,030원의 부가처분은 이를 취소한다.
2. 소송비용은 피고의 부담으로 한다.
라는 판결을 구합니다.

청 구 원 인

1. 사실관계
   (1) 원고는 소외 곽○○, 소외 구○○과 공동으로 부산진구 전포동 342-18 대
       118.7㎡, 같은 동 342-1 대 279.7㎡, 위 지상 5층 지하 1층 근린생활시설 및
       주택건물 1,789.57㎡(이하 이 사건 부동산이라 한다)를 부산지방법원으로부
       터 20○○. 3. 9. 경락받아 20○○. 12. 24. 소유권이전등기를 경료하였다.
   (2) 원고와 소외 곽○○, 소외 구○○은 이 사건 부동산을 취득한 후 소외 ○
       ○상사, 이○○외 수인에게 임대하다가 20○○. 3. 4. 대한예수교장로회 ○
       ○교회에 이 사건 부동산을 양도하였다.

2. 부과처분의 내용
   피고는 당초 이 사건 부동산의 양도를 부가가치세법상의 재화의 공급으로 보고
건물에 대한 공급가액을 토지와 건물 과세시가표준액으로 안분계산하여 464,820,950

원으로 계산하고 부가가치세 55,778,510원을 부과처분하였다가, 원고가 조세심판청구를 제기하자 건물에 대한 공급가액을 토지와 건물의 경락대금을 기준으로 안분계산하여 과세표준을 재계산한 뒤 20○○. 2. 17.자로 세액을 22,521,480원을 감액경정처분하였다.

3. 부과처분의 위법성
　(1) 사업의 포괄적 양도양수로 비과세이다.
　　　원고와 소외인들은 이 사건 부동산을 취득한 후 양도할 때까지 임대하다가 소외 ○○교회에 임대인의 지위와 함께 이 사건 부동산을 양도하였다.
　　　그리하여 총 매매대금에서 ○○교회가 인수한 임대보증금을 공제한 잔액만 수령하였다.
　　　○○교회도 이를 그대로 양수받아 임대하였다.
　　　(근거 : 부가가치세법 제6조 제6항)

　(2) 사업의 포괄적 양도로 볼 수 없다면 원고를 임대사업자로 보아서는 안된다.
　　　사업의 포괄적 양도양수가 아니라면 원고를 사업자로 보아서도 안된다.
　　　따라서 사업자의 지위에서 이 사건 부동산을 양도한 것으로 보아서는 안된다.

입 증 방 법

기재생략

첨 부 서 류

기재생략

20○○. 5. 1.

원 고 김 ○ ○ ㊞

○○고등법원　귀중

- Point : ① 갑의 부동산 거래상황을 분석하여 계속·반복적인 사업활동으로 볼 수 있는지 검토
  한다.
  ② 갑의 지분 외 공유부동산 전액에 대해 과세한 근거를 검토한다.
  ③ 갑의 지분을 제외한 나머지 공유자도 부동산매매업자라면 부동산매매업을 동업했는
  지 검토한다.
- 참조법령 : ① 부가가치세법 제1조(과세대상), 제2조(납세의무자), 동법시행규칙 제1조 제
  1항
  ② 국세기본법 제25조(공유물·공동사업 등에 관한 연대납세의무)

판 례

- 부가가치세법상 사업의 양도인지 여부

부가가치세법(이하 "법"이라고만 한다) 제6조 제6항은 재화를 담보로 제공하는 것
과 사업을 양도하는 것은 재화의 공급으로 보지 아니한다고 규정하고, 법시행령 제
17조 제2항은 법 제6조 제6항에 규정하는 사업의 양도는 사업장별로 그 사업에 관
한 모든 권리와 의무를 포괄적으로 승계시키는 것으로 한다고 규정함으로써 사업
의 양도는 부가가치세의 과세대상인 제화의 공급에서 제외하고는 있는바, 이와 같
은 규정들에 비추어 보면 "사업의 양도"란 사업용 재산을 비롯한 물적, 인적 시설
및 권리의무 등을 포괄적으로 양도하여 사업의 동일성을 유지하면서 경영주체만을
승계시키는 것을 뜻하고, 그 사업은 인적, 물적 시설의 유기적 결합체로서 경영주
체와 분리되어 사회적으로 독립성을 인정받을 수 있어야 한다고 할 것이다(대법원
1993. 4. 27. 선고, 93누 524 판결 참조).

그런데 위 인정사실만으로는 원고가 양도하였다는 이 사건 부동산임대업이 인적,
물적 시설의 유기적 결합체로서 경영주체와 분리되어 사회적으로 독립성을 인정받
을 수 있는 것(사업의 양도)이라고 보기에 부족하고, 뒤에서 인정하는 바와 같이
원고가 부동산들을 취득한 후 단기간 내에 이를 매도한 일이 여러 차례에 걸쳐 이
루어진 점에 비추어 보면 원고는 이 사건 부동산을 취득한 후 형식상 부동산임대
업으로 사업자등록을 하고 일시적으로 임대하다가 이 사건 부동산을 매도함에 있
어 위 초원교회와 매매대금의 정산과정에서 원고 등이 부담하고 있는 임대차보증
금반환채무를 위 초원교회에 인수시키는 대신 그 보증금 상당액을 매매대금에서
공제하기로 약정한 것뿐이라 할 것이므로, 원고의 이 사건 부동산의 양도가 사업의
양도에 해당된다는 주장은 이유없다.

- 원고 등이 부동산매매업자인지 여부

법 제2조 제1항은 사업상 독립적으로 재화 또는 용역을 공급하는 자를 사업자라 하
여 부가가치세 납세의무자로 규정하고, 법시행규칙 제1조 제1항은 부동산의 매매(건
물을 신축하여 판매하는 경우를 포함한다) 또는 그 중개를 사업목적으로 나타내어 부
동산을 판매하거나 사업상의 목적으로 과세기간중에 1회 이상 부동산을 취득하고 2회

이상 판매하는 경우에는 부동산매매업을 영위하는 것으로 본다고 규정하고 있는바, 위에서 부동산 매매업이라 함은 부동산의 매매가 수익을 목적으로 하고 그 매매의 규모, 횟수, 태양 등에 비추어 사업활동으로 볼 수 있을 정도의 계속성, 반복성이 있는 지 여부를 고려하여 사회통념에 따라 판단하여야 할 것이고, 이를 판단함에 있어서는 당해 거래뿐만 아니라 다른 부동산의 거래실태도 아울러 참작하여야 할 것이다.

그런데 을 제9호증의 기재에 변론의 전취지를 종합하면, 원고는 1984년부터 1991년 사이에 토지 15필지와 건물 3동을 취득하고, 그동안 토지 14필지와 건물 3동을 양도한 사실을 인정할 수 있고 반증이 없는바, 위 인정사실에 의하면 원고가 부동산을 취득하여 매도한 횟수와 빈도, 매매의 규모, 보유현황 등에 비추어 볼 때, 원고의 앞서 본 부동산 거래에 관련한 일련의 행위는, 법시행규칙상 부동산매매업으로 간주되는 1과세기간중 1회 이상 부동산을 취득하는 여부에 관계없이 부동산임대업으로 한 사업자등록의 형식이나 임대사실에 불구하고, 당초부터 수익을 목적으로 하여 계속적, 반복적으로 부동산을 취득하고 양도함으로써 부동산매매업을 영위한 것으로 인정하기에 충분하다 할 것이다.

• 부가가치세법상 연대납세의무자인지 여부

그러나 피고의 전 거증으로도, 위 김한천, 구자진이 원고와 공유이던 이 사건 부동산 외에는 다른 부동산을 취득하거나 양도한 일이 있음을 인정한 증거가 없으므로, 부동산매매업자인 원고가 위 소외인들과 공유하던 이 사건 부동산을 양도하였다 하여도 위 소외인들이 단 1회 위 부동산의 9/12지분을 처분한 것에 불과하므로 위 소외인들을 법시행규칙 제1조 제1항 소정의 부동산매매업자라고 볼 수 없다 할 것이고, 또한 위 소외인들이 사업자로 인정되는 원고와 공동으로 그 지분을 처분하였더라도 그와 같은 사정만으로 위 소외인들이 부동산매매업자로 되는 것은 아니므로 원고를 위 부동산에 관한 공유물 또는 공동사업 등에 관한 연대납세의무자로 볼 수 없어 위 소외인들의 몫의 거래에 관한 부가가치세까지 원고에게 부과할 수는 없다 할 것이다(대법원 1990. 5. 22. 선고, 90누1311 판결 참조).

그런데 을 제1호증의 1, 2, 3의 각 기재에 의하면, 피고는 원고 및 위 소외인들을 이 사건 부동산매매업의 연대납세의무자로 보아 원고에게 위 부동산매매로 인한 이 사건 건물의 공급에 대하여 부가가치세를 과세하였음을 인정할 수 있으므로 위 부가가치세 부과처분 중 원고의 지분을 초과하는 부분은 위법하므로 취소되어야 할 것이다.

• 정당한 세액

원고 등의 이 사건 부동산의 공급가액은 금 670,000,000원이고, 대지의 취득가액은 금 369,700,000원, 건물의 취득가액은 금 280,600,000원임은 앞서 살핀 바와 같으므로 면세되는 토지거래를 제외하여 법시행령 제48조의2 제3항에 의하여 원고의 지분에 해당하는 부가가치세의 산출세액을 산정하면 별지 부가가치세 산정표의 기재와 같이 금 8,314,250원이 된다(부산고법 1996. 5. 26. 선고, 95구 3251 판결).

**■ 2. 공유자 중 1인이 공유건물에서 여관업을 하다가 공유자와 함께 여관건물
을 양도한 경우 부가가치세의 납세**

하○○은 자녀와 공동으로 상속받은 건물에서 여관을 운영하다가 자녀와 함
께 여관건물을 양도하였는바, 세무서가 원고에 대하여 건물 전부의 양도가액에
대한 부가가치세를 부과하였다.

【서식】소 장

소   장

원 고   하 ○ ○

      ○○시 ○○구 ○○동 ○○번지

      (연락처) 02-123-4567 (휴대전화) 010-1234-5678 (이메일) lawb@lawb.co.kr

      (123-456)

피 고   ○○세무서장

부가가치세부과처분취소

청 구 취 지

  피고가 20○○. 8. 16. 자로 원고에게 한 20○○년 귀속 부가가치세 31,417,570
원의 부가처분은 이를 취소한다.

청 구 원 인

1. 사실관계
  ① 원고는 부산 동구 초량동 131-5, 같은 동 134에서 ○○○여관을 경영하여
    오다가 20○○. 2. 6. 폐업하였다.
  ② 원고와 소외 이○○, 이○○, 이○○, 이○○은 공유부동산의 초량동 131-5
    및 134 소재 지상 4층, 지하 1층 건물을 20○○. 4. 4. 소외 김○○에게 양
    도하였다.

2. 부과처분의 내용
  피고는 원고가 실질과세원칙상 위 건물을 양도하였다고 하면서 건물가액 전부
에 대하여 청구취지 기재와 같은 부과처분을 하고 있다.

3. 부과처분의 위법성
  (1) 과세대상이 아니다.
      원고가 위 부동산에서 경영하던 여관업을 폐업하고 위 부동산을 공유자와
      함께 양도한 것은 부동산매매업에도 해당되지 아니하고 달리 과세대상이
      되지 않습니다.
      (위 부동산을 양도하려면 그 전제로서 여관업 폐업이 선행되어야 한다).
      가사, 과세대상이 된다고 하더라도 원고의 공유지분 이외의 여타 공유자
      의 공유지분까지 원고가 양도한 것으로 본 것은 위법합니다.
  (2) 과세표준 산정
      토지(면세)와 건물의 실지거래가액의 구분이 불분명하다면 부가가치세 법
      시행령 제48의 2 제3항 단서가 적용됩니다.

제3항 단서의 적용산식은 다음과 같습니다.

$$\text{토지, 건물의 총공급가액} \times \frac{\text{건물과세시가표준액} \quad 100}{\text{토지, 건물의 과세시가표준액} \quad 110} = \text{건물의 공급가액}$$

  (주) 사업자가 재화 또는 용역을 공급하고 그 대가로 받은 금액에 공급가액과
세액이 구분표시되어 있지 아니한 경우와 부가가치세가 포함되어 있는지 여부가
불분명한 경우에는 거래금액의 110분의 100에 해당하는 금액이 공급가액이 된다
(부가가치세 기본통칙 5-1-1……13 참조).
  그러나 피고는 위 산식에 의하지 아니하고 과세표준을 과대하게 산정한 위법
이 있습니다.

4. 전심절차
  기재생략

입 증 방 법

기재생략

첨 부 서 류

기재생략

20○○. 3. 2.

원 고 하 ○ ○ ⑪

○○지방법원 귀중

- Point : 하○○의 지분을 초과한 부분에 대한 처분권이 없어 원고가 양도한 것이 아니라는 법리를 전개한다.
- 참조법령 : 부가가치세법 제6조 제1항, 동법시행령 제48조의 2 제3항

■ 3. 임대차계약 해지 후 임차인이 명도를 하지 않고 불법점유를 한 경우

서○○은 임차인이 월임료를 납부하지 않아 임대차계약을 해지했으나, 임차인들이 명도를 하지 않고 불법점유를 하고 있는 바, 세무서는 계속적인 임대용역의 공급이 있는 것으로 보고 부가가치세를 과세하였다.

【서식】 소 장

소 장

원 고 1. 서 ○ 이
　　　　2. 서 ○ 우
　　　　○○시 ○○구 ○○동 ○○번지
　　　　(연락처) 02-123-4567 (휴대전화) 010-1234-5678 (이메일) lawb@lawb.co.kr
　　　　(123-456)

피 고 ○○세무서장

부가가치세부과처분취소

청 구 취 지

1. 피고가 20○○. 4. 1. 자로 원고들에 대하여 한 20○○년 제2기분 부가가치세 금 713,590원, 20○○년 제1기분 부가가치세 금 665,830원, 같은 제2기분 부가가치세금 688,830원, 20○○년 제1기분 부가가치세 금 707,920원, 같은 제2기분 부가가치세 금 698,760원의 각 부과처분을 취소한다.
2. 소송비용은 피고의 부담으로 한다.

청 구 원 인

1. 사실관계

　원고들은 부산 동구 범일3동 1318의 10 외 4필지상의 3층 건물을 별지 (1) 부동산임대계약명세표 기재의 임차인들에게 그 임대기간 동안 임대하고 피고에게 그 임차인들 중 (주)○○연금매장(이하 연금매장이라고만 한다)에 대하여는 월세 없이 보증금 200,000,000원에, 나머지 임차인들에 대하여는 같은 별지기재의 보증금 및월세에 각 임대한 것으로 신고하여 별지 세액계산표 기재의 신고세액을 자진납부하였다.

2. 부과처분의 내용

　피고는 그 후 원고들이 불성실신고로 탈세를 하였다는 제보를 받고는 그 임대계약내용을 조사한 결과 원고들이 위 연금매장에 대하여는 20○○. 7. 2.부터 20○○. 8. 31. 까지는 보증금 400,000,000원에 월세금 3,000,000원으로, 같은 해 9. 1. 부터는 보증금 300,000,000원에 월세 금 4,500,000원으로 임대하였다고 하여 이를 기초로 과세표준을 다시 계산, 별지(3) 세액계산표 기재와 같이 위 기간 동안의 부가가치세를 경정(증액) 결정하여 20○○. 4. 1. 원고들에 대하여 같은 표 기재의 차감고지세액을 부과고지하였다.

3. 부과처분의 위법성

　(1) 계약해지에 따른 무상공급에 관하여

　　부가가치세법시행령 제2조 제1항 제5호의 부동산임대업은 용역의 범위에 해당되고 부가가치세법 제7조 제1항은 용역의 공급은 계약상 또는 법률상의 모든 원인에 의하여 역무를 제공하거나 재화, 시설물 또는 권리를 사용하게 하는 것으로 한다.

　　제3항은 대가를 받지 아니하고 타인에게 용역을 제공하는 것은 용역의 공급으로 보지 아니한다고 되어 있습니다.

　　원고는 20○○. 8. 27. 이 사건 ○○연금매장의 임대차계약에 관하여 차임연체를 이유로 해지한다는 통고를 내용증명우편으로 함으로써 임대차계약은 적법하게 해지가 되었습니다.

　　그렇다면 적어도 20○○. 8. 27. 계약해제통고서가 임차인에게 송달된 20○○. 9. 1. 부터는 소외인들의 임대부동산 사용수익은 계약상, 법률상 원인이 없는 불법점유가 되고 20○○. 9. 1. 부터의 소외인들의 임대부동산의 점유 또는 사용수익을 부가가치세법 제7조 제1항의 용역의 공급으로 볼 수는 없는 것입니다.

　　그 이후의 사용수익에 관하여 대가를 받지 아니한 이상 이는 용역의 무상

공급에 해당되어 과세대상이 아닙니다.

(2) 과세표준산정에 관하여

가사, 20○○. 9. 1. 이후 임대차계약이 해지되었더라도 용역의 공급으로 보더라도 위와 같은 위법이 있습니다.

피고는 20○○. 9. 1.부터는 임대보증금 3억원과 월임료 4,500,000원으로 과세표준을 산정하고 있다.

그러나 피고가 통지서를 근거로 과세를 하였고 부과처분의 정당성에 관한 입증책임은 피고에게 있는바, 통고서에 의하면 원고는 연체차임과 향후 불법사용수익에 대하여 월 4,500,000원씩을 공제하겠다고 통고하고 있으므로 피고로서는 원고가 수령한 보증금 전액이 ○○연금매장의 전차인들에 대한 전차보증금 지급에 소요되었는지 아니면 그 중 일부만 소요되고 나머지는 임대상당의 부당이득 월 금 4,500,000원에 상계충당되었는지를 조사한 후 과세표준을 산정하여야 하는데도 불구하고 막연히 보증금 3억원에다가 정기예금이자율을 곱한 간주임대료를 계산하고 여기에 공제통고한 부당이득금 월 금 4,500,000원을 더하여 과세표준을 산정하였음은 위법합니다.

〈이하 생략〉

• Point : ① 임대차계약 해지 후에는 임대용역의 공급이 있는 것으로 볼 수 있다.

　　　　　② 임대보증금에서 연체차임공제액은 간주임대료 계산에 반영해야 한다.

• 참조법령 : 부가가치세법 제7조 제1항

판 례

(1) 위 인정사실에 의하면, 이 사건 매장에 관한 임대차는 1990. 7. 경 원고들과 장창근 사이에서 보증금 400,000,000원, 월세 금 3,000,000원으로 변경성립되었고, 장창근이 뒤에 그 임차권을 소외 회사에 양도하였으며, 이를 사후에 묵시적으로 승낙한 원고들이, 임대보증금 중 금 100,000,000원이 지급되지 아니하고 1991. 1. 분 이후의 월세가 지급되지 아니한 상태에서, 2기 이상 차임연체를 이유로 소외 회사에 임대차의 해지의사를 표시함으로써 1991. 8. 27. 경 임대차가 해지되었다고 할 것이고, 아울러 원고들은 소외 회사에 이 사건 매장의 명도시까지 임료 상당액 및 미수보증금에 대한 이자 상당(금 1,500,000원)을 합한 금 4,500,000원을 지

급할 것을 요구하면서, 그 지급이 없으면 같은 금액을 수령보증금에서 충당, 공제할 뜻이 표시하였다고 할 것이다[다만, 미수보증금에 관하여 위와 같은(임료 18,000,000원 - 당기 연체임료 내지 임료상당액 금 18,000,000원)×184/365×10%)]과 월임료상당액 금 18,000,000원을 합한 금 31,308,493원, 1992년 1기분의 경우 간주임대료 금 12,198,904원 [남은 임대보증금 246,000,000원(264,000,000원 - 당기 연체임료상당액 금 18,000,000원)×181 /365×10%]과 월 임료상당액 금 17,000,000원을 합한 금 30,198,904원, 1992년 2기분의 경우 간주임대료 금 2,777,643원 [남은 보증금 금 60,500,000원(246,000,000원 - 연체임료상당 금 18,000,000원 - 반환보증금 167,500,000원)×184/365×10%]과 월임료 금 18,000,000원을 합한 금 21,049,863원이 되고, 나아가 각 과세표준액에 이 사건 건물 중 다른 부분의 임차인들에 대한 간주임대료 등을 포함하여, 각 과세표준액에 따라 산출한 각 매출세액에서 신고 불성실가산세를 보태고 기납부세액을 공제하면 별지2 목록기재와 같이 그 정당한 세액은 1991년 2기분 금 501,580원, 1992년 1기분 금 451,010원, 1992년 2기분 금 257,620원이 된다(부산고등법원 1996. 9. 18. 선고, 95구 5790 판결).

■ 4. 부동산을 계약금, 중도금, 잔금으로 나누어 매매한 경우 재화의 공급시기

임○○은 20○○. 11. 11. 이 사건 부동산을 금 1,250,000,000원에 매매하기로 계약하면서, 계약금 125,000,000원은 당일 지급받고 중도금 600,000,000원은 20○○. 12. 25.에 잔금 525,000,000원은 20○○. 3. 10.에 각 지급받기로 계약한 경우에 피고 세무서는 잔금지급기일에 재화를 공급한 것으로 보아 20○○년 1기분 부가가치세를 과세하였다.

【서식】소 장

소　장

원 고　1. 임　○　치
　　　　○○시 ○○구 ○○동 ○○번지
　　　　(연락처) 02-123-4567　(휴대전화) 010-1234-5678　(이메일) lawb@lawb.co.kr
　　　　(123-456)
　　　　2. 임　○　용
　　　　○○시 ○○구 ○○동 ○○번지
　　　　(연락처) 02-123-4567　(휴대전화) 010-1234-5678　(이메일) lawb@lawb.co.kr
　　　　(123-456)

피 고　○○세무서장

부가가치세부과처분취소

청 구 취 지

1. 피고가 20○○. 5. 16. 자로 원고에 대하여 한 20○○년 귀속 각 부가가치세 금 54,263,100원과 부가가치세 금 128,524,520원의 부과처분은 이를 모두 취소한다.
2. 소송비용은 피고의 부담으로 한다.

라는 판결을 구합니다.

청 구 원 인

1. 사실관계
   (1) 원고들은 20○○. 8. 29. 북구 학장동 산 120 임야 9,818㎡와 같은 동 산 120-1 임야 9,818㎡를 공동명의로 취득하여 20○○. 1. 31. 그 중 각 임야 1,171㎡(20○○. 12. 21. 학장동 44-2로 등록전환)와 임야 845㎡(1993. 12. 21. 학장동 44-3으로 등록전환)를 소외 박○○에게 양도하였다(이하 이 사건 부동산 ①이라 한다).
   (2) 원고들은 20○○. 7. 2. 북구 학장동 산 121 임야 약 1,000평을 취득하여 20○○. 12. 30. 그 중 산 121-2 임야 529㎡(20○○. 1. 22. 학장동 44-6으로 등록전환)와 산 121-3 임야 1,126㎡(20○○. 1. 22. 학장동 44-7로 등록전환)로 분할한 뒤 그 지상에 각각 공장건물 468㎡와 472.56㎡를 건축하여 이를 소외 (주)○○체인에 양도하였다(이하 이 사건 부동산 ②라 한다).

2. 부과처분의 내용
   피고는 원고가 양도한 이 사건 부동산에 대하여 부동산매매업으로 간주하고 토지와 건물을 지방세 과세시가표준액을 기준으로 안분계산하여 부가가치세 과세표준을 산출하여 20○○년 1기분 부가가치세를 부과처분하였다.

3. 부과처분의 위법성
   (1) 원고는 북구 학장동에서 연탄화로 제조판매업을 영위하던 중 연탄사용의 감소와 경기불황 등으로 자동차부품제조업으로 업종전환을 위하여 이 사건 토지를 구입하였다가 토지매입비용과 건축비용이 과다하게 지출되어 극심한 자금란으로 이 사건 부동산을 매각하였고 부동산매매업을 한 사실이 없습니다.
   (2) 피고의 주장대로 토지와 건물의 가액이 구분되어 있지 아니하다고 한다면 공급시기는 부가가치세법시행령 제48조 제4항에 의한 중간지급조건부 계약이므로 20○○년도에 수령한 계약금, 중도금 부분은 공급시기와 귀속년도를 그르친 위법이 있습니다(피고는 모두 20○○년도 귀속으로 보아 과세하였다).

4. 전심절차
   기재생략

첨 부 서 류

기재생략

20○○. ○. ○.

원 고 임 ○ 치 ㉑
원 고 임 ○ 용 ㉑

○○지방법원 귀중

- Point : 중도금지급 조건부 매매계약의 요건과 재화의 공급시기에 비추어 계약금과 중도금의 과
  세시기는 20○○년 2기분이다.
- 참조법령 : 부가가치세법시행령 제21조 제1항 제4호, 동시행규칙 제9조 제1호

판 례

- 원심판결 이유에 의하면 원심은, 원고들이 1989. 11. 11. 주식회사 한남체인이 이
  사건 제3, 4 대지 및 그 지상에 신축중인 제2, 3 건물을 총 대금 1,250,000,000원에
  양도하면서 계약금 125,000,000원(원심판결의 225,000,000원은 오기로 보인다)을 당
  일 지급받고, 중도금 600,000,000원은 1989. 12. 25.에, 잔금 525,000,000원은 1990.
  3. 10.에 각 지급받기로 약정하면서 대지와 건물의 가액을 구분함이 없어 일괄하
  여 매매대금을 정한 점에 비추어, 그 매매계약상 계약금, 중도금, 잔금의 지급 약
  정이 있었다 하더라도 그 계약금과 중도금이 반드시 부가가치세의 과세대상인 건
  물에 대한 대금이라고 단정할 수 없는 이상, 건물의 공급이 부가가치세법시행령
  제21조 제1항 제4호 및 같은 법시행규칙(1995. 3. 31. 총리령 제494호로 개정되기
  전의 것) 제9조 제1호 소정의 중간지급조건부 공급에 해당한다고 볼 수 없으므로,
  그 인도시를 기준으로 하여 1990년 1기분 부가가치세로 과세한 것은 적법하다고
  판단하였다.

  그러나 대지와 그 지상 건물의 가액을 구분함이 없이 일괄하여 대금을 정하여
  매매한 경우에 그 계약금, 중도금, 잔금을 각각 대지 또는 건물 부분에 대한 대금

으로 구분하여 지급하기로 약정하는 등의 특별한 사정이 없는 한 그 각 지급시에 대지와 건물에 대한 대금이 함께 지급된 것으로 보아야 할 것인바, 원심이 이 사건 매매계약 당시 대지와 건물의 가액을 구분함이 없이 일괄하여 매매대금을 정하여 그 가액의 구분이 불분명하다고 하면서도 그 계약금과 중도금이 건물에 대한 대금이라고 볼 수 없다고 판단한 것은 위와 같은 법리를 오해하여 심리를 미진한 위법이 있다 할 것이다.

상고이유 중 이 점을 지적하는 부분은 이유있다(대법원 1998. 2. 13. 선고, 96누19550 판결).

■ 5. 과세기간경과 후 구매승인서에 의한 트레일러 공급에 관련된 매출세액과 영세율 적용 여부

최○○은 구매승인서를 사후에 교부받기로 하고 트레일러를 제작하여 20○○. 6 .10. 영세율을 적용, ○○정공(주)에 납품하고 20○○. 12. 31. 구매승인 받았다.

이에 세무서는 과세기간 내에 구매승인서를 교부받지 않았으므로 영세율 적용은 거부하고 나머지 환급세액만 지급하는 경정처분을 했다.

【서식】 소 장

소 장

원 고 최 ○ ○
   ○○시 ○○구 ○○동 ○○번지
   (연락처) 02-123-4567 (휴대전화) 010-1234-5678 (이메일) lawb@lawb.co.kr
   (123-456)
피 고 ○○세무서장

부가가치세환급거부처분취소

청 구 취 지

1. 피고가 20○○. 8. 18. 원고에 대하여 한 20○○년 1기분 부가가치세 환급세액을 13,618,940원으로 경정한 처분은 이를 취소한다.
2. 소송비용은 피고의 부담으로 한다.
라는 판결을 구합니다.

청 구 원 인

1. 부가가치세신고와 경정결정의 내용
 원고는 자동차부품제조업을 영위하여 오던 중 피고에게 20○○. 1. 기 확정 부가가치세 신고를 하면서 부가가치세 금 50,369,487원의 환급세액으로 신고하였다.
  피고는 그 중 국내수출(LOCAL) 90,598,770원에 대한 영세율 적용을 거부하고, 그에 따른 매출세액 9,056,877원과 가산세 1,811,374원 및 원자재구매분 235,293,600원에 대하여 세금계산서에 기재된 거래일자가 사실과 다르다는 이유로 그 매입세액 23,529,360원을 불공제하고 그에 따른 가산세 2,352,936원 합계 금 36,750,547원, 아스팔트 포장공사비 매입세액 1,080,340원을 불공제하고 이에 따른 가산세 108,034원을 합한 37,938,921원을 환급세액에서 공제한 뒤 환급세액을 금 12,430,566원으로 결정하였다.

2. 조세심판재결과 경정

  조세심판원에서 아스팔트 포장공사비에 대한 매입세액 공제가 타당하다는 재결이 나오자 환급세액을 13,618,940원으로 결정하였다(이는 감액경정에 상당한 것이다).

3. 사실관계

  ① 원고는 트레일러 제작용 부품을 제조하여 소외○○정공(주)에 공급하고 ○○정공(주)가 트레일러를 제작하여 수출하고 있다.
  ② 부가가치세법 제11조 제1항 제1호 및 동 법시행령 제24조 제2항에는 "수출하는 재화는 영의 세율을 적용하고 수출하는 재화에는 구매승인서에 의하여 공급하는 재화를 포함한다"라고 규정하고 있다.
  ③ 원고는 20○○. 1. 기 부가가치세 확정기간중에 소외 ○○정공(주)에 트레일러제작용 부품을 우선 영세율로 공급하고 그에 따른 구매승인서는 소외회사가 사후에 보완해주기로 하여 나중에 교부받았다.

4. 결정처분의 위법성

  피고가 영세율 적용을 거부한 원고의 소외 ○○정공(주)에 대한 국내수출분이 수출용 트레일러의 제작에 사용되었음이 확인되고 피고가 매입세액 공제를 거부한 원자재 매입에 따른 세금계산서의 작성일자도 원자재의 검수완료 후 세금계산서를 교부받음에 따라 세금계산서의 작성일자가 제품의 납품일인 25일에서 말일 사이인 것은 그 다음 달에 검수가 완료된 것으로 보아 그 다음 달에 거래일자로 하여 세금계산서가 교부된 것으로서 매입세액 불공제할 사안은 아닙니다.

5. 전심절차
　(1) 이의신청 - 20○○. 10. 13.
　　　기　　각 - 20○○. 11. 19.
　(2) 심사청구 - 20○○. 12. 30.
　　　기　　각 - 20○○. 3. 3.
　(3) 심판청구 - 20○○. 4. 27.
　　　기　　각 - 20○○. 3. 24.

입 증 방 법

기재생략

첨 부 서 류

기재생략

20○○. 5. 1.

원 고　최 ○ ○　㊞

○○지방법원　귀중

- Point : ① 원고는 원고가 한 환급세액 50,369,487원을 부인하고 환급세액을 금 25,882,296원으로 경정한 만큼 청구취지를 이에 맞추어 표시한다.
　② 부가가치세법시행규칙 제9조의 2 제2항의 모법에 위배되는지 검토한다.

판　례

■ 부가가치세법상 영세율제도는 재화 또는 용역의 국외공급에 대하여 수출공급국과 수입국에서의 2중과세를 방지하고자 하는 제세 및 관세에 관한 일반협정(GATT)의 소비자과세원칙에 따라 국외거래에 대한 부과가치세의 부담을 배제할 목적으로 마련된 제도이므로, 실질과세의 원칙상 위 시행령 제24조 제2항에서 말하는 영세율이 적용되는 수출재화의 공급에는 구매승인서에 의하여 공급하는 재화뿐만 아니라 구매승인서가 개설되기 전에 그 개설을 전제로 재화를 공급하고 그 후 구

매승인서가 개설된 재화의 공급도 포함된다고 해석함이 상당하다고 할 것인바, 위 시행규칙 제9조의 2 제2항은 모법의 위임도 없이 모법인 위 법 제11조 제1항 제1호 및 그 시행령 제24조 제2항에서 규정한 영세율 적용대상을 부당히 축소한 것으로, 이는 조세요건과 부과징수절차는 국민의 대표기관인 국회가 제정한 법률로써 규정하여야 하고, 그 법률의 집행에 있어서도 그 상위법령의 위임없이 명령 또는 규칙 등의 행정입법으로 조세요건과 부과징수절차에 관한 사항을 규정하거나 또는 법률에 규정된 내용을 함부로 유추·확정하는 내용의 해석규정을 마련할 수는 없다는 취지의, 헌법 제38조와 제59조에 의하여 채택하고 있는 조세법률주의의 원칙에 위배되어 받아 들일 수 없다 할 것이다. 따라서 당해 재화의 공급시기가 속하는 과세기간을 경과하여 발급받은 위 각 구매승인서에 의한 이 사건 트레일러의 공급의 매출세액에 대하여 영세율을 적용하지 아니한 피고의 이 사건 처분은 위법하다 할 것이다(부산고법 1996. 1. 19. 선고, 95구 3503 판결).

■ 6. 매입세액공제 신청을 했으나 과세관청이 매입세액공제를 불허한 경우의 불복방법

하○○은 1998년 11월과 12월에 물건을 구입한 뒤 1999. 2. 8. 세금계산서를 수취하는 바람에 1998년 2기분 확정신고기한(1999. 1. 1.~1999. 1. 25.)에 제출하지 못하고 수정신고시 제출하면서 매입세액공제신청을 했다.

이에 과세관청은 물건을 구입한 날과 세금계산서 수취일이 서로 상이하다는 이유로 매입세액공제를 불허했다.

【서식】 소 장

소　　장

원 고　김　○　○
　　　　○○시 ○○구 ○○동 ○○번지
　　　　(연락처) 02-123-4567 (휴대전화) 010-1234-5678 (이메일) lawb@lawb.co.kr
　　　　(123-456)
피 고　○○세무서장

부가가치세경정거부처분취소

청 구 취 지

1. 피고가 20○○. 7. 1.자로 원고에 대하여 한 부가가치세 금 3,000,000원의 환급 경정거부처분은 이를 취소한다.
2. 소송비용은 피고의 부담으로 한다.
라는 판결을 구합니다.

청 구 취 지

1. 피고가 20○○. 7. 1. 자로 원고에 대하여 한 부가가치세 금 3,000,000원의 환

급경정거부처분은 이를 취소한다.
2. 소송비용은 피고의 부담으로 한다.
라는 판결을 구합니다.

청 구 원 인

1. 사실관계
　원고는 다음과 같이 제화를 공급받고 세금계산서를 수취하였다.

	월 　 일	공급가액(원)	세 　 액(원)
안양 2공장	20○○. 11. 26.	227,272,728	22,727,272
구 로 공 장	20○○. 12. 11.	681,818,181	68,181,819
	20○○. 12. 15.	709,090,909	70,909,091

　원고는 20○○년 2기분 확정신고시 위 세금계산서를 제출하지 못하고 수정신고
시에 세금계산서를 제출하였다.

2. 환급경정거부
　그러나 피고는 위 세금계산서는 사실과 다른 세금계산서로 보고 매입세액공제
를 불허하고 환급경정거부를 하였다.

3. 거부처분의 위법성
　그러나 재화를 공급받은 날과 세금계산서 수취일이 상이하더라도 사실과 다른
세금계산서로 볼 수 없으므로 매입세액은 공제되어야 한다.

입 증 방 법

기재생략

첨 부 서 류

기재생략

20○○. 10. 1.

원 고   김 ○ ○ ㉑

○○지방법원 귀중

- Point : ① 부가가치세법상 사실과 다른 세금계산서의 의미를 검토한다.
          ② 수정신고시 제출한 세금계산서의 효력에 대해 살펴본다.
- 참조법령 : 부가가치세법 제17조 제2항 제1호

판 례

① 구 부가가치세(1994. 12. 22. 법률 제4808호로 개정되기 전의 것) 제16호 제1항 제1호, 제17조 제2항 제1호, 같은법시행령 제60조 제2항(1994. 12. 31. 대통령령 제14471호로 개정되기 전의 것)의 규정 취지에 따르면, 실제 공급하는 사업자와 세금계산서상의 공급자가 다른 경우 세금계산서는 구 부가가치세법 제17조 제2항 제1호 본문에서 규정하는 "그 내용이 사실과 다른 경우"에 해당하여 공급받은 자가 세금계산서의 명의위장 사실을 몰랐다는 특별한 사정이 없는 한 매입세액은 공제 내지 환급받을 수 없다고 보아야 하고, 이 경우 공급하는 사업자는 공급받는 사업자와 명목상의 법률관계를 형성하고 있는 자가 아니라 공급받는 자에게 실제로 재화 또는 용역을 공급하는 거래행위를 한 자라고 보아야 한다(대법원 1997. 3. 28. 선고 96다 48930, 48947 판결).

② 이 사건 세금계산서에 공급자를 주식회사 성화로 기재한 것이 사실과 다른 내용인가에 관하여 보건대, 을 제5호증, 을 제4, 7호증의 각 1, 2, 3의 각 기재에 변론의 전취지를 종합하면 위 각 거래의 매매계약서에는 주식회사 성화와 그 노동조합 공동명의로 원고에게 매도하는 것으로 기재되어 있으나, 위 매매계약 당시 주식회사 성화가 도산한 상태였기 때문에 주식회사 성화가 위 물건을 처분하여 그 대금으로 근로자의 체불임금과 퇴직금 등에 충당하기로 함에 있어 이를 확실히 하기 위한 보장으로 근로자의 대표인 주식회사 성화의 노동조합을 매도인에 포함시킴으로써 위와 같이 매도인 공동명의로 되게 된 사실을 인정할 수 있으므로 위 각 거래의 공급자는 주식회사 성화라 할 것이나 공급자가 주식회사 성화라고 기재되어 있는 이 사건 세금계산서를 그 내용이 사실과 다른 세금계산서라고 볼 수 없다.

다음으로 작성일자가 소급기재된 매입세금계산서에 의한 매입세액의 공제가 가능한지에 관하여 보건대, 부가가치세법 제9조 제1항은 재화의 이동이 필요한 경우에는 재화가 인도되는 때, 재화의 이동이 필요하지 아니한 경우에는 재화가 이용가능한 때, 기타의 경우에는 재화의 공급이 확정되는 때를 재화의 공급시기로 규정하고 있고, 제16조는 사업자가 재화 또는 용역을 공급하는 때에는 제9조에 규정하는 시기에 다음 각호의 사항을 기재한 세금계산서를 …… 공급받는 자에게 교부하여야 한다고 규정하면서 제1호에 공급하는 사업자의 등록번호와 성명 또는 명칭을, 제2호에 공급받는 자의 등록번호를, 제3호에 공급가액과 부가가치세액을, 제4호에 작성연월일을, 제5호에 제1호 내지 제4호 이외에 대통령령이 정하는 사항을 들고 있으며, 제17조 제1항은 사업자가 정부에 납입하여야 할 부가가치세액은 매출세액에서 매입세액을 공제한 금액으로 한다고, 제2항은 매출세액에서 공제하지 아니하는 매입세액을 규정하면서 그 제1호에 법 제16조 제1항의 규정에 의한 세금계산서를 교부받지 아니하거나, 교부받은 세금계산서를 법 제20조 제1항 및 제2항의 규정에 의하여 제출하지 아니한 경우 또는 제출한 세금계산서에 필요적 기재사항(법 제16조 제1항 제1호 내지 제4호의 사항을 말한다)의 내용의 전부 또는 일부가 기재되지 아니하였거나 그 내용이 사실과 다른 경우의 매입세액을 들면서 그 단서에서 다만 대통령령이 정하는 매입세액을 제외한다고 규정하고, 위 법시행령 제60조 제1항 제1호는 법 제17조 제2항 제1호 단서에 규정하는 대통령령이 정하는 경우로 법 제16조 제1항 및 제3항의 규정에 의하여 교부받은 세금계산서를 국세기본법시행령 제25조 제1항의 규정에 의하여 과세표준수정신고서와 함께 제출하는 경우를 들고 있다.

위 관계규정에 의하면 사업자가 부가가치세의 납부세액을 산출하기 위하여 매출세액에서 공제받기 위하여는 부가가치세법 제9조가 규정하는 재화나 용역의 공급시기에 위 법 제16조가 규정하는 세금계산서를 교부받아 이를 법정신고기간(늦어도 수정신고기간 내)에 과세관청에 제출하여야 하며, 당초 세금계산서를 교부받지 않았거나 교부받았더라도 이를 제출하지 아니하면 매입세액공제를 받을 수 없고 제출하였다 하더라도 그 세금계산서에 법 제16조 제1항 제1호 내지 제4호 소정의 기재사항의 전부 또는 일부가 기재되지 아니하였거나 그 내용이 사실과 다른 경우에는 매입세액공제를 받을 수 없다고 할 것인바, 세금계산서의 발행교부시기나 그 기재내용에 관하여 위와 같이 엄격한 규정을 둔 취지는 세금계산서는 부가가치세액 등을 정하기 위한 증빙서류로서 그 증빙서류의 진실을 담보하기 위한데 있다고 할 것이니 그 공급시기 경과 이후에 작성일자를 공급시기로 소급하여 작성 교부했다 하더라도 그 세금계산서의 기재사항에 의하여 그 거래사실이 확인되면 당해 부가가치세의 매입세액은 공제되어야 할 것이다(대법원 1988. 2. 9. 선고, 87누 964 판결 및 대법원 1987. 5. 12. 선고, 85누 398 판결).

앞서 인정한 바와 같이 이 사건 세금계산서에 기재된 거래는 실제 있었던 거래이고, 이 사건 세금계산서에는 작성일자가 소급기재된 외에는 그 필요적, 임의적 기재사항이 모두 사실대로 기재되어 있어 이 사건 세금계산서에 의하여 이 사건 거래사실이 확인되니, 피고가 이 사건 세금계산서에 의하여 매입세액을 공제하지 아니하기로 한 이 사건 처분은 위법하다고 할 것이다(부산고법 1994. 4. 27. 선고, 93구 6928 판결).

■ 7. 과세유형을 전환하고 일반과세자로 공제받은 매입세액 일부를 재고납부세액으로 계산한 경우

　권○○은 일반과세자로 등록한 뒤 건물을 신축해서 부동산임대업을 영위하고 있는바, 세무서는 20○○. 7. 1.자로 권○○를 과세특례자로 하여 과세유형을 전환하고 위 일반과세자로서 공제받은 매입세액 중 일부를 재고납부세액으로 계산하여 추징했다.

【서식】 소 장

소　장

원　고　권 ○ ○
　　　　○○시 ○○구 ○○동 ○○번지
　　　　(연락처) 02-123-4567　(휴대전화) 010-1234-5678　(이메일) lawb@lawb.co.kr
　　　　(123-456)
피　고　○○세무서장

부가가치세부과처분취소

청　구　취　지

1. 피고가 20○○. 10. 10. 원고에 대하여 한 부가가치세 금 12,936,090원의 부과
　처분은 이를 취소한다.
2. 소송비용은 피고의 부담으로 한다.
라는 판결을 구합니다.

청　구　원　인

1. 사실관계
　원고는 부동산임대업을 영위하기 위하여 울산 남구 신정동 1412-1 지상에 건

물 2,253.56㎡를 신축하려고 20○○. 2. 28. 일반사업자로 사업자 등록을 하고, 일반사업자로서 과세표준 및 세액신고를 하여 왔다.

피고도 원고의 과세표준 및 세액신고를 정당하다고 보아 수리하고, 사업자등록증 일반사업자 그대로 검열하였다.

2. 부과처분의 내용

피고는 20○○. 10. 10. 돌연 원고에 대하여 20○○. 7. 1.부터 일반과세자에서 과세특례자로 전환되었다며 청구취지 기재와 같이 그동안 공제받은 매입세액을 추징하는 처분을 하였다.

3. 부과처분의 위법성

그러나 원고는 일반사업자로 등록하고 과세특례포기를 하였으므로 원고의 의사에 반하여 강제로 과세특례자로 전환시킬 수 없다.

더구나 원고는 일반사업자등록 이후에는 과세특례를 포기할 수 있는 과세특례자의 지위에 있지 아니하여 원고에 대하여 법령상 포기할 과세특례가 존재하지 않는다. 뿐만 아니라 피고로부터 특례자로서의 과세유형전환의 통지도 받지 못하였다.

가사, 과세유형전환이 적법하다고 하더라도 재고납부세액계산은 잘못되었다. 따라서 이 건 처분은 과세유형전환에 관한 법리오해, 신의칙위배, 과세표준산정의 위법이 있습니다.

4. 전심절차
기재생략

첨 부 서 류

기재생략

20○○. 11. 4.

원 고 권 ○ ○ ㉑

○○지방법원 귀중

- Point : ① 과세유형전환의 적법절차위배와 신의칙위배 여부를 살펴본다.
           ② 재고납부세액계산이 정확한지 체크한다.
- 참조법령 : 부가가치세법시행령 제74조의 2 제1항 단서

■ 8. 탈세제보와 본인의 자인서에 따른 부가가치세 결정

세무서가 익명의 탈세제보에 따라 이○○의 사업장에 대해서 원시장부와 부가가치세신고서를 대조하는 조사를 하고, 그 결과 신고누락을 기재한 자인서가 나와서 이○○의 서명을 받고 자인서를 토대로 경정처분을 하였다.

【서식】 소 장

소   장

원 고   이 ○ ○
　　　　○○시 ○○구 ○○동 ○○번지
　　　　(연락처) 02-123-4567 (휴대전화) 010-1234-5678 (이메일) lawb@lawb.co.kr
　　　　(123-456)
피 고   ○○세무서장

부가가치세부과처분취소

청 구 취 지

피고가 20○○. 9. 17.자로 원고에 대하여 한 부가가치세 20○○년 1기분 금 577,800원 과세처분은 이를 취소한다.

청 구 원 인

원고는 화공약품을 도소매로 판매하는 사업자로서 화공약품 중 대부분 독극물로 분류되어 이를 판매시 독물및극물에관한법률에 의하여 판매대장에 판매상황을 기재하고 있습니다.

　이 독극물 판매대장을 근거로 하여 소매장부가 작성되었으나 이는 전문적인 경리인에 의하여 작성된 관계로 세금계산서 발행분과 계약취소, 반품된 사항이 정확하게 구분되어 기재되어 있지 아니하고 더러는 이 과정에서 오기까지 발생하였습니다.

　원고는 세무조사를 받는 과정에서 이를 일일이 확인할 수 없이 우선 세무공무원의 강요에 의하여 조사공무원이 소매장부에 세금계산서분과 나머지 부분의 집계를 그대로 옮겨(을 제1호증의 8 내지 10) 적은 확인서에 서명을 하는 수밖에 없었고 만약 이를 거절할 경우에 더 큰 불이익을 받을까봐 이에 응할 수밖에 없었습니다.

　원고 소송대리인은 피고가 주장하는 세금계산서 발행으로 인한 중복분중 원시 소매장부(피고가 세금계산서와 상호대사한다고 체크하거나 추가기재하기 이전의 상태)의 기재에 부합하는 세금계산서만을 토대로 세금계산서 발행으로 인한 중복분을 대사한바 다음과 같음을 밝힙니다.

　아울러 독극물 판매대장의 기재를 소매장부에 이기하는 과정에서 발생한 명백한 오류(숫자 단위착오)도 밝힙니다.

　또한 소매장부상의 매출금액과 세금계산서의 금액이 상이한 것은 거래처직원이 교통비라도 벌 요량으로 매수가액보다 높게 세금계산서를 발행하여 달라거나(차액만큼 챙긴다) 판매일자와 세금계산서 교부일자가 상이한 경우는 대금을 수령할 때에 세금계산서를 발행하는 데서 비롯되는 경우도 있음을 밝혀둡니다.

입 증 방 법

기재생략

20○○.　11.

원 고　이 ○ ○　㊞

○○지방법원　귀중

● Point : ① 자인서는 강박에 의해 작성한 것으로서 진실이 아니다.
　　　　　 ② 피고가 신고누락했다고 보는 상당부분이 이미 신고에 반영되었다.

● 참조법령 : 부가가치세법 제21조(경정)

판　례

■ 원고는, 1988년 1기분 소매 매출액 중 ① 별지1-1 거래명세표 1번 내지 15번 거래

(소매장부상 세금계산서 발행의 취지가 기재되어 있고, 현출된 세금계산서상 금액과 소매장부상 금액이 같은 경우이다. 이하 제1유형이라 한다. 다만, 원고는 위 거래명세표 중 6번 거래의 소매장부상 금액이 금 7,480원으로서 세금계산서상 금액과 동일함에도 금 6,600원인 것으로 잘못 주장하고 있다)의 매출액 합계 금 543,180원, ② 위 거래명세표 16번 거래(소매장부상 세금계산서나 발행의 취지가 기재되어 있으나, 현출된 세금계산서상 금액과 소매장부상의 금액이 다른 경우이다. 이하 제2유형이라 한다)의 세금계산서상 금액인 금 48,500원, ③ 위 거래명세표 17번 거래(세금계산서가 현출되고, 그 세금계산서상의 금액과 소매장부상의 금액이 일치하나, 소매장부상 세금계산서 발행의 취지가 기재되어 있지 아니한 경우이다. 이하 제3유형이라 한다)의 매출액 금 55,000원은 세금계산서가 발행되어 종전 부가가치세 신고시 과세표준금액에 계상된 금액이므로 신고누락매출금액에 포함되어서는 안되는 것임에도 피고가 위 경정결정시 이를 신고누락매출금액에 포함시켰으나 위 경정결정 및 그에 따른 위 부가가치세부과처분은 그 한도 내에서 위법하다고 주장한다.

그러므로 살피건대, ① 제1유형인 위 1번 내지 15번 거래의 매출액 합계 금 543,180원에 대하여는 피고가 원고의 위 주장을 다투지 아니하고 있고, ② 제2유형인 위 16번 거래에 관한 주장에 관하여 보건대, 갑 제7호증의 6의 기재에 의하면 위 거래에 관하여 금 49,500원의 세금계산서가 발행된 사실을 인정할 수 있고, 위 인정사실에 변론의 전취지를 종합하면 위 거래분은 종전 부가가치세 신고시 과세표준금액에 계상되었다고 봄이 상당하다고 할 것이나, 한편 변론의 전취지에 의하면 소매장부상 위 거래 매출액은 금 19,500원으로 기재되어 있는 사실이 인정되고, 피고가 위 경정결정시 신고누락된 매출금액을 산정함에 있어 소매장부상의 금액을 합산하는 방법에 의하였음은 이미 앞에서 본 바이므로 신고누락매출금액에는 위 거래의 매출액 중 소매장부상의 금액만 포함되었다 할 것이니 원고의 위 주장은 소매장부상의 금액인 금 19,500원의 범위 내에서 이유있다 할 것이며(피고는 신고누락매출금액을 산정함에 있어 제2유형의 다른 거래에 관하여는 소매장부상의 금액을 포함시키지 아니하였는데 위 거래에 대하여는 착오로 포함시킨 것이라고 자인하고 있다), ③ 제3유형인 위 17번 거래에 관한 주장에 관하여 보건대, 갑 제7호증이 1의 기재에 의하면 위 거래에 관하여 소매장부상의 금액인 금 55,000원의 세금계산서가 발행된 사실을 인정할 수 있고, 위 사실에 변론의 전취지를 종합하면, 위 거래분은 모두 종전 부가가치세 신고시 과세표준금액에 계상되었다고 봄이 상당하다고 할 것이므로 원고의 위 주장은 이유있다.

한편, 피고는 1988. 5. 25. 자 및 29. 자 대성주유소에 대한 매출금 합계 금 48,600원이 반품된 것으로서 신고누락된 매출금액에 포함될 수 없는 것임에도 위 경정결정시 이를 포함시킨 사실을 자인하고 있다.

그렇다면, 1988년 1기분 매출금액 중 실제 신고누락된 매출금액은 위 경정결정시 피고가 인정한 신고누락된 매출금액인 금 5,296,580원에서 위 인정의 금

542,180원, 금 19,500원, 금 55,000원, 금 48,600원(위 각 금액은 모두 확정신고미달분에 포함되었던 금액이다)을 공제한 금 4,630,300원(공급가격 4,209,363원)이라 할 것이고 이를 기초로 정당한 세액을 산출하면 그 세액은 별지 2-1 세액계산표 중 정당한 세액란 기재와 같이 금 505,120원이 된다(부산고법 1992. 11. 27. 선고, 91구 3758 판결).

■ 9. 행정수속에 소요된 서류발급을 매출누락으로 본 경우

나○○는 ○○통신기기 대리점을 영위하면서 이동전화가입신청서에 첨부되는 판매확인서 228매를 발행하였다.

이에 세무서는 판매확인서에 따라 대당 1,000,000원에 판매가 이루어졌다고 보고 부가가치세를 과세하였다.

【서식】 소 장

소   장

원 고 나 ○ ○

    ○○시 ○○구 ○○동 ○○번지

    (연락처) 02-123-4567 (휴대전화) 010-1234-5678 (이메일) lawb@lawb.co.kr

    (123-456)

피 고 ○○세무서장

부가가치세부과처분취소

청 구 취 지

1. 피고가 20○○. 1. 3. 경정고지한 금 19,529,380원의 부가가치세 부과처분은 이를 취소한다.
2. 소송비용은 피고의 부담으로 한다.

라는 판결을 구합니다.

청 구 원 인

1. 사실관계

   원고는 부가가치세 20○○년 1기~20○○년 1기 과세기간에 "○○통신기기 울산대리점"이라는 상호로 통신기기 도·소매업을 영위하였고, 같은 기간에 이동전화(이하 전화기라고 함) 가입신청서에 첨부되는 판매확인서 228매를 발행하였다.

2. 부과처분의 개요

피고는 원고가 발행한 판매확인서 228매를 원고의 전화기 매출수량으로 보고, 원고가 세금계산서를 발행한 21대를 차감한 207대에 대당 금 1,000,000원(공급가액 909,090원, 부가가치세 90,910원)을 곱한 금 188,181,630원을 전화기 소매매출대금으로 하고 동 금액에서 원고가 소매로 신고한 가표 금 10,641,665원을 차감한 금 177,539,965원을 매출누락한 것으로 보아 20○○. 1. 3. 원고에게 부가가치세 1995년 1기분 금 129,410원, 1996년 1기분 금 6,399,990원, 20○○년 2기분 금 8,599,990원, 1997년 1기분 금 4,399,990원 등 합계 금 19,529,380원을 경정고지하였다.

3. 부과처분의 위법성

원고는 한국이동통신주식회사(소외 회사)의 이동전화기 등록대행대리점인 울산대리점을 경영하면서 이동전화기를 판매한 자의 등록대행도 하지만, 그밖에 이동전화기를 구입한 사람이 타 판매점에서 소외 회사에 등록을 하고자 하여도 등록대행대리점의 판매확인서 첨부 없이는 불가능하므로(이것은 불법적인 이동전화기의 유통을 방지하기 위한 것으로 보인다) 간접적으로 등록대행대리점에서 이동전화기를 구입하도록 유도하는 효과가 있어 민원인들의 제품선택의 자유를 박탈한다는 민원이 제기되었다. 이에 소외 회사는 원고로 하여금 이동전화기 판매가 없어도 등록을 하는데 지장이 없도록 판매확인서를 발급하여 주도록 편의를 봐주라는 협조요청을 하므로 원고는 형식적으로 등록구비서류의 일환으로서 판매확인서를 발급하였던 것입니다.

피고는 판매확인서 발급분 228매 중 207대를 원고가 대당 909,090원에 판매하였다고 간주하고 매출누락 과세표준과세액을 산정하여 이 사건 부과처분을 하였다.

그러나 첫째, 근거과세의 원칙상 원고가 발급한 판매확인서에 의하여 등록을 한 이동전화가입자가 원고로부터 이동전화기를 매수하였는지 확인하여야 하는데도 이를 확인한바 없이 매출로 의제한 위법이 있고,

둘째, 과세표준을 산정함에 있어 대당 909,090원으로 추계결정한 것 역시 아무런 근거가 없는 것으로 추계의 필요성과 보충성을 결여한 것으로 위법합니다.

4. 전심절차
  기재생략

20○○. 11.

원 고   나 ○ ○   ⑩

○○지방법원 귀중

- Point : ① 판매없이 판매확인서만 발행된 경위를 조사한다.
       ② 판매가격을 일률적으로 대당 1,000,000원으로 추산한 것은 적법한 추계과세방법이 아니다.
- 참조법령 : 부가가치세법 제21조 제2항 단서

판 례

■ 갑 제4호증, 갑 제5 내지 11호증의 1, 2의 각 기재 및 증인 한강석의 증언에 변론의 전취지를 종합하면, 위 각 과세기간 당시 이동전화기를 구입한 사람이 한국이동통신주식회사에 이동전화기를 등록하기 위하여는 그 등록대행업소의 판매확인서가 필요하였던 사실, 원고는 위 회사의 이동전화기 등록대행업무를 취급하면서 다른 곳에서 이동전화기를 구입한 사람의 요청에 의하여 이동전화기를 판매하지 아니한 사람에게도 종종 판매확인서를 발행해 온 사실, 이동전화기는 그 종류가 다양하여 그 가격도 일정하지 아니한 사실 등을 인정할 수 있고 반증 없다.

  한편, 부가가치세법 제21조 제2항의 규정에 의하면, 부가가치세의 과세표준과 세액의 경정은 실지조사의 방법에 의하여 밝혀진 실액에 의하는 것이 원칙이고, 부가가치세법 제21조 제2항 단서의 각 사유가 있어 과세관청이 이 실액을 밝힐 수 있는 방법이 없을 때 예외적으로 추계경정이 허용되는 것이므로 납세의무자가 장부 기타 증빙서류가 없는 경우라도 실지조사가 가능한 경우에는 실지조사 방법에 의하여야 하고 추계경정을 할 것은 아닌 바, 앞서 인정한 사실과 을 제1호증 내지 을 제6호증의 2의 각 기재를 종합하면, 피고는 위와 같이 원고가 이동전화기를 판매하지 아니하고도 판매확인서만을 발행하는 경우가 있음이 인정되는 이 사건에서 이동전화기가입자를 상대로 이동전화구입처, 구입가격 등을 실지조사하여 보지도 않은 채, 더구나 이동전화기의 1대당 판매가격이 금 1,000,000원이라는 점에 대한 아무런 증거가 없음에도 불구하고, 부산지방국세청이 한국이동통신주식회사로부터 수집한 이동전화기 등 판매업소의 판매자료만에 의하여 원고의 이동전화기 판매수량과 판매가격을 추산하고 이에 기하여 원고신고의 부가가치세과세표준과 세액을 추계경정하였음이 인정되므로 이는 위법이라 아니할 수 없다(부산고법 1996. 10. 17. 선고, 95구 10563 판결).

■ 10. 거래상대방의 허위진술과 관련해서 매입세액공제를 부인하고 부가가치세를 주장한 경우

과세관청은 예○○의 거래상대방인 ○○전기에 대한 세무조사 과정에서 ○○전기가 예○○에게 물건을 팔지도 않고 매출세금계산서만 발행했다는 진술을 확보하고 예○○에 대해 허위매출 세금계산서에 대한 매입세액공제를 부인하고 부가가치세를 추징했다.

【서식】소 장

소   장

원 고   예 ○ ○
　　　　○○시 ○○구 ○○동 ○○번지
　　　　(연락처) 02-123-4567 (휴대전화) 010-1234-5678 (이메일) lawb@lawb.co.kr
　　　　(123-456)
피 고   ○○세무서장

부가가치세부과처분취소

청 구 취 지

1. 피고가 20○○. 1. 16. 자로 원고에 대하여 한
　　20○○년 귀속 2기분 부가가치세
　　20○○년 귀속 1기분 부가가치세 금 1,758,150원
　　20○○년 귀속 2기분 부가가치세 금 498,840원
　　20○○년 귀속 1기분 부가가치세 금 3,289,650원
　　20○○년 귀속 2기분 부가가치세 금 2,590,000원
　　20○○년 귀속 1기분 부가가치세 금 1,031,880원
　　의 각 부과처분은 이를 모두 취소한다.
2. 소송비용은 피고의 부담으로 한다.

청 구 원 인

1. 사실관계

원고는 주소지에서 ○○전기공업사란 상호하에 전기관련제품 제조업에 종사하는 사업자입니다.

원고는 20○○. 9월부터 20○○. 3월 사이에 ○○전기를 경영하던 소외 김○○로부터 전기재료를 매입하고 이에 관한 세금계산서를 수취하여 부가가치세 매입세액공제 및 종합소득세 필요경비에 산입하였다.

2. 부과처분의 내용

피고(부가가치세는 당초 해운대세무서장이 부과하였으나 관할구역 개편으로 피고가 그 지위를 승계하였다)는 원고가 소외 김○○로부터 수취한 세금계산서는 실물거래 없이 수수한 가공의 세금계산서라고 단정하고 부가가치세 매입세액 불공제 및 소득세 필요경비를 불산입하고 청구취지 기재와 같이 부과처분을 하였다.

3. 부과처분의 위법성

그러나 원고는 소외 김○○로부터 실물(전기재료)을 구입하고 이에 관한 세금계산서를 수취하였으므로 피고의 처분은 위법부당합니다.

소외 ○○세무서장은 원고와의 거래처 김○○에 대한 세무조사시 무조건 위장 가공거래라는 선입관을 가지고 소외 김○○에게 세금을 조금만 추징할테니 확인서에 날인해 달라고 기망하여 미리 작성해 둔 확인서에 김○○의 날인을 받은 것입니다. 을 제2호증의 2 확인서도 그 금액이나 그 뒤에 첨부된 명세서는 당초 확인서에 첨부된 것도 아니다(따라서 간인이 되어 있지 아니하다).

소외 김○○는 자신의 날인으로 인하여 원고에게 피해가 가리라고는 생각도 못하고 장기간의 세무조사에 시달려 탈진된 상태에서 세무공무원의 요구대로 날인한 것이다. 피고 과세관청으로서는 ○○세무서로부터 김○○의 확인서를 통보받았더라도 거래 상대방이 원고에게 그 진위를 확인한 뒤 과세하여야 함에도 이러한 절차없이 무조건 ○○세무서에서 통보된 김○○의 확인서만 신뢰한 채 이건 과세에 이른 것이다.

따라서 이는 국세기본법 제16조 근거과세위배로 무효이다(대법원 1989. 5. 23. 선고, 88누 681 판결 : 1984. 2. 14. 선고, 83누 626 판결).

　만약, 원고와 김○○간의 실질거래가 없이 허위의 세금계산서 수수만 있었다면 당좌수표(갑 제4호증의 1, 2)와 약속어음(갑 제5호증의 1, 2)에 대한 대금결제가 있을 리가 만무하다. 원고는 소외 김○○와 현금 또는 외상거래를 혼합하여 해 온것이고, 원고가 경영하는 업종이 전기재료를 필요로 하는 사업인 점에서 원고의 주장을 충분히 공인할 수 있다.

입 증 방 법

기재생략

첨 부 서 류

기재생략

20○○. 2. 1.

원 고　예　○　○　㊞

○○고등법원　귀중

- Point : ○○전기가 세무공무원에 허위진술한 경위를 밝히고 진실한 거래임을 객관적 방법에 의하여 입증해야 한다. 단순히 ○○전기의 진술번복만으로는 증명력이 부족하다.
- 참조법령 : 부가가치세법 제21조 제2항(경정)

판 례

■ 이 사건에서, 피고가 위 부과처분의 자료로 삼은 것은 위 김종대의 가공거래가 확인되었다는 부산진세무서장의 과세자료통보서(을 제2호증의 1)에 첨부된 확인서(을 제2호증의 2)의 기재뿐인 바, 원고는 위 확인서의 진정성립을 인정하지 아니하고 있고, 위 김종대는 위 확인서를 작성한 경위에 관하여 그가 1990. 7. 경부터 8. 경까지 사업장 관할인 부산진세무서로부터 세무조사를 받으면서 대부분의 거래를 실물거래로 인정하였으나, 다만 제품의 품목·명칭이 정확하지 아니한 부분에 관하여는 이를 전부 가공으로 인정하여 확인서를 쓰라고 하기에 오랜 기간 동안 세무조사로 시달린 끝에 견디다 못해 그와 같이 작성하게 된 것이라고 하였다가, 이후 자신에 대한 조세범처벌법위반 사건으로 수사기관에서 조사를 받으면서는

일관되게 위 확인서의 기재내용 전부가 가공이 아니고, 다만 외형을 조금 늘린 금액을 반영하였을 뿐이라는 것이고 그 중에서도 원고와의 거래는 가공거래가 아니라 전액 실물거래라고 진술하고 있으며, 원고는 일부이기는 하나 물품대금을 지급하였다는 당좌수표(갑 제4호증의 1, 2), 약속어음(갑 제5호증의 1, 2) 등을 금융자료로 제시하고 있을 뿐만 아니라 위 김종대 또한 법정에서 이를 인정하고 있는 점과 원고가 위와 같이 위 김종대와 자신과의 거래는 실물거래인데도 위 김종대가 세무공무원에게 가공거래라는 내용의 확인서를 작성, 교부하였다는 이유로 업무방해죄로 고소를 제기한 점 등에 비추어 볼 때, 위 확인서의 기재만으로는 앞서 본 매입가액 전부가 가공이라는 점을 인정하기에 부족하고 그밖에 달리 그 점을 인정할 증거가 없으므로, 피고가 원고에게 위 사실을 지적하고 그로 하여금 새로운 자료를 제시하게 하거나 하는 등의 사전 절차를 취함도 없이 그 진실 여부가 확인되지 아니한 위 자료만으로 위와 같은 처분을 한 것은 위법하다 할 것이다 (부산고등법원 1994. 6. 10. 선고, 93구 548 판결).

■ 11. 첨단산업으로 인해 등장한 스티커인쇄기를 특별소비세법상 고급사진기로 볼 수 있는지 여부

○○ 회사는 얼굴스티커인쇄기를 수입하면서 부가가치세만 납부하고 이를 통관시켜 판매했다.

과세당국은 스티커인쇄기가 특별소비세법상 고급사진기에 해당한다고 보고 특별소비세를 추징하였다.

【서식】소 장

소　　장

원 고　나 ○ ○
　　　　○○시 ○○구 ○○동 ○○번지
　　　　(연락처) 02-123-4567 (휴대전화) 010-1234-5678 (이메일) lawb@lawb.co.kr
　　　　(123-456)
　　　　소송대리인 변호사 이　○　○
　　　　○○시 ○○구 ○○동 3 1-5
　　　　(연락처) 02-123-4567 (휴대전화) 010-1234-5678 (이메일) lawb@lawb.co.kr
　　　　(123-456)
피 고　○○세관장
　　　　부산 연제구 거제1동 146-4번지 (611-071)

특별소비세부과처분취소

청 구 취 지

1. 피고가 20○○. 8. 22. 자로 원고에 대하여 한 특별소비세 19,326,410원, 교육세 5,797,920원, 부가가치세 2,512,430원, 가산세 2,763,670원 합계 30,400,430원의 부과처분은 이를 모두 취소한다.
2. 소송비용은 피고의 부담으로 한다.

청 구 원 인

1. 사실관계

원고는 일본으로부터 스티커인쇄기 Sticker Magic "JALECO"(상표) 10세트(이하 이 사건 물품이라 한다)를 수입하고 20○○. 7. 30. 피고에게 관세율세번 HS9006호로 수입신고하였습니다.

피고는 관세와 부가가치세만 과세한 뒤 통관시켰습니다.

2. 부과처분

피고는 뒤늦게 국세청으로부터 이 사건 물품이 특별소비세과세대상인 사진기에 해당한다는 통보를 받고 이 건 추징처분에 이르렀습니다.

3. 부과처분의 위법성

(1) 과세근거법령

특별소비세법 제1조 제2항 제4종 제2류 제1호 고급사진기

동법시행령 제4조, 고급사진기는 1대당 100만원 이상

동법시행령 별표1 제4종 제2류 제1호

(2) 이 사건 물품 용도·기능

① 이 사건 물품의 원조기술은 미국에서 처음 개발되었습니다. 크리스마스 카드를 보낼 때, 보내는 사람의 얼굴을 스티커로 제작하여 카드에 붙여 보냄으로써 재미와 정을 더하는 수단으로 사용하였고, 그 뒤 일본으로 그 기술이 이전되었고, 일본인들이 이를 소화하여 대중적인 상품으로 실용화하였습니다.

② 현재, 이 사건 물품과 동일한 용도로 제작되어 시중에 설치, 사용되고 있는 기계의 모델은 제조회사에 따라 수 종류가 있으나, 그 구조와 작동원리는 모두 동일합니다.

이 사건 물품은 주로 초·중·고등학교 부근의 길가에 설치되어 있는데 일회 이용대금은 3,000원(모델에 따라서 1,500원 및 2,000원인 경우에 있음)이며, 500원짜리 동전으로 작동됩니다.

③ 이용자가 3,000원 상당의 500원 동전을 6개 투입하면 작동되는데 이용자가 만들 수 있는 스티커는 세 가지 종류입니다.

즉, 이용자의 얼굴만 나오는 것(YOU menu), 이용자의 얼굴과 이미 기계 속에 미리 입력되어 있는 36가지의 배경그림 중의 어느 하나를 합성하여

만드는 것(COMPOSITE menu), 이미 완성된 기념사진을 이용하여 만들 거나 이용자의 얼굴이 아닌 다른 물건을 이용하여 만드는 것(ITEM menu)이 그것인 바, 쟁점물품의 이름인 Photo Composite가 뜻하는 것처럼 합성스티커가 거의 대부분 이용되고 있으며주이용자인 신세대들은 자신의 얼굴과 배경그림을 합성하는 재미로 이 사건 물품을 이용하고 있습니다.

④ 스티커의 종류를 Button으로 선택하면, 그 다음에는 세 가지의 색상 (color, sepia - 흑갈색, w&b - 흑백) 중의 어느 한 가지를 선택하여야 하고, 합성스티커의 경우 36가지 배경그림 중의 어느 하나를 선택하여야 하고, 그 다음 스티커의 크기를 선택합니다.

⑤ 각종 선택은 4개의 button으로 행하며, 이에는 취소버튼, 상하이동용버튼 2가지, 결정버튼이 있습니다.

⑥ 각종 선택이 끝나면 합성작업·촬영작업·priting작업이 순차대로 진행되며, 완성된 스티커가 하부의 출구로 나옵니다.

(3) 이 사건 물품의 사양과 구성

① 이 사건 물품에는 두 개의 렌즈가 있습니다. 하나는 상부에 내장되어 있는 CCD카메라로서 위에서 언급된 YOU 및 COMPOSITE menu에 사용되는데, 실물인피사체의 상을 모니터에 보냅니다. 다른 하나의 렌즈는 중하부에 설치된 래시-VISION으로서 ITEM menu를 위한 것이며, 역시 피사체인 다른 사진이나 물품의 상을 동일한 모니터에 보냅니다.

② 모니터에 도달한 피사체의 상을 이용자가 쉽게 볼 수 있도록 하기 위하여 반사경을 이용하여 정면의 유리판으로 보냅니다.

③ 이용자가 선택한 내용을 내장된 프린터(color printer/열복사식)가 복사하며, 스티커의 매수를 분할하는 기능이 프린터에 내장되어 있습니다.

④ 두 개의 렌즈와 모니터는 케이블로 연결되어 있으며, 렌즈에 떠있는 상을 조절할 수는 있는 기능은 없으며 오직 렌즈의 상을 그대로 모니터에 전달할 수 있을 뿐입니다.

⑤ 합성가능한 36개의 배경그림은 IC Rom에 저장되거나, 프린터 자체에 저장합니다(이 사건 물품의 경우 IC Rom에 저장되어 있음).

(4) 사진기 여부에 관하여
쟁점물품은 과연 사진기로 볼 수 있는 것인가?

이 물음에 대한 답변을 하기 위하여는 먼저 과연 사진기란 무엇인가, 사진기라고 할 수 있기 위하여는 최소한 무엇을 갖추어야 하는가하는 것이 규명되어야 합니다.

사진(photograpy)의 사전적 의미를 보면, 가시광선, 자외선, 적외선, 감마선, 전자선 등의 작용에 의해서 감광층(건판이나 필름) 위에 물체의 반영구적인 영상을 만들어 내는 것을 말합니다(동아원색세계대백과사전, 1986. 11. 10. 제5판, 동아출판사, 제16권 30페이지).

사진기의 원리와 구성을 위의 백과사전 제27권 153페이지에서 보면 피사체를 렌즈를 통하여 감광재료(주로 필름)에 결상시키는데, 렌즈와 필름사이는 어두운 방으로 할 필요가 있으며, 어둠상자의 구실을 하는 몸체(body)에 렌즈를 장치하고 필름을 장전할 수 있는 구조로 되어 있습니다.

이것이 가장 기본적인 구조이며, 이것만 있어도 촬영할 수 있으나, 현재에는 각종의 보조장치가 많이 부착되어 있습니다.

한편, HS해설서는 사진기의 종류는 매우 많으나 보통형의 것은 본질적으로 암상렌즈, 셔터, 조리개, 건판 또는 필름홀더 및 파인더로 구성된다고 설시하고 있습니다.

이상에서 검토한 백과사전의 내용과 HS해설서의 설시를 종합해 보면, 사진기 내지 카메라라고 할 수 있기 위하여는 최소한 렌즈, 필름 및 암상의 세 가지만은 반드시 구비하여야 함을 알 수 있습니다.

이 사건 물품을 검토해 보면, 먼저 렌즈는 2개가 있습니다.

그러나 암상으로 볼 수 있는 것은 없습니다. 렌즈에 뜬 상은 케이블을 통하여 모니터에 전달되기 때문입니다. 또, 감광층으로 볼 수 있는 건판이나 필름이 없습니다. 모니터의 표면에는 감광층에 도포되어 있는 사진유체(브롬화은, 염화은, 요오드화은)가 도포되어 있지 않습니다.

그러므로 이 사건 물품은 사진기로서의 최소한의 기본적인 요소를 결여하고 있으므로, 이를 특별소비세법이 정하는 사진기라 할 수 없습니다. 세가지 종류의 스티커를 제작할 수 있는데, 각 종류의 스티커를 사진기능과 관련지어 검토해 보면 다음과 같습니다.

① 이용자의 얼굴만으로 스티커를 만드는 경우(YOU menu)

이 경우는 사전적 의미의 사진은 아닙니다. 다만, 이와 외견상 비슷한 기능이 보이지만, 이 경우도 암상을 통하여 필름에 상이 모아지는 것이 아니므로 엄격한 의미의 사진이라고 할 수 없는 것입니다.

② 이용자의 얼굴과, 이미 기계에 입력 내장되어 있는 36개의 배경그림 중의 어느 하나를 합성하는 경우(COMPOSITE menu)

이 경우의 스티커는 이용자의 얼굴과 배경그림이 함께 나타나는 바, 이용자의 얼굴 부분에 관해서는 위의 YOU menu에 대하여 행한 것과 동일한 평가를 할 수 있고, 배경그림 부분에 대하여는 이미 입력된 것을 불러내어 복사하는 것이므로 복사기와 동일한 기능을 한다고 볼 수 있습니다.

즉, 합성스티커의 경우 이 사건 물품은 유사사진기와 복사기(열식복사기)가 결합된 것의 기능을 수행합니다.

③ 기성의 사진이나, 물품만으로 스티커를 만드는 경우(ITEM menu)

기성의 사진만으로 스티커를 만든다면 이는 사진복사기이며, 물체의 상으로 스티커를 만든다면 상술한 YOU menu와 같은 평가가 가능합니다.

④ 위에서 검토한 바를 종합하면, 이 사건 물품은 유사사진기, 사진복사기 또는 양자의 결합과 같은 기계로 보아야 합니다.

(5) 입법취지에 비추어

특별소비세법 제1조 제2항 제4종 제2류 다음과 같다.

　　　1. 고급사진기와 동 관련제품

　　　2. 고급시계

　　　3. 고급모피와 동 제품

　　　4. 고급융단

　　　5. 고급가구

위에서 보다시피 위 물품은 모두 구매자가 최종소비자가 되는 생활용품으로서 사용·소비하는 것을 전제로 하는 것임을 알 수가 있습니다.

그런데 이 사건 물품은 구매자가 소비자로서 사용·소비하는 것이 아니라 상인이 이를 구입하여 영업용 기기로 사용하는 것으로 그 입법취지에 비추어 보아도 과세대상이 아닙니다.

(6) 비과세대상이다.

가사, 사진기로 본다면 용도가 얼굴합성용이므로 자신의 존재를 나타내는 것, 즉 증명사진전용에 유사한 것으로 비과세대상으로 보아야 합니다.

(7) 결 론

이 사건 물품은 특별소비세법이 규정하고 있는 사진기라고는 볼 수 없는 새로운 물품으로서, 기존의 세법조항으로 부단히 변화발전하는 사회경제 현상을 억지로 규율하려는 것에 불과하며 과세물건의 요건은 조세법률주의에 따라 엄격하게 해석되어야 하고 확대해석이나 유추해석은 허용되지 않습니다.

이 사건 물품과 같은 유사사진기, 사진복사기 또는 양자의 결합기기를 사진기에 대항시킴은 과세요건의 유추해석 내지는 확대해석에 해당되어 위법을 면하지 못할 것입니다.

(8) 가산세부분

가사, 사진기로 보아 과세대상에 해당되더라도 피고도 통관 당시 과세대상에 해당되지 않는다고 보아 그대로 통관시켰고, 그 후 관세청장이 1998. 6. 3. 과세대상이라는 시달을 내걸 때까지 원고로서는 과세대상인 줄 몰랐고, 이 사건 물품이 과세대상인지 여부는 극히 미묘한 사안이므로 과세대상으로 신고하지 아니한 데에 대하여 법률문외한인 원고를 탓할 수 없는 정당한 사유가 있다고 할 것이므로 가산세부과는 위법합니다.

4. 전심절차
 (1) 납세고지 - 20○○. 8. 22.
 (2) 심사청구 - 20○○. 10. 20.
   기   각 - 20○○. 2. 11.
 (3) 심판청구 - 20○○. 2. 28.
   기   각 - 20○○. 6. 29.

입 증 방 법

갑 제1호증   납세고지서
갑 제2호증   심사청구서
갑 제3호증의 1   심판결정통지
              2   결정서
갑 제4호증   카다로그
갑 제5호증   통보

첨 부 서 류

<table>
<tr><td>1. 위 입증방법</td><td>각 1통</td></tr>
<tr><td>2. 소장부본</td><td>1통</td></tr>
<tr><td>3. 납부서</td><td>2통</td></tr>
<tr><td>4. 위임장</td><td>1통</td></tr>
</table>

20○○. 8.

원고 소송대리인
변호사 이 ○ ○ ㊞

○○지방법원 귀중

- Point : 첨단산업의 발달로 인해 세법을 제정할 때 예상치 못했던 유사기기들의 발명에 대해, 전통적인 기기를 전제로한 세법을 적용할 수 있는지가 쟁점이다.
- 참조법령 : 개별소비세법 제1조

■ 12. 폐업한 업체에 대해 감사원의 지적을 받고 부가가치세에 대해 부과 처분한 경우

정○○외 5인은 ○○엔지니어링이라는 상호로 토목설계 종목의 서비스업을 개업하여 부가가치세 면세업자로 사업자등록을 하고 토목설계용역을 해오다 폐업한바, 이에 ○○세무소는 감사원의 지적을 받고 원고가 신고, 납부하지 않은 부가가치세에 대해 부과 처분했다.

【서식】소 장

소 장

원 고 정 ○ ○

　　　　○○시 ○○구 ○○동 ○○번지

　　　　(연락처) 02-123-4567 (휴대전화) 010-1234-5678 (이메일) lawb@lawb.co.kr

　　　　(123-456)

소송대리인 변호사 ○ ○ ○

　　　　○○시 ○○구 ○○동 ○○번지

　　　　(연락처) 02-123-4567 (휴대전화) 010-1234-5678 (이메일) lawb@lawb.co.kr

　　　　(123-456)

피 고 ○○세무서장

　　　　○○시 ○○구 ○○동 ○○번지

　　　　(123-456)

부가가치세부과처분취소청구의 소

청 구 취 지

피고가 20○○. ○. ○. 자로 원고에 대하여 한 20○○년 ○기분 부가가치세 금 ○○○○원과 2기분 부가가치세 금 ○○○○원 및 20○○년 ○기분 부가가치세 금 ○○○○원과 2기분 부가가치세 금 ○○○○원의 각 부과처분을 취소한다(원

고는 위 20○○년도 및 20○○년도의 부가가치세의 금액을 바꾸어 기재하고 있는
바, 기록에 비추어 볼 때 이는 착오임이 명백하므로 위와 같이 바로 잡는다).
2. 소송비용은 피고의 부담으로 한다.
라는 판결을 구합니다.

청 구 원 인

1. 처분의 경위
  가. 원고는 20○○. ○. ○. ○○시 ○○구 ○○동 1316의 2에서 ○○엔지니어
     링이라는 상호로 토목설계 종목의 서비스업을 개업하여 부가가치세 면세
     사업자로 사업자등록을 하고 토목설계용역을 제공하여 오다가, 20○○. 10
     월경 폐업하였다.
  나. 피고는 원고에 대하여 부가가치세를 부과하지 아니하여 오다가 원고와 같
     은 경우에는 부가가치세를 부과하여야 한다는 감사원의 지적을 받고 19○
     ○. ○. ○. 원고가 신고, 납부하지 아니한 20○○년도 및 20○○년도의 부
     가가치세의 과세표준과 세액을 산출한 후 원고에 대하여 20○○년분 부가
     가치세 금 ○○○원, 20○○년분 부가가치세 금 ○○○원을 각 부과처분을
     하였으며, 이 사건 소송이 계속중인 20○○. ○. ○. 에는 위 20○○년분
     부가가치세를 나누어 20○○년 1기분 금 ○○○원을 2기분 금 ○○○○원
     으로 경정결정하고, 위 20○○년분 부가가치세를 나누어 20○○년 1기분
     금 ○○○○원과 2기분 금 ○○○원으로 경정결정하여 부과하였다(이하
     위 20○○ 및 20○○년의 각 1, 2기분의 각 부가가치세 부과처분을 모두
     이 사건 부과처분이라 한다).

2. 부과처분의 위법성
   원고는 독립한 사업자로서 토목설계 등에 관한 용역을 제공하여 왔고 이는 건
축설계나 설계제도에 관한 자격요건에 관계없이 부가가치세법 제12조 제1항 제
13호, 같은법시행령 제35조 제2호(다)목에 의하여 면세사업으로 규정된 설계제도
사업이나 또는 이에 유사한 업으로 부가가치세 면세사업에 해당됨에도 불구하고
이와 달리 보고한 이 사건 부과처분은 위법하고, 원고는 피고가 원고에게 부가
가치세 면세사업자등록증을 교부한 뒤 20○○년부터 20○○년까지 3년간 부가가
치세 면세사업으로 원고의 수입금액을 결정하여 오는 등 줄곧 위와 같은 사업에

대하여 부가가치세를 부과하지 아니하는 비과세관행이 이루어졌는데, 감사원으로부터 지적을 받게 되었다는 이유로 갑자기 이러한 비과세관행을 번복하고 이 사건 부과처분에 이른 것은 국세기본법 제18조 제3항에 규정한 원칙에 위배될 뿐 아니라 신의성실의 원칙에도 위배되는 위법한 것이다.

그러므로 원고는 피고의 20○○. ○. ○. 부가가치세부과처분의 취소를 구하고자 이 사건 소제기에 이르게 된 것입니다.

입 증 방 법

추후 변론시 제출코자 합니다.

첨 부 서 류

1. 소장부본　　　　　　　　　　　　　　　　1통
1. 납 부 서　　　　　　　　　　　　　　　　1통

20○○. ○. ○.

위 원고 정 ○ ○ 외 4인

○○지방법원　귀중

- Point : 부동산매매업자인 원고가 소외 갑과 공유하던 건물을 양도한 경우 갑이 단 1회 위 건물의 1/2지분을 처분한 것에 불과하다면, 갑을 부가가치세법시행규칙 제1조 제1항 소정의 부동산매매업자라고 볼 수는 없다.
- 참조법령 : 부가가치세법 제12조 제1항, 제35조

■ 13. 온천 발견, 개발에 따른 권리의 매도를 부가가치세 과세대상으로 본 경우

한○○는 수도용지 외 그 일대 토지 44필지를 취득한바, 온천 발견 신고를 하여 위 지역 일대를 온천지구로 지정고시 하고 ○○주식회사에 온천 발견과 개발에 따른 권리를 금 ○○○○원으로 평가하여 매도했다. 이에 ○○세무서는 위 온천개발권의 양도를 부가가치세 과세대상인 재화의 공급으로 보고 과세처분했다.

【서식】 소 장

소　　장

원 고　○　○　○
　　　　○○시 ○○구 ○○동 ○○번지
　　　　(연락처) 02-123-4567 (휴대전화) 010-1234-5678 (이메일) lawb@lawb.co.kr
　　　　(123-456)
　　　　소송대리인변호사　○　○　○
　　　　○○시 ○○구 ○○동 ○○번지
　　　　(연락처) 02-123-4567 (휴대전화) 010-1234-5678 (이메일) lawb@lawb.co.kr
　　　　(123-456)
피 고　○○○세무서장

부가가치세부과처분취소

청 구 취 지

1. 피고가 원고에게 20○○. ○. ○.에 ○○년 수시분 부가가치세 ○○, ○○○, ○○○원을 부과한 처분은 이를 취소한다.
2. 소송비용은 피고의 부담으로 한다.
라는 판결을 구합니다.

청 구 원 인

원고가 ○○시 ○○구 ○○동 ○ 394 수도용지 648평방미터 및 같은 동 395 수도용지 648평방미터와 그 일대의 토지 44필지를 취득한 20○○. ○. ○. 위 394, 395번지 토지에 대하여 온천법에 의한 온천발견신고를 하여 ○○시장은 20○○. ○. ○. 도시 30363-3131호 및 고시 제97호로써 위 지역 일대를 온천지구로 지정고시하였는데, 원고는 20○○. 8. 23. 소외 ○○주식회사에 위 46필지의 토지와 그 지상입목을 합계금 ○○○원에 매도하면서 위 온천의 발견과 개발에 따른 권리(이하 이 사건 온천개발권이라고 한다)도 금 ○○○○원으로 따로 평가하여 매도하였던바, 피고는 20○○. ○. ○. 위 온천개발권의 양도를 부가가치세 과세대상 재화의 공급으로 보고 가산세를 포함하여 부가가치세 과세처분(이하 이 사건 과세처분이라고 한다)을 하였다.

이에 원고는 온천은 온천발견신고 및 행정청의 온천지구지정으로써 바로 온천수를 이용할 수 있는 것이 아니라 온천법에 따라 온천개발계획, 굴착허가, 온천이용허가, 온천의 공동급수 등이 순차 이루어져야 하는 것이므로 온천발견신고와 온천 지구지정만으로는 재화의 창출이 불가능하며 이로써 온천사업에 착수하였다고 할 수 없을 뿐더러, 부가가치세법 제2조 제1항이 정한 '사업상 독립하여 재화 또는 용역을 공급하는 자'라 함은 부가가치를 창출해 낼 수 있는 정도의 사업상태를 갖추고 계속적 반복적인 의사로 재화 또는 용역을 공급하는 자이어야 하며, 과세대상이 되는 재화 또는 용역의공급도 생산해 내지 않는 재화나 용역 및 사업과 관련없는 재화의 공급은 과세대상이 되지 않는다고 할 것인바, 원고는 과거에 온천을 발견하여 이를 타에 처분한 사실도 없고 앞으로도 그러할 의사가 없으므로 계속적 반복적인 의사로 재화 또는 용역을 공급하는 자에 해당하지 아니하므로 이 사건 과세처분은 위법하다.

또한 온천법에 의하면 온천지구 이외의 지역에서 온천의 용출 또는 탐사로 온천을 발견한 자는 관할 시장, 군수에게 신고하도록 되어 있고, 그 신고를 한 자에 대하여는 토지의 굴착허가 및 온천의 이용허가를 우선하거나 발견 및 굴착에 소요되는 비용 또는 이용시설비를 우선하여 보조 또는 융자를 할 수 있는 혜택을 주며, 온천지구 안에서 온천을 용출시킬 목적으로 토지를 굴착하고자 하는 자는 대통령령이 정하는 바에 의하여 도지사의 허가를 받아야 하는데 그 허가를 받을 수 있는 자는 굴착할 토지를 사용할 수 있는 권리를 가진자이어야 하므로 온천지구로 고시된 경우 원고와 같이 그 토지의 소유자인 동시에 온천발견자의 권리는 이를 무형의 재산권이라고 할 수 있을 것이다.

 그러나 부가가치세의 과세대상을 정한 부가가치세법 제1조는 과세대상을 재화 또는 용역의 공급과 재화의 수입으로 규정하고 그 재화란 재산적 가치가 있는 모든 유체물과 무체물을 말하되 그 범위에 관하여 필요한 사항은 대통령령으로 정하도록 규정하고 있으며, 동법 시행령 제1조 제2항에서 동법 제1조에서 규정하는 무체물에는 동력, 열과 기타 관리할 수 있는 자연력으로서 재산적 가치가 있는 유체물 이외의 모든 부가가치세법 제1조에서 규정하는 용역이나 유체물에 해당하지 아니함은 분명하고, 그렇다고 위 법률의 위임에 따라 부가가치세 과세대상이 되는 무체물의 범위를 규정한 동법시행령 제1조 제2항 소정의 관리할 수 있는 자연력에 포함된다고 해석하는 것은 조세법률의 해석에 있어서 유출해석이나 확장해석을 할 수 없는 점에 비추어 허용되지 아니한다할 것이므로 위 법률 조항 소정의 무체물에도 포함시킬 수 없어(대법원 1991. 7. 23. 선고, 91누 87 판결 참조) 결국 이 사건 온천개발권은 부가가치세의 과세대상이 된다고 할 수 없다 할 것이다.

 그러므로 피고가 원고에게 한 20○○. ○. ○. 부가가치세 부과 처분은 마땅히 취소되어야 하므로 본 소 제기에 이르게 된 것입니다.

입 증 방 법

변론시 수시 제출하겠음.

첨 부 서 류

1. 소장부본   1통
1. 소송위임장   1통
1. 납 부 서   1통

20○○. ○. ○.

원고 소송대리인 변호사 ○ ○ ○ ㉑

○○행정법원 귀중

- Point : ① 부가가치세법에서 규정하는 과세대상 '재화'의 의미를 밝혀 온천개발권과 관련하여
  설명한다.
  ② '사업상 독립하여 재화 또는 용역을 공급하는 자'에 포함되지 않음을 주장한다.
- 참조법령 : 부가가치세 제1조 제2항, 제2조 제1항, 제12조 제1항, 제35조.

제6절 지방세 관련

■ 1. 지방에 있는 본점을 서울로 이전한 경우 기존의 임대부동산에 대해서 등록세를 중과세한 경우

　　○○실크주식회사는 지방에 본점을 두고 서울에 임대용 공장을 취득하고 있었다. 그러던 중 취득일로부터 5년 이내에 서울로 본점을 이전하게 되었고, 이에 구청은 임대부동산에 대해 대도시내 본점이전과 관련된 취득이라고 보고 등록세를 중과세했다.

【서식】소 장

소　　장

원　고　　○○실크주식회사
　　　　　○○시 ○○구 ○○동 ○○번지
　　　　　(연락처) 02-123-4567 (휴대전화) 010-1234-5678 (이메일) lawb@lawb.co.kr
　　　　　(123-456)
피　고　　○○시 ○○구청장

등록세등부과처분취소

청 구 취 지

1. 피고가 20○○. 9. 15. 원고에 대하여 한 등록세 92,138,760원 및 교육세 18,427,750원의 부과처분은 이를 모두 취소한다.
2. 소송비용은 피고의 부담으로 한다.
라는 판결을 구합니다.

청 구 원 인

1. 사실관계

원고는 서울시 양천구 신월동 50-11 대지 692.3㎡와 위 지상 건물 1동(이 사건 부동산이라 칭한다)을 ○○공사로부터 매입하여 20○○. 2. 1. 소유권이전등기를 하고 20○○. 3. 12. 원고의 본점소재지를 경기도 안양시 석수동 311-14에서 서울시 강남구 역삼동 710-31로 이전등기하였다.

2. 부과처분의 내용

피고는 이 사건 부동산의 소유권이전등기를 법인 본점의 대도시 내로의 전입에 따른 부동산등기로 보아 지방세법 제138조 제1항의 규정에 의한 중과세율을 적용하고 원고가 이미 자진신고납부한 세액을 차감한 후 청구취지 기재와 같이 추가납부고지 하였다.

3. 부과처분의 위법성

그러나 지방세법 제138조 제1항 제3호가 대도시 내로의 법인의 본점전입에 따른 부동산등기를 중과세하는 취지는 대도시로의 인구집중을 방지하기 위한 것이므로 대도시 내로의 법인전입과 관련하여 취득하는 등기를 말하는 것이고 단순히 본점전입과 무관하게 그 이전에 취득한 이 사건 부동산이 중과세되는 것으로 볼 수는 없습니다.

4. 전심절차

  (1) 납세고지 - 20○○. 9. 15.
  (2) 감사원 심사청구 - 20○○. 9. 10.
     기   각 - 20○○. 1. 17.

입 증 방 법

기재생략

첨 부 서 류

기재생략

20○○. 3.

원고   ○○실크주식회사
대표이사   ○   ○   ○   ㊞

○○지방법원 귀중

● 참조법령 : 지방세법 제138조 제1항

판 례

■ 이 사건 부동산에 관한 등기가 위 지방세법 및 같은 법시행령에 규정된 중과세의 요건에 해당하는지에 관하여 보건대, 여기서 말하는 일체의 부동산등기라 함은 당해 법인 또는 그 지점 등이 그 설립, 설치, 전입과 관련하여 그 이전에 취득하는 부동산의 등기를 뜻하는 것이므로 그 부동산의 전부가 반드시 당해 법인 또는 지점의 업무에 사용되는 것은 아니라 하더라도 그 설립, 설치, 전입과 아무런 관련이 없이 취득한 부동산의 등기는 포함되지 않는다 할 것인바(대법원 1989. 1. 31. 선고, 87누556판결 : 1993. 7. 16. 선고, 92누15628판결 등 참조), 위에서 인정한 사실에 의하면 우선 원고는 본점을 안양시에서 서울특별시내로 이전한 것이므로 위 관계규정에 의하면 원고의 경우 대도시내로의 본점의 전입에 해당하기는 하나, 한편 원고는 이 사건 부동산으로 본점을 전입한 것도 아니고 또 이 사건 부동산을 취득한 후 계속 이를 소외 주식회사 우화무역에 임대해 오고 있는 점 등에 비추어 이 사건 부동산등기가 원고의 본점전입과 관련이 있다고 보기는 어렵다고 할 것이므로, 원고의 이 사건 부동산 취득등기를 본점의 대도시내로의 전입에 따른 등기로 보아 등록세를 중과한 이 사건 부과처분은 위법하다 할 것이다(서울고법 1995. 9. 27. 선고, 95구 13595 판결).

■ 2. 본점소재지에 인접한 토지를 야적장으로 사용한 경우

○○철강주식회사는 본점소재지인 학장동 380-1에 인접한 학장동 380-14 토지를 취득하고 이를 계근대, 비철적재장으로 사용하고 있다. 이에 구청은 법령에서 정한 사용이 아니라는 이유로 비업무용으로 보고 취득세를 중과세했다.

【서식】 소 장

소　장

원　고　　○○철강주식회사
　　　　　○○시 ○○구 ○○동 ○○번지
　　　　　(연락처) 02-123-4567 (휴대전화) 010-1234-5678 (이메일) lawb@lawb.co.kr
　　　　　(123-456)
피　고　　○○시 북구청장
　　　　　○○시 ○○구 ○○동 ○○번지
　　　　　(연락처) 02-123-4567 (휴대전화) 010-1234-5678 (이메일) lawb@lawb.co.kr
　　　　　(123-456)

취득세부과처분취소

청 구 취 지

1. 피고가 20○○. 9. 18. 원고에 대하여 한 20○○. 9. 30. 납기분 취득세 39,312,000원의 부과처분은 이를 취소한다.
2. 소송비용은 피고의 부담으로 한다.

청 구 원 인

1. 사실관계

원고는 20○○. 7. 28. 부산진구 전포동 643-1에 설립된 철재, 비철 제조가공업 및 판매업 기타 이에 부수되는 사업을 영위하고 있는 주식회사입니다.

원고는 20○○. 7. 2. 부산 북구 학장동 380-1로 본점(사업장)소재지를 이전하였다.

원고는 20○○. 3. 23. 부산 북구 학장동 380-1 대 2,890.6㎡ 중 1,408.8㎡를 취득하기로 하여 이로써 학장동 380-1 대 2,890.6㎡는 학장동 381-1 대 526.4㎡와 학장동 380-14 대 1,408.8㎡, 학장동 380-15 대 955.4㎡로 분할되었고, 원고는 그 중 학장동 380-14 대 1,408.8㎡(이 사건 토지)를 취득하였다.

원고 회사는 건축물이 있는 학장동 380-1에서 경영 등 사무업무를 수행하고 한울타리 내에 있는 이 사건 학장동 380-14에서 철재, 적재, 가공과 판매를 위한 작업과 동 작업을 수행하기 위한 계근대설치와 작업차량 주차시설 등으로 사용해 왔다(행정심판에서도 이 점은 인정하고 있다. 을 제1호증의 2, 을 제2호증의 2 참조).

그러나 협소한 부지에서 늘어나는 작업량을 감당하기 어려워 토지의 효율적 이용을 위하여 20○○. 1. 29. 이 사건 토지에 지하 1층 201.45㎡, 1층 567.15㎡의 공장건물을 신축허가를 얻어 20○○. 6. 30. 준공하였다가 다시 공장확장을 위하여 20○○. 11. 27. 1층 727.52㎡ 증축허가를 얻어 20○○. 5. 20. 준공하여 현재 공장시설로 이용하고 있습니다.

원고 회사는 20○○. 12. 31. 현재 사업용 중기 및 차량을 15대, 작업장비 유압펌프 1대, 계량기 1대, 콘베아 1식, 사링머신 1대, 고철압축기 1대를 보유하고 있으며(을 제4호증의 2에 첨부된 차량운반구 및 기계장치명세서 참조). 20○○년도의 연간 매출액은 금 97억 92,295,681원, 20○○년도의 연간 매출액은 금 155억 3,481,340원에 달하는 기업입니다(을 제4호증의 2에 첨부된 손익계산서 참조).

2. 부과처분의 내용

피고는 원고 법인의 소재지로 학장동 380-01로 표시되어 있어 학장동 380-14은 업무용 토지로 볼 수 없으므로 취득세 중과세 대상에 해당되고, 또 피고는 원고가 이 사건 토지를 고철판매 등의 하치장으로 사용하고 있으나 행정관청으로부터 인·허가를 받지 않았으므로 이는 비업무용 토지라고 주장합니다(행정심판에서의 재결이유도 동일하다).

3. 부과처분의 위법성

　　원고 회사의 본점소재지가 앞에서 본 토지분할로 인하여 학장동 380-1에서 학장동 380-14로 지번이 변경되었음에도 불구하고 이를 정정하지 아니한 데에 기인한 것이고(현실적으로 모 번지에서 분할되어 인접되어 있는 관계로 지번변경의 필요성을 느끼지 아니하였다), 사실상 학장동 380-14에서 모든 업무를 수행하여 왔으므로 피고의 처분은 사실조사 소홀에 기인한 것으로 위법합니다.

　　또한, 지방세법시행령 제84조의 4 제2항에서 법인의 고유업무를 다음과 같이 열거하고 있습니다.

　　　1호 법령에서……규정한 업무

　　　2호 법인등기부상 목적사업으로 정하여진 업무

　　　3호 행정관청으로부터 인·허가를 받은 업무

　　여기에서 어느 하나의 요건을 충족하는 업무에 사용하면 족하고 모든 요건을 충족시켜야 하는 것은 아닙니다.

4. 전심절차

　　납세고지　　　2000. 9. 18.

　　이의신청　　　2000. 10. 10.

　　기　　각　　　2000. 11. 30.

　　심사청구　　　2000. 1. 18.

　　기　　각　　　2000. 3. 4.

입 증 방 법

기재생략

첨 부 서 류

기재생략

2000. 3. 4.

　　　　　　　　　　　　　　　　원고　　○○청강주식회사

대표이사　○　○　○　㉑

○○고등법원　귀중

- Point : ① 고유업무의 범위에 관해 이해한다.

　　　　② 본점소재지 학장동 380-1과 인접한 학장동 380-14 토지의 현황을 현장검증으로 밝히고 취득 및 이용현황에 대해 입증한다.

판 례

① 지방세법 제112조 제2항이 법인의 비업무용 토지의 취득보유를 중과세하는 취지는 법인으로 하여금 고유목적 수행에 충실하도록 함으로써 법인의 발전과 사회적 기능을 다할 수 있도록 하고, 아울러 고유목적 이외의 토지의 취득보유로 인한 비생산적인 투기의 조장을 방지하고 토지의 효율적 이용을 꾀하려는데 있다 할 것이고, 위 법시행령 제84조의 4 제1항 소정의 법인의 고유업무에 직접 사용하지 아니하는 토지란 그 제2항에서 규정하는 바와 같이 법령에서 개별적으로 규정한 업무나 법인등기부상 목적사업으로 정하여진 업무, 또는 행정관청으로부터 인·허가를 받은 업무에 직접 사용하지 아니하는 토지를 말한다고 할 것이고 법인의 등기부 목적사업으로 정하여진 업무라 하더라도 그 업무를 수행함에 있어 행정관청의 인·허가가 필요한 경우 그 인·허가를 받지 아니하고 그 소유 대지를 사실상 그 업무를 수행하는데 사용하고 있다 하더라도 이를 법인의 고유목적에 직접 사용하는 토지라고 볼 수는 없다 할 것이다(대법원 1980. 11. 25. 선고, 80누 36 판결 참조).

그런데 갑 제3호증, 갑 제4호증의 각 기재에 변론의 전취지를 종합하면, 원고 법인은 1986. 10. 20. 북부경찰서장으로부터 영업장소를 위 학장동 230의 5로 하여 고물영업법 제2조 제1항, 동 법시행령 제4조 제1항의 규정에 의하여 고물상 영업허가를 받아 위 학장동 230의 5를 본점소재지로 하여 영업을 계속해 온 사실이 인정되는 바, 본점소재지와 근접한 이 사건 토지를 원고 법인의 영업장으로 사용함에 있어서 피고가 주장하는 바와 같은 행정관청이 인·허가가 필요한가 하는 점에 대하여 보건대, 고물영업법 제5조 제1호에는 같은 경찰서의 관할구역 내에서 영업소 또는 시장을 이전할 때에는 고물상 또는 시장주는 대통령령이 정하는 바에 따라 관할경찰서장에게 신고를 하여야 한다고 규정되어 있으므로, 앞서 본 바와 같이 원고 법인은 본점소재지는 그대로 두고 영업장을 일부 확장하여 본점소재지와 바로 접해있는 이 사건 토지를 사용한 것으로 위 신고조차도 필요없다고 해석되고, 가사 신고가 필요하다 하더라도 인·허가사항은 아닌 것이며 그외 산업폐기물이용신고나 일반폐기물재활용신고도 신고사항으로서 피고가 주장하는 바와 같은 행정관청의 인·허가를 요하는 사항은 아니며 앞서 본 바와 같이 원고법인이 고물상 영업허가를 받아 그 등기부상 목적사업으로 규정되어 있는 철재, 비철

제조가공업 및 판매업을 위하여 철재를 적재, 분류, 가공하는 등의 작업장으로 이 사건 토지전부를 사용하고 있는 이상 이 사건 토지는 원고 법인의 업무용 토지에 해당한다 할 것이다.

그리고 지방세법시행령 제84조의 4 제3항 제5호의 규정은 지상정착물이 있는 경우의 그 부속토지 중 위 규정 소정의 일정면적을 초과하는 토지는 같은 법시행령 제84조의 4 제1, 2항의 규정에도 불구하고 법인의 비업무용 토지로 본다는 규정으로 이 사건 토지와 같이 지상정착물이 없는 나대지로서 사실상 토지전체가 원고 법인의 영업장으로 사용되고 있는 경우에 적용할 규정은 아니라 할 것이다 (부산고법 1993. 7. 23. 선고, 93구 1435 판결).

② • 법인의 비업무용 부동산에 관한 각 규정의 취지 및 내용에 비추어 보면, 자동차 정류장법의 규정에 의하여 면허를 받은 자가 정류장용으로 사용하는 토지는 아무런 제한없이 그 전부가 구 법인세법시행규칙(1994. 3. 12. 재무부령 제1968호로 개정되기 전의 것) 제18조 제3항 제3호 (마)목 소정의 정류장용 토지에 해당하여 비업무용 부동산에서 제외된다고 볼 수는 없고, 면허 또는 인가에서 정하여진 정류장 규모 범위내의 토지만이 위 시행규칙 규정 소정의 정류장용 토지로서 비업무용 부동산에서 제외된다고 할 것인바, 당초 면허에서 정한 정류장 면적에 포함되어 있다가 규모변경 인가에 의하여 정류장 면적에서 제외된 토지는 위 시행규칙 규정 소정의 정류장용 토지에 해당하지 아니한다.

• 구 법인세법시행규칙(1994. 3. 12. 재무부령 제1968호로 개정되기 전의 것) 제18조 제4항은 다음 각 호의 1에 해당하는 부동산은 제3항의 규정에 불구하고 비업무용 부동산으로 보지 아니한다고 규정하면서 제3호에서 '법인이 사업의 일부 또는 전부를 휴업·폐업 또는 이전함에 따라 업무용 부동산에 해당하지 아니하게 된 부동산으로서 그 휴업·폐업 또는 이전일로부터 2년이 경과되지 아니한 것'을 들고 있는바, 시행규칙 제18조 제3항 제3호 (마)목 소정의 자동차 정류장용 토지를 (1)항이같이 해석하는 이상, 당초 면허에서 정한 정류장 면적에 포함되어 있다가 규모변경 인가에 의하여 정류장 면적에서 제외된 토지의 경우 규모변경은 사업의 일부 폐업에 다름 아니라 할 것이므로 위 시행규칙 제18조 제4항 제3호를 적용하여 이 토지는 규모변경일로부터 2년간은 비업무용 부동산으로 볼 수 없다(대법원 1998. 5. 29. 선고, 97누 4036 판결).

■ 3. 수용으로 인하여 대체부동산을 취득할 때 연접거주자의 경우

이○○ 외 1인은 소유부동산을 수용당하고 대체부동산을 취득하였고, 과거 부동산 소재지에 연접한 지역에 1년 이상 거주한 바 있다.

【서식】소 장

소　　장

원 고 1. 이　○　○
　　　　2. 한　○　○
　　　　위 원고들 주소 : ○○시 ○○구 ○○동 ○○번지
　　　　(연락처) 02-123-4567 (휴대전화) 010-1234-5678 (이메일) lawb@lawb.co.kr
　　　　(123-456)

피 고　　○○시 동구청장

등록세등부과처분취소

청 구 취 지

1. 피고가 20○○. 9. 16.자로 원고들에게 한 등록세 22,680,000원 및 교육세
   4,158,000원의 부과처분은 이를 취소한다.
2. 소송비용은 피고의 부담으로 한다.

청 구 취 지

1. 사실관계
　　원고들은 다음과 같이 수용을 당하고 그 보상금으로 토지를 취득하였다.
(1) 이○○ 수용토지

소 재 지	지 목	지적(㎡)	가 액 (원)	수 용 일 시
해운대구 중동 143-2	답	248	42,036,000	
해운대구 중동 144	답	2,069	348,626,500	20○○. 4. 3
해운대구 좌동 435-2	답	1,008.5	178,504,500	

(2) 한○○ 수용토지

소 재 지	지 목	지적(㎡)	가 액 (원)	수 용 일 시
해운대구 좌동 468-1	답	1.821	486.253.600	20○○. 4. 3
해운대구 좌동 4352	답	1,008.5		

(3) 취득 부동산

소 재 지	지 목	지적(㎡)	가 액 (원)	수 용 일 시
초량동 434-2	답	495.9	1,050,000,250	
초량동 435-2	답	167.6		
위 지	건 물	4동		

이○○ 1,000분의 537 금 563,850,134원
한○○ 1,000분의 463 금 486,150,115원

2. 부과처분의 내용
피고는 지방세법 제127조의 2 제2항에 의거 원고들이 부재부동산소유자라는 이유로 비과세를 배제하고 있습니다.

3. 부과처분의 위법성
지방세법시행령 제79조의 2 제2항에서 부재부동산소유자라 함은 사업인정고시일 현재 고시지역 내에 매수, 수용 당하는 부동산을 소유하는 자로서 당해 부동산 또는 연접한 구, 시, 읍, 면 지역에 1년 이상 주민등록을 한 바를 말한다고 되어 있다.
원고들은 부동산소재지인 해운대와 연접한 동래구에 20○○. 3. 26.부터 1989. 1. 24. 까지와 남구에 20○○. 9. 3.부터 현재까지 거주하고 있다.

따라서 위 소정의 1년 이상 거주자임이 명백하다(소재지 또는 연접한 지역에 통산하여 1년 이상 거주하였으면 족하고 사업인정고시일로부터 소급하여 계속하여 1년 이상 거주할 필요는 없다).

4. 전심절차
   (1) 납세고지 - 20○○. 9. 16.
   (2) 심사청구 - 20○○. 9. 24.
     기　　각 - 20○○. 2. 10.

입 증 방 법

기재생략

첨 부 서 류

기재생략

20○○. 8. 1.

원 고 이 ○ ○ ○ ⑩
한 ○ ○ ○ ⑩

○○지방법원　귀중

● Point : 행정구역 변천이 있는 경우에는 행정구역 변천에 따른 연접지역을 검토한다.

판 례

■ 지방세법 제127조의 2 제1항은 토지수용법…등 관계법령의 규정에 의하여 토지 등을 수용할 수 있는 사업인정을 받은 자…에게 부동산…이 매수 또는 수용되거나 철거된 자…가 사업인정고시일로부터 그 보상금을 마지막으로 받은 후 1년… 이내에 이에 대체할 부동산을 취득한…때에는 그 등기에 대한 등록세를 부과하지

아니한다…고 규정하고, 그 제2항은 제1항의 규정에 불구하고…대통령령이 정하는 부재부동산의 소유자가 부동산을 대체취득하는 경우에는 등록세를 부과한다고 규정하며, 동 법시행령 제96조의 2는 법 제127조의 2의 규정에 의한…부재부동산 소유자의 범위에 관하여는 제79조의 3의 규정을 준용한다고 하고, 같은 법시행령 제79조의 3 제2항은 대통령령이 정하는 부재부동산소유자라 함은 토지수용법 등 관계법령의 규정에 의한 사업인정고시일 현재 고시지구 내에 매수, 수용…되는 부동산을 소유하는 자로서 당해 부동산소재지구… 또는 그와 인접한 구…지역에 1년 이상 주민등록을 하지 아니하거나, 1년 이상 주민등록을 한 경우에도 사실상 거주를 하고 있지 아니한 자를 말한다…고 규정하고 있는 바, 위 각 규정의 취지를 종합하여 보면, 토지수용 등으로 인한 토지소유자의 대체취득등기에 대한 등록세 비과세의 요건은 사업인정고시일 현재를 기준으로 그 이전에 통산하여 1년 이상 주민등록을 하고 거주한 사실만 있으면 되고 사업인정고시일까지 계속하여 1년간 주민등록을 하고 거주할 필요는 없다고 할 것이다.

이 사건에서 원고 고순만은 사업인정고시일 현재 위 수용된 토지의 연접구인 부산 남구에 주민등록을 하고 거주하고 있었으며, 그 이전인 1982. 3. 26.부터 1984. 1. 24.까지 역시 연접구인 부산 동래구에 거주하고 있었으므로 위 원고는 위 각 규정에서 말하는 부재부동산의 소유자에 해당되지 않는다고 할 것이다(부산고법 1993. 12. 29. 선고, 93구 1114 판결).

■ 4. 개별토지에 있어서의 지가결정 방식

○○구청은 1996년도 개별토지가격을 결정하면서 1993년도 표준지 지가에 지가상승률을 곱하여 금 1,920,000원으로 산정하고 이를 토대로 택지초과소유부담금을 부과했다. 이에 박○○가 이는 시가보다 높은 것으로 하향조정해야 한다며 행정쟁송을 제기하였다.

【서식】소 장

소　　장

원　고　박　○　○
　　　　○○시 ○○구 ○○동 ○○번지
　　　　(연락처) 02-123-4567 (휴대전화) 010-1234-5678 (이메일) lawb@lawb.co.kr
　　　　(123-456)
피　고　부산광역시 ○○구청장

지가결정처분취소

청　구　취　지

1. 피고 부산광역시 ○○구청장이 20○○. 3. 7.자로 원고에 대하여 한 부산 동래구 온천동 442-12 대 1,668㎡에 관한 20○○년도 개별지가 ㎡당 1,920,000원의 지가결정처분은 이를 취소한다.
2. 소송비용은 피고의 부담으로 한다.

청　구　원　인

1. 원고의 토지소유
　원고의 부산 동래구 온천동 442-12 대 1,668㎡(이 사건 토지라 한다)를 소유하고 있다.

2. 지가결정과 이의 위법성

피고 ○○구청장은 당초 20○○. 1. 1. 개별공시지가 ㎡당 2,000,000원으로 결정하였다가 행정심판재결에 따라 1,920,000원으로 경정결정하였다. 그러나 20○○. 1. 1. 자 이 사건 토지는 감정평가사에 의하면 ㎡당 1,420,000원이므로 이에 맞도록 하향조정되어야 합니다.

이 사건 토지의 인근지가는 다음과 같습니다.

소 재 지	20○○. 1. 1. 개별지가	동래구매매가액	감정가액
온천동 1408-18	1,150,000	1,471,000,000	1,400,000

을 제12호증의 도면에서 보다시피 온천동 1408-18 토지는 양면이 대로변에 접한 토지로서 1996. 9. 22. 현재감정가액이 100만원 내지 180만원에 달하고 피고 ○○구청은 1996. 10. 20. 그 중 200㎡를 ㎡당 1,471,000원에 매매까지 하였습니다(20○○. 1. 1.부터 9. 22. 까지 지가상승률을 빼면 20○○. 1. 1. 에는 더 낮다).

온천동 1408-18 토지와 이 사건 토지를 비교해 보면 이 사건 토지가 열세에 있음을 능히 알 수가 있습니다.

3. 부과처분과 이의 위법성

피고 ○○구청장은 이 건 토지상에 영구건축물이 있음에도 불구하고 나대지로 보아 이 건 부과처분을 하는 것은 위법합니다.

건축법 제15조에 의하면 가설건축물은 2종류가 있다.

도시계획사업지구에 있는 토지에 관하여 원칙적으로 건축을 제한하나 예외적으로 도시계획사업실시에 지장이 없다고 판단될 경우 건축허가를 받아 건축하는 가설건축물이 있고(동 조 제1항), 그밖에 재해복구, 흥행, 전람회, 공사용가설건축물이 있다(동 조 제2항).

제1항의 경우에는 일반건축물과 하등의 차이가 없고, 다만 그 명칭만 가설건축물로 되어 있을 뿐이고 제2항의 경우에는 그 건축물의 용도의 성격상 일시적 이용을 위한 간이건축물(주위에서 흔히 보는 지하철 공사용·컨테이너하우스, 합판집, 천막집, 아파트모델하우스)임을 알 수가 있다.

한편, 대법원 1995. 11. 25. 선고, 94누 3506 판결(공보 95년 118면)은 택지소유상한에 관한 법률 시행령(1993. 5. 10. 개정 전의 것) 제2조 제1호 (나)목 소정의

　　영구적인 건축물은 그 구조의 내구성, 견고성 여부와 상관없이 건축법 소정의 허가를 받거나 신고를 하고 지은 건축물을 의미한다고 판시하고 있다. 위 법조와 판례의 취지를 모두어 보면 이 사건 토지상의 건축물은 건축법 제15조 제1항에 의하여 20○○. 9. 18. 건축허가를 받아 브로크스라브조 근린생활 등 시설로서 1년마다 기계적으로 존치기간 연장승인을 받아 사용되고 있는 건물로서 그 구조와 용도, 사용기간에 비추어 영구건축물로 봄이 상당합니다.

입 증 방 법

기재생략

첨 부 서 류

기재생략

20○○. 5. 1.

원 고 박 ○ ○ ⑪

○○고등법원 귀중

● Point : 국토해양부장관이 하달한 개별토지가격조사요령에 위배하여 지가결정한 점을 지적한다.

판 례

■ 원고는, 이 사건 대지에 대한 개별공시지가 금 1,920,000원은 토지평가사의 감정결과에 의한 1993. 1. 1. 기준 평방미터 시가 금 1,420,000원 보다 훨씬 높을 뿐만 아니라 비교표준지나 인근 유사토지와의 가격균형도 맞지 아니하고 또 그 가격산정도 지가공시법에 의한 가격산정방법에 의하지 아니하여 위 피고가 한 이 사건 개별공시지가결정은 위법하다고 주장하고, 이에 대하여 같은 피고는 이 사건 개별공시지가는 지가공시법, 국무총리의 개별토지가격합동조사지침, 건설교통부장관의 개별공시지가조사요령 등에 따라 적법하게 결정된 것이라고 주장한다.

　　살피건대, 지가공시법 제10조 개별토지가격합동조사지침(1990. 4. 14. 국무총리훈령 제241호 및 1991. 4. 12. 국무총리훈령 제248호) 제7조, 제8조는, 개별공시지가는 당해 토지와 유사한 이용가치를 지닌다고 인정되는 하나 또는 둘 이상의 표준

지의 공시지가를 기준으로 건설교통부장관이 제공하는 표준지와 당해 토지의 지
가형성요인에 관한 표준적인 비준표를 활용하여 두 토지의 특성을 조사하고, 상호
비교하여 가격조정률을 결정한 후 이를 표준지의 가격에 곱하는 방법으로 산정하
고, 다만 필요하다고 인정될 경우에는 당해 토지와 비교표준지와의 개별요인의 차
이, 당해 토지와 비교 표준지의 지방세 과세표준액의 차이와 토지가격비준표에 의
한 조정률과의 균형 및 기타 그 지역의 특수한 지가형성요인 등을 종합하여 가감
조정할 수 있도록 규정하고 있으므로 개별공시지가는 특별한 사정이 없는 한 위
와 같이 표준지의 공시지가에 가격조정률을 곱하는 방식으로 산정함이 원칙이라
할 것이고, 이와 다른 방법으로 이루어진 개별공시지가는 관계법령에 따르지 아니
한 것으로서 위법을 면치 못한다 할 것이다(부산고등법원 1995. 4. 27. 선고, 94구
2558 판결).

■ 5. 건물취득 후 일정기간이 지난 뒤 임대한 건물을 비업무용 토지로 보고 중과세한 경우

○○회사는 부동산 임대를 사업목적으로 하는 법인으로서, 건물을 취득한 후 임대하기 위해 임차인을 물색했으나 부동산 경기침체 등의 이유로 취득일로부터 1년이 지난 후에야 김○○에게 임대를 할 수 있었다. 그럼에도 ○○구청은 이 건물 사건 토지를 취득한 날로부터 1년 이내에 정당한 이유없이 법인의 고유업무에 직접 사용하지 않았다는 이유로, 비업무용 토지로 보고 취득세부과처분을 했다.

【서식】소 장

소　장

원 고　○　○　○
　　　　○○시 ○○구 ○○동 ○○번지
　　　　(연락처) 02-123-4567 (휴대전화) 010-1234-5678 (이메일) lawb@lawb.co.kr
　　　　(123-456)
　　　　소송대리인 변호사　○　○　○
　　　　○○시 ○○구 ○○동 ○○번지
　　　　(연락처) 02-123-4567 (휴대전화) 010-1234-5678 (이메일) lawb@lawb.co.kr
　　　　(123-456)
피 고　○○시 ○○구청장

취득세등부과처분취소청구의 소

청 구 취 지

1. 피고가 20○○. ○. ○. 자로 원고에게 한 취득세 금 ○○○원의 부과처분을 취소한다.
2. 소송비용은 피고의 부담으로 한다.

라는 재판을 구합니다.

청 구 원 인

1. 부과처분의 경위

　부동산 임대 및 정기간행물의 발행업 등을 사업목적으로 하는 원고 회사가 20○○. ○. ○. 소외 김○○ 등으로부터 ○○시 ○○구 ○○동 ○의 1대 1,031.8㎡ 소재 ○○ 오피스텔 8층 815호를 매수하여 20○○. ○. ○. 잔금을 지급하고 그 통지에 대한 1,041.8분의 6.78지분(이하, 이 사건 토지라 한다)를 취득하였는데, 피고는 20○○. ○. ○. 에 이르러 원고 회사가 이 사건 토지를 취득한 날로부터 1년 이내에 정당한 이유 없이 이를 법인의 고유업무에 직접 사용하지 아니하였다는 이유로 높은 세율을 적용하여 산출한 세액에서 이미 납부한 세액을 빼고, 가산세를 가산한 청구취지 기재와 같은 취득세부과처분(이하, 이 사건 처분이라 한다)을 하였다.

2. 부과처분의 적법 여부

　원고는, 부동산 임대를 사업목적으로 하는 법인으로서 위 오피스텔을 취득한 후이를 임대하기 위하여 다른 용도로 사용하지 아니하고 계속하여 임차인을 물색하는 등으로 그 임대를 위한 최선의 노력을 다하였으나 부동산 경기침체로 임대하지 못하고 있다가 위 취득일로부터 1년이 지난 20○○. ○. ○. 에야 비로소 소외 김○○에게 이를 임대하였던 것이므로 위 오피스텔을 다른 용도로 사용하지 아니하고 임대의 목적으로 그 임차인을 물색하였던 것만으로도 위 오피스텔을 임대목적에 제공하였던 것으로 볼 수 있을 뿐만 아니라 위 오피스텔을 원고 법인의 고유목적에 직접 사용하지 못함에 정당한 사유가 있는 경우에 해당됨에도 불구하고 피고가 이 사건 토지를 비업무용토지로 보고 중과세한 것은 위법하고 따라서 본 처분은 마땅히 취소되어야 하므로 본 소 청구에 이르렀습니다.

입 증 방 법

　　　1. 갑 제1호증　　　　　　　　　　납세소지서
　　　1. 갑 제2호증　　　　　　　　　　이의신청서
　　　1. 갑 제3호증　　　　　　　　　　결정서

1. 갑 제4호증   심사청구서

첨 부 서 류

1. 위 입증서류   통
1. 위임장   동
1. 납부서   통

20○○. ○. ○.

위 원고 소송대리인
변호사 ○ ○ ㊞

○○지방법원 귀중

■ 6. 건물임대인들이 본래 용도와 달리 무허가 위락시설을 개설한 것에 대해
중과세한 경우

이○○외 11인은 지하 2층, 지상 10층의 건물 1동을 별지목록 물건지란 기재
와 같이 구분 소유하고 있으며, 이를 소외 최○○, 홍○○, 배○○, 김○○, 이○
○ 등에 각각 임대하여 위 소외인들이 건물의 본래 용도와는 달리 무허가로 위
락시설을 개설하여 영업하고 있다. 이에 ○○구청은 사실상의 현황에 의해 고급
오락장용 건축물로 인정하여 이○○ 외 11인에 각 중과세했다.

【서식】소 장

소　　장

원 고　이 ○ ○ 외 11인
　　　　○○시 ○○구 ○○동 ○○번지
　　　　 (연락처) 02-123-4567 (휴대전화) 010-1234-5678 (이메일) lawb@lawb.co.kr
　　　　(123-456)
　　　　위 원고들 소송대리인 변호사 ○ ○ ○
　　　　○○시 ○○구 ○○동 ○○번지
　　　　 (연락처) 02-123-4567 (휴대전화) 010-1234-5678 (이메일) lawb@lawb.co.kr
　　　　(123-456)
피 고　○○시 ○○구청장

재산세등부과처분취소청구의소

청 구 취 지

피고가 20○○. ○. ○. 자 원고들에 대하여 별지목록 각 부과액란 기재와 같
이 한 각 재산세 및 교육세부과처분중 각 그 해당 세액란 기재의 재산세액 및
교육세액을 초과하는 부분을 취소한다.
　소송비용은 피고의 부담으로 한다.
라는 판결을 구합니다.

청 구 원 인

원고들은 20○○년도 재산세과세기준일인 20○○. 5. 1. 현재 ○○시 ○○구 ○○동 737의 37 및 737의 50 지상의 지하 2층, 지상 10층 건물 1동(이하 이 사건 건물이라 한다)을 별지목록 물건지란 기재와 같이 구분소유하고 있으면서 이를 소외 최○○, 홍○○, 배○○, 김○○, 송○○ 등에서 각 임대하여 위 소외인들이 위 건물의 지하 1층, 2층, 3층, 5층, 10층에 그 본래의 각 공부상 용도와는 달리 무허가로 위락시설인 ○○라는 이름의 디스코클럽을 개설하여 영업하고 있는 사실, 피고는 원고들 소유의 위 건물에 대한 재산세를 부과함에 있어 지방세법시행령 제139조에 의하여 그 사실상의 현황에 의하여 위 건물을 지방세법 제188조 제1항 제2호 (2)목 소정의 고급오락장용 건축물로 인정하여 별지목록 기재 각 과세시가표준액에 50/1,000의 세율을 적용, 중과세하여 각기 별지목록 부과액란 기재 재산세액 및 교육세액을 산출한 다음 20○○. ○. ○. 이를 원고들에 대하여 각 부과고지하였다.

원고들은 위 디스코클럽들은 위 임차인들이 소유자인 원고들의 의사에 반하여 위 건물의 용도를 무단으로 변경하여 당국의 허가도 얻지 아니한 채 개설하여 불법으로 영업하고 있는 것으로서 이는 일시적인 현상에 불과한 것이므로 이와 같은 일시적 용도에 쓰이는 위 건물을 결코 지방세법시행령 제142조 제1항 제2호 (4)목, 제84조의3 제1항 제1의 3호 및 위 법 시행규칙 제46조의2 제1항 제5호 소정의 식품위생법에 의한 무도유흥음식점으로서의 고급오락장용 건물이라 할 수 없음에도 이를 위와 같은 고급오락장용 건물로 본 데 따른 이 사건 과세처분은 위 중과세율 50/1,000이 아닌 지방세법 제188조 제1항 제2호 제(4)목 소정의 기본세율 3/1,000을 적용하여 산출한 정당한 세액인 별지목록 세액란 기재의 각 세액을 초과하는 부분에 있어서 위법하다. 그러므로 원고는 피고의 20○○. ○. ○. 재산세 등 부과처분의 취소를 구하고자 이 사건 소제기에 이르게 된 것입니다.

입 증 방 법

추후 변론시 제출하겠습니다.

첨 부 서 류

1. 위임장	1통
1. 납부서	1통

20○○. ○. ○.

위 원고 소송대리인
변호사 ○ ○ ○ ㉙

○○지방법원 귀중

• Point : "토지소유자의 책임없는 사유로 인하여 사용할 수 없는 토지"라 함은 토지소유자가 토
      지의 용도에 따라 이용하려 해도 토지 소유자의 의사와는 관계없는 객관적 사유로 이용
      이 불가능해 부득이 방치할 수밖에 없는 토지를 말한다.

■ 7. 대도시 내에서 법인설립 후에 한 부동산등기라는 이유로 등록세 등 중과세율을 적용한 경우

주식회사 ○○주택은 주택건설업, 부동산 매매 및 임대업을 목적으로 하여 설립된 법인으로서, 지하 5층, 지상 20층 오피스텔을 신축하고 그 중 전유면적 일부만을 보존등기하면서 등록세를 납부하였다.

○○구청은 대도시 내에서 법인설립 이후 한 부동산등기라는 이유로 소정의 중과세율을 적용하고, 건물 전체 공사비에 비추어 납부한 세액을 공제한 뒤 가산세를 포함하여 등록세, 교육세를 부과했다.

【서식】소 장

소　장

원　고　주식회사 ○○주택
　　　　○○시 ○○구 ○○동 ○○번지
　　　　대표이사 ○　○　○
　　　　(연락처) 02-123-4567 (휴대전화) 010-1234-5678 (이메일) lawb@lawb.co.kr
　　　　(123-456)
　　　　소송대리인 변호사 ○　○　○
　　　　○○시 ○○구 ○○동 ○○번지
　　　　(연락처) 02-123-4567 (휴대전화) 010-1234-5678 (이메일) lawb@lawb.co.kr
　　　　(123-456)
피　고　○○시 ○○구청장

등록세 등 부과처분취소 청구

청 구 취 지

피고가 20○○. ○. ○. 원고에 대하여 한 등록세 금 ○○○, ○○○, ○○○원

과 교육세 금 ○○○, ○○, ○○○원의 부과처분은 이를 취소한다.

소송비용은 피고의 부담으로 한다.

라는 재판을 구합니다.

청 구 원 인

1. 이 사건 처분의 경위

주식회사○○주택은 주택건설업, 부동산 매매 및 임대업을 사업 목적으로 하여 20○○. ○. ○. ○○시 ○○구 ○○동 775의 3을 본점으로 설립된 법인으로서, 20○○. ○. ○. ○○시 ○○구 ○○동 775의 3에 지하 5층 지상 20층, 연면적 69,027.08㎡ 규모의 ○○ 오피스텔(이하 이 사건 건물이라 한다)을 신축하고 같은 해 ○. ○. 그 중 전유면적 ○○○㎡만을 보존등기하면서 등록세로 ○○○원을 신고납부한 사실, 그러자 피고는 이 사건 건물에 대한 보존등기가 지방세법 제138조제1항 소정의 대도시 내에서의 법인설립 이후 부동산등기라는 이유로 동조 소정의 중과세율을 적용하고, 과세표준은 공유면적을 포함한 이 사건 건물의 전체면적○○○㎡에 대한 공사비 ○○○원으로 보아, 이미 납부한 세액을 공제한 후 가산세를 포함하여 20○○. ○. ○. 원고에 대하여 등록세 ○○○원, 교육세 ○○○원을 부과하였다.

2. 이 사건 처분의 적법 여부

원고는, 첫째 이 사건 건물은 원고가 분양을 목적으로 신축한 후 일시적으로 소유권보존등기를 경료하였을 뿐이고 법인의 업무용 또는 사업용 부동산에 해당하지 아니하므로 지방세법 제138조 제1항 소정의 중과세율을 적용할 수는 없고, 가사 그렇지 아니하고 이 사건 건물의 등기에 관하여 중과세율을 적용할 수밖에 없다 하더라도 그 근거가 되는 지방세법시행령 제102조 제2항이 "법인 설립 이후의 부동산등기"를 업무용·비업무용 또는 사업용 또는 비사업용을 불문하고 법인이 설립 이후 5년 이내에 취득하는 일체의 부동산 등기로 규정하고 있는 것은, ① 입법 취지에 비추어 볼 때 지방세법 제138조는 등록세 중과를 통하여 인구와 경제력의 대도시 집중을 억제함으로써 대도시 주민의 생활환경을 보존, 개선함과 동시에 지역 간의 균형발전 내지 지역경제의 활성화를 궁극의 목적으로 하고 있는 점, ② 등록세 중과 규정의 변천 과정에 비추어 볼 때 지방세법시행령 제102조 제2항이 1985. 8. 26. 대통령령 제11751호로 개정되기 전에는 법인이 "직접 그 업무에 사용하기 위하여" 취득하는 경우 또는 법인이 "사업용에 공하기 위하여" 취득한 경우 등으로 규정하여 오다가 20○○. ○. ○. 에 이르러 비로소 "업무용·비업무용 또는 사업용·비사업용을 불문한 일체의 부동산등기"로 규정하고 있는 점, ③ 지방세법시행령 제102조 제2항은 "등록세 중과세의 범위와 적용 기준 기타 필요한 사항은 대통령령으로 정한다"고 규정하고 있는 지방세법 제138조 제3항을 그 근거로 하고 있는바, 모법인 지방세법 제138조 제1항 제3호의 규정만으로도 법인의 설립 등에 따른 부동산등기와 그 이후의 부동산등기의 과세대상을 확정하는 데 아무런 어려움이 없고, 달리 과세대상의 확정을 위하여 시행령에 위임할 필요성을 찾아볼 수 없을 뿐 아니라 어떠한 경제적, 사회적 여건의 변화에 따라 과세대상의 범위를 조정할 필요성이 있어서 과세대상의 범위를 시행령에 위임하였다고 볼 배경도 찾아보기 어려우므로 지방세법 모법의 집행을 위하여 필요한 사항을 정하도록 한 집행명령의 근거로 보아야 할 것이고, 가사 위임 명령의 근거로 본다 하더라도 앞서 본 바와 같이 위임명령이 모법의 취지를 벗어나 과세대상의 범위를 확장할 수는 없다 할 것이므로 결국 시행령 제102조 제2항은 모법의 위임 범위를 벗어난 무효의 규정이라 할 것이고, 나아가 이를 문리적으로만 본다면 제한적인 해석의 여지도 전혀 없어 위헌적인 요소가 다분한 점 등을 감안하여 볼 때, 위 시행령에 의하여 이 사건 건물의 등기에 대하여 중과세율을 적용하였음은 위법하고, 둘째 피고가 이 사건 건물의 과세표준을 산정함에 있어서도 원고가 실질적으로 보존등기를 경료한 전유부분 이외에 공유부분까지를 포함하여 건물의 전체 면적에 대한 공사비를 기준으로 하였음은 위법한 것이며, 셋째 원고는 주택건설사업자로서 이 사건 건물의 취득은 지방세법 제138조 제1항 단서 소정의 중과세 예외 업종에 속하므로 등록세를 중과할 수는 없고, 넷째 등록세 중과부분에 대하여는 자진신고납부 절차에 관한 근거 규정이 없어 가산세를 부과할 수 없다 할 것임에도 피고가 가산세까지 부과한 것은 위법하다. 그러므로 원고는 피고 위 20○○. ○. ○. 등록세 등 부과처분의 취소를 구하고자 이 사건 소 제기에 이르게 된 것입니다.

입 증 방 법

1. 갑 제2호증의 1   지방세 이의신청서
2. 갑 제1호증의 2   지방세 이의신청결정통지 및 결정문
3. 갑 제2호증의 1   지방세 심사청구서

4. 갑 제2호증의 2 지방세 이의신청결정통지 및 결정문

첨 부 서 류

1. 법인등기부등본   1통
1. 소송위임장   1통
1. 납부서   1통

20○○. ○. ○.

위 원고 소송대리인

변호사 ○ ○ ○   ⑳

○○지방법원 귀중

- Point : ① 대도시 내에서의 법인의 지점 설치에 따른 부동산등기에 대해 중과하는 등록세의 과세요건은 대도시 내에서의 부동산등기 및 이후 지점 설치의 2가지라 할 것이고, 따라서 대도시 내에서 부동산등기를 먼저 경료했다 하더라도 이후 지점이 설치되었을 경우에 비로소 중과되는 증록세의 과세요건이 충족되어 그 때 납세의무가 성립한다고 하는 것이 상당하다.
② 중과되는 등록세에 대해 가산세를 부과하기 위해서 납세의무자에게 자진신고납세의무가 있음을 전제로 하는데 중과되는 등록세에 관해서는 취득세 중과에 대한 자진신고납부의무를 규정한 지방세법 제120조와 같은 규정을 결하고 있어, 부동산취득등기 이후에 지점 설치 등의 등록세의 중과세요건이 충족되어 중과되는 경우에 있어서는 등록세의 납세의무자에게 그 등록세를 자진신고납부할 의무를 부과하였다고 볼 수 없다.

■ 대한 상사법 실무 연구회 ■

세무법률문제와 행정소송탐구   정가 45,000원

2014年 5月 10日 1版 印刷
2014年 5月 15日 1版 發行
편   저 : 대한상사법실무연구회
발 행 인 : 김 현 호
발 행 처 : 법률미디어
공 급 처 : 법문 북스

152-050
서울 구로구 구로동 636-62
TEL : 2636-2911~3, FAX : 2636~3012
등록 : 1979년 8월 27일 제5-22호
Home : www.lawb.co.kr

❙ISBN 978-89-5755-159-2 13360
❙파본은 교환해 드립니다.
❙본서의 무단 전재·복제행위는 저작권법에 의거, 3년 이
하의 징역 또는 3,000만원 이하의 벌금에 처해집니다.